커뮤니케이션 과학의 지평

나남
nanam

한국언론학회 발간

제 2판

커뮤니케이션 과학의 지평

2024년 10월 15일 발행
2024년 10월 15일 1쇄

엮은이   이준웅 · 백혜진 · 정성은
발행자   趙相浩
발행처   (주) 나남
주소   10881 경기도 파주시 회동길 193
전화   (031) 955-4601 (代)
FAX   (031) 955-4555
등록   제 1-71호 (1979.5.12)
홈페이지   http://www.nanam.net
전자우편   post@nanam.net

ISBN   978-89-300-4180-5
ISBN   978-89-300-8001-9 (세트)

한국언론학회 발간

제 2판

커뮤니케이션 과학의 지평

이준웅 · 백혜진 · 정성은 엮음

강경원 · 김대중 · 김현석 · 문 빛 · 박종민
백영민 · 백혜진 · 서영남 · 손동영 · 송영아
송현진 · 심민선 · 심재웅 · 안도현 · 이두황
이선경 · 이유나 · 이재국 · 이정훈 · 이준웅
임종섭 · 정성은 · 최세정 · 최지향 지음

나남
nanam

The handbook of communication science
the second edition

Edited by

June Woong Rhee · Hye-Jin Paek · Sungeun Chung

nanam

개정판 머리말

한국언론학회 소속 소통연구자들이 모여 〈커뮤니케이션 과학의 지평(이하 '지평')〉을 출간한 지도 이제 10년이 돼 간다. 〈지평〉 초판은 우리글로쓴 첫 번째 소통학 편람(handbook)으로서 소통학의 각 분야에 축적한 이론과 연구성과를 그야말로 '손에 맞춤하게 엮은' 편람의 역할을 훌륭히 수행했다. 그러나 매체기술의 발전과 소통양식의 변화를 반영한 새로운 문제의식을 담은 연구성과들이 쌓여 가고, 오래된 소통이론을 대체하려는새로운 이론들이 등장해서 경쟁하는 사정을 고려해서 새롭게 개정판을 써야 한다는 요구가 제기되기도 했다.

2015년 〈지평〉 초판의 편집자를 중심으로 몇몇 저자들이 모여 개정이필요하다는 데 의견을 모았다. 그런데 〈지평〉 초판에 담긴 각 장의 사정이달라서 장마다 요구되는 개정의 범위와 깊이가 달라 보였다. 저자들의 의견을 청취해 보니, 어떤 장은 초판을 보완하는 정도로 개선하면 충분하지만, 다른 장은 보완을 넘어 전면 개정이 필요하다고 했다. 아예 새롭게 장을 마련할 분야가 있다는 제언도 나왔다. 두루 의견을 청취해서, 이번 개정판에는 〈지평〉 초판에 참여한 저자들의 개정판 참여의사를 먼저 묻되, 가능하면 새로운 저자를 초청해서 그와 쌍을 이루어 초판 개정의 범위와깊이를 상의하도록 요청했다. 2015년 〈지평〉 초판의 기획의도를 계승하되 새롭게 참여한 젊은 저자의 관점과 식견을 담을 수 있도록 한 것이다.

　저자들이 모여서 개정 작업에 필요한 사안들을 점검하면서, 일단 책 제목에 대해 빠르게 합의할 수 있었다. 핸드북 또는 편람임을 제목으로 밝혀서 책의 성격을 명확히 해야 한다는 의견도 있었지만, 2015년 어렵게 우리말 편람을 발간한 한국언론학회의 기획의도를 이어간다는 계승성을 분명하게 하기 위해 〈커뮤니케이션 과학의 지평〉이란 제목을 유지하기로 했다. 두 번에 걸쳐 열린 저자 회의에서 편람의 목적과 범위, 그리고 장별 내용의 중복, 주요 개념 및 이론의 표기 등 사안을 놓고 활발하게 토론한 결과, 첫째, 각 장의 구성과 서술 방식은 저자의 의도를 따른다는 점을 분명히 했다. 둘째, 소통학의 각 분야를 대표하는 주요 학파, 이론, 그리고 연구결과를 망라하여 제공할 수 있도록 노력하기로 했다. 당연히 저자의 학술적 관심사와 평가기준에 따라 특정 학파, 이론, 연구결과를 선별적으로 다루는 결과가 되겠지만, 편람의 취지에 따라 가능하면 포괄적으로 내용을 담자고 했다. 셋째, 우리말로 쓴 소통학 편람이라는 취지를 따라서 한국의 연구도 선별해서 포함하기로 했다. 한국인 저자나 우리말로 된 연구라고 해서 우대할 필요는 없지만, 한국에서 우리말로 출판했다는 이유만으로 차별할 이유도 없다고 보았다.

　집필 과정에서 저자들은 각 장에 등장하는 주요 개념어와 이론, 그리고 연구자 이름 등을 살펴서 통일할 수 있도록 각자 핵심어를 제안했다. 이 제안을 토대로 소통학의 주요 개념어들 가운데 우리말로 번역이 가능한 경우에는 각자 번역대안을 제시해서 동의를 구하거나, 아니면 그저 한글로 음차해서 표기하는 방안을 놓고 토론을 벌이기도 했다. 토론 결과를 수용해서 저자들은 주요 개념을 우리말로 적극적으로 번역해서 옮기는 등 실체적인 개선을 이루기도 했다. 이번 개정판을 준비하면서 저자들끼리 나눈 토론의 경험이 계속 확장하고 공유되고 성숙해서 한국 소통학의 개

넘에 대한 학술적 토론의 토대가 되기를 바란다.

〈커뮤니케이션 과학의 지평: 제 2판〉이 나오기까지 도와주신 모든 분들께 감사드린다. 이 개정판 기획과 집필, 그리고 편집 단계에서 각자 전문성을 발휘해서 최선을 다해 기여해 주신 저자들께 감사를 드린다. 특히 한국언론학회장 선거에 나서면서부터 2015년 〈지평〉 초판을 개정한 새 편람을 내겠다고 공약하고 실제로 기획을 성사시킨 박종민 제 50대 학회장께 감사드린다. 이 사업을 후원한 언론진흥재단과 편집과 출판을 담당해 주신 나남출판사에게도 깊은 감사의 말씀을 드린다. 마지막으로 2015년 초판을 읽고 논평과 제언을 아끼지 않았던 독자들, 그리고 이번 개정판에 대해서도 관심을 기울여 격려해 주신 한국언론학회 소속 소통학 연구자들께 감사의 말씀을 드리며, 앞으로 이 편람을 개정하는 작업을 이어주시라고 당부드린다.

2024년 9월
이준웅·백혜진·정성은

커뮤니케이션학은 사회과학에서도 상대적으로 늦게 학술영역으로 확립되었지만, 연구성과의 양과 질, 그리고 그에 따른 이론의 발전은 누가 봐도 괄목할 만하다. 커뮤니케이션 이론을 집대성한 본격적 저작은 1973년에 출간된 〈커뮤니케이션 핸드북(Handbook of communication)〉이라 할 수 있다. 이 핸드북을 엮은 풀과 쉬람(Pool & Schramm, 1973)은 머리말에서 "커뮤니케이션은 인간의 삶의 모든 과정에 침투했으며" 따라서 커뮤니케이션을 연구하는 것은 곧 사회를 연구하는 것과 맞닿아 있다고 주장했다. 이첫 번째 핸드북에 기고를 한 면면을 보면 정치학, 사회학, 심리학, 언어학의 당대 최고의 학자임을 알 수 있다. 저자 집단에 쉬람과 캐츠와 같은 본격 커뮤니케이션 학자가 포함되어 있기도 하지만, 전체적으로 내용을 보면 역시 커뮤니케이션학은 아직 그야말로 '학문의 십자로'에 모여드는 단계였다고 할 수 있다.

어떤 이는 커뮤니케이션 분야의 이론과 연구를 정리해서 엮은 최초의 성과로 월버 쉬람이 1963년 엮은 〈인간 커뮤니케이션 과학(The science of human communication)〉이란 책을 꼽기도 한다. 약간 오해인 것 같다. 이 책에 저자로 참여한 페스팅거, 오스굿, 네이션 맥코비, 제니스, 클래퍼, 캐츠, 라자스펠드, 엘레너 맥코비, 풀 등은 1961년 쉬람이 기획한 '미국의 소리(Voice of America)'의 프로그램에 참여해서 각자 연구 분야를 해설했는데 이 책은 그 내용을 묶어서 출판한 것이다. 모두 11개의 장이며, 각 장의 분량은 약 15쪽 내외로 총 151쪽에 달하는 소략한 내용이다. 기본적으로 당시 새롭게 형성해서 발전하고 있는 커뮤니케이션 관련 연구를 대중적으로 소개한 책이라고 하겠다. 커뮤니케이션학의 형성과 제도화 과정의 특징을 추론할 수 있게 돕는 출판물이기도 하다.

1973년 풀과 쉬람이 엮은 최초의 커뮤니케이션 핸드북으로부터 불과 15년도 안 된 시점에 본격적인 커뮤니케이션 핸드북이 등장됐다. 1987년 버거와 채피(Berger & Chaffee, 1987)가 편집한 〈커뮤니케이션 과학 핸드북(The handbook of communication science)〉을 보면 커뮤니케이션의 역사, 분석 수준, 기능, 그리고 맥락이라는 구분에 따라 문헌검토 논문들이 정연하게 실려 있다. 저자들은 당시 미국과 영국에 제도화되어 발전하고 있는 주요 커뮤니케이션 대학과 학과의 연구자들이다. 불과 십수 년 만에 커뮤니케이션학은 커뮤니케이션 현상에 대해 탐구하는 사회과학 연구자 네트워크에서 사회의 모든 현상을 다루는 커뮤니케이션 과학자의 집합적 실천으로 진화한 것이다. 이 새로운 핸드북의 머리말에서 버거와 채피는 커뮤니케이션 과학을 "상징과 신호체계의 생산, 과정, 효과를 이해하기를 추구"하는 학문으로 정의했다. 또한 "현상을 설명하는 검증 가능한 이론을 생산하고 법칙적 일반화를 포함"한다는 방법론적 제한을 두어 커뮤니케이션 연구를 '과학적 방법론'을 적용한 연구로 한정한 것이 특징이다. 이는 3년 전 아놀드와 바우어즈(Arnold & Bowers, 1984)가 출간한 〈레토릭과 커뮤니케이션 이론 핸드북(Handbook of rhetorical and communication theory)〉과 같은 편람이 커뮤니케이션 연구의 영역을 최대한 넓힌 접근에 의도적으로 반발한 결과라고 해석할 수 있다.

가장 최근에 집대성한 편람은 세이지출판사가 2010년 출판한 〈커뮤니케이션 과학 핸드북 2판〉이다. 이는 버거, 롤로프, 로스코스-에월젠 (Berger, Roloff & Roskos-Ewoldsen)이 1987년 버거와 채피의 기획을 이어받은 것이다. 초판을 출간한 지 13년이 지난 후, 각 분야별 주요 연구성과와 이론의 발전을 반영했다. 그러나 이 책에 실린 리뷰논문의 분량이 적어서 그런지 다루는 내용의 주제적 범위도 제한적인데, 이는 이미 각 분야별로 발전한 커뮤니케이션 연구를 더 이상 쉽게 요약하기 어려운 사정을 반영하는 듯하다. 실제로 최근 세이지와 옥스퍼드대학 출판사는 각 분야별 커뮤니케이션 핸드북을 경쟁적으로 출간하고 있다.

해외에서 커뮤니케이션 학문의 이론적 발전을 점검하는 핸드북 출판이 활발한 가운데, 안타깝게도 우리나라는 그와 비견할 만한 움직임이 없었다. 이 책은 우리 학문의 이론적 발전과 국내외 연구의 진행을 체계적으로 정리하는 것이 긴급하게 필요하다는 요구를 반영한 것이다. 우리 학문은 각 커뮤니케이션 및 미디어 현장에서 실천적인 제안과 함의를 제공하는 역할을 수행하고 있지만, 이런 제안과 함의는 역시 이론적 지식의 발전에 기초한다. 또한 연구를 통해서 확인된 결과에 따라 타당성을 갖는다. 이론적 지식에서 논리적으로 도출하고 경험적 연구를 통해서 확인한 명제들이 현장에서도 설명력과 예측력을 발휘하게 된다.

돌이켜 보면, 우리나라에 커뮤니케이션학이 수입되어 발전한 지 오래되었지만 아직 연구분과별로 발전 중인 주요 이론과 그에 대한 연구를 체계적으로 정리한 핸드북을 출간한 적이 없다. 학문을 개관하는 입문서과 이론서가 있을 뿐이다. 차배근의 〈커뮤니케이션 개론〉과 〈커뮤니케이션 효과론〉, 그리고 홍기선의 〈커뮤니케이션론〉이 아직 사용되고 있는 가운데, 김홍규가 번역한 리틀존의 〈커뮤니케이션 이론〉, 양승찬과 이강형이 번역한 맥퀘일의 〈매스 커뮤니케이션 이론〉, 박천일이 번역한 세버

린과 탱커드의 〈커뮤니케이션 이론〉 등이 학술적 입문서로 활용되고 있다. 최근에는 김동윤과 오소현이 번역한 그리핀의 〈첫눈에 반한 커뮤니케이션〉도 인기라고 한다. 한국의 커뮤니케이션 연구가 발전하고 있지만, 우리말로 쓴 저작보다 오히려 번역서가 인기 있는 세태도 지적해 둘만하다.

특기할 만한 성과로 비록 핸드북이란 명칭으로 기획된 것은 아니지만 2009년 한국언론학회가 50년을 기념하면서 우리나라의 커뮤니케이션 전 분야의 학술적 성과를 정리한 저술이 있다. 〈한국언론학회 50년사〉라는 제목으로 출간된 이 책은 언론사, 저널리즘, 방송, 광고, 홍보, 출판, 뉴미디어, 휴먼 커뮤니케이션, 국제 커뮤니케이션, 정치 커뮤니케이션, 법제 및 정책, 비판 커뮤니케이션, 문화 및 젠더 연구, 미디어 연구사, 미디어 교육 등을 망라했다. 각 분야별로 1960년대 이후 국내 연구를 훌륭하게 정리한 장들을 포함하고 있음에도 불구하고, 안타깝게도 제목이 함의하는 바가 학생들의 기대와 다르고 책도 접근하기가 어렵게 제작되어서 교육 및 연구 현장에서 별로 활용이 안 되고 있다.

이 핸드북은 한국언론학회가 기획하고 언론진흥재단이 후원해서 작업을 시작한 지 약 7개월 만에 완성한 것이다. 커뮤니케이션 분야별 전문가를 섭외하고, 분야와 내용을 조정하고, 체제와 구성에 합의하고, 특히 주요 개념어를 통일하는 작업을 하는 데 걸린 시간을 생각하면, 정작 집필에 투여한 시간이 얼마 되지 않을 정도였다. 정상적인 기획과 작업과정을 거치지 않고는 결코 이루어질 수 없는 규모의 작업을 그야말로 '한국식으로 해냈다'고 밖에 할 수 없는 과정이었다. 이 기획에 참여한 저자들의 일종의 사명감과 헌신적인 노력이 없었다면 불가능했을 것이다. 2015년 봄철 언론학회의 특별 세션에 참여해서 함께 토론하고, 이어지는 핸드북 출판을 위한 워크숍과 온라인 토론에서 각 장의 체제와 주요 개념의 번역대안을 놓고 갑론을박했던 저자들께 감사를 보낸다. 또한 이 작업을 후원한 한국언론학회와 언론진흥재단에는 물론 급박한 일정에도 책을 내기로 결단하신 나남출판사의 조상호 사장, 세심한 편집으로 기여하신 강현호 편집자께도 심심한 감사의 말씀을 드린다.

2015년 10월

이준웅·박종민·백혜진

한국언론학회 발간

제 2판

커뮤니케이션 과학의 지평

차례

1

소통학에서 이론의 발전

이론의 덕성과 연구의 기여 [1]

이준웅 | 서울대 언론정보학과 교수

이 글의 목적은 소통학(communication science)에서 이론의 발전을 논의함으로써 이 편람(handbook)의 독자에게 이어진 장에 담긴 소통학의 연구분야별 주요 이론과 연구성과를 이해하는 데 필요한 개념적 자원을 제공하는 데 있다. 어느 학문 분야에서나 해당 학문에 고유한 이론과 방법, 주요 개념과 변수, 그리고 기념비적 연구성과와 아예 잊힌 논문들이 있기 마련인데, 소통학에서 이들은 서로 어떻게 연결되는지 소통학 이론의 발전이란 화두를 갖고 논의하겠다.

글의 전반부는 이론을 제시하고 연구를 통해 검증하는 일이 학문의 발전에 어떻게 기여하는지 제시한다. 이를 위해 이론과 과학이 무엇인지 일반적 정의를 제기하고, 그에 따르는 방법론적 논의를 검토하고, 개별 분과학문에서 어떤 이론이 좋은 이론으로 인정받는지 '좋은 이론의 덕성'에 대해 논의할 것이다. 후반부는 좋은 이론에 기여하는 '좋은 연구'란 무엇인지 탐색한다. 이론의 발전에 기여하는 연구가 좋은 연구라는 전제를 따라서 좋은 연구를 수행하기 위한 조건과 방법을 제시한다. 이 논의 가운데

---

1   이 글은 이준웅 등이 2015년 편집한 〈커뮤니케이션 과학의 지평〉에 실린 제1장 '커뮤니케이션 이론의 발전'을 전면 개정했다.

'연구의 시공간 의존성'이란 원리가 등장하는데, 이 원리를 고려해서 한국에서 한국말로 하는 소통 연구에 어떤 고려가 필요한지 검토한다. 이는 모두 한국에서 수행한 소통 연구가 어떻게 소통학의 발전에 기여할 수 있는지 연구실천적 함의를 도출하기 위한 것이다.

1. 소통학에서 이론의 역할

소통학이란 소통을 대상으로 삼아 연구하는 과학의 한 분과라고 정의하면 간단할 것 같지만, 의외로 이 간단한 규정을 놓고도 논란이 일곤 한다. 소통학의 안팎에서 소통이란 도대체 무엇인지, 소통에 대한 탐구가 학문적(disciplinary) 전통과 그에 따른 고유함을 갖추었는지, 소통학자를 어떻게 다른 사회과학자와 구별할 수 있는지 등의 사안들이 복잡하게 얽혀 전개되어 왔기 때문이다.

　소통학은 ① 다른 사회과학의 분과 학문에 비교해서 역사적으로 비교적 최근에 학문적 분과로 발전하고 있으며(Rogers, 1994), ② 초기 주요 이론들이 사회학과 심리학과 같은 인접 학문분야의 이론과 방법론을 공유하며 발전했고(Craig, 1999), ③ 소통학의 주요 이론가들은 명시적으로 소통학의 다학제적 성격 또는 간학제적 성격을 의식하며 탐구하는 특성을 보인다(Nordenstreng, 2007). 이런 사정으로 인해 소통학은 내부적으로 학문의 정체성에 대한 성찰적 논의를 멈춘 적이 없다. 따라서 소통학자들은 언론, 매체, 대인관계, 집단동학, 광고, 공중관계(PR), 그리고 각 사회영역의 소통현상에 대해 폭넓게 탐구하면서, 이런 탐구들에 쌓여서 이룩한 지식체계가 어떻게 사회에 기여하는지 고민을 계속한다. 스스로 어떤 학문을 하고 있는지 부단히 묻는 이 자세 자체가 소통학 정체성의 일부라고 말할 수 있을 지경이다. 이 절에서는 먼저 '학(science)'에 대한 일반적 논의를 제시하고, '소통' 개념 규정과 관련된 문제를 논의함으로써 소통학의 정체성에 대한 집착이 우연한 현상이 아님을 논의하겠다.

1) 과학의 방법론적 본성

"인간은 본디 알기를 원한다"고 한다. 아리스토텔레스의 〈형이상학〉에 나오는 첫 문장이다. 이 문장이 또는 정확히 말하자면 이 문장이 뜻하는 바인 명제(proposition)가 앎을 추구하는 인간의 본성을 말하는지, 인간이 추구하는 앎의 속성에 대해 말하는지, 아니면 인간이 추구하는 앎의 가능성에 대해 말하는지 일단 내버려 두기로 하자. 이 명제는 '원래 앎을 원하는 인간'이라는 의미 속에서 '앎'이란 '인간이 추구하는 어떤 목적 상태'임을 제시한다. 인간은 알지 못하는 상태를 벗어나 알고 있는 상태가 되기를 바란다는 뜻이다. 바람을 이루기 위해 인간은 무엇인가를 해야만 하므로, 아리스토텔레스는 앎과 실천의 관련에 대해 무언가 암시하고 있을지도 모른다.

일단 알아낸 것, 즉 지식(knowledge)을 참된 명제들의 집합이라 정의해 보자. 어떤 명제는 참(true)이고 다른 명제는 거짓(false)이라고 구분할 수 있다면 한 인간이 지닌 모든 참된 명제들의 집합을 생각해 볼 수 있는데, 이를 그의 지식이라고 정의하자는 제안이다. 누구나 참인지 아닌지 애매한 말을 믿는 경우가 있으며, 참이라고 굳게 믿고 있지만 실은 어처구니없는 거짓인 명제들을 지니기 마련이므로, 흔히 신념(beliefs)이라 부르는 이런 믿음의 집합으로부터 지식을 구분하기란 어렵다. 어쨌든 지식에 대한 정의를 아리스토텔레스의 잠언에 적용해서 인간은 참과 거짓을 구분함으로써 참된 문장들이 의미하는 바를 축적하는 일을 본성에 따라 수행한다고 해석할 수 있다.

인간의 앎에 대해 다음 두 질문을 제기할 수 있다. ① 도대체 인간은 왜 거짓 신념이 아닌 참된 신념, 즉 지식을 원하느냐는 것과 ② 어떤 신념이 뜻하는 바가 참인지 아닌지 어떻게 확인할 수 있느냐는 것이다. 전자가 지식의 목적과 기능에 대한 질문이라면, 후자는 지식을 얻기 위한 방법에 대한 질문이다. 이 두 질문은 완전히 다른 종류임에도 불구하고, 두 질문에 대한 답변들 간에 어떤 관련성이 있을 것만 같다. 그리고 이 두 질문 중 어떤 질문을 먼저 제기하고 답하느냐에 따라 다른 쪽 질문에 대한 답변이 달라질 것만 같다. 실로 어떤 이는 ②를 먼저 묻고 그에 대한 합당한 답변을 얻기 전까지 ①에 대답을 유보해도 좋겠다고 생각할 수 있는데, 이런 접근이 '과학의 방법론에 대한 의존성'을 낳는다.

어떤 문장이 뜻하는 바가 참인지 거짓인지 도대체 어떻게 알 수 있을까? 일단 참된 명제들은 서로 모순되지 않는다는 가정을 더해서, 참이라고 확인된 명제들이 서로 정연하게 연결된 구성체를 지식이라고 정의를 확장해 보자. 지식을 얻기 위해 인간은 계시(revelation), 직관(intuition), 전통(tradition), 관습(convention), 그리고 과학(science) 등을 활용해 왔다. 먼저 계시와 직관이란 각각 신의 간섭이나 신비한 영적 체험을 통해 얻는 것이라면, 전통과 관습은 인간 집단이 누대에 걸쳐 축적한 생각과 행동을 전하고 공유한 것임을 알 수 있다. 비록 이들은 서로 달라 보이지만, 모두 앎을 추구하는 인간이 그저 혹은 우연히 믿게 된 바로부터 지식을 구분하기 위해 사용하는 수단이라고 할 수 있다. 계시든 전통이든 뭐든 '본디 알기를 원하는 인간'은 어떤 수단이라도 이용해서 주어진 말이나 글이 참인지 거짓인지 구분하려 한다.

과학은 계시, 직관, 전통, 관습과 마찬가지로 참 또는 진실을 주장한다. 과학은 이들과 마찬가지로 참과 거짓의 구분이 성공할 것이라고 미리 확인해 주지는 않는다. 과학은 그러나 계시, 직관, 전통, 관습 등과 뚜렷하게 다른 점이 있는데, 그것은 참과 거짓을 구분하는 방법을 먼저 명료하게 밝히고 그 방법에 따라 참된 내용인지 아닌지 구분하는 절차를 따른다는 것이다. 과학에서 참과 거짓을 구분하는 절차는 모두에게 공개되어 있다. 이른바 과학적 방법이라 불리는 것이 바로 그것이다.

이렇게 보면 과학은 지식에 이르는 어떤 특수한 자세 또는 접근이라 할 수 있다. 참인지 아닌지 확인할 수 있는 조건을 먼저 정하고 그에 따라 '참된 명제의 집합'을 규정하는 특별한 방법을 사용하는 접근이다. 과학은 대상에 접근하는 자세일 뿐, 별도로 정한 대상 영역이 없다. 필수적으로 요구되는 동기도 없다. 모든 영역에서 어떤 동기로 제시된 질문이든 그에 대한 답변을 구하기 위해 과학적으로 접근할 수 있는 방법이 있을 뿐이다. 요컨대 과학이란 어떤 심오한 동기나, 고상한 대상이나, 참된 내용을 일컫는 말이 아니다. 그것은 어떤 명제가 참인지 아닌지 구분할 수 있는 방법을 적용하는 접근 그 자체다. 그러므로 '학문을 한다'는 것은 과학적 방법을 알고 깨우쳐 어떤 대상에 적용함으로써 앎에 이르는 행위를 뜻하게 된다.

과학적 방법을 적용해 얻는 앎이 다른 방법들, 즉 계시, 직관, 전통, 관습을 따라 얻은 앎보다 더 심오하거나, 유용하거나, 효율적인지, 심지어 진실할 가능성이 높은지도 미리 알 수 없다. 심오하기로 하면 계시가 더 그럴 것 같고, 유용하다면 전통이나 관습이 더 그럴 것 같다. 효율성이라면 직관이 가장 빠를 것만 같다. 그러나 이런 느낌마저 실제로 정말 그런지 알 수 없는데, 계시는 대체로 모호하고, 관습은 요점이 없으며, 직관은 자주 실수를 낳기 때문이다. 우리는 이런저런 방법들을 동원해서 '각자 알게 된 바' 또는 '각자 안다고 믿는 바'를 축적할 뿐 이 중에서 어떤 방법을 통해 얻은 지식이 더 좋은지 미리 알 수 없다. 실은 그것이 지식이라면, 즉 참된 명제로 이루어져 있다면, 어떤 방법을 통해서 얻든 상관없을 것이다. 참이기만 하면 된다는 말이다. 그런데 앞서 제시했듯이 과학을 다른 지식 습득 방법과 구분하는 이유는 '무엇이 참이고 아닌지'를 결정하는 방법을 먼저 제시하고, 그 방법을 공개하고, 공개된 방법을 따라 실행하면 같은 결과를 얻는지 검증하는 방식으로 지식을 축적해 나갈 수 있기 때문이다.

방법을 아는 자라면 누구나 같은 절차를 따라 확인해 볼 수 있다. 이는 별 것 아닌 것처럼 보이지만 실은 과학의 모든 것이다. 방법의 선차성, 절차성, 공개성이 과학의 요체다.

2) 소통학의 경계

일단 소통학을 인간의 소통 현상에 대해 과학적 방법을 적용해 지식을 산출하는 활동이라 정의해 보자. 이는 의도적으로 소통학의 경계를 좁게 규정한 것이다. 이렇게 정의하면, 인간의 소통이 대상이 아니거나, 과학적 방법을 적용하지 않은 지식 산출 활동은 소통학이 아닌 게 된다. 특히 '과학적 방법을 적용'한다는 제한이 과도해 보일 수 있다. 이 제한 때문에 예컨대 개인의 독백이나 한 부족이 사용하는 격률의 집합은 학문이 아닌 것이 되고, 그래서 소통학도 될 수 없다. 현대 과학에서 누구도 개인의 독백이나 부족의 합의를 학문으로 간주하지 않겠지만, 만약 그 개인이 플라톤이고, 그 부족이 미국 연방대법원 판사들이라면 이야기가 달라진다. 또한 정부나 기업이 특정 과제를 해결하는 데 필요한 실천적 지침을 도출하기 위해 자료를 수집하고 정리하는 일은 학문 외적 동기들을 포함하기 때문에 학술 활동이라고 선뜻 부르기 꺼려지기도 한다. 그러나 이렇게 좁게 학문을 규정하는 일은 어쩐지 부당하다고 믿는 이들도 많다.

　일단 나는 '과학적 방법'을 규정하는 엄밀함의 정도에 따라서 경계의 문제와 관련한 심각성을 완화할 수 있다고 믿는다. 앞서 제시했듯이 과학의 요체는 과학적 방법을 사용하는 일인데, 과학적 방법은 체계적 관찰과 논리적 추론이라는 핵심 구성 과정을 갖는다. 구체적인 연구에서 과학적 방법을 적용하는 일은 관찰과 추론과 관련해서 이미 확립된 절차적 규범들, 즉 가설의 도출, 측정의 신뢰성과 타당성, 실험통제, 표집, 통계적 추론, 자료 분석 등을 규율하는 각종 규범을 활용하는 일이다. 만약 연구의 모든 단계에서 과학적 방법을 엄밀하게 갖추어야만 학문적이라고 제한하면, 우리는 학문의 범위를 좁게 규정하게 된다. 그러나 엄밀함이란 상대적 개념이다. 체계적 관찰과 논리적 추론을 느슨하게 적용할 수도 있는데, 그렇게한다고 해도 ① 미리 천명한 방법적 원리에 따라 ② 재현 가능한 절차를 적용해서 ③ 누구나 사후적으로 재현할 수 있도록 연구한다면 이를 과학적이지 않다고 배제할 수 없다. 예컨대, 앞서 예로 든 개인의 독백이나 부족내 합의 집합도 어떻게 수행한 관찰인지, 그리고 어떻게 도출한 추론인지에 따라 얼마든지 과학이 될 수 있다.

  정책적이거나 실무적인 해결책을 얻기 위해 수행하는 과제도 마찬가지다. 과제 해결을 위해 어떻게 관찰하고 어떻게 추론했느냐에 따라 과학적인지 아닌지 결정된다. 우리는 먼저 '설정된 문제를 해결(problem-solution)'하길 바라는 수준과 '연구질문에 대한 답변(answers to research questions)'을 구하는 수준을 구별해야 한다. 학자든 재상이든 장군이든 저마다 필요에따라 과제를 설정하고 문제를 제기한다. 학자란 스스로 제기한 과제나 문제에 대한 해결을 구하기 위해 무엇보다 이미 축적된 지식체계로부터 도출한이론을 제시함으로써 기여할 수 있다고 믿는 자를 뜻한다. 그래서 그는 자신의 이론에서 연구질문을 도출하고, 연구질문에 대한 답변을 얻기 위해 체계적으로 자료를 수집하고 논리적으로 추론한다. 실제 사회과학자가 제기한 문제들이 모두 학술적으로 동기화된 것만은 아니다. 정치적으로, 이념적으로, 사업적으로, 혹은 다른 어떤 이유라도 문제 제기할 수 있다. 문제 해결을 위해 이론적 논의를 거쳐 연구질문을 도출하고, 이렇게 도출한 질문에대한 답변을 구하는 데 체계적 관찰과 논리적 추론을 적용하면 과학적이라고 할 수 있다.

  소통학의 영역 설정 문제는 '소통 현상'을 '인간 간 의사소통'에 제한적으로 규정함으로써 발생하기도 한다. 아무리 봐도 이는 가혹할 정도로 좁아 보인다. 우리 학문의 오래된 정의나 최신 정의를 따르더라도 소통을 인간 간 소통에 제한할 필요가 없기 때문이다. 인간 간의 언어적이거나 비언어적 상호작용은 소통의 대표적 탐구 대상이지만, 인간과 동물, 인간과 기계, 인간과 신 사이의 소통도 그렇다. 집단 간, 조직 간, 문화 간 정보 교류나 영향력 행사도 소통으로 개념화하는 게 가능하다. 그렇다면 국가 간 군비경쟁, 같은 계에 있는 천체 간 움직임, 신체 내 세포와 바이러스 간 상호작용은 어떤가.

소통을 '인간의 소통'으로 좁게 규정하자고 제안하는 이유는 아마도 '거의 모든 것이 커뮤니케이션이다'라고 주장하는 게 오히려 염려스러운 결과를 낳기도 하기 때문일 것이다. 소통학자들 가운데는 소통의 어원인 '공유(communitas, sharing)'가 소통의 핵심 요소라고 보아서 어떤 체계가 신호 전달을 통해서 상호 공통성을 확립하는 모든 과정을 소통으로 개념화하는 경우가 있다. 이렇게 보면, 섀넌과 위버(Shannon & Weaver, 1959)의 고전적 논의에 기초한 '전달모형(the transmission model of communication)'은 물론 이 모형의 변종이라 할 수 있는 신호전달 체계 내의 모든 상호작용을 소통이라 부를 수 있다. 디엔에이(DNA) 복제를 통해 전령 알엔에이(mRNA)의 염기서열을 단백질 아미노산 배열로 '번역'하는 리보솜의 활동도 소통으로 볼 수 있다. 심지어 인간이 도구를 이용하는 행위도 소통이 된다. 나는 소통 개념을 이렇게 확장하는 일이 염려할 만하다고 본다. 확장된 소통 개념이 오류거나 오해라고 보아서 그런 게 아니다. 당연히 인간 간 소통이 아닌 상호작용도 얼마든지 소통으로 재개념화할 수 있고, 그렇게 소통을 규정함으로써 새롭게 개척할 수 있는 연구 분야들이 있다. 예컨대, 신호전달을 통해 공통성을 확립하는 모든 과정을 소통 현상이라 부르고, 이를 전제로 삼아 좋은 소통이론을 산출할 수 있다면 그것으로 좋다고 본다. 나는 다만 이런 광범위한 규정 때문에 발생하는 역설이 있다는 점을 경계하고 싶다. 그 역설이란 다음과 같다.

우리는 어떤 '규정된 현상'의 의미를 그것이 아닌 것으로부터 관계, 그것도 주로 대비를 통해 확인할 수 있다. 소통은 소통이 아닌 어떤 것으로부터 구별해서 사용되기 때문에 의미를 얻는다. 예컨대, 만약 모든 소통이 대화이고, 또한 모든 대화가 소통이라고 한다면, 대화가 아닌 인간의 상호작용을 탐색함으로써 소통에 대한 이해를 풍부하게 할 수 있다. 이렇게 보면 대화가 아닌 독백이나, 지배나, 전쟁(누군가는 이것도 대화의 일종으로 개념화할 수도 있겠지만) 등은 소통이 아니라고 규정할 수 있는데, 그렇다면 소통은 독백이나, 지배, 전쟁 등이 아니기에 소통의 타자 의존성, 협동에 대한 기여, 평화적 상호작용의 조건 등에 대해 고민해 볼 수 있게 된다. 물론 이는 한 예에 불과하며, 여기서 요점은 소통이 대화인지 여부가 아니다. 요점은 어떤 현상이 소통이 아니라는 것을 규정할 수 있어야, 그것과 소통을 대조함으로써 소통의 특성을 탐구해 나갈 수 있다는 것이다. 따라서 세상의 모든 상호작용이 소통이라면 역설적으로 소통에 대한 이해는 제한될 것이다.

따라서 아무런 조건 없이 소통이라 말하면 그냥 '인간 간 의사소통'을 의미한다고 해 두자. 이렇게 협소하게 규정한다고 해도 소통학이 다루어야 할 사건과 사안은 충분히 많다. 개인 간, 집단 간, 조직 간 상징체계를 이용한 상호작용 모두를 포함하며, 상호작용을 수행하는 데 도움을 주는 모든 종류의 매체 이용 및 활용 현상으로 탐구를 확장할 수 있다. 인간 간 의사소통은 태도, 신념, 의지 등과 같은 지향적 상태(intentional state)를 기반으로 한다는 점에서 인간 정신의 물리적 기초는 물론 그것을 통해 이루어지는 인간의 내용 구성, 산출, 전달 행위 모두를 포함한다. 따라서 그것은 선전, 선동, 광고, 공중관계(PR), 캠페인 등과 같은 전략적 소통을 포함해서 이야기하기, 교제하기, 운동하기 등과 같은 오락 활동도 포함한다. 소통학이 인간 간 의사소통만을 연구대상으로 삼는 듯 협소하게 규정해도 이미 방대하다는 뜻이다. 그리고 이로부터 얼마든지 확장해 나갈 수 있다. 인간 소통 개념을 적용하고 확장해서 인간이 다른 지구상의 생물은 물론 신이나 외계인과 소통하는 문제(Peters, 1999)와 기계와 정보를 주고받는 것은 물론 감정을 나누는 행위까지도(Reeves & Nass, 1996) 얼마든지 탐구할 수 있다. 그런데 이렇게 확장된 소통학 연구마저 인간 간 소통에 대한 지식과 견주어 비교되는 내용과 특유의 함의를 갖기에 흥미로운 탐구가 된다는 것을 알 수 있다.

3) 소통학의 다학제적 성격

소통학의 기원이 고대의 레토릭과 논리학에 있으며, 현대 소통학의 발전은 현대 언어학, 심리학, 사회학, 정치학의 발전에 도움을 받았다는 사실은 이제 상식이다. 특히 1950년대 소통학이 미국 대학에서 고등교육과 연구의 한 분야로 제도화하는 과정에서 인접 학문의 연구자들이 소통학에 기여한 역사를 돌이켜 보면, 소통학을 '학문의 교차로'라 부르는 관행을 이해할 수 있다. 그러나 소통학이 '학문의 교차로'에 있어서 과연 좋다고 할 수 있는지, 좋다면 어째서 그런지, 그리고 '교차로'에서 이루어지는 지식의 생산과 축적은 어떤 성격을 갖는지에 대해 성찰해 볼 필요가 있다.

소통학의 다학제적 성격은 더욱 확장하고 심화하고 있다. 특히 매체의 기술적 발전으로 각종 매개적 소통에 대한 관심이 폭발적으로 증가하면서 인접 사회과학의 분과들은 물론 인문학의 제 분과와 공학, 그리고 법, 경영, 행정 등 전문분야에서 소통 문제를 직접 다루는 경우가 많다. 예를 들어, 통신을 위한 매체기술로 등장해서 이제는 인류의 소통 환경으로 진화하고 있는 인터넷을 주제로 한 연구를 보자. 인터넷을 탐구 대상으로 삼는 연구자의 수나 연구의 양을 고려할 때, 소통학이 인터넷 매체나 인터넷을 매개한 소통 현상에 대한 탐구의 주류라고 말할 수 없다. 가상현실, 교류매체(social media), 사물인터넷, 인공지능 등 새로운 소통 매체에 대한 연구는 물론 선전, 광고, 건강 등 전통적 소통 연구가 활발했던 분야마저 인접 학문분야 연구자들의 개입과 기여가 이미 활발하다. 나는 소통학을 '다학제적 학문'으로 규정하는 오래된 관행이 소통학 이론의 발전을 가로막을 염려가 있다고 본다. 다음 두 가지를 검토해 보자.

첫째, 환원론의 문제가 있다. 만약 소통 참여자의 행위를 심리학 이론으로 설명하고, 집단정체성 구성은 사회학 이론으로 대신하고, 소통을 통한 지배는 정치학으로 갈음하고 나면 남는 게 무엇일까. 다학제적 학문을 하자면서 사회과학의 인접 학문분야에서 발전한 이론을 활용하면 그것으로 충분하다는 식이라면 이는 소통학에 고유한 이론을 형성하는 데 방해가 될 것이다.

예컨대, '오락적 매체이용'은 대표적 소통 현상으로서 이를 설명하기 위한 이론적 근거가 여기저기에 있다. 그런 이론들을 토대로 이루어진 다음 두 연구 사례가 있다고 가정해 보자. 먼저 매체 이용자의 지역적 또는 계층적 차이에 주목해서 오락적 매체이용이 집단 정체성 구성을 돕는다는 연구가 가능하다. 대조적으로, 오락적 매체이용 행위에 대한 심리적 보상체계가 작동하는 방식에 따라 발생하는 병리적 효과를 탐구할 수도 있다. 이 두 연구 사례는 각각 어엿한 소통 연구로 인정되겠지만, 사실은 연구대상이 오락적 매체이용이라는 소통 현상이기에 그럴 뿐, 그 설명 자체가 고유한 소통이론이라서 그런 것은 아니다. 왜냐하면, 첫째는 사회학적 환원을 통해, 둘째는 심리학적 환원을 통해 오락적 매체이용의 효과를 설명하는 바, 두 종류의 환원이 훌륭하게 수행된다고 해서 소통학에 고유한 이론적 성과로 축적되는 결과는 아니기 때문이다.

유사한 사태를 언론법, 매체 정책, 매체 경영 등 분야에서도 발견할 수 있다. 언론에 대한 법학적 고찰, 매체 환경에 대한 정책적 접근, 언론매체 사업자의 재정안정성 등에 대한 연구들은 모두 소통학의 일부인 매체 연구에 속한다고 인정될 것이고, 이런 연구를 통해서 소통학이 발전하는 것은 분명하다. 그러나 이 역시 법학, 정책학, 경영학 등 각각 분야의 이론이 소통 현상에 적용된 결과일 뿐, 그 자체가 소통이론의 형성이라고 말하기 어려운 경우가 많다.

둘째, 과도한 경험주의 문제도 있다. 소통학에서 이론이 필요하면 인접 학문분야 어디에서건 빌려서 사용하면 그만이고, 일단은 소통 현상에 대한 경험적 연구를 축적해야 한다는 주장에서 발견할 수 있는 문제다. 경험적 연구 결과가 쌓이는 만큼 소통학도 발전하리라 기대할 수 있으면 좋겠지만, 실제 과학사에서 경험적 관찰의 축적은 이론 구성과 발전의 필요조건일 뿐 충분조건은 아니다. 실로 현재 소통학의 문제는 관찰 대상이 되는 소통 현상의 범위가 과도하게 광범위하고 소통 현상의 변이성이 심해서, 아무리 소통 현상을 많이 관찰해도 그것만으로 소통 현상의 구성과 변화를 설명하는 기제(mechanism)를 추론해 내기 어렵다는 데 있다. 소통 현상에 대한 심도 있는 관찰과 두꺼운 기술만으로 이론을 만들기 어렵다.

예컨대, 매체의 상호작용성(medium-based interactivity)이란 개념은 소통 행위자의 상호작용성이나 내용의 상호작용성과 구분된다(Sundar, 2007). 이런 구분을 이용해서 다양한 종류의 인터넷 이용에 수반하는 상호작용성에 따른 각각의 귀결을 탐색하고, 그 귀결을 종합해서 이론화할 것을 전망할 수 있지만 실제로 그렇게 한 시도는 많지 않다. 이 세상에 인터넷 매체를 이용한 상호작용성을 관찰한 사례를 아무리 긁어모아도 그것만으로 소통학의 고유한 이론으로 만들기 어려울 것 같다. 또 다른 예를 들자면, 틀짓기(framing)란 개념을 사용해 뉴스 텍스트 구성과 그 효과에 대한 수많은 경험적 연구가 이루어졌다. 그런데 아직도 이 개념을 적용한 관찰들을 종합해서 뉴스 효과에 대한 어떤 보편적인 효과이론으로 나갈 수 있을지에 대한 이론적 전망이 엇갈린다(Scheufele, 1999; Scheufele & Iyengar, 2014; Scheufele & Tewksbury, 2007). 결국 경험적 연구를 많이 하는 것만으로는 충분하지 않으며, 다양한 접근 방법으로 많은 연구결과가 축적되었다는 것만으로도 부족하다. 또한 '지금까지 많은 연구를 수행했지만 이론 구성을 위해 향후 더 많은 연구를 해야 한다'는 식의 반성은 당장 그럴듯하게 들리지만, 동시에 기약이 없는 것처럼 들린다.

환원주의 문제와 과도한 경험주의 문제를 고려해서, 나는 소통 현상에 대한 다학제성을 강조하면서 그저 '다른 학문의 이론으로 환원'을 의미하거나, 아니면 '다양한 접근에 따른 다양한 경험적 연구의 산출'을 촉구하는 데 그친다면, 그것은 제한된 성과를 낳을 뿐이라고 전망한다. 요컨대, 이미 많은 사회학자나 심리학자가 소통 연구를 수행하고 있으며, 소통 변수들을 사용한 경험적 연구들은 양적으로 충분히 쌓이고 있다. 소통 현상에 대한 종합화와 체계화를 노리는 이론적 작업을 별도로 수행하지 않는다면 소통학의 성숙한 이론이 저절로 등장하지는 않을 것이다. 내 주장을 확장해서 소통학자가 연구한 결과라고 해서 모두 소통이론의 발전에 도움이 되는 것은 아니라는 결론을 얻을 수도 있다. 오히려 정치학자, 사회학자, 심리학자가 소통 현상에 대한 탐구를 활용해서 고유한 소통이론의 형성과 발전을 도모할 수 있다. 생각해 보면, 라스웰, 호블랜드, 라자스펠드, 레빈 등 고전적 소통학자들의 위대한 업적들이 대체로 그랬다는 것을 깨달을 수 있다.

결국, '학문의 교차로'라는 은유를 다시 생각해 볼 필요가 있다. 나는 이 은유가 고유한 소통이론의 발전에 기여하는 데 도움을 주지 않는 한 반성의 대상이 되어야 한다고 믿는다. 학문의 교차로에서 바쁘게 교류하며 많은 일을 할 수도 있겠지만, 교차로 한가운데 학문의 전당을 세울 수는 없는 노릇이다. 또한 교차로 주변 건물에 들어서는 상점이란 그저 그런 뜨내기를 상대로 한 장사일 가능성이 높다.

그렇다면 도대체 소통 현상에 대한 고유한 이론화란 무엇을 의미하는가? 역사적인 사례로 텔레비전 이용 효과를 설명하는 문화계발이론(the cultivation theory of television effects)을 들 수 있다(Gerbner et al., 1986). 이는 소통학에서 발전한 이론 중 하나인데, 매체이용 효과에 대한 전면적 이론화 양상을 전형적으로 보여준다. 이론의 핵심 주장은 '텔레비전을 많이 보면 실제 세계에 대비해 볼 때 왜곡된 세계상을 갖게 된다'는 것이다. 이 주장을 도출하기 위해 ① 미국 사회에서 '텔레비전과 함께 사는 삶'이란 관찰, ② 텔레비전 드라마에 등장하는 경찰의 비율과 유색인종의 범죄율과 같은 텔레비전 제작이 체계적으로 왜곡하는 현실, ③ 텔레비전 현실과 다른 상징적 현실을 구성했을 때 초래되는 효과 등에 대한 논의를 동원한다. 그리고 각 논의의 단계마다 현상에 대한 관찰과 주요 변수의 측정, 대안적 설명을 제시하는 경쟁적 이론의 검토, 그리고 이론의 타당성을 입증하는 핵심 가설의 검증 여부 등에 대한 연구결과가 있다.

문화계발이론이 등장한 이후 주요 전제와 가설에 대한 개념, 관계, 기제, 측정, 검증에 대한 갑론을박이 이루어졌으며, 해결된 문제만큼이나 많은 해결되지 않은 사안들이 많이 남아 있다(Bryant, 1986; Morgan & Shanahan, 2010; Shrum, 1995). 그럼에도 불구하고 이 이론은 '텔레비전과 함께 살아야 하는' 1970년대 이후 미국적 삶의 환경에서 텔레비전 시청이 초래하는 왜곡된 현실 인식에 대한 효과를 설명한다. 당시 미국에서 텔레비전 매체의 도입이란 뉴스와 오락 정보를 접할 수 있는 매체가 하나 늘었다는 것보다 심각한 상징적 효과를 동반했던 것이다. 문화계발이론은 미국 사회의 텔레비전 문화가 어떻게 인종갈등, 빈부격차, 정치적 양극화, 사회적 신뢰 하락 등과 직간접적으로 관련 있는지 종합적으로 제시하는 데 성공했다(Gerbner et. al., 1980; Reimer & Rosenberg, 1990). 그리고 이 이론은 확장이 가능하다. 우리는 이 이론을 이용해서 '인터넷과 함께 세상을 살아온' 21세기 이후 한국인의 세계 인식은 어떻게 변화했는지에 대한 설명으로 나아갈 수 있다.

4) 이론, 모형, 가설의 역할

이 편람에서 가장 자주 등장하는 용어는 이론(theories), 모형(models), 가설(hypotheses)일 것이다. 일부 연구자는 이 세 용어를 상호교환해서 사용하기도 한다. 세 용어는 서로 밀접한 관계를 맺고 있기에 그런 용법을 이해하지 못할 일도 아니다. 그러나 이 세 용어는 개념적으로 구분이 가능하며, 무엇보다 서로 기능하는 방식이 다르다. 따라서 다음과 같이 구별해서 사용하는 게 좋다.

이론이란 어떤 현상을 기술하고(describe), 설명하고(explain), 예측하기(predict) 위해서 두 개 이상의 구성개념들(constructs) 간의 관계를 설정한 명제들의 집합이다. 삼라만상을 개념(concepts)으로 포착할 수 있지만, 이론 구성을 위해 특별히 선택해서 가다듬어 사용하는 개념을 구성개념이라 부른다. 이론은 인간이 진화과정에서 활용해온 일종의 문화적 도구이기도 하다. 마치 도구를 가다듬어 발전시켜 왔듯이, 인간은 이론을 만들어 현실을 '참되게 기술하고', '그럴듯하게 설명하고', '제대로 예측하는지' 검토한다. 이런 검토 작업에 필수적인 과정이 경험적 검증(empirical verification)인데, 검증에 실패하면 이론을 수정하거나 아니면 아예 폐기하고 대안적 이론을 구성하는 방식으로 지식을 축적한다. 누구나 자기가 믿는 이론이 참이고 타당하기를 바라겠지만, 실제로 그 이론이 참이면서 서로 정합한 명제들로 구성됐는지 누구도 미리 알 수 없다. 오직 해당 이론으로부터 논리적으로 모순 없이 도출한 가설이 참인지 아닌지 검증해 봐야 짐작할 수 있을 뿐이다. 이론은 주장의 대상이고, 가설은 검증의 대상이 된다.

누구나 어떤 이론이든 만들어 주장할 수 있기에, 많은 이들이 이론을 '실천'과 대조해서 언급한다. 이론적인 것은 아직 확인되지 않은 것, 형이상학적인 것, 이상적인 세계에서나 가능한 것이라고 치부하기도 한다. 그러나 학자라면 이론을 이런 방식으로 이해하거나 사용하지 않을 것이다. 왜냐하면 이론이 없다면 그는 애초에 현상을 기술하거나, 설명하거나, 예측할 수 없었고, 환경의 변화에 적절하게 대응하지도 못했으며, 따라서 실천적으로 일관되게 행동하기 어려웠을 것이기 때문이다. 나는 이론의 실천적 함의를 진정으로 믿지 않는 자가 학자로서 이론을 주장하고 가설을 검증하는 데 진심일 수 없으리라 생각한다. 그것은 마치 자신이 믿지도 않는 교리를 따라 결국 열반에 도달할 수 있으리라 기대하는 격이다. 아마도 레빈(Lewin, 1952)도 이런 뜻에서 "좋은 이론보다 더 실천적인 것은 없다"(p. 169)고 말했을 것이다.

학문별 분과가 지식 생산과 발전이 이루어지는 기초 단위라면, 이론은 그 단위가 산출하는 생산품이다. 어떤 현상을 놓고 경쟁적으로 설명을 달리하는 이론들이 많을수록 해당 학문분야가 발전하고 있다고 간주할 수 있다. 설명하기 어려운 한 문제를 놓고 서로 모순된 방식으로 기술하고, 설명하고, 예측하는 이론들이 각축하는 가운데, 어떤 이론이 가장 정교하고, 설명력 있고, 또한 예측력이 있는지 각 이론에서 도출한 가설을 경험적으로 검증하려는 연구들이 활성화된다. 비판 역량을 내세우며 질투심에 불타는 동료 연구자들의 경험적 검증을 견딘 이론은 지속적으로 타인의 논문과 저서에 인용되어 등장하겠지만, 그렇지 못한 이론은 폐기되거나 심각한 비판의 대상으로 남게 될 것이다. 따라서 이미 폐기된 이론이 많고, 새롭게 다른 이론과 경쟁하는 이론이 많은 분야가 역시 발전하는 학문분야라고 할 수 있다.

이론과 유사한 역할을 수행하는 학문의 도구가 있다. 모형이다. 모형은 현상을 기술하거나, 설명하거나, 예측하기 위한 이론의 요점을 간단히 제시한다. 모형이란 원본을 닮았지만 복잡한 원본을 그대로 제시하기보다 간결하게 다듬어 요점을 전달하기 위해 만든 재현물이다. 이 편람에 등장하는 모형들은 대체로 이론의 기능을 수행하는 모형, 즉 이론모형(theoretical models)이며, 따라서 기능에 따라 서술 모형, 설명 모형, 예측 모형 등으로 불린다. 서술 모형은 현실의 복잡한 사정을 간단하게 표나 그림으로 요약해서 제시한다. 설명 모형은 복잡한 인과관계를 간단한 도식이나 수식으로 다듬어서 보여준다. 예측 모형은 한 개 이상의 변수들을 이용해서 다른 변수를 예측하는 작업을 수행할 때, 주요 변수들 간의 관계를 추려 담은 예측

방정식의 모습으로 등장하기도 한다. 이렇게 연구자는 미리 설정한 기능을 염두에 두고 모형을 만들기도 하지만, 때로는 새로운 이론을 만들기 위해 탐침작업(probing)을 하거나 기존 이론을 수정하기 위한 밑그림을 그려 볼 수 있는데, 이때 사용하는 지적 재현물을 '작업 모형(a working model)'이라 한다.

모형의 요점은 결국 '요약'에 있다. 복잡한 현실을 요약해서 간단하게 표상하는 게 모형이다. 이렇게 보면 이론 자체가 현실에 대한 일종의 모형임을 알 수 있다. 왜냐하면 모든 이론은 현실의 일부에 대해 서술, 설명, 예측하려 만든 것이기에 항상 현실보다 간결할 것이기 때문이다. 만약 누군가 현실보다 더 복잡하고 곡절 있는 방식으로 현실을 재현하고 있다면, 그는 아마도 이론이 아닌 다른 어떤 창작물을 제시하고 있을 가능성이 높다. 그것은 아마도 시 또는 영화와 같은 것일 가능성이 높다.

가설은 이론으로부터 논리적으로 도출한 경험적 진술문이다. '어떤 이론 T가 참이라면 그 이론으로부터 타당하게, 즉 모순 없이 연역한 명제 P도 참일 것이다'라는 추론을 통해 도출한 명제 P를 진술한 것이 곧 가설이다. 가설은 경험적 검증을 위한 것이기에, 이론 명제에 사용하는 구성개념(constructs)이 아닌 경험적으로 측정 가능한 변수들(variables) 간의 관계에 대해 참 또는 거짓을 판단할 수 있는 서술문 형식에 담긴다. 예컨대, '인터넷 교류매체 활동이 많은 청소년은 그렇지 않은 청소년에 비해 대인적 소통 역량이 감소할 것이다'라는 가설에 사용된 교류매체 활동량과 대인적 소통 역량은 모두 경험적으로 측정할 방법이 알려진 변수들이다. '권위주의 정권을 오랫동안 겪은 나라의 시민들이 그렇지 않은 나라의 시민들보다 가짜뉴스 규제론에 더 찬성할 것이다'라는 가설에서도, 국가별 권위주의 정권의 지배 기간과 해당 국가 시민들의 가짜뉴스 규제에 찬성하는 비율은 모두 측정 가능한 경험적 변수들이다.

왜 이론의 정교함, 설명력, 예측력을 직접 검토하지 않고 연구가설을 도출해서 검증하는가? 이론은 흔히 기술, 설명, 예측을 위해 서로 정연한 명제들의 연결망으로 구성되는데, 그 내부에 때로 경험적으로 확인하기 어려운 형이상학적 전제를 포함하거나 명제들 간의 모호한 관계를 함축하고 있기 때문이다. 어떤 이론이 내적으로 정합한지는 논리적으로 따져 보면 된다. 그러나 그 이론이 현실을 제대로 설명하느냐는 한두 번의 경험적 검증 연구로 확언하기 어렵다. 해당 이론을 구성하는 명제들의 진실성과 타당성을 완전하게 평가할 수 있는 완벽한 연구설계(research design)를 완비해서 연구하기란 어렵기 때문이다. 우리는 반복적이고, 확인적이며, 삼각측정을 이용한 검증을 통해서 경험적으로 유지될 수 없는 가설들을 솎아낼 수 있기를 바랄 뿐이다.

흔히 '모든 이론은 가설적 성격을 갖는다'고 한다. 이 말은 일단 이론의 일부 또는 전부가 경험적 검증을 통해 확인되어야 한다는 것을 의미한다. 즉, 이론의 일부 또는 전부가 아직 참 또는 거짓으로 확인되지 않은 상태로 남아 있기에 연구를 통해 검증해야 한다는 뜻이다. 만약 어떤 이론의 모든 구성부분이 참이고 또한 서로 정합한다는 것이 모두에게 자명하다면 어떻게 되는가? 그것은 더 이상 이론이라 부를 필요가 없을 정도로 자명한 지식의 상태가 되었다고 평가할 수 있다. 일종의 상식이 되어 모든 인간이 두루 활용하는 배경지식처럼 작동한다는 뜻이다. 결국 가설이란 아직 상식적이라고 할 수 없고 (즉 자명한 주장이 아니고), 지식의 범주에 아직 포함되지 않았지만 (즉 참인지 아닌지 확인되지 않았지만) 그럴 가능성이 있으며, 그리고 이론의 일부로서 결국 상식이 되어 모두에게 자명한 배경지식이 되기를 바라는 마음에 검증을 기다리는 경험적 명제라고 할 수 있다. 가설은 '현상을 가능한 한 충분히 설명'하고자 하는 이론과 달리, 수행 가능한 연구 범위 내에서 제한적으로 설정되는 경향이 있으므로, 단편적이며 요약적이고, 따라서 일종의 모형처럼 간주되기도 한다.

2. 좋은 이론이란 어떤 특성을 갖는가?

이 편람에 인용된 소통학의 주요 이론들은 오래 살아남아 반복적으로 인용되면서 다른 이론을 생산하는 데 이리저리 영향을 끼치기에 '좋은 이론'이라 할 수 있다. 요컨대 ① 기존 지식체계와 모순되지 않으며, ② 오랫동안 인용되며, ③ 다른 많은 이론을 낳도록 지적 자극을 주면 좋은 이론이다. 이를 각각 이론의 보존성(conservatism), 영향력(impact), 그리고 생산성(fecundity)이라 부른다. 일종의 진화적 생존과 재생산 개념을 적용해서 이론의 미덕을 논의할 수 있다는 뜻이다. 그러나 어떤 이론이 문화적 진화의 관점에서 적응적인지 아닌지 확인하기 위해서는 결국 세월이 지나 봐야 알수 있다. 방금 제시된 새로운 이론이나, 지금 논쟁 중인 두 개 이상의 이론 중에서 어떤 쪽이 얼마나 살아남아 얼마나 많은 다른 연구를 자극해서 새로운 이론을 만드는 데 기여할지 미리 알기 어렵다.

어떤 특성을 가진 가설이 좋은 이론이 될지 알아보기 위해서라도 '이론의 덕성(virtues of good theories)', 즉 훌륭한 이론의 내재적 특성을 규정할 필요가 있다(Popper, 1957; Quine & Ulian, 1980). 진화론적 관점을 채택해서 '이 이론과 유사한 이론들이 어째서 계속 등장하는지', '저 이론은 왜 잊히고 말았는지', 그리고 '그 이론은 어떻게 다른 이론으로 대체됐는지' 등을 탐구할 수도 있는데, 이런 탐구를 위해서라도 오래 살아남아 영향력을 행사하는 이론의 특성은 어떠한지 알아볼 필요가 있다.

좋은 이론이 되는 이론적 가설의 특성에 대해 일치된 합의는 없지만, 느슨한 동의는 있다. 철학자와 과학자들이 제시한 좋은 이론의 특성들을 모아 정리하면 ① 타당성(validity), ② 설명력(explanatory power), ③ 경험적 검증가능성(empirical verifiability)으로 요약할 수 있다. 요컨대, 좋은 이론이란 우선 이론의 구성부분이 서로 정합한 명제들로 짜임새 있게 구성되어야 하며, 둘째 이론의 대상이 되는 현상을 충분히 설명할 수 있어야 하며, 셋째 이론으로부터 논리적으로 연역한 가설을 경험적으로 검증할 수 있어야 한다.

좋은 이론의 덕성을 논하기 전에 먼저 이론의 구성요소를 간략하게 검토하겠다. 가장 간단한 이론은 'X이면 Y다'라는 구성을 갖춘다. 두 개념들을 연결하는 하나의 관계에 대한 명제가 참이라고 주장하는 형식을 갖춘다. 앞서 말했듯이 여기에서 X와 Y를 구성개념(constructs)이라 한다. 따라서, 위의 사례는 X와 Y라는 2개의 구성개념을 연결하는 하나의 관계 R을 설정한 경우이다. 이런 간단한 이론이라도 관계의 특성 때문에 이론의 내용이 달라진다. 어떤 이론적 명제는 X가 Y의 원인이라는 인과성(causality)에 대한 주장일 수도 있고(예컨대, '인터넷 매체 기술의 침투력 때문에 사생활 권리가 제한된다.'), X를 볼 수 있으면 Y가 등장할 것을 예상할 수 있다는 상관성(correlation)에 대한 주장일 수도 있으며(예컨대, '공영방송 제도가 확립된 국가의 시민들은 유식하다.'), X를 조작해서 제공하면 Y가 발생할 것으로 기대할 수 있다는 식의 통제적 관점의 주장일 수도 있다(예컨대, '식품정보를 투명하게 공개하면 해당 사회의 시민이 건강해진다.').

그런데 실제 이론은 보통 이렇게 간단하지 않다. 일단 이론에 포함된 구성개념의 수가 많아지면서 복잡해진다. 또한 이론에 포함된 개념을 정당화하기 위해 필요한 전제들(premises, P_i)을 별도로 논의하거나, 제시한 관계를 설정하는 데 고려해야 할 조건을 명시하는 명제들(conditions, C_i)을 검토한다. 또한 이론적으로 설정한 관계의 성격이나 양상에 대한 보완적 명제들(modes of relationship, R_i)이 필요한 경우도 있고, 해당 관계가 함의하거나 초래하는 별도의 관계에 대한 논의(implications, I_i; 예컨대, 'X이면 Y이고, Y이면 Z_i이다')를 포함하는 경우도 있다. 실제 이론은 핵심 명제 이외에 그 명제의 구성요소를 둘러싼 전제들, 조건들, 관계의 양상과 특성, 별도의 함의들이 얽혀서 구성된다.

1) 타당성

이론의 타당성(validity)이란 이론을 구성하는 명제들 간의 관계가 얼마나 논리적으로 정합한지를 의미한다. 요컨대, 타당한 이론은 '내적으로 모순이 없이 정합(internal consistency)'해야 한다. 이론의 핵심 구성요소인 구성개념 X와 Y 간의 관계는 물론, 전제와 핵심 명제들 간의 관계, 전제들 간의 관계 등에도 서로 모순 없이 정합할수록 좋다. 흔히 나쁜 이론을 두고 '말도 안 된다'고 평가한다. 이는 앞뒤가 맞지 않고, 맞더라도 왜 그런지 알 수 없으며, 그로부터 타당한 추론과 일관된 결론을 낼 수 없기 때문이다. 나쁜 이론을 입에 올릴수록 말이 꼬인다.

타당성을 좁게 규정해서 이론을 구성하는 구성개념인 X와 Y 간의 인과관계, 즉 설명항(explanans)인 X와 피설명항(explanandum)인 Y 간의 인과관계가 다른 별도의 설명요인들의 존재를 감안하더라도 성립하는 것으로 규정하기도 한다. 예컨대, 실험연구에서 관심 대상인 종속변수 y의 변화를 독립변수 x를 실험처치해서 유도할 수 있으며, 동시에 x 변수 이외의 다른 변수들인 Zi의 변화에 따라 y가 변화했다고 대안적으로 설명할 여지가 없다면 타당하다고 한다. 이른바 내적타당성(internal validity)이라고 부르는 것이 바로 이것이다. 이런 방법론적 타당성 역시 이론의 타당성과 같은 성격을 갖는 내적 정합성의 일종임을 알 수 있다.

이론의 타당성은 명확성(clarity) 및 추상성(abstraction)과 밀접한 관계를 갖는다. 먼저 타당한 이론은 명확하다. 명확하지 않으면 타당할 수 없다. 왜냐하면 이론의 구성요소인 구성개념들이 명확하게 규정되어 있고, 구성개념들 간의 관계가 내적으로 정합하면서 동시에 명료하게 제한되어 있어야 타당한지 아닌지 판단할 수 있기 때문이다. 좋은 이론을 보면, 이론이 직접 거론한 모든 요소들 간의 관계가 정합한 방식으로 명료하게 제시되어 있다. 이론이 직접 명시적으로 거론하지 않은 요소들은 이른바 '통제된 요인'들이며, 따라서 명시적으로 거론한 요소 간의 관계에 대해 작용하더라도, 마치 '다른 조건이 같다면(ceteris paribus) 그러하다'는 식의 표현에 사용된 '다른 조건적 작용'에 불과한 것이 된다.

이론이 추상적이면 타당성 여부를 쉽게 파악할 수 있다. 예를 들어, 수학적 모형이나 논리적 모형으로 포착한 이론 명제는 증명을 거쳐서 내적 타당성을 일목요연하게 검토할 수 있다. 추상적 이론은 현실에 두루 적용해서 활용할 수 있으므로 쓰임새도 넓어진다. 추상적 이론은 그러나 구체성이 떨어지기에 경험적 검증에 있는 그대로 활용되기 어렵고, 따라서 설명력 자체를 평가하기 어렵게 되는 경우가 있다. 이론이 추상적일수록 타당성의 관점에서 보면 유리할 수 있지만, 경험적 검증이나 설명력의 관점에서 보면 불리할 수도 있다는 뜻이다. 연구성과에 집착하는 연구자들이 구체적 이론을 선호하는 이유가 여기에 있다.

2) 설명력

'왜'라는 질문에 충분히 답할 수 있어야 제대로 된 이론이다. 대상으로 삼은 사건이나 상태가 왜 그런지 원인을 들어 인과관계로 포착하는 일이 이론의 궁극적 임무다. 설명을 제공하지 않더라도 참된 기술을 하는 일이 가능하지만, 설명이 없는 기술이란 결국 요점이 없다. 설명하지 못하면서 단지 예측에 성공할 수도 있겠지만, 설명이 없는 예측이란 대체로 의심스럽다.

이론의 설명력은 클수록 좋다. 설명하려는 대상의 변이성을 두루 포착해서 왜 그런 변이성이 나타나는지 설명할 수 있으면 좋다. 이를 일반성(generality) 또는 일반화 가능성(generalizability)이라 부르기도 한다. 전자는 이론의 설명 범위, 후자는 다양한 검증의 조건을 의미하는 방식으로 사용되기도 하지만, 사실상 이론의 같은 성질을 지칭하게 된다. 그런데 앞서 이론의 미덕으로 제시한 타당성은 흔히 제한된 범위 내에서 설명으로 그칠 수도 있다. 이론의 설명력과 타당성은 서로 상충될 수도 있다는 것이다. 예컨대, 이론의 내적타당성에 집착하는 이론은 설명 범위를 좁히고, 설명을 뒷받침하는 전제의 수를 늘리며, 경험적 검증 수준을 강화하곤 한다.

설명력 및 타당성과 동시에 관련된 이론의 덕성으로 간결성(parsimony)이 있다. 이론은 간결하면서 많이 설명해야 한다. 역으로, 복잡하면서 설명력이 낮으면 이론의 효율성이 낮다고 볼 수밖에 없는데, 이래서는 좋지 않다. 이론의 간결성은 흔히 전제의 수와 관련된다. 예컨대, 가장 간단한 형식을 갖춘 이론(예컨대, 'X이면 Y이다.')도 때로 모호할 수 있는데, 그 관계가 명확하지 않거나, 심지어 조건에 따라 관계가 달라질 것만 같기 때문이다. 흔히 이런 이론 내적 모호함에 대처하기 위해 이론에 전제를 도입하거나 관계에 조건을 도입하게 된다. 즉, 전제를 동원해서 주어진 관계를 명확하게 규정하거나, 관계가 성립하는 조건들을 따져서 이런 경우에는 이렇고 저런 경우에는 저렇다는 식으로 설명하려 한다.

문제는 이런 식으로 조건을 설정하기 시작하면, 애초에 별로 타당하거나 명확하지 않은 이론도 많은 전제와 조건, 그리고 관계에 대한 별도의 해명을 동원해 내적으로 정합하고 명료한 이론으로 개선할 수 있다는 데 있다. 즉, 이론을 복잡하게 만들어서 타당성과 설명력을 높여 나갈 수 있다. 계속해서 전제에 전제를 더해 나가고, 계속해서 제한 조건을 더해 나간다면 누구라도 그럴듯한 이론을 만들 수 있을 것이다. 그러나 이렇게 복잡하게 이론을 구성하는 것도 한계가 있다. 너무 복잡한 이론은 명확성과 추상성을 훼손할 가능성이 높고, 결정적으로 간결하지 않아서 비효율적이 되고 말기 때문이다.

이론의 설명력은 또한 충분성과 연결된다. 더 이상 '왜'라고 질문할 필요가 없도록 해명하는 것이 이론의 임무다. 그러나 어떤 현상을 설명하는 완벽한 해명을 기대하기 어렵다. 이론적 명제의 설명항에 대해 다시 '왜'라고 질문하는 것이 언제든지 가능하기 때문이다. 우주를 형성한 대폭발은 왜 발생했는가? 이런 질문에 답하기 위해 새롭게 이론을 구성해 볼 수 있겠지만, 그 새 이론에 대해서도 또 다시 왜냐고 질문할 수 있다. 요컨대, 설명항을 설명해야 한다고 무한히 요청할 수 있다. 과학은 모든 것을 해명하려 하고 궁극적으로 가장 근원적인 수준까지 설명하려 하지만, 과연 그럴 수 있을지는 알 수 없다. 다만 우리는 그렇게 할 수 있기를 바랄 뿐이다.

이론의 설명력과 관련된 흥미로운 속성이 '반직관성(counter-intuitiveness)'이다. 누가 들어도 이미 알고 있을 것만 같은 뻔한 내용을 주장하는 이론이란 재미없는 이론, 상식에 가까운 이론, 새로울 것이 없는 이론이며, 따라서 가치가 없다. 현상에 대해 새롭게 설명을 더해 주는 것이 없기 때문이다. 처음에 듣기에는 자명하지 않은 주장, 새롭게 들리는 주장, 직관에 반하는 주장을 접하고 그 주장을 뒷받침하는 근거를 확인할 때 깨달음을 얻게 된다. 이런 이론이 설명력이 높다. 이렇게 보면, 설명력이란 일종의 '문제 해결'에 기여하는 정도임을 알 수 있다. 인간은 이미 알고 있는 사안이나 해결된 문제에 대해 따로 설명을 구하지 않는다. 알 수 없는 문제를 해결하기 위해 설명을 구한다. 즉, 문제 제기가 먼저이고 해결 방법을 찾기 위해 설명을 구하며, 바로 이때 누군가 이론을 제공한다. 문제 해결의 관점에서 반직관성을 고려하면, '왜?'라는 질문에 답하는 것이 이론의 핵심적 임무라는 것이 더욱 명료해진다. 얼핏 들어서 납득할 수 없기에 '왜 그렇지?'라고 무심히 질문을 던졌는데, 누군가 '그게 이렇단다'라며 납득할 만한 설명을 제시한다면, 그 설명이 좋은 이론일 가능성이 높다.

3) 경험적 검증가능성

모든 이론은 지식, 즉 참된 명제임을 주장한다. 좋은 이론은 스스로 참인지 아닌지 확인할 수 있는 단서를 내장하고 있다. 이 경우에는 참이 되고, 저 경우에는 거짓이 된다고 확인할 수 있는 경우에만, 해당 이론이 기술하는 바가 정확한지, 설명하는 바가 이유가 있는지, 예측이 제대로 작동하는지 평가할 수 있다. 여기서 '확인'이 바로 '경험적 검증'이다. 즉, 자료를 수집해서 이론이 제시하는 바가 참인지 아닌지를 확인하는 일을 검증이라 한다. 여기서 '참', 즉 '진실함'이란 이론적 명제의 내용과 그 명제가 지칭하는 현실을 관찰한 결과 사이에 상응(correspondence)하는 사태라고 해 두자.

경험적 관찰에 기초한 검증이 없으면 이론이 타당한지, 설명력이 있는지 확인할 수 없다. 양적 연구도 좋고 질적 연구도 좋지만 어쨌든 검증이 필요하다. 얼핏 듣기에 이 주장은 당연한 것처럼 들린다. 그러나 이론을 구성하는 명제들이 모두 경험적 관찰에 따라 확인 가능하면 좋겠지만, 실제로 그렇지 않기에 어려움이 따른다. 때로 이론은 경험적으로 검증할 수 없는 전제나 추론 근거를 포함하기도 한다. 때로 이론은 경험적으로 검증할 수 없는 함의를 낳기도 한다. 이런 이론의 타당성과 설명력을 확인하기 위해서 관찰 가능한 변수와 검증 가능한 관계로 구성된 가설을 도출해서 경험적으로 검증해야 한다.

이론 자체를 검증할 수 있으면 좋겠지만, 이론이 참인지 아닌지 확인하는 것은 쉬운 일이 아니다. 다음 두 가지 문제 때문이다. 첫째, 이른바 귀납법의 문제(the problem of induction)가 있다. 이론을 확증하는 경험적 증거를 계속 수집하더라도 이런 경험적 증거들의 집합만으로 이론이 참이라는 것을 보장할 수 없다. 언제라도 반례가 등장할 가능성이 있기 때문이다. '모든 백조는 희다'는 명제는 대체로 그럴듯하게 들리지만, 이는 단지 검은 백조를 발견하기 전까지만 그렇다. 둘째, 관찰의 이론 의존성 문제가 있다. 모든 관찰은 이론에 의존적(theory-laden)이며, 따라서 이론의 전망에 따라 제한된다. 경험적 검증을 수행할 때 관찰이 필수적인데, 애초에 설정한 이론이 제한하는 관점에 따라 관찰하는 경향이 있다는 것이다. 이런 의존성 때문에 '이론 확인적 관찰의 오류'를 범하게 된다. 이는 이론에 적합한 사례만을 선별적으로 관찰해서 보고하는 오류를 의미한다. 과학적 방법론에 따르면, 검증 단계에서 수행하는 관찰이 애초에 제시한 관찰로부터 독립적이어야 하지만, 애석하게도 이것이 완벽하게 실현되는 경우란 거의 없다.

칼 포퍼(Popper, 1959)는 경험적 검증의 문제를 해결하기 위해서 '반증가능성(falsifiability)'이란 개념을 제시했다. 이론에 조응하는 경험적 관찰 사례를 수집함으로써 이론을 검증할 수 있다기보다는 이론에 반하는 반증 사례를 수집함에도 불구하고 이론이 반증되지 않는다면 그 이론이 '확인된 것(corroboration)'으로 볼 수 있다는 것이다. 요컨대, 이론은 반증을 견디는 정도만큼 확인된 것이며, 또 그만큼 좋다. 그래서 향후 얼마든지 반증 가능한 명제, 즉 반증가설(refutation)을 산출하는 이론이 더 좋은 이론이라고 할 수 있다. 동료 연구자들의 반론과 비판을 견디고 살아남아 계속 인용되는 이론이 참일 가능성이 높아진다. 포퍼의 반증가능성 개념은 경험적 검증가능성을 반사실적 대비를 통해서 정교화한 것으로서, 과학적 이론이 갖는 특유의 '잠정적 진실 주장'이란 속성을 드러낸다. 과학적 이론은 반증되지 않는 한 진실이라고 '간주되는' 것이다.

반증가능성을 이용해서 과학을 과학이 아닌 다른 지식 습득 방법으로부터 구분할 수 있다. 이를 과학의 경계설정(demarcation of science)이라 한다. 앞서 제시한 좋은 이론의 두 특성, 즉 타당성과 설명력은 사실 과학적 방법론을 따르지 않는 모든 이론적 기획에 마찬가지로 적용할 수 있다. 형이상학적 명제나 전통과 관습을 따르는 설명이라도 과학적 이론과 마찬가지로 내적으로 수미일관할 수 있고, 충분한 설명을 제시할 수 있다. 그러나 형이상학적 설명이나 전통과 관습을 따르는 설명과 예측은 과연 그 설명과 예측이 참인지 아닌지조차 확인할 수 없는데, 그 이유는 반증이 불가능하기 때문이다. 즉, 어떤 조건에서 해당 설명이 옳지 않은지 그 조건을 확정할 수 없다. 형이상학이나 전통과 관습을 따르는 이론은 반증할 수 없으며, 바로 이 때문에 과학적이라 할 수 없다.

3. 한국 소통 연구의 소통학에 대한 기여

한국에서 생산하거나 발전한 소통이론은 무엇인가? 이론에 국적이 있는 지, 이론의 원산지가 무슨 의미가 있는지 먼저 질문하고 답해야 할 일이지 만, 한국의 소통학 연구자라면 누구나 한 번씩 제기하는 질문이다. 그런데 이 질문은 실은 다음 요점과 더불어 고민해야 한다. 연구 없이 이론이 발전 할 수 없다는 것이다. 경험적 연구를 해야 이론의 타당성을 검토하고 이론 으로부터 도출한 가설의 참 또는 거짓을 확인할 수 있으며, 따라서 이론의 설명력과 예측력을 검토할 수 있다. 드물게 천재적 이론가가 직관을 발휘 해서 획기적으로 이론의 지평을 열기도 한다. 그러나 이 경우에도 경험적 연구가 뒤따르지 않는다면 그 천재적 설명이 타당한지 아닌지 확인할 도리 가 없으므로, 그마저 무시당할 우려가 있다. 연구가 없으면 이론의 타당성 과 설명력을 확인할 도리가 없으며, 따라서 과학의 발전이 불가능하다.

따라서 애초 질문은 다음과 같이 수정되어야 한다. 한국의 소통 연구가 어떻게 소통학의 발전에 기여할 수 있을까? 여기서 질문의 요점은 '어떻 게'에 맞춰져 있지만, '한국의 소통 연구'를 명료하게 이해하는 것도 중요 하다. 나는 이 두 가지가 서로 연결되어 있다고 생각한다. 즉, '한국의 소통 연구'를 이해하는 방식과 '어떻게'라는 질문에 접근하는 방식이 연결되어 있다. 이 연결을 어떻게 이해하느냐에 따라 '한국의 소통학'이라는 개념도 규정할 수 있고, 그것이 보편적 학문으로 발전하는 소통학과 어떤 관계를 맺을지 가늠할 수 있다. 그래야 개별 연구자들이 의식적이고 조직적으로 연구를 기획하고 실천할 수 있다. 그런데 이런 일련의 질문에 답하기 위해 서 '연구의 시공간 의존성'이란 명제를 먼저 검토할 필요가 있다.

1) 연구의 시공간 의존성

이론이 지식을 지향한다면, 연구는 이론에 기여한다. 요컨대, 좋은 연구란 이론 형성에 기여하는 연구다. 이런 역할의 특수성 때문에 '좋은 연구'를 기능적 관점에서 이해하는 것이 필요하다. 일반적으로 좋은 연구란 ① 중요한 문제의식을 제기한 후(이게 연구논문의 서론이 된다), ② 기존 이론의 성과에 대한 비판적 검토를 거쳐(문헌 검토), ③ 야심 찬 연구질문을 설정하고(연구논문의 고유한 기여 범위를 설정하는 일이다), ④ 누구나 확인 가능한 방식으로 경험적 자료를 수집해서 ⑤ 명료한 분석과 해석을 거쳐, 타당한 결론을 도출한다. ⑥ 실천적인 사회과학자로서 연구결과가 서론에서 제기한 문제를 해결하는 데 어떻게 기여하는지 논의하면 더욱 좋다.

그렇다면 하찮은 문제의식, 부실한 문헌검토, 소심한 연구질문, 제한된 자료수집, 모호한 분석과 해석을 담은 연구는 저절로 나쁜 연구가 되는가? 그렇다고 대답하고 싶겠지만 반드시 그런 것도 아니라는 게 반전이다. 모든 연구는 제한점이 있기 마련이며, 흠결이 없는 연구란 없다. 왜냐하면 한 이론이 제기하는 주장과 그에 따른 모든 함의를 개별 연구가 확인해 줄 수는 없는 노릇이기 때문이다. 흔히 연구자들끼리 '실패한 연구란 있어도, 쓸모없는 연구는 없다'는 농담을 교환하는 데, 이 농담이 진실을 담고 있다.

흠결을 갖는 연구임에도 불구하고 오랫동안 인용되면서 후속 이론의 발전을 돕는 경우가 적지 않다. 예컨대, 반직관적인 훌륭한 연구가설을 제시했지만 경험적 검증에 실패한 연구가 그렇다. 이런 연구는 새로운 이론을 만드는 데, 방법론적 개선을 도모하는 데, 그리고 대안적 경쟁 이론을 산출하는 데 도움을 준다. 즉, 부분적으로 나쁜 연구도 연구자의 공동체 내에서 얼마든지 좋은 기여를 할 수 있다. 이는 얼핏 모순적으로 들린다. 앞서 다른 이론들과 모순되지 않고, 오랫동안 살아남아 인용되며, 후속 이론을 만드는 데 도움을 주는 이론을 좋은 이론이라 했는데, 나쁜 연구가 좋은 이론의 세 조건 중에 뒤의 두 가지를 공유하는 것만 같기 때문이다. 그러나 다시 강조하지만 연구의 미덕은 이론의 미덕과 다르다. 이론은 지식을 지향하며 추상적 수준에서 설명하지만, 연구는 이론에 기여하기 위해 경험적 수준에서 탐구한다. 탐구 과정은 다수의 연구자들이 공유하는 연구결과 간의 상호 참조와 인용으로 연결되는 영향력으로 이루어지는데, 이 과정에서 결함이 있는 연구도 좋은 이론을 산출하는 데 기여할 수 있다. 탐구 과정이 집합적이라는 것을 알면, 이 모순적 기여를 이해할 수 있다.

연구는 집합적 행위다. 누구도 고독하게 연구하지 않는다. (고독하게 사색하거나 궁리할 수는 있겠다.) 누구도 하나의 성공적 연구결과를 가지고 학문사에 이름을 남기지 않으며, 마찬가지로 하나의 실패한 연구 때문에 연구 공동체에서 사라지지 않는다. 연구란 다수의 연구자가 경쟁적으로 다수의 연구결과를 산출함으로써 소수의 이론적 줄기를 만들어 가는 과정이다. 소수의 이론적 줄기란 두 개 이상의 이론들이 서로 경쟁하거나, 보완하거나, 새로운 흐름을 만들어 내는 이른바 '연구 전통들(research traditions)'을 의미한다. 연구 전통은 학연과 지연, 학술적 인용, 방법론의 공유, 학술대회 및 학술지 교류 등을 통해 선별적으로 구성되고 주의 깊게 유지되는 연구자 집합이다. 집합적 과정으로서의 연구 전통을 형성하는 줄기 속에서 개별 연구가 의미를 갖게 된다. 연구 전통 내에서 실패한 연구들이 있어야 성공한 연구가 무엇인지 확인해 낼 수 있고, 그저 그런 연구들이 흐름을 깔아 주어야 독창적이고 통찰력 있는 기념비적 연구가 떠올랐음을 확인할 수 있으며, 그렇게 성공과 독창성을 갖춘 연구를 적통으로 인정함으로써 전통을 이어 나갈 수 있다.

어떤 이는 이런 연구 전통의 역할을 오해해서 사회과학자들이 하는 일은 모두 경쟁이고, 사교이고, 정치적 투쟁일 뿐이며, 학문이란 결국 학파를 형성하는 이론가들 간의 권력게임이라고 말한다. 이런 식의 해석에 진실이 담기지 않은 것은 아니다. 특별히 누구를 인용하지 않더라도 지식은 권력으로 작용하며, 학술세계는 권력을 매개하는 사회적 영향력의 그물망 역할을 한다. 그러나 이렇게 지식-권력론의 입장에서 본다고 해도, 학술세계에서 일어나는 고유한 행위들이 이룩한 성과를 냉소적으로만 볼 수는 없다. 왜냐하면 학술세계의 경쟁은 흔히 타당성 주장들 간의 경쟁이고, 사교는 방법론의 공유이자 연구회의 형성이며, 투쟁은 연구성과의 선별적 인용이나 무시를 통해 이루어지기 때문이다. 또한 권력게임의 목적이 되는 권력이란 지식을 활용하는 지배라기보다 그것을 만들어 내는 형성력에 가깝다. 권력이고 투쟁일지언정 그 갈래와 내용이 특별하다는 것이다. 결정적으로 세계사에서 과학이 수렴하는 현상을 증거로 본다면, 학술세계의 권력게임이 산출하는 외부효과가 부정적인 것만도 아니라는 것을 알 수 있다.

연구는 구체적 연구자의 행위로 구성되기 때문에 시공간에 제약된다. 연구자의 이념과 가치에 제약된다. 그리고 연구자가 속한 사회의 일반적 규범과 실천양식에 제약된다. 앞서 말했듯이, 연구자가 의도하고, 구상하며, 생산한 연구결과는 연구 전통 내에서 의미를 가지며 다른 연구에 영향을 주는 방식으로 이론 산출에 기여한다. 그러나 이런 이론 산출 행위 자체가 그가 속한 사회의 규범과 실천을 반영하고, 연구자의 이념과 가치를 반영한다. 연구자의 의도와 관계없이 그렇게 된다. 약간 어이없지만 흥미로운 사례를 들자면, 연구자 개인은 A라는 이념을 신봉해 a라는 이론을 발전시키기 위해 연구를 수행했음에도 불구하고 결과적으로 b라는 대안적 이론을 낳는 연구 전통에 기여함으로써 결과적으로 A가 아닌 B라는 이념을 추종하는 정치세력을 도울 수 있다. 이 사례의 요점은 일단 개별 연구자의 이념과 가치가 의도적으로 담긴 연구라고 해도 실제 역사적 영향력의 전개는 별개일 수 있다는 것이다. 이 요점은 또한 연구자의 시공간 제약성이 불가피하지만 동시에 연구가 이론의 발전에 기여하는 방식이 여러 방식 중 하나일 수 있다는 것을 보여준다. 그렇다면 '연구가 이론의 발전에 기여하는 방식'을 미리 설정하고 합목적적으로 연구할 수 있을까?

2) 한국 소통 연구의 기여

학문의 세계화가 확산하는 21세기에 한국의 소통 연구를 선명하게 구획할 방법이 없다. 세계의 소통학회들과 소통학 연구대학 및 연구소들에서 발간하는 학술지에 등장한 연구논문의 상호 참조를 연결망으로 포착해서 연결이 촘촘한 소통학의 중심부들이 있는가 하면 그와 연결된 주변부들이 있다는 식으로 파악하는 게 현실적이다. 논의를 위해, 한국의 언론, 매체, 소통 현상에 대해 한국말로 작성한 연구결과의 집합을 '한국의 소통 연구'라고 하자. 이 절의 요점은 한국 소통 연구가 소통학의 발전에 기여할 수 있는 몇 가지 갈래가 있다는 점을 보여주는 데 있다. 그러나 이게 앞서 제시한 예시가 보여주듯이, 연구자가 의도한 대로 되리란 보장은 없다. 의도와 반대로 실현되는 결과도 있고, 의도와 상관없이 기능적으로 기여하는 바도 있을 수 있다. 나는 그럼에도 불구하고 한국 소통 연구의 기여 방식을 명료하게 드러내어 논의하는 것이 필요하다고 믿는다. 왜냐하면 이 문제와 해결책에 대한 일련의 오해 때문에 한국 학계가 실천적 지향점을 놓치고 있다고 보기 때문이다.

최근 한국 사회과학의 국지성 또는 변방성에 대한 반성을 통해 학술적 실천의 방향을 제시하는 움직임이 있었다. 예컨대, 김종영(2015)은 미국에서 이론과 방법론을 익히고 한국사회로 돌아와 연구하는 미국 유학파 학자들을 조명했다. 이 연구자들은 일종의 '국가 간 지식 중개인' 역할을 하는데, 귀국 후에 한국에 대한 연구를 하지만 우리 학계의 열악함 때문에 후진적 연구를 산출하게 된다. 그럼에도 불구하고 유학파로서 지배적 지위를 확보하고 보상을 누리면서, 학문적으로 후진성에 안주한다. 이는 한국 소통학계에서도 어렵지 않게 관찰할 수 있는 현상이다. 김경만(2015)은 한국 사회과학자가 '한국적 연구'를 수행한다는 명분하에 학술세계의 핵심적 이론 생산에 기여하지 못하는 현실을 비판했다. 한국사회의 지적 낙후성을 극복하는 위해 세계의 지식 경쟁에 직접 참여해서 '상징권력', 즉 이론적 영향력을 행사해야 하는데 그러지 못한다는 것이다. 한국 소통학계에서도 이와 유사한 목소리를 찾아볼 수 있으며, 그에 대한 논쟁이 진행 중이다.

내가 보기에 한국 소통학계에는 적어도 세 가지 구분되는 연구 정향들(research orientations)이 있다. 세 연구 정향을 구분하는 요인 중 하나가 이론 및 방법론적 연구 전통이지만, 다음에서 볼 수 있듯이 다른 요인들도 작용한다. 이 세 연구 정향은 연구자 수, 연구의 양, 연구 열정 등의 차원에서 서로 견줄 만한 수준에 있다. 세 연구 정향이 산출하는 연구의 품질이 집단 간에 그리고 집단 내 차이를 보이기도 한다.

첫째, 한국사회 집중론이 있다. 한국 소통 현상을 탐구해서 연구성과로 내기에도 인생이 짧다는 듯 매진하는 연구 정향이다. 미국파, 유럽파, 일본파 등 따질 것도 없이 한국의 소통 현상에 대해 문제를 제기하고, 연구 질문을 만들고, 한국의 자료를 수집해서 분석하는 일에 집중해야 한다는 것이다. 이런 연구결과를 해외에 소개하면 물론 좋겠지만, 일단 소개할 만한 수준이 되는 연구를 산출해야 하지 않겠냐고 반문하며 연구에 집중한다. 언론사와 문화연구를 중심으로 언론윤리, 매체법, 소통 정책 등 분야에서 정성적 연구를 주로 하는 연구자들이 선택하는 연구 정향이다. 이른바 '한국적 소통이론' 또는 '동양의 소통사상' 등을 주장하는 연구자도 여기에 속한다. 이 연구 정향 내에서 간혹 '이론의 부재' 또는 '연구의 방향'에 대한 반성과 토론이 심각하게 이루어지도 한다. 이 연구 정향은 기본적으로는 한국말로 한국 현상에 대해 참조할 만한 훌륭한 연구성과를 산출해야 한다고 믿고 그 일에 집중한다.

둘째, 연결망 개선론이 있다. 소통학 연구 간 연결망 구조를 고려할 때, 지금까지 주변부에 자리 잡아 영향을 받아 온 한국의 소통 연구자들이 이제는 한국에서 축적한 연구성과를 국제화해야 한다고 주장한다. 이 연구 정향은 대체로 이론에 국적이 없다고 전제한다. 혹은 있더라도 그게 중요한 것이 아니라고 본다. 따라서 한국에서 독자적으로 이론을 만들어서 제시할 수도 있겠지만 이게 연구의 우선순위에 속하지 않는다. 이론은 국적이 없고 개별 연구를 통해서 발전하므로, 한국 현실을 대상으로 한 연구결과를 산출함으로써 보편적 이론의 발전에 기여하면 된다는 입장이다. 해외 유학파 연구자가 많으며, 특히 미국에서 학위를 받은 한국의 소통학 연구자들 가운데 다수가 이 입장을 믿건 믿지 않건 사실상 이 연구 정향에 따라 연구하고 있다.

이 연구 정향은 그러나 연구의 시공간 의존성 때문에 딜레마에 빠진다. ① 한국에서 수행한 연구결과가 미국이나 유럽에서 산출한 연구결과와 다른 맥락에서 산출한 것이기에 독자적 의미가 있다는 비교방법론적 접근을 주장해서 스스로 독자적인 연구 가치를 주장하거나, ② 한국에서 수행한 연구결과도 연구의 이론 기여 가능성 차원에서 평가를 받아 다른 어떤 맥락에서 산출한 결과와 비교해서 공평하게 대접받기를 주장하지만, 국제학계에서 받는 대접이 다르기 때문이다. 어느 쪽도 만족스럽지 않다. 특히 전자의 경우, 한국사회라는 맥락적 차이를 활용한 비교방법론적 연구나 반복검증연구(replication studies)를 산출하는 방식으로 기여한다고 생각할 수 있겠지만, 이런 방식으로만 소통학에 기여한다고 생각하면 오히려 스스로 한계를 인정하는 셈이 된다.

나는 딜레마를 극복하기 위한 방법으로 '이론-자료 동반수출론'을 제시한 바 있다(이준웅, 2013). 한국 현실에 대한 한국인의 경험을 반영하는 문제의식에 따라 연구질문을 도출하되, 보편적 이론 형성의 전망을 갖고 연구하고, 축적한 연구결과를 이론과 자료의 패키지로 만들어 국제 학회에 소개해야 한다는 주장이다. 이 주장은 중심부에서 만든 이론과 방법론을 수입해서 검토하고 개선하는 연구만 할 것이 아니라, 이론적으로 기여해야 하는데, 이를 위해 한국사회의 경험에 기초한 이론과 자료를 함께 묶어 수출해야 한다는 가능성을 제기한다. 미국 연구자들이 주도해 온 지난 20세기 소통학의 역사에서 미국의 연구 전통에 속하지 않는 곳에서 생산되어 세계적으로 주목받은 이론은 단 하나다. 노엘레-노이만(Noelle-Neuman, 1984)의 침묵의 나선 이론(the theory of spiral silence)이 그것이다. 이 이론의 기초가 된 구(舊) 서독의 여론조사 자료에 기초한 연구들이야말로 '연구의 시공간 의존성'을 적나라하게 보여준다. 비록 나치 전력으로 논란이 됐던 연구자가 전후 독일의 여론형성에 대한 보수적 감수성을 반영한 관찰을 근거로 산출한 이론이지만, 이론적으로 타당하고 성공적인 연구결과를 생산할 수 있었기에 세계 소통학계에서 주목을 받았다. 나는 우리도 이와 같이 할 수 있다고 믿는다.

셋째, 중심부 기여론이 있다. 학문의 본령인 국제 학회와 학술지에 직접 참여해서 이론적으로 기여하면 된다는 입장이다. 이론적 논의 수준이 높고 연구의 엄밀성이 유지되는 국제 학회와 학술지야말로 이른바 '소통학의 상징권력'을 산출하는 중심부다. 따라서 여기저기 한눈팔지 말고 그냥 중심으로 가서 기여하면 된다. 실제로 이 연구 정향을 따라서 연구하는 학자의 수는 제한되지만, 지금까지 한국연구재단의 연구자 평가체계나 연구 중심대학의 채용기준은 명백히 이 입장을 장려해 왔다. 이 연구 정향에 따르면, 애초에 이론의 산지나 연구자의 출신이란 발상 자체가 무의미하다. 굳이 따져 말하자면 문화계발이론은 미국 이론이며, 그 이론의 개발자인 조지 거브너는 헝가리 출신이지만, 이런 사실이 해당 이론의 성공과 얼마나 상관있는지도 알 수 없기 때문이다. 이론은 보편적이며, 연구는 어디에서 하든지 문제 되지 않는다. 다만 학술적 기여를 노려서 연구한다면 일단 중심부에서 하는 것이 편리할 뿐이다.

　당연히 어떤 입장이 옳은지 당장 판단할 수 없으며, 결국 무엇이 좋을지조차 섣불리 주장하기도 어렵다. 나는 어떤 하나의 연구 정향을 고집하며 다른 연구자에게 그것을 강권하는 일은 심지어 잘못이라 생각한다. 과학적 연구물들은 논문과 저서 등 형식에 따라 개별적이지만, 인용과 참조 그리고 의도적 무시로 서로 연결되어 있다. 이들은 시공간에 펼쳐진 이론적 주장들의 연결망과 같은 것이다. 이 연결망 내에서 개별 연구자는 자신이 속한 연구 전통을 확인할 수 있고, 그것과 연결된 그러나 구분된 별도의 관점들도 확인할 수 있다. 이 연결망의 속성 중 하나인 '모서리 다양성'이 과학 발전의 원동력이 된다. 주변부에서 획일화된 집중력을 갖추자는 주장이 오히려 위험할 수 있다. 한국사회 집중론, 연결망 개선론, 이론-자료 동반수출론, 그리고 중심부론을 따라 각자 다른 연구성과물을 산출하고, 그렇게 다양한 연구들이 주제별로 사안별로 서로 다른 연구 정향을 따른 연구결과를 참조하고 인용하면서 상호 발전하면 좋겠다.

3) 소통 과학의 발전을 위하여

학문의 주변부에서 발전을 기획하는 일은 어려운 일이다. 기획의 내용이 갖는 의미도 모호하지만, 나름 고민해서 만든 기획을 실천한다고 해서 그대로 된다는 보장도 없다. 주변부의 구조적 속성 때문에 발전인 줄 알았던 성과가 저발전의 원인이 될 수 있고, 중심에서 주변부로 흐르는 일방적 영향력을 오히려 강화할 수 있으며, 결국 발전의 성과는 주변부가 아닌 중심에만 쌓일 수 있다. 학술적 연결망이 촘촘해지고, 빨라지고, 확장될수록 주변부에서 주도하는 학술적 기획이 갖는 역할은 오히려 제한된다. 그러나 그렇다고 해서 아무 일도 안 할 수는 없고 연결망을 끊고 고립되는 것을 자초할 수 없다. 이론의 보편성 추구, 연구과정의 협동성, 연구성과의 공개성 등은 학술적 소통의 기본 원리이기 때문이다. 이런 사정을 감안해서 한국에서 연구함으로써 소통학의 발전을 위해 기여할 방법을 고민하는 이들에게 다음과 같이 제언한다.

첫째, 소통학의 고유한 이론은 어떤 내용일지 고민한다. 이 고민은 앞서 제시한 소통학의 정체성과 관련된, 우리 학문의 오랜 질문을 반복하는 일이지만, 그것에만 머무는 것이 아니다. 나는 우리 학문의 주변 학문에 속한 많은 연구자들이 소통 현상에 대한 관심을 키우며 탁월한 학술적 연구 성과를 내는 것을 보면서, 우리 학문의 재생산의 기초가 되는 고유한 문화적 유전체에 대해 고민할 시점이 되었다고 생각한다. 모든 소통 현상이 심리학, 사회학, 정치학으로 환원되고 나면 소통학이 고유하게 설명할 거리로 남는 것은 무엇인가? 이 고민의 끈을 놓지 않고 이론을 만들고 연구를 수행해야 한다.

둘째, 한국에서 이론을 만들면 왜 좋은지 성찰한다. 앞서 논의했듯이 이 문제는 애초에 잘못 설정된 것일 수도 있다. 일단 이론의 산지나 이론가의 국적이 훌륭한 이론을 산출하는 데 무관하다는 입장이라면 그러하다. 연구는 시공간적으로 제한될지언정 이론은 보편적이고 추상적인 것이며 따라서 한국의 소통이론이라는 개념 자체가 오류라는 입장이라면 더욱 그렇다. 그런데 이 문제 제기는 '발견적이며 체험적인' 역할을 한다. 답변을 얻는 것이 중요한 것이 아니라 답변을 구하는 과정에서 이와 관련한 전제와 함의를 살펴서 고민하는 가운데 연구자는 더욱 현명해질 것이다.

셋째, 중심부에서 만들어진 소통학의 주요 개념어를 우리말로 옮겨서 사용할 것을 고민한다. 예컨대, '커뮤니케이션', '미디어', '프레이밍', '콘텐츠', '소셜미디어'란 용어를 외래어로 그냥 두지 말고 모국어의 의미체계에 통합시키는 방향으로 우리말로 옮기려면 어떤 대안이 있는지 적극 제안하자는 것이다. 나는 지난 몇 년간 '소통', '매체', '틀짓기', '내용', '교류매체'라고 쓰고 말하면서 아무런 불편을 겪지 않았다. 이 책은 우리말로 쓰인 첫 번째 소통학 편람의 두 번째 개정판인데 개념어에 대한 특별한 관심을 갖고 편찬한 것이다. 특별한 관심이란 한국말로 소통학을 학습하는 독자들을 위해 주요 개념어를 우리말로 제시할 방법을 고민해 보자는 것이다. 언어란 생각의 도구 이상 역할을 하며, 번역은 도구를 바꾸는 것 이상의 효과를 낸다. 이 편람의 편찬에 참여한 저자들은 각자 분야별 주요 개념어의 번역대안을 제시하고, 저자 간 불일치가 발생한 일부 개념어를 놓고 논의를 해서 용어를 확정했다. 이 과정에서 각 개념에 대한 번역대안의 적절성에 대해 열띤 토론을 벌이기도 했는데, 나는 이런 토론이 우리말로 소통학 하기의 기초를 닦는 일이라고 생각한다.

참고문헌

김경만 (2015). 〈글로벌 지식장과 상징폭력: 한국사회과학에 대한 비판적 성찰〉. 문학동네.

김종영 (2015). 〈지배받는 지배자: 미국 유학과 한국 엘리트의 탄생〉. 돌베개.

이준웅 (2013). 방송학 분야 매체이론 발전을 위한 모색. 〈2013년 한국방송학회 봄철 정기학술대회 특별세션 발제문〉.

Bryant, J. (1986). The road most traveled: Yet another cultivation critique. *Journal of Broadcasting & Electronic Media, 30*(2), 231-335.

Craig, R. (1999). Communication theory as a field. *Communication Theory, 9*(2), 119-161.

Gerbner, G., Gross, L., Morgan, M., & Signorielli, N. (1980). The 'mainstreaming' of America: Violence profile No. 11. *Journal of Communication, 30*(3), 10-29.

Gerbner, G., Gross, L., Morgan, M., & Signorielli, N. (1986). Living with television: The dynamics of the cultivation process. In J. Bryant & D. Zillman (Eds.), *Perspectives on media effects* (pp. 17-40). Lawrence Erlbaum Associates.

Lewin, K. (1952). *Field theory in social science: Selected theoretical papers*. Tavistock.

Morgan, M., & Shanahan, J. (2010). The state of cultivation. *Journal of Broadcasting & Electronic Media, 54*(2), 337-355.

Noelle-Neumann, E. (1984). *The spiral of silence. A theory of public opinion: Our social skin.* University of Chicago Press.

Nordenstreng, K. (2007). Discipline or field?: Soul-searching in communication research. *Nordicom Review, Jubilee Issue*, 211-222.

Popper, K. (1957). Philosophy of science: A personal report. In C. A. Mace (Ed.), *British philosophy in mid-century* (pp. 155-191). Allen & Unwin.

Popper, K. (1959). *Logic of scientific discovery*. Routledge.

Reimer, B., & Rosengren, K. E. (1990). Cultivated viewers and readers: A life-style perspective. In N. Signorielli & M. Morgan (Eds.), *Cultivation analysis: New directions in media effects research* (pp. 181-206). Sage.

Shannon, C. E. & Weaver, W. (1959). *The mathematical theory of communication*. University of Illinois press.

Scheufele, D. A. (1999). Framing as a theory of media effects. *Journal of Communication, 49*(1), 103-122.

Scheufele, D. A., & Tewksbury, D. (2007). Framing, agenda setting, and priming: The evolution of three media effects models. *Journal of Communication, 57*(1), 9-20.

Scheufele, D. A., & Iyengar, S. (2015). The state of framing research: A call for new directions. In K. Kenski & K. H. Jamieson (Eds.), *The Oxford handbook of political communication theories*. Oxford University Press.

Shrum, L. J. (1995). Assessing the social influence of television: A social cognitive perspective on cultivation effects. *Communication Research, 22*(4), 402-429.

Sundar, S. S. (2007). Social psychology of interactivity in human-website interaction. In A. N. Joinson, K. Y. A. McKenna, T. Postmes, & U. D. Reips (Eds.), *The Oxford handbook of internet psychology* (pp. 89-104). Oxford University Press.

Peters (1999). *Speaking into the air*. University of Chicago Press.

Quine, W. V., & Ullian, J. S. (1980). Hypothesis. In E. D. Klempe, R. Hollinger, A. D. Kline (Eds.), *Introductory readings in the philosophy of science*. Prometheus Books.

Reeves, B., & Nass, C. (1996). *The media equation: How people treat computers, television and new media like real people and places*. CSLIP.

Rogers, E. M. (1994). *History of communication studies*. Free Press.

2

소통학 연구의 설계, 측정, 그리고 분석기법

백영민 | 연세대 언론홍보영상학부 교수

연구방법은 연구자의 연구질문에 대해 설득력 있고 과학적인 해답을 얻는 일련의 과정이다. 연구자가 이론적으로 깊은 성찰을 통해 연구질문을 도출하고 이에 대한 연구자의 해석이 아무리 깊은 이론적 함의를 갖는다고 하더라도, 실증데이터를 측정하는 과정에서 타당도와 신뢰도가 결여되고 데이터 분석과정에 결점이 많다면 결코 좋은 연구라고 부를 수 없다. 이 장에서는 ① 측정의 타당도와 신뢰도, ② 측정치 사이의 관계추정, 두 가지를 중심으로 소통학 연구의 현황을 점검한 후, ③ 소통학 연구방법의 미래에 대한 내 생각을 짧게 밝혔다.

본격적 내용을 제시하기 전, 이 장에서 다루지 않는 부분에 대해 먼저 밝히고자 한다. 첫째, 여기서는 연구방법에 대한 개론 성격의 지식을 나열하거나 제시하지 않았다. 소통학 연구방법, 보다 포괄적으로 사회과학의 연구방법에 대한 교재들(Babbie, 2020; Schutt, 2019)은 충분히 출간되어 있으며, 연구과정의 일환인 데이터 분석에 대한 통계학적 혹은 데이터과학적 성격의 교재도 쉽게 찾아볼 수 있다.

둘째, 분량문제로 표집방법(sampling method), 문항효과(question format effect), 조사방법효과(mode effect) 등에 대해서는 논의하지 못했다. 표집방법의 경우, 통상적인 사회과학 연구방법론 교재들(Babbie, 2020; Schutt,

2019)을, 문항효과의 경우, 브래드번 등(Bradburn et al., 2004)을 비롯해, 관련 참고문헌들(Schaeffer & Dykema, 2020; Schwarz et al., 2008)을, 조사방법 효과의 경우에도 관련 참고문헌들(Daiker et al., 2020; Dillman et al., 2014; Tourangeua et al., 2013)을 참조할 수 있다.

셋째, 실증데이터의 수집·분석이 포함되지 않는 연구방법에 대해서는 다루지 않았다. 이를테면 최근 중요하게 부각되고 있는 행위자기반모형(agent-based modeling, ABM)의 경우 시나리오를 기반으로 컴퓨터시뮬레이션을 실시한 연구라는 점에서 이 장에서는 다루지 않았다. 이 주제에 대해서는 이 책의 14장에서 별도로 자세히 다루고 있다.

끝으로 소통학 분야의 연구성과를 우선적으로 소개하는 데 중점을 두었지만, 소통학 분야의 발전에 크게 기여할 수 있다고 판단될 경우, 다른 학문분과의 연구성과라도 소개했다. 아울러 소통학 분야에서 자주 활용되는 연구방법이 아니라고 판단될 경우, 해당 기법에 대한 기초 참고문헌들 역시 같이 제시했다.

1. 측정의 타당도와 신뢰도

과학적 연구방법은 연구자가 설정한 연구질문에 대해 설득력 있고 믿을 수 있는 실증적 해답을 찾는 연구과정이다. 이 과정에서 첫 번째 가장 중요한 단계에서는 연구질문이 다루는 연구개념을 타당하고 신뢰할 수 있는 방법으로 측정한다. 두 번째 단계에서는 수집된 측정치들의 관계(즉, 상관관계 혹은 인과관계)를 과학적이며 엄밀한 데이터 분석방법을 이용해 추정한다.

첫 번째 단계부터 살펴보자. 좋은 연구수행을 위해서는 연구질문에서 다루는 개념들을 '타당하게(valid) 반영'하는 측정도구(measurement instrument)를 사용해 '신뢰할 수 있는(reliable) 방법'으로 측정해야 한다. 흔히 앞의 것을 '측정의 타당도(measurement validity)'라고 부르고, 뒤의 것을 '측정의 신뢰도(measurement reliability)'라고 부른다. '측정의 타당도'는 측정도구로 얻은 측정치가 연구자의 이론적 개념을 타당하게 반영하는 정도를 의미하며, 이론적 개념이 의도하는 바가 성공적으로 측정된 측정치라고 인정될 경우 '측정의 타당도가 확보되었다'고 판단한다. 반면, '측정의 신뢰도'는 연구자가 다루고 있는 현상이 변하지 않았다고 가정할 때, 동일한 개념에 대한 같은 측정과정을 통해 얻은 측정치들의 일관성 수준을 의미하며, 측정치들 사이의 일관성 수준이 높으면 높을수록 '측정의 신뢰도가 높다'고 판단한다.

1) 측정의 타당도

측정의 타당도는 다양하게 평가된다. 측정의 타당도를 가늠하는 대표적 평가방식으로는 '액면타당도(face validity)', '내용타당도(content validity)', '준거타당도(criterion-related validity)', '구성타당도(construct validity)' 등을 언급할 수 있다.

(1) 액면타당도

액면타당도는 측정치에 대한 전문가의 주관적 해석을 통해 측정도구로 얻은 측정치가 개념을 얼마나 타당하게 반영하는지 판단하는 측정의 타당도를 뜻한다. 소통학을 포함한 사회과학과 다른 학문분과에서도 액면타당도 평가는 가장 기초적이며 필수적인 타당도 평가방식이다. 일반적으로 측정도구에 큰 문제가 없는 경우 액면타당도가 확보되었다고 판단(혹은 가정)하지만, 연구자 혹은 독자의 주관적 해석에 기초한다는 점에서 액면타당도만으로는 개념을 제대로 반영한 측정치를 얻지 못할 가능성이 매우 높다.

'미디어 노출량(exposure)'이나 '미디어 이용시간(time spent for media use)' 등의 개념의 경우, 소통학 연구에서 매우 자주 등장하며, 설문문항을 통해 흔히 측정된다. 예를 들어 '일일 인터넷 이용시간'이라는 개념을 "귀하께서는 지난 1주일 동안 하루 평균 몇 분이나 인터넷을 이용했습니까?"와 같은 설문문항을 활용해 측정하는 것은 매우 일반적이며, 적어도 '표면적으로' 액면타당도에 별문제가 없어 보인다. 그러나 설문문항을 제시한 후 응답자가 기억하는 인터넷 이용시간을 자기보고 방식의 측정도구로 측정하는 것은 타당하지 않을 수 있다.

예를 들어 프라이어(Prior, 2009)는 자기보고식 설문조사를 통한 뉴스노출도와 기계측정식 닐슨조사로 측정된 뉴스노출도(news exposure)를 비교했다. 프라이어의 연구 결과, 기계측정 방식에 비해 자기보고 방식은 전반적으로 뉴스노출도를 약 2.6배가량 과도추정(overestimate)하는 것으로 나타났다. 특히 자기보고 방식의 뉴스노출도 과도추정 경향은 젊은 연령층(약 8배)과 고소득층(약 4배)에서 매우 심하게 나타났다. 이와 같은 분석 결과를 토대로 프라이어는 자기보고 방식은 실제 뉴스노출도 측정방법으로 '타당성을 결여했다(lack validity, p. 137)'는 결론을 내리기도 했다.

즉, 액면타당도 확보는 측정의 타당도를 확보하기 위한 하나의 조건에 불과하며, 액면타당도가 확보된 측정치라고 하더라도 곧이어 등장할 준거타당도 관점에서 실증되거나 혹은 비판적으로 검토돼야 한다.

(2) 내용타당도

내용타당도는 측정치가 개념이 포괄하는 의미의 모든 범위를 포괄하는지를 판단하는 측정의 타당도를 뜻한다. 액면타당도와 마찬가지로 내용타당도 역시 전문가의 주관적 해석을 기반으로 내용타당도 충족여부를 판단한다. 일반적으로 내용타당도는 소통학을 포함한 사회과학과 같이 개념의 범위가 넓고 다양한 경우에 반드시 고려해야 할 부분이다.

이와 관련 '알고리듬 리터러시(algorithm literacy)'라는 개념의 측정도구를 제안한 도그루얼 등(Dogruel et al., 2021)의 연구를 사례로 내용타당도를 충족하는 것이 얼마나 힘든 일인지 살펴보자. '리터러시(literacy)' 혹은 '알고리듬 리터러시' 등에 대한 다양한 선행연구들을 검토한 후, 도그루얼 등은 알고리듬 리터러시 개념의 범위를 ① 알고리듬이 무엇이며, 어디에 활용되는지에 대한 인식수준, ② 알고리듬 작동방식에 대한 지식수준, ③ 알고리듬 작동방식에 대한 비판적 평가능력수준, ④ 알고리듬을 자신이 원하는 방식에 맞게 활용할 수 있는 능력수준 등 네 가지로 정의했다.

그러나 도그루얼 등은 현실적으로 ③과 ④의 영역에 해당되는 알고리듬 리터러시 능력을 상당수준 이상 보유한 일반인 응답자는 없을 가능성이 높으며, 만약 그러한 응답자가 존재한다고 하더라도 통상적 설문조사를 통해 측정이 불가능하다고 지적한 후, ①의 영역의 14개 측정문항과 ②의 영역의 18개 측정문항들로 구성된 '인지적(cognitive) 알고리듬 리터러시'라는 한정된 개념을 대상으로 한 측정도구를 제안했다. 즉, 도그루얼 등의 연구에서 제안된 측정도구는 알고리듬 리터러시라는 전체 개념 중, '인식과 지식 영역'에 해당되는 '인지적 알고리듬 리터러시'를 측정했다는 점에서 내용타당도를 부분적으로 확보하지 못했다. 척도개발(scale development) 연구의 완성도 측면에서, 도그루얼 등의 연구는 매우 우수한 연구다. 그러나 연구자들도 인정하듯 측정과정에서 현실적 여건과 한계로 인해 내용타당도를 완전히 확보하는 데 실패했다.

내용타당도가 완전히 확보되지 않은 경우, 연구자는 어떻게 대처해야 할까? 첫째, 개념의 전체범위를 온전히 반영할 수 있도록 측정도구를 개선해야 한다. 그러나 도그루얼 등(Dogruel et al., 2021)의 연구에서 잘 나타나듯, 개념의 범위를 온전히 포괄할 수 있는 측정치를 산출하는 측정도구를 확보하는 것은 쉽지 않다. 둘째, 측정치의 범위에 맞추어 개념의 범위를 한정해야 한다. 이런 점에서 도그루얼 등은 이론적 개념의 범위를 한정짓는 방식으로 자신들이 개발한 측정도구에 대해 '인지적 알고리즘 리터러시 척도'라는 이름을 붙였다. 그러나 개념의 일부를 측정한 후, 마치 그 측정 치가 전체 개념인 것처럼 확대해석하거나 지칭하는 연구들이 적지 않으 며, (의도한 것인지는 불명확하지만) 자신들이 제안한 척도를 '알고리즘 리터 러시 척도'라고 이름 붙이고 있다.

내용타당도 문제는 설문조사 문항연구에만 국한되지 않는다. 이를테면 실험연구방법을 이용해 메시지 효과를 연구하는 경우에도 내용타당도 문 제가 발생할 수 있다. 예를 들어 공포 소구 메시지(fear-appeal message) 효과를 연구할 때 사용되는 실험자극물 메시지는 '공포 소구 메시지 개념' 을 구체화한 하나의 메시지(처치집단)와 공포 소구가 포함되지 않은 메시 지(통제집단)를 비교하는 경우가 적지 않다. 구체적으로 리브스 등(Reeves et al., 2016)이 306편의 실험연구들을 검토한 결과 65%에 달하는 연구들 에서 단일집단 메시지를 활용한 연구를 수행했다고 한다. 즉, 하나의 메시 지 효과 실험연구에서 사용되는 실험메시지의 경우 내용타당도를 일부 혹 은 제한적으로 반영하는 데 머무를 가능성이 높다.[1] 메시지 효과연구의 측 정치, 즉 실험메시지의 내용타당도를 보다 더 크게 확보하기 위해서는 다 중-메시지 설계(multiple-message design)를 고려할 수도 있지만(Jackson & Jacobs, 1983; Reeves et al., 2016), 연구진행과정에서 발생하는 비용과

---

[1] 내용타당도 관점에서 바라본 개념과 측정치 문제는, 관점에 따라 표집(sampling)의 문제로 이해할 수도 있다. 즉, 내용타당도가 충분히 확보되지 않았다는 것은, 개념의 전체 스펙트럼 에 존재할 수 있는 다양한 자극물들 중 일부가 연구에 표집된 것으로 이해할 수 있다. 이렇게 볼 경우, 통상적 메시지 효과연구에서 실험처치효과를 고정효과(fixed effect)로 추정하는 것 보다, 표집과정에서의 변동성을 고려한 랜덤효과(random effect)로 추정하는 것이 더 적절 할 수 있다(이러한 관점으로는 Jackon & Jacobs, 1983; Judd et al., 2012; O'Keefe & Hoeken, 2021). 야르코니(Yarkoni, 2024)는 고정효과와 랜덤효과의 차이를 고려하지 못하 는 것이 사회심리학 연구의 '일반화 가능성 위기(generalizability crisis)'를 초래한 한 가지 이유라고 지적했다.

노력이 적지 않다는 점에서 실제적용은 쉽지 않다.

'개념의 범위'와 '측정의 범위'의 일치여부를 판단하는 내용타당도는 일반적으로 생각하는 것보다 충족하기 매우 어렵고, 단일 연구로는 내용타당도를 충분하게 확보하기 어렵다. 내용타당도 불충족 문제를 해결하기 위해서는 주요개념에 대한 탄탄한 이론적 성찰이 필수적이며, 측정치를 주의 깊고 포괄적으로 포함하는 것이 좋다. 반복연구(replicates)를 통해 축적된 연구결과들에 대한 체계적 문헌검토(systematic literature review)[2]를 거쳐 개념과 측정치의 관계를 꼼꼼하게 성찰하는 것도 필수적이다.

(3) 준거타당도

준거타당도는 현상이나 개념의 확립된 측정치에 대해 연구자가 살펴보고자 하는 측정치를 비교하는 방식으로 판단한 측정의 타당도를 의미한다. 준거타당도는 만약 확립된 측정치와 연구자가 살펴보고자 하는 측정치가 동일한 개념을 다루고 있는 상황인 경우 '공변타당도(concurrent validity)'라고, 두 측정치가 인과관계를 구성하는 각각의 개념을 다루고 있는 경우 '예측타당도(predictive validity)'라고 구분한다.

① 공변타당도

공변타당도 테스트는 개념을 측정하는 새로운 연구방법이 등장할 때 거의 언제나 활용된다. 특히 최근 기계학습 알고리듬을 활용한 텍스트 분석결과를 활용하는 연구의 경우, 연구자 관점에서 액면타당도가 확보되었다고 확신하더라도 준거타당도 테스트를 실시하는 것이 바람직하다. 이를테면

---

2 소통학 연구에서 활용하는 경우는 드물지만, 의료관련 학문분과에서 널리 활용하는 PRISMA (체계적 문헌고찰과 메타분석) 가이드라인은 소통학 연구에서도 충분히 활용할 가치가 있다고 생각한다(이와 관련해 다음을 참조, Page et al., 2021).

LDA(Latent Dirichlet allocation; Blei et al. 2003) 모형이나 STM(structural topic model; Roberts et al., 2014) 등의 토픽모형을 활용한 연구에서는 특정한 단어집단들이 주로 나타나는 문서들의 주제(theme)를 반영한다고 가정한 후, 연구자의 이론적 판단을 통해 사후적으로(post-hoc) 문서를 분류한다. 그러나 이러한 방식의 액면타당도 점검방식으로는 기계학습으로 분류된 문서의 주제(측정치)가 인간이 생각하는 방식의 주제(개념)를 타당하게 반영한다고 확신하기 어렵다.[3] 다시 말해 준거타당도 테스트가 실행되지 않을 경우, 기계학습 알고리듬으로 추론한 문서의 주제가 인간이 추론한 문서의 주제와 동일 혹은 유사하다고 확신할 수 없다.

기계학습 기법과 같이 새로운 측정방법이 개발된 경우의 준거타당도, 보다 구체적으로는 공변타당도 테스트를 실시한 좋은 연구사례로 반아테벨트 등(van Atteveldt et al., 2021)을 꼽을 수 있다. 반아테벨트 등은 텍스트에 나타난 감성(sentiment)에 대한 다양한 자동화 분석기법들의 성능을 비교했다. 텍스트(구체적으로 경제신문 보도기사)에 내재된 전문가 코딩결과를 확립된 측정치(established measure, gold standard)로 설정한 후, 반아테벨트 등은 학생코더를 활용한 수동코딩 측정치, 아마존메커니컬터크스(Amazon Mechanical Turks)와 같은 플랫폼을 기반으로 한 크라우드소싱 조사기반 측정치, 전산학 분야에서 개발된 세 가지 어휘사전(lexicon) 기반 감성분석 측정치, 그리고 나이브베이지안(Naive Bayes), 서포트벡터머신(Support Vector Machine), 합성곱뉴럴네트워크(Convolutional Neural Network, CNN)와 같은 세 가지 기계학습 알고리듬을 기반으로 한 감성분석 측정치의 공변타당도를 테스트했다. 반아테벨트 등의 분석결과, 확립된 측정치인 전문가 코딩결과와 가장 유사한 측정치는 학생코더

---

3   소통학을 비롯해 사회과학 연구에서 토픽모형 활용방식의 문제점과 개선방식에 대해서는 마이어 등(Maier et al., 2018), 바덴 등(Baden et al., 2022), 첸 등(Chen et al., 2023)을 참조.

(Krippendorff's α, .82~.90[4])와 크라우드소싱(.75 ~.81)을 통해 얻은 측정 치였으며, 다음으로 CNN을 필두로 하는 기계학습 알고리듬으로 얻은 측 정치였고(.39~.50), 어휘사전으로 얻은 측정치가 가장 좋지 않은 것으로 나타났다(.06~.34). 이와 같은 분석결과를 토대로 반아테벨트 등은 기계 학습 알고리듬을 적용하기 전에 반드시 타당도를 점검하는 절차가 필요 하다고 주장하고 있다.

물론 반아테벨트 등(van Atteveldt et al., 2021)의 연구가 진행되었던 시 점에서의 기계학습 알고리듬에 비해 현시점(아울러 이 글을 보는 독자의 시 점)의 기계학습 알고리듬은 매우 다른 모습을 보여줄 가능성이 높다. 또한 기계학습에 기반한 텍스트 분석기법의 성과는 텍스트의 특징과 영역에 따 라 달라지는 것이 보통이며, 이는 최근 소통학에서 활발하게 진행되고 있 는 알고리듬 기반 시각데이터(visual data) 분석에서도 마찬가지다(Joo & Steinert-Threlkeld, 2022). 즉, 기계학습과 같은 새로운 분석기법을 활용할 경우, 모든 사례들을 대상으로 한 공변타당도 테스트를 실시하는 것은 어 렵다고 하더라도, 사례 중 일부에 대한 공변타당도 테스트를 실시하는 것 이 합당할 것이다.

② 예측타당도

예측타당도는 공변타당도와 마찬가지로 측정치가 타당한지 여부를 판 가름하기 위해 확립된 측정치를 활용한다. 그러나 공변타당도의 경우 확 립된 측정치와 살펴보고자 하는 측정치가 동일한 개념을 측정한 반면, 예 측타당도의 경우 연구자가 살펴보고자 하는 측정치가 확립된 측정치를 성

---

4   준거타당도 측면에서 정확도(precision)와 재현도(recall) 등의 기계학습 문헌에서 주로 활 용하는 측정치를 제시하는 것이 더 낫다(반아테벨트 등의 연구에서는 다양한 평가지표들을 제공했다). 그러나 이들 측정치가 소통학 연구에서 자주 활용되지 않는다는 점에서, 비교적 널리 알려진 크리펜도르프의 알파를 제시했다.

공적으로 예측하는지(즉, 인과관계가 성립되는지)를 통해 측정의 타당도를 평가한다.

앞서 내용타당도를 소개하면서 언급했던 도그루얼 등(Dogruel et al., 2022)의 연구는 매우 훌륭한 예측타당도 테스트 결과를 제시한다. 앞에서 소개했듯이, 도그루얼 등은 가상의 시나리오를 제공한 후 알고리듬의 작동방식을 제대로 이해하고 있는지를 측정할 수 있는 문제들을 구성하고 제시했다. 이들은 인지와 지식의 두 영역의 '인지적 알고리듬 리터러시' 점수가 높은 사람일수록 알고리듬 작동방식 관련 문제들의 정답확률이 월등히 높은 것을 발견했으며, 이 결과를 통해 인지적 알고리듬 리터러시 척도의 예측타당도가 확보되었다고 결론 내렸다.

새로운 척도를 개발하고자 하는 연구라면 준거타당도(공변타당도 혹은 예측타당도) 테스트 결과를 언제나 제공한다. 타당도가 확보된 측정치를 원하는 연구자라면 자신이 활용하고자 하는 측정치가 유사한 맥락의 선행연구에서 준거타당도 테스트를 거친 것인지 먼저 확인해야 한다. 아울러 자신의 연구맥락과 선행연구가 진행맥락(시점, 주제, 측정단위 등)과 상당히 동떨어져 있다고 판단할 경우, 자신이 활용하고자 하는 핵심측정치의 준거타당도를 다시금 살펴보는 것이 적절할 것이다.

(4) 구성타당도

구성타당도는 측정치들 사이의 관계가 이론에서 규정된 방식에 부합하는지를 살펴보는 방식으로 판단한 측정의 타당도를 의미하며, 다차원 개념(multi-dimensional concept)인 경우 수렴타당도(convergent validity)와 판별타당도(discriminant validity)가 동시 충족된 경우 구성타당도가 확보되었다고 판단한다. 이때 수렴타당도는 특정 개념의 측정치가 동일한 개념을 측정하는 다른 측정치와 수렴되는지를 살펴보는 방식으로 판단한다. 판별타당도는 특정 개념의 측정치가 다른 개념의 측정치에 비해 판별 가능한지를 살펴보는 방식으로 판단한다.

구성타당도 테스트는 소통학 연구에서도 많이 활용되는 '확증적 인자분석(confirmatory factor analysis, CFA)' 기법을 통해 진행되며, 구조방정식 모형(structural equation model, SEM)을 추정할 수 있는 프로그램들(R의 lavaan 패키지, Mplus, SAS Proc CALIS 등)을 활용할 수 있다. SEM 기법에 대한 기본적 소개와 활용방법에 대해서는 시중에 많은 교재들이 출간되어 있다.[5] 이 장의 목적은 SEM을 소개하는 것이 아니라는 점에서 SEM에 대한 구체적 서술은 제시하지 않았다.[6] SEM은 의심의 여지없이 좋은 데이터 분석기법이지만, 구성타당도 관점에서 몇 가지 주의할 부분들이 존재한다.

첫째, CFA로만 구성타당도 테스트를 실시할 수 없으며, 만약 거트만 척도(Guttman scale)와 같이 측정문항들이 위계적 구조(hierarchical structure)를 갖는 경우라면, 통상적인 CFA를 사용하는 것은 적절하지 않다. CFA의 경우 측정문항들이 평행적 구조(parallel structure)를 갖는 경우에 적합하다. 위계적 구조를 갖는 측정문항들에 대해서는 대안적 분석모형, 이를테면 문항반응이론(item-response theory, IRT) 모형이 더 적합하다. 앞에서 소개했던 도그루얼 등(Dogruel et al., 2022)은 '난이도(difficulty)' 수준에 따라 측정문항들이 위계화된 구조를 갖는 알고리듬 리터러시 척도를 개발했으며, IRT모형, 더 구체적으로 라쉬(Rasch) 모형으로 자신들이 개발한 척도의 구성타당도를 테스트했다.

---

5   여러 교재들 중 클라인(Kline, 2023)을 가장 추천한다.
6   SEM과 비슷한 맥락에서 언급되는 다양한 모형들이 존재하며, 여기서 언급하는 SEM은 흔히 공분산구조(covariance structure) SEM을 지칭한다. 그러나 공분산구조 SEM이 아닌 대안적 SEM을 통해 구성타당도 테스트를 수행할 수 없는 것은 아니다. 예를 들어 조직연구나 경영학 등에서 많이 활용되는 부분최소자승(PLS, partial least squares) 모형(Henseler, 2021)은 공분산구조 SEM과 추정방식이 조금 다르다. 전산학이나 약학 등에서 활용되는 구조적 인과모형(SCM, structural causal model; Pearl, 2023) 등도 존재한다. 세 가지 방식의 SEM에 대한 전반적 개요는 클라인(Kline, 2023)을 참조.

둘째, CFA모형을 추정한 후, 모형적합도 통계치(모형 카이제곱 테스트 결과, CFI, TLI, SRMR, RMSEA 등과 같은 지수들)를 제시하고 평가한 후, 인자적 재치(factor loadings)를 살펴보는 것만으로 구성타당도 테스트가 끝났다고 결론 내릴 수 없다.[7] 왜냐하면 모형적합도 통계치를 확인하는 것은 연구자의 모형이 데이터에 적합하다는 것을 보여주는 것일 뿐이기 때문이다. 구성타당도가 확보되었다는 말은 수렴타당도와 판별타당도가 동시에 충족되었다는 말이며, 따라서 수렴타당도와 판별타당도를 평가할 수 있는 관련 통계치들이 충분히 보고되어야만 한다. 수렴타당도를 판단하는 통계치들로는 평균분산추출(average variance extracted, AVE), 합산신뢰도(composite reliability, CR), 크론바흐 알파(Cronbach's α) 등이 활용되며, 통상적으로 모든 지표들이 특정한 기준값을 넘을 경우(이를테면, .80) 수렴타당도에 문제가 없다고 결론 내린다. 판별타당도와 관련해 가장 널리 통용되는 기준은 포넬-라커(Fornell & Larcker, 1981) 기준으로(Hair et al., 2012), 잠재변수의 AVE 값이 잠재변수 간 상관계수 제곱보다 커야 한다는 것을 뜻한다.[8] (다시 말해 개념의 측정항목 분산은 서로 다른 개념의 공유분산보다 커야 한다.) 최근에는 헨셀러 등(Henseler et al., 2015)의 이질개념-단일개념 상관계수비(heterotrait-monotrait ratio of correlations, HTMT)라는 지표가 추천되고 있다(HTMT < .90일 경우 판별타당도가 확보되었다고 판단).

셋째, CFA를 추정하는 과정에서 수정지수(modification index) 사용은 가급적 자제해야 하며, 부득이하게 사용해야 하는 경우라면 그 근거와 정당화 논리를 명확히 밝혀야 한다. 통상적으로 용납되는 모형적합도 통계치를 얻기 위한 방법으로 수정지수를 사용하는 것은 CFA를 소개하는 문

---

7   교차적재치(cross-loadings)를 살펴보는 방식으로 판별타당도를 점검하는 방법은 매우 권장되지 않고 있기에 본문에서 언급하지 않았다(Henseler et al., 2015).

8   여기서는 분산을 중심으로 소개했다. 동일하지만 다른 표현으로 $\sqrt{AVE}$ 가 잠재변수 간 상관관계(표준화된 Φ 행렬의 탈대각요소)의 절댓값보다 커야 한다고 서술할 수도 있다.

헌에서도 강하게 권장하지 않는 방법이다(이를테면, Kline, 2023). 통상적 기준에서 용납 가능한 모형적합도 통계치를 얻는 것은 CFA의 목적이 아니다. 이렇게 얻어진 CFA 모형으로는 적절하게 구성타당도를 테스트할 수 없기 때문이다. CFA 모형 테스트 과정에서 흔히 나타나는 문제는 크게 두 가지다. 먼저 둘 이상의 잠재변수들을 이용해 하나의 관측변수 분산을 설명하는 CFA 모형은 특히 판별타당도라는 측면에서 정당화되기 어렵다. 또한 정당화 근거 없이 관측변수의 오차항들(residuals) 사이의 상관관계를 추정한 CFA 모형의 경우, 데이터의 맥락이 바뀔 경우 유지되기 어려울 가능성이 높다. 오차항들 사이의 관계가 설명 가능하거나(예를 들어, 역코딩이 적용된 문항들), 혹은 데이터의 구조나 환경을 반영하는 것(이를테면, 데이터 수집방법이 동일하거나 측정시점이 동일한 것)과 같이 명확한 설명이 가능하지 않은 상황이라면, 수정지수 추정결과가 어떠하든 관측변수 오차항들 상관관계 추정을 추가하지 않아야 한다.

끝으로 구성타당도 테스트가 적용되는 표본의 사례들이 동질적인지 여부를 비판적으로 평가·판단해야 한다. 이를테면 해외 연구에서 구성타당도가 확인된 측정도구라고 하더라도, 국내 연구에서는 구성타당도가 확인되지 않을 가능성을 부정할 수 없다. 마찬가지로 동일 사회라고 하더라도 성인들을 대상으로 구성타당도가 확보된 측정도구가 청소년들을 대상으로 연구를 진행할 때, 구성타당도가 확보된다고 가정하기 어려울 수 있다(이를테면 성인의 경우 판별타당도가 확보된 반면, 청소년에 대해서는 판별타당도가 확보되지 않음). 만약 연구자의 연구표본 사례들의 이질성이 확인되거나 혹은 이질성이 의심되는 경우라면, 측정도구 동등성/동질성(measurement equivalence/invariance, ME/I) 테스트를 실시할 것을 권장하며, 특히 조절효과(moderation effect) 테스트가 포함된 연구라면 조절변수의 수준에 따라 ME/I 테스트를 실시하는 것이 타당하다. 일반적으로 널리 활용되는 SEM 패키지에는 ME/I 테스트를 위한 함수들을 제공하고 있으며, ME/I

테스트에 대해서는 반덴버그와 랜스(Vandenberg & Lance, 2000)의 리뷰논문을 추천한다.

측정의 타당도가 확보되지 않으면, 데이터 분석결과는 이론을 불충분하게 혹은 심지어 잘못 반영할 가능성이 높다. 살펴보았듯이, 측정의 타당도를 충분히 확보하는 것은 생각보다 매우 어려우며, 타당한 측정치를 확보하는 '타당한 분석결과'를 얻기 위한 첫 단계다.

2) 측정의 신뢰도

'측정의 신뢰도'는 연구자가 다루고 있는 현상이 변하지 않았다고 가정할 때, 동일한 개념에 대한 측정치들의 일관성 수준을 의미한다. 이는 측정치들 사이의 내적 일관도(internal consistency) 혹은 측정치들 사이의 합치도(agreement)를 정량화한 통계치를 통해 평가한다. 소통학 연구에서 자주 등장하는 신뢰도 평가방법은 단일차원 개념을 측정하는 복수의 측정치들 사이의 내적 일관도를 측정하는 통계기법들(이를테면 크론바흐 α), 단일 현상에 대한 복수의 해석결과 측정치들 사이의 합치도를 산정하는 통계기법들(이를테면 크리펜도르프 α) 등 두 가지로 양분할 수 있다.[9]

(1) 내적 일관도로서의 신뢰도

내적 일관도는 동일한 개념 혹은 현상을 측정한다고 가정된 측정치들이 얼마나 서로 일관된 연관관계를 보이는지를 의미한다. '내적 일관도'는 흔히 동일한 개념을 측정하는 '문항 간 신뢰도(inter-item reliability)' 혹은 여러 시점에 걸쳐 동일한 방식으로 반복 측정된 측정치의 안정성(stability)

---

9 추가적으로 대안양식 신뢰도(alternative-forms reliability)와 반분 신뢰도(split-half reliability)
   의 경우, 활용도가 낮아 언급하지 않았다.

을 측정하는 '검사-재검사 신뢰도(test-retest reliability)' 등으로 구분되기도 한다.

내적 일관도 평가방법들 중 가장 널리 알려진 통계치는 단연코 크론바흐 알파다. 크론바흐 알파는 문항 간 피어슨 상관계수들의 평균값과 문항수를 조합해 산출한다. 크론바흐 알파를 계산하기 위해서는 반드시 측정문항들에 대해 단일차원(unidimensionality)을, 그리고 측정문항들에 대해 반드시 정규분포를 가정할 수 있어야 한다. 일반적으로 크론바흐 알파값이 1.00에 가까울수록 측정치들의 내적 일관도가 높다고 해석되며, 소통학(그리고 다른 사회과학) 연구에서 크론바흐 알파에 의존하지 않는 연구를 찾기 어려울 정도다.[10] 그러나 크론바흐 알파의 인기에도 불구하고, 과연 크론바흐 알파가 내적 일관도를 정량화한 적절한 신뢰도 통계치인지에 대해서는 논란이 계속되고 있다.

구체적으로 헤이즈와 코우트(Hayes & Coutt, 2020)는 계량심리학의 연구결과들을 종합하면서, 크론바흐 알파의 잠재적 문제점을 다음과 같이 정리했다. 첫째, 크론바흐 알파값이 크다고 하더라도, 측정치들이 단일차원에 속한다고 결론 내릴 수 없다. 왜냐하면 방금 언급했듯, 크론바흐 알파는 문항 간 상관계수의 평균값과 문항수를 조합한 통계치로, 문항수가 증가할수록 단일차원 충족여부와 무관하게 크론바흐 알파는 큰 값을 갖기 때문이다.[11] 둘째, 문항수가 많지 않은 상황이라 하더라도, 문항 간 상관계수의 평균값을 활용하는 크론바흐 알파 특성상 서로 무관한 상관계수를

---

10 헤이즈와 코우트의 분석결과(Hayes & Coutt, 2020, p. 4)에 따르면 주요 소통학 학술지들에서 출간된 논문 중 93%의 논문들에서 신뢰도 평가지수로 크론바흐 알파를 보고하고 있다고 한다.

11 예를 들어 측정문항들의 평균 상관계수가 $\bar{r}=.50$으로 일정할 때, 측정문항수가 3개인 경우 크론바흐 알파는 .75의 값을 갖지만, 측정문항수가 3배 증가해 9개인 경우에는 .90으로 증가한다.

보이는 측정항목들이 존재해도 크론바흐 알파값이 높게 나타날 수 있기 때문이다.[12]

크론바흐 알파가 갖는 잠재적 문제점에 대한 해결책으로 헤이즈와 코우트(Hayes & Coutt, 2020)는 계량심리학자들이 추천하는 맥도널드 오메가(McDonald's ω)를 사용할 것을 추천하고 있다. 맥도널드 오메가는 IBM SPSS 외의 다른 데이터 분석 프로그램들(R의 경우, lavaan, MBESS, psych 패키지, Mplus, SAS, STATA 등)을 이용하면 어렵지 않게 계산할 수 있다. 헤이즈와 코우트는 소통학에서 맥도널드 오메가가 널리 활용되지 않는 결정적인 이유가 IBM SPSS에서 관련 계산함수를 제공하지 못하기 때문이라고 지적하면서, SPSS 이용자를 위해 OMEGA 매크로를 작성해 무료로 제공하고 있다.[13]

헤이즈와 코우트(Hayes & Coutt, 2020)의 주장과 SPSS OMEGA 매크로의 개발에도 불구하고, 이 장의 저술 시점까지 소통학에서 크론바흐 알파의 위상은 전혀 흔들리지 않고 있다. 아울러 나의 주관적 경험으로는 맥도널드 오메가에 대한 인식도 그리 높은 것 같지 않다. 헤이즈와 코우트의 연구논문에서 인용된 수많은 계량심리학자들의 크론바흐 알파 비판에도 불

---

12 예를 들면 다음과 같다. 네 가지 측정문항들 사이의 상관계수는 총 6개다. 다음과 같은 두 가지 상황에서 계산되는 크론바흐 알파는 정확하게 동일하다($\alpha = .86$). 상관관계 행렬을 살펴보면 쉽게 알 수 있듯, 두 번째 시나리오에서 얻은 크론바흐 알파는 내적 일관도를 제대로 추정하지 못하고 있다.

시나리오 1					시나리오 2			
	A	B	C	D		A	B	C	D
A	1.00				A	1.00			
B	.60*	1.00			B	.90*	1.00		
C	.60*	.60*	1.00		C	.90*	.90*	1.00	
D	.60*	.60*	.60*	1.00	D	.30	.30	.30	1.00

주: 두 시나리오 모두 $N = 30$. *$P < .05$.

13 헤이즈가 관리하는 자신의 홈페이지를 통해 다운로드 가능하다.
https://afhayes.com/spss-sas-and-r-macros-and-code.html

구하고, 심리학 학술지에서는 (소통학 학술지와 마찬가지로) 내적 일관도 평가지표로 여전히 크론바흐 알파에 의존하고 있다. 크론바흐 알파 통계치가 제시된 1951년 이후부터 지금까지 긴 시간 동안 사용된 크론바흐 알파의 역사를 고려할 때, 아마도 단기간에 소통학자들(다른 사회과학연구자 포함)이 크론바흐 알파를 포기하지는 않을 것이다. 이런 점에서 레이코프와 마르쿨리데스(Raykov & Marcoulides, 2019)의 주장처럼, 크론바흐 알파를 사용하되 크론바흐 알파에 내재된 문제점이 표출될 가능성이 높다면 맥도널드 오메가(혹은 다른 내적일관도 정량화 통계치)를 추가보고하거나 혹은 논문심사과정에서 저자의 추가분석을 요구하는 것이 현재로서는 가장 적절할 듯하다.[14] 크론바흐 알파의 문제점에 대한 논란과 비판은 거의 60년간 제기되어 왔다는 점에서, 소통학 연구에서 신뢰도 보고방식이 어떻게 변할지는 관심을 갖고 지켜보아야 할 부분이다.

(2) 합치도로서의 신뢰도

크론바흐 알파로 대표되는 내적 일관도로서의 신뢰도 통계치는 측정치들 사이의 공분산이나 표준화된 형태의 상관계수, 즉 연관관계를 기반으로 계산된다. 반면 합치도로서의 신뢰도는 측정치들 사이의 연관관계는 물론 현상에 대한 해석(interpretation) 혹은 판단(judgment) 결과가 얼마나 합치되는지를 정량화해야 한다. 이런 점에서 해석·판단의 측정치에 대한 신뢰도 평가는 반드시 합치도로서의 신뢰도를 토대로 측정되어야 하며, 내적 일관도로서의 신뢰도로 측정되지 말아야 한다(Krippendorff, 2018, pp. 289-293). 합치도로서의 신뢰도는 '내용분석(content analysis)' 맥락

---

14 레이코프와 마르쿨리데스의 주장(Raykov & Marcoulides, 2019)에 대한 재반론(즉, 맥도널드 오메가를 사용하고 크론바흐 알파는 쓰지 말아야 한다)에 대해서는 헤이즈와 코우트의 논문(Hayes & Coutt, 2020, pp. 20-21)을 참조.

에서 흔히 등장하며, 최근 기계학습 알고리듬을 기반으로 한 자동화 내용 분석(텍스트 분석은 물론 시각데이터 분석)에서도 자주 등장한다.[15] 합치도 로서의 신뢰도 분석이 가장 많이 활용되는 내용분석 영역에서의 코더 간 신뢰도(inter-coder or inter-rater reliability)를 추정·평가할 때, 흔히 등장 하는 사안들을 정리하면 다음과 같다.

첫째, 해석·평가 측정치가 범주형 변수인 경우, 합치율(%-agreement)[16] 통계치를 이용해 코더 간 신뢰도를 평가할 수 없다. 합치율이나 정확도는 자료를 이해하고 해석하는 데 도움을 줄 수 있는 통계치이지만, 합치율이 나 정확도가 높아도 신뢰도가 낮은 상황은 매우 빈번하게 발생할 수 있기 때문이다. 특정 범주의 발현가능성이 매우 높은 상황이라면, 합치율은 신 뢰도를 과대추정하며 왜곡하기 십상이다. 예를 들어 2명의 코더가 9개 기 사를 대상으로 기사의 정치적 이념성향을 내용분석한 〈표 2-1〉의 가상사 례를 살펴보자. 합치율은 67%로 꽤 높아 보이지만, 코헨의 카파(κ)는 .13 이고 크리펜도르프 알파는 .14에 불과하다. 예시 데이터에서 잘 드러나 지만, 합치율이 높게 나타난 가장 큰 이유는 9개 기사에서 '보수성향 기사'의 비중이 과하게 높기 때문이다.

---

15 기계학습 알고리듬을 활용하는 전산학 관련 연구에서는 혼동행렬(confusion matrix)을 기반 으로 정확도(precision), 재현도(recall), F점수(F-score) 등을 더 자주 사용한다. 그러나 적 어도 사회과학 연구방법론 관점에서 볼 때, 이들 통계치는 측정의 타당도(보다 구체적으로 준 거타당도)를 측정하는 지표로 보는 것이 합당하다. 왜냐하면 혼동행렬은 기계학습 알고리듬의 예측값과 실제값(즉 확립된 측정치)을 교차해 얻은 행렬데이터이기 때문이다. 예를 들어 앞서 소개했던 반아테벨트 등(van Attevelt et al., 2021)은 다양한 텍스트 분석기법들(학생코더, 크 라우드소싱, 어휘사전, 기계학습 알고리듬 등)의 준거타당도를 테스트하면서, 크리펜도르프 알파와 함께 정확도, 재현도, F점수 등의 계산결과를 같이 제시했다.

16 합치율은 전산학 분야에서는 정확도(accuracy) 통계치와 유사하다. 다른 점이 있다면 합치율 은 동일한 현상에 대한 두 명의 평가자(혹은 측정도구) 사이에서 보이는 평가결과 합치비율을 나타낸 반면, 정확도는 하나의 평가는 실제값(gold standard)을 다른 하나의 평가는 예측값 (predicted value)을 나타낸다는 점이다.

〈표 2-1〉 합치율을 이용해 코더 간 신뢰도 평가 시 문제점을 보여주는 사례

		코더 2		
		보수	중도	진보
코더 1	보수	6	0	0
	중도	2	0	0
	진보	0	1	0

둘째, 해석·평가 측정치가 등간(interval) 혹은 비율(ratio) 변수인 경우, 피어슨 상관계수 혹은 크론바흐 알파를 이용해 코더 간 신뢰도를 평가하면 안 된다. 왜냐하면 앞에서 언급했듯, 상관계수나 크론바흐 알파의 경우, 연관관계를 추정할 뿐 판단의 일치도를 추정하지 않기 때문이다. 예를 들어 〈표 2-2〉는 2명의 코더가 9개 기사를 대상으로 기사에 등장한 취재원 개수를 내용분석한 상황을 두 가지 시나리오로 구분한 것이다. 두 시나리오 상황의 피어슨 상관계수는 모두 $r = .95$로 동일하지만, '시나리오 1'의 크리펜도르프 알파는 .94인 반면 '시나리오 2'의 크리펜도르프 알파는 .04로 나타난다(크리펜도르프 알파를 계산할 때 등간척도를 가정했음). 즉, '시나리오 2' 상황에서 '코더 1'은 '코더 2'보다 취재원 개수를 체계적으로 과도추정하고 있으며, 상관계수(혹은 크론바흐 알파)는 다른 코더의 판단과 비교해 특정 코더의 판단이 체계적인 과도추정 혹은 과소추정을 보여주는 상황에서 신뢰도를 매우 잘못 추정할 가능성이 높다.

셋째, 해석·평가 측정치가 서열(ordinal) 변수인 경우, 서열척도를 가정한 크리펜도르프 알파를 사용하는 것이 바람직하다. 내용분석으로 얻은 측정치가 서열변수일 때, 명목변수를 가정할 경우 코더 간 신뢰도를 과도하게 보수적으로 추정할 가능성이 높으며, 등간변수라고 가정할 경우 코더 간 신뢰도를 과도하게 느슨하게 추정할 가능성이 높다(Krippendorff, 2018). 아쉽게도 현재까지 IBM SPSS에서 제공하는 코더 간 신뢰도 통계치에는 크리펜도르프 알파가 포함되어 있지 않은 상황이며, 아마도 이러

〈표 2-2〉 등간 · 비율변수 대상 상관계수를 활용해
코더 간 신뢰도 평가 시 문제점을 보여주는 사례

		시나리오 1						시나리오 2			
		코더 2						코더 2			
		1개	2개	3개	4개			1개	2개	3개	4개
코더 1	1개	2	1	0	0	코더 1	3개	2	1	0	0
	2개	0	3	0	0		4개	0	3	0	0
	3개	0	0	2	0		5개	0	0	2	0
	4개	0	0	0	1		6개	0	0	0	1

한 이유로 적지 않은 연구들에서 서열변수 형태의 내용분석 데이터의 코더 간 신뢰도를 평가할 때, 명목척도에 적용하는 코헨의 카파를 쓰거나 아니면 등간척도를 가정한 후 상관계수나 크론바흐 알파를 사용하기도 하는데 이는 부적절하다(Hayes & Krippendorff, 2007). 비록 IBM SPSS에서는 크리펜도르프 알파 계산 모듈을 제공하지는 않지만, SPSS 이용자를 위해 헤이즈와 크리펜도르프(Hayes & Krippendorff, 2007)는 KALPHA 매크로를 개발하고 무료배포하고 있기 때문에 SPSS 이용자들도 어렵지 않게 크리펜도르프의 알파를 계산할 수 있다. R 이용자의 경우 irr 패키지의 kripp.alpha() 내장함수를 사용하면 쉽게 크리펜도르프 알파를 계산할 수 있다.

넷째, 내용분석 과정에서 3명 이상의 코더들이 동원된 경우[17]라면 크리펜도르프 알파를 사용하는 것이 바람직하다. 코딩결과에 결측치가 포함된 경우라면 반드시 크리펜도르프 알파를 사용해야 한다. SPSS 이용자라면 헤이즈와 크리펜도르프(Hayes & Krippendorff, 2007)는 KALPHA 매크로를 활용할 수 있으며, R 이용자의 경우 irr 패키지를 활용할 수 있다.

측정의 신뢰도가 확보되지 않으면, 데이터 분석결과의 반복재현

---

17 만약 코딩결과가 명목변수인 경우라면 플레이스의 카파(Fleiss' κ) 혹은 라이트의 카파 (Light's κ)를 활용할 수도 있다. IBM SPSS로 플레이스의 카파는 계산가능하다.

(replicate) 가능성을 기대하기 어렵다. 내적 일관도로서의 신뢰도의 경우, 크론바흐 알파가 가장 많이 활용되지만 1990년대 이후 계량심리학자들이 지속적으로 내재적 문제점들을 지적하고 있으며, 맥도널드 오메가를 활용해야 한다는 주장이 점점 힘을 얻는 상황이다. 합치도로서의 신뢰도의 경우 헤이즈의 KALPHA 매크로 등장 덕분에 2010년도 이후 소통학 연구에서도 크리펜도르프 알파가 활발히 활용되고 있다.

2. 측정치 사이의 관계추정

연구의 측정치가 개념을 타당하게 반영하고, 측정도구의 신뢰도가 확보되었다면, 수집된 데이터를 이용해 개념과 개념의 관계에 대한 연구가설을 테스트할 수 있다. 여기서는 개념과 개념의 관계유형을 상관관계와 인과관계로 구분한 후, 인과관계의 경우 인과추론 관점에서 연구설계를 실험연구와 관측연구로 구분해 살펴본 후, 끝으로 통계적 의사결정 과정에서 고려할 사항들은 무엇인지 살펴보았다.

1) 개념과 개념의 관계유형

(1) 상관관계

"상관관계는 인과관계를 의미하지 않는다(Correlation is not causation)"라는 표현은 상관관계와 인과관계가 어떻게 연관되는지를 잘 보여주는 표현이다. '원인변수와 결과변수의 상관관계', '결과변수 변화에 대한 원인변수 변화의 시간적 선행', '원인변수와 결과변수의 관계를 설명하는 교란요인(confounder)의 배제'라는 '법칙정립 인과율(nomothetic causality)' 등 세 조건들을 고려할 때, 상관관계는 인과관계 성립을 위한 하나의 조건에 불과하다. 소통학을 비롯한 대부분의 실증연구들이 '인과관계'를 탐색하고 인과관계에 대한 연구가설을 수립하지만(Shadish et al., 2002), '상관관계' 탐색 목적의 실증연구들도 적지 않다. 인과관계를 밝히는 것을 주요 목적으로 하지 않는 실증연구에서는 상관관계를 탐색하는 데 집중한다.

첫째, 상관관계를 밝히는 가장 대표적인 연구로는 '척도개발(scale development)' 연구를 꼽을 수 있다. 앞서 측정의 타당도와 신뢰도 관련 개념들을 설명하며 소개했던 프라이어(Prior, 2009), 도그루얼 등(Dogruel et al., 2021), 반아테벨트 등(van Atteveldt et al., 2021)의 연구들은 측정의 타당도를 확보하는 것을 목적으로 하며, 따라서 연구자의 측정치와 확립된 측정치 사이의 관계가 어떠한지를 살펴보는 데 집중한다. 또한 구성타당도를 점검하는 연구들의 경우, 이론을 토대로 구성된 모형이 데이터에 얼마나 적합한지(fitness)를 살펴본다는 점에서 측정치들 사이의 상관계수에 집중한다.

둘째, 탐색적 목적의 기술통계분석을 통해 '현상을 파악'하는 것을 목적으로 하는 실증연구들의 경우도 상관관계에 집중한다. 성별이나 세대, 교육수준·소득수준, 지역이나 직종별 인구집단에 따라 새로운 미디어나 커뮤니케이션 현상에 대한 인식이나 행동이 어떻게 다른지를 살펴보는 연구보고서들이 여기에 속한다. 한국언론진흥재단, KISDI를 비롯한 정책연구기관 등에서 정기적으로 출간하는 조사보고서들은 상관관계 연구의 진가를 잘 보여준다. 기초적 상관관계 분석은 현상을 이해하는 데 필수적이라는 점에서, 언론관련 현상에 대한 심도 있는 이론 발전의 밑거름을 제공한다.

(2) 인과관계

현상에 대한 과학적 이론 발전을 추구하는 대부분의 연구들은 인과관계를 밝히는 것을 그 목적으로 한다(Shadish et al., 2002), 대부분의 소통학 연구들 역시 명시적 혹은 암시적으로 인과관계를 토대로 하는 연구가설을 설정하고 테스트한다. 그러나 인과추론(causal inference)의 타당성을 확보하는 것은 매우 어려운 일이다. "상관관계는 인과관계를 의미하지 않는다"는 말에 함의되어 있듯, 인과추론의 타당성이 확보되기 위해서는 상관관계의 통계적 타당성을 확보하는 것은 물론 데이터가 생성되는 연구설계(research design)가 인과추론의 타당성을 보장해야 하며, 연구모형(research model) 역시 인과추론을 위한 기본 가정들을 충족할 수 있는 지식토대를 갖추어야 한다. 인과관계를 확립하기 위해서는 인과추론의 타당성이 보장될 수 있는 연구설계 속에서, 연구모형을 명확히 규정(specification)한 후, 수집된 데이터를 과학적이고 엄밀한 방법으로 분석해야 한다.

① 실험연구

소통학을 포함한 모든 학문분과들에서 가장 논란이 적게 인과추론의 타당성을 확보할 수 있는 연구설계는 '무작위배치(random assignment)'와 '실험조작(experimental manipulation)'을 포함하는 '무작위통제실험(randomized controlled trial, RCT)'이다. RCT를 실시하면, 모든 실험참여자에게서 처치(treatment)를 받을 확률과 통제(control)를 받을 확률이 동일해진다. 따라서 처치집단의 평균과 통제집단의 평균차이를 평균처치효과(average treatment effect, ATE)로 간주할 수 있다. 즉, 실험설계는 무작위배치를 통해 확률적으로 실험처치(treatment)라는 사실(factual) 상황에서 나타난 결과(outcome)와 실험통제(control)라는 대안사실(counterfactual) 상황에서 나타난 잠재결과(potential outcome)을 비교 가능하도록 설계함으로써(Rosenbaum & Rubin, 1983; Rubin, 1974, 2005) '인과추론의 근본문제'(Holland, 1986, p. 947) 해결을 시도한다. 물론 단 한 번의 RCT로는 인과관계를 확정짓는 것은 불가능하다. 왜냐하면 단 한 번의 실험연구에서 무작위 배치가 성공적이었다고 확신하기 어렵기 때문이다. 그러나 반복적인 RCT를 통해 비슷한 연구결과를 얻었을 경우, 실험연구를 통해 획득한 처치효과는 타당한 인과추론으로 확정할 수 있는 가능성이 올라간다.

RCT는 단순하면서도 명쾌한 방식으로 인과추론의 타당성을 확보할 수 있다는 점에서 인과관계 확보를 의미하는 '내적타당도(internal validity)' 확보를 위한 최고의 연구방법이다. 그러나 RCT를 기반으로 하는 실험설계를 따르는 소통학 연구에서 나타나는 주요 한계들을 언급하면 다음과 같다.

첫째, 통상적인 연구방법론 교과서들(Babbie, 2020; Schutt, 2019)에서 흔히 언급하듯, 연구결과의 일반화 가능성(generalizability)을 확보하기 쉽지 않다. 특히 실험실과 같이 통제된 환경에서 진행되는 실험결과의 경우 현실공간에서 재현되기 어려울 가능성이 높으며, 편의표집과정을 통해 얻은 제한된 범위의 연구표본(이를테면, 학부생 표본)에서 얻은 연구결과는 다른 인구집단에서는 재현되지 않는 경우가 적지 않다. 또한 앞서 내용타당도를 언급하면서 논의했듯이, 메시지 효과연구의 경우 원인변수인 실험자극이 대표하는 개념의 모호함으로 인해 특정한 실험자극물의 효과(이를테면, '칼'이 등장하는 폭력영상의 폭력행동 유발효과)가 동일한 개념(이 경우, 폭력영상물)의 다른 실험자극물의 효과(이를테면, '총'이 등장하는 폭력영상의 폭력행동 유발효과)로 재현되지 않는 경우도 매우 빈번하게 발생한다 (Jackson & Jacobs, 1983; O'Keefe & Hoeken, 2021; Reeves et al., 2016).[18] 그러나 실험연구로 얻은 인과추론의 외적타당도 문제는 실험연구로 얻은 인과추론의 한계범위를 보여줄 뿐, 인과추론 결과가 부적절하다는 것을 보여주지 않는다. 인과추론의 타당성 확보라는 실험연구의 장점은 최근

---

18 앞에서 언급했듯, 이 문제의 원인을 내용타당도 확보 실패라고 파악할 수도 있지만, 타당하지 못한 효과추정방식의 문제(즉, 랜덤효과를 고정효과로 추정하면서 생긴 문제)라고 볼 수도 있다. 외적타당도 관점에서 본다면, 이는 '처치변화와 인과관계의 상호작용(interaction of the causal relationship over treatment variations)'이라는 외적타당도 저해요인(threat to external validity; Shadish et al., 2002, p. 87)이라고 이해할 수도 있다.

들어 더욱 부각되고 있으며, 연구결과의 일반화 가능성을 확장시키기 위해 다양한 시도들이 진행되고 있다. 현실 상황, 특히 온라인 상황에서 일반화 가능성을 최대한 확보할 수 있는 다양한 실험방법들에 대해서는 아이엔거(Iyengar, 2014)와 살가닉(Salganik, 2019)에 소개된 사례들을 참조할 수 있다.

둘째, 이론적 목표를 명확히 설정한 후, 연구가설을 명확하게 테스트할 수 있는 실험설계를 실시해야 한다. 미디어 효과연구 상황에서는 'ㅇㅇ효과'라고 약칭되는 다양한 연구가설 및 이론들이 존재한다. 그러나 실험으로 테스트하는 처치효과는 비교집단(comparison group)이 무엇인지에 따라 추정결과는 물론 해석도 달라지기 때문이다. 오키프(O'Keefe, 2023)는 메시지 효과연구들을 검토한 후, 실험설계와 효과결과에 대한 이론적 해석이 상당히 큰 간극을 보이는 경우가 적지 않다는 점을 지적한다. 이를테면 '이득 프레임 메시지(gain-framed message)'와 '손실 프레임 메시지(loss-framed message)'를 비교한 '실험연구 1'과 '이득 프레임 메시지'와 '프레임부재 메시지(control message)'를 비교한 '실험연구 2'의 두 가지 실험이 진행되었다고 가정해 보자.[19] 또한 실험연구 1의 경우 이득 프레임 메시지 상황과 손실 프레임 메시지 상황의 결과변수 평균이 각각 $M_{gain} = 3.50$, $M_{loss} = 3.50$으로 평균차이가 통계적으로 유의미하지 않았던 반면, 실험연구 2의 경우 이득 프레임 메시지 상황과 프레임부재 메시지 상황의 결과변수 평균이 각각 $M_{gain} = 3.50$, $M_{control} = 3.00$으로 평균차이가 통계적으로 유의미하게 나타났다고 가정해 보자. 이 경우, 손실 프레임 메시지와 이득 프레임 메시지의 설득력에는 별 차이가 없지만(실험연구 1), 이득 프레임 메시지는 프레임부재 메시지와 비교할 때는 설득효과가 높다고(실험연구 2) 해석하는 것이 타당하다. 그러나 오키프(O'Keefe,

---

19 이와 관련하여 12장의 '이득과 손실 프레임'을 참조.

2023)는 적지 않은 소통학 연구들이 두 가지 상이한 상황의 메시지 효과를 모두 '이득 프레임 메시지의 설득효과'[20]라고 약칭해 부르며, 비교집단이 무엇인지를 망각한 잘못된 해석은 메시지 효과이론의 발전에 불필요한 혼란을 야기할 뿐이라고 지적한다. 이러한 혼란은 3 수준 이상의 요인이 포함된 RCT 연구에서도 마찬가지다. 어떤 실험조건과 어떤 실험조건을 비교할 것인지에 대한 명확한 목표가 없이는, 실험데이터 분석이 혼란스러워질 뿐이며(특히 집단 간 비교와 관련해서 소통학 내부의 논란으로 다음을 참조. O'Keefe, 2003a, 2007; Matsunaga, 2007; Weber, 2007), 실험데이터 분석을 통해 얻은 처치효과가 어떤 이론적 함의를 갖는지, 그리고 현실상황에 어떻게 적용될 수 있는지에 대해 명확한 해석을 제공할 수 없다.

셋째, 실험조작 성공여부 확인 목적의 조작검증(manipulation check) 목적 및 조작검증 측정방법에 대해 생각해 볼 필요가 있다. 조작검증 문항은 실험자극물에 대해 실험참가자가 실험자가 의도한 대로 해석 혹은 반응하는지를 확인하는 문항이다. 예를 들어 공포 소구(fear appeal) 메시지를 접할 경우 설득효과가 더 높아지는지를 살펴보는 실험연구의 경우, 공포 소구 메시지를 접한 집단이 그렇지 않은 다른 메시지를 접한 집단보다 메시지에 노출되었을 때 더 강한 공포감을 느꼈는지를 확인하는 목적의 문항이 조작검증 문항이다. 통상적으로 심리적 과정의 일환으로 메시지 효과를 설명하는 과정에서 조작검증 문항을 활용하는 것이 보통이다(심리학 관련 학술논문들에서는 조작검증이 거의 필수적으로 진행된다). 그러나 오키프(O'Keefe, 2003b)는 소통학 연구 목적을 고려할 때 조작검증이 꼭 필수적이라고 볼 수 없으며, 심리적 반응을 확인하는 목적의 조작검증 문항들은

---

20 이 역시도 설명을 위해 과도하게 추상화된 표현이다. 메시지가 활용되는 조건과 메시지가 다루는 주제 등을 명확하게 하는 표현이 필요하지만, 실험연구결과 해석 시 비교집단의 중요성을 강조하기 위해 불가피하게 추상화했다.

커뮤니케이션 효과 발생과정이라는 관점에서 매개변수로 파악하는 것이 적절하다고 주장한다. 즉, 객관적 메시지 특성(properties)과 이에 대한 주관적 반응(response)은 이론적으로 반드시 구분해야 하며, 메시지 해석과정의 일환으로 메시지에 대한 반응을 살펴본다면 실험조작물인 메시지와 최종 결과변수를 연결하는 매개변수로 고려하는 것이 소통학 이론에 더 부합한다는 것이 오키프(O'Keefe, 2003b)의 주장이다.[21] 오키프(O'Keefe, 2003b)의 주장이 등장한 후 약 20년이 흐르면서, 적어도 메시지 연구 맥락에서 오키프의 주장은 상당 수준 수용되고 있는 상황이다.

조작검증의 목적을 둘러싼 논란이 일단락되는 반면, 조작검증 측정방식에 따른 문제는 거의 논의되지 못하는 상황이다. 조작검증 측정치는 측정방식에 따라 실험조작물에 대한 반응에 대한 주관적 평가(예를 들어, 메시지를 접했을 때 느낀 '공포' 정서 흥분수준[arousal level])를 측정해 얻은 '연속형 변수'와 실험조작물에 대한 회상(recall) 성공여부(이를테면, '귀하께서 읽으셨던 기사에 등장한 브랜드는 무엇인가요?'라는 질문에 대한 정답여부)를 측정해 얻은 '범주형 변수'로 구분할 수 있다. 실험조작물에 대한 반응으로 측정한 연속형 변수의 경우, 독립표본 티테스트(independent sample t-test)나 분산분석(analysis of variance, ANOVA)과 같은 집단 간 평균비교 테스트 기법을 통해 조작검증을 실시하거나, 혹은 앞서 소개한 오키프(O'Keefe, 2003b)의 제안에 따라 분석과정에서 매개변수로 투입할 수 있다.

그러나 실험조작물에 대한 회상 성공여부를 측정한 범주형 변수의 경우, 실험데이터 분석과정에서 논란이 존재할 수 있다. 만약 모든 실험참여자가 노출된 실험자극물을 성공적으로 회상했다면(다시 말해, 실험조작이

---

21 오키프(O'Keefe, 2003b)는 조작검증이 무의미하거나 철폐해야 하는 불필요한 실험과정이라고 주장하지 않는다.

완벽했다면), 실험데이터를 그대로 분석해도 무방하다. 그러나 현실실험에서 모든 실험참여자가 성공적으로 자신이 노출된 실험자극물을 회상할 것으로 기대하는 것은 불가능에 가깝다. 예를 들어 실험참여자 중 70%의 참여자가 노출된 실험자극물을 성공적으로 회상한 반면, 30%는 회상에 실패했다고 가정해 보자. 회상에 실패한 30%의 실험참여자를 어떻게 처리해야 할까?

두 가지 방법을 생각해 볼 수 있다. 먼저 회상에 성공한 70%의 실험참여자들만을 대상으로 실험데이터를 분석하는 방법이다. 실험자극에 노출되었다고 확신할 수 있는 참여자들만을 대상으로 할 경우, 데이터 분석을 통해서 얻은 처치효과를 메시지 노출효과라고 해석할 수 있다. 그러나 이 경우 70%의 실험참여자들만을 대상으로 추정한 처치효과가 과연 현실상황에서도 비슷하게 발생할 것으로 예상할 수는 없다. 왜냐하면 현실상황에서는 누가 메시지에 노출되었는지 혹은 노출되지 않았는지 확인하기 어려우며, 따라서 현실상황에서 기대할 수 있는 처치효과는 70%의 실험참여자들에게서 추정한 처치효과보다 작게 나타날 가능성이 매우 높기 때문이다.

반대로 실험자극물 회상 성공여부와 무관하게 모든 실험참여자들 다 포함시켜 처치효과를 추정할 수도 있다. 만약, 실험연구 표본이 연구자의 목표모집단(target population)을 대표하며 실험상황이 현실상황과 매우 유사하다고 가정할 수 있다면, 데이터 분석으로 얻은 처치효과가 현실상황에서도 비슷하게 나타날 것으로 기대할 수 있다. 그러나 모든 실험참여자를 포함해 추정된 처치효과를 메시지 노출효과라고 등치시키기 어려울 수 있고, 무엇보다 실험조작에 성공하지 못했을 가능성이 높은 사례들이 포함되면서 처치효과의 효과 크기가 실제보다 약하게 추정될 가능성이 높다. 회상여부로 조작검증을 실시하는 경우 가장 적절한 방법이 무엇인지에 대해서는 소통학 분야에서 진지하게 논의된 바는 없는 듯하며, 실험자극물에 대한 회상 성공여부를 통해 조작검증을 실시한 후 실험데이터를 어떻게 분석할 것인가의 문제는 연구자의 판단에 따라 달라지는 듯하다.[22]

이와 관련해서 다른 학문분과의 용어 구분을 참조하는 것도 생각해 볼 수 있다. 의료연구 분야를 시작으로 경제학이나 교육학 등 인접 사회과학 분야에서는 연구자의 실험처치 요청을 실험참여자가 얼마나 잘 따르는지를 '순응도(compliance)'라고 부른다(Imbens, 2024; Murnane & Willett, 2011). 다시 말해 순응도가 높은 실험참여자는 조작검증에 통과한(앞의 사례 맥락에서, 실험처치물을 성공적으로 회상한) 실험참여자라고 부를 수 있으며, 순응도가 완벽하게 확보되지 않은 RCT의 경우 조금 후에 제시할 관측연구에서 자주 활용되는 기법으로 분석을 진행한다. 이를테면, 성향점수매칭(propensity score matching, PSM)이나 도구변수추정(instrumental variables estimation, IVE) 기법 등을 활용해 순응도가 높은 실험참여자들과 비교 가능한 통제집단 실험참여자들과의 비교를 통해 처치효과를 추정한다(Imbens, 2024; Murnane & Willett, 2011). 만약 순응도 수준과 무관하게 애초의 실험집단 구분으로 인해 나타난 처치집단과 통제집단의 차이는 '처치의도 효과(intention-to-treat, effect, ITT)'라는 이름으로 분석한다(Fisher et al., 1990).[23] 소통학 연구에서도 '처치효과'와 'ITT효과'를 구

---

22 라이델 등(Raithel et al., 2024)의 연구에서는 실험자극물을 성공적으로 회상하지 못한 실험 참여자들(연구 2의 경우 회상실패 비율은 약 18%, 연구 3의 경우는 약 5%)을 포함시킨 분석 결과(본문의 표현으로는 ITT효과)를 제시한 후, 회상실패 참여자를 배제한 추정결과도 크게 다르지 않았다고 보고했다. 연구결과의 내적타당도 측면에서는 큰 무리가 없지만, 만약 메시지 노출에 따른 처치효과에 관심 있는 연구자라면 효과 크기가 어떤지 명확히 확인하기 어렵다는 문제가 발생할 수도 있다.

23 불가피하게 간단하게 이야기했지만, 처치효과 혹은 ITT효과 분석은 매우 어려운 일이다 (Hollis & Campbell, 1999; Imbens, 2024; Murnane & Willett, 2011). 순응도 수준은 매우 다양하며(이를테면, 완전히 순응, 전반적으로 순응, 가끔씩 순응, 완전히 불응 등), 결측데이터(missing data)의 발생과 그 성격, 실험표본의 표집단계에서 고려할 가중치의 적용문제 등 다양한 상황에서 연구자가 어떤 결정을 내리는가에 따라 ITT효과는 다르게 추정될 수 있기 때

분하고, 연구자는 어떠한 이론적 판단에 따라 어떤 효과를 추정했는지를 명확히 밝힐 필요가 있다.

② 관측연구

관측연구(observational study)[24]란 RCT 연구의 핵심조건인 무작위 배치와 실험조작을 충족하지 못한 일련의 연구를 뜻한다. 상당수의 소통학 연구들은 관측연구에 속한다. 무작위 배치가 포함된 실험연구와 달리 관측연구의 경우, 다양한 내적타당도 저해요인이 연구설계에 잠재되어 있기 때문에, 내적타당도를 확보하기 매우 어렵다는 결정적인 문제점을 안고 있다. 여기서는 내적타당도 저해요인이 상대적으로 적게 개입되는 관측연구에 속하는 대표적 연구설계들을 소개했다.

첫째, 내적타당도 저해요인이 상대적으로 가장 적게 나타날 수 있는 상황은 RCT 연구에서 무작위 배치가 완전히 달성되지 못한 상황이다. 앞에서 실험처치물을 회상하지 못해 조작검증이 실패했다고 판단되는 실험참가자들이 포함된 실험에서 ITT효과가 아닌 실험처치물 노출효과를 처치효과로 추정하는 경우가 여기에 속한다. 실험상황에 따라 다를 수 있지만, 일반적으로 실험참여자의 연령이 높고 교육수준과 실험자극에 대한 심리적 몰입수준이 낮을수록 실험처치물을 정확히 회상하지 못할 가능성이 높다. 즉, 실험처치물 회상여부라는 원인변수에 대해서는 RCT 상황에서와 같은 외생성(exogeneity)을 가정할 수 없다. 외생성 확보방법, 다시 말해 내생성(endogeneity) 문제에 대한 대처방법은 현상에 대한 합리적·과학적 지식을 토대로 한 가정을 삽입한 적절한 데이터 분석모형을 활용하는 것

문이다.

24 이 장에서는 관측연구를 RCT가 아니라 다른 설계를 따르는 일련의 연구들을 '관측연구'라는 이름으로 통칭했다.

이다. 즉, 실험처치물 회상여부에 영향을 미칠 수 있는 충분하고 다양한 정보(연령, 교육수준, 심리적 몰입수준 등)를 확보할 수 있다면, 이들을 활용해 실험처치물 회상여부라는 원인변수가 외생성을 갖도록 통계적 조정을 진행할 수 있다. 성향점수매칭(PSM), 도구변수추정(IVE)과 같은 기법들은 본질적으로 내생성 문제를 안고 있는 원인변수에 대해 원인변수의 수준변화를 설명·조정할 수 있는 공변량(covariate) 혹은 도구변수를 확정한 후, 이를 토대로 원인변수의 외생변수로 변환시키는 방법으로 인과추정을 진행하는 것이다. PSM·IVE 등과 같은 기법들을 소개하는 것은 이 장의 목적이 아니기에 자세한 설명은 제시하지 않았다(참고문헌으로는 다음을 참조, Angrist & Pischke, 2009; Hollands, 1986; Imbens, 2024; Murnane & Willett, 2011; Rosenbaum & Rubin, 1983; Shadish et al., 2002).

그러나 원인변수의 내생성 문제는 이론적으로는 가능할 수 있지만, 현실에서 내생성 문제가 완전하게 해결되었다고 말하기 어렵다. 수많은 이유를 언급할 수 있지만, 가장 중요한 이유는 실험처치의 성공여부를 예측할 수 있는 공변량 혹은 도구변수가 무엇인지 완전히 파악하는 것은 불가능하다는 사실이다. 즉, 누락변수편향(omitted variable bias)[25] 문제를 피할 수 없다. 내적타당도 확보라는 점에서 성공적으로 RCT를 실시하는 것이, 불완전한 실험설계를 통계적 기법으로 보완하는 것보다 훨씬 더 좋은 방법이다. 그러나 연구자의 세심한 주의에도 불구하고 실험설계에 결함이 발생했다면, PSM·IVE 등의 사용을 고려하는 것도 필요하다. 아쉽게도 연구자의 계획대로 RCT가 진행되지 못한 경우, PSM·IVE 등을 활용해 인과추론을 보완한 소통학 분야의 연구는 현재까지는 없는 듯하다.

---

25 누락변수편향 우려를 누그러뜨릴 수 있는 최선의 방법은 민감도 분석(sentitivity analysis)을 활용하는 것이다(Rosenbaum, 2002). 그러나 아쉽게도 민감도 분석은 소통학은 물론 인접 사회과학분야에서도 거의 활용되지 못하는 듯하다.

둘째, 실험설계 상황이 아닌 경우, 개체 내 분산(within-subject or intra-individual variance)을 적극적으로 활용하는 관측연구일수록 인과추론의 타당성이 더 많이 확보될 수 있다. 물론 개체 내 변화를 활용해 처치효과를 추정할 경우, 성숙(maturation)이나 성장(growth) 등과 같은 내적타당도 저해요인들이 쉽게 개입하는 문제점에서 자유롭지 못하다. 그러나 개체 내 변화의 경우, 개체 간 특성요인들이 통제된다는 점에서 인과추론의 타당성을 확보하는데 큰 도움을 준다. 가장 간단하게 사전-사후 비교(pretest-posttest comparison) 연구의 경우 원인이 되는 사건발생 전후를 비교하는 방법으로 인과추론을 진행한다. 예를 들어 마틴과 마틴스(Martin & Martins, 2018)는 미국 소재 5개 일간신문사의 편집기능 외주(outsourcing copy editing) 진행 전후로 보도의 오류발생을 비교했다. 이 연구는 RCT 연구가 불가능한 상황에서 신문사의 외주화 결정이 보도기사의 정확성에 어떤 영향을 미칠 수 있는지 살펴본 흥미로운 연구다. 그러나 마틴과 마틴스의 연구는 분석과정에서 시계열에 따른 자기상관(auto-correlation)을 고려하지 않고, 단순히 일정기간 전후의 분석대상 신문사의 보도내용만을 단순 비교했다는 점이 약간 아쉽다.

'패널데이터 분석(panel data analysis)'이라고 통칭되는 일련의 연구들 역시 개체 내 변화를 통해 내적타당도를 조금 더 보완할 수 있는 인과추론을 시도할 수 있다.[26] 패널데이터 분석 맥락에서 인과추론을 높일 수 있는

---

26 소통학 분야에서는 최소 2시점 이상 반복측정된 X와 Y 두 변수들 중 무엇이 원인이고 무엇이 결과인지를 가늠하는 목적으로 교차지체상관관계(cross-lagged correlation)를 활용한 연구도 적지 않다. 교차지체상관관계를 기반으로 인과관계의 방향성을 추정하고자 하는 연구들에서는 r_{X_1, Y_2}과 r_{X_2, Y_1}을 비교한 후, 만약 $r_{X_1, Y_2} \gg r_{X_2, Y_1}$인 경우, X가 Y의 원인변수라고, 반대로 $r_{X_2, Y_1} \gg r_{X_1, Y_2}$인 경우, Y가 X의 원인변수라고 추론하는 것이 보통이다. 아쉽게도 이러한 방식으로는 인과관계의 방향성을 추정할 수 있는 상황은 매우 드물며, 따라서 교차지체상관관계를 통해 두 변수 중 무엇이 원인이고 무엇이 결과인지를 결정하려는 시도는 합리성을 결여하고 있다는 비판이 예전부터 꾸준히 제기된 바 있다(예를 들어, 과거의 예로 Rogosa,

기법으로 고정효과 모형(fixed effect model), 이중차분법(Differences- in- Differences, DiD) 등을 언급할 수 있다(이와 관련해서 다음을 참조. Angrist & Pischke, 2009; Imbens, 2024; Murnane & Willett, 2011).

온라인 기기가 일상화되기 이전 소통학에서 패널데이터는 반복측정 설문조사(survey with repeated measures)를 의미하는 경우가 보통이었지만, 반복측정이 쉬워지고 데이터 저장 및 관리기술의 발전으로 패널데이터의 영역은 점점 더 넓어지고 있다. 특히 온라인 기기(특히 스마트폰)를 통해 동일한 개인의 미디어 이용행동을 추적조사할 수 있게 됨에 따라 개체 내 변화를 통해 돌발적 사건이 미디어 이용행동에 어떤 영향을 미치는지, 그리고 이러한 개체 내 변화가 개체 간 차이에 따라 어떻게 달라질 수 있는지 등 다채로운 인과추론 연구의 가능성이 점점 더 증가하고 있다(이와 관련해서 *Screenomics*라는 이름의 흥미로운 소통학 연구동향에 대해 다음을 참조; Brinberg et al., 2023; Reeves et all., 2021. 아울러 데이터 사회과학 전반에서 나타난 흥미로운 사례들로 Salganik, 2019 참조).

셋째, 단일 측정시점에서 수집해 개체 내 분산을 추정할 수 없는 상황에서 수행된 관측연구는 인과추론의 타당성을 확보하기 상당히 어렵다. 그러나 소통학 연구들의 상당수는 여기에 분류되며, 횡단 설문조사 데이터(cross-sectional survey data)를 기반으로 진행된 상당수의 실증연구가 세 번째 유형의 전형적인 관측연구라고 할 수 있다. 여기에 분류되는 관측연구의 경우, 방법론적 관점에서 인과추론의 타당성을 확보하는 것은 매우 어렵지만, 이론적 성찰을 토대로 인과관계가 구축된 연구모형을 추정하는 형태로 인과추론의 타당성을 이론적으로 확보하고자 시도한다.

그러나 이론적 정당화 수준이 아무리 높다고 해도, 방법론적 관점에서 볼 때 여기에 속하는 관측연구는 거의 예외 없이 자기선택 편향(self-

---

1980, 최근의 사례로 Hamaker et al., 2015 참조).

selection bias)에 취약하다(다시 말해 교란요인 상존 위험). 아울러 결과변화에 대한 원인변화의 시간적 선행조건 역시 충족되기 어렵다는 점에서 내적타당도 확보가 쉽지 않다. 일반적으로 일반최소자승(ordinary least squares, OLS) 회귀모형을 필두로 한 일반화선형모형(generalized linear model, GLM)이 자주 활용되며, 교란변수라고 의심되는 일련의 변수들을 통제변수로 투입하는 방식으로 인과추론의 타당성을 조금이라도 더 확보하려는 전략을 취한다. 방법론 관점에서 인과추론의 한계가 뚜렷한 관측연구이지만, 연구비용이 그리 많이 소요되지 않으며 연구자가 주장하는 인과관계가 상식적·이론적으로 명확하다고 확신할 수 있다면, 충분한 이론적 가치를 인정할 수 있는 연구들도 적지 않다.

2) 통계적 의사결정: 제1종 오류, 제2종 오류, 효과 크기, 표본규모

통계적 의사결정이란 데이터를 통해 분석한 상관관계와 인과관계가 실제 현상을 타당하게 반영하는지 확률론적 관점에서 판단하는 일련의 과정을 지칭한다. 귀무가설(영가설, null hypothesis)과 대안가설(대립가설, alternative hypothesis)을 수립한 후, 테스트 통계치(t, χ^2, F 등)를 계산한 후 이에 맞는 p값을 기준으로 통계적 의사결정을 진행하는 것이 보통이다. 그러나 아쉽게도 대부분의 소통학 연구에서는 귀무가설 기각여부에 집중하는 것이 보통이며, 통계적 의사결정의 다른 중요 기준에는 큰 관심을 기울이지 않는다. 그러나 통계적 의사결정에서 귀무가설 기각여부와 관련된 제1종 오류(type 1 error)와 함께, 제2종 오류(type 2 error), 효과 크기(effect size), 표본규모(sample size) 등 네 가지 조건을 같이 고려해야 한다(네 가지 조건의 관계에 대한 보다 자세한 논의로 다음을 참조. Chow et al., 2008; Cohen, 1988; Faul et al., 2009).

제1종 오류와 제2종 오류, 효과 크기와 표본규모들의 통계적 의사결정

과정을 설명하면서 언급한 네 가지 조건 중, 연구자 입장에서 가장 중요하게 고려할 부분은 바로 '표본규모'다. '적정한 표본규모를 결정하는 과정(sample size determination)'은 실험연구를 중심으로 수행하는 일부 소통학 연구에서는 고려되고 있지만, 아직 완전히 정착되지는 않은 듯하다. 연구를 수행하기 전에, 연구자가 수용할 수 있는 제1종 오류와 제2종 오류의 가능성을 먼저 설정해야 한다. 제1종 오류 기준의 경우 통상적 기준인 $\alpha = .05$가 널리 수용되며, 제2종 오류의 가능성(귀무가설을 기각해야 하는데 수용할 가능성)은 $\beta = .20$(즉, 통계적 검증력 .80)을 활용하는 것이 통상적이다. 제1종 및 제2종 오류의 기준을 결정했다면, 연구자는 면밀한 선행연구 검토를 통해 자신이 연구하는 현상에서 기대할 수 있는 효과 크기가 얼마인지 예상해야 한다. 가장 직접적으로 도움이 되는 선행연구(만약 존재한다면)는 '메타분석'(Hunter & Schmidt, 2004) 결과다. 선행연구 결과를 통해 효과 크기를 설정했다면, 연구자는 어느 정도 규모의 표본을 수집할지 결정할 수 있다. 통상적으로 많이 활용되는 분석기법(티테스트, 분산분석, GLM 등)이라면 G*Power(version 3.1)나 R의 `pwr`(version 1.3-0), `pwrss`(version 0.3.1) 패키지 등을 활용할 수 있다. 복잡한 실험설계 혹은 구조방정식이나 다층모형 등의 경우에는 WebPower(version 0.9.4), `simsem`(version 0.5-16), `simr`(version 1.0.7) 등의 R 패키지를 활용할 수 있다.

3. 소통학 연구방법 전망

과학적 연구방법은 연구자가 설정한 연구질문에 대해 설득력 있고 믿을 수 있는 실증적 해답을 찾는 연구과정이다. 이 점을 염두에 두면서, 여기서는 2024년 8월 시점에서 판단할 때, 소통학 연구방법의 미래에 대한 전망을 짧게 제시했다. 미래는 결정된 것이 아니며, 따라서 여기에 제시된 전망은 부득이하게 저자 개인의 편향(bias)은 물론 바람(desire)도 반영되어 있음을 밝히고자 한다.

1) 혼합접근법

어떠한 연구방법도 편향에서 자유롭지 못하다. 인과추론의 타당성이라는 점에서 실험연구가 관측연구보다 낫다고 하지만, 실험과정은 어느 정도 수준 이상의 인위적 개입(실험처치)이 발생하기 때문에 처치효과의 일반화 가능성이 관측연구에 비해 꼭 높다고 볼 수 없다. 측정치를 얻는 방법도 마찬가지다. 자기보고 방식으로 얻은 측정치가 측정의 타당도가 확보되기 어렵다고 하지만, 연구에 필요한 개념을 쉽게 측정할 수 있고 무엇보다 인간의 주관적 경험을 측정할 수 있다는 점에서 앞으로 사라질 것이라고 단정할 수 없다. 다시 말해 완전무결한 연구방법을 찾는 것보다 특정 연구방법의 편향을 다른 연구방법의 편향으로 보정하는 접근법이 보다 현실적이며 합리적이다.

특히 사회적 파편화(fragmentation)가 가속화되고, 미디어 기기는 물론 콘텐츠 소비행태 역시 세분화되고 있다. 즉 인구집단의 특징에 맞는 방식으로 연구를 진행하는 것이 적합하며, 연구결과의 일반화 가능성 위기(generalizability crisis)에 대응하기 위해서 인과추론의 타당성을 확보하되 다양한 방식과 조건에서 연구를 반복(replicate)함으로써 유효한 예측이 가능한 이론을 찾아내는 작업이 필요할 것이다. 소통학에서 전통적으로 진행되었던 실험연구 및 설문조사 연구는 물론 온라인 공간 및 기기에서 수집한 대규모 디지털 흔적(digital trace) 데이터를 대상으로 한 관측연구가 병행되어야 하며, 정량적 데이터 분석만으로 이해하기 어려운 내용은 정성적 연구방법을 병행하는 것이 바람직할 것이다.

2) 데이터와 분석코드의 공유

최근 출간된 해외연구들의 경우 데이터는 물론 데이터 분석과정을 담은 코드 및 관련자료들을 온라인 플랫폼에 공유하고 있다. 전산학과 데이터과학의 경우 깃허브(https://github.com/), 개방과학센터(Center for Open Science)에서 운영하는 OSF(https://osf.io/), 하버드대학에서 운영하는 하버드 데이터버스(https://dataverse.harvard.edu/) 등의 온라인 플랫폼에는 출간된 학술논문의 연구진행과정을 상세하게 보여주는 많은 자료들이 업로드되어 있다. 아직 국내 소통학에서는 본격적인 움직임이 없지만, 아마도 데이터 공유 플랫폼에 데이터와 분석코드 등을 업로드하는 것이 보편화될 것이다. 한국에서도 한국사회과학자료원(KOSSDA, https://kossda.snu.ac.kr/)과 같이 데이터와 관련자료를 공유하는 플랫폼이 존재한다.

데이터와 분석코드 등을 공유함으로써 후속연구자는 보다 효율적이며 효과적으로 선행연구의 진행과정을 복기할 수 있으며, 선행연구의 문제점을 빠르게 개선할 수 있다. 아울러 축적된 데이터는 다양한 비교연구(comparative study)와 메타분석(meta-analysis)을 가능하게 함으로써 소통학 이론의 일반화 범위를 탐색하고 명확하게 하는 데 큰 도움을 줄 것이다.

3) 새로운 미디어의 등장과 활용

인간에 대한 데이터는 미디어(음성, 문자, 종이, 유선·무선 전화, 컴퓨터 등)를 매개하지 않고서는 측정될 수 없고, 현재 대부분의 국가에서 미디어가 없는 사회생활을 상상하기 어려우며, 앞으로 개발될 미디어가 무엇인지 짐작하고 예측하기 쉽지 않다. 즉 미디어를 중심으로 연구를 진행하는 소통학자라면, 변화하는 미디어 환경에서 무궁무진한 아이디어를 얻을 수 있을 것이다. 이 책의 14장에서는 컴퓨팅 환경의 개선으로 새롭게 열린 다양한 연구사례들을 접할 수 있다(온라인 디지털 환경변화가 측정방식과 연구설계에 미친 전반적 영향에 대해서는 다음을 추천. Salganik, 2019).

4) 통계만능주의 혹은 알고리듬만능주의의 경계

끝으로 연구방법 관련 우려사항을 밝히면서 이 장을 마무리하고자 한다. 소통학 연구방법의 발전을 가로막는 가장 큰 장애요소가 무엇인가 묻는다면, 나는 일말의 주저함도 없이 '통계만능주의'(statisticism; Duncan, 1984, p. 226)라고 답하고 싶다. 최근 인공지능의 인기와 함께 확산되고 있는 '알고리듬만능주의' 역시도 통계만능주의 못지않은(혹은 더 심각한) 문제라고 답하고 싶다. 데이터가 많아지고 데이터 분석을 위한 비용이 낮아지며 개방형 소프트웨어의 확산과 컴퓨팅 환경의 개선으로 복잡하고 정교한 분석을 쉽게 진행할 수 있는 시대가 되었다. 그러나 소통학이 다루는 현실에 대한 진지한 이론적 고민과 성찰이 없이, '더 많은 데이터'와 '보다 최근의 분석기법'이 소통학 연구는 물론 소통학 연구방법을 발전시키는 데 정말 도움이 되는지는 언제나 주의하고 경계하며 반성해 보아야 한다. 이런 점에서 정량적 사회과학 연구방법 발전에 크게 기여했던 통계학자인 오티스 던컨(Otis D. Duncan, 1921-2004)의 말은 연구방법에 대해 진지하게 고민하는 연구자라면 언제나 유념하고 되새겨 볼 가치가 충분하다고 나는 확신한다.

통계에 대한 완전한 무지와 함께, 나는 '통계만능주의'라고 이름 붙일 수 있는 어리석은 모습 역시 자주 발견하고 있다. 통계만능주의란 통계치 산출이 연구와 동의어라는 관점(notion), 통계가 과학적 방법론의 완전한 혹은 충분한 기초라는 순진하기 짝이 없는 신념(naive faith), 통계적 공식이 어떤 이론이 더 나은지 혹은 '결과변수'에 대한 예측변수의 '중요성'을 평가할 수 있다는 미신

(superstition), 그리고 임의로 수집된 변수들을 대상으로 공변량 분석을 실시한 결과가 '인과모형(causal model)'일 뿐만 아니라, 누구에게나 인정받을 수 있는 '측정모형(measurement model)'이라고 정당화될 수 있다는 망상(delusion) 등을 의미한다. 만약 사회과학 연구분과에서 이러한 통계만능주의 관련 오류들을 분명히 인식하고 명확하게 금지했었다면, 희화화된 사회과학 활동에 대해 개탄하는 일은 없었을 것이다(Duncan, 1984, p. 226).

참고문헌

Angrist, J. D., & Pischke, J. S. (2009). *Mostly harmless econometrics: An empiricist's companion*. Princeton University Press.

Babbie, E. R. (2020). *The practice of social research* (15th ed.). Cengage.

Baden, C., Pipal, C., Schoonvelde, M., van der Velden, M. A. C. G. (2022). Three gaps in computational text analysis methods for social sciences: A research agenda. *Communication Methods and Measures, 16*(1), 1-18.

Blei, D. M., Ng, A. Y., & Jordan, M. I. (2003). Latent Dirichlet allocation. *Journal of Machine Learning Research, 3*, 993-1022.

Bradburn, N. M., Sudman, S., & Wansink, B. (2004). *Asking questions: The definitive guide to questionnaire design for market research, political polls, and social and health questionnaires*. Wiley.

Brinberg, M., Ram, N., Wang, J., Sundar, S. S., Cummings, J. J., Yeykelis, L., & Reeves, B. (2023). Screenertia: Understanding 'stickiness' of media through temporal changes in screen use. *Communication Research, 50*(5), 535-560.

Chen, Y., Peng, Z., Kim, S. H., & Choi, C. W. (2023). What we can do and cannot do with topic modeling: A systematic review. *Communication Methods and Measures, 17*(2), 111-130.

Chow, S-C., Shao, J., & Wang, H. (2008). *Sample size calculations in clinical research* (2nd ed.). Chapman & Hall.

Cohen, J. (1988). *Statistical power analysis for the behavioral sciences* (2nd ed.). Routledge.

Daikeler, J., Bošnjak, M., & Lozar Manfreda, K. (2020). Web versus other survey modes: An updated and extended meta-analysis comparing response rates. *Journal of Survey Statistics and Methodology, 8*(3), 513-539.

Dillman, D. A., Smyth, J. D., & Christian, L. M. (2014). *Internet, phone, mail, and mixed-mode surveys: The tailored design method*. Wiley.

Dogruel, L., Masur, P., & Joeckel, S. (2022). Development and validation of an algorithm literacy scale for internet users. *Communication Methods and Measures, 16*(2), 115-133.

Duncan, O. D. (1984). *Notes on social measurement: historical and critical.* Russell Sage Foundation.

Faul, F., Erdfelder, E., Buchner, A., & Lang, A.-G. (2009). Statistical power analyses using G*Power 3.1: Tests for correlation and regression analyses. *Behavior Research Methods, 41*, 1149-1160.

Fisher, L. D., Dixon, D. O., Herson J., Frankowski, R. K., & Hearon, M. S., (1990). Intention to treat in clinical trials. In Pearce, K. E. (Ed.), *Statistical issues in drug research and development* (pp. 331-350). Marcel Dekker.

Fornell, C. G., & Larcker, D. F. (1981). Evaluating structural equation models with unobservable variables and measurement error. *Journal of Marketing Research, 18*(1), 39-50.

Hair, J. F., Sarstedt, M., Ringle, C. M., & Mena, J. A. (2012). An assessment of the use of partial least squares structural equation modeling in marketing research. *Journal of the Academy of Marketing Science, 40*, 414-433.

Hamaker, E. L., Kuiper, R. M., & Grasman, R. P. (2015). A critique of the cross-lagged panel model. *Psychological Methods, 20*(1), 102-124.

Hayes, A. F. & Coutt, J. J. (2020). Use omega rather than Cronbach's alpha for estimating reliability, but ⋯. *Communication Methods and Measures, 14*(1), 1-24.

Hayes, A. F., & Krippendorff, K. (2007). Answering the call for a standard reliability measure for coding data. *Communication Methods and Measures, 1*(1), 77-89.

Henseler, J. (2021). *Composite-based structural equation modeling: Analyzing latent and emergent variables.* Guilford Press

Henseler, J., Ringle, C. M., & Sarstedt, M. (2015). A new criterion for assessing discriminant validity in variance-based structural equation modeling. *Journal of the Academy of Marketing Science, 43*(1), 115-135.

Hollis, S., & Campbell, F. (1999). What is meant by intention to treat analysis?: Survey of published randomised controlled trials. *BMJ, 319*(7211), 670-674.

Hunter, J. E., & Schmidt, F. L. (2004). *Methods of meta-analysis: Correcting error and bias in research findings.* Sage.

Imbens, G. W. (2024). Causal inference in the social sciences. *Annual Review of Statistics and Its Application, 11*, 123-152.

Iyengar, S. (2014). Experimental designs for political communication research: Using new technology and online participant pools to overcome the problem of generalizability. In Bucy, E. P. & Holbert, R. L. (Eds.), *Sourcebook for political communication research* (pp. 129-148). Routledge.

Jackson, S., & Jacobs, S. (1983). Generalizing about messages: Suggestions for design and analysis of experiments. *Human Communication Research, 9*(2), 169-191.

Joo, J. & Steinert-Threlkeld, Z. C. (2022). Image as data: Automated content analysis for visual presentations of political actors and events. *Computational Communication Research, 4*(1), 11-67. https://doi.org/10.5117/CCR2022.1.001.JOO.

Judd, C. M., Westfall, J., & Kenny, D. A. (2012). Treating stimuli as a random factor in social psychology: A new and comprehensive solution to a pervasive but largely ignored problem. *Journal of Personality and Social Psychology, 103*(1), 54-69.

Kline, R. B. (2023). *Principles and practice of structural equation modeling* (5th ed.). Guilford publications.

Krippendorff, K. (2018). *Content analysis: An introduction to its methodology* (4th ed.). Sage.

Maier, D., Waldherr, A., Miltner, P., Wiedemann, G., Niekler, A., Keinert, A., Pfetsch, B., Heyer, G., Reber, U., Häussler, T., Schmid-Petri, H., & Adam, S. (2018). Applying LDA topic modeling in communication research: Toward a valid and reliable methodology. *Communication Methods and Measures, 12*(2-3), 93-118.

Martin, J. D., & Martins, R. J. (2018). Outsourced credibility?: A quasi-experimental study of corrections at newspapers pre-and post-outsourcing of copy editing. *Journalism Studies, 19*(2), 247-267.

Matsunaga, M. (2007). Familywise error in multiple comparisons: Disentangling a knot through a critique of O'Keefe's arguments against alpha adjustment. *Communication Methods and Measures, 1*(4), 243-265.

O'Keefe, D. J. (2003a). Colloquy: Should familywise alpha be adjusted?: Against familywise alpha adjustment. *Human Communication Research, 29*(3), 431-447.

O'Keefe, D. J. (2003b). Message properties, mediating states, and manipulation checks: Claims, evidence, and data analysis in experimental persuasive message effects research. *Communication Theory, 13*(3), 251-274.

O'Keefe, D. J. (2007). Responses to Matsunaga: It takes a family-a well-defined family-to underwrite familywise corrections. *Communication Methods and Measures, 1*(4), 267-273.

O'Keefe, D. J. (2023). Comparison conditions in research on persuasive message effects: Aligning evidence and claims about persuasiveness. *Communication Methods and Measures, 17*(3), 187-204.

O'Keefe, D. J., & Hoeken, H. (2021). Message design choices don't make much difference to persuasiveness and can't be counted on-Not even when moderating conditions are specified. *Frontiers in Psychology, 12*, 664160.

Page, M. J., McKenzie, J. E., Bossuyt, P. M., Boutron, I., Hoffmann, T. C., Mulrow, C. D., & Moher, D. (2021). The PRISMA 2020 statement: An updated guideline for reporting systematic reviews. *BMJ, 372*(72).

Pearl, J. (2023). The causal foundations of structural equation modeling. In R. H. Hoyle (Ed.), *Handbook of structural equation modeling* (2nd ed., pp. 49-75). Guilford Press.

Prior, M. (2009). Improving media effects research through better measurement of news exposure. *The Journal of Politics, 71*(3), 893-908.

Raithel, S., Hock, S. J., & Mafael, A. (2024). Product recall effectiveness and consumers' participation in corrective actions. *Journal of the Academy of Marketing Science, 52*(3), 716-735.

Raykov, T., & Marcoulides, G. A. (2019). Thanks coefficient alpha, we still need you! *Educational and Psychological Measurement, 79*, 200-210.

Reeves, B., Ram, N., Robinson, T. N., Cummings, J. J., Giles, C. L., Pan, J., & Yeykelis, L. (2021). Screenomics: A framework to capture and analyze personal life experiences and the ways that technology shapes them. *Human-Computer Interaction, 36*(2), 150-201.

Reeves, B., Yeykelis, L., & Cummings, J. J. (2016). The use of media in media psychology, *Media Psychology, 19*(1), 49-71.

Roberts, M. E., Stewart, B. M., Tingley, D., Lucas, C., Leder-Luis, J., Gadarian, S. K., & Rand, D. G. (2014). Structural topic models for open-ended survey responses. *American Journal of Political Science, 58*(4), 1064-1082.

Rogosa, D. (1980). A critique of cross-lagged correlation. *Psychological Bulletin, 88*(2), 245-258.

Rosenbaum P. R. (2002). *Observational studies.* Springer.

Rosenbaum, P. R., & Rubin, D. B. (1983). The central role of the propensity score in observational studies for causal effects. *Biometrika, 70*(1), 41-55.

Rubin, D. B. (1974). Estimating causal effects of treatments in randomized and nonrandomized studies. *Journal of Educational Psychology, 66*(5), 688-701.

Rubin, D. B. (2005). Causal inference using potential outcomes: Design, modeling, decisions. *Journal of the American Statistical Association, 100*(469), 322-331.

Salganik, M. J. (2019). *Bit by bit: Social research in the digital age.* Princeton University Press.

Schaeffer, N. C., & Dykema, J. (2020). Advances in the science of asking questions. *Annual Review of Sociology, 46*(1), 37-60.

Schutt, R. K. (2019). *Investigating the social world: The process and practice of research* (9th ed.). Sage.

Schwarz, N., Knäuper, B., Oyserman, D., & Stich, C. (2012). The psychology of asking questions. In de Leeuw, E. D., Hox, J. J., & Dillman, D. A. (Eds.), *International handbook of survey methodology* (pp. 18-34). Psychology Press.

Shadish, W. R., Cook, T. D., & Campbell, D. T. (2002). *Experimental and quasi-experimental designs for generalized causal inference.* Houghton Mifflin.

Sijtsma, K. (2009). On the use, the misuse, and the very limited usefulness of Cronbach's alpha. *Psychometrika, 74*, 107-112.

Tourangeau, R., Conrad, F. G., & Couper, M. P. (2013). *The science of web surveys.* Oxford University Press.

van Atteveldt, W. van der Velden, M. A. C. G., & Boukes, M. (2021). The validity of sentiment analysis: Comparing manual annotation, crowd-coding, dictionary approaches, and machine learning algorithms, *Communication Methods and Measures*, 15(2), 121-140.

Vandenberg, R. J., & Lance, C. E. (2000). A review and synthesis of the measurement invariance literature: Suggestions, practices, and recommendations for organizational research. *Organizational Research Methods*, 3(1), 4-70.

Weber, R. (2007). Responses to Matsunaga: To adjust or not to adjust alpha in multiple testing: That is the question. Guidelines for alpha adjustment as response to O'Keefe's and Matsunaga's critiques, *Communication Methods and Measures*, 1(4), 281-289.

Yarkoni, T. (2022). The generalizability crisis. *Behavioral and Brain Sciences*, 45, e1.

3

대인 소통

김대중 ｜ 동아대 미디어커뮤니케이션학과 부교수
심재웅 ｜ 숙명여대 미디어학부 교수

인간은 매일 누군가 만나 소통한다. 다양한 목적으로 누군가를 대면으로 만나 언어와 비언어 메시지를 교환한다. 대면이 아니더라도 스마트폰과 같은 기기를 이용해 메시지를 주고받기도 한다. 얼굴을 맞대고 대면으로 대화하든 혹은 기기를 통해 누군가와 대화를 하든 이러한 행위는 대인 간 발생한 소통 행위, 즉 대인 소통에 해당된다. 우리가 인지를 하든 못하든 대인 소통은 특정한 동기와 목적을 가지고 수행되며, 따라서 소통이 끝나면 소통 행위에 따른 결과를 경험하게 된다.

일상생활에서 흔히 경험하는 대인 소통을 다음의 세 가지 경우로 살펴보자. 첫 번째는 ① 어제 친한 친구와의 대화에서 벌어진 심각한 언쟁을 잘 매듭짓지 못하고 헤어졌을 때, 이튿날 아침 친구에게 어제 잘 들어갔는지 가벼운 안부 문자를 남기는 경우다. 두 번째는 ② 낯선 사람과 첫 만남을 앞두고 어떤 이야기와 질문을 해야지 상대에게 무례하지 않은 인상을 주면서도 상대에 대한 정보를 얻을 수 있을지 나름의 전략을 세우고 이를 수행하는 경우다. 세 번째는 두 번째 경우와 같은 상황에서 ③ 상대가 나에게 과도한 시선 마주침을 시도한 경우다.

이러한 대인 소통의 결과는 어떻게 나타날까? 다음과 같은 결과와 효과를 예측할 수 있다. 먼저 ① 첫 번째 소통 행위의 결과로 안부 문자를 받은 상대는 친구가 보낸 메시지의 의도를 이해하지만 한편으로는 어제 상황에 대한 불편함도 표현하는 의미로 답장을 다소 늦게 보내왔다. 이로써 둘 사이의 관계를 악화시키거나 퇴행시킬 수 있는 심리적 불편한 상황이 해소되고 지금까지의 친밀한 관계를 계속 유지할 수 있게 됐다. ② 두 번째 소통의 결과로는 대화의 주제와 질문을 미리 준비한 덕택에 상대와의 대화를 부드럽고 공손하게 이끌어 나갈 수 있었고 결과적으로 상대에게 호의적인 첫인상을 주면서도 상대가 어떠한 사람인지 알게 되어 상대에 대한 불확실성이 많이 줄었다. ③ 상대의 예상치 못한 과도한 시선에 몹시 당혹스러웠지만 나에 대한 호감이 아닐지 생각하니 상대에 대한 호감이 오히려 증가했다.

위 사례들의 결과는 대인 소통학에서 개발된 이론으로 잘 설명된다. 첫 번째는 ① 대인관계의 형성·발전·유지·퇴행을 설명하는 사회침투 이론(Altman & Taylor, 1973), 두 번째는 ② 대인관계에서 상대에 대한 정보습득을 통해 상대에 대한 불확실성을 줄여나가는 인지적 과정을 설명하는 불확실성감소 이론(Berger & Calabrese, 1975), 세 번째는 ③ 상대의 기대에 반하는 행위를 통해 오히려 상대의 호감을 얻을 수 있다는 기대위반 이론(Burgoon, 1983)을 통해 각각 설명되고 결과를 예측할 수 있다.

위 이론들은 대인 소통학의 초기이론으로 분류되며, 대인 소통학이 독립적인 학문으로 성립되는 시기인 1970년대부터 1980년대 초반에 걸쳐 차례대로 소개되었다. 앞서 언급한 예에서 볼 수 있듯이, 초기이론들은 대인 소통학의 연구주제, 범위, 내용을 제시했다는 점에서 의의를 찾을 수 있다. 초기이론을 바탕으로 한 활발한 연구성과에 힘입어 1990년대부터는 다수의 대인 소통 이론이 소개됐다. 이들 이론들은 연구주제를 프라이버시, 정서, 관계 유지, 인터넷상의 대인관계 등으로 확장하면서 한편으로는 대인 소통의 복잡한 현상을 정교하게 설명하고자 했다.

대인 소통이 다루는 연구대상(연인, 부부, 가족, 직장, 갈등, 거짓말 등)은 다양하다. 그중에서도 연인관계는 가장 대표적이면서도 전통적으로 다루어진 주제이고, 대인관계에서 늘 발생하면서 개인의 안녕을 해치는 갈등도 대인 소통의 주요 연구대상이다. 또한 상대를 속이고 이러한 상대의 속임을 탐지하려는 전략적 행위의 교환으로서 거짓말도 대인 소통의 관심대상이다. 상대의 부당한 행위에 대해 어떻게 보복할 것인지 목적과 계획을 세우고 수행 결과를 예측하는 과정 역시 대인 소통의 연구대상이 될 수 있다.

이 장에서는 대인 소통 전반에 대해서 살펴보고자 한다. 먼저 대인 소통의 정의와 대인 소통 연구의 역사에 대해서 먼저 살펴보고 이어서 대인 소통 분야에서 많이 활용되는 10개의 이론을 소개하고자 한다. 또한 대인 소통의 주요 연구대상인 연인관계, 갈등, 거짓말, 보복에 관한 연구결과를 정리하고자 한다. 마지막으로 대인 소통 맥락에서 진행된 국내외 연구현황에 대해 간단히 살펴보고 결론에서는 그간의 논의를 종합적으로 정리하려 한다.

1. 대인 소통의 정의

대인 소통을 간단하면서도 명확하게 정의하기는 쉽지 않다. 무엇보다 대인 소통의 범위가 변화하고 있기 때문이다. 과거에는 대인 소통의 범위를 대개 같은 물리적 공간에서 얼굴을 맞대는 면대면 소통으로 한정했다. 하지만 가상공간에서 얼굴을 맞대는, 즉 매체에 의해 매개된 대인 소통이 늘어남에 따라 이러한 형태의 매개 소통을 대인 소통과 어떻게 통합, 혹은 분리해야 하는지에 대한 논의도 필요하다.

큰 틀에서 소통은 개인 혹은 집단 간 언어적 혹은 비언어적 메시지의 교환을 통해 정보, 생각, 아이디어, 느낌을 교환하는 과정으로 정의된다

(Giffin & Patten, 1976). 이러한 소통에 대한 정의를 대인 간 소통으로 한정시키면, 적어도 두 명 이상이 참여하고 있는 소통에서 참여자들 간에 상호 교환되는 메시지나 정보가 서로의 의견과 태도형성에 영향을 미치는 동적 과정으로 볼 수 있다(Bochner, 1989).

하지만 이러한 정의에는 대인 소통의 동기나 목적이 포함되지 않은 한계가 있다. 백스터(Baxter, 2014)는 대인 소통의 목적을 개인 정체성의 변화 혹은 상대와의 관계 변화에 두었다. 따라서 대인 소통은 분명한 목적을 가지고 수행되는 행위이기 때문에, 목적 없는 단순한 대인 간 조우는 대인 소통의 범위에 포함되지 않는다. 예를 들어, 주문을 위한 종업원과의 일시적 대화, 옆 좌석에 앉은 모르는 낯선 사람과의 일시적 대화 등은 대인 소통이 아닌 단순한 상호작용에 지나지 않는다.

보크너와 백스터의 정의를 종합하면, 대인 소통은 두 명 이상의 소통 참여자들이 언어·비언어 메시지의 교환과 공유를 통해 개인의 정체성 변화 혹은 상대와의 관계 변화에 영향을 미칠 수 있는 의미를 공동으로 창출해 가는 동적 과정으로 정의될 수 있다.

2. 대인 소통 연구의 역사

소통학은 1950년대와 1960년대에 걸쳐 미국 대학에 커뮤니케이션학과가 창설되면서부터 비로소 독립적 학문으로 성립됐다고 대체적으로 본다. 소통학의 하위영역으로서 대인 소통학은 이보다 늦은 1970년대에 성립된 것으로 여겨진다. 1970년대 초반부터 미국 다수의 커뮤니케이션학과에서 대인 소통이 정식 커리큘럼으로 채택되기 시작하면서(Braithwaite & Schrodt, 2022) 대인 소통학이 비로소 독립적으로 성장할 수 있는 바탕이 마련되었기 때문이다. 이러한 분위기 속에서 1970년대부터는 대인 소통학 내에서 성립된 이론이 소개됐으며, 이러한 초기이론을 바탕으로 1990년대 이후부터는 다수의 이론들이 등장했다.

다음에서는 대인 소통 연구의 역사를 세 시기로 나누어 살펴보고자 한다. 먼저 1970년 이전에 인접 학문 분야에서 제시된 대인 소통 이론을 살펴보고자 한다. 다음으로 1970년대와 1980년대에 걸쳐 대인 소통학 내에서 성립된 초기이론을 살펴보고, 마지막으로는 1990년대 이후에 소개된 이론의 특징을 정리하고자 한다.

1) 1970년대 이전

1970년대 이전에 소개된 대인 소통 관련 이론으로는 사회교환 이론 (Thibaut & Kelley, 1959), 애착 이론(Bowlby, 1951), 인상관리 이론 (Goffman, 1959) 등이 있다. 이 시기는 대인 소통학이 아직 독립적으로 성립되기 전이기 때문에 인접 학문인 심리학, 사회학, 인류학을 중심으로 대인관계의 심리적·정신적 상호작용과 사회적 의미에 초점을 둔 연구가 많았다. 해당 이론들은 대인 소통 주제인 대인관계의 형성·발전·유지 과정을 설명하고자 했는데, 메시지의 교환과 의미 창출이라는 소통 관점보다는 주로 개인의 심리적·사회적 요인에 주목했다.

또한 대인 소통 이론의 주요 변수인 비언어행위에 대한 연구성과도 심리학과 인류학을 중심으로 다양하게 축적된 시기였다. 인류학자인 에드워드 홀(Edward Hall)은 공간과 영역, 심리학자인 앨버트 머레이비언(Albert Mehrabian)과 인류학자인 레이 버드휘스텔(Ray Birdwhistell)은 동작학, 실반 톰킨스(Sylvan Tomkins)와 폴 에크만(Paul Ekman)은 정서와 얼굴 표정에 대한 학문적 성과를 도출했다.[1] 이러한 성과는 1970년대에 본격적으로

---

1   동작학(kinesics)은 소통 행위에 수반되는 신체의 움직임과 그 의미를 탐색하는 학문 분야로

등장하는 대인 소통 이론 형성에 큰 기여를 한다. 예를 들어, 에드워드 홀의 영역에 대한 연구성과는 주디 버군(Judee Burgoon)의 기대위반 이론 성립에 핵심적 역할을 한다.

2) 1970~1980년대

이 시기에는 사회침투 이론(Altman & Taylor, 1973), 불확실성감소 이론(Berger & Calabrese, 1975), 기대위반 이론(Burgoon, 1983)이 소개된다. 이 중 불확실성감소 이론과 기대위반 이론은 소통학 내에서 성립되었고 또한 향후 대인소통 이론의 연구 범위와 방향을 설정해 주었다는 점에서 중요한 의미가 있다.

위 이론들은 대인 소통을 큰 틀에서 인지적 측면, 상호작용적 측면, 관계적 측면에서 연구할 수 있다는 점을 시사하고 있다. 불확실성감소 이론은 상대에 대한 정보추구를 통해 불확실성을 감소시켜 나간다는 점에서 인지적 측면을, 기대위반 이론은 상대의 기대에서 어긋나는 행위가 관계에 영향을 미친다는 점에서 상호작용적 측면을 주목하고 있다. 한편, 사회침투 이론은 대인관계 발전 과정을 자아노출의 정도로 설명한다는 측면에서 대인 소통의 관계적 측면에 주목한다.

또한 1970년대부터는 그동안 주로 심리학과 인류학 분야에서 주로 탐구되던 비언어행위가 비로소 소통학에서도 본격적으로 연구되기 시작한다. 대표적인 소통학자로는 마크 냅(Mark Knapp)과 주디 버군(Judee Burgoon)을 들 수 있다. 이들은 비언어행위를 소통 관점에서 탐색하고 더 나아가 대인관계의 발전에서 비언어행위가 어떠한 기능을 수행하는지를 밝히고자 했다.

제스처, 얼굴 표정, 시선행위, 접촉, 자세 변환 등을 포함한다.

3) 1990년대 이후

1990년대 이후는 소통학 전체가 양적·질적 성장을 하는 시기이며 대인 소통 분야 역시 이전 시기에 소개된 이론과 학문적 성과를 바탕으로 급성장을 한다. 그 결과로 다수의 이론이 소개되는데, 이 시기에 등장한 이론의 특징은 크게 두 가지 형태(기존 이론의 수정·보완·변형, 새로운 이론)로 구분된다. 기존 대인 소통 이론을 수정·보완·변형한 이론으로는 불확실성관리 이론과 다중목표 이론을 들 수 있다. 이들 이론은 기존의 불확실성감소 이론과 목표-계획-행위 이론을 각각 보완해 설명력을 높이고자 했다. 새롭게 제시된 대인 소통 이론으로는 조언반응 이론, 소통수용 이론, 관계난기류 이론, 언어-비언어 불일치 이론, 진실기본값 이론 등을 들 수 있다.

   이와 함께, 심리학에서 탐색해 온 정서 변수를 대인 소통 이론에 활용하려는 노력이 새롭게 시도된다. 특히 정서를 사건에 대한 인지평가의 결과로 보는 라자루스의 인지평가 이론(Lazarus, 1991)이 대표적으로 활용됐다. 앞서 소개된 불확실성관리 이론은 기존의 불확실성감소 이론에 정서 변수를 추가해 이론의 설명력과 예측력을 높이고자 했다.

3. 대인 소통 관련 이론

1990년 이후 대인 소통학 내에서 관련 이론이 다수 소개됨에 따라 이론의 성격에 따라 범주화하려는 노력도 수행됐다. 브레이스웨이트와 쉬로트(Braithwaite & Schrodt, 2014, 2022)는 메타분석을 통해 선행연구에서 사용된 대인 소통 이론을 정리하면서, 각 이론이 주목하고 있는 소통 구성 요인에 따라 세 가지 영역(개인 중심, 상호작용 중심, 관계 중심)으로 구분했다.

   〈표 3-1〉은 각 영역에 해당되는 이론과 관련 연구를 보여주고 있다. 먼

〈표 3-1〉 대인소통 이론

영역	해당 이론	관련 연구
개인 중심	불확실성감소 이론(uncertainty reduction theory)	Berger & Calabrese, 1975
	목표-계획-행위 이론(goal-plans-action theory)	Dillard, 1990
	불확실성관리 이론(uncertainty management theory)	Brashers, 2001
	다중목표 이론(multiple goals theory)	Caughlin, 2010
	조언반응 이론(advice response theory)	Feng & MacGeorge, 2010
상호 작용 중심	기대위반 이론(expectancy violation theory)	Burgoon, 1983
	관계적 변증법 이론(relational dialectics theory)	Baxter & Montgomery, 1996
	소통수용 이론(communication accommodation theory)	Giles & Ogay, 2007
	언어-비언어 프로파일 불일치 이론(discrepant verbal-nonverbal profile theory)	Grebelsky-Lichtman, 2014
관계 중심	사회교환 이론(social exchange theory)	Thibaut & Kelley, 1959
	사회침투 이론(social penetration theory)	Altman & Taylor, 1973
	대인기만 이론(interpersonal deception theory)	Buller & Burgoon, 1996
	소통 프라이버시 관리 이론(communication privacy management theory)	Petronio, 2002
	관계난기류 이론(relational turbulence theory)	Solomon & Knobloch, 2004
	진실기본값 이론(truth-default theory)	Levine, 2014

저 '개인 중심'은 개인이 대인 소통의 목적을 달성하기 위해 상대에 대한 정보를 어떻게 처리하고 메시지를 구성하는지, 즉 개인의 인지적 행위(소통 목표 및 계획, 정보에 대한 처리 등)에 초점을 맞추고 있다. '상호작용 중심'은 소통 행위로서 상대와 이루어지는 상호작용 행위(키스, 영역 침범, 공손한 태도, 소통 조절행위 등)에 주목하고 있다. 마지막으로 '관계 중심'은 대인관계의 변화(생성, 발전, 유지, 퇴행, 종료)에 초점을 맞추고 있다.

다음에서는 〈표 3-1〉에서 제시된 대인 소통 이론 중에서 선행연구에서 자주 인용된 11개의 이론을 선택해 구체적으로 살펴보고자 한다.

1) 사회교환 이론

사회교환 이론(social exchange theory)은 티보와 캘리(Thibaut & Kelley, 1959)가 제시한 이론이다. 이 이론은 대인관계가 시작·유지되는 것은 비용과 보상 간의 적절한 균형이 이루어졌기 때문이라고 본다. 비용은 상대와 관계 유지에 요구되는 대가(시간, 경제적 비용, 노력)이며, 보상은 상대와의 관계를 통해 얻는 가치(동의, 지지, 동료애)다. 보상에서 비용을 뺀 값이 상대와의 관계를 결정짓는 가치가 된다. 만약 양(+)의 가치라면 계속 관계를 유지할 수 있으나, 음(-)의 가치라면 그 관계는 곧 끝날 가능성이 높다. 일반적으로 사람들은 비용은 최소화하며 보상은 최대화할 수 있는 대인관계를 추구한다. 하지만 대인관계는 어느 한쪽의 일방적 만족으로는 지속될 수 없기 때문에 양자 간의 만족이 동시에 이루어질 때만 대인관계가 안정적으로 유지될 수 있다.

대인관계 유지를 위해서는 관계 만족도와 관계 안정성이 쌍방 간에 유사한 수준으로 유지되어야 한다. 관계 만족도와 관계 안정성은 비교수준과 대안에 대한 비교수준이라는 개념을 통해 설명된다. 비교수준이란 특정한 대인관계에서 개인이 비용을 얼마만큼 지불하고 얼마만큼을 보상받아야 하는지에 대한 기준이며, 개인이 대인관계의 결과에 만족하는 정도에 의해 결정된다. 여기서 관계 만족도는 상대와의 과거 경험에 의해 형성된 기대에 영향을 받는다. 예를 들어, 한 개인이 상대와의 대인관계 속에서 100의 기대(비교수준)를 했는데 120을 얻었다면 관계의 만족도는 높은 것으로 판단되며 반대로 80의 결과를 얻었다면 만족도가 낮은 것으로 볼 수 있다.

대안에 대한 비교수준은 현재 관계를 대체할 수 있는 새로운 관계를 형성하거나 현재 관계를 단절함으로써 혼자가 되는 것으로부터 얻게 되는 보상의 최저수준을 의미한다. 예를 들어, 한 개인이 현재 관계를 유지하고 있는 연인관계를 청산하거나, 새로운 상대와 연인관계 형성을 통해 더 큰 만족을 얻을 수 있다면, 즉 대안을 선택함으로서 얻는 보상이 현재의 관계 유지를 통한 결과보다 크다면, 이 관계는 곧 청산될 가능성이 높다. 이런 점에서 비교수준이 현재 관계의 만족을 평가하는 도구라고 한다면, 대안에 대한 비교수준은 현재 관계의 안정성을 평가하는 도구로 볼 수 있다.

2) 사회침투 이론

사회침투 이론(social penetration theory)은 사회심리학자인 올트먼과 테일러(Altman & Taylor, 1973)에 의해 제시된 이론이다. 이 이론은 대인관계가 시작되어 시간이 지남에 따라 친밀한 관계로 발전되어 가는 과정을 설명한다. 사회침투 이론에 의하면 개인이 상대와 친밀해지는 과정은 단계적 자기노출을 통해 순차적이며 점진적으로 이루어진다고 본다. 자기노출이란 자신과 관련된 정보를 상대에게 공개하는 행위를 의미하는데, 관계의 친밀도에 따라 자기노출의 폭과 깊이, 즉 상대에게 공개되는 정보의 질과 양이 달라진다. 자기노출의 정도는 상대가 드러내는 자기노출의 정도에 의해 정해진다. 즉, 친밀도에 맞는 자기노출이 상호 간 균형적으로 이루어졌을 때 비로소 지속적인 관계 발전이 가능하게 된다는 것이다.

사회침투 이론은 자기노출의 폭과 깊이를 양파에 비유해 설명한다. 양파는 여러 층의 껍질로 구성되어 있는데, 개인의 자아도 양파처럼 여러 층으로 나누어진다고 보고 있다. 예를 들어, 가장 바깥층인 표피에는 상대에게 쉽게 노출되는 공적 자아와 관련된 정보(외모, 나이, 취미, 가족관계, 이성관계)가 위치하고 있으며, 껍질 안쪽 중심으로 들어갈수록 점점 노출을 꺼려하는, 내면적 자아와 관련된 정보(가치관, 종교적 신념, 개인적 욕망)가 숨겨져 있다.

대인관계가 형성되는 초기단계에서는 사적 자아가 아닌 누구나 일반적으로 알 수 있는 공적 자아와 관련된 정보를 노출하며, 관계가 친밀해짐에 따라 점차 내면적 자아와 관련된 정보를 노출하게 된다. 다시 말해, 친밀한 관계 발전을 위해서는 상대가 표피층을 뚫고 내면적 자아를 구성하고 있는 내층으로 침투해 들어오는 것을 허락해야만 가능하다. 하지만 표피층은 물러 뚫고 들어가기가 용이하지만 안쪽으로 위치한 층일수록 상대적으로 단단하기 때문에 뚫고 들어가기가 어렵다. 따라서 상대의 내층을 뚫고 들어가기 위해서는 많은 시간과 노력이 필요하다. 이런 점에서 공적 자아만을 드러내는 대인관계의 시작은 용이하지만 사적 자아를 드러내야만 하는 친밀한 관계로 발전하기 위해서는 많은 시간과 노력이 필요하다고 볼 수 있다.

3) 불확실성감소 이론

불확실성감소 이론(uncertainty reduction theory)은 소통학자인 버거와 캘라브리즈(Berger & Calabrese, 1975)가 제시한 이론이다. 이 이론은 대인관계가 형성·발전되는 단계에서 소통의 주목적은 상대에 대한 불확실성 해소라고 보고 이를 위해 정보추구행위가 이어진다고 주장한다. 대인관계에서 상대에 대한 정보(소통의 목적과 계획, 정서적 상태와 신념, 소통 기술과 능력)가 부재하거나 혹은 일관되지 않을 때 불확실성은 발생하고 이로 인한 불안과 같은 부정적 정서각성을 경험하게 된다. 이러한 상황은 소통을 통해 상대에 대한 지식과 이해를 확장했을 때 극복된다.

불확실성감소 이론은 상대에 대한 정보가 부족한 관계 초기는 물론 가까운 사이에서도 적용된다. 비록 상대에 대한 충분한 정보가 있는 친밀한 사이라도 상황에 따라 새롭게 요청되는 정보가 부족할 때 불확실성은 여전히 발생하며 이를 감소시키려는 정보추구행위가 수행될 수 있다. 예를 들어, 매우 친밀한 관계임에도 불구하고 서로가 경험하는 관계에 대한 충실도가 일치하지 않거나, 상대에 대한 정보를 나보다 다른 사람이 더 많이 알고 있다고 판단할 경우에는 현재 관계에 대한 불확실성은 발생할 수 있다(Planalp et al., 1988).

불확실성감소 이론에서는 불확실성과 관계 발전 관계를 설명하기 위해 7개의 변수를 제시한다. 그 변수로는 ① 언어 소통, ② 비언어적 온정, ③ 정보추구, ④ 자기노출, ⑤ 호혜성(정보공유에 대한 기대), ⑥ 유사성, ⑦ 호감이 포함된다(Berger & Calabrese, 1975). 버거와 캘라브리즈는 이들 변수들과 불확실성과의 관계를 검증이 필요하지 않은 자명한 진실, 즉 공리(axiom)로 보고 있다. 대인관계의 초기단계에서는 위에서 제시된 7개의 변수 중에서 ③ 정보추구와 ⑤ 호혜성을 제외한 5개의 변수의 값이 높아질수록 상대에 대한 불확실성은 감소하는 반면, 상대에 대한 불확실성이 높을수록 ③ 정보추구와 ⑤ 호혜성의 값은 증가한다.

4) 기대위반 이론

기대위반 이론(expectancy violation theory)은 소통학자인 버군(Burgoon, 1983)이 제시한 이론이다. 이 이론은 공간학에 대한 에드워드 홀의 학문적 성과인 개인과 개인 사이의 물리적 공간거리에 대한 인식과 반응의 관찰을 통해 성립됐다. 이론의 기본 개념은 다음과 같다. 사람들은 대인관계에서 상대에 대해 특정한 행동을 기대하고 있으며, 만약 예상된 행동이 나타나면 상대에 대한 기대치는 더욱 견고하게 되고, 반면 예상된 행동이 나타나지 않는다면 이를 바탕으로 상대에 대한 새로운 평가를 내리게 된다. 이때 평가는 긍정적 혹은 부정적일 수도 있으며, 이러한 평가에 따라 대인

관계가 변화된다고 본다.

기대위반 이론에 포함된 세 가지 개념은 기대(expectancy), 소통자 보상가(communicator reward valence), 위반가(violation valence)다. 기대는 대인관계를 진행하는 데 있어 특정상황에서 상대로부터 '일어날 것이라 예측하는 것'으로 정의된다. 기대에는 상대의 개인적 특징(인구학적 속성, 성격, 외모, 소통 스타일 등), 관계적 특징(친숙함의 정도, 호감의 정도, 유사성의 정도, 사회적 지위의 동등함), 맥락적 특징(프라이버시, 공식성, 과제 지향성) 등이 모두 포함된다. 예를 들어, 첫 만남 상대로서 훈훈한 외모와 유머 감각이 있고, 나와 기질적 유사성이 있으며 첫 미팅의 맥락에 맞게 정장을 입은 사람을 기대할 수 있다.

다음으로 위반가는 기대를 위반하는 행동에 대해 부여되는 가치를 의미한다. 앞서 언급했듯이, 기대에 대한 위반은 반드시 부정적으로만 평가되는 것이 아니라 상황에 따라 긍정적으로 평가될 수 있다. 예를 들어, 첫 만남에서 만난 상대가 일반적인 사회적인 규범을 위반하는, 즉 개인의 기대치를 어느 정도 벗어난, 과도한 시선이나 접촉과 같은 행동을 보여준다면, 개인에 따라 불편함 때문에 부정적인 평가를 내릴 수도 있지만, 본인에 대한 상대의 관심이라는 긍정적 신호로 평가할 수도 있다.

위반가가 기대에 위반되는 행동에 대한 가치 평가라고 한다면, 소통자 보상가는 위반된 행위를 한 상대에 대해 내리는 가치 평가라고 할 수 있다. 동일한 위반 행위를 하더라도 상대가 가지고 있는 특성(외모, 성격, 기질 등)에 따라 상대에 대한 평가(보상가)는 달라질 수 있다. 만약 위반을 행한 상대가 외모가 좋고 상냥한 성격을 지녔다면 위반자에 대한 평가는 긍정적으로 나타날 수 있다. 반면, 위반자의 외모가 보잘것없고 행동이 무례하다면 위반자에 대한 평가는 부정적일 수밖에 없다.

양자 관계에서 개인의 행동은 상대가 행한 행위의 위반가와 소통자 보상가의 조합을 통해 예측된다. 만약 기대를 위반한 행위의 위반가와 소통자 보상가가 모두 긍정적이라면 개인은 상대에게 역시 긍정적인 행위를 보여주게 된다. 반면 모두 부정적이라면, 개인은 역시 부정적 행위로 되갚을 가능성이 높다. 만약 위반가는 부정적이고 소통자 보상가가 긍정적이라면, 개인은 기대에서 어긋난 상대의 행위를 소통자가 가지고 있는 긍정적 보상가로 대체하려 할 것이다. 반면, 위반가는 긍정적이고 소통자 보상가가 부정적이라면, 개인은 소통자의 긍정적 위반행위에 대해 의심을 가지며 긍정적 행위를 보여준다.

5) 목표-계획-행위 이론

목표-계획-행위 이론(goals-plans-action theory)은 소통학자인 딜라드(Dillard, 1990)에 의해 제시된 이론이다. 이 이론은 대인 소통에서 상대의 태도와 행위에 영향을 미치는 메시지가 생산되어 전달되는 과정을 순차적으로 설명하고 있다. 인간은 소통을 통해 얻고자 하는 분명한 목표를 가지고 있기 때문에 대인 소통의 시작은 목표 설정부터 시작된다. 대인 소통의 목표가 설정되면, 목표 달성을 위한 계획이 수립되고, 이 계획에 따라 구체적인 행위를 수행하게 된다. 대인 소통의 목표는 개인이 처한 상황마다 다양하지만, 대개 상대를 설득해 얻고자 하는 바인 부탁, 조언, 허락, 사과, 거절 등이 대표적이다. 일단 목표가 설정되면 이를 성취하기 위해 상대에게 보내는 메시지의 구성과 내용을 어떻게 할지에 대한 계획을 수립하고 이에 따라 소통의 구체적인 행위인 발화를 수행한다.

목표-계획-행위 이론에 따르면, 개별 소통 행위는 대개 하나의 목표보다는 두 가지 이상의 다중목표로 설정된다. 소통의 목표는 1차 목표(primary goals)와 2차 목표(secondary goals)로 분류된다(Dillard et al., 2002). 1차 목표는 앞서 언급된 예처럼 해당 소통 행위를 통해 상대로부터 바로 얻고자 하는 구체적인 것을 의미한다. 반면, 2차 목표는 1차 목표 성취를 위한 계획을 세울 때 함께 고려되는 부가적인 목표다. 일례로서 상대가 요청하는 부탁을 거절하면서도 지금까지의 우호적 관계를 훼손하지 않는 메시지를 만들어야 하는 소통 상황을 들 수 있다. 이 메시지에는 1차 목표로서 부탁 거절과 2차 목표로서 상대와 우호적 관계 유지라는 두 개의 목표가 설정되었기 때문에, 이 두 개의 목표를 모두 성취할 수 있는 내용이 함께 계획되어야 한다.

1차 목표는 개인이 처한 상황에 따라 다양한 형태로 설정된다. 반면 2차 목표는 큰 틀에서 소통의 목적으로 볼 수 있기 때문에 몇 가지 형태로 범주화된다. 2차 목표의 형태에는 정체성(identity), 대화 관리(conversation management), 관계 자원(relational resource), 개인 자원(personal resource), 정서 관리(affect management)등이 포함된다. 정체성 목표는 개인이 추구하는 가치와 원칙을 소통 과정에서 표현하고자 하는 바람이며, 대화 관리 목표는 소통을 원만하게 이끌어 나가는 모습을 통해 상대에게 호감을 주고자 하는 인상 관리(impression management)와 관련된 목표다. 관계 자원 목표는 상대로부터 얻을 수 있는 이익이 예상되기 때문에 상대와의 관계를 유지, 발전시키고자 하는 바람이며, 개인 자원 목표는 개인의 안녕에 요구되는 경제적, 물질적 관련 자원을 확보하려는 목표다. 마지막으로 정서 관리 목표는 각성된 정서를 대인 소통을 통해 조절하고자 하는 바람으로 설정된다.

6) 대인기만 이론

대인기만 이론(interpersonal deception theory)은 소통학자인 불러와 버군(Buller & Burgoon, 1996)에 의해 제시됐다. 대인기만 이론은 그동안 거짓말 연구의 주류였던 거짓말이라는 자극에 대한 반응으로서 나타나는 언어적·비언어적 행위를 탐색한 이론적 입장(인지부하, 정서각성, 의도적 통제)

에 대한 한계점을 지적하면서 제시된 대안이론이다.

불러와 버군은 행동심리학의 거짓말 연구는 주로 통제된 실험실 환경에서 진행되었기 때문에, 거짓말이 실제 벌어지는 현실의 역동적인 쌍방향 소통 상황을 전혀 반영하지 못한다고 비판한다. 그러면서, 대인 소통의 연구 변수인 소통 목적, 기대, 동기, 관계, 맥락, 기술, 지식 등을 거짓말 연구에도 적용해야 한다고 주장한다. 대인기만 이론은 행동심리학의 간결한 이론적 접근을 복잡한 대인 소통 상황 속으로 끌어들이려는 시도라 할 수 있다.

대인기만 이론은 이러한 소통 변수를 적용해 모두 18개의 명제를 제시하고 있다. 18개의 가설에서 독립변수로는 기만자와 상대와의 관계 및 친밀성의 정도, 기만자의 발각에 대한 두려움의 정도, 기만자의 공신력과 소통 능력, 기만자의 기만 동기 등이 해당되며, 종속변수로는 전략적 움직임의 여부, 누설되는 비언어적 단서의 양 등이 포함된다. 예를 들면, 명제 8에서는 관계적 친밀성이 증가함에 따라 기만자는 상대의 탐지를 더욱 두려워하게 되며 따라서 전략적 움직임이 증가하고 결국 더 많은 비언어적 단서를 누설하게 된다고 주장한다. 18개의 모든 명제를 확인하기 위해서는 불러와 버군의 논문(Buller & Burgoon, 1996)을 참조하기 바란다.

대인기만 이론에서 제시된 가설들은 이론적 타당성에도 불구하고 실제 생활에서 벌어지는 거짓말의 상황에 관심을 두고 있어서 과연 가설의 실증적 검증이 가능한가라는 점에서 심각한 비판을 받는다(DePaulo et al., 1996). 하지만 대인기만 이론은 거짓말 연구가 기존의 연구실 환경에서 벗어나 거짓말이 실제 벌어지는 일상 대인 소통의 영역으로 전환되어야 한다는 의미 있는 제안을 했다는 점에 큰 의의가 있다고 할 수 있다.

7) 관계적 변증법 이론

관계적 변증법 이론(relational dialectics theory)은 서로 대립하는 담론들로부터 어떻게 관계적 의미가 생성되는지를 다룬다. 이 이론에서는 서로 경쟁하거나 때로는 모순되는 담론들이 투쟁하면서 관계적 의미가 형성된다고 본다(Baxter, 2011). 예를 들어, 이제 사귀기 시작한 한 커플이 '썸타는' 관계라고 표현할 경우, 여기에는 서로가 가까운 관계임을 드러내면서도 동시에 아직 진지하거나 심각한 관계까지는 아니라는 어느 정도의 거리감이 담겨 있다.

이 이론은 다음과 같은 3가지 명제를 전제로 한다(Baxter & Braithwaite, 2008). ① 의미는 안정적이거나 단일한 과정이 아니라 서로 다르거나 대립하는 담론들 간의 투쟁의 결과다. 따라서 소통을 분석하는 것은 변증법적 과정, 즉 대화에서 직간접적으로 발동되는 다양한 담론을 식별하고 이러한 담론들이 의미의 생산에서 어떻게 상호침투하는지를 탐색하는 것이다. ② 담론의 상호침투는 동시적이면서 통시적으로 일어난다. 의미는 사람들이 상호작용하는 순간에 생성된다. 하지만 의미는 유동적이기 때문에 최종 확정될 수 없고, 다음 상호작용에 따라 달라질 수 있다. 그래서 특정 담론을 특권화하고 다른 경쟁 담론을 변형시킬 수도 있다. ③ 대립하는 담론들이 상호침투하면서 사회적 현실을 구성한다. 이 3가지 명제들은 개인이 의식과 정체성을 구성하는 과정을 분석하는 토대가 된다.

발화사슬과 담론의 상호작용은 관계적 변증법 이론의 핵심개념이다(Halliwell, 2015). 화자는 가까운 혹은 멀리 있는 수신자의 응답을 예상하면서 발화를 구성한다. 따라서 발화는 화자와 예상되는 수신자 모두에 의해 결정된다. 그런 면에서 개인의 발화행위는 연속적인 발화사슬의 한 지점이라고 할 수 있다. 담론의 상호작용이란 통시적 분리나 동시적 상호작용을 의미한다. 통시적 관행을 통해 시간이 지남에 따라 어떤 담론이 특권을 누리고 어떤 담론이 소외되는지에 대한 변화를 파악할 수 있다(Baxter, 2011).

기존 연구에 따르면 관계적 변증법 이론은 가족소통 연구에서 가장 자주 사용되는 이론의 하나다(Baxter et al., 2021). 이 이론은 상호대립하는 가족, 결혼, 재혼가정, 입양, 질병과 죽음 등 수많은 관계적 경험을 소통 차원에서 설명하는 틀을 제공해왔다. 이 이론은 가치 기반 갈등, 가십, 기대와 사적 가치가 충돌하는 여러 지점들에 대한 연구에 적용할 수 있다.

8) 불확실성관리 이론

불확실성관리 이론(uncertainty management theory)은 소통학자인 브라셔(Brashers, 2001)가 제시한 이론이다. 이 이론은 개인은 대인관계에서 경험하는 불확실성을 부정적 혹은 긍정적으로 평가할 수 있으며 이에 따라 불확실성에 대처하는 소통 행위도 달라질 수 있다고 주장한다. 불확실성관리 이론은 앞서 설명한 불확실성감소 이론(Berger & Calabrese. 1975)의 한계점을 지적하며 정서 변수를 새롭게 추가하고 행위 변수를 확장해 이론의 설명력과 정교함을 높이고자 했다(Knobloch, 2008).

불확실성감소 이론에서는 상대에 대한 정보 부족으로 발생하는 불확실성에 직면한 개인은 항상 불안과 같은 부정정서만을 경험한다고 전제한다. 반면, 불확실성관리 이론에서는 불확실성에 대한 개인의 평가에 따라 부정정서와 함께 긍정정서와 중립정서도 경험할 수 있다고 주장한다. 또한, 불확실성감소 이론에서는 불확실성은 항상 줄여야 하는 대상이며 이는 상대에 대한 정보추구행위로만 가능하다고 본다. 반면, 불확실성관리 이론에서는 불확실성은 관리의 대상이다. 즉, 필요에 따라 현재의 불확실성을 증가, 감소, 유지시키는 방향으로 다양한 행위가 나타날 수 있다고 주장한다. 이를 위한 구체적인 행위에는 정보추구 혹은 정보회피, 불확실성에 대한 적응, 사회적 지지 추구 등이 있다(Brashers, 2001).

정보추구는 불확실성감소 이론에서 주장하듯이 불확실성을 줄이기 위한 적극적 행위인 반면, 정보회피는 불확실성에 대한 현재 평가가 긍정적이기 때문에 상대에 대한 정보를 무시하거나 차단하는 행위다. 예를 들어, 상대와의 현재 관계에 대해 불확실성은 크지만 앞으로의 관계를 긍정적으로 전망한다면, 상대에 대한 정보추구, 특히 부정적 정보의 추구는 오히려 하지 않을 수 있다. 불확실성에 대한 적응은 불확실성으로 인해 각성되는 부정적 정서를 당연한 것으로 받아들이며 견딜 수 있는 수준으로 관리하는 행위다. 마지막으로 사회적 지지 추구는 개인이 가지고 있는 불확실성과 불확실성으로 인해 각성된 부정정서를 극복하기 위해 주변 사람들의 사회적 지지를 통해 도움을 받는 행위를 의미한다.

9) 관계난기류 이론

대인 소통 과정에서 다양한 난기류, 즉 혼란과 동요가 발생할 수 있다. 난기류란 관계적 상황에 대한 정서적, 인지적, 그리고 소통 반응성이 고조된 상황을 말한다(Theiss et al., 2009). 초기 모형은 가벼운 연인관계에서 깊은 연인관계로 발전해감에 따라 자율적인 존재였던 개인이 상호의존적인 파트너로 변화해 가면서 경험하는 불확실성 문제에 대한 이론적 토대를 제공했다(Solomon & Knoblch, 2004). 최근에는 관계난기류 이론(relational turbulence theory)으로 더욱 정교화되어 다양한 주제와 영역에서 적극적으로 적용되고 있다.

관계난기류 모형에 따르면 연인들은 역할, 정체성 및 상황에 적응하는 동안 상대적으로 안정적인 시기 사이의 불연속적인 기간으로 발생하는 관계의 전환을 경험하게 된다(Goodboy et al., 2020). 이 모형에서는 관계적 불확실성과 파트너 간섭에 대한 인식이 어떻게 관계의 난기류를 일으킬 수 있는지 설명한다. 먼저 관계적 불확실성은 자기 불확실성, 파트너 불확실성, 관계 불확실성으로 구분된다. 어떤 관계에서 자기 불확실성은 그 관계에 대한 내 태도의 모호함이나 의심을, 파트너 불확실성은 그 관계에 대한 파트너의 태도에서 느끼는 모호함이나 의심을 의미한다. 관계 불확실성은 그 관계의 본질과 방향성 자체에 대한 전반적인 모호함이나 의심이다.

이러한 관계적 불확실성에 관한 기존의 연구는 사람들이 다양한 관계 속에서 마주치는 실질적인 질문들에 대한 유용한 답을 제공해왔다. 불임 부부에게서 책임은 누구에게 있는가(Steuber & Solomon, 2008), 유방암으로 인한 여성의 신체적 변화는 성적 친밀감에 어떤 영향을 미치는가 (Goodboy et al., 2020) 등의 질문이 그렇다. 파트너 영향력은 파트너가 자신의 매일의 목표와 일상적인 행동에 어떤 영향을 미친다고 인식하는지에 관한 것이다. 여기에는 파트너가 자신의 일상적 활동에 방해가 된다고 믿는 파트너 간섭과 파트너가 이러한 일을 제대로 해내는 데 도움을 준다고 믿는 파트너 촉진이 있다. 연구에 따르면 관계적 난기류 때에는 파트너 간섭이 감정 심화로 이어지고 소통 행위가 양극화될 수 있다. 반면, 파트너 촉진은 건설적인 반응으로 변화할 가능성이 있다(Theiss, et al., 2009).

관계난기류 이론은 계속해서 아이가 태어난다든지 사랑하는 사람이 죽거나 병이 생기는 문제, 실직이나 빈집에 혼자 지내기 등과 같은 주요 사건들을 포함해서 관계 전반에 걸쳐 일어날 수 있는 변화를 설명하는 쪽으로 확장됐다(Goodboy et al., 2020). 배우자가 군대에 배치를 받고 재통합하는 과정에서 의도적으로 파트너와 이야기를 피하거나 나누지 않는 행위 (Mikucki-Enyart & Caughlin, 2018), 갓 결혼한 아내의 우울증, 코로나19 팬데믹 시기 부부간 소통과 관계를 포함해 인지적, 정서적, 소통 결과를 예측하는 많은 연구에서 유용성이 입증됐다.

10) 소통수용 이론

소통은 생각을 공유하고 관계를 형성하며 사회적 상황을 탐색하도록 하는 등 인간의 삶에 필수적인 부분이다. 인간은 타인과 상호작용하는 과정에서 자신의 행동을 다양한 방식으로 조정해간다. 따라서 소통에는 상호작용하는 존재 간의 사회적 차이를 관리하고 제어하는 역동적인 과정이 내포되어 있다고 할 수 있다(Giles & Ogay, 2007). 이런 조정이 언제, 어떻게, 왜 일어나는지를 체계적으로 예측하고 설명하기 위한 시도가 소통수용 이론(communication accommodation theory)이다.

이 이론은 4가지 가정을 기반으로 한다. ① 사람들은 상호작용과 함께 일정한 사회적 거리를 유지하고 싶어 한다. ② 사람들은 소통 과정에서 상대로부터 자신이 놓인 환경과 맥락에 부합하는 반응을 기대한다. ③ 타인의 소통에 대한 수용 동기와 이를 수용할 수 있는 능력에 따라 소통수용이 결정된다. ④ 시간이 흐르면서 사람들은 사회적 거리를 줄이거나 소통이 더 수월하게 진행되도록 점차 상대의 소통 패턴을 받아들인다.

이러한 수용 과정에는 수렴, 일탈, 유지의 3가지 전략이 작용한다. 먼저 수렴은 사회적 차이를 줄여 타인의 소통 특징에 순응하는 경향이다. 즉, 내가 상호작용하는 상대와 더 같아지도록 내 소통 스타일을 바꾸는 것이다. 예를 들어, 한국을 방문한 외국인과 이야기할 때, 말의 속도를 늦추거나 더 쉬운 표현을 사용하는 경우다. 일탈은 수렴과는 달리 의도적으로 상호작용하는 존재와의 사회적 혹은 문화적 차이를 강조하는 것이다. 다른 집단과의 차별성을 강조함으로써 자신의 정체성을 드러내는 전략이다. 유지는 어떤 상황에서든 자신의 소통 방식을 조정하지 않는 경우다. 의도적으로 차이를 강조하지 않는다는 면에서 일탈과는 다르지만, 자신이나 집단의 정체성을 강하게 유지할 때 발생하기 때문에 거리감이 생길 수 있다. 이러한 전략을 사용하는 이유는 타인이나 집단에 동화되거나 인정되길 바라거나 갈등을 피하는 데 도움을 주기 때문이다.

　소통수용 이론은 지난 50년 동안 대인 소통과 집단 소통 분야에서 활발하게 연구됐다. 그리고 사회적 맥락, 사회적 집단, 언어, 문화 및 소통 영역 등 다양한 학문 분야에 적용되어 왔다. 컴퓨터 매개 소통 등의 소통 기술 분야는 물론 인간-기계 소통 영역에서도 연구되고 있을 만큼 범용적인 이론으로 평가받는다. 최근에는 인공지능과 사회성을 갖춘 로봇이 본격 등장하면서 이 이론이 인간과 기계와의 소통을 이론적으로 발전시킬 수 있을지에 많은 관심이 쏠리고 있다. 예를 들어, 인간이 인공지능비서인 아마존 알렉사(Amazon's Alexa)와 소통할 때, 일어나는 소통양식에 관한 연구가 있다(Cohn & Zellou, 2021). 연구결과, 알렉사가 사람의 목소리를 잘못 인식하면, 그 사람은 더 분명한 모음 후퇴를 사용하고 목소리를 더 크게 혹은 말의 속도를 느리게 조정하는 것으로 나타났다.

11) 진실기본값 이론

진실기본값 이론(truth-default theory)은 소통학자인 르바인(Levine, 2014)이 제시한 이론으로서 거짓말 이론 중의 하나다. 이 이론이 주장하는 내용은 앞서 소개된 대인기만 이론에 비해 간단하고 이해하기 쉽다. 진실기본값 이론은 진실이든 거짓이든 상관없이 인간은 상대의 진술을 진실로 믿으며 상대를 신뢰하는 경향이 있다고 주장한다. 진실기본값 이론은 기존의 거짓말 연구에서 사용한 접근 방법과는 다소 차이가 있다. 기존 이론은 거짓말 시 나타나는 언어적·비언어적 단서를 탐색한 반면, 진실기본값 이론은 상대 진술에 대한 평가와 판정을 할 때 나타나는 인지 편향성에 대해 설명하고 있다.

　진실기본값 이론은 거짓말 진술에 대한 판정 실험 결과를 분석하면서 이론적 근거를 얻었다. 선행연구결과를 종합해 보면, 거짓말 판정 연구에서 나타난 정답률은 평균적으로 대략 54%로 나타난다(Bond & DePaulo, 2006). 하지만 이를 진실 진술과 거짓 진술로 나누어 정답률을 살펴보면 흥미로운 결과가 나온다. 즉, 진실 진술에 대한 정답률은 대체로 60% 이상으로 나타났지만, 거짓 진술에 대한 정답률은 대개 40% 안팎으로 진실 진술에 비해 거짓 진술에 대한 정답률이 유의미하게 낮게 나타나는 일관된 결과가 나타났다(Levine et al., 1999). 이러한 결과는 진실 진술에 대해서는 진실로 판정하는 경향이 나타나고, 거짓 진술에 대해서도 진실로 판정하는 경향, 즉 모든 진술에 대해서 진실로 판정하는 경향이 나타났다고 해석될 수 있다. 이를 진실편향이라 한다(Levine, 2014).

그러면 인간에게는 왜 이러한 진실편향이 나타나는지를 살펴보면 다음과 같다(Levine, 2022). 먼저, 설령 상대의 진술에 대해 거짓말 의심이 들더라도 이를 확인할 수 있는 증거가 대개는 바로 마련되지 않기 때문이다. 상대의 진술이 거짓으로 판명되는 대부분의 경우는 본인의 자백 혹은 사후에 발견되는 증거나 진술에 의한 경우가 대부분이다. 둘째, 인간은 상대의 진술을 신뢰해야 긍정적인 관계가 형성되고 관계를 발전시키거나 유지할 수 있다는 점을 알고 있다. 따라서 설령 상대의 진술에서 거짓말의 단서가 포착되어도 중요하지 않은 내용이라면 상대와 관계를 유지하기 위해 거짓말을 의심하거나 추궁하지 않고 모르는 척 넘어가기도 한다. 마지막으로 상대의 진술을 거짓으로 의심했을 때 상대로부터 얻게 되는 부정적인 평가가 현재 관계에 부정적인 영향을 미치는 것도 두려워한다. 즉, 상대를 신뢰함으로서 얻는 관계적 이익이 상대를 불신함으로서 얻는 이익보다 크다고 판단하기 때문이다.

4. 대인 소통의 적용 맥락

1) 갈등

갈등은 "상호의존적 당사자들 간에 의견 불일치나 서로의 목적달성에 방해가 되는 간섭행위로 인해 유발된 부정적 정서를 경험함에 따라 당사자들 사이에 발생하는 동적과정"으로 정의된다(Barki & Hartwick, 2004, p. 234). 이러한 정의를 살펴보면, 갈등은 불일치, 부정적 정서, 간섭이라는 세 가지 요소로 구성되어 있으며, 이들 요소 간의 상호작용 속에서 갈등의 정도가 결정된다고 할 수 있다.

대인관계에서 갈등을 예측할 수 있는 대표적인 변수는 크게 관계적 요인과 개인 간 차이 요인으로 분류된다(Roloff & Chiles, 2011). 먼저 관계적 요인을 지지하는 입장에서는 갈등의 원인을 양자 간에 형성된 관계 자체에 내재되어 있는 속성이라고 보고 있다. 일반적으로 대인관계는 관계가 발전됨에 따라 새로운 단계로 이행을 하게 되는데, 이때 개인은 관계 단계에 대한 새로운 정의를 세우고 그 단계에 맞는 적절한 행동양식을 보이게 된다(Solomon & Knobloch, 2001). 여기서 관계 당사자들이 각 단계에 대해 서로 동일한 정의를 내리고 그 단계에 맞는 행동을 서로 보여준다면 관계적 측면의 갈등의 발생 가능성은 희박하지만, 만약 서로 다른 정의를 내리고 각 단계에 맞지 않는 행동을 한다면 갈등의 가능성은 높아진다고 볼 수 있다. 예를 들어, 초기 연인관계에서 진지한 연인관계로 이행하고 있는 단계에서 커플 중의 어느 한쪽이 진지한 연인관계 단계에서 가능한 행동 (지나친 간섭 및 요구)을 보여준다면 다른 한쪽은 당혹감, 불쾌감 등의 부정적 정서를 경험할 수밖에 없으며 이는 결국 갈등으로 이어질 수 있다. 이러한 논의는 앞서 설명한 사회침투 이론 및 불확실성감소 이론을 통해서도 잘 설명된다(Knobloch, 2008). 실제로 관계의 이행단계에서 관계 단계에 대한 서로의 인식과 행동 차이로 인한 갈등이 종종 발생하는 것으로 나타났다(Knobloch et al., 2007).

대인 간 갈등의 결과는 대체로 관계 만족도가 저하되거나 관계가 단절되는 부정적 결과로 귀결되지만, 드물게 긍정적 결과로 이어지기도 한다(Roloff & Chiles, 2011). 예를 들어, 갈등을 통해 현재 관계에 문제가 되는 요인을 인지하게 됨에 따라 문제의 해결이나 개선에 필요한 사전조치를 할 수 있다. 만약, 갈등을 촉발할 수 있는 상대에 대한 불만을 미리 인지한다면, 이를 상대에게 전달해 상대의 변화를 요구함으로써 갈등을 미연에 방지할 수 있다. 실제로, 연인 간 관계에서 개인이 이상적으로 생각하는 기준에 파트너의 행위가 미치지 못할 경우, 상대에게 개선을 요구하는 것으로 나타났다(Fletcher et al., 2000). 하지만 대인관계의 갈등은 대개 부정적인 결과를 초래한다. 부부간 갈등은 스트레스와 우울증을 유발시키고(Choi & Marks, 2008), 연인 간 갈등은 갈등을 촉발한 주제의 중요도에 관계없이 관계 만족도를 저하시키는 것으로 나타났다(Cramer, 2002).

2) 연인관계

전통적으로 연인관계 연구는 연인관계의 변화(시작→유지→파국)와 각 과정에서 일어나는 행위들에 영향을 미치는 인지적·정서적 요인들에 대한 탐구(Sillars et al., 2000)를 중심으로 이루어졌다. 이와 함께 연인관계를 예측할 수 있는 다양한 모형과 척도 및 공식 개발에 관한 연구(Gottman, 1994; Malouff et al., 2012)와 디지털 기술과 교류매체의 확산에 따른 온라인상의 연인관계에 관한 연구도 활발하게 진행되고 있다(Hu et al., 2024).

초기 연인관계에 영향을 미치는 요인으로는 외모나 매력도, 근접성, 유사성 등이 있다. 사람들은 물리적으로 가까운 거리에 있는 파트너(Segal, 1974)나 인구학적 속성이 자신과 유사한 파트너와 더 쉽게 연인관계를 형성한다(Surra et al., 2006). 일반적으로 신체적 매력은 연인관계 형성에 강력한 예측 변수이며 여성에게서 더 유의미하게 나타나지만, 각 개인의 애착 유형도 연인관계와 연애에 영향을 미치는 중요한 변수다(Poulsen et al., 2013).

친밀한 연인관계가 형성되면, 연인들 간 행위에도 초기에 나타나지 않은 새로운 모습이 나타난다. 이러한 행위의 변화는 파트너에 대한, 그리고 연인관계에 대한 인지적 변화와 정서적 변화에 기인한다. 인지적 변화는 시간이 흐름에 따라 관계의 주체와 대상인 나와 파트너, 그리고 둘 사이의 관계에 대한 지식이 축적되면서 그 관계에 대한 새로운 인식, 평가, 태도가 끊임없이 형성되는 것을 의미한다.

연인관계의 발전에는 정서적·인지적 반응과 교환이 필연적으로 수반하는데, 이는 피상적인 단계에서 친밀한 단계로 변화하는 대인관계의 과정을 설명하는 사회침투 이론과도 접목된다. 사회침투는 자기노출, 즉 자신에 관한 정보를 의도적으로 드러내는 과정을 통해 성취되며 사랑 관계, 우정, 사회집단, 직장 관계 등 다양한 맥락에 적용된다(Carpenter & Greene, 2016). 라자루스(Lazarus, 1991)의 인지적 평가이론에서도 볼 수 있듯이, 대상에 대한 인지적 평가로 유발된 정서적 반응도 점차 확대될 수 있다. 연인관계가 발전함에 따라 파트너에 대한 믿음, 신념, 기대 등의 가치가 점점 확고해지는데, 이러한 가치가 적절히 충족되지 않는다면 특정한 정서적 반응이 각성될 수 있다. 정서적 반응은 관계 만족도에 큰 영향을 미친다. 예를 들면, 부정적 정서표현은 관계 만족도를 저하시킨다(Levenson & Gottman, 1985). 고트만(Gottman, 1994)은 부부관계의 파국을 예측할 수 있는 여러 지표(비난, 방어적 태도, 경멸, 회피) 중에서 경멸의 정서적 표현이 가장 결정적인 지표라고 주장했다.

냅(Knapp, 1978)은 연인관계가 파국으로 이어지는 과정을 5단계(구분→제한→침체→회피→파국)로 구분한다. 구분단계에서는 파트너에 대한 개인의 심리적 결속력이 느슨해진다. 연인이 함께하는 활동이 현격히 줄어들고, 대화에서 서로의 차이에 관한 내용이 증가하며 그 결과 연인 간 갈등이 일어나기도 한다. 다음은 제한단계로, 연인 간 소통이 줄어들고 갈등을 야기할 수 있는 주제는 의도적으로 피한다. 세 번째 침체단계에서는 연인 간 소통이나 정서적 교감이 거의 단절된다. 네 번째 회피단계에서는 의도적으로 대화를 회피하는데, 대화를 하더라도 서로에게 관심이 없다는 메시지를 명확히 전달한다. 마지막은 파국단계로서 사실상 관계가 종료되었고, 대화가 이루어진다 하더라도 더 이상 관계를 지속하지 않겠다는 메시지가 명확히 포함되어 있다.

최근에는 교류매체를 통해 연인관계가 형성되고 발전되고 있다. 아직 교류매체를 통한 연인관계에 관한 일관된 측정항목이 부재하지만, 교류매체의 이용과 연인관계에서는 성별이 중요한 영향을 미치는 것으로 나타났다. 교류매체는 사랑 관계에 긍정 혹은 부정적인 영향을 미치는 양면성을 가지고 있다(Rus & Tiemensma, 2017). 대표적인 교류매체인 페이스북, 트위터, 인스타그램 이용이 연인관계에 미치는 영향에 대한 연구를 비롯해 온라인에서 정보를 공유하고 타인과 관계를 형성하는 경우가 일반화되면서 이러한 연구의 필요성이 더 증가하고 있다(Delle et al., 2023).

3) 거짓말

행동심리학 분야에서 진행된 거짓말 연구는 상당히 축적되어 있지만, 대인 소통 분야에서 진행된 연구는 여전히 희소하다. 행동심리학의 거짓말 연구보다 짧은 역사에 기인하기도 하지만, 보다 근본적인 이유는 방법론에서 찾을 수 있다. 행동심리학에서 진행된 거짓말 연구는 변수통제가 용이한 실험실 환경에서 주로 진행되었던 반면에, 대인 소통의 거짓말 연구는 실생활에서 벌어지는, 즉 기만자와 상대의 상호작용으로서의 거짓말을 대상으로 하기 때문에 관측 및 변수통제가 용이하지 않아 실증연구 수행의 어려움이 있다. 실제로, 드폴로 등(Depaulo et al., 2003)의 메타연구에 포함된 120개의 선행 거짓말 연구 중에서 소통 분야에 소개된 거짓말 연구는 13개에 지나지 않는다.

대인 소통 분야의 거짓말 연구는 대인기만 이론을 바탕으로 주로 기만자의 전략적 행위와 비전략적 행위, 그리고 기만자와 상대와의 상호작용성에 초점을 맞추고 있다. 전략적 행위는 성공적인 기만을 위해 기만자의 의도대로 통제되어 나타나는 행위로서, 상대방에게 전달되고 보여주는 정보, 행동, 이미지를 관리하는 모든 행위가 포함된다. 반면, 비전략적 행위는 기만자의 의도와는 다르게 통제되지 않고 나타나는 행위로서 정서나 생리적 각성으로 즉시 나타나는 신체의 변화가 대표적이다. 비전략적 행위에는 표정의 변화, 말더듬, 흥분 등이 포함된다. 연구(Burgoon et al., 1995)에 의하면, 진실보다는 거짓을 말할 때 전략적 행위와 비전략적 행위가 모두 증가하는 것으로 나타났다. 이러한 결과는 거짓말 시 나타나는 행위에는 전략적 행위와 비전략적 행위가 함께 뒤섞여 나타난다는 점을 밝히고 있다.

한편, 기만자와 상대의 상호작용에 의해서도 기만자의 전략은 달라질 수 있다. 디바티스타(diBattista, 1995)는 상대가 기만자의 진술에 의심을 품을 경우, 그렇지 않은 경우보다 기만자와 상대의 시선접촉과 반응응답시간[2]이 증가하는 것을 밝혔다. 여기서 시선접촉의 증가는 기만자가 신뢰도를 높이려는 전략적 행위이며, 반응응답시간의 증가는 인지부하로 발생하는 비전략적 행위라고 볼 수 있다(Buller & Burgoon, 1996에서 재인용). 이는 기만자와 상대와의 상호작용 속에서 변화하는 의심의 정도에 따라 기만자의 전략적 행위와 비전략적 행위도 변화되고 있음을 의미한다.

---

2   질문이 끝나고 대답을 하기 전까지 소요시간을 말한다.

4) 보복

대인 소통은 우정, 사회적 지지, 잠재적 연인 찾기 등 인간의 생활 영위에 필요한 기능을 수행한다(Yoshimura, 2007). 이러한 기능 때문에 대인 소통에서 역시 필연적으로 발생할 수밖에 없는 갈등, 다툼, 상처 등의 부정적 결과를 감수하면서도 대인 소통은 늘 지속된다.

대인 소통의 가장 부정적 형태 중의 하나가 보복이다. 보복은 상대의 부당한 대우에 대한 개인적 반응이다(Gollwitzer & Denzler, 2009). 여기서 부당한 대우란 특정 개인이나 조직의 잘못되거나 해로운 행위에 의해 부당하게 발생한 피해, 신체적 부상, 정신적 불편함을 의미하며, 개인적 반응은 이러한 부당한 대우에 대해서 정의를 다시 세우고 침해당한 자존감과 만족감을 되찾으려 하는 행위로서 모든 형태의 공격적인 행위를 포함한다(König et al., 2010).

보복의 형태는 재산손괴, 신체적 공격, 부정적 언어교환과 같은 직접적 형태와 적극적 거리두기, 명예훼손, 새로운 대인관계 시도, 불확실성의 증가와 같은 암시적 형태로 구분된다(Yoshimura, 2007). 직접적 형태는 가해자에게 직접 보복을 가함으로써 가해자가 보복을 당하고 있다는 것을 명확히 인지하게끔 하는 보복이며, 간접적 형태는 가해자를 둘러싼 환경에 대한 영향을 미쳐 가해자에게 부정적인 결과가 초래하도록 하는 보복을 의미한다.

이러한 보복의 형태에서 대인 소통 이론 적용을 살펴볼 수 있다. 먼저 부정적 언어교환과 같은 보복은 즉흥적으로 이루어지기보다는 보복의 목적을 세우고 목적에 따라 언어적 메시지와 비언어적 메시지를 구성하고 수행한다는 점에서 목적-계획-행위 이론을 적용할 수 있다. 또한, 적극적 거리두기는 가해자의 물리적·정서적 접근을 제한하는 보복으로 지금까지 해오던 소통의 단절을 의미한다. 새로운 대인관계 시도는 새로운 대인관계 형성으로 가해자에게 질투 및 상처 등의 부정적 정서가 유발되게끔 하는 행위이며, 불확실성의 증가는 사회침투 이론에서 제시한 역침투과정으로 지금까지 해오던 자기노출의 폭과 깊이를 제한함으로서 불확실성을 증가시키는 행위다.

5. 국내 연구 동향

국내 대인 소통 연구는 해외 연구에 비해 크게 부족하다. 특히 대인 소통의 주요 연구주제인 갈등, 연인관계, 거짓말, 보복 등에 대한 국내연구는 소통 관점보다는 심리학 관점에 의존하는 경향이 강하다. 이는 국내 소통 연구가 대중매체 연구와 인터넷 교류매체 등의 매체기술을 활용한 소통 연구에 편중되었기 때문이라고 판단된다. 이러한 환경 속에서 대인 소통 연구들은 대인 소통 분야의 변수만을 다룬 연구보다는 대중매체나 기술 분야의 변수들을 함께 사용해 분야 간 융합을 시도하는 연구가 대부분이다. 여기서는 국내 학술지에 소개된 대인 소통의 주요 연구주제(갈등, 거짓말, 연인관계)와 관련된 선행연구들을 살펴보고 대인 소통의 최근 연구 동향에 대해서 간략히 살펴본다.

먼저, 소통학에서 진행된 갈등연구는 주로 갈등상황에서 대인 소통의 기능에 초점이 맞추어져 있다. 장해순(2003)은 대인갈등상황에서 상대의 매력에 대한 평가, 상호관계평가(친밀감, 신뢰감, 관계 만족도), 소통 능력 간의 관계를 살펴보았다. 그 결과, 상대의 매력을 높이 평가할수록, 그리고 친밀감, 신뢰감, 관계 만족도에 대한 상호관계평가가 높을수록, 상대의 소통 능력을 높이 평가하는 것으로 나타났다. 한편, 탁진영과 정효진(2011)은 대화 중 사용할 수 있는 '맞장구치기'와 '반영하기(상대의 행동을 그대로 따라하는 기법)'의 친밀감형성기법이 공감효과와 갈등해소의지에 긍정적인 영향을 미치는 것을 밝혔다.

거짓말과 관련된 국내 연구는 주로 심리학이나 범죄학 분야에서 진행되었는데, 주로 행동심리학 분야에서 성립된 이론적 접근(인지부하론적 접근, 정서이론적 접근)을 활용했다. 지금까지 국내에서 진행된 거짓말 연구는 비언어적 거짓말 단서를 탐색하는 연구와 거짓말에 대한 주관적 인식에 대한 연구로 양분되어있다. 김시업 등(2005)은 한국인의 비언어적 거짓말 단서를 탐구했는데, 말주저의 증가, 몸움직임의 증가, 목소리톤의 증가가 거짓말의 단서로 나타났다. 한편, 전우병과 김시업(2005)은 말주저와 시선회피가 사람들이 일반적으로 인식하는 거짓말 단서임을 밝혔다. 한편 김대중(2016)은 의도적통제이론 차원에서 거짓말을 할 때 일반적으로 알려진 시선회피와 같은 단서의 노출을 의도적으로 기피하는 경향이 있다는 점을 밝혔다.

연인관계와 관련해서는 관계 만족도에 대한 심리학 분야의 연구가 주를 이루었다. 주현덕과 장근영(2006)은 대학생들의 연애 만족도에 영향을 미치는 요인을 탐색했는데, 둘 사이의 태도나 성격의 유사성이 높을수록 관계 만족성도 높게 나타났다. 김은지와 박재호(2010)는 부부간 개인특성의 유사성 및 배우자의 자기상에 대한 일치도가 부부간의 결혼 만족과 소통에 미치는 영향을 살펴보았다. 그 결과 부부간 개인특성이 유사할 경우 부부 만족도가 높게 나타났고, 배우자 및 자기에 대해 이상과 현재의 차이가 적을수록 결혼 만족도가 높고 소통 역량도 높게 나타났다. 박영화와 고재홍(2005)은 부부간 의사소통방식 및 갈등대처행동이 결혼 만족도에 미치는 영향을 분석했는데, 남편이 건설적인 의사소통방식을 취할수록, 갈등 발생 시 무조건 양보의 행동경향이 높을수록, 결혼 만족도가 높아지는 것으로 나타났다. 심민선(2022)은 관계난기류 이론을 적용해 코로나19 팬데믹 기간에 과도기 부부관계의 불확실성과 배우자의 영향이 부부간 소통에 어떤 영향을 미치는지, 부부간 소통은 관계난기류에 어떤 영향을 미치는지를 탐색했다.

앞서 언급했듯이, 소통 분야에서 대인 소통 연구는 주로 대인 소통 분야의 연구 변수와 기술 분야의 연구 변수를 함께 대입해 두 분야의 관련성을 탐색하는 방향으로 진행됐다. 이재신과 이민영(2007)은 대인관계의 특성에 따른 소통 채널 사용에 대해 탐색했는데, 관계의 질이 깊고, 자아노출이 많은 관계일수록 면대면, 이동전화와 문자메시지서비스를 많이 사용하고 메신저는 적게 사용하는 반면, 공통의 친구를 많이 가진 네트워크 융합적 관계는 메신저를 많이 사용하는 것으로 나타났다. 최세경·곽규태·이봉규(2012)는 SNS의 사용은 대인 간 상호작용을 촉진시키며 이로 인해 대인관계 발전과 유지에 긍정적인 영향을 미치는 것을 밝혔다. 안종묵(2008)은 사회적 침투이론을 바탕으로 휴대전화를 많이 이용할수록 자신에 대한 개방의 정도가 깊어지고 그에 따라 더욱 가까운 대인관계를 형성하게 된다고 했다. 이와 비슷하게, 황유선과 김주환(2009)은 휴대전화는 대인관계 확장에 긍정적인 영향을 미치고 있음을 밝혔다. 손영란과 박은아(2010)는 개인의 자기노출과 대인관계성향이 인터넷 커뮤니티활동에 미치는 영향을 탐색을 통해 실생활에서의 대인관계성향과 자기노출욕구가 사이버공간의 사회관계에서도 그대로 적용되고 있다는 사실을 밝혔다. 나은경과 진가아(2022)는 컴퓨터 매개 소통과 면대면 소통 채널에 따라 연인 간 관계에서 느끼는 사랑의 속성과 관계의 지속가능성에 대한 연구를 진행한 바 있다.

6. 결론

지금까지 대인 소통 연구의 역사와 관련 이론, 연구주제와 적용분야, 국내 연구동향에 대해서 살펴보았다. 이론과 관련해서는 메시지 교환행위와 관계 발전과 관련된 10개의 이론을 정리했고, 주제와 관련해서는 대인 소통 중 일상생활에서 흔히 찾아볼 수 있는 갈등, 연인관계, 거짓말, 보복을 다루었다. 이외에도 대인 소통 분야에 대한 이해를 확장하기 위해 필수적으로 학습하고 탐구해야 할 내용과 주제는 많다. 예를 들어, 비언어적 메시지의 교환, 관계 발전에 있어서 정서의 역할, 문화 간 대인상호작용의 차이, 소통 기술과 능력에 따른 대인상호작용 형태 등은 대인 소통의 종합적인 이해에 반드시 필요한 부분이라 할 수 있다. 이와 함께, 여전히 면대면 대인 소통이 중요하게 여겨지는 협상, 면접, 의료현장에서 환자-의사간 소통, 교육현장에서 선생님-학생간 소통도 대인 소통 연구의 실무적 함의를 찾을 수 있는 좋은 주제가 될 수 있다.

앞서 언급했지만, 국내 대인 소통 연구는 면대면 상호작용 그 자체에 대한 관심보다는 소통과 관련된 매체기술 연구를 위해 대인 소통의 변수를 활용하는 데 초점이 맞추어져 있었다. 이는 소통 매체기술이 현 사회에 미치는 영향을 고려할 때 매우 자연스러운 현상이라고 볼 수 있으나, 자칫 타학문과 독립된 학문으로서의 대인 소통에 대한 관심을 떨어뜨리는 요인이 될 수도 있다. 대인 소통이 여전히 대인관계를 결정하는 중심적인 채널이고 실생활에서 야기되는 대인관계와 관련된 문제들이 많다는 점을 고려할 때, 대인 소통 자체를 탐구하는 연구를 계속 더 많이 수행할 수 있기를 바란다.

참고문헌

김대중 (2016). 대인 커뮤니케이션에서 거짓말 단서로의 시선회피: 대화단계별 시선회피의 역할과 기능을 중심으로. 〈한국언론학보〉, 60권 3호, 7-35.

김시업 · 전우병 · 김경하 · 김미영 · 전충현 (2005). 용의자의 거짓말 탐지를 위한 비언어적 탐색. 〈한국심리학회지: 사회 및 성격〉, 19권 1호, 151-162.

김은지 · 박재호 (2010). 부부간 유사성 및 일치도가 커뮤니케이션 결혼만족에 미치는 영향. 〈한국심리학회지: 여성〉, 15권 3호, 403-423.

나은경 · 진가아 (2022). 컴퓨터 매개 커뮤니케이션 시대의 사랑과 연애: 대학생 연인 간 텍스트, 음성, 화상, 면대면 소통이 연애 관계의 질에 미치는 영향. 〈커뮤니케이션학 연구〉, 30권 2호, 5-39.

박영화 · 고재홍 (2005). 부부의 자존감, 의사소통 방식, 및 갈등대처행동과 결혼 만족도간의 관계: 자기효과와 상대방효과. 〈한국심리학회지: 사회 및 성격〉, 19권 1호, 65-83.

손영란 · 박은아 (2010). 자기노출 및 대인관계성향에 따른 인터넷 커뮤니티 활동의 차이: 싸이월드 미니홈피를 중심으로. 〈미디어, 젠더, & 문화〉, 15호, 155-194.

심민선 (2022). 코로나19 팬데믹 시기 부부간 소통과 관계 변화: 관계 난기류 이론(Reational Turbulence Theory)을 적용한 설문조사 연구. 〈한국소통학보〉, 21권 2호, 95-125.

안종묵 (2008). 디지털컨버전스의 커뮤니케이션 기능에 관한 고찰 : 이동전화의 커뮤니케이션 기능. 〈커뮤니케이션학 연구〉, 16권 2호, 101-127.

이재신 · 이민영 (2007). 대인관계 특성이 대인 커뮤니케이션 채널 이용에 미치는 영향에 관한 연구. 〈한국언론학보〉, 51권 1호, 427-454.

장해순 (2003). 대인갈등 상황에서 커뮤니케이션 능력과 상호관계, 매력간의 관계. 〈언론과학연구〉, 3권 2호, 302-304.

전우병 · 김시업 (2005). 이해득실 상황에 따른 거짓말 탐지에 대한 주관적 지표: 대학생, 교도관, 재소자들을 대상으로. 〈한국심리학회지: 문화 및 사회문제〉, 11권 4호, 1-22.

주현덕 · 장근영 (2006). 한국 대학생의 연인평가와 연애태도 연구: 유사성을 중심으로. 〈한국심리학회지: 사회 및 성격〉, 20권 1호, 39-54.

최세경 · 곽규태 · 이봉규 (2012). 커뮤니케이션 성향과 모바일 SNS 애착이 SNS 상호작용과 이용 후 대인관계에 미치는 영향. 〈사이버커뮤니케이션 학보〉, 29권 1호, 159-200.

탁진영 · 정효진 (2011). 대인 갈등 상황에서 라포 형성 기법의 효용성에 관한 연구. 〈언론과학연구〉, 11권 3호, 381-412.

황유선 · 김주환 (2009). 대인 커뮤니케이션 능력이 휴대전화 사용과 대인관계 유지에 미치는 영향. 〈언론과학연구〉, 9권 3호, 687-719.

Altman, I., & Taylor, D. A. (1973). *Social penetration: The development of interpersonal relationships.* Holt, Rinehart & Winston.

Barki, H., & Hartwick, J. (2004). Conceptualizing the construct of interpersonal conflict. *International Journal of Conflict Management, 15*(3), 216-244.

Baxter, L. A. (2011). *Voicing relationships: A dialogic perspective.* Sage.

Baxter, L. A. (Ed.). (2014). *Remaking "family" communicatively.* Peter Lang Publishing.

Baxter, L. A., & Montgomery, B. M. (1996). *Relating: Dialogues and dialectics.* Guilford Press.

Baxter, L. A., Scharp, K. M., & Thomas, L. J. (2021). Original voices. Relational dialectics theory. *Journal of Family Theory & Review,* *13*(1), 7-20.

Baxter, L. A., & Braithwaite, D. O. (Eds.). (2008). *Engaging theories in interpersonal communication: Multiple perspectives.* Sage.

Berger, C. R., & Calabrese, R. J. (1975). Some explorations in initial interaction and beyond: Toward a developmental theory of interpersonal communication. *Human Communication Research,* *1*(2), 99-112.

Bochner, A. P. (1989). Interpersonal Communication. In E. Barnouw (Ed.), *International encyclopedia of communication* (pp. 336-340). Oxford University Press.

Bond, C. F., Jr., & DePaulo, B. M. (2006). Accuracy of deception judgments. *Personality and Social Psychology Review,* *10*(3), 214-234.

Bowlby, J. (1951). Maternal care and mental health. World Health Organization.

Braithwaite, D. O., & Schrodt, P. (Eds.). (2014). *Engaging theories in interpersonal communication: Multiple perspectives* (2nd ed.). Routledge.

Braithwaite, D. O., & Schrodt, P. (Eds.). (2022). *Engaging theories in interpersonal communication: Multiple perspectives* (3rd ed.). Routledge.

Brashers, D. E. (2001). Communication and uncertainty management. *Journal of Communication,* *51*(3), 477－497.

Buller, D. B., & Burgoon, J. K. (1996). Interpersonal deception theory. *Communication Theory,* *6(3),* 203-242.

Burgoon, J. K. (1983). Nonverbal violation of expectations. In J. Wiemann & R. Harrison (Eds.), *Nonverbal interaction* (pp. 77-111). Sage.

Burgoon, J. K., Buller, D. B., Dilman, L., & Walther, J. (1995). Interpersonal deception: IV. Effects of suspicion on perceived communication and nonverbal behavior dynamics. *Human Communication Research,* *22*(2), 163-196.

Carpenter, A., & Greene, K. (2016). Social penetration theory. In C. Berger & M. Roloff (Eds.), *The international encyclopedia of interpersonal communication* (pp. 1－4). Wiley-Blackwell.

Caughlin, J. P. (2010). A multiple goals theory of personal relationships: Conceptual integration and program overview. *Journal of Social and Personal Relationships,* *27*(6), 824－848

Choi, H., & Marks, N. E. (2008). Marital conflict, depressive symptoms, and functional impairment. *Journal of Marriage and Family,* *70*(2), 377-390.

Cohn, M., & Zellou, G. (2021). Prosodic differences in human- and Alexa-directed speech, but similar local intelligibility adjustments. *Frontiers in Communication,* *6.* https://www.frontiersin.org/journals/communication/articles/10.3389/fcomm.2021.675704/full

Cramer, D. (2002). Relationship satisfaction and conflict over minor and major issues in romantic relationships. *Journal of Psychology, 136*(1), 75-81.

Delle, F. A., Clayton, R. B., Jordan Jackson, F. F., & Lee, J. (2023). Facebook, Twitter, and Instagram: Simultaneously examining the association between three social networking sites and relationship stress and satisfaction. *Psychology of Popular Media, 12*(3), 335-343.

DePaulo, B. M., Ansfield, M. E., & Bell, K. L. (1996). Theories about deception and paradigms for studying it: A critical appraisal of Buller and Burgoon's interpersonal deception theory and research. *Communication Theory, 3,* 297 – 310.

DePaulo, B. M., Lindsay, J. J., Malone, B. E., Muhlenbruck, L., Charlton, K., & Cooper, H. (2003). Cues to deception. *Psychological Bulletin, 129*(1), 74-112.

Dillard, J. P. (1990). The nature and substance of goals in tactical communication. In M. J. Cody & M. L. McLaughlin (Eds.), *The psychology of tactical communication* (pp. 70 – 90). Multilingual Matters.

Dillard, J. P., Knobloch, L. K., & Anderson, J. W. (2002). Interpersonal influence. In M. L. Knapp & J. A. Daly (Eds.), *The handbook of interpersonal communication* (pp. 423 – 474). Sage.

Feng, B., & MacGeorge, E. L. (2010). The influences of message and source factors on advice outcomes. *Communication Research, 37*(4), 553 – 575.

Fletcher, G. J. O., Simpson, J. A., & Thomas, G. (2000). Ideals, perceptions, and evaluations in early relationship development. *Journal of Personality and Social Psychology, 79*(6), 933-940.

Giffin, K., & B. R. Patten. (1976). *Basic readings in interpersonal communication: Theory and application.* Harper & Row.

Giles, H., & Ogay, T. (2007). Communication accommodation theory. In B. B. Whaley & W. Samter (Eds.), *Explaining communication: Contemporary theories and examplars* (pp. 293-310). Lawrence Erlbaum.

Goffman, E. (1959). *The presentation of self in everyday life.* Anchor.

Gollwitzer, M., & Denzler, M. (2009). What makes revenge sweet: Seeing the offender suffer or delivering a message? *Journal of Experimental Social Psychology, 45*(4), 840-844.

Goodboy, A. K., Bolkan, S., Sharabi, L. L., Myers, S. A., & Baker, J. P. (2020). The relational turbulence model: A meta-analytic review. *Human Communication Research, 46*(2-3), 222-249.

Gottman, J. M. (1994). *What predicts divorce? The relationship between marital processes and marital outcomes.* Lawrence Erlbaum.

Grebelsky-Lichtman, T. (2014). Children's verbal and nonverbal congruent and incongruent communication during parent – child interactions. *Human Communication Research, 40*(4), 415 – 441.

Halliwell, D. (2015). Extending relational dialectics theory: Exploring new avenues of research. *Annals of the International Communication Association, 39*(1), 67-95.

Hu, J. M., Zhu, R., & Zhang, Y. (2024). Does online dating make relationships more successful? Replication and extension of a previous study. *Cyberpsychology, Behavior, and Social Networking.* Advance online publication. https://doi.org.10.1089/cyber.2024.0136.

Knapp, M. L. (1978). *Social intercourse: From greeting to goodbye.* Allyn & Bacon.

Knobloch, L. K. (2008). Uncertainty reduction theory: Communicating under conditions of ambiguity. In L. A. Baxter and D. O. Braithwaite (Eds.), *Engaging theories in interpersonal communication: Multiple perspectives* (pp. 133-144). Sage.

Knobloch, L. K., Miller, L. E., & Carpenter, K. E. (2007). Using the relational turbulence model to understand negative emotion within courtship. *Personal Relationship, 14*(1), 92-112.

König, A., Gollwitzer, M., & Steffgen, G. (2010). Cyberbullying as an Act of Revenge? *Australian Journal of Guidance and Counselling, 20*(2), 210-224.

Lazarus, R. S. (1991). Progress on a cognitive-motivational-relational theory of emotion. *American Psychologist, 46*(8), 819-834.

Levenson, R. W., & Gottman, J. M. (1985). Physiological and affective predictors of change in relationship satisfaction. *Journal of Personality and Social Psychology, 49*(1), 219-436.

Levine, T. R. (2014). Truth-default theory (TDT): A theory of human deception and deception detection. *Journal of Language and Social Psychology, 33*(4), 378-392.

Levine, T. R. (2022). Truth-default theory: Changing our understanding of human deception. In D. O. Braithwaite & P. Schrodt (Eds.), *Engaging theories in interpersonal communication* (pp. 403-413). Routledge.

Levine, T. R., Park, H. S., & McCornack, S. A. (1999). Accuracy in detecting truths and lies: Documenting the "veracity effect." *Communication Monographs, 59*(1), 1-16.

Malouff, J. M., Coulter, K., Receveur, H. C., Martin, K. A., James, P. C., Gilbert, S. J., Schutte, N. S., Hall, L. E., & Elkowitz, J. M. (2012). Development and initial validation of the four-factor romantic relationship scales. *Current Psychology, 31*(4), 349-364.

Mikucki-Enyart, S. L., & Caughlin, J. P. (2018). Integrating the relational turbulence model and a multiple goals approach to understand topic avoidance during the transition to extended family. *Communication Research, 45*(3), 267-296.

Petronio, S. (2002). *Boundaries of privacy: Dialectics of disclosure.* SUNY press.

Planalp, S., Rutherford, D. K., & Honeycutt, J. M. (1988). Events that increase uncertainty in personal relationships II: Replication and extension. *Human Communication Research, 14*(4), 516-547.

Poulsen, F. O., Holman, T. B., Busby, D. M., & Carroll, J. S. (2013). Physical attraction, attachment styles, and dating development. *Journal of Social and Personal*

Relationships, 30(3), 301-319.

Roloff, M., & Chiles, B. W. (2011). Interpersonal conflict: Recent trends. In M. L. Knapp & J. A. Daly (Eds.), Handbook of interpersonal communication (4th ed., pp. 423-442). Sage.

Rus, H. M., & Tiemensma, J. (2017). "It's complicated." A systematic review of associations between social network site use and romantic relationships. Computers in Human Behavior, 75, 684-703.

Segal, M. W. (1974). Alphabet and attraction: An unobtrusive measure of the effect of propinquity in a filed setting. Journal of Personality and Social Psychology, 30(5), 654-657.

Sillars, A., Roberts, L. J., Leonard, K. E., & Dun, T. (2000). Cognition during marital conflict: The relationship of thought and talk. Journal of Social and Personal Relationships, 17(4-5), 479-502.

Solomon, D. H., & Knobloch, L. K. (2004). A model of relational turbulence: The role of intimacy, relational uncertainty, and interference from partners in appraisals of irritations. Journal of Social and Personal Relationships, 21(6), 795-816.

Steuber, K. R., & Solomon, D. H. (2008). Relational uncertainty, partner interference, and infertility: A qualitative study of discourse within online forums. Journal of Social and Personal Relationships, 25(5), 831-855.

Surra, C. A., Gray, C. R., Boettcher, T. M., Cottle, N. R., & West, A. R. (2006). From courtship to universal properties: Research on dating and mate selection, 1950 to 2003. In A. L. Vangelisti & D. Perlman (Eds.), The Cambridge handbook of personal relationship (pp. 113-130). Cambridge University Press.

Theiss, J. A., Knobloch, L. K., Checton, M. G., & Magsamen-Conrad, K. (2009). Relationship characteristics associated with the experience of hurt in romantic relationships: A test of the relational turbulence model. Human Communication Research, 35(4), 588-615.

Thibaut, J. W., & Kelley, H. H. (1959). The social psychology of groups. Wiley.

Yoshimura, S. (2007). Goals and emotional outcomes of revenge activities in interpersonal relationships. Journal of Social and Personal Relationships, 24(1), 87-98.

4

소집단 소통

강경원 | 웨스트버지니아대 커뮤니케이션학과 조교수

현재 미국에서 소통을 전공하는 학부생들에게 소집단 소통은 필수 과목이고 매우 실용적인 분야다. 반면에, 한국에서는 소집단 소통 과목이나, 이 분야에 관한 연구 자체가 아직 상당히 생소하다. 그렇지만, 조직 소통, 컴퓨터 매개 소통 등의 분야에서 소집단 소통 이론과 개념을 소개하는 연구가 발전해 왔고, 소집단 내 소통의 복잡한 문제를 해결할 새로운 이론과 방법을 제시했다. 이러한 점에서 소집단 소통 분야는 큰 가능성을 가지고 있다. 이 장에서는 1999년부터 미국에서 출판된 소집단 소통 편람과 교과서들을 참고해서, 대표적인 이론들과 연구방법, 후속 연구 방향, 그리고 다른 분야와의 협력에 대해 정리했다. 미국 소집단 소통 연구 경향의 분석을 위해서 1999년에 출판된 〈소집단 소통이론 연구 편람(*The handbook of group communication theory and research*, Frey et al., 1999)〉, 그리고 2021년에 출판된 〈소집단과 팀 소통연구 에머랄드 편람(*The emerald handbook of group and team communication research*, Beck et al., 2021)〉과 미국 연구 경향의 분석으로 대표적 학술지라고 할 수 있는 세이지출판사의 〈소집단 연구(*Small Group Research*)〉를 참고했으며, 국내의 〈한국언론학보〉, 〈커뮤니케이션이론〉, 〈한국광고홍보학보〉 등을 참조했다.

1. 소집단 소통이란 무엇인가?

소집단 소통 분야는 독립된 연구 분야로 정당성을 확립하기 위해 무엇이 소집단인지 명확히 정의하고자 하는 학문적, 비판적 토론을 거쳐 왔다. 오랜 논의 끝에, 20년 만에 나온 〈소집단과 팀 소통연구 에머랄드 편람〉에 따르면, 소집단은 같은 목표를 가지거나 동일한 과제에 참여하는 3명 이상의 구성원으로 이루어지며, 이 구성원들은 반드시 자신들이 소집단 소속임을 인지하고, 상호의존적인 관계를 형성하고 있다(Keyton, 2021). 키튼은 소집단을 성립하기 위한 네 가지 필수 요소를 제시하며, 단순히 3명 이상, '다수'의 사람들로 구성된 집단이 아닌 진정한 소집단이 성립되기 위해서는 ① 소집단 크기, ② 구성원의 정체성/소속감, ③ 상호의존적인 관계, 그리고 ④ 공동의 목표가 필요하다고 설명했다. 이 네 가지 특성을 정의함으로써, 소집단 소통은 다른 분야들과 명확히 구분될 수 있다. 또한 소집단 개념을 설명하거나 응용할 때, 팀(team)이라는 용어를 사용하는 경우도 있다. 현재 미국 소통학계에서는 팀이 소집단의 일종으로, 소집단 구성원이 어떤 '직무', 혹은 '일'을 함께 수행한다는 것을 특징으로 보고 있다(Levi & Askay, 2020). 따라서, 이 장에서는 소집단의 네 가지 필수 요소를 갖춘 다양한 소집단들과, 그 안에서 일어나는 소통의 방식과 방법을 다루려고 한다.

소통학계는 다양한 크기와 형태로 존재하는 소집단들을 연구하면서, 학문의 경계를 확장하는 추세다. 이로 인해 집단 소통(group communication)이라는 개념을 더 자주 사용해서 이 분야를 소개하고 있다. 그러나 한국 언론학계에서 출판된 논문들의 '집단' 개념은 현재 이 장에서 다루는 소집단과는 분명 다른 의미로 사용된 경우가 많다. 예를 들면, 국내에서 '집단'이라는 단어는, 또래 집단(peer group)이나 집단주의(collectivism)를 상기시킨다. 그러나 소집단의 필수 요소 네 가지를 적용해 보면, 또래 집단은 소집단의 크기와 경계가 불분명하고 공동의 목표가 뚜렷하지 않다는 점에서 소집단의 정의를 충족하지 못한다. 또한, 집단주의에서 '집단'은 그 크기를 수치화할 수 없고 구성원들의 정체성이나 소속감이 명확하지 않기 때문에 소집단 연구의 범주에서 벗어난다. 따라서 이러한 혼동되는 개념들과 차별화를 위해서, '소집단 소통'이라는 용어를 사용하는 것이 적합하다.

2. 소집단 소통 연구의 기원과 역사

1950년대 소통학자들은 소집단 소통이 기존의 대인 소통이나, 조직 소통의 하위 개념으로 설명하기에는 그 나름의 독특한 관계적, 구조적 특성이 있어 독립된 학문으로서 연구가치가 있다고 판단했다. 초기 소집단 소통에 대한 관심은 주로 대학생들에게 소집단 내 의사결정과 문제 해결을 효과적으로 수행하는 것을 가르치고 어떻게 소통해야 하는지 연구하기 위한 목적으로 시작했다(Gouran, 1999). 이러한 기원으로 인해, 소집단 소통 연구는 소집단 내 의사결정 과정과 문제 해결에 국한해서 발전해 온 것이 사실이다. 초기 연구에서 많은 개념들이 사회심리학이나 경영학, 사회학 등에서 차용되었으며, 특히, 실질적인 언어 및 비언어적 표현, 갈등 해결 방법, 그리고 의사결정 과정에서 소통이 담당하는 역할에 대한 관심이 높았다. 소집단 소통 이론은 주어진 임무를 완성하기 위해 의사결정과 문제 해결의 효율을 극대화하는 요소를 찾아내는 데 집중했고, 이러한 이유로 실험을 바탕으로 한 이론들의 예측성을 높이는 데 연구의 초점이 맞춰져 있었다(Poole, 1999).

1960년대부터1980년대까지, 소집단 소통 연구는 구성원들 사이 상호작용에 관한 관심이 증가함에 따라, 다양한 이론들을 소개하고, 그 이론들을 발전시켜 나가는 시기였다. 1960년대에는 소집단이 어떻게 주어진 임무를 완성하는지 그리고 구성원들 간의 관계를 강화할 수 있는 최적의 방법과 전체 소통 과정에 대한 이해를 목적으로 연구하는 기능적 접근 방식(functional perspective)이 주목을 받았다(Wittenbaum et al., 2004). 1970년대와 1980년대에는 이러한 접근 방식을 넘어서 소집단 구성원들이 상호작용하는 과정 자체에 관한 연구들이 발전했다. 소집단의 결과물이나 심리적, 관계적, 실무적인 요소보다 소통 그 자체에 대한 관심이 높아졌다(Poole, 1999). 이러한 연구들은 소집단 구성원들이 다양한 전자 매체를 통해 주고받는 소통에 대한 연구로 확장됐다. 그리고 1980년대 이후에는 소집단 소통 연구가 단순히 학생들을 소통 전문가로 양성하고자 하는 교수법 개발을 넘어 실제 조직이나 사회에서 발생하는 다양한 소집단의 문제 해결과 의견 도출에 생산적 도움이 될 수 있다는 것이 알려지게 되면서 사회학이나 사회 심리학에서도 소집단 소통에 대한 관심이 증가했다. 그러나, 소집단 소통 대표 학자인 풀(Poole, 1994)은 1990년 이전의 소집단 연구가 대학생들을 대상으로 한 의사결정 중심의 실험 연구가 압도적이다 보니 연구의 응용성이 부족하고 소통학계 내 고립되는 경향이 있다고 지적했다. 이 문제를 극복하기 위해서 가족 소통이나 조직 소통과 협력해야 하고 학제간 연구 협력체의 필요성을 주장했다.

1990년 이후로는 학생들로 이루어진 실험이 아니라 이미 사회 내 조직 안에 존재하는 다양한 소집단에 대한 연구로 이어졌다(Beck & Goke, 2021). 2000년대 이후에는 소집단 소통 분야는 이전보다 더 구체적이면서 다양한 소통의 문제를 더 정확하게 다루기 위해 더 많은 이론과 개념들을 소개하면서 확장됐다. 가상(virtual) 소집단 연구, 팀(team) 소통 연구, 소집단 내 정보 공유, 또 소집단의 구성과 구조가 미치는 영향 등에 대한 많은 연구가 진행됐다(Emich et al., 2020). 이런 다양한 개념과 이론의 소개는 소집단 소통 과정에 영향을 미치는 요인들에 대해 다각적인 시각을 가지고 비판적으로 분석하게 해 이를 바탕으로 상당한 연구가 진행됐다.

그 이후에는 컴퓨터 매개 소통과 협력해서 더욱더 다양한 연구주제로 그 범위를 확장하고 있다.

이런 소집단 소통 학자들의 노력은 마침내 결실을 보기 시작했다. 전미 소통학회(National Communication Association) 내에서도 이전에는 대인 소통에 속했던 소집단 소통 학자들이 1998년 소통학계의 한 세부 분야로서 인정을 받게 돼 분과를 설립했다. 그리고 1999년 최초로 소집단 소통 분야의 약 50년 역사를 정리하고자 이 분야의 대표 학자들인 로렌스 프레이 (Lawrence Frey), 스콧 풀(Scott Poole), 데니스 구란(Denise Gouran)을 중심으로 〈소집단 소통이론 연구 편람(*The handbook of group communication theory and research*, Frey et al., 1999)〉을 출판했다. 이 책을 출판함으로써 소집단 소통 분야를 소통학계에 소개함과 동시에 학문적 발전을 알리게 됐다.

그리고 20년 후인 2021년, 벡과 동료들(Beck et al., 2021)은 1999년 출판된 책을 바탕으로 기존의 소집단 소통의 절차적, 구조적, 방법적, 또는 이론적으로 드러난 문제들을 조직적으로 포함하고 또한 새로운 연구 경향과 이 분야를 더 확장시키기 위한 미래지향적 토론을 하기 위해 〈소집단과 팀 소통연구 에머랄드 편람(*The emerald handbook of group and team communication research*)〉을 출간했다. 첫 번째 편람은 네 가지 대표적 소집단 이론들과 기본적인 소집단의 개념을 포함하려고 했다. 반면에 두 번째 편람은 그동안 소집단 소통 연구가 다양하게 진화하고 전문성을 나타내고 있다는 것을 증명하듯 서른여섯 개의 장을 아우르며 다양한 이론과 그 배경들, 그리고 미래의 방향들을 제시하고 있다. 따라서, 이 장도 〈소집단 소통 편람〉 1판과 2판을 참조해 이 분야의 가장 핵심적인 이론들과 개념과 함께 최신 연구 동향을 담았다.

3. 소집단 주요 관점과 이론

1) 기능적 관점

기능적 관점(functional perspective; Gouran & Hirokawa, 1983)은 성공적인 의사결정과 문제 해결을 이루는 소집단과 그렇지 못한 소집단 사이의 차이를 분석해, 성공적인 소집단 소통 필수 요소를 찾아내는 관점이다. 이 관점은 소집단 의사결정 과정 중 소통의 영향을 정확히 설명하고, 최상의 의사결정을 위한 필수 요소를 예측할 수 있다(Wittenbaum et al., 2004). 기능적 관점은 소집단 연구의 기본 핵심이 되며, 상호작용 분석방법론과 집단사고 연구의 기초가 되었다.

소집단은 효과적 결정을 내리기 위해 "기능적 필수 요소(functional requisites)"를 충족해야 한다(Gouran & Hirokawa, 1983). 이런 요소에는, 문제 분석(problem analysis), 목표 설정(goal setting), 대안 탐색(identification of alternatives), 대안의 장단점 분석이 포함되며, 이런 과정이 잘 이루어질 경우, 소집단은 성공적 의사결정을 내릴 수 있다(Hirokawa & Gouran, 2003). 소집단은 의사결정을 극대화하기 위해 대안의 부정적인 결과에 대한 평가, 문제 분석, 최종안을 선택하는 기준 설정이 필요하다(Orlitzky & Hirokawa, 2001). 기능적 필수 요소는 반성적 사고(reflective thinking; Dewey, 1933)를 기반으로 하며, 소집단이 내부에서 공유된 정보, 대화, 행동을 검토하고 분석할 때 합리적인 의사결정을 내릴 수 있다고 했다(Poole, 1999). 기능적 필수 요소들은 소집단 상황과 임무의 종류에 따라 달라질 수 있으며, 절대적 순위는 없다. 하지만 인지적, 친화적, 자기중심적 요소가 기능적 필수 요소를 충족하더라도 의사결정을 방해하는 부정적인 요소가 될 수 있다(Gouran & Hirokawa, 1996).

기능적 관점은 세 가지 종류의 소통을 소개했다(Hirokawaa & Gouran,

2003). 홍보(promotive) 소통은 소집단이 기능적 필수 요소에 집중하게 함으로써, 목표에 근접하도록 돕는다. 방해(disruptive) 소통은 소집단이 기능적 필수 요소를 충족하지 못하도록 막는다. 그리고 대응(counteractive) 소통은 소집단이 기능적 필수 요소에서 멀어졌을 때, 다시 궤도를 수정하게 한다. 그러나 기능적 관점은 복잡하고 변화하는 소집단의 역동성을 충분히 반영하지 못하며, 특정 필수 요소가 발생하는 이유에 대한 설명이 부족하다는 비판을 받아왔다(Wittenbaum et al., 2004).

2) 구조화 관점

구조화 관점(structural perspective; Giddens, 1984)은 사회 구조가 인간의 행위에 영향을 미치며, 동시에 인간의 행위가 사회 구조에 영향을 미친다는 구조의 이중성(duality)을 바탕으로 사회과학 전반에 큰 영향을 끼쳤다. 소집단 소통 분야는 소통학계에서는 가장 빠르게 구조화 관점을 받아들여 다양한 이론과 개념들을 만들어냈다(Poole et al., 1985). 소집단은 개인의 미시 단계(micro-level)와 조직의 거시 단계(macro-level)의 중간 단계(meso-level)로 구분되며, 중요한 연구 단위가 되었다(Poole, 2013). 조직의 규범과 규칙은 소집단 소통에 영향을 미치며, 동시에 소집단 소통은 조직 내의 규범과 규칙을 변화시키기 때문에, 구조의 이중성을 가장 잘 연구할 수 있는 곳은 소집단이다(Seyfarth, 2000). 구조화 관점은 소집단 논쟁 연구에서 조직의 자원과 규칙이 의견 차이를 조율하는 소통 방식에 영향을 미치지만, 논쟁 과정에서 소통이 조직의 자원과 규칙을 변화시킨다고 설명했다(Seibold & Meyers, 2007).

구조화 관점이 적극 반영된 이론은 적응적 구조화 이론(adaptive structuration theory; DeSanctis & Poole, 1994)이다. 기술 발전은 협력을 효율적으로 만들어주며, 소집단 소통의 가장 중요한 요소로 자리 잡았다

(Scott, 1999). 적응적 구조화 이론은 기술의 구조와 소집단 소통으로 만들어진 구조가 서로 영향을 미친다고 주장하며, 이는 집단 의사결정 지원 체계(group decision making support system)를 통해서 가장 잘 드러난다고 했다(DeSanctics & Poole, 1994). 소집단 소통의 근본적 관심사인 의사결정이 컴퓨터 관련 기술과 접목되면서, 업무 지향적(task-oriented) 소통을 다루는 소집단 매개 소통의 기초를 다지는 데 중요한 초석이 됐다(Poole, 1999).

집단 의사결정 체계와 소집단 소통이 서로 어떻게 영향을 미치는지 분석한 다양한 연구들이 나왔다. 이 새로운 방식의 기술은 소집단 내 구성원들의 소통에 영향력 평등(influence equality)을 제공한다는 것이다. 대면 방식에서는 기존 소집단에서 상대적으로 의견을 많이 내거나 다른 사람의 의사에 큰 영향을 미치는 구성원이 있을 수 있었고, 의사결정에 참여할 때 빈도를 조절하기 어려웠다. 그러나 소집단 구성원이 컴퓨터를 활용해 다양한 방식으로 의사결정에 참여하게 되면서, 특정 구성원의 영향력이 줄어들고 형평성이 높아져 더욱 민주적인 결정을 할 수 있게 된다(Scott & Easton, 1996). 소집단 연구 44개를 분석한 결과, 집단 의사결정 지원 체계를 사용한 소집단은 대면 회의를 한 소집단보다 더 많은 독창적인 의견을 내고, 참여도와 영향력의 평등도 더 높았다(Rains, 2005). 컴퓨터 매개가 제공하는 익명성도 소집단 소통에 긍정적인 영향을 미쳤다. 소집단은 대면 회의에서는 찬반이 직접 드러나 의견을 자유롭게 내기 어렵지만, 집단 의사결정 체계를 통해서는 더 자유롭게 의견을 나눌 수 있었다. 특히, 소집단은 익명성 덕분에 의사결정에 따른 불이익이나 의견 충돌로 인한 관계 악화를 덜 걱정하게 되어, 긍정적 소통을 했다(Postmas & Lea, 2000).

구조화 관점은 소집단이 개인과 조직 사이에서 완충 역할을 한다는 점을 강조한다. 개인은 조직에 속해 있지만, 실제 상호작용은 소집단에서 가장 빈번하게 이루어진다. 따라서 개인과 조직의 목적이 충돌할 때, 소집단이 갈등을 조절하는 역할을 할 수 있다. 조직 정체성이 낮고 만족도가 떨어지는 구성원이라도 소집단 정체성이 높고 만족도가 높으면 그 조직에 남을 가능성이 커진다(Silva & Sias, 2010). 또한, 조직이 커질수록 개별 구성원의 보안 관리를 조직 차원에서 일일이 관리하기 어려운데, 소집단은 각 구성원이 보안과 비밀 유지에 충실한지 확인하고 관리할 수 있다(Scott & Kang, 2021). 이처럼 소집단 연구는 조직 소통 연구의 핵심이다.

3) 실증적 소집단 연구론

1990년대까지 소집단 소통 연구는 이론 검증과 효율적 의사결정 요소 찾기에 집중해, 실제 복잡한 사회 환경과 구조에 속한 소집단을 충분히 이해하지 못한다는 비판을 받아왔다. 예를 들어, 실험에 참여한 사람들은 처음 만난 후 상호작용 없이 바로 연구에 투입됐다. 이러한 연구는 변수 통제를 통해 이론을 검증할 수 있었지만, 실제로는 매우 부자연스러웠고, 소집단이 속한 조직, 문화, 주변 소집단의 영향을 제대로 반영하지 못했다. 또한 실험 상황에서 인위적으로 구성된 소집단은 자연스럽지 않은 환경에서 실제 일과는 동떨어진 임무를 수행했고, 이로 인해 도출된 소집단 이론의 타당성과 실제 적용성, 그리고 일반화 가능성에 의문이 제기됐다. 따라서 소집단이 속한 다양한 배경(context)의 중요성이 커졌다(Frey, 1994).

실증적 소집단 연구론(bona fide group perspective; Putnam & Stohl, 1990)은 소집단 소통 연구에서 배경의 중요성을 강조하는 대안적 접근 방식이다. 'Bona Fide'는 라틴어로 '진실' 또는 '진짜'라는 뜻으로, 실증적 소집단 연구론이 인위적으로 구성된 소집단을 연구하는 기존 연구에 대한 비판에서 출발했음을 의미한다. 퍼트넘과 스톨(1996)은 기존 연구가 소집단을 환경과 멀리 떨어진 고정된 집단으로 간주한 점을 지적하며, '자연스러운' 소집단 연구의 필요성을 강조했다. 그들은 소집단의 두 가지 특성을 설명했다. 첫째, 소집단 경계의 투과성(permeable boundary)은 소집단은 안정적이지만, 구성원들은 유동적으로 변할 수 있다는 것이다. 필요에 따라 구성원의 지위가 바뀌고, 새로운 구성원이 지속적으로 유입되어 소집단 내 변화가 일어난다고 본다. 둘째, 배경과 상호 의존성(interdependence)은 소집단 구성원들이 단일 소집단에만 속하지 않고, 외부 소집단이나 조직, 사회와 긴밀하게 상호작용하며, 이런 배경이 소집단 규범, 행동, 결정, 소통 방식에 반드시 영향을 미친다는 것이다. 따라서 이런 영향을 제대로 찾기 위해 기존 연구와는 다른 실증적 소집단 연구론의 필요성을 주장했다.

최근 벡과 고케(Beck & Goke, 2021)는 1990년대 이후 실증적 소집단 연구에서 '배경' 개념이 어떻게 사용되었는지를 분석했다. 그들은 '배경'이라는 용어가 여전히 상징적이고 다양한 개념으로 사용되고 있으며, 후속 연구에서 어떻게 활용해야 하는지에 대한 명확한 지침이 부족하다고 지적했다. '배경'이라는 용어가 장소, 시간, 조직 체계, 사회 내에서 일관되게 사용되지 않으므로, 연구자들이 지속적이고 체계적인 담론을 이어가야 한다고 강조했다.

4) 상징 수렴 이론

상징 수렴 이론(symbolic convergence theory; Bormann, 1969, 1972)은 소집단에서 독특하게 공유된 이야기와 상상력이 소집단을 더 긴밀하게 하고, 공통적 생각과 정체성을 형성하는 과정을 설명하는 이론이다. 이 이론은 소통을 통해 구성원들이 비슷한 경험을 공유하고, 쉽게 이해할 수 있는 사회적 진실을 나누며, 이러한 경험 기반의 이야기나 상상들이 구성원들을 연결하는 중요한 매개체가 된다고 본다. 이러한 연결이 소집단 의사결정에 효과적이라고 판단했다(Bormann, 1996; Deetz, 2001).

보어만(Bormann, 1996)은 상징 수렴이 소집단 의사결정에 어떻게 영향을 미치는지 설명했다. 먼저, 환상주제(fantasy theme)는 소집단 내에서 심리적 또는 수사학적 필요를 충족시키기 위해 사람이나 사건에 대해 이야기나 은유적 표현을 사용하는 것을 말한다. 여기서 '환상'은 단순히 불가능한 것을 의미하는 것이 아니라, 소집단 내에서 실현 가능하다고 느껴질 수 있는 것이다. 이러한 환상주제는 소집단 구성원들 사이에 공유되며, 이를 통해 구성원들이 소속감과 상호 이해를 증진하도록 돕는다. 이 과정을 환상사슬(fantasy chain)이라고 한다. 공유된 다양한 환상주제들이 소집단 구성원들 간에 소통되면서, 소집단은 더 긴밀한 관계를 형성하고, 다른 소집단과 구별되는 독특한 미래 전망을 만들어낸다. 이를 수사적 재현(rhetorical vision)이라고 한다. 이러한 수사적 재현을 통해 소집단 구성원들은 소집단의 규범에 맞춰 어떻게 행동해야 할지를 고민하게 되며, 상징단서(symbolic cues)인 단어나 구호, 비언어적 신호 등을 사용해 이전에 공유된 상징적이고 상상력이 담긴 이야기들을 구성원들에게 지속적으로 상기시키는 학습 효과도 있다고 본다.

상징 수렴 이론은 비슷한 경험을 가진 사람들의 모임에서 서로를 지지하고 경험을 긍정적으로 이끌어가는 데 유용할 수 있기 때문에, 조직 소통이나 정치 소통 등 다양한 분야에서 활용되고 있다. 환상주제와 수사적 재현을 통해서 공통의 작업 규칙과 은유를 사용하고, 집단 성과를 함께 누리게 되면서, 팀이 지속 가능하도록 돕는 기능을 가지게 된다(Kafle, 2014). 하지만, 이 이론은 상당한 비판도 받았다. 비판하는 측에서는 환상주제와 수사적 재현이 소집단 안에서 권력 유지를 위해서 쓰일 수 있고, 수렴을 항상 긍정적이라고 본다면 친사회적인 극단적인 생각이 될 수 있다며, 이런 점에 대한 비판적인 사고를 갖추어야 한다고 주장했다(Olufowote, 2006). 또한, 소집단 구성원들 사이에 미래 전망을 두고 늘 모든 사람이 동의하지 않을 수 있으며, 이 수사적 재현이 하나가 아니라 여러 개가 만들어지고, 이 비전들이 반대되는 가치를 보이며, 소집단 안에 갈등을 보여주는 예도 있다고 주장했다(Zanin et al., 2016). 이 이론은 소집단 소통을 이해하고 설명하는 데는 유용하지만, 언제, 어떻게, 왜 소집단의 상징 수렴이 일어나는지를 예측하고, 정량적 방법론을 세우기에는 한계가 있다는 평가도 있다(Poole, 1999).

5) 집단사고

집단사고(groupthink; Javis, 1983)는 소집단 결합력(group cohesion)이 무조건 소집단 의사결정과 문제 해결의 소통 과정에 긍정적인 영향력을 끼친다는 기존에 알려진 연구를 비판하면서 시작했다. 1972년 집필된 자비스(Javis, 1972)의 〈집단사고의 희생자들: 외교정책 결정과 실패의 심리학(*Victims of groupthink*: *A psychological study of foreign-policy decisions and fiascoes*)〉이라는 책에서 전문성과 지식을 갖춘 구성원들로 이루어진 소집단이 왜 비효율적이고, 비이성적인 의사결정을 내리게 되는지를 설명하기 위해서 집단사고라는 개념을 소개했다. 특히, 그는 집단사고 문제가 진주만 공격, 베트남 전쟁과 관련된 미국 외교 정책 의사결정 과정에 드러났다고 주장했다. 소집단의 집단 통합성 욕구가 지나치게 높을 때, 개인의 의견이 반영되지 않거나 모든 구성원이 찬성해야 한다는 압박감이 커져 비효율적인 의사결정을 하게 될 수 있다.

자비스(Javis, 1982)는 여덟 가지 집단사고 증후들을 설명했으며, 이 증후들 모두 소집단 구성원들의 소통 과정에서 관찰되어 소집단 소통 연구에서 자주 사용하는 대표적인 개념이 됐다. 일단, 소집단이 절대 자신들이 내는 결정이 부정적인 방향으로 가지 않을 거라는, 근거 없는 긍정성, 부정적인 의견에 대한 무시, 합치된 결정은 무조건 도덕적일 것이라는 확신, 반대자들에 대한 무조건적 적대와 그리고, 소집단의 조화를 깨고 싶지 않기 위한 자기 검열, 만장일치에 대한 맹신, 그리고 조직의 결정에 조금이

150

<표 4-1> 집단사고 이론 내 주요 용어

무적 환상 (illusion of invulnerability)	소집단은 절대 실패하지 않으며, 잘못된 의견을 내거나 패하지 않고, 언제나 성공을 거둔다는 상상
집단적 합리화 (collective rationalization)	소집단에서 다수의 의견이 무조건 합리적이라 생각하고, 반대 의견을 고려하지 않는 것
집단 도덕성에 대한 신뢰 (belief in inherent morality)	소집단이 항상 도덕적 결정을 내리고, 그 안에 속하면 그 의견도 무조건으로 도덕적일 것이라도 믿는 것
외부 소집단에 대한 편견 (stereotyped views of out-groups)	구성원들이 자신의 소집단 외 모든 다른 소집단에 대해 일방적으로 적대적이고 부정적인 시각을 갖는 것
반대에 대한 직접 압력(direct pressure on dissenters)	구성원들이 소집단의 의견에 반대하는 구성원들을 직접적으로 견제를 하거나 반대 의견을 받아들이지 않는 것
자기 검열(self-censorship)	구성원들이 소집단의 조화를 유지하기 위해 개인적으로 소집단의 의견에 반대하거나 정보를 알고 있어도 이를 공개하지 않는 것
만장일치의 환상 (illusion of unanimity)	소집단 결정에 약한 반대나 불일치가 있더라도 이를 무시하고, 소집단 구성원 모두가 만장일치라고 믿는 것
자발적으로 임명된 수호자 (self-appointed "mind guards")	일부 구성원들이 소집단의 일치성을 깨거나 결합력을 저해할 수 있는 정보를 차단하기 위해 스스로 나서는 것

라도 반대되는 의견의 차단이 문제라고 주장했다(〈표 4-1〉). 이 여덟 가지를 모두 종합해 보면, 소집단이 너무 관계적인 긴밀도가 지나치게 높을 때, 개인의 주장이 관철되지 않거나, 모든 구성원이 찬성해야 한다는 압박감이 들기 때문에, 비효율적으로 실패한 의사결정을 하게 된다고 한다.

집단사고의 가장 유명한 사례로는 미국 우주 항공우주선 챌린저호(Challenger)의 발사 실패와 폭발 사고가 있다(Javis, 1991). 이 사고는 미국 우주항공국이라는 최고의 지성인들이 모인 소집단에서 발생했다. 이집단의 구성원들은 발사가 무조건 성공할 것이라는 낙관적 기대에만 집중해서, 문제 상황이 발생할 가능성을 전혀 인식하지 못했다. 일부 구성원들은 갈등이나 분란을 일으키지 않으려는 마음에 발사 계획의 문제를 인식했음에도 불구하고 이를 지적하지 않았다. 만약 챌린저호 발사 전에 소집단 구성원들이 문제 가능성을 예측하고, 갈등을 생산적으로 다뤘다면 발사 실패는 없었을 것이다. 실제로, 집단주의 경향이 강한 조직이나 문화에서는 갈등을 피하고 사회적 고립을 두려워해 자신의 의견을 피력하지 않고 소집단의 결정에 일방적으로 따르는 경우가 종종 있다.

소집단은 집단사고 증후를 예방하기 위해 다양한 소통 전략을 고려해야 한다(Javis, 1991). 소집단 내에서 다양한 의견에 개방적인 태도를 유지하고, 의도적으로 소집단의 의견을 반박할 수 있는 역할을 지정하거나, 소집단을 더 작은 소집단으로 나누어 자유롭게 의견을 교환하도록 해야 한다. 또한, 소집단은 외부 전문가를 초빙하거나 익명으로 의사결정 투표를 진행하고, 결정된 사항에 대해 비판적 평가를 계속 진행해서 집단사고를 예방해야 한다.

6) 소집단 지식 공유

소집단 구성원들이 효과적으로 의사결정과 문제 해결을 하려면 각자의 고유한 지식, 정보, 전문성을 공유하고 이를 체계적으로 정리해 소집단의 중요한 자원으로 활용해야 한다. 이 과정에서 원활한 소통이 필수적이다(Wittenbaum et al., 2021). 따라서, 소집단 내에서 지식을 공유하고 관련 소통 문제를 해결하기 위한 세 가지 관련 이론과 개념을 소개한다. 이 이론들은 사회심리학과 조직 심리학에서 기원을 두고 있으며, 소집단 소통학자들에 의해 소통 중심으로 발전해왔다.

감춰진 개인 정보(hidden profile)라는 개념은 스타서와 티투스(Stasser & Titus, 1985, 1987)가 소집단 내에서 과제를 수행할 때 정보 공유가 어떻게 최적의 결정에 영향을 미치는지를 밝히기 위해 소개했다. '감춰진 개인 정보'란 소집단 내에서 모든 구성원에게 공유되지 않고, 개인만 알고 있는 정보를 의미한다. 이 이론은 소집단 구성원들은 모든 구성원이 알고 있는 공유된 정보는 의사결정 과정에서 논의하고 반영하지만, 한 명의 구성원만 알고 있는 감춰진 정보는 고려하지 않거나 결정에 반영하지 않는 경향이 있다고 주장했다. 그래서 정보 수집(pooling)을 통해서, 구성원들이 각자가 가진 모든 정보를 공유함으로써 최적의 결정이 될 수 있는 모든 의견을 평가해야 한다고 봤다. 25년 동안 진행된, 65개의 감춰진 개인 정보 연구 분석 보고서는 감춰진 개인 정보 소집단은 완전한 정보를 가진 소집단에 비해 해결책을 찾을 가능성이 8배 낮았다고 전했다(Lu et al., 2012). 이 개념은 특별히, 의사결정과정에 있어서, 왜 소집단 구성원의 의견을 제대로 반영해야 하는지 이유를 설명했으며, 이를 통해 소통 과정에서 문제가 생겼음을 발견할 수 있었다. 또한 지난 30년간의 감춰진 개인 정보 연구 분석에 따르면, 이 이론은 초기 개념화를 성숙하게 이루었으며, 앞으로는 스트레스나 시간 압박을 받는 조직 내 소집단의 정보 공유를 이해하는 데 적용될 수 있다(Sohrab et al., 2015).

전이 기억 체계(transactive memory systems; Wegner, 1986)는 소집단 안에서 정보나 기억 교환과 관련된 개념으로 소통을 통해서 개인의 기억 체계가 소집단 전체 기억 체계 안으로 합쳐진다고 봤다. 전이 기억 체계를 사용한 64개의 연구를 분석한 결과, 전이 기억 체계는 전문성에 관한 의사소통을 통해 형성되고, 이 기억 체계가 발달함에 따라 정보 할당과 검색 조정을 위한 의사소통이 증가해 정보 교환을 촉진하며, 집단은 끊임없이 이 체계를 확립한다(Yan et al., 2020). 특히, 소집단 구성원이 관계가 만족스럽고, 무엇을 나누든 안전하고, 생산적인 방향으로 받아들여진다고 생각한다면, 더 많은 소통을 한다(Wittenbaum et al., 2021). 그러나, 공유하는 기억이 소집단 구성원들의 소통에 상당히 장점이 될 수 있지만, 그것 때문에 소집단 구성원의 소통이 증가하고 그 깊이가 깊어지는 것은 아니라고 봤다(Yan et al., 2020).

행위적 전문성(performative view of expertise)과 관련된 연구는 앞서

언급된 두 가지 연구와 달리, 지식이 인간이 획득하고 소유한 후 고정된 상태로 머무른다는 인지적 관점에서 벗어나 있다. 대신, 이러한 연구는 지식과 전문성이 사회적 맥락과 관계 속에서 소통을 통해 지속적으로 변화하고 역동적으로 발전한다는 점을 강조하고 있다(Treem, 2012). 따라서, 전문성은 단순히 존재하는 것이 아니라, 특정 배경 상황에서 그 가치가 드러난다. 개인의 전문성을 다른 사람이 인지하게 되면, 이는 그 개인이 자신의 지식을 다른 사람에게 전문적으로 느껴지도록 하는 능력을 높이 평가받게 된다. 이를 행위의 성취로 설명할 수 있다. 즉, 전문성은 전략적으로 드러나며, 구성원이 긍정적인 평판을 얻고 싶어 할 때는 더 많은 전문성을 드러내고, 지루하다고 느껴질 때는 반대로 전문성을 거의 공유하지 않는다(Leonardi & Treem, 2012). 그리고 전문성 보여주기에 사용하는 매체, 기술, 화법, 대화적 능력 등은 정보의 전문성을 판단하는 데 영향을 미친다(Wittenbaum et al., 2021).

7) 소집단 소통과 "관계"

소집단 소통 연구의 역사와 발전 과정, 그리고 주요 이론들을 살펴보면, 대부분의 연구가 의사결정과 문제 해결에 중점을 두었기에 소집단 내의 관계에 관한 연구는 상대적으로 덜 중요하게 다뤄졌다(Paskewitz, 2021). 그러나 최근에는 소집단의 임무 수행 과정에서 관계적 요소의 중요성이 부각되면서, 소집단 소통과 구성원 관계에 대한 관심이 증가하고 있다. 실제로, 모든 소집단은 관계를 견고히 하고 강화해 임무 성공을 이루려고 한다. 키튼(Keyton,1999)은 소집단에서 직무 소통(task communication)과 실질적 도움 소통(instrumental communication) 외에도, 소집단 구성원 간의 관계를 형성하고 유지하는 모든 사회적 의미를 가진 언어적, 비언어적 의사소통 방식을 '관계 소통(relational communication)'이라고 정의한다. 소집단 내의 관계는 임무와 의사결정을 위한 소통을 통해 발전하며, 이러한 관계의 변화는 소통 방식에 장기적으로 영향을 미친다(Ervin et al., 2017).

4. 소집단 소통 연구방법

소집단 소통의 연구방법은 정량적 방법론에서부터, 정성적 방법론까지 다양하다. 하지만, 특별히 소집단 소통이 다른 소통 분야와 구별되는 이유는 바로 상호작용 분석과 다층모형 방식의 통계에 있다고 볼 수 있다. 따라서, 이 두 가지 소집단의 특징을 잘 드러낸 방식의 연구를 따로 소개하고, 마지막으로 정성적 방법론을 이야기해 보려고 한다.

소집단 소통 연구는 상당히 정량적 방법에 많이 치중되어 있다. 이는 그동안 소집단 연구가 소통의 영향력과 다양한 심리적, 행동적인 요소들을 따로 떼어서 이론화해 왔고, 만들어진 이론들의 정확도와 적용성을 높이기 위해서, 정량적 연구가 더 많이 진행됐기 때문이다. 따라서, 대다수의 이론이 이미 계량화된 수치를 잴 수 있는, 설문지나 실험을 공유해왔고, 이에 따라서 또 후속 연구가 계속해서 진행될 수 있는 장점이 있다. 정량적 방법론에 관한 연구는, 실험실 안에서, 대조군을 만들어서 그 의사결정 과정을 관찰하는 것, 의사결정 과정의 요소에 대해서 설문으로 물어보는 것, 또는 가상현실 속에서 소집단 소통을 관찰하고, 수치화함으로써 이론을 발전해 나가려는 목적이 있다고 볼 수 있다.

- 상호작용 분석: 베일즈(Bales, 1950)의 상호작용 분석 방법은 소집단 구성원들이 서로 어떻게 소통하고, 이 과정에서 주고받는 메시지가 어떻게 소집단 내에서 통합되는지에 대한 이해를 목표로 한다. 그는 상호작용이 사회적 또는 감정적으로 긍정적인지, 부정적인지를 분석하고,

활동이 능동적인지 수동적인지를 파악하려 했다. 이를 통해 메시지가 소집단 내에서 어떤 영향을 미치는지 예측하려고 했다.

- **다층 모형 방식:** 보니토(Bonito, 2002)는 개인 소통을 분석하는 상호 작용 분석의 정량적 연구의 중요성을 강조하며, 통계적으로 다층 모형 방식을 활용할 수 있다고 말한다. 소집단 연구는 개인과 조직 간의 중간 층의 역할을 이해하는 데 다층 모형 방식이 유용할 수 있다. 그는 또한 이러한 연구가 주로 실험실에서 대학생들이 인위적인 문제를 해결하는 방식으로 진행됐다고 언급했다. 실험군과 비실험군으로 나누어 상황을 통제함으로써, 정확하게 그 영향을 분석하는 분산 분석 같은 통계 방법이 사용될 수 있다고 설명했다.

- **정성적 방법론:** 정성적 방법론은 소집단을 인위적으로 분리하지 않고, 그들이 다양한 영향을 받는 환경에서 어떻게 작용하는지에 대한 실증적 소집단 연구방법론의 중요성이 높아짐에 따라 직접 소집단을 있는 그대로의 환경에서 관찰하는 것에서 본격적으로 출발했다(Kramer & Zanin, 2021). 실제 소집단에 관한 연구는 다양한 방식으로 진행될 수 있다. 예를 들어, 연구자가 소집단에 직접 속하거나 외부자로서 관찰함으로써 소집단 내 소통을 파악할 수 있다. 또한, 소집단 구성원 개별 인터뷰를 통해 소집단 전체의 문화나 규범을 분석할 수도 있다. 집단 면담 연구는 소집단이 특정 주제에 대해 함께 논의하게 해 더 깊은 통찰을 제공하며, 연구자는 다양한 시각을 모을 수 있는 장점이 있다. 결과적으로, 소집단 연구는 단순히 결과물에 초점을 맞추는 것이 아니라, 그 과정과 발전을 종단적으로 관찰하는 데 더 많은 관심을 기울이고 있다.

- **컴퓨테이셔널 방법론:** 기술의 발전은 소집단의 소통 방식뿐만 아니라 소집단 연구방법에도 큰 변화를 불러왔다. 컴퓨터 기술과 컴퓨테이셔널 방법론의 발전으로 인해, 소집단의 자료 분석과 상호작용을 더욱 정밀하게 포착할 수 있는 다양한 접근법이 생겼고, 컴퓨터를 활용한 자료 수

집 및 분석 도구는 소집단 내에서 발생하는 세밀한 상호작용과 소통 패턴을 실시간으로 기록하고 분석할 수 있게 했다(Pilny et al., 2020). 또한, 컴퓨테이셔널 방법론은 대규모 자료를 처리하고 복잡한 통계 분석을 수행하는 데 유용해, 소집단 연구의 정확성과 심도에 크게 이바지했다(Pilny & Poole, 2017). 이러한 기술적 발전으로 연구자들은 소집단의 역동성과 구조를 더 체계적이고 종합적으로 이해할 수 있게 됐다. 첨단 기술의 발전은 단순히 자료 분석을 넘어서 사회 모의실험, 자료 과학, 거대자료 활용으로 이어져 소집단 소통 이론의 예측성을 높이고, 구체적인 전략을 제시할 수 있게 했다(Pilny, 2021).

5. 소집단 소통의 다양한 적용 가능성

1) 간학제적 협력

소집단 연구는 다양한 소통 분야와의 협력을 통해 여러 소집단과 이들이 속한 조직 및 사회에 중요한 통찰을 제공한다. 가장 활발한 연구 분야 중 하나로 건강 관련된 온라인 지지 모임(support group)이 있다. 온라인 지지 모임에서의 상호작용과 소통을 통해서 얻은 결과물은 직접적으로 소집단 소통과 연결되는, 핵심이라고 볼 수 있다. 온라인 환경에서는 익명성 때문에 구성원들이 자신의 상황을 더 자유롭게 공유할 수 있고, 다른 사람에게 공감을 얻을 수 있다는 면에서, 대면 모임보다 깊은 관계를 맺는 경우가 많다고 했다(Wright et al., 2010). 특히 사회적 공개가 어려운 질병을 가진 사람들은 이 온라인 지지 모임을 통해 정보와 감정적 지지를 주고받는다. 다른 사람들을 돕는 과정에서 심리적 권한(self-empowerment)을 느끼고 정신적으로 강해질 수 있다고 했다. 28가지의 다양한 건강 관련 온라인 지지 모임을 분석한 결과, 이 모임에 속한 사람들은 상대적으로 사회적 지지를 받는다고 느끼며, 우울증이 훨씬 더 적고, 자신의 질병을 잘 관리할 수 있는 자기효능감(self-efficacy) 증가를 긍정적인 요소로 발견했다(Rains & Young, 2009). 또한, 지지 모임의 규모가 크고, 그 안에서 더 활발하게 지지를 주고받는 상호작용의 횟수를 늘리면, 더 긍정적으로 건강에 영향을 미쳤다.

배심원들은 다양한 배경을 가진 사람들이 처음으로 만나서, 공통된 법적인 증거들을 살피고, 공동의 의사결정 과정을 통해서 결과를 공개적으로 전달한다. 이 모든 과정에서 소집단 소통은 중요한 역할을 하고 있다(SunWolf, 2007). 미국의 배심원들이 재판 과정에서 결정을 내릴 때까지의 상호작용을 분석하면서, 문제의 분석과 이견을 조율하는 비판적인 의견 분석 과정에서 갈등을 일으키며, 때로는 이 갈등이 고성이나, 직접적으로 동의하라는 압박을 가하는 방식으로도 평범하게 나온다고 보고했다(Poole & Dobosh, 2010). 배심원 선정 과정에서부터 결정에 이르는 모든 과정은 소집단 의사결정과 밀접하게 연관되어 있으며, 이를 통해 법학, 사회학, 심리학과 접목된 연구가 배심원 교육과 절차 개선에 이바지할 수 있기에, 앞으로 협력할 수 있는 분야다.

의료 팀에서는 다양한 전문성을 가진 사람들이 예측할 수 없고 긴박한 상황에서 함께 환자의 건강에 직접적으로 영향을 미친다. 이때, 팀 내 소통의 질은 팀 성과에 중요한 영향을 미치는데, 특히 의료 팀은 병원 조직뿐만 아니라 더 큰 의료 체계 안에서 작동하며, 계층적 차이와 권력의 불균형, 팀원 교체가 빈번한 환경에서도 효과적 협력이 필요하며, 그 결과가 치명적이다(Real & Poole, 2011). 이러한 도전적인 상황에서 소집단 소통은 심리적 안전감을 높이고 협력적인 팀 환경을 조성하는 데 중요한 역할을 한다(Real et al., 2021). 특히 의료 팀 내에서 다양한 의견이 자유롭게 공유될 수 있다는 인식이 있는 경우, 팀원들은 긴장감이 높은 상황에서도 두려움 없이 자신의 의견이나 대안을 제시할 수 있으며, 이는 더 나은 환자 치료 결과로 이어질 수 있다(O'Donovan & McAuliffe, 2020). 또한, 의료 팀을 대상으로 한 소집단 소통 교육은 팀원들이 더 효과적이고 생산적으로 일할 수 있도록 도와주며, 이에 따라 소통에 대한 자신감도 높아진다(Salas et al., 2005).

운동 팀 내에서의 소통 연구도 직접 경기 능력 향상과 팀 결집력을 높여서, 정신적, 육체적으로 긍정적인 영향을 낼 수 있다는 면에서 "경쟁" 상황에 놓인 운동 경기 팀에서 소집단 소통의 중요성을 강조했다(Ishak, 2017). 운동팀은 다른 소집단과 달리, 높은 스트레스 환경에서 활동하며 경기 전략 수립, 상대 팀 분석, 역할 분담 등의 모든 과정이 소통을 통해 조율되어야 하는 특성 때문에, 많은 자료를 축적하고 이를 바탕으로 최선의 방향을 설정해야 하며, 이러한 요소들을 고려해 특별히 연구할 필요가 있다(Ishak & Ballad, 2012). 이와 같이, 소집단 연구는 다양한 분야와 상황에서 소통의 역할을 심도 있게 분석하며, 효과적 소집단 운영을 위한 중요한 지식을 제공해 오고 있다.

2) 가상 팀 연구

가상 팀(Virtual Team) 연구는 통신 기술 발전과 세계화의 영향으로 중요한 연구 분야로 부각되었다. 가상 팀은 동일한 장소나 시간대에 있지 않은 사람들이 전자 매체를 통해 공동의 목표 달성을 위해 협력하는 소집단이며, 현대의 기술적 환경에서 점점 더 많이 활용되고 있다(Gibson & Gibbs, 2006). 기술 발전으로 가상 팀 내에서 소통이 더 원활하고 효과적으로 이루어질 수 있지만, 기술적, 사회적, 그리고 관계적 요인들이 소통을 방해할 수도 있다. 이러한 이유로, 가상 팀이 최상의 결과를 얻고 효과적으로 소통하기 위한 상호작용을 발견하는 연구가 중요해졌다(Levi & Askay, 2020).

가상 팀의 성공을 위해서 적절한 기술 사용과 다양한 배경을 가진 구성원의 참여가 중요하지만, 가장 핵심적인 요소는 팀원들이 심리적 안전감을 느끼고 자유롭게 의견을 표현할 수 있는 안전한 소통 환경을 조성하는 것이다(Gibbs et al., 2017). 비난이나 판단 없이 자유롭게 의견을 나눌 수 있는 환경이 마련되지 않으면, 가상 팀의 성공은 어려워질 수 있다. 또한 가상 팀은 문자 정보나 화상 회의를 통해 마치 실제 함께 있는 것처럼 소통을 증대시킬 수 있지만, 대면 만남이 없으면 집중이 어려울 수 있고 목표 설정과 역할 분담에 더 많은 시간이 소요될 수 있다. 따라서 다양한 소통 방식을 효과적으로 활용해 정보의 모호성을 줄이고 명확한 소통을 유지하는 것이 중요하다(Gilson et al., 2015).

15년간의 가상 팀 연구를 분석하면, 소집단 리더의 소통 방식이 팀 전체 소통 방식의 기준이 되며, 다른 구성원들에게도 영향을 끼치기 때문에, 리더는 자신의 영향력을 인지하고, 전략적 소통 방식을 택해야 한다(Gibbs et al., 2017). 또한, 많은 가상 팀 연구에서 문화적 요소와 그 요소들이 팀 문화, 결정, 소통에 미치는 영향에 관한 연구는 상대적으로 부족하다는 비판적인 시각도 있다. 다국적 가상 팀이 증가하는 상황에서, 문화적 차이에서 발생하는 갈등이나 불평등, 그리고 의사결정에 미치는 영향을 고려해 이러한 문화적 요소에 대해 심도 있는 연구가 필요하다. 이처럼 가상 팀 연구는 기술적, 사회적, 문화적 요소들이 팀의 성공에 어떻게 영향을 미치는지를 이해하는 데 중요한 바탕이 되고 있다.

6. 소집단 소통과 학계 상황

1) 미국 학계

미국 소집단 소통 연구는 현재 간학제적 접근 방식을 선호한다. 소집단 소통 학자들과 소집단을 연구하는 사회학, 산업심리학, 사회심리학, 경영학 학자들은 학문의 경계를 넘어서 협력하고 있고, 2005년 소집단 연구를 위한 간학제적 협력 체계(interdisciplinary network for group research, INGroup)를 결성했다(Wittenbaum et al., 2006). 소집단 소통 분야가 지금까지 지속적으로 혁신적이고, 미래지향적 연구성과를 낼 수 있었던 이유도 간학제적 접근이라고 본다(Beck, 2022; Norder et al., 2018). 소집단 연구의 대표 학회지, 〈소집단 연구(*Small Group Research*)〉에서 50년 동안 (1970-2019) 출판된 1,552개의 논문을 조사했는데, 소통 키워드가 논문 열람 검색어 상위 세 번째로 많이 쓰였으며, 성과(performance), 팀워크(teamwork), 의사결정, 가상 팀, 간학제적 접근에 관한 연구가 가장 활발한 것으로 드러났다(Emich et al., 2020).

하지만, 2023년을 기준으로, 미국 소통 연합(National Communication Association, NCA)의 소집단 소통 분과(Group Communication Division)는 지난 10년 동안 회원 수와 연구 발표 수가 급격히 감소하고 있다고 보고했다. 현재 이 분과는 소집단 소통을 단독으로 연구하는 학자들보다 주로 조직 소통이나 컴퓨터 매체 소통을 함께 연구하는 학자들이 다수다. 소집단 소통을 전공으로 삼는 학자와 관련된 박사과정이 많지 않다. 최근 5년간 소집단 소통 분야 박사 논문의 수도 한 해에 2건 정도로 현저히 적다. 소집단 소통 분과는 집단 간 소통(intergroup communication) 학자들이나 조직 소통 학자들을 초대함으로써 학회 회원 수를 늘리고, 더 많은 연구가 이 분야에서 지속되도록 논의를 지속하고 있다.

2) 한국 학계

한국 소집단 소통 연구 경향 파악을 위해, 한국 소통학계를 대표하는 학회지 〈한국언론학보〉(1960~2024)와 〈커뮤니케이션이론〉(2005~2024)에서 출판된 2,977개의 논문을 조사했다. '소집단', '집단', '팀', '그룹', '소그룹', '소집단 커뮤니케이션'이라는 키워드와 주요 이론들의 개념들을 모두 사용해서 조사한 결과, 1건의 논문이 검색됐다. 추가적으로, 소통학계 내의 다른 학회지들을 포함한 조사에서는 4건이 검색 됐다. 결론적으로 제목과 내용에 소집단, 집단, 그룹, 팀이 언급된 논문들이 있었지만, 소집단 소통이 핵심 이론인 경우는 거의 없었다.

대신, 연구 분석 대상이 소집단인 경우가 있었고, 조직과 사회 소통 과정을 소집단 소통 이론의 일부 개념을 통해 분석한 경우가 있었다. 집단 과제를 수행하는 대학생들은 동등한 참여를 유도하는 소통 방식이 과제 완료 후 만족도를 높였으며, 서로를 존중하는 소통 방식은 집단 응집력과 동기부여를 증진시켰다고 생각했다(범기수 외, 2011). 나은영(2006)은 인터넷상에서 사람들이 다양한 의견에 노출될 수 있지만, 결국 비슷한 생각을 가진 소집단과 상호작용하게 되어 집단 양극화가 심화될 수 있다고 지적하면서, 소집단의 중요성을 강조했다. 집단사고와 상징 수렴을 통해서 국회 회의 과정을 분석한 흥미로운 연구도 있었다. 18대 국회 상임위원회의 방송통신 규제법 개정 과정에서 드러난 의사결정 문제에 대한 회의록 분석에서는 의원 중 64%가 만장일치의 환상에 사로잡혀 있었던 것으로 나타났다(박종민·정영주·권구민, 2018). 방송통신 규제법 개정 과정을 상징 수렴 이론으로 분석한 결과, 여당이 찬성했던 방송통신 규제법은 변화하는 방송통신 환경에 대응하기 위한 필수적인 조치로서 조속한 합의가 필요하다는 주장이 제기되었고, 반대 측은 정부와 언론의 권한 침해를 우려하며 반대 의견을 피력했다. 논의 과정에서 방송통신 규제법의 합리성이 검토되고 결국 수렴됐다(박종민·고경아·윤해원, 2018).

현재 한국 학계에서는 소집단 소통 학회나 분과가 전무하다. 소집단 소통 연구로 박사학위를 받은 연구자들이 부족하고 관련 이론 및 연구 번역서도 많이 없는 것이 그 이유로 지적된다. 정치학, 심리학, 경영학 등 다른 학문 분야에서 소집단 연구의 이론과 개념이 이미 활용되고 있으나, 소통을 중심으로 다루는 경우는 드물며, 이에 대한 더 많은 연구와 관심이 필요하다.

7. 마치며

이 장에서 소집단 소통의 정의, 역사, 주요 이론, 연구방법론, 그리고 다양한 연구 분야를 다루었다. 소집단 소통 분야는 심리학과 사회학에서 시작해서, 초기에는 다른 소통학계의 세부 분야에 비해 규모가 작았지만, 지금은 독립된 학문 분야로 자리 잡았다. 이 분야에서 개발된 다양한 이론은 사회와 조직 내 여러 유형의 소집단 소통 연구로 확장되어, 실제로 소통 향상에 기여하고 있다.

하지만 한국에서는 소집단 소통이 독자적인 연구 분야로 널리 인정받지 못하고 있다. 조직 소통, 컴퓨터 매개 소통, 가족 소통 등 다른 분야에 가려져 있는 경우가 많지만, 소집단 소통은 여전히 독창적인 이론과 방법론을 제시하며 중요한 연구가치를 지니고 있다. 소집단은 다양한 형태와 목적을 가지고 사회 전반에 걸쳐 존재하므로, 이를 연구하는 것은 매우 실질적인 응용 가능성을 갖춘다. 또한, 소집단 연구는 간학제적 협력이 활발히 이루어질 수 있는 잠재력이 크며, 과학적 방법론과 혁신적인 접근법을 끊임없이 탐구하는 점에서 다른 분야와의 상호작용이 가능하다. 앞으로 한국에서도 소집단 소통 연구가 더욱 활발해지고 그 중요성을 인정받기를 기대한다.

참고문헌

나은영 (2006). 익명성, 상호작용성 및 집단극화를 중심으로 인터넷 커뮤니케이션. 〈커뮤니케이션 이론〉, 2권 1호, 93-127.

박종민, 고경아, 윤해원 (2018). 2009년 국회 문화체육관광방송통신위원회의 미디어법 개정안 내 환상주제와 소그룹 의사결정 커뮤니케이션의 상징 수렴 과정 연구. 〈한국언론학보〉, 62권 6호, 66-108.

박종민, 정영주, 권구민 (2018). 미디어법 개정 과정에 나타난 18대 국회상임위원회의 의사결정에 영향을 미치는 커뮤니케이션 특성 연구: 의회 조직이론, 개인 의사결정속성, 조직커뮤니 케이션 특성, 집단사고 징후를 중심으로. 〈한국언론학보〉, 62권 4호, 44-81.

범기수, 김은정, 백세진 (2011). 소집단 커뮤니케이션이 구성원의 집단 응집력, 집단 만족도, 노력 회피성향에 미치는 영향. 〈한국광고홍보학부〉, 13권 2호, 134-170.

Bales, R. F. (1950). *Interaction process analysis: A method for the study of small groups.* Addison-Wesley.

Beck, S. J., & Goke, R. (2021). The use of word context in group communication. In S. J. Beck, J. Keyton, & M. S. Poole, (Eds.), *The emerald handbook of group and team communication research* (pp. 33-44). Emerald Group Publishing.

Beck, S. J., Keyton, J., & Poole, M. S. (Eds.). (2021). *The emerald handbook of group and team communication research.* Emerald Publishing.

Bonito, J. A. (2002). The analysis of participation in small groups: Methodological and conceptual issues related to interdependence. *Small Group Research, 33*(4), 412-438.

Bormann, E. G. (1969). *Discussion and group methods: Theory and practice.* Harper & Row.

Bormann, E. G. (1972). Fantasy and rhetorical vision: The rhetorical criticism of social reality. *Quarterly journal of Speech,* 58, 396-407.

Bormann, E. G. (1996). Symbolic convergence theory and communication in group decision making. In R. Y. Hirokawa & M. S. Poole, (Eds.), *Communication and group decision making* (2nd ed., pp. 81-113). Sage.

DeSanctic, G., & Poole, M. S. (1994). Capturing the complexity in advanced technology use: Adaptive structuration theory. *Organizational Science, 5*(2), 121-147.

Dewey, J. (1933). *How we think: A restatement of the relation of reflective thinking and the educational process.* D. C. Heath.

Emich, K. J., Kumar, S., Lu, L., Norder, K., & Pandey, N. (2020). Mapping 50 years of small group research through small group research. *Small Group Research, 51*(6), 659-699.

Ervin, J. N., Bonito, J. A., & Keyton, J. (2017). Convergence of intrapersonal and interpersonal processes across group meetings. *Communication Monographs, 84*(2), 200-220.

Frey, L. R. (1994). *Group communication in context: Studies of natural groups.* Lawrence Erlbaum.

Frey, L. R., Gouran, D. S., & Poole, M. S. (1999). *The handbook of group communication theory & research*. Sage.

Gibbs, J. L., Sivunen, A., & Boyraz, M. (2017). Investigating the impacts of team type and design on virtual team processes. *Human Resource Management Review, 27*(4), 590-603.

Gibson, C. B., & Gibbs, J. L. (2006). Unpacking the concept of virtuality: The effects of geographic dispersion, electronic dependence, dynamic structure, and national diversity on team innovation. *Administrative Science Quarterly, 51*(3), 451 – 495.

Giddens, A. (1984). *The constitution of society: Outline of the theory of structuration*. University of California Press.

Gilson, L. L., Maynard, M. T. Young, N. C. J., Vartiainen, M., & Hakonen, M. (2015). Virtual teams research: 10 years, 10 themes, and 10 opportunities. *Journal of Management, 41*(5), 1313-1337.

Gouran, D. S. (1999). Communication in Groups: The emergence and evolution of a field of study. In L. R., Frey, D. S. Gouran, & M. S. Poole (Eds.), *The handbook of group communication theory & research* (pp. 3-36). Sage.

Gouran, D. S. , & Hirokawa, R. Y. (1983). The role of communication in decision-making groups: A

functional perspective. In M. S. Mander (Ed.), *Communications in transition* (pp. 168 – 185). Praeger.

Gouran, D. S. , & Hirokawa, R. Y. (1996). Functional theory and communication in decision-making and problem-solving groups: An expanded view. In R. Y. Hirokawa & M. S. Poole (Eds.), *Communication and group decision making* (2nd ed., pp. 55 – 80). Sage.

Hirokawa, R., & Gouran, D. (2003). Functional perspective on group decision making. In E. Griffin (Ed.) *A first look at communication theory* (5th ed., pp. 231-243). McGrawHill.

Ishak, A. W. (2017). Communication in sports teams: A review. *Communication Research Trends, 36*(4), 4-38.

Ishak, A. W., & Ballard, D. I. (2012). Time to re-group: A typology and nested phase model for action teams. *Small Group Research, 43*(1), 3-29.

Janis, I. L. (1972). *Victims of groupthink: A psychological study of foreign-policy decisions and fiascoes*. Houghton Mifflin.

Janis, I. L. (1983). *Groupthink: Psychological studies of policy decisions and fiascoes*. Houghton Miffin.

Janis, I. L. (1991). Groupthink. In E. Griffin (Ed.) *A first look at communication theory* (pp. 235 – 246). McGrawHill.

Kaple, H. R. (2014). Symbolic convergence theory: Revisiting its relevance to team communication. *International Journal of Communication, 24*(1), 16-29.

Keyton, J. (2021). Defining groups. In S. J. Beck, J. Keyton, & M. S. Poole, (Eds.), *The emerald handbook of group and team communication research* (pp. 25-31). Emerald Group Publishing.

Kramer, M. W., & Zanin, A. C. (2021). Qualitative methods for studying group communication. In S. J. Beck, J. Keyton, & M. S. Poole, (Eds.), *The emerald handbook of group and team communication research* (pp. 25-31). Emerald Group Publishing.

Leonardi, P. M., & Treem, J. W. (2012). Knowledge management technology as a stage for strategic self-presentation: Implications for knowledge sharing in organizations. *Information and Organization, 22*(1), 37-59.

Levi, D. J., & Askay, D. A. (2020). *Group dynamics for teams* (6th ed.). Sage.

Lu, L., Yuan, Y. C., & McLeod, P. L. (2012). Twenty-five years of hidden profiles in group decision making: A meta-analysis. *Personality and Social Psychology Review, 16*(1), 54-75.

Norder, K., Emich, K. J., & Sawhney, A. (2018). Evaluating the interdisciplinary mission of. Small group research using computational analytics. *Small Group Research, 49*(4), 391-408.

O'Donovan, R., & McAuliffe, E. (2020). A systemic review of factors that enable psychological safety in healthcare teams. *International Journal for Quality in Health Care, 32*(4), 240-250.

Olufowote, J. O. (2006). Rousing and redirecting a sleeping giant: Symbolic convergence theory and complexities in the communicative constitution of collective action. *Management Communication Quarterly, 19*, 451-492.

Orlitzky, M., & Hirokawa, R. Y. (2001). To err is human, to correct for it divine: A meta-analysis of research testing the functional theory of group decision-making effectiveness. *Small Group Research, 32*(3), 313-341.

Paskewitz, E. A. (2021). Creating and maintaining group relationships. In S. J. Beck, J. Keyton, & M. S. Poole, (Eds.), *The emerald handbook of group and team communication research* (pp. 289-302). Emerald Group Publishing.

Pilny, A. (2021). Computational methods for studying group communication. In S. J. Beck, J. Keyton, & M. S. Poole, (Eds.), *The emerald handbook of group and team communication research* (pp. 109-134). Emerald Group Publishing.

Pilny, A., Dobosh, M., Yahja, A., Poole, M.S., Aaron Campbell, A., Ruge-Jones, L., & Proulx, J. (2020). Team coordination in uncertain environments: The role of processual communication networks. *Human Communication Research, 46*(4), 385-411.

Pilny, A., & Poole, M. S. (Eds.). (2017). *Group processes: Data-driven computational approaches.* Springer.

Poole, M. S. (1994). Breaking the isolation of small group communication studies. *Communication Studies, 45*(1), 20-28.

Poole, M. S. (1999). Group communication theory. In L. R. Frey, D. S. Gouran, & M. S. Poole (Eds.), *The handbook of group communication theory & research* (pp. 37-70). Sage.

Poole, M. S. (2013). Structuration research on group communication. *Management Communication Quarterly, 27*(4), 607-614.

Poole, M. S., & Dobosh, M. (2010). Exploring conflict management process in jury deliberations through interaction analysis. *Small Group Research, 41*(4), 408-426.

Poole, M. S., Seibold, D. R., & McPhee, R. D. (1985). Group decision-making as a structurational process. *Quarterly Journal of Speech, 71*(1), 74-102.

Postmes, T., & Lea, M. (2000). Social processes and group decision making: Anonymity in group decision support systems. *Ergonomics, 43*(8), 1252-1274.

Putnam, L. L., & Stohl, C. (1990). Bona fide groups: A reconceptualization of groups in context. *Communication Studies, 41*(3), 248-265.

Putnam, L. L., & Stohl, C. (1996). Bona fide groups: An alternative perspective for communication and small group decision making. In R. Y. Hirokawa & M. S. Poole (Eds.), *Communication and group decision making* (2nd ed., pp. 147-178). Sage.

Rains, S. A. (2005). Leveling the organizational playing field-virtually: A meta-analysis of experimental research assessing the impact of group support system use on member influence behaviors. *Communication Research, 32*(2), 193-234.

Rains, S. A., & Young, V. (2009). A meta-analysis of research on formal computer-mediated support groups: Examining group characteristics and health outcomes. *Human Communication Research, 35*(3), 309-336.

Real, K., Hartsough, L., & Huddleston, L. C. (2021). Communicating in medical teams and groups: Examining psychological safety and simulation training. In S. J. Beck, J. Keyton, & M. S. Poole, (Eds.), *The emerald handbook of group and team communication research* (pp. 475-492). Emerald Group Publishing.

Real, K., & Poole, M. S. (2011). Health care teams: Communication and effectiveness. In T. L. Thompson, R. Parrott, & J. Nussbaum (Eds.), *Handbook of health communication* (2nd ed., pp. 100-116). Routledge.

Salas, E., Sims, D. E., & Burke, C. S. (2005). Is there a "big five" in teamwork? *Small Group Research, 36*(5), 555-599.

Scott, C. R., (1999). Communication technology and group communication. In L. R., Frey, D. S. Gouran, & M. S. Poole (Eds.), *The handbook of group communication theory & research* (pp. 432-472). Sage.

Scott, C. R., & Easton, A. C. (1996). Examining equality of influence in group decision support system interaction. *Small Group Research, 27*(3), 360-382.

Scott, C. R., & Kang, K. K. (2021). Hidden groups: A multilevel perspective. In S. J. Beck, J. Keyton, & M. S. Poole, (Eds.), *The emerald handbook of group and team communication research* (pp. 519-530). Emerald Group Publishing.

Seibold, D. R., & Meyers, R. A. (2007). Group argument: A structuration perspective and research program. *Small Group Research*, *38*(3), 312–336.

Seyfarth, B. (2000). Structuration theory in small group communication: A review and agenda for future research. *Annals of the International Communication Association*, *23*(1), 341–380.

Silva, D., & Sias, P. M. (2010). Connection, restructuring, and buffering: How groups link individuals and organizations. *Journal of Applied Communication Research*, *38*(2), 145–166.

Sohrab, S. G., Waller, M. J., & Kaplan, S. (2015). Exploring the hidden-profile paradigm: A literature review and analysis. *Small Group Research*, *46*(5), 489–535.

Stasser, G., & Titus, W. (1985). Pooling of unshared information in group decision-making: Biased information sampling during discussion. *Journal of Personality and Social Psychology*, *48*(6), 1467–1478.

Stasser, G., & Titus, W. (1987). Effects of information load and percentage of shared information on the dissemination of unshared information during group discussion. *Journal of Personality and Social Psychology*, *53*(1), 81–93.

SunWolf. (2007). *Practical jury dynamics 2*. Lexis-Nexis.

Treem, J. W. (2012). Communicating expertise: Knowledge performances in professional-service firms. *Communication Monographs*, *79*(1), 23–47.

Wegner, D. M. (1986). Transactive memory: A contemporary analysis of the group mind. In B. Mullen & G. R. Goethals (Eds.), *Theories of group behavior* (pp. 185–208). Springer-Verlag.

Wittenbaum, G. M., Hollingshead, A. B., Paulus, P. B., Hirokawa, R. Y., Ancona, D. G., Peterson, R. S., Jehn, K. A., & Yoon, K. (2004). The functional perspective as a lens for understanding groups. *Small Group Research*, *35*(1), 17–43.

Wittenbaum, G. M., Keyton, J., & Weingart, L. R. (2006). A new era for group research: The formation of INGroup. *Small Group Research*, *37*(6), 575–581.

Wright, K. B., Rains, S., & Banas, J. (2010). Weak-tie support network preference and perceived life stress among participants in health-related, computer-mediated support groups. *Journal of Computer-Mediated Communication*, *15*(4), 606–624.

Yan, B., Hollingshead, A. B., Alexander, K. S., Cruz, I., & Shaikh, S. J. (2021). Communication in transactive memory systems: A review and multidimensional network perspective. *Small Group Research*, *52*(1), 3–32.

Zanin, A. C. Hoelscher, C. S., & Kramer, M. W. (2016). Extending symbolic convergence theory: A shared identity perspective of a team's culture. *Small Group Research*, *46*(4), 438–472.

5

조직 소통

이선경 | 고려대 미디어학부 교수
박종민 | 경희대 미디어학과 교수

이 장은 조직 커뮤니케이션(이하 조직 소통) 분야의 기원과 분과 학문으로서의 성립과정, 주요 이론들에 대해 간략하게 소개하는 것으로 시작한다. 커뮤니케이션학이나 저널리즘 분야가 서구에서 수입된 학문이기에 그 세부 분야 중 하나인 조직 소통[1] 분야도 이론의 개발이나 경험적 연구가 대부분 북미 혹은 유럽에서 더 활발히 진행된 것은 사실이다. 한국 언론학계에서는 조직 소통의 인접 학문인 PR 및 전략 소통 분야의 연구가 더 활발히 진행됐고 관련 출판물도 더 많다. 본서에는 PR과 광고학의 독립된 장들이 있고 소집단 커뮤니케이션을 다룬 장도 앞서 있기에 이 장에서는 순전히 조직 소통과 직접적으로 관련된 내용만을 다룰 것이다. 이 과정에서 지난 10년 동안 미국에서 출판된 조직 소통 분야의 핸드북(Putnam & Mumby, 2014)과 교과서들(예. Eisenberg et al., 2024; Kramer & Bisel, 2020; Mumby & Khun, 2018)을 참조했고 연구경향의 분석을 위해서 조직 소통 분야의 대표적 학술지인 세이지출판사의 〈계간관리소통(*Management Communication*

---

1 공간의 효율적 활용을 위해 조직 커뮤니케이션의 줄임말로 조직 소통을 사용하겠다. 실제로 조직 커뮤니케이션(organizational communication)의 줄임말로 조직컴(org comm)이라는 약어를 사용하기도 한다.

Quarterly)〉과 국내의 〈한국언론학보〉, 〈커뮤니케이션이론〉, 〈한국방송학보〉와 〈한국언론정보학보〉를 참조했다.

1. 조직 소통 분야의 기원과 배경

조직 소통 연구는 1930년대에서 40년대경에 출현했으며, 학문적 영역으로서의 성립은 1960년대 중반이라고들 한다. 이러한 조직 소통 분야의 성립은 과거 커뮤니케이션학과 매스컴학의 시작이 사회심리학, 사회학, 정치학에서 미디어 및 커뮤니케이션을 연구하는 학자들의 연구결과를 중심으로 시작되었던 것처럼, 사회학, 사회심리학, 경영학, 행정학 등의 중심 분야였던 조직학 내에서 커뮤니케이션, 즉 소통의 과정을 주요 소재와 변수로 연구하는 흐름을 바탕으로 형성됐다(박종민, 2015). 이 분야의 발전은 여러 주요 단계와 영향력 있는 기여를 통해 추적할 수 있다.

19세기 말, 20세기 초의 산업 혁명은 작업 환경과 조직 구조에 상당한 변화를 가져왔다. 대규모 공장과 기업이 등장하면서 복잡한 조직 내에 새로운 관리 및 조직원 간의 소통 방법이 필요해졌다. 과학적 관리법의 아버지로 알려진 테일러(Taylor, 1911)는 작업장의 효율성과 생산성, 그리고 명확한 조직 내 소통과 표준화된 절차의 중요성을 강조했다. 1930년대와 1950년대 사이에 나타난 인간관계(human relations) 운동은 과학적 관리의 한계를 인식하고 조직의 성공에서 인간적 요소의 중요성을 강조하며 등장했다. 사회과학 연구의 내적 혹은 외적 신뢰도를 저하시키는 효과로도 잘 알려진 일리노이 웨스턴 전기회사의 호손 연구(Hawthorn studies)는 사회적 관계와 직원 사기가 생산성에 미치는 영향을 보여주었다. 작업환경을 어떻게 바꿔도 직원들의 생산성이 향상되는 예상치 못한 결과를 통해 비공식적 소통 네트워크와 직원 만족의 중요성이 강조됐다. 버나드

(Barnard, 1938)는 조직 협력과 효과성을 달성하는 데 있어 소통의 역할을 강조하며 경영자를 소통의 촉진자로서 제안했다.

제 2차 세계대전 이후 경제 확장과 대기업의 성장으로 조직 행동과 소통에 대한 체계적 연구의 필요성이 대두됐다. 커뮤니케이션학의 개척자 중 일원으로도 잘 알려진 레빈(Lewin)은 이 시기에 팀과 조직 내에서 소통을 이해하는 기초를 마련한 집단 역학과 변화 과정을 연구한 심리학자였다. 사이먼(Simon, 1947)은 제한된 합리성 개념과 조직 내 의사결정 과정을 도입해 이 과정에서 소통의 역할을 강조했다. 독립된 학문으로서 조직 소통이 등장한 것은 1960년대부터 1970년대 사이인 것으로 추정되는데, 이 시기에 커뮤니케이션 학자들은 조직 내 소통 과정을 구체적으로 연구하기 시작했다. 조직 소통의 아버지로 불리는 레딩(Redding)의 저서 〈조직 내 커뮤니케이션(*Communication within the organization*)〉(1972)은 조직 소통을 정당한 학문 분야로 확립하는 데 기여했다. 또한 레딩과 톰킨스(Redding & Tomkins, 1988)는 소통 네트워크 패턴이 조직 효과성에 미치는 영향을 연구해 이 분야를 더욱 발전시켰다.

1980년대 이후 조직 소통 분야는 계속 성장하며 다양한 관점과 방법론을 포함하게 됐다. 세계화, 디지털 소통 기술의 발전, 변화하는 조직 형태는 연구와 실천의 방향에 중요한 영향을 미쳤다. 샤인(Schine, 1985)과 와이크(Weick, 1995)와 같은 학자들은 소통이 조직문화를 어떻게 형성하고 조직문화에 의해 소통이 형성되는지 탐구했다. 샤인의 조직문화와 리더십에 대한 연구는 특히 영향력이 컸다. 디이츠(Deetz, 1992; 1996; 2003)는 조직 소통에 비판 이론을 도입해 조직 내 권력, 통제 및 저항 문제를 탐구했다. 그리고 인터넷과 디지털 소통 도구의 출현으로 가상 팀, 원격 근무 및 기술이 조직의 소통에 미치는 영향에 대한 새로운 연구들도 등장했다.

이처럼 조직 소통 분야는 초기 관리 이론과 인간관계 운동에서 기원했으나, 이제는 독립적이고 다면적인 학문 분야로 발전했다. 이 분야는 다양한 학문적 전통에서 비롯되어 조직 내 소통을 이해하고 개선하기 위한 이론적, 실천적 문제를 다루고 있으며 오늘날 복잡한 조직 환경에서 계속해서 중요한 통찰을 제공하고 있다.

2. 조직 소통 연구의 다양한 패러다임

조직 소통 분야에서 '커뮤니케이션학 내 패러다임 논쟁'의 영역을 포괄하는 연구들을 범주화한 것은 레딩과 톰킨스(1988)이다. 이들은 1970년대 이후 조직 소통 연구들을 조직을 보는 가정, 방법론, 인식론, 그리고 존재론을 기반으로 크게 세 가지 관점으로 구분하고 있다. 그중 첫 번째 근대적 관점은 보편적인 과학적 법칙에 의존해 '조직은 자연적이고 객관적인 것이고, 예측과 통제가 가능하다'고 보며 모든 조직 형태에 공통적으로 적용되는 법적 통제도 가능하다고 믿는다. 둘째, 자연주의적 관점은 민속지학 방법을 연구에 주로 사용하는데 '전체는 부분의 합 이상이다'라는 게슈탈트(Gestalt)적 시각, 또는 해석적인 관점으로 조직 소통 현상을 연구한다. 이들에게 조직은 '구성원들에 의해 사회적으로 구성된 주관적 형성체'이며 조직 소통은 '소통을 통한 이해와 예상'의 과정이다. 셋째, 비판적 관점은 조직 구성원들을 통제하고 억압하는 조직의 이데올로기로부터 의식 개혁을 통해 해방을 이루어 내야 한다고 믿는다(Tompkins & Wanca-Thibault, 2001; 박종민, 2015에서 재인용).

　니허(Neher, 1997)가 소개한 조직 소통을 이해하는 몇 가지 관점도 레딩과 톰킨스의 범주화와 유사한 세 가지 분류(기능적, 해석적, 비판적 관점)였는데, 이러한 분류 방식은 모두 1979년에 제시된 버렐(Burrell)과 모건(Morgan)의 사회학적 패러다임과 조직의 분석에서 비롯된 것으로 보인다.

〈그림 5-1〉 버렐과 모건(Burrell & Morgan, 1979)의
사회이론 분석의 네 가지 패러다임

급진적 변화의 사회학

	급진적 변화의 사회학	
주관적 접근	급진적 인문주의	급진적 구조주의	객관적 접근
	해석적 관점	기능주의	
	규제의 사회학		

버렐과 모건은 존재론, 인식론, 방법론, 그리고 인간 본성에 대한 가정을
기준으로 사회과학 전반에 걸쳐 존재하는 다양한 메타이론, 즉 패러다임
들을 구별하는 두 가지 축을 제시했고, 이 축에 따라 크게 네 가지 관점들
을 분류했다(〈그림 5-1〉 참조). 먼저 객관적이고 일반적인 진실이 사회에
존재한다고 믿고 추구하는 객관적 접근, 혹은 그 반대로 사회적 실재는 모
두 구성되는 것이고 개인은 모두 주관적 경험을 한다고 믿는 주관적 접근
이 하나의 중심축을 형성한다. 또 다른 축은 사회가 전반적으로 질서와 법
칙들로 유지되어야 한다는(규제의 사회학) 편과 그 반대로 사회에 갈등과
반목, 억압과 착취가 난무하므로 그것이 변화되어야 한다고 믿는 측(급진
적 변화의 사회학)으로 나누어진다.

　이에 따라 객관적 진실을 추구하고 질서를 유지하려는 기능주의 관점,
객관적 진실을 추구하지만 사회가 변화되어야 한다고 믿는 급진적 구조주
의, 주관적 경험을 더 중요하게 생각하지만 질서가 있다고 믿는 해석적 관
점, 그리고 주관적 경험과 실재의 구성을 중시하고 사회가 변화되고 인류
가 억압에서 해방되어야 한다고 믿는 급진적 인문주의로 패러다임이 분류
된다(〈그림 5-1〉 참조). 앞에서 소개된 레딩과 톰킨스의 비판적 관점과 니
허의 비판적 관점은 버렐과 모건의 분류에서 급진적 구조주의와 급진적

인문주의를 세분하지 않고 함께 조직 내 문제점을 비판적으로 바라보고 조직원들을 불평등, 불공정하게 억압하는 요소들을 변화시키려는 모든 연구와 이론들을 통틀어 '비판적 관점'으로 분류한 듯하다. 커뮤니케이션 혹은 미디어학 내에서 우리가 흔히 말하는 정치경제학적 접근이 급진적 구조주의라고 볼 수 있고, 문화연구 접근이 급진적 인문주의의 대표적 사례라고 할 수 있다.

조직 소통 연구자들이 조직사회학자들인 버렐과 모건의 패러다임 분류에서 크게 벗어나지 않은 범주화를 주로 제시한 반면, 비판적 조직 이론가라고 할 수 있는 디이츠(Deetz, 1996)는 대안적 패러다임 분류를 제안했다. 그의 범주화도 커뮤니케이션학 분야의 메타이론을 네 가지로 구분하기는 했지만, 두 가지 중심축의 이름이 다르고, 이에 따라 네 가지 영역도 다르게 명명됐다. 사실 얼핏 보아서는 버렐과 모건의 분류와 크게 달라 보이지 않는 디이츠의 구분이 조직 소통 연구사에 나름의 의미를 가지는 것은 그가 이러한 대안적 범주화를 제시한 이유 때문이다. 커뮤케이션학과 사회과학 전반의 발전사에서 중요한 의미를 지니는 '해석적 전환(Craig, 1999; Peters, 1999)'처럼 디이츠는 기능주의 관점이 조직 소통, 더 나아가 커뮤니케이션학 연구 전반에 너무 지배적인 관점으로 자리 잡고 있음을 비판하고 이론과 방법들을 이분법적으로 구별하는 것이 (물론 철학적으로 서로 다른 패러다임이 공존 가능한가의 문제가 있지만) 연구에 필요한 사고의 창의성과 다양성을 저해한다고 비판했다. 디이츠에 따르면 우리가 직면한 중요하고 시급한 연구 문제에서 출발할 때 서로 다른 패러다임을 넘나들며 사고를 전환하고 대화할 수 있어야 현대의 복잡한 사회와 조직의 문제를 해결하는 진정한 소통 연구가 될 수 있다고 한다. 그러한 의미에서 그의 대안적 메타이론 범주화는 우리에게 '비판적 전환'을 촉구하는 듯하다.

3. 조직 소통 연구의 주요 이론과 경향 소개

다음은 2000년 이후 조직 소통 연구에서 활발히 사용된 여덟 가지 대표적 이론과 그 이론을 사용해 최근 5년 동안에 [2] 〈계간관리소통(*Management Communication Quarterly*)〉에 게재된 연구 논문 사례에 대한 설명이다. 이 장에 소개된 이론들 이외에도 조직 소통 연구에는 물론 더욱 다양한 이론들이 적용되어 왔고[3] 앞으로도 그럴 것이다. 다만, 커뮤니케이션학에 입문하는 학생들에게 조직 소통 연구를 분류하는 여러 메타이론들에 속하는 개별 이론들을 소개하고 그 연구 사례들을 살펴보는 것이 도움이 될 것이다. 참고로 MCQ는 조직 소통 분야의 가장 대표적인 국제전문학술지이다. 조직 소통 연구가들은 다른 커뮤니케이션 혹은 미디어 분야의 학술지와 경영(정보)학, 조직학, 사회학, 심리학 등의 인접 분야 학술지에도 저술활동을 하지만 조직 소통을 커뮤니케이션학 내 하나의 독립적 세부 분야로 보았을 때 MCQ는 이 분야의 가장 최신 연구를 가늠할 수 있는 좋은 창구이다. 따라서 조직 소통 연구에 자주 사용된 대표적 이론들을 소개함과 동시에 이 학술지에 그 이론들을 사용해 연구, 출판된 논문들을 살펴보는 것도 최근 연구 동향을 이해하는 데 도움이 될 것이다.

---

2   이 장에 소개된 여덟 가지 이론들 가운데 MCQ에 최근 5년 이내 출판된 논문이 없는 경우는 상징 수렴 이론과 매체 풍부성 이론이었다. 각기 2006년과 2014년에 출판된 것이 가장 최근의 사례였다.

3   예를 들어 저자는 이주민 출신 조직 구성원의 시간 흐름(organizational temporality)에 대한 다양한 인지와 모바일 소통, 그리고 문화적응(acculturation)의 관계를 연구한 논문을 MCQ에 출판하기도 했다(Lee & Flores, 2019).

1) 구조화 이론

기든스(Giddens, 1984)의 구조화(structuration) 개념은 조직 소통 연구에서 개인과 조직 내 구조 간의 관계를 이해하는 데 중요한 틀로 사용되어 왔다. 기든스는 구조화 이론을 통해 개인의 행위와 제도적 특성(구조) 간의 역동적 관계를 이해하고자 했다. 기든스에 따르면, 구조는 그것이 조직하는 관행의 매체이자 동시에 결과이다. 이러한 구조의 이중성은 개인이 사회 구조에 영향을 받는 동시에 자신의 행위를 통해 이러한 구조를 변화시킬 수 있음을 의미한다. 다음은 구조화 이론의 몇 가지 핵심 개념에 대한 정의이다.

- 구조의 이중성: 구조는 가능성과 제약을 모두 제공한다. 구조는 사회적 관행을 형성하는 규칙과 자원을 제공하지만, 이러한 구조는 또한 개인의 행위에 의해 생산/재생산된다.
- 행위성(agency): 개인이 독립적으로 행위하고 자신의 선택을 할 수 있는 능력.
- 규칙과 자원: 구조의 구성요소로서 규칙은 행위를 위한 규범적 지침이고, 자원은 권력이 행사되는 수단이다.
- 반성성(reflexivity): 개인은 자신의 행위와 그 행위가 작동하는 맥락을 모니터링하고, 지속적으로 자신의 행위와 그 영향을 반성한다.

구조화 이론은 조직 내에서 소통 과정이 조직 구조를 어떻게 형성하고 또 그 구조에 의해 형성되는지 탐구하는 데 다양한 방식으로 사용된다. 크게 네 종류의 세부 분야로 나누어 살펴볼 수 있는데, 첫째, 조직문화 연구는 구조화 이론을 사용해 문화적 규범이 소통 관행을 통해 어떻게 유지되고 변화되는지 이해한다. 랜슨과 동료들(Ranson et al., 1980)의 연구는 구조화 이론을 적용해 조직 변화가 개인이 기존 규범과 관행을 반성하고 점차 문화를 재구성하는 변화를 수행할 때 발생한다고 보여주었다. 이 관점은 조직 변화가 왜 종종 느리고 복잡한지 설명하는 데 도움이 되며, 이는 내재된 구조를 반복적인 소통 관행을 통해 변화시키기 때문이다.

구조화 이론은 소통을 통해 권력 역학이 어떻게 확립되고 지속되는지 이해하는 데도 통찰을 제공한다. 바알리(Barley, 1986)는 구조화 이론을 통해 새로운 기술이 조직의 권력 구조에 미치는 영향을 분석했다. 서로 다른 병원들의 CT 스캐너 도입 과정을 관찰하고 분석함으로써 그는 기술 변화가 소통의 패턴을 어떻게 변화시키고 조직 내 권력 관계를 어떻게 전환할 수 있는지 보여주었다. 이 연구는 구조를 권력을 가능하게 하면서도 제약하는 것으로 이해함으로써 조직 내 권력 역학을 효과적으로 관리하기 위한 소통 전략을 설계할 수 있다고 시사했다.

또한, 지식 관리의 맥락에서 구조화 이론은 지식이 조직 내에서 어떻게 생성, 공유 및 제도화되는지 이해하는 데 도움이 된다. 올리코브스키(Orlikowski, 1992)는 구조화 이론을 적용해 조직 기억 체계 연구를 수행했다. 그녀는 이러한 체계의 구현이 조직 구성원의 소통 관행에 어떻게 영향을 미치고 영향을 받는지 탐구했다. 이러한 접근 방식은 지식을 정적 자산으로 보는 대신, 지식 관리에 관련된 사회적 및 소통의 과정을 역동적으로 고려해야 함을 강조한다.

기술과 소통 관행 간의 상호작용은 구조화 이론이 적용되는 주요 영역 중 하나이다. 드생티스와 풀(DeSanctis & Poole, 1994)은 구조화 이론을 확장해 조직에서 고급 정보기술 사용을 연구하기 위해 적응적 구조화 이론(adaptive structuration theory, AST)을 개발했다. 그들은 집단 의사결정 지원 체계(GDSS)의 사용이 기술이 제공하는 구조와 사용자의 행위에 의해 어떻게 형성되는지 연구했다. AST는 기술사용과 소통 관행 간의 재귀적(recursive) 관계를 강조하며, 조직 맥락에서 신기술의 채택과 적응을 이해하는 틀을 제공한다.

이처럼 구조화 이론은 조직 내 소통과 구조 간의 상호작용을 연구하기 위한 풍부한 이론적 틀을 제공한다. 구조의 이중성을 인식함으로써 연구자들은 조직 현실이 어떻게 구성되고 유지되며 변형되는지 더 잘 이해할 수 있다. 이 접근 방식은 조직 생활의 복잡한 역학을 탐색하는 학자와 그 역학에 변화를 꾀하는 실무자 모두에게 귀중한 통찰을 제공할 수 있다. MCQ에서는 1989년부터 2024년 사이 초록 검색을 통해 총 58건의 연구가 구조화 이론을 직접 적용한 것으로 나타났다. 이 중 리치와 동료들(Leach et al., 2024)은 구조화 이론을 통해 의료 조직 내 동료 간의 연민(compassion)을 조사했다. 그들 연구의 목적은 코비드-19(COVID-19) 상황에서 의료 종사자들이 직장에서 연민의 소통과 관련된 구조를 (재)생산하거나 변형하기 위해 어떻게 주체성을 발휘하는지 조사하는 것이었다. 이 연구는 인터뷰 자료를 수집했고 의료 종사자들이 관리 의료에서 구조적 제약에 대해 진지한 대본 파괴, 나선형 시간 창출, 연민을 집단적으로 조정하는 등의 주체적 행동으로 대응하는 방법을 보여주었다.

2) 의미형성 이론

의미형성 이론(sensemaking theory)은 와이크(Weick, 1995)에 의해 개발되었으며, 개인과 조직이 모호하고 불확실하며 복잡한 상황을 해석하고 이해하는 방법에 중점을 둔다. 의미형성은 사람들이 주변 세계에 대한 이해를 구축하고 재구축하는 지속적이고 사회적인 과정이며 동적이고 종종 예측할 수 없는 환경에서 일하는 조직 구성원들에게 특히 관련이 있다. 이 이론의 주요 개념들은 다음과 같다.

- 정체성 구성: 개인의 자아 개념은 상황을 해석하는 방식에 영향을 미치고 의미형성은 부분적으로 일관된 자아 정체성을 구성하고 유지하는 것과 관련이 있다. 예를 들어 직원들은 직장에서의 경험을 자신의 전문가 정체성과 일치하는 방식으로 틀 지을 수 있다.

- 회상(retrospection): 의미형성은 현재 사건을 이해하기 위해 과거 경험을 반영하는데 회고적 의미형성은 사람들이 일어난 일에 대해 일관된 이야기를 만드는 것을 허용한다. 프로젝트 실패 후 팀은 어디서부터 무엇이 잘못되었는지 식별하고 결과를 이해하기 위해 지난 과정들을 회상할 수 있다.
- 환경 조성(enactment): 사람들은 자신의 행동을 통해 환경을 적극적으로 형성한다. 의미형성은 단순히 세계를 해석하는 것이 아니라, 환경에 영향을 주고 의미를 형성하는 것이다. 예를 들어 리더는 조직 변화를 통해 직원들의 인식과 반응을 형성한다(Weick, 1995).
- 사회적 활동: 의미형성은 본질적으로 사회적이며 다른 사람들과의 상호작용과 대화를 통해 공유된 의미와 이해를 창출하는 것이다. 팀 회의와 토론은 구성원들이 프로젝트 목표와 도전을 공동으로 이해하는 데 도움을 준다.
- 지속적인 과정: 의미형성은 명확한 시작과 끝이 없는 과정이며 새로운 정보와 경험이 통합됨에 따라 진화한다. 예를 들어 조직의 의미형성은 새로운 시장 동향, 경쟁자 행동 또는 내부 변화와 함께 진화한다.
- 추출된 단서: 개인은 상황을 이해하는 데 도움이 되는 특정 단서를 환경에서 찾아내고 이 단서는 종종 작지만 중요한 정보 조각으로, 해석을 안내한다. 관리자들은 판매가 급격히 감소한 것을 시장 변화 또는 내부 문제를 조사해야 할 단서로 해석할 수 있다.
- 타당성 중시(plausibility over accuracy): 의미형성에서 상황을 설명하는 그럴듯한 서사를 만드는 것이 "정확한" 설명을 찾는 것보다 종종 더 중요하다. 예를 들어 직원들은 새로운 회사 정책의 변화에 대해 일관된 설명을 받아들이며, 이는 비록 정확하지 않더라도 변화에 일단 적응하는 데 도움이 된다(Weick, 1995).

의미형성 이론의 메커니즘은 다음과 같은 체계로 설명될 수 있다.

- **틀짓기(framing)와 다시틀짓기(reframing)**: 틀짓기는 문제에 대한 특정 해석이나 관점을 구성하는 것이고 다시틀짓기는 새로운 이해를 창출하기 위해 그 관점을 변화시키는 것이다. 리더는 도전적인 프로젝트를 성장 기회로 틀 지어서 직원들이 이를 긍정적인 시각으로 보도록 격려할 수 있다(Maitlis & Sonenshein, 2010).

- **의미부여(sensegiving)와 의미해체(sensebreaking)**: 의미부여는 리더나 발화자가 다른 사람들의 해석과 이해에 영향을 미치기 위해 노력하는 것이다. 의미해체는 기존의 이해를 도전하고 방해해 새로운 이해를 창출하는 것이다. 예를 들어 조직의 합병 동안 리더는 새로이 결합된 조직에 대한 비전을 전달하면서 의미부여에 참여하며, 의미해체는 기존의 문화적 가정을 다루고 해체하는 것을 포함할 수 있다(Weick et al., 2005).

- **서사와 스토리텔링**: 서사와 이야기는 복잡한 상황을 이해하기 위한 필수 도구로서 개인과 조직이 자신의 경험에 대한 일관된 설명을 구성하는 데 도움을 준다. 회사의 성공담은 혁신과 회복력을 강화하기 위해 직원들 사이에서 공유된다.

- **감정과 정서**: 감정은 의미형성에서 중요한 역할을 하며 개인이 상황을 해석하고 반응하는 방식에 영향을 미친다. 위기 상황에서의 두려움이나 불안은 직원들이 상황의 심각성을 어떻게 인식하고 반응하는지에 영향을 미칠 수 있다(Weick et al., 2005).

의미형성 이론은 조직 소통 연구에서 여러 방면에 적용되어 왔다. 첫째, 이 이론은 조직과 그 구성원이 위기 동안 어떻게 소통하는지 이해하는 데 자주 사용된다. 효과적인 위기 소통은 의미형성 과정을 안내해 공유된 이해와 조정된 대응을 창출한다(Weick et al., 2005). 둘째, 조직 변화에서 의미형성은 직원들의 해석을 원하는 변화와 일치시키는 데 있어 중요한데, 리더는 사건의 틀을 구성하고 해석해 조직의 행동을 이끌고 공유된 이해를 창출하는 역할을 한다(Maitlis & Christianson, 2010). 한편, 다문화 조직에서 의미형성 과정은 다양한 문화적 관점을 통합한 조직문화를 창출하는데 도움을 줄 수 있다(Weick et al., 2005).

결론적으로, 의미형성 이론은 개인과 조직이 자신의 경험을 해석하고 행동하는 방법을 이해하기 위한 가치 있는 이론적 틀을 제공한다. 이는 공유된 의미와 조정된 행동을 창출하는 데 있어 소통의 역할을 강조하며, 조직 소통 연구에 중요한 개념이다. MCQ에서는 1990년부터 2024년 사이 초록 검색을 통해 총 30건의 연구가 의미형성 이론을 적용한 것으로 나타났다. 이 중 바세비치와 라슨(Bacevice & Larson, 2024)의 연구는 대중 시각 문화의 성장과 이미지의 온라인 유통을 고려할 때, 미학적으로 설계된 작업 공간 디자인에 대한 인식이 높아짐에 따라, 근로자들이 이러한 이미지를 어떻게 이해하고 해석하는지 탐구했다. 연구자들은 근로자들이 전략적으로 설계된 사무실 이미지를 보고 응답하는 시각 연구를 수행했는데, 대부분의 참가자들은 유사성 해석과 다른 두드러진 단서를 해석해 일반적으로 조직에 대해 긍정적인 결론에 도달했고 이러한 결론은 주로 조직이 선호하는 해석을 반영했다. 그러나 참가자들의 의미형성 과정은 그들이 결론에 도달하기 위해 의미의 모호성과 씨름하는 과정을 드러냈다.

3) 제도 이론

제도 이론(institutional theory)은 사회 구조의 깊고 탄력적인 측면에 중점을 두며, 구조(도식, 규칙, 규범, 관행 등)가 어떻게 권위 있는 사회적 행동 지침으로 확립되는지의 과정을 다룬다(Scott, 2008). 제도 이론은 규범, 가치, 규칙으로 구성된 제도가 조직의 행동과 관행을 어떻게 형성하는지 연구하는 데 사용되며 주요 구성요소들은 다음과 같다.

- **제도**: 조직의 관행과 행동에 영향을 미치는 지속적인 규칙과 규범의

집합.

- **정당성**: 조직은 생존과 성공을 위해 제도적 규범에 순응해 정당성을 얻고자 함.
- **동형화**(isomorphism): 동일한 분야의 조직들이 강제적, 모방적, 규범적 압력으로 시간이 지남에 따라 점점 더 유사해지는 과정(DiMaggio & Powell, 1983).

제도 이론은 소통 관행이 제도적 압력에 의해 어떻게 형성되는지, 그리고 조직이 제도적 규범과 기대에 맞추기 위해 어떻게 소통하는지 이해하는 데 널리 사용됐다. 스콧(Scott, 2008)은 조직이 정당성을 얻기 위해 제도적 규범의 준수를 어떻게 소통하는지 강조했는데 이는 사회적 기대와 규범에 맞는 메시지를 제작하는 것을 포함한다. 서치만(Suchman, 1995)은 조직이 전략적 소통을 통해 정당성을 관리하는 방법을 논의하며, 조직 관행을 제도적 기대와 일치시키는 내러티브와 수사의 역할을 강조했다. 디마지오와 파월(DiMaggio & Powell, 1983)은 규제 압력, 성공적 조직을 모방하는 과정, 혹은 전문 표준과 같은 규범적 압력으로 인해 조직이 유사한 소통 관행을 채택하는 경향이 있다고 설명했는데, 래머스와 바버(Lammers & Barbour, 2006)는 비영리 조직이 규제 요구와 기부자의 기대를 충족하기 위해 유사한 소통 전략을 채택하는 강제적 동형화를 보여주었다.

톨버트와 주커(Tolbert & Zucker, 1996)는 특정 소통 관행이 시간이 지남에 따라 제도화되어 조직 내에서 당연하게 여겨지는 방식으로 채택되는 과정을 탐구했다. 이 과정은 히긴스와 워커(Higgins & Walker, 2012)가 논의한 것처럼, 조직의 사회적 책임(Corporate Social Responsibility) 보고 관행의 채택에서 볼 수 있다. 이들은 CSR 소통이 정당성을 추구하는 조직의 규범적 기대가 된 과정을 보여준다. 질버(Zilber, 2006)는 조직이 제도적 규범과 일치하도록 내러티브와 스토리텔링을 사용하는 방법을 조사했는데 그녀는 조직의 이야기가 더 넓은 사회적 가치를 반영하고 조직이 정당성을 유지하는 데 도움이 되는 방법을 강조했다.

결론적으로, 제도 이론은 더 넓은 제도적 힘이 조직 소통의 관행을 어떻게 형성하는지 이해하기 위한 강력한 틀을 제공한다. 이는 정당성, 동형화, 그리고 규범의 제도화를 강조하며, 조직이 어떻게 소통하고 사회적 기대에 맞추는지 설명한다. 전략적 소통, 내러티브 구축 및 제도적 작업을 통해 조직은 복잡한 제도적 환경을 탐색하고 정당성을 달성, 유지한다.

MCQ에서는 1993년부터 2024년 사이 초록 검색을 통해 총 16건의 연구가 제도 이론을 적용한 것으로 나타났다. 이 중 양과 스톨(Yang & Stohl, 2024)은 제도 및 네트워크 이론을 바탕으로, 한국의 국가 주도형 시장경제에서 글로벌 및 로컬 비정부단체(NGO) 간의 CSR 유형 및 상호작용 방식에서 세 가지 형태의 네트워크 중심성을 탐구했다. 이들의 연구는 NGO와 기업 간의 협력적 및 대립적 네트워크에 분석을 통해 그들이 수렴적 및 분기적 CSR에 참여하는 방식을 조사했다. 한국의 52개 기업으로부터 총 260개의 보고서와 78개 NGO로부터 총 430개의 보고서를 사용해 기업/NGO 네트워크 자료 및 그들이 참여한 CSR 관행 유형 자료를 개발한 다음 NGO-기업 네트워크 내에서 NGO들의 차수 중심성, 아이겐벡터 중심성, 매개 중심성을 계산했다. 그 결과, NGO는 분기적 CSR에 비해 수렴적 CSR에 참여할 때, 네트워크에서 중심적인 다른 NGO와 협력 관계를 구축하는 것이 가장 큰 이익을 얻는 것으로 나타났고, 대립적 분기적 CSR 관행은 잠재적 고립 지역 NGO 집단에 의해 보고되는 편이었다.

4) 매체 풍부성 이론

매체 풍부성 이론(media richness theory)은 데프트와 렝겔(Daft & Lengel, 1986)에 의해 개발되었으며, 소통 매체가 풍부한 정보를 전달하는 능력에 따라 다양하다고 주장한다. 풍부한(rich) 매체는 이해를 촉진하고 소통의 모호성을 줄이는 반면, 빈약한(lean) 매체는 복잡하고 미묘한 소통에는 덜 효과적이다. 이 이론은 조직 내 의사소통을 분석하기 위해 개발되었으며, 매체의 풍부함이 특정 과업의 소통 요구사항에 얼마나 잘 맞는지 설명한다. 매체 풍부성은 정보의 명확성과 복잡성을 전달할 수 있는 능력을 의미하는데 다음은 매체 풍부성의 네 가지 차원에 대한 조작적 정의이다.

- **다중적 단서**: 얼굴 표정, 목소리 톤, 제스처 등 비언어적 단서를 포함.
- **피드백 능력**: 즉각적인 상호작용과 피드백을 제공할 수 있는 능력.
- **언어의 다양성**: 언어의 복잡성과 뉘앙스를 전달할 수 있는 능력.
- **개인적 초점**: 메시지를 개인화하고 감정적 요소를 포함할 수 있는 능력.

매체 풍부성 이론은 매체와 과업의 복잡성 간의 적합성이 중요한데 (Trevino et al., 1990), 복잡한 과업은 풍부한 매체가 필요하며, 단순한 과업은 덜 풍부한 매체로도 충분하다. 예를 들어, 팀원 간의 갈등과 같은 모호하고 복잡한 문제를 해결하기 위해서는 다중적 단서와 즉각적인 피드백을 제공할 수 있는 대면 회의와 같은 풍부한 매체가 필요하다(Daft & Lengel, 1986). 반면, 간단한 정보 전달과 같이 명확하고 구조화된 과업은 이메일과 같은 덜 풍부한 매체로도 충분히 효과적으로 수행될 수 있다 (Trevino et al., 1990).

매체 풍부성 이론은 조직 환경에서 다양한 소통 매체의 선택과 효과를 이해하기 위한 이론적 틀을 제공해 왔다. 과제의 복잡성, 매체의 풍부성, 가상 팀 및 위기 소통의 특정 요구 사항 등을 검토함으로써 연구자들은 매체 선택이 조직 소통 결과에 어떻게 영향을 미치는지에 대한 이해를 확장했다. 예를 들어, 엘 시나위와 마커스(El-Shinnawy & Markus, 1997)는 이메일과 대면 소통이 다양한 과제 유형에 어떻게 사용되는지 연구해, 더 복잡한 과제에 대해 더 풍부한 매체가 선호된다는 것을 발견했다. 그리고 이 이론은 가상 팀 구성원들이 서로 다른 매체를 통해 효과적으로 소통하는 방법을 이해하는 데 사용되었는데, 마틴스와 동료들(Martins et al., 2004)은 가상 팀이 협업을 관리하기 위해 매체 선택을 탐색하는 방법을 논의했다.

연구자들은 조직이 새로운 소통 기술에 적응하는 방식을 탐구하기도 했다. 칼슨과 지머드(Carlson & Zmud, 1999)는 새로운 매체의 인지된 풍부성이 조직 내 채택과 사용에 어떻게 영향을 미치는지 조사했다. 매체 풍부성 이론은 위기 소통 영역에도 적용되어, 위기 상황에서 정보를 관리하고 이해관계자의 인식을 형성하기 위해 다른 매체가 어떻게 효과적으로 사용될 수 있는지 조사됐다. 스티븐스와 동료들은(Stephens et al., 2005) 위기 메시지 제작에 적합한 매체를 선택하는 것의 중요성을 강조했다.

매체 풍부성 이론은 조직 소통 분야에서 영향력 있는 이론이었지만, 여러 해 동안 다양한 비판을 받아왔다. 학자들은 이 이론과 관련된 여러 한계와 도전 과제를 지적했다. 먼저, 웅웬야마와 리(Ngwenyama & Lee, 1997)는 매체 풍부성 이론이 매체의 고유 특성에 지나치게 집중하면서 매체 선택과 효과성에 있어 사회적 맥락과 사용자 인식의 역할과 해석 과정을 무시한다고 비판했다. 칼슨과 지머드(Carlson & Zmud, 1999)는 사용자가 필요에 따라 매체를 조정할 수 있고 매체 풍부성에 대한 인식이 시간이 지남에 따라 변할 수 있다는 점을 고려해 채널 확장 이론을 제시했다. 일부 경험적 연구는 특히 과제의 복잡성과 매체 풍부성의 일치를 예측하는 매체 풍부성 이론을 지지하지 못했다. 엘 시나위와 마커스(El-Shinnawy & Markus, 1997)는 사용자가 매체의 풍부함보다 편리성과 다른 요인을 기반으로 매체를 선택하는 경우가 많다는 것을 발견했고, 데니스와 벨라시치(Dennis & Valacich, 1999)는 매체 풍부성 이론에 대한 대안으로 매체 동기화 이론을 제안하며, 매체 특성에 대한 보다 세부적인 이해를 주장했다. 매체 풍부성을 과제 복잡성과 일치시키라는 이론적 권고는 지나치게 단순화되었으며 실제 소통 관행을 반영하지 않는다는 것이다. 또한 펄크와 동료들(Fulk et al., 1990)은 일찍이 그들의 연구에서 조직적 규범, 위계질서, 권력 관계가 소통 기술의 채택과 사용 방식에 중요한 역할을 한다고 강조했다. 이러한 비판들은 조직 소통에서 매체 사용을 더 포괄적으로 이해하기 위해 맥락적, 사회적, 동적 요소를 고려해야 함을 강조했다.

매체 풍부성 이론은 조직 소통 분야와 컴퓨터 매개 커뮤니케이션 분야에서는 비판을 받았지만, 그 핵심 아이디어는 경영정보학에서 이론의 확장을 겪었고 연구와 실무에 여전히 영향을 미치고 있다. 이는 조직이 소통의 효과와 효율을 향상시키기 위해 다양한 기술을 선택하고 사용하는 데 통찰을 제공하기 때문인 듯하다. MCQ에서는 1990년부터 2014년 사이 초록 검색을 통해 총 10건의 연구가 매체 풍부성 이론을 적용한 것으로 나타났다. 1990년대 후반의 집중적인 비판 이후에는 이 이론을 사용한 연구들이 많이 출판되지 않은 듯하다. 가장 마지막으로 매체 풍부성 이론을 사용해서 출판된 연구가 멘(Men, 2014)의 연구였다. 이 연구는 변혁적 리더십, 소통 채널 사용, 대칭적 소통, 직원 만족도 사이의 연결 고리를 구축함으로써 리더십이 내부 공공 관계에 미치는 영향을 조사했다. 미국의 중대형 기업에서 일하는 400명의 직원을 대상으로 한 설문조사 결과, 변혁적 리더십이 조직의 대칭적 내부 소통과 직원 관계 만족도에 긍정적 영향을 미친다는 것을 보여주었다. 변혁적 리더들은 주로 정보가 풍부한 대면 채널을 사용해 직원들과 소통했고 이는 직원 만족도와 긍정적인 연관이 있었다. 직원들은 조직의 새로운 결정, 정책, 행사 또는 변화에 관한 정보를 받기 위해 주로 이메일을 선호하며, 그다음으로는 일반 직원회의와 관리자와의 대면 소통을 선호했다.

5) 사회 정체성 이론

사회 정체성 이론(social identity theory, SIT)은 1970년대 후반과 1980년대 초반에 타지펠과 터너(Tajfel & Turner, 1979)에 의해 개발되어 집단 간 행동을 설명하는데, 그 핵심 아이디어는 개인의 정체성 감각이 그들의 집단 소속에 기반한다는 것이다. 사람들은 자신과 타인을 다양한 사회적 범주, 예를 들어 조직 소속, 성별, 인종 등으로 분류하는데 이러한 분류는 개인이 자신의 사회적 정체성을 정의하는 데 도움이 되며, 그들의 태도와 행동에 영향을 미친다. 다음은 SIT의 주요 개념들이다.

- **사회적 범주화**: 자신을 포함해 사람들을 다양한 집단으로 분류하는 과정.
- **사회적 동일시**: 개인이 자신을 특정 집단의 구성원으로 인식하고, 이를 통해 자아 개념과 행동에 영향을 미치는 과정.
- **사회적 비교**: 자신의 집단을 다른 집단과 비교하는 과정으로, 종종 내집단 편애와 외집단 차별로 이어짐.

사회 정체성 이론은 조직 소통 연구에서 집단 역학과 정체성이 조직 내외의 소통에 어떻게 영향을 미치는지 이해하기 위해 활용됐다. 조직 동일시는 직원들이 자신을 조직이 정의하는 속성들로 정의하는 정도를 의미하는데, 이는 직무 만족도, 충성도, 조직 헌신도 등의 다양한 결과에 영향을 미치는 것으로 나타났다(Ashforth & Mael, 1989). 조직과 강하게 동일시하는 직원들은 개인 목표를 조직의 목표와 더 잘 일치시키고 조직의 성공을 지원하는 행동을 보일 가능성이 크다(Riketta, 2005). 또한 SIT는 조직 내 집단 간 관계를 탐구하는 데 사용되었으며, 특히 부서별 정체성이 갈등이나 협력으로 어떻게 이어지는지 연구하는 데 사용됐다. 조직 내 강한 하위 집단 정체성이 때때로 집단 간 편향과 갈등을 초래할 수 있지만, 잘 관리되면 긍정적 집단 간 경쟁과 혁신을 촉진할 수 있고, 리더십 소통 전략은 조직 내 사회 정체성 형성 과정에 영향을 미칠 수 있다. 직원들의 정체성과 공명하는 비전을 효과적으로 전달하는 리더는 조직 동일시와 헌신을 강화할 수 있다(van Knippenberg & Hogg, 2003).

정체성 구조화 모형(structurational model of identification; Scott et al., 1998)은 개인의 정체성과 동일시의 상호 관계를 이해하기 위한 이론적 틀을 제공한다. 스콧 등(Scott et al., 1998)은 기든스(1984)의 구조화 이론에 근거해 동일시 이론을 발전시켰으며, 이 모형은 정체성이 개인의 동일시를 형성하고 동시에 영향을 받는 구조라고 제시한다. 스콧 등은 구조화 이론의 세 가지 요소(구조의 이중성[4], 상황적 활동, 구조의 지역화)를 동일시 과정에 적용했다. 기든스의 구조화 이론은 장소(locale)의 개념에 대해 "상호작용의 설정을 제공하기 위한 공간"(p. 118)이라고 논한다. 기든스는 장소가 일반적으로 물리적이라고 하는데 예를 들어 집의 방이나 활동이 일어나는 경계가 명확한 도시 전체가 이에 해당한다. 스콧 등(1998)은 동일시의 상황적 활동 관점에서, 다른 장소에서의 상호작용이 "동일시의 맥락을 제공한다"고 제안한다(p. 322). 따라서 동일시는 소통의 상황에 따라 변동하며 시간이 지남에 따라 달라지고, 또한 대화 상대자에 따라서도 달라진다(Stephens & Dailey, 2012).

장소는 구조화 이론의 또 다른 요소인 지역화(regionalization)와 연결된다. 장소에는 다양한 지역이 있는데, 예를 들어 부엌에는 요리를 위한 가스레인지, 식사를 위한 아일랜드, 아이들의 미술 테이블이 있는 구석이 있을 수 있다. 이 각각의 지역은 부엌에서 다른 시간에 다른 공간에서 발생하는 여러 상호작용의 맥락을 구성하는 역할을 한다. 스콧 등(1998)은 상호작용(및 동일시)이 시간과 공간에 따라 어떻게 다른지 설명하기 위해 기든스의 지역화 개념을 차용한다. 우리 모두는 고유한 목적을 위해 서로 다른 정체성(예: 교수, 어머니, 배우자 등)을 주장하는데 조직 내 개인은 여러 정체성과 동일시를 수행하며, 이들은 서로 중첩되거나 내재될 수 있어 동일시 과정을 복잡하게 만든다(Meisenbach & Kramer, 2014). 정체성 지역화는 교류매체(social media)에서도 발생할 수 있으며, 인스타그램, 페이스북 등에서의 상호작용은 업무와 개인 생활의 경계를 흐리게 한다(Bartels et al., 2019). 사람들은 교류매체를 업무와 친구들과의 의사소통

---

4 구조의 이중성에 대한 설명은 앞서 제시된 구조화 이론에 대한 부분을 참조하기 바란다.

을 위해 동일한 맥락에서 사용하기 때문에[5] 개인, 조직 및 직업적 또는 전문적 정체성의 일부를 나타낸다(Marwick & boyd, 2011; van Zoonen & Treem, 2019).

MCQ에서는 1995년부터 2023년 사이 초록 검색을 통해 총 25건의 연구가 사회 정체성 이론을 적용한 것으로 나타났다. 이 중 바텔스 등(Bartels et al., 2019)의 연구는 페이스북에서 직장 동료를 친구로 추가하는 것이 업무와 개인 생활의 경계를 흐리게 함으로써 부서 및 조직 동일시에 얼마나 영향을 미치는지 조사했다. 연구자들은 사회 정체성 이론과 대리 효능성 이론에 기반해 페이스북에서 업무 관련 친구들이 조직의 다양한 수준에 대한 직원 동일시에 영향을 미칠 수 있다고 주장했다. 네덜란드 직원들을 대상으로 한 온라인 패널 연구 결과, 업무 관련 페이스북 '친구'와의 관계의 질은 부서 동일성을 증가시키고, 그러한 친구의 인식된 권위는 조직에 대한 동일성을 강화했다. 이에 따라 연구자들은 교류매체를 통해 업무와 개인 생활의 경계를 흐리게 하는 것이 조직 기능에 긍정적인 영향을 미칠 수도 있다고 제안했다.

6) 비판 이론

조직 소통 연구의 다양한 패러다임 가운데 비판적 관점(니허의 세 가지 분류), 혹은 급진적 인문주의(버렐과 모건의 분류)에 해당하는 비판 이론

---

5 이 문제를 마윅과 보이드 (Marwick & boyd, 2011)는 맥락의 함몰(context collapse)이라고 개념화했다. 개인의 사회관계망의 다양한 영역에 있는 사람들이 동일한 공간과 맥락의 상호 작용에 노출되어 서로에게 알리고 싶지 않은 부분까지 알게 되는 결과를 초래했다. 이러한 문제를 일부 해결하고자 교류매체 회사들은 좀 더 정교한 프라이버시 세팅을 개발하게 됐고 이제는 개인이 자신의 포스트를 누가 볼 수 있는지 설정할 수 있고 교류매체의 '친구'들을 집단별로 관리할 수 있게 됐다.

(critical theory)은 20세기 초 프랑크푸르트학파에서 유래한 사회 이론 및 철학으로, 사회를 단순히 이해하거나 설명하는 것을 넘어 비판하고 변화시키는 것을 목표로 한다. 비판 이론의 핵심은 불평등과 억압을 지속시키는 권력 구조와 이데올로기를 밝혀내고 도전하는 것이다. 비판 이론의 발전에 중요한 기여를 한 주요 인물로는 호르크하이머(Horkheimer), 아도르노(Adorno), 마르쿠제(Marcuse), 그리고 하버마스(Habermas)가 있다. 비판 이론은 사회 구조 내 권력과 이데올로기가 어떻게 소통되고 유지되는지 탐구하며 지배적인 이데올로기가 소통 관행을 통해 어떻게 재생산되는지 분석한다. 비판 이론의 근본적인 목표는 억압적 사회 조건으로부터 개인을 해방시키는 과정이며, 개인이 자신의 사회 조건과 권력 관계를 비판적으로 반성하도록 장려한다.

비판 조직 소통 학자들은 조직 내 소통 과정이 권력 구조와 통제 메커니즘을 강화하는 방법을 탐구한다. 디이츠(Deetz, 1992)는 조직 내 소통이 종종 관리자의 이익에 부합해 직원에 대한 통제를 지속시킨다고 주장했다. 또한 연구자들은 조직의 소통이 지배적인 이데올로기와 헤게모니 관행을 어떻게 지속시키는지 탐구했다. 멈비(Mumby, 1988)는 조직 내 러티브와 담론이 기업 헤게모니의 구축과 유지에 어떻게 기여하는지 보여주었고, 체니(Cheney, 1995)는 직원들이 억압적인 관행에 저항하고 더 민주적이고 공정한 조직 환경을 만들기 위해 어떻게 노력하는지 조사했다.

페미니스트 비판 이론은 성별 및 기타 교차하는 정체성(예: 인종, 계급)들이 조직 소통 관행을 어떻게 형성하는지 탐구하는 데 사용됐다. 버자넬(Buzzanell, 1994)은 조직의 소통이 성별 불평등을 어떻게 강화하거나 도전할 수 있는지 조사했고, 애쉬크래프트(Ashcraft, 2001)는 조직 담론이 어떻게 성별 불평등을 지속시키는지 탐구하고 조직적 관행이 본질적으로 성별화되어 있으며, 이러한 역학을 이해하는 것이 직장에서 권력과 평등 문제를 해결하는 데 중요하다고 주장한다. 마이어슨(Meyerson, 2003)은 개인이 성별화된 조직 내 변화를 주도하는 방법을 탐구했는데, 직원들이 직장에서 성별 규범을 탐색하고 도전하는 미묘하고 은밀한 방법을 강조했다. 파커(Parker, 2005)는 페미니스트 이론과 비판적 인종 이론을 결합해 인종과 성별이 조직 소통에 미치는 영향을 탐구했는데, 아프리카계 미국인 여성 지도자들이 직면한 독특한 도전과 이러한 교차점을 탐색하는 방법을 조사했다. 퍼트넘과 버자넬(Putnam & Buzzanell, 2001)은 종종 전통적인 조직 구조를 비판하고 성별이 소통 관행을 형성하는 점을 강조하며, 이러한 역학을 재고해 형평성을 촉진할 방법을 제안했다. 이러한 사례들은 페미니스트 비판적 연구가 조직 소통에 적용된 다양한 방법을 보여주며, 성별 역학, 권력 관계, 그리고 직장에서의 평등 추구에 대한 통찰을 제공한다.

비판 조직 소통 학자들은 또한 세계화와 신자유주의 이데올로기가 조직 관행에 미치는 영향을 비판한다. 이들은 글로벌 경제 정책과 관행이 조직 내 소통에 어떻게 영향을 미치고 전 세계적으로 불평등을 조장하는지 탐구한다(Deetz, 2003). MCQ에서는 1987년부터 2023년 사이 초록 검색을 통해 총 20건의 연구가 비판 이론을 적용한 것으로 나타났다. 이 중 팔 외(Pal et al., 2022) 총 12명의 소장 학자들이 미국 조직 소통 학계 내의 문제점들을 고찰하고 비판하면서 새로운 도전과 과제를 던지는 에세이가 출판됐다. 이들은 2020년 전미 커뮤니케이션 협회(National Communication Association) 연례 대회에서 시작되어 다양한 사회 문제를 해결하기 위해 학자-교사 집단이 모여 조직 소통 내외의 지배적인 아이디어, 패러다임, 구조에 도전했다. 이 도전은 탈식민지와 사회 정의를 장려하는 지속적 프로젝트로서 학문, 교육, 공공 참여를 육성하는 것에 대해 논의했다. 이들의 논의는 조직 소통에 대해 기존과는 다르게 생각하기 위해 긴박감과 영감을 남기려 했고, 이 포럼의 목표는 조직 소통 이론화와 교육 실천의 공간을 탈중앙화하려는 날카로운 도발로서 새로운 연구자들의 집단을 제시하는 것이었다.

7) 조직의 소통적 구성 접근

조직의 소통적 구성(communicative constitution of organizations, CCO) 관점은 조직 소통 연구에서 소통이 단순한 도구가 아니라 조직이 창조되고 유지되며 변화하는 과정 그 자체를 의미하는 이론적 관점이다. 즉, 조직은 소통을 통해 존재한다는 것이다. CCO 이론가들은 소통이 조직 현실이 생산되고 재생산되는 주요 수단이라고 보며, 개인의 행위와 소통의 확립된 규범, 규칙, 체계 간의 상호작용을 탐구하는데 개인의 소통 행위가 조직 구조에 어떻게 기여하는지, 그리고 구조가 다시 소통을 어떻게 형성하는지 연구한다. 또한 CCO 연구는 종종 텍스트(공식 문서, 정책, 서면 소통)와 대화(비공식적 일상 상호작용) 간의 관계에 중점을 두고 이러한 요소들이 어떻게 상호작용해 조직 현실을 구성하는지 탐구한다. 일부 CCO 접근법은 소통의 물질적 측면(기술, 물리적 공간, 인공물)과 그들이 조직을 구성하는 역할을 고려해 담론과 물질성이 어떻게 얽혀서 조직 생활을 형성하는지 탐구하기도 한다. CCO 접근법에는 다음의 서로 다른 몇 학파가 존재한다.

- 맥피와 저그(McPhee & Zaug, 2000)의 네 가지 흐름: 이들은 조직이 네 가지 유형의 소통 흐름(flow)을 통해 구성된다고 제안했다. 각 흐름은 조직 생활의 서로 다른 측면을 대표하는데, 예를 들어, 구성원 협상은 조직의 구성원이 누구인지 정의하는 소통 과정을 포함하며, 활동 조정은 구성원들이 과업을 수행하기 위해 협력하는 방식을 중심으로 한다:
  - 구성원 협상: 개인이 조직에 사회화되고 탈퇴하는 방법.
  - 자기 구조화: 조직 구조가 생성되고 유지되는 방법.
  - 활동 조정: 구성원 간에 작업이 조정되는 방법.
  - 기관적 위치 설정: 조직이 더 큰 환경 내에서 자신을 위치시키는 방법.

• **몬트리올 학파**: 테일러(Taylor)와 쿠렌(Cooren) 같은 몬트리올대학의 학자들을 중심으로 발전한 이 접근법은 조직을 구성하는 대화와 텍스트의 역할을 강조하고 상호작용과 담론이 조직 현실을 어떻게 창조하는지에 중점을 둔다. 테일러와 반 에버리(Taylor & van Every, 2000)는 텍스트(문서, 말 또는 디지털 가공품)와 대화가 조직의 구조와 과정을 형성하는 데 함께 작용한다고 주장한다. 쿠렌(Cooren, 2004)은 텍스트가 조직에서 행위자 역할을 할 수 있으며, 해석의 유연성을 통해 행위와 결정에 어떻게 영향을 미치는지 강조한다.

• **루만의 사회 체계 이론**: 루만(Luhmann, 1995)의 이론은 조직을 소통체계로 보고 환경과 구별되는 자기참조적 소통 과정을 통해 운영된다고 가정한다. 사이들과 베커(Seidl & Becker, 2006)는 조직적 결정이 조직을 구성하는 소통 이벤트이며, 결정을 과거 및 미래의 소통과 연결함으로써 조직을 형성한다고 주장한다.

쿤과 넬슨(Kuhn & Nelson, 2002)은 조직 정체성이 소통을 통해 어떻게 구성되는지 조사하기 위해 CCO 접근법을 사용했다. 그들은 정체성이 고정된 속성이 아니라 일상의 상호작용을 통해 지속적으로 협상되고 공동 구성된다고 보여준다. 잘자브코브스키와 사이들(Jarzabkowski & Seidl, 2008)은 네 가지 흐름 모형을 적용해 전략적 의사결정이 조직 내에서 어떻게 전달되고 이러한 결정이 결과를 생산하기 위해 상호작용하는 여러 흐름을 포함하는 소통의 과정임을 보여준다.

CCO 관점은 조직 소통 연구에 큰 영향을 미쳤으며, 소통을 부차적 현상으로 보는 관점에서 조직의 존재를 구성하는 근본적 요소로 이해하는 방향으로 전환시켰다. CCO는 조직이 어떻게 기능하고 변화하며 환경과 상호작용하는지에 대한 새로운 통찰을 제공해 조직 생활에서 소통의 역할을 깊이 이해하게 했다. MCQ에서는 1989년부터 2024년 사이 초록 검색을 통해 총 37건의 연구가 CCO 관점을 적용한 것으로 나타났다. 이들 중

아셈벌트-잰비어와 동료들(Archambault-Janvier et al., 2024)의 연구는 조직이 개방형 전략 이니셔티브를 구현할 때 다수의 목소리와 다양성을 수용하면서도 하나의 전략적 목소리로 말하는 긴장을 어떻게 유지하는지 조사하기 위해 CCO 관점을 채택했다. 연구자들은 키아비(Kiabi) 사례를 기반으로 전략 작성에 관여하는 다양한 이해관계자들이 관심사를 표명하고, 협상하며, 정당화하는 방식에 초점을 맞추어 '목소리 딜레마'라고 부르는 것을 탐구했다. 이들은 개방형 전략의 특징인 개방성의 역설을 수용하는 방법으로서 다성(polyphony)과 단일성(monophony)의 관리를 중심으로 다수의 직원이 전략 수립에 기여하는 공동 저작 과정에서 일부 형태의 폐쇄(closure)가 마련되어야 함을 보여주었다. 저자들은 또한 조직의 공식 저작/위치 지정 과정에서 일부 형태의 개방 역시 육성되어야 한다고 주장했다.

8) 상징 수렴 이론

니허(1997)는 상징 수렴 분석을 소집단 및 조직 소통 연구에 있어 주요한 해석적 접근의 이론으로 설명하고 있다. 따라서 해석적 관점의 패러다임에 해당하는 상징 수렴 이론(symbolic convergence theory)의 주요 개념들과 이를 적용한 연구들(박종민·권구민, 2011; 박종민·조의현, 2007; 박종민 외, 2008; 박종민 외, 2013)을 소개하고자 한다. 〈표 5-1〉은 상징 수렴 이론 개념들을 세 가지 영역(기본용어, 구조용어, 평가용어)으로 구분해 설명하고 있다. 기본용어들은 환상주제, 상징단서, 환상유형, 이야기가 있고, 구조용어들은 수사적 재현, 드라마화된 등장인물, 줄거리, 장면, 인가하는 대리인, 정의의 주요 유추, 사회적 주요 유추, 실용적 주요 유추가 있다. 더불어 평가용어들에는 사슬연결, 사회드라마, 집단의식이 있다(Cragan & Shields, 1995).

상징 수렴 평가용어인 사회드라마, 집단의식은 소통 과정에서 상징 수렴 발생과정을 설명한다. 사회드라마는 사회 구성원이 수사적 재현 과정을 공유하면서 구성되는 이야기들 속에서 상징적 환상이 발생한 결과며, 이러한 사회드라마가 다시 집단 안에서 반복 공유되면서 집단의식이 발현된다. 이러한 집단의식은 구성원 사이에 공유된 환상주제들의 반복 수렴으로 형성되며, 집단의식을 통해 구성원들은 상징물을 같은 의미로 이해하고, 비슷하게 반응한다. 즉, 발현된 집단의식은 구성원 간 상호작용되면서 공동의 경험과 감정을 가지게 한다(박종민 외, 2008). 크라겐과 쉴즈(1995)는 이러한 환상주제와 사슬과정을 아래와 같이 말한다.

'인간은 환상주제를 공유함으로써 집단의식을 형성해 나가는 사회적 스토리텔러이다. 환상주제는 구전, 매체, 인쇄 형태로 발생되며, 환상주제를 공유함으로써 수사적 재현이 쌓이게 된다. 공유된 수사적 재현으로 수사 공동체가 형성되면 공유된 이야기를 통해 집단의식을 형성해 나간다. 집단의식은 공유되고 집단 환상주제로 사슬연결된다. 따라서 이러한 환상주제 사슬과정은 사람들이 사건 또는 쟁점에 대한 설명에 관여하고 의미화를 시작하고, 구성하고, 재구성하며, 구성과 재구성의 과정을 통해 사건이나 쟁점에 대한 상징 수렴이 발생하는 상태를 말한다. 그러므로 환상주제사슬은 흔히 소집단 토론에서 시작하고, 좀 더 큰 규모로 확장된다(Cragan & Shields, 1995).'

전체적으로 상징 수렴 이론에서 제기하는 기본용어들은 구조용어들의 수사적 재현 과정에서 상징 수렴되며 더불어 이러한 환상주제들이 공유되는 사슬연결 과정을 통해 사회드라마가 구성되고 집단의식이 발현된다. 저자는 더 이해하기 쉽게 〈그림 5-2〉를 통해 이 과정을 설명했다(Park et al., 2015). 조직 소통에서 상징 수렴 개념을 적용한 국내 논문은 우리나라 공기업군과 사기업군의 소개 웹 사이트를 환상주제와 상징 수렴을 적용해 비교 분석한 연구(박종민 외, 2008)와 시(市)·군(郡) 조직의 공식 웹사이트

〈표 5-1〉 상징 수렴 이론 내 주요 용어(박종민 · 조의현, 2007)

개 념			내 용
기본 용어	환상 주제	상징단서	집단의식 안에서 환상주제가 공유되도록 돕는 단어, 구, 슬로건, 비언어적 표시나 제스처.
		환상유형	다양한 수사적 환상을 넘나들며, 또는 하나의 수사적 재현 안에서 반복되어 출현되는 주제.
		이야기	한 사람, 집단, 조직, 커뮤니티, 국가의 삶 안에서 사건들 또는 업적 등으로 자주 회자되는 이야기
구조 용어	수사적 재현		수사적 재현은 사회공동체가 공동의 상징적 현실에서 살게 하는 진행 중인 드라마로서 '복합적 드라마'이다. 사회적 공동체를 일반적인 상징적 실체 안으로 몰입하게 만드는 혼합 드라마를 말하며, 소통에 참여하는 많은 사람들은 이러한 수사적 재현이 만들어지도록 기여한다.
	드라마화된 등장인물		드라마화된 등장인물은 메시지를 설명하는 캐릭터로서 행동 및 연기, 성격 등으로 표현될 수 있다. 이러한 등장인물들은 흔히 영웅과 악당 또는 선과 악을 대변하는 인물로 설정될 수 있다.
	줄거리		줄거리는 수사적 재현의 행동, 즉 문맥 안에 포함된 행동 순서이다.
	장면		장면은 캐릭터들이 줄거리에 따라 드라마를 진행하는 일종의 배경, 즉 행동이 일어나는 곳이다.
	인가하는 대리인		수사적 재현에 의해 묘사되는 상징 실체에 합법성을 부과하는 역할을 한다. 즉, 인가하는 대리인은 수사적 재현을 정당화해 주는 역할을 한다. 신, 정의, 민주주의 등의 실체가 인가하는 대리인의 역할을 하는 경우가 종종 있다.
	주요 유추	정의의 주요 유추	정의의 주요 유추는 선, 악, 도덕과 비도덕, 공정, 불공정 등과 관련해 올바른 방법을 하는 것과 관계된다.
		사회적 주요 유추	사회적 주요 유추는 우정, 신의, 가족애, 우애, 인간애, 자매애, 동료애 등 원칙적 인간관계와 관계된다.
		실용적 주요 유추	실용적 주요 유추는 효율성·실용성·경제성에 초점을 맞춘다.
평가 용어	사슬 연결	사회드라마	수사적 재현을 공유하고 있는 사람들 사이에 이야기 요소들이 묶여져 상징적 환상이 발현된 결과이다(Cragan & Shields, 1995). 공유된 사회적 드라마를 통해 사람들은 집단의식을 형성해 간다.
		집단의식	집단의식은 사람들의 관점들이 수렴되거나 중복될 때 발생하며, 집단의식을 공유하는 사람들은 대상을 유사한 의미로 이해하고 행동하도록 유도된다. 즉, 서로 상호작용하는 집단의식은 사회 내 각 개인들이 현실의 공통된 영역 ─ 악당, 신, 영웅의 세계처럼 ─ 에 들어와 있는 느낌을 받도록 영향을 미친다.

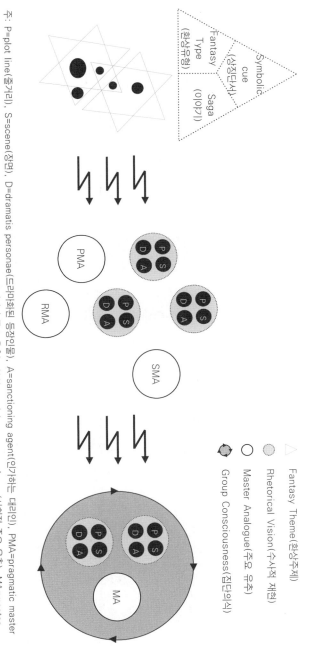

〈그림 5-2〉 환상주제의 상징 수렴 과정

△ Fantasy Theme(환상주제)
◎ Rhetorical Vision(수사적 재현)
○ Master Analogue(주요 유추)
Group Consciousness(집단의식)

주: P=plot line(줄거리), S=scene(장면), D=dramatis personae(드라마화된 등장인물), A=sanctioning agent(인가하는 대리인), PMA=pragmatic master analogue(실용적 주요 유추), RMA=righteous master analogue(정의의 주요 유추), SMA=social master analogue(사회적 주요 유추), MA=master analogue(주요 유추)

출처: Park, J., Lee, H., & Hong, H. (2015). The analysis of self-presentation of Fortune 500 corporations in corporate websites. *Business & Society*, 55(5), 1-32.

내 대표 인사말의 환상주제를 분석한 연구(박종민 외, 2011) 등이 있다.[6] 더불어 저자는 사례연구에 주로 사용되던 상징 수렴 개념을 일반화가 가능한 정량적 내용 분석틀로 발전시켜 국내뿐 아니라 미국에 다시 소개하기도 했는데, 미국의 포춘(Fortune) 500 기업의 자아표현을 환상주제와 상징 수렴 개념을 통해 분석해 각 기업군들이 공중에게 표현하고자 하는 그들의 함축적 이미지를 분석했다(Park et al., 2015).

MCQ에서 초록검색을 통해 찾아낸 상징 수렴 이론을 사용한 논문은 단한 건이었다. 검색의 기준을 모든 내용("All content")으로 확장하면 1999년부터 2024년까지 총 53건의 논문이 상징 수렴 이론을 언급한 것으로 나타났지만, 초록에서 직접적으로 이 이론을 언급한 사례는 올루포워트(Olufowote, 2006)의 논문뿐이었다. 그는 상징 수렴 이론이 인간의 상징화 과정과 결과를 설명하는 이론으로, 커뮤니케이션 연구에서 인기를 얻었지만 조직 소통 분야에서는 그 매력이 줄어들었다고 했다. 이 이론의 가능성을 재조명하기 위해 연구자는 그의 논문을 통해 이론의 방향을 재설정하고자 했다. 그는 상징 수렴 이론의 중심 명제를 검토하고, 그 사용 사례를 기억하며, 몇 가지 약점을 논의했다(예: 제한적인 융합 가정, 수사적 공동체에서 회원 자격에 대한 제한적인 가정). 연구자는 또한 이론을 재설정하기 위해, 조직 소통 이론(예: 의미형성 이론, 다중 동일시)의 아이디어를 통해 가정을 완화하고 보완해 상징 수렴 이론의 새로운 방향을 제시했다.

---

6 이외에도 드라마의 보복폭력의 상징 수렴(박종민 외, 2007)과 40년간 여성과 남성 잡지 내 여성 성 역할의 환상주제를 분석(박종민 외, 2013)한 관련 국내 연구도 있다.

4. 한국 언론학계의 조직 소통 연구 경향

저자들은 앞서 논의된 조직 소통 연구의 여러 연구 관점과 주요 분석 대상, 연구주제, 연구방법, 그리고 최근 분류된 〈한국언론학보〉의 연구분야 분류를 바탕으로 〈한국언론학보〉와 〈커뮤니케이션이론〉, 〈한국방송학보〉와 〈한국언론정보학보〉 내 조직 소통 관련 연구 논문들의 주제 분석을 실시했다. 분석범주는 〈표 5-2〉를 참조하기 바란다. 이러한 분류는 저자들이 그동안 이루어진 조직 소통 분야의 메타분석, 교과서들의 주제 분류 기준, 그리고 관련 논문들의 내용을 검토한 후 귀납적 방법으로 구분했다.

연구대상이 된 논문은 위 학술지들에 실린 논문 전체였으며, 학술지 데이터베이스 디비피아(DBpia) 사이트 내 검색창에서 '조직' '수사' '네트워크' '상징' '갈등' '협상' '의사결정' '만족도' 등의 주요 검색어를 통해 검색된 논문들을 저자들이 직접 읽어가면서 해당 논문이 조직 소통 관련 논문인지 판단한 후 관련 논문으로 확인되면 분석대상논문으로 포함하는 방식으로 내용분석을 실시했다. 다음으로 분석대상이 된 논문은 〈표 5-2〉의 분석유목들에 근거해 분석을 실시했으며, 분석결과는 빈도분석과 교차빈도분석을 실시해 정리했다.[7] 분석대상이 된 총 논문은 83편이었다.[8]

---

7   조직 소통 관련 연구는 사실 〈한국광고홍보학보〉, 〈홍보학연구〉, 〈광고연구〉, 〈광고학연구〉 등 PR 및 광고 영역과 그 외 경영학, 사회심리학, 조직학, 사회학 등 다양한 주변 사회과학 학술지들에도 관련 논문들이 있을 것이라 생각되었으나, 본 연구의 목적은 커뮤니케이션학 내에서의 조직 소통 연구 경향을 파악하고자 함이었기에 이러한 학술지들은 배제했다. 더불어 본 분석은 기존 연구논문과는 달리 저자들의 전문성에 기초해 정리가 진행되는 만큼 정량적 내용분석에서 일반적으로 실시되는 코더 간 신뢰도 검증도 생략했으며, 저자들이 대상논문들의 내용을 비교적 자세히 검토하는 과정을 통해 진행됐다. 이에 관한 연구의 한계도 존재함을 밝힌다.

8   83편의 논문 중 엄밀하게 평가한다면 조직 소통 영역의 논문에서 다소 벗어난 논문도 부분 포함됐다. 예를 들면, 논문의 내용 중에 '언론사 조직의 구조 및 매체의 변화' '우리나라 조직문화와 리더십' '조직과 공중 관계성' 등 소통 변수가 꼭 포함되지 않았어도 조직군, 조직문화 등

〈표 5-2〉 조직 소통 연구 내용분석을 위한 분석유목

분석범주	분석유목
니허(1997)의 3가지 관점	① 기능적 관점, ② 해석적 관점, ③ 비판적 관점
주요 분석 대상	① 조직군, ② 조직, ③ 소집단
주요 연구주제	① 매체중심, ② 조직문화, ③ 수사/상호작용, ④ 의사결정, ⑤ 환경/체계이론, ⑥ 관계/신뢰/리더십, ⑦ 갈등/협상, ⑧ 만족도, ⑨ 비판연구, ⑩ 동화/변화/발전과정, ⑪ 조직 내 구조, ⑫ 심리/감성, ⑬ 기타
한국언론학보의 연구분야 분류	① 저널리즘/커뮤니케이션, ② 뉴미디어, ③ 방송/컨텐트/문화, ④ PR/광고, ⑤ 이론/방법
연구방법	① 서베이, ② 실험, ③ 내용분석/이차자료분석, ④ 심층인터뷰, ⑤ 참여관찰/민속지학, ⑥ 사례연구, ⑦ 기타

1) 조직 소통 관련 연구들의 주요 연구주제

분석결과를 살펴보면 조직 소통 주요 연구들의 주제별 빈도는 관계/신뢰/리더십(16, 19.28%), 조직문화(10, 12.05%), 매체중심(8, 9.64%), 기타(8, 9.64%), 비판연구(7, 8.43%), 만족도(7, 8.43%), 심리/감성(6, 7.23%), 환경/체계이론(5, 6.02%), 수사/상호작용(5, 6.02%), 갈등/협상(5, 6.02%), 의사결정(4, 4.82%), 조직 내 구조(2, 2.41%) 순이었다.[9] 기타에 분류된 논문들의 연구주제는 언론인의 직업 정체성에 대한 연구나 2010년대 이후 부각된 기업의 사회적 책임에 대한 사안을 다룬 논문들이 포함됐다. 조직 소통 연구에 주로 사용된 연구방법은 설문조사(39, 46.99%), 내용분석/이차분석(16, 19.28%), 심층인터뷰(10, 12.05%), 실험(8, 9.64%), 사례연구/정

---

9 이 연구주제에 포함된 논문들도 넓게 보아 조직 소통 관련 논문으로 분류해 분석에 포함했다. 위 분류에 있어 한 논문에 위 연구주제가 중복적으로 포함되는 경우도 적지 않았지만, 분석단위를 논문 한 편으로 하고 중복코딩을 실시하지 않았다. 중복코딩을 하지 않기 위해 논문의 내용을 자세히 읽어보고 한 논문에서 가장 중요하게 강조하고 있는 연구주제, 연구질문, 연구변수를 중심으로 주제 분류를 실시했다.

책연구(4, 4.82%), 네트워크 분석 (3, 3.61%) 순이었다.

니허(1997)의 분류에 따른 주요 연구주제를 보면, 기능주의 관점은 관계/신뢰/리더십이 15개(25.86%), 매체중심 7개(12.07%), 조직문화 7개(12.07%), 만족도 6개(10.34%), 그리고 환경/체계이론, 심리/감성, 갈등/협상이 각 5개(8.62%) 순으로 높게 나왔다. 해석적 관점은 기타가 4개(25%), 수사/상호작용이 3개(18.75%), 의사결정 3개(18.75%), 조직문화 2개(12.5%), 매체중심 2개(12.5%), 관계/신뢰/리더십, 조직 내 구조, 심리/감성이 각 1개씩(6.25%)으로 조사됐다. 기타의 연구주제에는 MZ세대 직원들의 특성을 당사자들의 주관적 인식으로 연구하거나(호규현 외, 2023) 의학전문기자의 전문성과 조직 내 업무 자율성에 대해 심층인터뷰를 통해 연구한 논문(김지현 외, 2018)들이 포함됐다.

〈한국언론학보〉의 분류별 주요 연구주제를 살펴보면, 저널리즘/커뮤니케이션 분야는 조직문화와 비판연구가 각 6개(18.18%), 매체중심이 4개(12.12%), 환경/체계이론과 심리/감성, 만족도, 수사/상호작용, 갈등/협상 연구가 각 3개(9.09%), 그리고, 조직 내 구조, 의사결정이 각 2개(6.06%) 등으로 비교적 고르게 분포되어 있었다. 방송/컨텐트/문화 분야 역시 만족도 연구가 3개(25%), 매체중심, 조직문화 및 기타 연구주제가 각기 2개(16.67%), 그리고 의사결정과 비판연구가 각 1개씩(8.33%) 고르게 분포되어 있었다. 반면, PR/광고 분야에서는 관계/신뢰/리더십이 독보적으로 많았고(16개, 50%), 조직문화 4개(12.5%), 심리/감성 3개(9.38%), 갈등/협상, 수사/상호작용, 만족도 연구가 각기 2개(6.25%) 순이었으며, 그외 매체중심, 의사결정, 환경/체계이론 연구가 각 1개(3.12%)씩 있었다.

2) 〈한국언론학보〉의 연구분야 분류별 조직 소통 연구

〈한국언론학보〉의 분류별로 연구를 살펴본 결과 저널리즘/커뮤니케이션 (33, 39.76%), PR/광고(32, 38.55%), 방송/컨텐트/문화(12, 14.46%), 뉴미디어(4, 4.82%), 이론/방법(2, 2.41%) 순이었다. 이 분류로 살펴보면, PR/광고 분야(기능주의 27, 84.38%; 해석적 5, 15.62%)는 기능주의 관점 연구가 대부분이었으나, 방송/컨텐트/문화 분야(기능주의 7, 58.33%; 해석적 4, 33.33%; 비판적 1, 8.33%), 혹은 저널리즘/커뮤니케이션 분야(기능주의 20, 60.61%; 해석적 8, 24.24%; 비판적 5, 15.15%)의 조직 소통 연구들은 메타이론의 분포가 비교적 다양했다.

  〈한국언론학보〉의 분류별 주요 분석 대상을 분석한 결과도 유사했다. 즉, 저널리즘/커뮤니케이션 분야의 조직 소통 연구들은 다양한(조직군 13, 39.39%; 조직 15, 45.45%; 소집단 5, 15/15%) 반면, PR/광고 분야는 연구대상이 '조직'인 경우(조직 75.0%; 조직군 25.0%)가 상당히 많았다. 또한, 이러한 분류대로 분석된 연구방법들을 살펴보면, 저널리즘/커뮤니케이션 분야는 서베이(13, 39.39%), 내용분석/이차분석(8, 24.24%), 심층인터뷰 (5, 15.15%), 실험(3, 9.09%), 네트워크 분석(1, 3.03%) 등 비교적 다양한 연구방법을 활용한 반면, PR/광고 분야는 서베이(19, 59.38%)가 주류였고, 내용분석/이차분석(6, 18.75%), 실험(5, 15.62%), 사례연구(1, 3.12%), 심층인터뷰(1, 3.12%) 등은 상대적으로 낮은 비율을 차지하고 있었다.

5. 맺으면서

〈커뮤니케이션 과학의 지평〉 1판의 내용을 어느 정도 보존하면서 지난 10여 년간의 조직 소통 국내외 연구경향을 한정된 지면 내에 업데이트하는 작업은 상당히 어려운 일이었다. 수많은 이론들 중 널리 활용되는 몇 가지 이론을 추려내는 것도 쉽지 않았고 국내 다양한 학술지들 내 조직 소통 관련 연구를 검색하고 분석하는 작업도 상당한 시간이 요구됐다. 1판의 내용을 읽어본 독자들은 이 개정판의 내용과 구성, 초점이 기존과는 사뭇 다른 것을 인지할 수 있을 것이다.

최근 5년 이내 미국과 북유럽을 중심으로 한 조직 소통 학계에는 의미 있는 변화가 있었고 기능주의 관점은 더 이상 조직 소통 연구에서 지배적인 패러다임이라고 볼 수 없게 됐다. 20여 년 전 디이츠와 같은 선구적 학자들이 이미 촉구했던 '비판적 전환'이 코로나 이전에 일어났고 전 지구적 전염병의 상황을 겪음과 동시에 조직 소통 학계는 많은 진통과 변화를 겪어야 했다.

아쉬운 점은 국내 조직 소통 연구는 인접 분야인 PR 분야처럼 활발하지 못하다는 점이다. 전미 커뮤니케이션 학회나 국제 커뮤니케이션 학회에서 보이는 조직 소통 분과의 위상과 활동의 수준에 크게 미치지 못하는 것이 국내 조직 소통 연구의 실상이다. 1판에 비해 국내 주류 학술지 두 개를 추가해서 논문 검색을 확장하고 지난 10여 년 동안 출판된 논문들을 분석했음에도 불구하고 40편 미만의 논문만 추가된 것을 볼 때, 한국 언론학계 조직 소통 연구가 활발하지 못했다는 것을 여실히 보여준다.

20여 년 전, 유학생의 시각으로 처음 접했던 조직 소통은 자본주의와 기업 활동이 꽃을 피운 미국에 적합한 학문이라고 인식되어 쉽게 발을 들이기 어려운 분야였다. 그러나 우연치 않은 계기로 수업을 하나둘씩 들으며 걸음마를 떼게 된 조직 소통은 분명 우리의 일상생활과 밀접한 학문이었고 1960~70년대 이후 급격한 경제 성장을 통해 수출입과 생산을 비롯한 기업 활동이 상당히 늘어난 국내 실정에도 얼마든지 적용 가능한 이론들이 많았다. 또한 정보통신 기술의 발전과 벤처 창업, 비영리단체들의 활동과 조직에도 관련이 깊은 조직 소통 이론과 연구는 개인들이 모여 소통하고 만들어지는 어떤 형태의 조직 행위(organizing activities)에도 적용 가능하다는 점을 강조하며 이 장을 맺고자 한다. 10년 후에는 지금보다는 더 활발히 진행되고 있을 조직 소통 분과의 발전을 꿈꿔본다.

참고문헌

김지현·김용찬·심민선·박기호. (2018). 의학전문기자의 전문성과 언론사 조직 내에서의 업무 자율성. 〈한국언론학보〉, 62권 1호, 7-35.

박종민·권구민 (2011). 우리나라 시(市)·군(郡) 공식웹사이트 내 시·군 대표 인사말의 환상주제. 〈광고연구〉, 88권 1호, 37-64.

박종민 (2015). 조직 커뮤니케이션. 이준웅·박종민·백혜진 (편), 〈커뮤니케이션 과학의 지평〉 (155-222쪽). 나남.

박종민·조의현 (2007). 드라마의 보복폭력에 관한 상징수렴연구. 〈한국방송학보〉, 21권 6호, 193-240.

박종민·조의현·김의기 (2008). 기업 소개 웹 사이트가 환상주제와 상징수렴: 공기업과 사기업의 비교분석. 〈한국언론학보〉, 52권 1호, 141-172.

박종민·박경희·최서경 (2013). 여성 성역할에 관한 환상주제의 시대적 변천: 1960-2000년대 주부생활, 신동아 잡지광고 분석을 중심으로. 〈광고연구〉, 99권 4호, 67-104.

호규현·심승범·조재희 (2023). 정말 MZ세대 직원은 까다로운 개인주의자일까?: 미디어에서 묘사된 MZ세대 조직원 특징에 대한 당사자의 주관적 인식연구. 〈한국언론학보〉, 67권 1호, 272-315.

Archambault-Janvier, C., Cooren, F., & Vásquez, C. (2024). Speaking in unison: The voice dilemma in open strategy. *Management Communication Quarterly*. Advance online publication. https://doi.org/10.1177/08933189241247140

Ashcraft, K. L. (2001). Organizational discourse as gendered praxis: A feminist analytic for studying work,. *The Academy of Management Review*, *26*(4), 595-613.

Ashforth, B. E., & Mael, F. (1989). Social identity theory and the organization. *Academy of Management Review*, *14*(1), 20-39.

Bacevice, P. A., & Wilhoit Larson, E. (2024). The strategic aestheticization of work: How workers read normative organizational values in workplace imagery. *Management Communication Quarterly*, *38*(3), 446-476.

Barley, S. R. (1986). Technology as an occasion for structuring: Evidence from observations of CT scanners and the social order of radiology departments. *Administrative Science Quarterly*, *31*(1), 78-108.

Barnard, C. I. (1938). *The functions of the executive*. Harvard University Press.

Bartels, J., van Vuuren, M., & Ouwerkerk, J. W. (2019). My colleagues are my friends: The role of Facebook contacts in employee identification. *Management Communication Quarterly, 33*(3), 307-328.

Brown, A. D. (2000). Making sense of inquiry sensemaking. *Journal of Management Studies, 37*(1), 45-75.

Burrell, G., & Morgan, G. (1979). *Sociological paradigms and organizational analysis: Elements of the sociology of corporate life.* Heinemann.

Buzzanell, P. M. (1994). Gaining a voice: Feminist organizational communication theorizing. *Management Communication Quarterly, 7*(4), 339-383.

Carlson, J. R., & Zmud, R. W. (1999). Channel expansion theory and the experiential nature of media richness perceptions. *Academy of Management Journal, 42*(2), 153-170.

Cheney, G. (1995). Democracy in the workplace: Theory and practice from the perspective of communication. *Journal of Applied Communication Research, 23*(3), 167-200.

Cooren, F. (2004). Textual agency: How texts do things in organizational settings. *Organization, 11*(3), 373-393.

Craig, R. T. (1999). Communication theory as a field. *Communication Theory, 9*(2), 119-161.

Cragan, J., & Shields, D. (1995). *Symbolic theories in applied communication research: Bormann, Burke, and Fisher.* Hampton Press.

Daft, R. L., & Lengel, R. H. (1986). Organizational information requirements, media richness and structural design. *Management Science, 32*(5), 554-571.

Deetz, S. (1992). *Democracy in an age of corporate colonization: Developments in communication and the politics of everyday life.* State University of New York Press.

Deetz, S. (1996). Describing differences in approaches to organization science: Rethinking Burrell and Morgan and their legacy. *Organization Science, 7*(2), 191-207.

Deetz, S. (2003). Disciplinary power, conflict suppression and human resources management. In M. Alvesson & H. Willmott (Eds.), *Studying management critically* (pp. 23-45). Sage.

DiMaggio, P. J., & Powell, W. W. (1983). The iron cage revisited: Institutional isomorphism and collective rationality in organizational fields. *American Sociological Review, 48*(2), 147-160.

Dennis, A. R., & Valacich, J. S. (1999). Rethinking media richness: Towards a theory of media synchronicity. In *Proceedings of the 32nd Annual Hawaii International Conference on Systems Sciences.*

DeSanctis, G., & Poole, M. S. (1994). Capturing the complexity in advanced technology use: Adaptive structuration theory. *Organization Science, 5*(2), 121-147.

Eisenberg, E. M., Goodall, H. L., & Trethewey, A. (2024). *Organizational communication: Balancing creativity and constraint* (8th ed.). Bedford/St. Martin's.

El-Shinnawy, M., & Markus, M. L. (1997). The poverty of media richness theory: Explaining people's choice of electronic mail vs. voice mail. *International Journal of Human-Computer Studies, 46*(4), 443–467.

Fulk, J., Schmitz, J., & Steinfield, C. W. (1990). A social influence model of technology use. In J. Fulk & C. W. Steinfield (Eds.), *Organizations and communication technology* (pp. 117–140). Sage.

Giddens, A. (1984). *The constitution of society: Outline of the theory of structuration.* University of California Press.

Higgins, C., & Walker, R. (2012). Ethos, logos, pathos: Strategies of persuasion in social/environmental reports. *Accounting Forum, 36*(3), 194–208.

Jarzabkowski, P., & Seidl, D. (2008). The role of meetings in the social practice of strategy. *Organization Studies, 29*(11), 1391–1426.

Kramer, M. W., & Bisel, R. S. (2020). *Organizational communication: A lifespan approach* (2nd ed.). Oxford University Press.

Kuhn, T., & Nelson, N. (2002). Reengineering identity: A case study of multiplicity and duality in organizational identification. *Management Communication Quarterly, 16*(1), 5–38.

Lammers, J. C., & Barbour, J. B. (2006). An institutional theory of organizational communication. *Communication Theory, 16*(3), 356–377.

Leach, R. B., Zanin, A. C., Tracy, S. J., & Adame, E. A. (2024). Collective compassion: Responding to structural barriers to compassion with agentic action in healthcare organizations. *Management Communication Quarterly, 38*(3), 477–503.

Lee, S. K., & Flores, M. L. (2019). Immigrant workers' organizational temporality: Association with cultural time orientation, acculturation, and mobile technology Use. *Management Communication Quarterly, 33*(2), 189–218. https://doi.org/10.1177/0893318918821727

Lengel, R. H., & Daft, R. L. (1988). The selection of communication media as an executive skill. *Academy of Management Executive, 2*(3), 225–232.

Luhmann, N. (1995). *Social systems.* Stanford University Press.

Maitlis, S., & Sonenshein, S. (2010). Sensemaking in crisis and change: Inspiration and insights from Weick (1988). *Journal of Management Studies, 47*(3), 551–580.

Martins, L. L., Gilson, L. L., & Maynard, M. T. (2004). Virtual teams: What do we know and where do we go from here? *Journal of Management, 30*(6), 805–835.

Marwick, A. E., & boyd, d.(2011). I tweet honestly, I tweet passionately: Twitter users, context collapse, and the imagined audience. *New Media and Society, 13*(1), 114–133.

McPhee, R. D., & Zaug, P.(2000). The communicative constitution of organizations: A framework for explanation. *Electronic Journal of Communication, 10*(1-2).

Meisenbach, R. J., & Kramer, M. W.(2014). Exploring nested identities: Voluntary membership, social category identity, and identification in a community choir. *Management Communication Quarterly, 28*(2), 187-213.

Meyerson, D. E. (2003). *Tempered radicals: How people use difference to inspire change at work.* Harvard Business School Press.

Mumby, D. K. (1988). *Communication and power in organizations: Discourse, ideology, and domination.* Ablex Publishing.

Mumby, D. K., & Kuhn, T. R. (2018). *Organizational communication: A critical approach* (2nd ed.). SAGE Publications.

Neher, W. W. (1997). *Organizational communication: Challenges of change, diversity and continuity.* Allyn & Bacon.

Ngwenyama, O. K., & Lee, A. S. (1997). Communication richness in electronic mail: Critical social theory and the contextuality of meaning. *MIS Quarterly, 21*(2), 145-167.

Olufowote, J. O. (2006). Rousing and redirecting a sleeping giant: Symbolic convergence theory and complexities in the communicative constitution of collective action. *Management Communication Quarterly, 19*(3), 451-492.

Orlikowski, W. J. (1992). The duality of technology: Rethinking the concept of technology in organizations. *Organization Science, 3*(3), 398-427.

Pal, M., Kim, H., Harris, K. L., Long, Z., Wilhoit Larson, E., Jensen, P. R., Gist-Mackey, A. N., McDonald, J., Nieto-Fernandez, B., Jiang, J., Misra, S., & Dempsey, S. E. (2022). Decolonizing organizational communication. *Management Communication Quarterly, 36*(3), 547-577.

Park, J., Lee, H., & Hong, H. (2015). The analysis of self-presentation of Fortune 500 corporations in corporate websites. *Business & Society, 55*(5), 1-32.

Parker, P. S. (2005). *Race, gender, and leadership: Re-envisioning organizational leadership from the perspectives of African American women executives.* Lawrence Erlbaum Associates.

Peters, J. D. (1999). *Speaking into the air: A history of the idea of communication.* University of Chicago Press.

Putnam, L. L., & Buzzanell, P. M. (2001). Rethinking gender and organizational communication. *Women in Management Review, 16*(5), 327-345.

Putnam, L. L., & Mumby, D. K. (Eds.). (2014). *The SAGE handbook of organizational communication: Advances in theory, research, and methods* (3rd ed.). SAGE Publications.

Ranson, S., Hinings, B., & Greenwood, R. (1980). The structuring of organizational structures. *Administrative Science Quarterly, 25*(1), 1-17.

Redding, W. C. (1972). *Communication within the organization: An interpretive review of theory and research.* Industrial Communication Council.

Redding, W. C., & Tompkins, P. K. (1988). Organizational communication: Past and present tenses. In G. Goldhaber & G. Barnett (Eds.), *Handbook of organizational communication* (pp. 5-34). Ablex.

Riketta, M. (2005). Organizational identification: A meta-analysis. *Journal of Vocational Behavior, 66*(2), 358-384.

Schein, E. H. (1985). *Organizational culture and leadership: A dynamic view.* Jossey-Bass.

Scott, W. R. (2008). *Institutions and organizations: Ideas and interests* (3rd ed.). Sage Publications.

Scott, C. R., Corman, S. R., & Cheney, G. (1998). Development of a structurational model of identification in the organization. *Communication Theory, 8*(3), 298-336.

Seidl, D., & Becker, K. H. (2006). Organizations as distinction generating and processing systems: Niklas Luhmann's contribution to organization studies. *Organization, 13*(1), 9-35.

Simon, H. A. (1947). *Administrative behavior: A study of decision-making processes in administrative organizations.* Macmillan.

Stephens, K. K., & Dailey, S. L. (2012). Situated organizational identification in newcomers: Impacts of preentry organizational exposure. *Management Communication Quarterly, 26*(3), 404-422.

Stephens, K. K., Malone, P. C., & Bailey, C. M. (2005). Communicating with stakeholders during a crisis: Evaluating message strategies. *Journal of Business Communication, 42*(4), 390-419.

Suchman, M. C. (1995). Managing legitimacy: Strategic and institutional approaches. *Academy of Management Review, 20*(3), 571-610.

Tajfel, H., & Turner, J. C. (1979). *An integrative theory of intergroup conflict.* In W. G. Austin & S. Worchel (Eds.), *The social psychology of intergroup relations* (pp. 33-47). Brooks/Cole.

Taylor, F. W. (1911). *The principles of scientific management.* Harper & Brothers.

Taylor, J. R., & Van Every, E. J. (2000). *The emergent organization: Communication as its site and surface.* Lawrence Erlbaum Associates.

Tolbert, P. S., & Zucker, L. G.(1996). The institutionalization of institutional theory. In S. R. Clegg, C. Hardy, & W. R. Nord (Eds.), *Handbook of organization studies* (pp. 175-190). Sage Publications.

Tompkins, P. K., & Wanca-Thibault, M.(2001). Organizational communication: Prelude and prospects. In F. M. Jablin & L. L. Putnam (Eds.), *The new handbook of organizational communication: Advances in theory, research, and methods* (pp. xvii-xxxi). Sage.

Trevino, L. K., Daft, R. L., & Lengel, R. H. (1990). Understanding managers' media choices: a symbolic interactionist perspective. In Fulk, J. & Steinfield, C. (Eds.), *Organizations and Communication Technology* (pp. 71-94). SAGE Publications. https://doi.org/10.4135/9781483325385

van Knippenberg, D., & Hogg, M. A.(2003). A social identity model of leadership effectiveness in organizations. *Research in Organizational Behavior, 25,* 243-295.

van Zoonen, W., & Treem, J. W.(2019). The role of organizational identification and the desire to succeed in employees' use of personal Twitter accounts for work. *Computers in Human Behavior, 100*(2), 26-34.

Weick, K. E. (1995). *Sensemaking in organizations.* Sage.

Weick, K. E., Sutcliffe, K. M., & Obstfeld, D.(2005). Organizing and the process of sensemaking. *Organization Science, 16*(4), 409-421.

Yang, Y., & Stohl, C.(2024). Convergent and divergent corporate social responsibility in South Korea: Collaborative and adversarial NGO-corporate networks. *Management Communication Quarterly, 0*(0).

Zilber, T. B.(2006). The work of the symbolic in institutional processes: Translations of rational myths in Israeli high tech. *Academy of Management Journal, 49*(2), 281-303.

6

뉴스 생산과 메시지

임종섭 | 서강대 신문방송학과 교수
이정훈 | 대진대 미디어커뮤니케이션학과 교수

언론학자는 '뉴스 생산(news production)'이나 '뉴스 제작(news making)' 이란 표현을 사용하지만, 언론인은 이를 기피한다. 뉴스 자체를 제품처럼 생산하는 의미를 담기 때문이다. 이는 언론 현장과 언론 학계 사이에 존재하는 갈등을 보여준다. 언론인은 엘리트층에 속하는 전문기자가 뉴스를 취재해 보도한다는 인식을 가지며, 뉴스는 자신들이 가장 잘 쓰고 이해하며, 학자들은 너무 이론적이라고 주장한다. 반면 언론학자는 기자가 책임성과 윤리성을 토대로 제대로 된 뉴스를 보도하지 못하고, 권력층과 사회 현상 유지에 몰두한다고 비판한다.

학자와 언론인의 갈등 구조는 두 집단의 문화 차이에서 비롯한다. 학자는 언론인이 연구 내용 중에 흥미로운 점을 주목하고 전체 맥락을 무시한다고 주장하는 반면 언론인은 학자가 언론사의 작동 구조를 이해하지 못하고 현실성이 떨어진다고 지적한다(Fenton et al., 1997). 인식론 관점에서 보면, 사회과학자는 성찰을 바탕으로 인식론적 분석을 진행하지만 기자들은 기사의 타당성, 신뢰성, 진실성에 대해 즉각적으로 결정을 해야 하기 때문에 이러한 성찰과 분석을 수행할 여유가 없다(Tuchman, 1972). 그럼에도 불구하고 기자들이 현안의 이면과 배경에 관심을 보이면서 사건보다 상황을 중시하는 흐름이 형성되었으며 기자들의 취재와 사회과학 방법의 융합을 위해서는 체계적 훈련과 지원이 필요하다(Weaver & McCombs, 1980).

체계적 훈련은 동일한 결과에도 정량적 연구가 정성적 연구보다 더 정확하고 보도 가치가 있다고 인식하는 태도(Schmierbach, 2005)를 바로잡는 데 기여할 것이다. 언론계와 학계가 대립보다는 협력이 필요한 점을 고려할 때 뉴스는 기자가 독점해서 생산하는 것이 아닌 이론과 제작 현장의 교감 속에 제작되는 것이다. 이론과 현장의 밀접한 관계는 많은 연구자들(Bourdieu & Wacquant, 1992; Glaser, 2002; Glaser & Strauss, 1967)이 강조한다. 현장의 입장에서 볼 때 뉴스는 취재기자의 노력과 편집부장과 편집임원 등이 개입하는 복잡한 과정을 거쳐 나오는 공공재의 성격을 가진다. 이 점에서 언론인들은 뉴스에 기자의 세계관이 내재한다고 본다. 즉, 저널리즘에는 단순히 기사 취재와 작성이 아니라 기자가 세상을 바라보는 관점과 삶의 방식이 들어 있다는 것이다(변상욱, 2014).

이 장의 목적은 뉴스 생산을 둘러싸고 일어나는 현상을 이해하는 데 도움이 되는 이론적 틀과 관점을 선행연구를 중심으로 비교해 정리하는 것이다. 저널리즘 또는 뉴스 생산을 설명하는 데 구체적인 이론은 존재하지 않는다고 지적하는 연구자도 있을 것이다. 그러나 논쟁이 되는 부분은 이론으로 특정할 때 연구자가 인식하는 '이론'의 개념일 것이다. 다시 말해 부르디외 등(Bourdieu & Wacquant, 1992)이 제기한 것처럼 연구자의 이해와 관점을 분석 대상으로 놓고 성찰할 필요가 있다.

뉴스 생산을 이해하는 이론은 미시적 차원에서 매체 간 의제설정(intermedia agenda setting), 게이트키핑(gatekeeping)이 있으며, 중범위 차원에서는 부르디외(Pierre Bourdieu)의 장 이론(field theory)이 있고, 거시적 차원에서는 복잡성 이론(complexity theory)이 있다. 뉴스 생산을 연구하는 방법론으로의 대표적 접근은 매체사회학(media sociology)과 매체민속지학(media ethnography)이 있다. 매체사회학자로는 셔슨(Michael

Schudson), 터크만(Gaye Tuchman), 기틀린(Todd Gitlin), 갠스(Herbert Gans)가 대표적이며, 매체민속지학은 최근 디지털 뉴스 생산을 연구하는 데 중요한 방법론으로 쓰인다. 뉴스 생산을 둘러싼 핵심 개념은 참여 저널리즘(participatory journalism), 항시적 저널리즘(ambient journalism), 제도, 규칙 및 관행, 생이자(produsers), 객관성 등이다.

1. 뉴스 생산의 개념

연구자들은 뉴스 생산(Altheide & Michalowski, 1999; Carlson, 2007; Cottle, 2003; Gans, 1979; Schudson, 2003) 또는 뉴스 제작(Hartley, 2009; O'Neill & Harcup, 2009; Quandt & Singer, 2009; Stocking & LaMarca, 1990; Zelizer, 2009)이란 용어를 사용한다. 터크만(Tuchman, 1973, 1978)은 뉴스 제작이라는 용어를 쓴다.

국내 연구자들도 뉴스 생산(김경희, 2002; 김사승, 2013; 김송희·윤석년, 2009; 윤익한·김균, 2011)이나 뉴스 제작(김경모·김나래, 2013; 민정식, 2001; 홍경수, 2011; 홍지아, 2006)이라는 용어를 쓴다. 뉴스 생산 또는 뉴스 제작은 일련의 활동을 지칭하는데, 기사 할당, 취재 활동, 인터뷰, 기사 작성, 편집, 최종 점검 등으로 구성된다(van Dijk, 2009).

터크만은 그의 고전적 논문에서 두 가지 중요한 질문을 던진다. 첫 번째는 언론사가 예상하지 못한 사건을 어떻게 일상적으로 처리할 수 있는가이며, 두 번째는 기자가 뉴스 사건의 다변성을 어떻게 줄일 수 있는가이다 (Tuchman, 1973). 이 질문에 대한 답은 뉴스 생산의 실체로 이어진다. 언론사는 비상상황, 재난 등 예측하지 못한 사건을 발생한 방식에 따라 연성 뉴스, 경성 뉴스 등의 전형화(typification)하는 과정으로 대처한다(Tuchman, 1973). 기자는 이 전형화 과정으로 사회현상을 인지하고 정의하는 맥락을 제시하고 이를 통해 사회의 현실을 재구성한다는 것이다. 터크만은 이러한 전형화 과정이 뉴스 사건의 다변성을 감소시킨다고 설명한다.

그러나 이런 활동은 자연스러운 흐름으로 이어지는 것이 아니라 단계별로 다양한 주체가 개입해서 뉴스가 최종적으로 생산된다. 기자 차원에서 볼 때 뉴스는 기자의 창의성에 바탕을 둔 재능 상품이며 그만큼 기자의 자율성이 강조되지만 언론사 차원에서 보면 시장 가치를 중시하면서 비창의적 생산 과정이 개입해 기자와 뉴스 조직 간에 긴장관계가 형성된다(김사승, 2009). 취재기자와 데스크인 편집부장, 편집국장 사이에 존재하는 긴장관계가 그 예다. 이 긴장관계와 함께 기자나 언론사의 관행도 뉴스 생산에 개입한다. 즉, 뉴스 생산은 언론사에서 당연한 것으로 간주되며 직접 관찰하기 어려운 문화적 관습과 전문적 관행을 바탕으로 한다(van Dijk, 2009).

뉴스 생산/뉴스 제작이라는 용어에는 기자와 언론사가 주체라는 전제가 깔려 있다. 그러나 이 같은 이해는 최근 언론계에 불고 있는 변화를 충분히 담지 못한다. 뉴스 소비자였던 국민은 페이스북, 트위터, 블로그, 유튜브, 라이브리크(LiveLeak), 레딧(Reddit) 등 교류매체에서 다양한 현안에 대한 논평이나 현안을 담은 동영상을 제작해 올린다. 이들은 콘텐츠를 이용하는 동시에 생산까지 하는 '생이자'(Bruns, 2008)이며, 이들 매체는 '1인 미디어'(강진숙, 2010)라고 한다.

연구자들은 이 현상을 '네트워크 저널리즘'(Bardoel & Deuze, 2001), '항시적 저널리즘'(Hermida, 2010), '참여 저널리즘'(Domingo et al., 2008)이라는 개념으로 이해한다. 저널리즘의 개념 또는 뉴스의 개념이 불변이며 탈맥락적인 것인 아니라, 특정 시점에 기자와 언론사, 국민이 공통적으로 이해하는 가변적이며 맥락적인 것이라는 점을 뜻한다.

2. 뉴스 생산의 사회학적 접근

젤리저(Zelizer, 2004)는 저널리즘에 진지하게 접근하자는 취지에서 기존 선행연구를 이해하는 데 사회학, 정치학, 문화연구, 언어 분석학, 역사학의 5가지 관점을 제시했다.

사회학적 접근은 기자가 기자로서의 정체성을 유지하는 데 필요한 체계적 행동양식, 관행, 상호작용을 분석한다. 이런 접근방식의 영향력은 대학교에서 매체사회학이라는 학문 영역이 존재하는 데서 찾을 수 있으며, 이론적 개념으로는 게이트키핑, 언론사 내 사회 통제, 편집기자의 선택적 과정, 언론사 조직차원에서 가치, 윤리, 역할, 관행, 제도, 이데올로기 등이 있다.

먼저 게이트키핑은 기자들이 기사로 다룰 정보를 뉴스 가치로 결정하고 이 과정에서 특정 유형의 정보를 기사로 다루거나 그렇지 않은 것은 배제하는 과정을 뜻한다. 뉴스 통신사가 송고하는 기사의 에디터(wire editor)는 기사를 취사선택할 때 지면 확보 여부, 흥미, 좋은 기사, 사소한 소재, 선동적 기사, 취향 등 자신의 경험과 태도, 기대를 바탕으로 상당히 주관적 선택을 하는 것으로 나타났다(White, 1950). 또한, 사회학적 접근은 언론사 조직을 주목하기 때문에 경쟁 상대인 언론사가 형성하는 영향 관계도 다룬다. 초기 매체 간 영향 관계를 다룬 사회학적 접근은 브리드(Breed, 1955)의 연구에서 찾을 수 있다. 브리드는 뉴스 통신사와 주요 신문사가 소형 신문사의 뉴스 제작 과정에 영향을 미친다는 점을 발견했다.

1960년대부터 1980년대에 미국의 사회학자들이 뉴스 편집국을 분석한 연구성과를 잇달아 책으로 내면서 매체사회학이라는 흐름이 형성됐다. 하버드대 사회학 박사인 셔슨은 1967년에 〈뉴스의 발견: 미국 신문의 사회 역사(Discovering the news: A social history of American newspapers)〉를 발표했으며, 브랜다이스대 사회학 박사인 터크만은 1978년에 〈뉴스 만들기: 현실

구성에 관한 연구(*Making news: A study in the construction of reality*)〉를 발표했다. 캘리포니아 버클리대 사회학 박사인 기틀린은 1980년에 〈전 세계가 보고 있다: 대중매체의 신좌파 만들기와 해체하기(*The whole world is watching: Mass media in the making and unmaking of the new left*)〉를 발표했으며, 펜실베이니아대 계획사회학 박사인 갠스는 1979년에 〈뉴스 결정하기: CBS 이브닝 뉴스, NBC 저녁 뉴스, 뉴스위크, 타임에 관한 연구(*Deciding what's news: A study of CBS Evening News, NBC Nightly News, Newsweek and Time*)〉를 발표했다. 하버드대 정치학 박사인 시갈(Leon Sigal)은 1973년에 〈기자와 취재원: 뉴스 제작의 조직화와 정치(*Reporters and officials: The organization and politics of newsmaking*)〉를 발표했다.

젤리저(Zelizer, 2004)는 자세히 논의하지 않았지만, 프랑스의 사회학자인 부르디외의 장 이론(Bourdieu, 1996, 1998, 2005)은 뉴스 생산을 언론사가 뉴스 시장에서 점유한 위치에 따라 형성된 지배와 피지배라는 역학 관계에서 이해하기 때문에 이론적 가치가 높다. 또한, 독일의 사회학자인 루만(Niklas Luhmann)의 체계 이론(system theory)도 언론을 자생적 체계로 파악한다(Luhmann, 1995). 이는 보수 언론과 진보 언론이 독자적인 뉴스 콘텐츠를 생산하는 이유를 이해할 수 있는 이론적 토대가 된다.

3. 뉴스 생산의 정치 소통 접근

뉴스 생산을 정치 소통(political communication)으로 접근할 때 미시적 차원에서는 기자와 정보원의 상호작용, 저널리즘 모형과 역할, 이상적인 뉴스 생산 관행을 다루며, 중범위 차원에서는 언론과 정치의 교차점을 주목해 선거운동 기간에 언론과 정치인, 국민의 관계를 분석하고 공공 저널리즘의 함의를 다룬다(Zelizer, 2004). 거시적 차원에서는 언론의 바람직한 역할을 사회와 정치 구조가 언론에 개입하는 과정에서 다룬다.

이의 대표적 연구는 언론의 4개 이론을 제시한 시버트와 페터슨 그리고 슈람(Siebert et al., 1956)의 고전적 저서다. 이들은 플라톤, 홉스, 헤겔, 마키아벨리, 루소 등의 저작을 바탕으로 군주의 절대적 권력이 언론을 제한하는 권위주의 이론(authoritarian theory), 언론이 진실과 생각의 자유를 유지하는 데 기여하는 자유주의 이론(libertarian theory), 언론자유위원회(Commission on Freedom of the Press)가 제시한 언론 윤리와 책임에 기반을 둔 사회책임주의 이론(social responsibility theory), 소련 언론이 감시로 통제되는 소련 공산주의 이론(soviet communist theory)을 제시했다.

언론을 문화 제도의 하나로 보고 국가의 개입 정도를 고려하면, 3개 유형의 언론 모형이 가능하다. 영국, 아일랜드, 북미의 언론이 속하는 '자유주의 모형(liberal model)', 북유럽 언론이 해당하는 '민주적 조합형 모형(democratic corporatist model), 지중해 국가의 언론이 보이는 '양극화된 다양성 모형(polarized pluralized model)'이 있다(Hallin & Mancini, 2004). 자유주의 모형에서는 시장 논리를 바탕으로 한 상업 언론이 대세이며, 민주적 조합형 모형에서는 사회단체, 정치 조직 등이 관여하는 언론과 상업 언론이 존재하며, 국가의 일부 개입이 가능하다. 양극화된 다양성 모형에서는 언론이 정당 정치에 참여하며, 상업 언론이 활발하지 않으며, 국가의 강력한 개입이 존재한다(Hallin & Mancini, 2004).

뉴스 생산과 관련해 정치 소통의 연구는 정보원의 활동과 의도가 인식과 정치 의제를 형성하는 데 개입하는 과정을 분석하는 방향으로 바뀐다(Dinan & Miller, 2009). 이 같은 연구 흐름의 변화는 대중매체에 대한 정치경제학적 접근, 의견 형성을 제도화하는 과정, 공론장에서 비공식적인 의견 형성이 등장하면서 비롯되었다. 기자와 정보원의 관계에서 쟁점은 언론이 권위적 취재원을 강조할 경우 이와 같은 권위를 확보한 취재원이 뉴스에 등장할 가능성이 높아진다는 것이다(Berkowitz, 2009). 이 현상은 기자가 사실성을 제공하는 뉴스를 생산해야 하는데 신뢰성이 높은 취재원의 진술을 사실로 받아들여 별도의 사실 확인 없이 뉴스를 검증하기 때문이다(Berkowitz, 2009).

공론장과 저널리즘의 관계와 관련해 캘리포니아 버클리대의 정치학 박사인 할린(Hallin)은 미국의 저널리즘이 국가와 정당, 경제적 제도, 수용자와 연관되는 정도를 언론의 모호한 정체성이라는 관점에서 분석한 연구인 〈우리는 미국을 세계보다 더 중시한다: 텔레비전 언론과 공론장(We keep America on top of the world: Television journalism and the public sphere)〉이라는 책을 1994년 발표했다.

4. 뉴스 생산의 문화연구적 접근

뉴스 생산을 문화연구로 접근할 때 연구자들은 언론의 세계관, 언론의 관행, 언론의 양식, 언론의 비윤리적 행위, 언론의 재현, 언론 수용자, 총 6개 부문에 주목한다(Zelizer, 2004). 언론의 세계관에 대한 연구는 기자의 집단의식으로 그들이 자신을 기자로 인식하고 세계를 인식하는 방식을 확립 및 유지하는 과정을 다룬다. 이와 함께 이 연구는 언론의 기능을 파악하기 위해 남성 기자 위주의 세계관, 기자의 근무 환경, 뉴스 편집국의 성별 및 인종 구성 등도 분석한다. 언론의 관행에 대한 연구는 탐사보도, 기자의 거리 두기, 패거리 저널리즘(pack journalism), 텔레비전 토크쇼와 블로그 등 새로운 매체를 탐구한다. 언론의 양식에 대한 연구는 텔레비전, 포토 저널리즘, 만화, 텔레비전 뉴스 잡지, 스포츠 저널리즘, 실제 상황극(reality TV) 등 대안적 양식을 주목하며 언론의 비윤리적 행위에 대한 연구는 윤리강령 위반 행위와 기자들의 집단의식 위반을 분석해 언론이 어떻게 작동하는가를 다룬다.

언론의 재현에 대한 연구는 언론이 책, 텔레비전, 영화 등 문화적 상품에서 어떻게 묘사되고 구현되는가를 분석하며, 언론 수용자에 대한 문화 연구적 접근은 홀(Stuart Hall)이 제시한 수용자의 부호화(encoding)와 복호화(decoding) 같은 뉴스 텍스트 수용 과정이나 수용자의 정체성과 언론의 기능, 수용자가 뉴스를 이해하는 방식을 분석한다. 뉴스 생산을 문화연구에서 분석한 사례로 강진숙(2010)은 소통을 고독과 세상의 소외로부터 벗어나기 위한 인간 행위로 보는 플루서(Vilem Flusser)의 관점을 1인 미디어의 문화적 특성 분석에 적용해 전문성, 정서적 동질감에 기반을 둔 토론장, 배타적 소통, 블로거 검열이라는 특성을 발견했다.

저널리즘 연구와 대중문화 연구는 서로 대립하는 양상을 보인다. 대중문화를 공부하는 대학원생은 저널리즘 자체를 사양 학문으로 생각할 정도이며, 그만큼 저널리즘에 대한 이해가 낮다. 반대로 저널리즘을 공부하는 대학원생은 대중문화를 저널리즘과는 관련성이 없는 것으로 인식한다. 저널리즘 연구는 자유, 진실, 권력, 조직적 뉴스 제작, 언론인의 직업을 강조하면서 수용자의 관점을 소홀히 하는 반면, 대중문화 연구는 엔터테인먼트, 소비자, 설득, 개인의 정체성, 저널리즘의 문화적 양식, 수용자의 관점을 다루지만 언론인 자체를 주목하지 않는다(Hartley, 2009).

5. 뉴스 생산의 언어 분석학적 접근

뉴스 생산을 언어 분석학적으로 이해할 때는 특정 의미를 내재한 단어와 구의 빈도수 등 뉴스 텍스트의 언어에 담긴 속성을 내용분석이나 기호학(semiology)으로 분석한다(Zelizer, 2004). 또한, 뉴스 텍스트의 형식적 측면인 문법, 문장 요소의 순서, 의미, 사전적 의미, 형태, 화용론(pragmatics)을 사회언어학, 비판언어학, 담론분석 등으로 분석한다. 이밖에 언어 분석학적 접근은 이야기 전달 행위, 내러티브 양식, 이야기의 관행, 수사학, 뉴스 틀짓기 등을 내러티브 분석, 수사학 분석, 틀짓기 분석으로 다룬다.

뉴스 구조 분석은 특정 이데올로기가 뉴스의 어느 곳에서 어떻게 발현되는가를 보여주는데 구체적으로 인종 문제는 기자 채용, 뉴스 가치, 정보원, 뉴스 선택, 관점, 양식, 인용, 수사적 표현 등에서 나타난다(van Dijk, 2009). 뉴스 텍스트는 이야기(story), 초록(abstract), 출처 명시(attribution)로 구성되며 이야기는 삽화(episode)와 하위 범주인 사건(event)으로 나뉘고, 사건은 출처 명시, 주체, 행위, 시간과 장소인 상황, 결과와 반응을 담은 후속(follow-up), 맥락과 평가를 뜻하는 의견 제시, 이전 삽화와 역사를 담은 배경으로 세분화된다(Bell, 1998). 초록은 기사 제목과 첫 문장인 리드이며, 출처 명시는 취재원과 시간과 장소로 구성된다.

국내 언론사의 뉴스 분석을 보도 기사와 사설로 비교한 연구(이원표, 2009)에서는 뉴스 분석이 사건/현안 소개, 배경 제시, 분석 및 진단, 분석과 진단에 대한 논증 제시 등 담화 범주로 구성되며, 분석 및 진단은 단언, 인과관계의 설명, 해석, 예측으로 이뤄지며, 분석과 진단에 대한 논증 제시는 증거, 배경, 이유 등 수사 구조를 가지는 것으로 나타났다.

언어 분석학적 접근은 뉴스를 하나의 신화(myth)로 이해하기도 한다. 신화가 객관적 현실이 아니라 자체의 세상을 보여준다면, 뉴스는 현대의 신화로서 무작위성, 설명 불가능, 모호함을 참지 못하는 현대인의 조급함을 바탕으로 주식 시장과 경제의 상승과 하락 등 쉽게 설명할 수 없는 현상을 설명한다(Bird & Dardenne, 2009). 주술사(shaman)가 설명을 위해 이야기를 만드는 것처럼 사람들에겐 이야기가 필요하며 기자와 뉴스가 이러한 요구를 충족시킨다는 것이다.

6. 뉴스 생산의 역사학적 접근

연구자들은 뉴스 생산을 역사학적으로 이해할 때 중요한 질문을 던진다 (Zelizer, 2004). 역사학적 분석은 어떤 시기부터 시작해 언제 끝나는가? 여기서 역사학적 접근은 혁명적 관점이나 연대기적 관점을 제시한다. 역사는 어떤 지리적 장소에서 뉴스 생산을 설명하는가? 누구를 그리고 무엇을 분석하는가? 분석의 초점이 개별 기자인가 아니면 언론사 조직, 뉴스 제도인가?

따라서 역사학적 접근은 미시적 차원에서 언론인의 기억, 전기, 언론사의 조직 역사를 주목하며 중범위 차원에서는 시기, 주제, 사건에 주목해 시기적으로 뉴스 생산을 유형화하고 저널리즘 양식의 주변화, 언론 관행 등의 의미 있는 주제를 깊숙이 분석한다. 사건에 주목할 경우에는 전쟁, 정치 변화, 사회 질서의 변경, 정치 스캔들 등 특정 사건을 중심으로 뉴스 생산을 분석한다. 매카시즘, 워터게이트, 케네디 대통령 저격을 통해 미국 저널리즘 역사를 조명하는 것이 그 예다. 거시적 차원은 뉴스 생산과 저널리즘의 역사를 국가의 역사와 연동시켜 분석하는 것이다.

저널리즘의 역사는 1970년 이후 정체성 위기를 겪으면서 현재의 저널리즘 위기로 이어지는데 저널리즘 역사는 소통 수단의 발전에 대한 학계의 관심에서 분석되기도 한다(Barnhurst & Nerone, 2009). 역사학적 접근은 이니스(Harold Innis)와 맥루언(Marshall McLuhan)이 주목한 것처럼 문자를 해독하는 능력, 인쇄술 등 새로운 기술이 가져온 변화를 탐구한다. 또한 기자의 직업에 초점을 맞추어 취재 활동이 발전하고 전문화되면서 정체성을 확립해 자체의 역사를 구성한다고 이해한다.

7. 뉴스 생산 관련 이론

뉴스 생산을 설명하는 이론으로 게이트키핑, 매체 간 의제설정, 장 이론, 복잡성 이론 4가지를 제시한다.

1) 게이트키핑

보도할 뉴스 항목을 선택하는 결정은 여러 요인이 개입하는 복잡한 과정으로 뉴스의 선택 및 배제를 설명하는 이론이 바로 게이트키핑이다. 텔레비전 뉴스 편집장들은 뉴스의 보도 가치, 갈등, 시의성, 근접성, 영상, 파급력을 종합적으로 고려해 뉴스를 선택하며 그 결정은 상당히 유사한 것으로 나타났다(Buckalew, 1969). 뉴스의 보도 가치는 특정한 속성이나 특징에 관심을 집중하고 다른 것에는 관심을 줄이는 기자의 관점이다 (McCombs & Shaw, 1993). 기자는 어떤 사건을 보도할 것인가를 결정할 때 보도 가치에 의존하는 경향이 있다(Shoemaker & Mayfield, 1987). 보도 가치를 결정하는 요인으로는 일탈성(deviance), 사회적 중요성(social significance), 상황 조건(contingent conditions)이 있다(Shoemaker et al., 1987). 뉴스 항목을 선택하는 데 상업성, 언론 관행, 조직적 세력, 전문성 코드, 가용자원의 제약, 광고주, 법적 규제, 이데올로기, 취재원, 일탈성, 지리적 세력 11개 요인이 개입하며, 상업성이 가장 영향력이 큰 것으로 나타났다(Potter, 2001).

2) 매체 간 의제설정

매체 간 의제설정(intermedia agenda setting)은 의제설정 이론이 발전한 형태로 뉴스 시장에서 경쟁하는 언론사가 현안과 사건을 어떻게 보도하는

가를 설명하는 이론이다. 이 이론의 초기 모습은 뉴스 편집국에 대한 브리드(Breed, 1955)의 고전적 연구에서 나타난다. 소형 신문사의 편집 데스크는 뉴스 판단의 불확실성을 줄이기 위해 유력 신문사의 보도를 보면서 자사 보도의 방향을 결정한다. 이에 따라, 미국 신문들의 기사 내용이 서로 상당히 유사해지는데, 브리드는 이 과정을 '간선 과정'(arterial process)으로 명명했다. 언론이 강조한 현안의 현저성(salience)이 국민들이 인지하는 현안의 현저성에 영향을 미친다는 의제설정 이론은 언론의 의제를 누가 설정하는가로 확장됐다(McCombs, 1992). 상이한 매체 사이에 의제 흐름을 개념화한 것이 매체 간 의제설정이다(McCombs & Shaw, 1993). 매체 간 의제설정은 한 언론사가 집중 보도하는 의제를 다른 언론사가 중요하게 보도하는 과정으로 의제의 현저성이 매체 사이에 파급되는 것이다(임종섭, 2010). 2000년 국내 총선 기간에 조선일보와 동아일보가 중요하게 다룬 의제가 천리안과 하이텔 등 인터넷 토론 게시판에서 중요 의제로 부각되기도 했다(Lee et al., 2005).

3) 장 이론

언론사가 위치한 저널리즘의 장(journalistic field)은 구조화된 사회 공간(structured social space)으로 다양한 언론사가 '장'에서 저마다의 위치를 확보하기 위해 경쟁하는 공간이다(Bourdieu, 1996; Kaplan, 2006). 장 이론이 흥미로운 점은 게이트키핑이나 매체 간 의제설정이 다루지 못한 언론사의 권력 관계에 주목한다는 것이다. '장'에 참여하는 주체는 '장'이라는 공간을 변형시키거나 유지하려는 과정에서 역학 관계를 구조화한다(Bourdieu, 1984; 1996; 2005; Bourdieu & Wacquant, 1992). 다시 말해 '장'은 "다양한 힘이 작동하는 공간이며 투쟁의 공간으로 핵심은 '장'의 동력을 바꾸려는 권력이다(Bourdieu, 2005, p. 44).

이 점을 감안할 때 언론사는 저널리즘의 '장'에서 타 언론사와 경쟁한다 (Benson, 2006). 장에 참여하는 주체가 확보한 위치는 이들이 가진 자본의 총합과 자본의 배분 상태로 결정된다(Bourdieu & Wacquant, 1992). 주체가 점유한 위치에 따라서 다른 주체와 권력 관계가 발생한다. 이를 저널리즘 '장'에 적용하면 대형 언론사는 뉴스 시장에서 점유율이 높은 반면 소형 언론사는 점유율이 낮아 대형 언론사의 영향력이 커질 수밖에 없다. 이는 대형 언론사가 보도하는 의제를 소형 언론사가 주목하는 구조로 이어진다. 이 결과를 의제설정 연구자들은 매체 간 의제설정으로 개념화했다. 저널리즘의 장은 언론사가 독자적으로 규칙을 준수하는 자율적 공간이면서 규칙을 기반으로 한 하나의 게임이다(Willig, 2013). 저널리즘의 장을 게임으로 이해할 때에는 다양한 개념이 등장한다. 언론의 공통신념 (journalistic doxa)은 게임의 규칙을 파악하고 이를 준수하는 신념을 뜻한다(Willig, 2013). 언론의 일루지오(illusio)는 몰입적 믿음(journalistic illusio)으로 저널리즘의 장에 존재하는 게임의 가치를 믿는 것이다. 언론의 아비투스(journalistic habitus)는 게임을 수행하는 구체적 방식이면서 게임에 참여하는 언론인의 내면에 구조화된 성향 체계다.

4) 복잡성 이론

뉴스의 생산 과정을 이해하는 데 기존 연구자들이 다루지 못한 이론이 바로 복잡성 이론(complexity theory)이다. 1990년대에 등장한 이 이론은 기존에 자연과학과 사회과학이라는 이분법적 구분의 의미가 없어졌다는 점을 지적하고, 지식의 속성을 시공간을 바탕으로 한 구체적이며 맥락적인 것으로 보며, 인과관계는 복잡하고 역동적이라는 점을 강조한다(Byrne, 2005). 기자는 가설을 세우고 이에 맞는 근거, 자료, 취재원의 인용을 수집한다. 즉, 기사를 개발할 때 명시적(explicit) 가설과 암시적(implicit) 가설을 가지며 복수의 경쟁 가설을 만든다(Stocking & LaMarca, 1990). 수학 모형과는 다르게 미세한 변화가 선형적으로 미세한 변화로 이어지지 않고 대규모의 변화로 발전하는 새로운 체계는 이의 구성 요소로 설명할 수 없는 특성을 보이기 때문에 환원주의로 설명할 수 없다(Byrne, 1998). 따라서 기자가 원인과 결과라는 단순한 연결고리만을 생각하면, 복잡한 구조와 성격을 이해하기보다는 무질서(chaos)로 간주할 가능성이 있다. 무질서는 정리가 안 되는 혼돈 상태라기보다는 상상할 수 없을 정도로 복잡한 정보이며 여기서 새로운 질서가 나타난다(Byrne, 1998).

복잡성 이론에서 볼 때 현대 사회는 권력이 특정한 곳에 집중되지 않고 곳곳에 분산되어 다중심적이며, 복잡성이 다른 복잡성을 관리하는 양상을 보인다(Qvortrup, 2006). 복잡성을 높이려는 흐름과 낮추려는 흐름이 작용하면서 과학과 사회는 서로 발전하는 관계가 된다(Nowotny, 2005). 이 복잡성은 스스로 조직하는 역동성을 보이면서 앞으로 일어날 사건에 영향을 미치는 체계를 다룬다(Urry, 2005). 복잡성을 디지털 연결망인 인터넷에 적용하면 연결망의 상이한 지점이 연관되면서 내부의 복잡성이 커지고 디지털 언론도 텍스트, 사진, 동영상 등 복합 콘텐츠를 통해 복잡한 의미 구조를 생산한다(Qvortrup, 2006). 사회의 구조가 복잡해질수록 언론의 뉴스 생산의 결정 구조도 복잡해진다(Görke, 2001). 체계는 환경과의 차이로 정의되며 체계는 내부에 복잡성을 증가시켜 외부의 복잡성을 감소시킨다(Görke & Scholl, 2006). 언론이 사회에서 자생적 체계로 존재하는 만큼(Luhmann, 1995), 언론사마다 복잡한 뉴스 생산 구조를 갖추고 독립적으로 뉴스를 생산한다고 풀이할 수 있다.

8. 저널리즘의 새로운 지평: 인공지능 기반 저널리즘

인공지능(artificial intelligence) 기술이 대중화되고 뉴스 제작 자동화가 제도화되면서 저널리즘의 새로운 지평이 열리고 있다. 대중뿐만 아니라 저널리즘의 핵심 주체들도 이러한 변화를 주목하지만 학계의 논의는 아직은 초기단계라고 할 수 있다. 인공지능 기반 저널리즘(AI based journalism) 관련 연구들은 탐색적 시도들이 주를 이루고 있고 이론적 틀이나 방법론에 대한 논의들도 구체적이지 않다. 실증 연구에서도 정량적 접근보다는 정성적 관점을 적용한 연구들이 상대적으로 비중이 높다(CNTI, 2024). 특히 생성형 인공지능(generative AI) 도입으로 현실화된 기술적 혁신은 사회 전반의 변화를 주도하고 있는데 저널리즘 연구에서도 새로운 연구를 위한 중요한 계기를 제공하고 있다.

1) 새로운 저널리즘의 개념화

인공지능을 저널리즘 현장에 도입하는 노력들은 생성형 인공지능이 등장하기 훨씬 이전부터 시도되어 왔다. 인공지능은 전통적으로 인간의 지능을 요구하는 작업들을 수행할 수 있는, 알고리듬, 머신러닝, 그리고 자연어 처리(NLP) 등을 포함한 일련의 기술이나 아이디어를 통칭한다(Beckett, 2019). 특히 초기 특수 영역에 한정된 기술(fringe technology)의 성격에서 탈피해서 다양한 형태의 텍스트, 이미지, 동영상 등을 제작하는 생성형 인공지능(generative AI)의 형태로 발전되고 있다(Deuze & Beckett, 2022). 인공지능 기반 기술의 발전을 토대로 LA 타임스, 포브스, WSJ, AP 등 세계 주요 언론사들은 제작과 유통 과정을 포함한 저널리즘의 자동화를 도입하고, 전반적 제도화를 위한 시도를 다양하게 수행하고 있다.
　폭발적인 사회적 관심과 산업적 이해를 반영하면서 인공지능의 특성,

도입 현황이나 업무적 변화 등 인공지능의 영향을 파악하고자 하는 탐색적 조사는 활발하게 이루어지고 있다. 이러한 시도들은 실증적 연구보다는 현장이나 전문가를 대상으로 하는 현장 조사나 사례 분석의 비중이 높다. 32개국, 72개 미디어의 관련 현황을 조사한 보고서에 따르면 뉴스 제작의 자동화는 전반적인 흐름이지만 언론사에 따라 기술의 도입 방식이나 수준의 차이는 존재하고 필요 역량을 위한 교육이나 상황에 맞는 도입 전략들이 필요한 것으로 나타났다(Beckett, 2019). 컬럼비아대학 디지털 저널리즘 연구소(TOW)에 의한 미, 영, 독의 주요 35개 언론사와 전문가 대상 설문조사에서는 인공지능은 뉴스 제작의 전부, 혹은 최소 일부 과정에서는 기존의 인력을 대치할 수 있는 수준이라고 평가하고 생산성과 효율성 등 동기로 인해 뉴스 제작 자동화는 제도화될 것이라고 전망했다(Simon, 2024).

인공지능을 제도화한 저널리즘 현장을 조사한 사례 연구들도 새로운 저널리즘의 성격이나 특성에 대한 유용한 통찰력을 제공하고 있다. 취재, 편집뿐만 아니라 유통에도 인공지능을 도입한 통신사(AP)를 살펴본 연구(Marconi & Siegman, 2017)와 뉴스 제작용 인공지능과 자연어 처리 알고리듬을 활용한 경제전문 매체(Bloomberg)의 사례 연구(Quinonez & Meij, 2024)는 여타 관련 연구처럼 인공지능의 기술적 역량과 저널리즘적 가능성에 대해서는 긍정적이다. 하지만 기술적 혁신의 위상에 대해서는 기존의 제작 역량에 대한 보완적 대안의 역할(Marconi & Siegman, 2017)이라는 평가도 있지만 언론사의 기술적 의존도가 심화될 것이라는 상반된 전망도 제시되었다(Quinonez & Meij, 2024). 인공지능을 도입한 현장 사례들을 체계적으로 분석한 마르코니(Marconi)는 급변하는 저널리즘 환경에 대처할 수 있는 방안(iterative journalism)을 제안하고 이를 위한 순환적 작업 흐름을 개념화하고 구체적인 가이드라인도 제시했다(Marconi, 2020).

인공지능이나 알고리듬 등 기술 혁신이 제도화되면서 새로운 저널리즘 현상을 설명하기 위해 다양한 개념들이 제시되었다. 2005년부터 2020년까지 출판된 관련 논문들의 메타분석 결과, '로봇 저널리즘(robot journalism)'(Latar, 2015), '자동화 저널리즘(automated journalism)' (Graefe & Bohlken, 2020), '컴퓨테이셔널 저널리즘(computational journalism)'(Cohen et al., 2011), '알고리듬 저널리즘(algorithmic journalism)'(Anderson, 2011) 등의 명칭들이 주로 사용된 것으로 나타났다(Danzon-Chambaud, 2021). 이러한 명칭들은 자동화 과정에 활용된 기술들의 특성과 이로 인한 새로운 현상들을 설명하기 위해 제시되면서 상당히 광범위하게 사용되고 있지만 개념적으로 중복되는 경향이 있고 인공지능의 기술적 복합성을 반영하기에는 다소 부족하다고 할 수 있다. 따라서 생성형 인공지능을 포함한 저널리즘 현상을 적절하게 반영할 수 있는 개념화는 여전히 진행형이라고 할 수 있다. '

2) 인공지능 기반 저널리즘의 윤리적 문제와 규제

인공지능 기술 도입으로 초래된 윤리적 문제를 파악하고자 하는 시도들은 저널리즘의 새로운 성격을 파악하는 데 유용한 단서를 제공할 수 있다. 새로운 기술 혁신으로 촉발된 제작 관행과 환경의 변화로 인해 기존 저널리즘 가치들이 약화되거나 대체되면서 윤리적, 규범적 긴장이 커지게 된다. 반면 인공지능의 도입과 자동화 과정의 제도화는 최근에 확립되었기 때문에 윤리적 문제들을 실증적으로 검증하는 것은 현재로서는 제한적이다. 따라서 현실적 한계를 반영하면서 새로운 윤리적 문제를 전망할 수 있는 적절한 분석틀이 필요한 시점이다.

인공지능 기반 저널리즘의 윤리적 문제들은 다양하지만 투명성, 책임성, 다양성 등이 대표적인 문제라고 할 수 있다(Dörr & Hollnbuchner,

2017). 32개국 언론사를 대상으로 한 설문조사 결과, 과도한 인공지능의 사용을 통해 생산된 뉴스는 책임과 신뢰 등의 전통적 저널리즘 기준을 충족시키지 못하고 다양성도 전반적으로 낮아질 것으로 전망되었다 (Beckett, 2019). 미, 영, 독일, 스페인의 인공지능 관련 업계, 학계, 기술 업체 관계자들의 심층 인터뷰 결과, 전문가들은 알고리듬을 통한 뉴스 제작은 잘못된 정보를 확대 재생산하고 개인화된 뉴스 생산과 공급은 '확증편향'을 심화시킬 가능성이 높다고 지적했다(Noain Sánchez, 2022). 또한, 대량의 자료를 활용한 기계 학습과 알고리듬을 기반으로 발전한 자동화 기술은 자료의 입력과 출력 과정의 투명성을 유지하기 어려운 환경을 조성할 수 있다는 지적도 있다(McBride & Rosenstiel, 2014; Porlezza, 2023).

인공지능 기반 저널리즘의 윤리적 문제를 파악하기 위해서는 다양한 기술적 요소들을 포괄적으로 통합하고 다층적으로 분석할 수 있는 틀이 필요하다. 미디어 기술의 도입으로 초래될 수 있는 윤리적 문제는 크게 미디어의 조직적 측면, 개인의 직업적 측면, 이용자의 사회적 측면 등으로 구분될 수 있는데 여기에 인공지능의 입력, 처리 과정, 출력의 기술적 특징을 반영하는 접근법이 유용할 것이다(Dörr & Hollnbuchner, 2017). 뉴스 제작의 자동화에 대한 내적 역학 관계를 복잡하게 하고 불확실성을 심화시키는 핵심 요소로서 언론사 외부의 플랫폼 기업들을 지목하면서 사이몬(Simon, 2022)은 뉴스 제작 과정의 자율성에 영향을 미치는 외부 요인들과 뉴스 조직들 사이의 역학 관계에 대해 개인적 차원, 조직적 차원, 그리고 이론적 관점을 적용한 분석적 틀의 중요성을 설명했다.

인공지능이 저널리즘에 미치는 부정적 영향에 대한 논의가 본격화되면서 알고리듬이나 머신러닝 등을 포함한 인공지능 활용에 대한 규제나 가이드라인에 대한 고민도 커지고 있다. 저널리즘에 적용된 다양한 인공지능 기술들의 제도화가 순조롭게 확립되는 가운데 인공지능으로 인한 부정적 영향보다는 긍정적 효과들이 더 주목받고 있다(Beckett, 2019). 여기에

'표현의 자유'라는 기본적 권리의 보호를 받는 저널리즘은 다른 산업에 비해 규제를 위한 보다 명확한 기준을 요구하게 된다(Porlezza, 2023). 따라서 인공지능의 도입으로 촉발된 다양한 차원의 변화들이 규제의 대상인지, 혹은 보호의 대상인지에 대한 논의들이 필요한 시점이다.

2021년 유럽 의회와 이사회에서 발의된 인공지능법안(AI Act)은 인공지능 규제에 관심을 가지고 있는 저널리즘 연구자에게 중요한 기준을 제공한다고 할 수 있다. 유럽 지역을 대상으로 하는 인공지능법은 인공지능의 개발, 설계, 사용과 상업적 사용 등에 관한 최초의 포괄적 법률 체계(legal framework)를 제시하면서 유럽뿐만 아니라 국제적으로도 관련된 논의를 주도하기 위한 시도라고 할 수 있다(European Commission, 2021). 이번 법안은 '올바른 인공지능(responsible AI)'의 기준을 보다 구체적으로 제시하면서 인공지능 관련 기술의 개발, 제공하는 주체와 이용자들에게 인공지능 관련해서 법적 확실성(legal certainty)을 제공하는 것을 목표로 한다. 인공지능 기술이 통합, 제도화되고 있는 뉴스 제작이나 유통 과정에서 자료(data)를 올바르게 사용하는 방법이나 인공지능 기술의 사용 과정을 적절하게 모니터링 하는 의미와 가치를 명확하게 제시하는 것도 주요 목표 중 하나이다(Helberger & Diakopoulos, 2023).

인공지능 법안은 위험 기반 접근(risk based approach)을 근거로 하는 법률 체계라고 할 수 있다. 인공지능 관련 기술들을 크게 절대 허용하지 못하는 인공지능부터 고위험(high risk) 인공지능, 통제 가능한 인공지능, 그리고 저위험(low risk) 인공지능으로 구분하고 위험 정도에 따라 해당 인공지능 기술에 대한 규제 정도를 결정하게 된다(Helberger & Diakopoulos, 2023). 절대 허용 불가능한 적성국의 군사적 사용이나 주요 기간산업이나 사법 체계에 사용되는 고위험 인공지능을 제외한 대부분의 인공지능 활용 기술은 기본적으로 자기 규제 대상이라고 할 수 있다(Porlezza, 2023). 인공지능 법안을 포함한 여러 관련 법안들에서 저널리즘에 활용된 인공지능 기술 역시 특별한 규제의 대상으로 거론되지 않지만(Porlezza, 2023), 언론의 사회적 영향력과 관련된 요인들의 복합성을 고려할 때 추가적인 논의는 필수적이다.

3) 새로운 분석을 위한 이론적 틀

하나의 연구 영역으로 확립되기 위해서 새로운 저널리즘 현상에서 새로운 것(newness)을 규정하고 이를 개념화할 수 있는 체계적 이론적 틀이 필요하다. 최근까지도 인공지능 기반 저널리즘 관련 연구들은 이론적 틀을 명시적으로 제시하지 않는 경우가 많은데(Danzon-Chambaud, 2021), 생성형 인공지능이나 자연어 처리 기술들은 업무의 효율성과 생산성을 높이는 단순한 차원을 넘어 기존의 지식을 바탕으로 새로운 지식을 생산하는 점에서 물리적 상품 생산의 자동화 기술과는 명확하게 구분된다(Luan et al., 2020). 특히, 언론에서의 인공지능은 인간과 기계의 상호작용과 이러한 협업을 통한 저널리즘적 산물의 개념으로 이해될 수 있다(Marconi, 2020).

인간-기계 소통(human-machine communication, HMC)은 소통 과정에서 기술(machine)의 역할에 주목하는 개념으로, 인간-컴퓨터 상호작용(human-computer interaction, HCI), 인간-로봇 상호작용(human-robot interaction, HRI), 인간-행위자 상호작용(human-agent interaction, HAI) 등의 다양한 개념과 관점을 포함하는 일종의 포괄적 상위 개념(umbrella concept)이라고 할 수 있다(Guzman, 2018). HMC 연구에서는 미디어의 메시지 소통 채널의 성격보다는 메시지 생산의 주체적 성격을 강조하는데 이러한 접근은 자동화 저널리즘의 이론화를 위한 개념적 시작점을 제시할 수 있다. 인공지능을 기반으로 하는 저널리즘은 인간과 기계의 복잡한 상호작용을 기반으로 하는 생태계를 구성하면서 사람, 구체적으로 기자와 알고리듬의 상호작용을 통해서 자동화, 개인화된 뉴스를 제작, 유통하게 된다. 반면, 대중매체를 전제로 하는 전통적 미디어 이론에서는 소통 (communication)은 의미를 만들어내는 과정이고 인간과 인간 사이에서만 소통이 발생할 수 있다고 전제하면서 이 과정에 투입된 기술은 경로 (channel, medium)에 불과하다고 주장하고 있다(Schramm, 1973; Reeves & Nass, 1998). 따라서 HMC 개념을 토대로 한 접근은 전통적인 미디어 이론의 한계를 극복하면서 인공지능으로 인해 새롭게 형성된 역학 관계와 제작 관행의 특성을 연구할 수 있는 방법론적 지침을 제시할 수 있을 것이다(Lewis et al., 2019).

기술의 소통자(communicator) 역할을 강조하는 HMC 연구들은 소통 과정에서 기계 혹은 기술에 대한 사람들의 인식에 초점을 두고 사람과 기계 사이 상호작용에 대한 의미를 파악하고자 한다. 2000년 이후 뉴스 제작 자동화 관련 논문들에 대한 문헌 분석 결과, 기자들은 일상화된 작업을 덜어주는 새로운 기술에 대해 직업적 위상의 약화나 실직을 초래할 잠재적 위험 요소로 인식하지만 이용자들은 기계가 작성한 기사와 인간이 작성한 기사 사이에 큰 차이를 느끼지 못하는 것으로 나타났다(Peña-Fernández, Meso-Ayerdi, Larrondo-Ureta, & Díaz-Noci, 2023). 인공지능과 기자들에 의해 작성된 기사의 신뢰도에 대한 인식의 차이를 실험한 또 다른 연구에서는 출처에 따른 신뢰도의 차이는 나타나지 않았는데, 다만 인공지능에 의해 작성된 기사들은 보다 그럴듯한 논리 구조를, 사람에 의한 기사는 보다 생동감 있는 서사 구조를 갖추었다고 인식되는 것으로 분석되었다 (Barrolleta & Sandoval-Martín, 2024). 이러한 접근의 연장선으로서 내용 (content) 생산자로서의 인공지능의 역량과 한계를 검토하면서 생성형 인공지능과의 공동 작업을 통한 제작을 시도하기도 하는데(Pavlik, 2023), 궁극적으로는 인간과 기계와의 상호작용을 활성화할 수 있는 기술의 설계나 효율적인 기술 도입을 위한 전략에 대한 논의로 이어질 수 있다.

9. 결론

우리는 '저널리즘'이라는 표현보다는 '뉴스 생산'이 현재 저널리즘 위기를 논하거나 언론인의 정체성, 뉴스의 속성을 이해하는 데 더 적절하다고 주장한다. 저널리즘이라는 포괄적이며 추상적인 개념보다는 뉴스 자체를 주목하고 어떤 뉴스를 어떤 과정과 맥락에서 생산할 것인가를 기자, 언론사, 뉴스 이용자, 시장 상황 등을 종합적으로 고려해 접근하는 것이 효율적이기 때문이다.

현재는 공공 무선망을 포함한 무선 인터넷망, 스마트폰, 각종 휴대용 디지털 기기 등의 확산으로 현대 사회가 광범위한 디지털 연결망으로 촘촘하게 구성된다. 연구자들은 다채널 또는 다매체 환경을 강조하면서 뉴스 채널의 폭이 증가한 점을 높게 평가한다. 이용자가 선택할 수 있는 뉴스 채널이 많아진 것은 방송통신위원회가 2010년 12월 31일에 4개 종합편성채널과 보도전문채널 법인을 발표한 것에서 실감할 수 있다.

그러나 뉴스와 관련해 채널이나 매체의 수가 증가한 것이 본질이 될 수는 없다. 뉴스의 질 또는 뉴스의 속성이 얼마나 다양하고 풍부한지가 관건이기 때문이다. 언론 시장에 기존 전문기자 이외에 시민기자, 개인 블로거, 일반 뉴스 이용자 등 새로운 주체가 유입된 상황에서 "뉴스를 누가 어떻게 생산하는가"라는 질문은 근본적 질문 중 하나일 것이다. 뉴스를 분석의 핵심으로 삼고, 뉴스의 개념, 뉴스 생산 또는 뉴스 제작의 의미 및 구체적 방식에 사회학, 정치 소통, 문화연구, 언어 분석학, 역사학 5개의 관점에서 접근하는 노력은 뉴스에 대한 이해의 폭과 깊이를 배가하고, 저널리즘 위기 극복의 실질적 대안을 찾는 데 기여할 것이다. 이 노력은 게이트키핑, 매체 간 의제설정, 장 이론, 복잡성 이론 등 기존 이론을 토대로 뉴스 생산을 설명하는 새로운 이론을 개발하는 자극이 될 것이다. 또한, 최근 챗GPT 등 생성형 인공지능이 확산하는 상황을 반영해 인공지능 기반 저널리즘을 논의한 부분은 관련 연구자와 독자에게 참고할 만한 지침이 될 것이다.

우리가 이 장에서 다룬 뉴스 생산과 관련한 이론과 개념은 연구성과 중 일부분에 불과하다. 참고문헌의 논문과 책 등도 우리의 관심에 따라 선택적으로 수록된 것이어서, 포괄적이고 심도 깊은 흐름을 파악하는 데 한계가 있다. 이러한 한계점에도 불구하고 저널리즘의 논의에서 뉴스와 뉴스 생산의 중요성을 강조한 관점은 독자가 주목할 부분이다. 저널리즘은 끝났다는 주장에 동의하는 연구자와 대학원생은 뉴스에 대한 욕구와 뉴스 자체가 사라진 것인지를 되짚어볼 필요가 있다. 앞서 제기한 사회학, 정치소통 등 5가지 관점을 감안하면, 뉴스는 사회, 정치, 문화, 역사, 경제 등 매체 환경을 토대로 생산되고 소비되는 공적 자산이라는 점을 부정하기 힘들 것이다.

참고문헌

강진숙 (2010). 1인 미디어로서의 블로그 이용문화와 기술적 상상: 플루서의 코무니콜로기론을 중심으로. 〈언론과 사회〉, 18권 3호, 2-34.

김경모 · 김나래 (2013). 이용자 협업형 뉴스 제작의 참여 결정요인: 합리적 행동 모형과 동기 분석의 통합적 접근. 〈언론과학연구〉, 13권 4호, 89-134.

김경희 (2002). 이메일 주문형 뉴스의 주관적 기사 쓰기 방식에 관한 연구: 기자들의 뉴스 생산과 정과 이용자 태도를 중심으로. 〈한국언론학보〉, 46권 2호, 67-98.

김사승 (2009). 뉴스 생산과정의 긴장관계에 관한 개념적 분석. 〈한국언론학회 학술대회 발표논문 집〉. 141-147.

김사승 (2013). 소비자 경험가치 관점의 뉴스상품성 강화를 위한 뉴스 생산의 탐색적 모형에 관한 연구: 신문을 중심으로. 〈한국언론학보〉, 57권 2호, 33-57.

김송희 · 윤석년 (2009). 디지털 환경에 따른 지역신문 뉴스 생산과정 변화에 관한 연구. 〈언론과 학연구〉, 9권 2호, 207-242.

민정식 (2001). 한국 지방지 기자들의 뉴스 제작 신념과 지향성: 대구 · 부산지역 기자들을 중심으로. 〈언론과학연구〉, 1권 1호, 75-120.

변상욱 (2014). "어뷰징, 후배들에게 부끄럽다", 한국기자협회. http://www.journalist.or.kr/news/article.html?no=33081

윤익한 · 김 균 (2011). 통합 뉴스룸 도입 이후 뉴스 생산 노동과정의 변화: CBS 통합뉴스룸 사례연구. 〈한국언론정보학보〉, 55호, 164-183.

이원표 (2009). 신문에서의 새로운 장르, '뉴스분석': 언어 및 담화적 실현과 혼합적 성격. 〈담화와 인지〉, 16권 3호, 129-170.

임종섭 (2010). 매체 간 의제설정의 관계성 고찰: 유력 뉴스사이트들을 중심으로. 〈언론과학연구〉, 19권 4호, 498-532.

홍경수 (2011). 방송뉴스 제작에 있어서 기자 · PD 협업의 시너지효과 탐구: KBS 2TV 〈뉴스투데이〉를 중심으로. 〈한국콘텐츠학회논문지〉, 11권 4호, 164-176.

홍지아 (2006). 미디어의 차별화 전략과 상징적 경계에 대한 연구: '출산율'에 대한 〈오마이뉴스〉와 〈중앙일보〉의 기사 내용분석을 중심으로. 〈한국언론학보〉, 50권 6호, 227-253.

Altheide, D. L., & Michalowski, S. R. (1999). Fear in the news: A discourse of control. *Sociological Quarterly, 40*(3), 475-503.

Anderson, C. W. (2011). Deliberative, agonistic, and algorithmic audiences: Journalism's vision of its public in an age of audience transparency. *International Journal of Communication, 5*, 529-547.

Bardoel, J., & Deuze, M. (2001). Network journalism: Converging competencies of old and new media professionals. *Australian Journalism Review, 23*(2), 91-103.

Barnhurst, K. G., & Nerone, J. (2009). Journalism history. In K. Wahl Jorgensen & T. Hanitzsch (Eds.), *The handbook of journalism studies* (pp. 17-28). Routledge.

Barrolleta, L. A. L. R., & Sandoval-Martín, T. (2024). Artificial intelligence versus journalists: The quality of automated news and bias by authorship using a Turing test. *Análisi, 70*, 15-36.

Beckett, C. (2019). *New powers, new responsibilities: A global survey of journalism and artificial intelligence.* London School of Economics, https://www.journalismai.info/research/2019-new-powers-new-responsibilities.

Bell, A. (1998). The discourse structure of news stories. In A. Bell & P. Garrett (Eds.), *Approaches to media discourse* (pp. 64-104). Blackwell Publishing.

Benson, R. (2006). News media as a "Journalistic Field": What Bourdieu adds to new institutionalism and vice versa. *Political Communication, 23*(2), 187-202.

Berkowitz, D. A. (2009). Reporters and their sources. In K. Wahl-Jorgensen & T. Hanitzsch (Eds.), *The handbook of journalism studies* (pp. 102-115). Routledge.

Bird, E. S., & Dardenne, R. W. (2009). Rethinking news and myth as storytelling. In K. Wahl-Jorgensen & T. Hanitzsch (Eds.), *The handbook of journalism studies* (pp. 205-217). Routledge.

Bourdieu, P. (1984). *Distinction: A social critique of the judgement of taste* (trans. Richard Nice). Harvard University Press.

Bourdieu, P. (1996). *On television* (trans. P. P. Ferguson). New Press.

Bourdieu, P. (1998). *Practical reason: On the theory of action.* Stanford University Press.

Bourdieu, P. (2005). The political field, the social science field, and the journalistic field. In R. Benson & E. Neveu (Eds.), *Bourdieu and the journalistic field* (pp. 29–47). Polity Press.

Bourdieu, P., & Wacquant, L. J. D. (1992). *An invitation to reflexive sociology.* University of Chicago.

Breed, W. (1955). Newspaper opinion leaders and processes of standardization. *Journalism Quarterly, 32*(3), 277–284, 328.

Bruns, A. (2008). *Blogs, Wikipedia, Second Life, and beyond.* Peter Lang Publishing.

Buckalew, K. J. (1969). News elements and selection by television news editors. *Journal of Broadcasting & Electronic Media, 14*(1), 47–54.

Byrne, D. (1998). *Complexity theory and the social sciences: An introduction.* Routledge.

Byrne, D. (2005). Complexity, configurations and cases. *Theory, Culture & Society, 22*(5), 95–111.

Carlson, M. (2007). Order versus access: News search engines and the challenge to traditional journalistic roles. *Media, Culture & Society, 29*(6), 1014–1030.

CNTI (2024). *Artificial Intelligence in Journalism.* Center for News, Technology & Innovation. https://go.innovating.news/9mQhAi

Cohen, S., Hamilton, J. T., & Turner, F. (2011). Computational journalism. *Communications of the ACM, 54*(10), 66–71.

Cottle, S. (2003). Media organization and production: Mapping the field. In S. Cottle (Ed.), *Media organization and production* (pp. 3–24). SAGE Publications.

Danzon-Chambaud, S. (2021). *A systematic review of automated journalism scholarship: guidelines and suggestions for future research.* Open research europe, 1. https://doi.org/10.12688/openreseurepe.13096.1

Deuze, M., & Beckett, C. (2022). Imagination, algorithms and news: Developing AI literacy for journalism. *Digital Journalism, 10*(10), 1913-1918.

Dinan, W., & Miller, D. (2009). Journalism, public relations, and spin. In K. Wahl-Jorgensen & T. Hanitzsch (Eds.), *The handbook of journalism studies* (pp. 250–264). Routledge.

Domingo, D., Quandt, T., Heinonen, A., Paulussen, S., Singer, J. B., & Vujnovic, M. (2008). Participatory journalism practices in the media and beyond. *Journalism Practice, 2*(3), 326–342.

Dörr, K. N., & Hollnbuchner, K. (2017). Ethical challenges of algorithmic journalism. *Digital Journalism, 5*(4), 404–419.

European Commission (2021). *Fostering a European approach to artificial Intelligence.* COM(22)205 Final. European Commission. https://digital-strategy.ec.europa.eu/library/communication-fostering-europ ean-approach-artificial-intelligence

Fenton, N., Bryman, A., Deacon, D., & Birmingham, P. (1997). 'Sod off and find us a boffin': Journalists and the social science conference. *Sociological Review*, *45*(1), 1-23.

Gans, H. (1979). *Deciding what's news: A study of CBS Evening News, NBC Nightly News, Newsweek and Time.* Vintage Books.

Gitlin, T. (1980). *The whole world is watching: Mass media in the making and unmaking of the new left.* University of California Press.

Glaser, B. G. (2002). Conceptualization: On theory and theorizing using grounded theory. *International Journal of Qualitative Methods*, *1*(2), 1-31.

Glaser, B. G., & Strauss, A. L. (1967). *The discovery of grounded theory: Strategies for qualitative research.* Aldine Transaction.

Görke, A. (2001). Entertainment as public communication: A systems-theoretic approach. *Poetics*, *29*(4/5), 209-224.

Görke, A., & Scholl, A. (2006). Niklas Luhmann's theory of social systems and journalism research. *Journalism Studies*, *7*(4), 644-655.

Graefe, A., & Bohlken, N. (2020). Automated journalism: A meta-analysis of readers' perceptions of human-written in comparison to automated news. *Media and Communication*, *8*(3), 50-59.

Guzman, A. L. (2018). What is human-machine communication, anyway. In A. L. Guzman(Ed.), *Human-machine communication: Rethinking communication, technology, and ourselves* (pp. 1-28). Peter Lang.

Hallin, D. C. (1994). *We keep America on top of the world: Television journalism and the public sphere.* Routledge.

Hallin, D. C., & Mancini, P. (2004). *Comparing media systems: Three models of media and politics.* Cambridge University of Press.

Hartley, J. (2009). Journalism and popular culture. In K. Wahl-Jorgensen & T. Hanitzsch (Eds.), *The handbook of journalism studies* (pp. 310-324). Routledge.

Helberger, N., & Diakopoulos, N. (2023). The European AI act and how it matters for research into AI in media and journalism. *Digital Journalism*, *11*(9), 1751-1760.

Hermida, A. (2010). From TV to Twitter: How ambient news became ambient journalism. *M/C Journal*, *13*(2), 1-6. https://doi.org/10.5204/mcj.220

Kaplan, R. L. (2006). The news about new institutionalism: Journalism's ethic of objectivity and its political origins. *Political Communication*, *23*(2), 173 -185.

Latar, N. L. (2015). The robot journalist in the age of social physics: The end of human journalism? In G. Einav (Ed.), *The new world of transitioned media: Digital realignment and industry transformation* (pp. 65-80). Springer.

Lee, B., Lancendorfer, K. M., & Lee, K. J. (2005). Agenda-setting and the Internet: The intermedia influence of Internet bulletin boards on newspaper coverage of the 2000 general election in South Korea. *Asian Journal of Communication*, *15*(1), 57-71.

Lewis, S. C., Guzman, A. L., & Schmidt, T. R. (2019). Automation, journalism, and human-machine communication: Rethinking roles and relationships of humans and machines in news. *Digital Journalism*, 7(4), 409-427.

Luan, H., Geczy, P., Lai, H., Gobert, J., Yang, S. J., Ogata, H., & Tsai, C. C. (2020). Challenges and future directions of big data and artificial intelligence in education. *Frontiers in Psychology, 11*. https://doi.org/10.3389/fpsyg.2020.580820

Luhmann, N (1995). *Social systems* (trans. Bednarz, John Jr., & Baecker, Dirk), Stanford University Press.

Marconi, F. (2020). *Newsmakers: Artificial intelligence and the future of journalism*. Columbia University Press.

Marconi, F., & Siegman, A. (2017). *The future of augmented journalism. A guide for newsrooms in the age of smart machine*. AP Insights. JournalismAI. https://insights.ap.org/uploads/images/the-future-ofaugmented-journalism_ap-report.pdf

McBride, K., & Rosenstiel, T. (2014). New guiding principles for a new era of journalism. *The new ethics of journalism: Principles for the 21st century*, 1-6.

McCombs, M. E. (1992). Explorers and surveyors: Expanding strategies for agenda-setting research. *Journalism Quarterly, 69*(4), 813-824.

McCombs, M. E., & Shaw, D. L. (1993). The evolution of agenda-setting research: Twenty-five years in the marketplace of ideas. *Journal of Communication, 43*(2), 58-67.

Noain Sánchez, A. (2022). Addressing the Impact of Artificial Intelligence on Journalism: The perception of experts, journalists and academics. *Communication & Society*, 35(3), 105-121.

Nowotny, H. (2005). The increase of complexity and its reduction: Emergent interfaces between the national sciences, humanities and social sciences. *Theory, Culture & Society, 22*(5), 15-31.

O'Neill, D., & Harcup, T. (2009). News values and selectivity. In K. Wahl-Jorgensen & T. Hanitzsch (Eds.), *The handbook of journalism studies* (pp. 161-174). Routledge.

Pavlik, J. V. (2023). Collaborating with ChatGPT: Considering the implications of generative artificial intelligence for journalism and media education. *Journalism & Mass Communication Educator, 78*(1), 84-93.

Peña-Fernández, S., Meso-Ayerdi, K., Larrondo-Ureta, A., & Díaz-Noci, J. (2023). Without journalists, there is no journalism: the social dimension of generative artificial intelligence in the media. *El Profesional de la información, 32*(2). https://doi.org/10.3145/epi.2023.mar.27

Porlezza, C. (2023). Promoting responsible AI: A European perspective on the governance of artificial intelligence in media and journalism. *Communications*, 48(3), 370-394.

Potter, W. J. (2001). *Media literacy*. SAGE Publications.

Quandt, T., & Singer, J. B. (2009). Convergence and cross-platform content production. In K. Wahl-Jorgensen & T. Hanitzsch (Eds.), *The handbook of journalism studies* (pp. 130-144). Routledge.

Quinonez, C., & Meij, E. (2024). A new era of AI...assisted journalism at Bloomberg. *AI Magazine*, *45*, 187-199.

Qvortrup, L. (2006). Understanding new digital media: Medium theory or complexity theory. *European Journal of Communication*, *21*(3), 345-356.

Reeves, B., & Nass, C. (1996). *The media equation: How people treat computers, television, and new media like real people.* Cambridge University Press.

Schmierbach, M. (2005). Method matters: The influence of methodology on journalists' assessments of social science research. *Science Communication*, *26*(3), 269-287.

Schramm, W. (1973). *Men, messages, and media: A look at human communication.* Harper & Row.

Schudson, M. (1967). *Discovering the news: A social history of american newspapers.* Basic Books.

Schudson, M. (2003). *The sociology of news production.* W. W. North & Company.

Shoemaker, P. J., Chang, T. K., & Brendlinger, N. (1987). Deviance as a preditor of newsworthiness: Coverage of international events in the U. S. media. In M. L. McLaughlin (Ed.), *Communication yearbook* (pp. 348-365). SAGE Publications.

Shoemaker, P. J., & Mayfield, E. K. (1987). Building a theory of news content: A synthesis of current approaches. *Journalism Monographs*, *103*, 1-36.

Siebert, F. S., Peterson, T., & Schramm, W. (1956). *Four theories of the press: The authoritarian, libertarian, social responsibility and Soviet communist concepts of what the press should be and do.* University of Illinois Press.

Sigal, L. V. (1973). *Reporters and officials: The organization and politics of newsmaking.* D.C. Heath and Company.

Simon, F. M. (2022). Uneasy bedfellows: AI in the news, platform companies and the issue of journalistic autonomy. *Digital Journalism*, *10*(10), 1832-1854.

Simon, F. M. (2024). *Artificial intelligence in the news: how AI retools, rationalizes, and reshapes journalism and the public arena.* Tow Center for Digital Journalism, Columbia University. https://doi.org/10.1007/978-3-319-09009-2_6

Stocking, S. H., & LaMarca, N. (1990). How journalists describe their stories: Hypotheses and assumptions in newsmaking. *Journalism Quarterly*, *67*(2), 295-301.

Tuchman, G. (1972). Objectivity as strategic ritual: An examination of newsmen's notions of objectivity. *American Journal of Sociology*, *77*, 660–679.

Tuchman, G. (1973). Making news by doing work: Routinizing the unexpected, *American Journal Sociology*, *79*(1), 110-131.

Tuchman, G. (1978). *Making news: A study in the construction of reality.* Free Press.

Urry, J. (2005). The complexity turn. *Theory, Culture & Society*, *22*(5), 1-14.

van Dijk, T. A. (2009). News, discourse, and ideology. In K. Wahl-Jorgensen& T. Hanitzsch (Eds.), *The handbook of journalism studies* (pp. 191-204). Routledge.

Weaver, D. H., & McCombs, M. (1980). Journalism and social science: A new relationship?. *Public Opinion Quarterly, 44,* 477-494.

White, D. M. (1950). The "Gate Keeper": A case study in the selection of news. *Journalism Quarterly, 27*(4), 383-390.

Willig, I. (2013). Newsroom ethnography in a field perspective. *Journalism, 14*(3), 372-387.

Zelizer, B. (2004). *Taking journalism seriously: News and the academy.* Sage.

Zelizer, B. (2009). Journalism and the academy. In K. Wahl-Jorgensen & T. Hanitzsch (Eds.), *The handbook of journalism studies* (pp. 29-41). Routledge.

대중매체 효과

안도현 | 제주대 언론홍보학과 교수

매체 효과(media effects) 연구는 초기부터 대중 소통(mass communication)의 틀에서 이뤄져 왔다. 20세기 초 대규모 소통 기술의 확산에 따라 '대중'이란 개념이 등장했고, 이는 청중의 큰 규모와 획일적 속성을 전제로 했다. 20세기 후반 소통 기술의 발전으로 청중의 속성은 전 세계적 규모로 확대되고, 동시성과 상호작용성이 강화되는 한편, 획일성은 약화되고 개별성이 부각됐다(Valkenburg et al., 2016). 따라서 오늘날의 대중매체 효과에서 '대중'은 "대규모의 사람들이 개별적 및 집단적으로, 그리고 동시적 혹은 비동시적으로 상호작용할 수 있는 집단"으로 재정의할 수 있다.

매체 효과는 다양한 방식의 매체 이용이 개인, 집단, 또는 사회 수준에서 생각, 감정, 행동에 단기적 또는 장기적으로 미치는 변화를 의미한다. 매체는 정보를 표현해 의미를 공유할 수 있도록 하는 수단이다. 매체와 채널의 차이는 정보의 표현과 신호 전달에 있다. 채널은 신호를 전달하는 물리적 수단으로서 전파, 음파, 광파 및 시·청·촉각 등의 감각 채널이 있다. 매체는 정보의 표현 수단으로 자연 매체(예: 얼굴, 몸), 문화 매체(예: 문자, 그림), 및 기술 매체(예: 종이, 전화, 텔레비전, 컴퓨터)로 구분된다(나은영, 2015). 이 글에서는 논의를 기술 매체에 국한해서 다룬다.

다양한 방식의 매체 이용이란 매체의 내용, 양식 및 구조의 다양성을 의미한다. 매체 효과는 다양한 내용(content: 기록, 습득, 관계, 설득, 오락), 양식(modality: 문자, 음성, 영상, 상호작용 등), 구조(structure: 해상도, 크기, 속도 등)의 속성에 따라 달라질 수 있으며, 이러한 속성은 의도적이든 비의도적이든 매체 이용과 관련된 행위에 영향을 미친다.

공유되는 정보는 메시지로서, 내용에 따라 크게 5가지 범주(기록, 습득, 설득, 관계, 오락)로 나눌 수 있다. 기록은 정보를 보존하기 위해 사용되며, 역사적 문서 등 다양한 기록물이 이에 속한다. 습득은 새로운 자료, 정보, 지식 혹은 지혜를 얻기 위해 사용되며, 뉴스, 교재 혹은 논문 등이 있다. 설득은 태도를 변화시키기 위해 정보를 제공하는 경우이며, 광고가 이에 해당한다. 오락은 쾌락을 위한 정보의 사용으로, 다양한 양식의 이야기(드라마, 게임 등)와 음악 등이 있다. 관계는 사람들 간의 관계를 형성하고 유지하기 위한 정보의 공유를 의미한다. 관계 범주의 기능은 웹과 같은 상호작용 연결망 기술의 발달로 대인, 소집단, 조직 소통뿐 아니라 대중 소통에서도 활발하게 이뤄지고 있다. 사회연결망 서비스(social network service, SNS)가 이에 해당한다.

매체 효과는 매체 이용에 의해 이용자의 생각, 감정 혹은 행동에 미치는 변화이므로 학습(learning)에 해당한다. 학습에 대해서는 학문 분야별로 다양하게 정의를 제시하지만, 널리 통용되는 교과서적 정의는 경험에 의해 유발되는 행동 혹은 행동을 가능하게 하는 기제(지식, 태도, 선호도, 신념 등)의 지속적인 변화다. '지속적인 변화'란 학습된 결과가 일시적이거나 일회적이 아님을 의미한다. 또한 이 변화는 성숙과 같은 자연스러운 변화 혹은 피로나 약물복용과 같은 생리적 변화는 포함하지 않는다(Baron et al., 2015).

학습을 구분하는 방법은 다양하나, 크게 3가지 유형(비연합 학습, 연합학습, 모형기반 학습)으로 나눌 수 있으며, 각 유형의 학습은 매체 효과를 이해하는 틀로 적용할 수 있다.

비연합 학습(non-associative learning)은 자극과 자극 혹은 자극과 행동의 연결 없이 일어나는 가장 단순한 형태의 학습이다. 특정 자극에 노출될 때 반응이 약화되거나 강화되는 현상이다. 습관화(habituation)와 민감화(sensitization)는 비연합 학습의 두 가지 주요 유형이다. 습관화는 불필요한 자극을 걸러낼 수 있도록 하는 선별기제로서 반복적 자극에 의한 반응이 약화된다. 반면, 민감화는 유해하거나 고통스러운 자극에 대한 반응이 더 강해지는 현상이다(Ioannou & Anastassiou-Hadjicharalambous, 2021). 습관화의 원리를 적용한 매체 효과 이론으로는 둔감화 이론(desensitization theory)이 있다. 지속적으로 매체 폭력물에 노출될 경우 폭력 자극에 대한 감정적 반응이 둔화돼 폭력 상황에 대한 도덕적 판단이 무뎌지는 경향이 있다(Brockmyer, 2013). 민감화의 원리는 아동에 대한 공포물의 유해성을 설명할 수 있다. 아동의 공포물 노출은 아동의 공포 자극에 대한 민감도가 증가해서 두려움, 불안, 외상 후 스트레스 장애, 우울증 등의 내면화된 반응과 연관된다(Pearce & Field, 2016).

연합 학습(associative learning)은 자극과 자극 또는 자극과 행동 간의 연결을 통해 이뤄지는 학습이다. 고전적 조건화(classical conditioning; Pavlov, 1927, 2010)는 무조건 자극(예: 음식)과 조건 자극(예: 음식을 주는 사람)이 연합돼 학습이 일어나는 방식이다. 기구적 조건화(instrumental conditioning; Skinner, 1938, 2019)[1]는 특정 행동이 보상이나 처벌과 연관돼 학습이 일어나는 방식이다. 예를 들어, 전략소통(광고, 공중관계 등)에서는 고전적 조건화를 활용해 상품(조건 자극)과 매력적인 인물(무조건 자극)을 연결해서 소비자를 변화시키려 하거나, 기구적 조건화를 활용해서 건강한 삶(보상) 혹은 질병(처벌)을 특정 행동(예: 금연이나 절주)과 연결해서 공중의 태도나 행동을 변화시키려 한다.

---

1   조작적 조건화(operant conditioning)이라고도 한다.

모형기반 학습(model-based learning)은 보상이나 자극의 연결 없이 환경에 대한 인지적 모형을 형성해 이뤄지는 학습이다. 즉각적으로 학습의 결과가 나타나지 않고 '잠재'하기에 잠재학습(latent learning)이라고도 한다(Tolman, 1949; Tolman & Honzik, 1930). 매체는 표상을 통해, 보상이나 명시적 자극 없이도, 수용자들이 실세계에 대한 정신 모형(mental model)을 형성하도록 한다. 배양 효과나 사회 학습 등 대부분의 매체 효과가 이 범주에 속한다.

1. 매체 이용과 효과의 논리 구조

매체의 이용과 효과 사이에 원인과 결과의 논리 구조가 있다고 여기는 경향이 있다. 이러한 구조에서 매체 이용이 원인이고, 그에 따른 변화가 효과로서 결과를 나타내는 것으로 이해된다. 그러나 매체 효과로 관찰되는 현상이 반드시 인과관계를 의미하는 것은 아니다. 두 변수 간의 연관성을 탐구할 때는 인과관계뿐만 아니라, 역인과관계, 교류관계, 허위관계, 매개관계 및 조절관계(또는 조건부 관계)와 같은 다양한 관계의 가능성을 함께 고려해야 한다(Pearl & Mackenzie, 2018; Valkenburg et al.,2016).

- 인과관계: 매체 효과의 인과관계는 매체 이용이 실질적인 변화의 원인으로 작용하는 현상을 의미한다. 매체 효과 연구에는 두 가지 접근으로 나눌 수 있다. 첫 번째는 매체 자체의 속성에 초점을 두는 접근이다. 예를 들어 배양 이론(cultivation theory)은 매체의 장기적인 노출이 이용자의 세계관을 형성하는 데 미치는 영향을 탐구한다(Gerbner, 1969). 두 번째는 매체 이용자에 초점을 두는 접근이다. 선택적 노출 이론(selective exposure theory)은 이용자가 자신의 기존 신념이나 태도에 부합하는 정보를 선택적으로 수용하는 과정을 설명한다(Zillmann &

Bryant, 1985).

- **교류관계**: 교류관계로서의 매체 효과는 매체 이용과 그 결과가 상호
작용하는 현상이다. 매체 이용자는 선택적으로 자신을 매체에 노출시키
고, 이러한 매체에 대한 노출을 통해 변화가 생기고, 그 변화로 인해 다
시 해당 매체를 더 많이 이용하도록 한다. 이 과정에서 매체와 이용자는
상호 영향을 미친다. 예를 들어, 강화 나선 모형(reinforcing spiral
model)에 따르면, 매체 이용과 결과 변수 간의 상호작용이 되먹임 고리
를 형성해서 태도 형성을 증폭시킬 수 있다. 교류관계는 매체와 이용자
의 상호작용이 반드시 증폭하는 방향으로만 귀결되지는 않는다. 기질,
발달, 환경 등 다양한 요인에 의해 상호적으로 상쇄되기도 한다(Slater,
2015).

- **역인과관계**: 역인과관계는 원인과 결과의 관계가 반대로 작용하는 현
상이다. 예를 들어, 텔레비전 시청 시간이 많은 사람들이 세상을 더 위험
한 곳으로 인식하는 현상이 관찰됐다고 할 때, 텔레비전 시청을 원인으
로, 세상을 위험하게 인식하는 것을 결과로만 해석하는 접근은 역인과관
계의 가능성을 놓칠 수 있다. 실제로는 세상을 위험하게 인식하는 성향
이 강한 사람들이 텔레비전을 더 많이 시청했을 가능성도 존재하기 때문
이다. 주의할 점은 선택적 노출 이론이 인과관계이지 역인과관계에 해당
하지 않는다는 점이다. 선택적 노출은 매체 이용자가 인지적 부조화 혹
은 감정 불균형(스트레스 혹은 지루함)의 상태에서 매체를 선택적으로 이
용해서 매체 이용 전의 문제를 해결하는 효과로 이어지기 때문이다.

- **허위관계**: 허위관계란 제 3의 변수가 매체 이용 변수와 효과로 여겨
지는 변수에 동시에 작용해서 매체 이용과 그 효과 사이에 나타나는 연
관성이 실질적인 관계가 아님에도 불구하고 인과 혹은 역인과관계로 오
인하는 경우다. 예를 들어, 텔레비전 시청과 세상을 위험하게 지각하는
것 사이에 관계가 있다고 가정할 때, 실제로는 텔레비전 프로그램 제작

자와 텔레비전 이용자가 처한 위험한 환경이 제3의 변수로 작용할 수 있다. 이러한 환경 요인이 텔레비전 프로그램에서 세상을 더 위험하게 묘사하도록 만들고, 동시에 이용자로 하여금 세상을 더 위험하게 인식하게 할 수 있다. 이 경우, 텔레비전 시청과 위험 지각 간의 관계는 실제로는 환경적 요인에 의해 발생한 허위관계에 해당한다.

- 매개관계: 매개관계는 두 변수 간의 관계를 설명할 때, 중간에 위치한 제3의 변수가 기제로서 그 관계를 중재하거나 설명하는 관계다. 허위 관계와 매개관계는 통계적으로 유사한 결과를 나타낼 수 있지만, 이 둘을 구분하기 위해서는 원인 변수와 매개 변수를 연결하는 인과성에 대한 경험적 또는 이론적 근거가 필요하다. 예를 들어, 점화이론(priming theory)에 따르면, 폭력적인 내용의 매체 이용이 공격성의 증가와 관련성이 있을 때, 폭력적인 내용의 반복적인 노출에 의한 공격과 관련된 정신 모형(mental model)의 활성화가 매개변수로 작용해서 공격성이 증가한다고 설명할 수 있다(Berkowitz, 1984).

- 조절관계: 조절관계는 조건부 관계라고도 한다. 매체 이용의 결과가 개인차나 사회적 환경과 같은 조절 변수에 따라 달라지는 현상을 나타낸다. 상쇄 관계와 상보 관계로 구분할 수 있다. 상쇄 관계는 조절 변수가 결과에 원인 변수와는 상반된 영향을 미쳐, 두 변수의 영향이 서로 상쇄하는 현상을 말한다. 예를 들어, 심슨의 역설(Simpson's paradox)에 따르면, 전체 자료를 분석할 때 나타난 두 변수 간의 관계가, 하위 집단으로 나누어 분석할 경우 반대로 나타날 수 있다(Kievit et al., 2013; Simpson, 1951). 반면, 상보 관계는 두 변수가 함께 작용해서 결과에 더 큰 영향을 미치는 현상으로, 이때 두 변수는 서로의 효과를 증대시키는 방식으로 상호작용한다.

많은 매체 효과 이론이 조절 변수를 다루고 있지만, 차별적 민감성 모형

(differential susceptibility to media effects model)은 조절 변수를 가장 포괄적으로 설명하는 접근법을 제공한다. 이 모형은 매체 효과가 이용자의 기질, 발달 단계, 그리고 사회적 맥락과 같은 개인적 특성과 환경적 요인이 일치할 때 더욱 증폭될 수 있음을 강조한다. 예를 들어, 강한 공격 성향(기질), 청소년기(발달 단계) 혹은 폭력적인 부모 아래에서 성장한 환경(사회적 맥락)에 있는 사람들은 폭력적인 매체 내용에 노출될 때 더 강한 영향을 받을 가능성이 높다(Valkenburg & Peter, 2013).

2. 매체 효과 이론

1) 주요 매체 효과 이론

연구 동향을 분석하는 방법 중 하나로 계량서지학(bibliometric studies) 접근이 있다. 출판물과 그 인용 횟수를 수치적으로 분석하는 방법이다. 매체 효과 연구 동향을 다룬 계량서지학 연구로는 1950년대부터 주요 소통학 학술지에 게재된 논문들을 분석한 5편의 연구가 있다. 발켄버그와 올리버(Valkenburg & Oliver, 2019)는 이 연구들을 종합해서, '불후의 이론(evergreen theory)'이라 불릴 정도로 일관되게 많이 인용되는 6개의 이론과 추가로 자주 인용되는 8개의 이론을 추출했다. 이들은 추가적으로 15개 학술지에 게재된 상위 인용 논문을 분석해서 새롭게 떠오르는 이론에 대해서도 정리했다(〈표 7-1〉).

〈표 7-1〉 2019년까지 주요 매체 효과 이론

범주	해당 이론	관련 연구
최상위 인용 6대 이론	배양 이론(cultivation theory): 텔레비전 노출이 많을수록 텔레비전에 묘사된 내용으로 현실 인식 주장.	Gerbner, 1969; Gerbner & Gross, 1976
	의제 설정 이론(agenda setting theory): 뉴스 매체가 공공 의제에서 주제의 중요성에 미치는 영향 설명.	McCombs & Shaw, 1972
	혁신의 확산 이론(diffusion of innovations): 새로운 사상과 기술이 사회 체계 내에서 어떻게, 왜, 어떤 속도로 확산되는지 설명.	Rogers, 1962
	이용과 충족 이론(uses and gratification theory): 사람들이 특정 매체를 선택하는 이용 동기 파악 시도.	Katz et al., 1973; Rosengren, 1974
	사회학습/사회인지이론(social learning/social cognitive theory): 관찰과 모방을 통한 행동 변화 설명.	Bandura, 1977, 2009
	매체 의존 이론(media system dependence theory): 개인의 매체 의존도가 클수록, 매체 효과 증대 주장.	Ball-Rokeach & DeFleur, 1976
상위 인용 8대 이론	2단계 흐름 이론(two-step flow theory): 매체효과는 직접적이기보다는 여론지도자의 개인적 영향력을 통한 간접적 영향이라고 주장.	Lazarsfeld et al., 1948
	지식 격차 이론(knowledge gap theory): 대중매체가 사회경제적 지위의 상층 및 하층 사이의 지식 격차를 어떻게 증가시킬 수 있는지 논의.	Tichenor et al.,1970
	침묵의 나선 이론(spiral of silence theory): 다수의 견해와 다를 때 사람들이 침묵을 유지하는 경향 논의함으로써, 매체가 다수의 견해 형성에 기여 주장.	Noelle-Neuman, 1974
	점화 이론(priming theory): 매체효과의 기제를 매체 내용에 의한 정신 모형 활성화로 설명.	Berkowitz, 1984
	제3자 효과(third person effect): 다른 이용자가 매체로부터 받을 것으로 지각되는 영향에 의한 매체 효과 제시.	Davison, 1985
	정교화가능성 모형(elaboration likelihood model): 정보처리 이중경로(중심경로와 주변경로)가 태도 형성 또는 변화에 미치는 차별적 영향 설명.	Petty & Cacioppo, 1986
	틀짓기 이론(framing theory): 특정 주제의 제시 방식이 청중의 인식에 미치는 영향 논의.	Entman, 1993; Scheufele, 1999
	제한된 용량 모형(limited capacity model): 제한된 인지 용량이 정보 처리에 미치는 영향 분석.	Lang et al., 1995; Lang, 2000

| 떠오르는 이론 | 선택적 노출 이론(selective exposure theory): 기존 신념이나 태도에 부합하거나 감정 불균형 상태를 해소할 수 있는 매체를 선택하는 작용 제시. | Zillman & Bryant, 1985; Knobloch-Westerwick, 2015 |
| | 서사 몰입 이론(transportation theory): 이야기 몰입 경험이 현실 세계에 대한 인식을 변화시키고, 이로 인해 이야기에 담긴 메시지에 설득당하는 기제 제시. | Green & Brock, 2000 |

주: 각 범주별로 최초 제시된 순서대로 정렬

2) 매체 중심 패러다임

매체 중심 패러다임은 매체의 다양한 속성(내용, 양식, 구조)이 매체 효과의 주요 원인이라고 보는 접근 방식이다. 이 패러다임은 매체 효과 연구에서 가장 큰 비중을 차지하며, 특히 매체의 내용이 이용자에게 미치는 영향을 탐색하는 이론들이 다수를 이룬다.

(1) 배양 이론

① 주요 내용

매체의 내용이 이용자의 현실 인식에 영향을 미치는 현상을 배양 (cultivation)이라고 한다. 배양 개념은 1960, 1970년대 널리 보급되던 텔레비전의 폭력 묘사와 현실 인식 사이의 관련성에 대한 관찰을 토대로 제시됐다. 거브너(Gerbner)와 그의 동료들은 텔레비전이 시청자에게 폭력 등과 같은 부정적인 내용이 주를 이루는 상징적 환경을 제공하며, 이 환경이 시청자들의 마음속에 사회적 현실을 '배양'한다고 봤다. 이를 바탕으로 텔레비전 프로그램에서 어떤 사회적 그룹이 범죄자나 희생자로 묘사되는지를 분석하는 연구를 수행했다. 이를 통해 텔레비전을 많이 이용할수록 텔레비전이 제시하는 시각에 따라 더 왜곡된 방식으로 현실을 인식할 가능성이 높다고 결론지었다. 예를 들어, 텔레비전을 많이 이용하는 사람은, 실제 범죄율과는 관계없이, 현실 세계에 범죄가 더 만연하고 자신이 범죄 피해자가 될 가능성이 더 높다고 느끼는 경향이다. 초기 연구는 주로 법집행, 폭력, 범죄, 그리고 타인에 대한 신뢰와 관련된 문제에 집중했지만, 이후 연구는 성 역할, 건강, 정치 등 다른 주제로 확장됐다(Gerbner, 1969; Gerbner & Gross, 1976; Busselle & Van den Bulck, 2019에서 재인용).

거브너 등은 배양이론이 피하주사 가설(hyperdermic-needle hypothesis)처럼 매체의 내용이 이용자의 심상을 직접적으로 만들어 내는 것이 아니라, 공명(resonance)과 주류화(mainstreaming)의 역동적인 과정을 통해 이용자에게 영향을 미치는 것이라 주장했다. 공명은 기존에 갖고 있는 고정관념과 세계관이 텔레비전 시청을 통해 강화되는 과정이다. 주류화는 텔레비전을 많이 이용하는 집단을 통해 사회에 동일한 인식이 확산되는 과정이다(Gerbner et al., 1980).

② 한계와 비판

배양 이론은 큰 반향을 일으켰으며, 매체 효과에서 가장 많이 인용되는 6대 이론 중 하나로 자리 잡았다. 1990년대 후반의 20년 치의 연구를 종합한 메타분석에 따르면, 평균 배양 효과가 0.09로 나타났고 조절 변수는 발견하지 못했다(Morgan & Shanahan, 1997). 최근의 50년 치 연구를 종합한 메타분석에서는 전반적인 효과 크기는 0.107로 나타났다. 다만, 시간에 따라 그 효과는 약화되는 경향을 보였다(Hermann et al., 2021). 메타분석은 텔레비전의 내용과 이용자들의 사회적 현실 인식 간의 지속적인 관계를 확인하면서 전통적 배양 이론을 지지하는 결과가 나온 것으로 해석할 수 있다.

그러나 배양 이론에 대해서는 많은 비판도 존재한다. 우선, 배양 효과가 텔레비전 시청에 의한 불안지각이 인과관계라기보다, 불안도가 높은 사람이 텔레비전을 많이 보게 되는 역인과관계 혹은 제 3변수(거주환경의 질)의 작용에 의한 허위관계 가능성이다. 세상을 위험한 곳이라 지각한 사람들이 집을 덜 나가게 되고, 이에 따라 집에서 텔레비전을 더 많이 시청했는데 그 텔레비전의 내용이 세상을 위험한 곳으로 묘사한 것이라면, 텔레비전 이용자의 두려움의 수준이 높을수록 증가하는 텔레비전 시청량의 관계는 허위관계에 해당한다. 실제로, 거브너 등이 사용했던 자료(1975, 1977년 General Social Survey)를 재분석하면서 나이, 성, 거주지(범죄율, 도시 여부 등) 등을 통제 변수를 투입해서 분석할 경우 배양 효과가 사라졌다(Hughes, 1980). 집 안에 머물기에 발생하는 효과이기에 이를 칩거 가설(withdrawal hypothesis)이라 하며, 범죄학 연구에서 지지받고 있다(Van den Bulck, 2004).

무엇보다 주목할 부분은, 후속 연구자들의 배양 이론이 초기의 배양 이론과는 이질적인 새로운 이론으로 전개됐다는 사실이다(예: Shrum, 1995). 실제로, 많은 연구자들이 사용하는 '배양' 개념은 거브너의 '배양'과는 다르다. 거브너는 전체 텔레비전 시청 시간을 중심으로 거시 수준의 배양 효과를 논의했지만, 대다수의 후속 연구자들은 범죄 드라마, 뉴스, 토크쇼, 로맨틱 쇼, 의료 드라마 등 특정 장르나 프로그램 또는 단일 텔레비전 시리즈나 특정 디지털게임 노출의 영향을 미시 수준에서 탐색하는 데 초점을 맞췄다(Potter, 2014). 이러한 연구자들은 배양 개념을 미시 수준에서 사용해서 보다 넓고 일반적인 사회적 현실 '배양'의 효과를 설명하는 데 적용했다. 결국, 배양 이론이 소통학 분야에서 가장 많이 인용되는 이론이 된 이유는 거브너의 배양 이론을 적용했기 때문이 아니라, 연구자들이 이 '배양'이라는 개념을 다양한 맥락으로 확장 적용했기 때문인 것으로 볼 수 있다(Busselle & Van den Bulck, 2019).

(2) 사회 학습 이론

20세기 중반까지 사회과학의 지배적인 사조는 행동주의였다. 인간 행동을 오직 조건화와 같은 연합학습으로만 설명하려 했기 때문에 복잡한 인간 행동을 이해하는 데 한계가 있었다. 톨만의 잠재학습은 자극과 반응의 연결 없이도 학습이 일어날 수 있음을 보여주며, 행동주의 한계를 넘어 인지적 요소의 중요성을 강조한 전환점을 마련했다. 반두라는 이러한 개념을 사회 영역으로 확장해서 사회 학습 이론을 제시했다. 사회 학습 이론은 매체 효과를 이해하는 중요한 이론적 틀로서 배양 이론과 함께 가장 널리 인용되는 이론 중 하나로 자리 잡았다.

① 주요 내용

• 관찰 학습: 사회 학습 이론(Bandura, 1977)은 인간의 학습이 조건화뿐 아니라, 관찰(observation)과 모방(modeling)을 통해서도 이루어질 수 있다고 주장한다. 사람들이 타인의 행동을 관찰하고 그 결과를 분석하며, 그 행동을 모방하는 과정을 통해 학습이 일어난다는 설명이다. 반두라는 이러한 학습 과정을 '관찰 학습(observational learning)'이라 했고, 사회적 맥락에서 이뤄지는 복합적 과정이기에 '사회 학습 이론'이라 명명했다.

관찰 학습은 네 가지 주요 단계(주의-파지-재생-동기)로 이루어진다. ① 먼저 학습자는 관찰대상의 행동에 주의(attention)를 기울인다. 주의는 관찰대상의 특성(예: 권위, 매력)과 학습자의 동기에 따라 달라질 수 있다. ② 파지(retention) 단계에서 학습자는 관찰대상의 행동을 기억한다. 이 단계에서는 관찰한 행동이 인지적으로 처리되고, 나중에 재생될 수 있도록 기억에 저장된다. ③ 재생(reproduction) 단계에서 학습자는 기억된 행동을 실제로 수행할 수 있게 된다. ④ 학습자가 관찰된 행동을 수행하기 위해서는 동기(motivation)가 있어야 한다. 이 동기는 보상, 처벌, 또는 다른 외적 요인에 의해 강화될 수 있다.

• **대리 강화**: 사회 학습 이론에서도 강화와 처벌이 중요한 역할을 한다. 다만, 행동주의의 직접적인 강화와 달리 대리 강화(vicarious reinforcement)로서, 사람들이 다른 사람의 행동이 보상받거나 처벌받는 것을 관찰함으로써 자신의 행동을 조정할 수 있다. 즉, 학습자는 타인의 경험을 통해 자신에게 적용할 수 있는 규칙을 학습한다.

• **상호 결정론**: 인간 행동은 개인, 행동 및 환경적 요인 간의 상호작용에 의해 결정된다. 상호결정론(reciprocal determinism)은 인간의 행동에 대해 단순한 자극-반응 모형이 아닌, 복잡한 상호작용의 결과로 이해해야 함을 강조한다. 예를 들어, 개인의 신념과 기대는 그들의 행동에 영향을 미치며, 이러한 행동은 다시 환경을 변화시킬 수 있고, 이는 다시 개인에게 영향을 미치는 순환적 관계를 형성한다.

• **사회인지 이론**: 반두라는 사회학습에 인지적 요소를 보강해서 사회인지 이론(social cognitive theory)을 제시했다(Bandura, 1986). 사회인지 이론은 개인이 단순히 환경 자극에 의해 형성되는 반응적 존재가 아니라, 자신의 생각, 감정, 행동을 통해 자기 발전을 도모하고 사회 환경을 형성할 수 있는 능동적인 행위자임을 강조한다.

• **자기효능감**: 개인이 특정 상황에서 목표를 달성할 수 있는 자신의 능력에 대한 신념이다. 자기효능감(self-efficacy)은 개인의 행동선택에 큰 영향을 미친다. 자기효능감의 원천으로는 개인의 성공경험, 다른 사람의 성공경험 관찰, 사회적 설득, 그리고 신체적-정서적 상태가 있다(Bandura, 1986).

• **매체 효과로서의 사회인지 이론**: 사회인지 이론은 대인 및 조직 소통뿐만 아니라, 대중소통 이론으로서도 널리 활용된다. 특히 상징적 이미지나 이야기를 통한 규범의 확산을 설명하는 데 유용하다(Bandura, 2002). 매체 효과 이론으로서, 사회인지 이론은 매체의 긍정적 내용(친사회적 행동)과

부정적 내용(반사회적 행동)이 개인과 집단에 미치는 영향을 설명하는 데 자주 인용된다. 예를 들어, 오락기반 교육(entertainment-education) 프로그램의 이론적 틀로서 사회인지 이론이 효과적으로 활용되고 있다 (Singhal & Rogers, 1999; Sood & Nambiar, 2006).

② 한계와 비판

사회학습/사회인지 이론에는 몇 가지 주목할 만한 한계가 있다. 첫째, 이론의 복잡성이다. 이론의 주요 구성 요소를 측정해서 검정하기가 쉽지 않다. 사회인지 이론을 참조한 다수의 매체 효과 연구에서 관찰대상의 매력, 긍정적 및 부정적 보상, 자기효능감 등 사회인지 이론에서 제시한 모든 변수를 조작해서 검정한 경우는 매우 드물다(Nabi & Oliver, 2010). 실제로, 사회인지 이론이 종종 가정되는 것만큼 현실에서 적용되지 않을 수 있다는 근거가 있다. 유명 텔레비전 프로그램(HBO의 Sex and the City)에서 묘사하는 위험 행동(하룻밤 성관계)을 부정적으로 강화한 장면을 통해 사회인지 이론의 예측을 검정한 결과 사회인지 이론의 단순한 요소(관찰학습)은 지지됐지만, 복잡한 요소(후회 등 부정적 결과의 관찰을 통한 대리 강화)는 지지되지 않았다. 하룻밤 성관계 경험이 있는 시청자는 자극물 노출 전후의 위험 행동 의도가 변화하지 않았지만, 경험이 없는 시청자는 위험 행동에 대한 강화의 성격(부정 혹은 긍정)과 관계없이 위험 행동 의도가 증가했다(Nabi & Clark, 2008).

둘째, 신념과 태도 변화에 대한 구체적인 기제가 충분히 설명되지 않은 부분이 있다. 사회인지 이론은 관찰을 통해 자기효능감을 향상시키고 이를 통한 행동변화를 설명하지만, 신념과 태도는 자기효능감과 행동 의도에 앞서 형성되는 중요한 요소다. 따라서, 태도나 신념 변화에 초점을 둔 설득 효과, 특히 오락기반 교육의 효과를 제대로 이해하기 위해서는 자기효능감 이외의 다른 기제도 고려해야 한다. 특히, 몰입, 공감 또는 동일시와 같은 요소들은 모방과 대리 강화 이상의 논리를 제공하며, 개인의 신념과 태도를 변화시키는 데 중요한 역할을 한다(Slater & Rouner, 2002).

셋째, 사회학습 이론은 주로 관찰과 모방을 통해 행동을 학습하는 과정에 초점을 맞추고 있지만, 사회인지 이론은 이러한 학습 과정에서 중요한 역할을 하는 실질적인 '사회인지' 요소를 충분히 반영하지 못했다. 사회인지는 사물 인지와 근본적으로 다르며, 단순한 인지 작용으로는 설명할 수 없는 복잡한 특징을 가진다. 특히, 사회적 존재의 의도는 직접 관찰이 불가능하고, 사회인지 과정은 반복적이며 유동적인 특성을 가진다(안도현, 2020; 이대열, 2019; Fiske & Taylor, 2013). 사회인지는 크게 정신화(mentalizing)와 경험공유(experience sharing)로 구분된다(Zaki et al., 2009). 정신화는 타인의 마음을 인지적 추론을 통해 이해하는 과정으로, 이를 인지적 공감이라고도 하며, 지향성, 마음이론, 통속심리 등의 용어로 불리기도 한다. 경험공유는 타인의 감정 경험을 함께 나누는 과정으로서 정서적 공감이라고도 한다.

결국, 사회인지 이론은 관찰학습을 인지적 관점에서 설명하려 했으나, 진정한 사회인지 작용을 충분히 포함하지 못해 예측력이 떨어질 수밖에 없다. 예를 들어, 매력적인 등장인물의 마음상태에 대해 인지적·정서적 공감을 경험한 시청자는 등장인물이 부정적인 강화(예: 후회)를 받더라도 그 행동에 영향을 받을 가능성이 크다. 이러한 현상은 서사오락이론의 공감이나 동일시 혹은 SESAM의 관계적 자기 활성화(Knobloch-Westerwick, 2015)나 서사몰입이론의 서사몰입(narrative transportation; Green & Brock, 2000) 등의 설명이 더 유용할 수 있다. 따라서, 매체 효과를 논의할 때는 반두라의 사회인지 이론을 적용하는 데 신중을 기해야 하며, 실질적인 사회인지 작용(예: 공감)이나 자기 활성화, 서사몰입 등에 대한 문헌을 통해 접근할 필요가 있다.

3) 이용자 중심 패러다임

매체 이용자에 초점을 둔 접근은 소통과 매체 연구의 가장 오랜 패러다임 중 하나다. 1940년대에 연구자들은 사람들이 일상에서 매체(신문과 라디오)를 선택적으로 이용하는 현상(Lazarsfeld, 1940)과 개인의 편향에 따라 매개된 메시지를 달리 해석하는 현상(Cooper & Jahoda, 1947)을 소개했다. 정치적 견해와 일치하는 메시지 선호 현상을 선택적 노출(selective exposure) 용어를 사용해서 접근한 연구도 등장했다(Lazarsfeld, Berelson, & Gaudet, 1948). 이용자 중심 접근은 이후 이용과 충족(Katz et al., 1973; Rosengren, 1974)과 선택적 노출 이론(Zillmann & Bryant, 1985)을 통해 체계를 갖췄다.

(1) 이용과 충족 접근

이용과 충족(uses and gratifications)은 매체 이용자의 욕구[2]와 그로 인해 얻는 충족을 통해 매체 효과를 이해할 수 있도록 하는 접근이다. '매체가 수용자에게 어떤 영향을 미치는가'와 대비해서 '사람들이 매체를 왜 어떻게 및 무엇을 사용하는가'에 초점을 둔 접근이다.

① 주요 개념
- 능동적 이용자: 이용과 충족 접근의 전제는 사람들이 매체를 피동적(passive)으로 수신하는 청중이 아니라 자신의 다양한 욕구를 인식해서 이를 충족시킬 수 있는 매체를 의식적으로 선택할 수 있는 능동적 이용

---

2   'need'는 생존과 안녕을 위해 필수적으로 충족되어야 하는 기본적인 요구를 의미하며, 단순한 '필요' 이상의 강한 동기적 요소를 포함한다. 욕구는 이러한 필수적인 충족을 위한 강한 내적 동기를 반영하는 단어로, '필요'보다 need의 본래 의미에 더 가깝고 정확하다. 'desire'는 욕망으로 번역하는 것이 적절하다.

자(active user)라는 데 있다. 보다 구체적으로는 ① 사람들의 매체 선택
과 이용은 목적지향적이고도 의도적이어서 자신의 매체 이용을 능동적
으로 통제하고, ② 다양한 수준(생리적, 심리적, 사회적)의 욕구를 지각할
수 있으며, ③ 다양한 채널과 내용을 평가하고 대안을 고려해 욕구충족
이 가능한 수단을 선택할 수 있으며, ④ 매체 이용을 통해 얻는 충족 경
험에 대해 정확하게 자기보고를 할 수 있다는 전제에 기반하고 있다
(Nabi & Oliver, 2010; Rubin, 2002).

• **욕구**: 이용과 충족 연구는 능동적 이용자라는 전제를 바탕으로 사람
들이 매체 이용을 통해 충족하려는 욕구를 식별하고자 했다. 이용과 충
족 연구자들은 초점집단 및 설문조사를 통해 다양한 매체 이용 욕구를
제시했다. 텔레비전과 같은 전통 매체의 이용에 대해서는 이해 강화(자
기/친구/세상에 대한), 지위 및 접촉 강화(가족/친구/세상 등과), 기분전환
(회피 혹은 감정해소)으로 분류해 제시하거나, 개인적 관계(동반자 관계나
사회적 유용성), 자기정체성(자기 참조, 현실 탐구, 가치 강화), 감시(뉴스와
정보 취득) 등을 제시했다(Rubin, 2002). 라디오, 신문, 텔레비전과 같은
전통매체 외에 인터넷, 블로그, 디지털게임, 이동전화, 유튜브, SNS 등
20세기 후반 들어 새로 부상한 매체에 대해서는 사회관계, 지위, 경쟁,
정보, 오락, 감정경험, 도피, 시간보내기, 편의성, 습관 등 10여 개의 욕
구가 제시됐다(Sundar & Limperos, 2013). 이준웅 등(2006)이 한국문헌
을 종합해서 정리한 매체(텔레비전, 인터넷, 휴대전화) 욕구에는 사회관
계, 정보, 오락 등 10여 개 외에도 문제 해결, 호기심, 간접체험 등도 포
함됐다.

• **충족**: 이용과 충족 연구는 '충족'의 개념을 명확하게 정의하지 않지
만, 매체 이용을 통해 경험하는 이익, 만족감 또는 목표 달성으로 설명
한다. 사회적, 심리적 요인에 따라 사람들은 특정 매체를 이용해서 자신
의 욕구를 충족하고자 하며, 이를 '추구충족(gratification sought, GS)'이

라고 한다. 매체 이용이 사용자의 욕구를 성공적으로 충족시키면, 그 결과를 '획득충족(obtained gratification, OG)'이라고 부른다. 즉, 추구충족은 매체를 이용하려는 동기와 관련이 있으며, 획득충족은 매체 이용 후 실제로 경험하는 충족감을 의미한다(Palmgreen, 1984).

② 한계와 비판

이용과 충족은 매체 이용 동기를 포괄적으로 이해하는 데 유용한 틀을 제공하지만, 개념의 모호성, 개념의 낮은 추상성, 인간행동의 이중 처리(자동성과 통제성) 배제, 그리고 자기보고 방식 설문 등 중요한 한계가 지적되고 있다. 첫째, 이론적 체계의 결여와 개념의 모호성이다. 이용과 충족 이론의 핵심 개념인 '욕구'와 '충족'이 명확하게 정의되지 않았으며, 이로 인해 욕구와 동기의 구분이 명확하지 않고, 욕구 및 충족 간의 구분조차 불분명하다. 일부 연구자들(예: 이준웅 등, 2006)이 심리학 문헌을 통해 욕구를 동기로 파악하여 개념을 정의하려고 시도했지만, 대부분의 이용과 충족 연구에서는 이러한 개념 정의 시도조차 하지 않았다.

둘째, 이용과 충족 연구에서 다루는 개별 욕구는 일반적으로 이용자의 구체적인 이용방식에 집중하기 때문에 그 추상성이 낮다. 예를 들어, 연구 참가자들이 종종 매체 이용 동기로 언급하는 '시간 때우기'는 욕구라기보다는 특정한 욕구 충족 방법에 가깝다. 예를 들어, 지루함을 느끼는 사람들은 자극적인 내용으로 '시간을 때워' 각성 수준을 높이려고 할 것이다. 반면, 힘든 일상에 지쳐 있는 사람들은 심리적 이완을 도모하는 내용으로 '시간을 때워' 정서적 안정을 추구할 수 있다.

셋째, 이용과 충족은 매체 선택이 능동적이고 목적지향적이라는 가정을 바탕으로 하지만, 인간 행동에는 자동처리가 중요한 역할을 한다는 점을 간과하고 있다. 인간의 행동은 무의식적이고 직관적으로 이루어지는 자동처리와 의식적이고 체계적으로 이루어지는 통제처리로 구분할 수 있다

(Smith & DeCoster, 2000). 능동적 행동은 의식적으로 이루어질 수도 있지만, 종종 무의식적으로, 직관에 따라 발생하기도 한다. 특히, 무의식적인 감정은 의사결정에 필수적인 역할을 하며, 대부분의 행동은 자동처리에 의해 이루어진다(Damasio, 1994). 통제처리는 종종 자동처리에 대한 사후적 합리화에 불과할 때가 많다(Haidt, 2001). 따라서, 매체를 능동적으로 선택한다고 해서 반드시 목적을 의식할 필요는 없다. 예를 들어, 외로운 사람이 특정 드라마를 능동적으로 선택할 때, 이는 외로움 해소라는 목적을 의식할 필요 없이 무의식적으로 이루어질 수 있다. 또한, 실제로는 '외로움 해소'가 매체 이용의 진정한 동기임에도 불구하고, 사후적으로는 '시간 때우기' 혹은 '단순한 흥미' 등으로 지각하는 경우가 많다(Bryant & Zillmann, 1984).

넷째, 자기보고식 설문의 한계가 있다. 사람들은 "왜 선택했는가"와 같은 질문에 답할 때, 실제 내면의 성찰에 의존하기보다는 사전 지식이나 통속적인 인과 추론에 기반해 판단하는 경향이 있다. 자극이 명확하고 그 자극이 반응의 명백한 원인으로 인식될 때는 비교적 정확한 보고가 가능하지만, 그렇지 않은 경우에는 자기보고의 정확성이 떨어질 수 있다(Nisbett & Wilson, 1977). 실제로, 스트레스나 지루함을 느끼는 이용자들이 흥분 또는 이완을 유도하는 매체를 선택하도록 한 실험에서, 참가자들에게 선택 이유를 묻자, 대부분이 실험 조건과 일치하지 않는 이유(예: "미리 보기가 마음에 들었다")를 제시했다. 반면, "스트레스/지루함 해소"라는 실험 조건에 부합하는 응답은 약 15%에 불과했다(Bryant & Zillmann, 1984).

(2) 선택적 노출 접근

이용과 충족 연구 전통은 매체 사용 동기를 포괄적으로 설명하는 목록을 제시하는 데 중점을 두었지만, 선택적 노출 이론은 더 명확한 개념과 다양한 연구방법(예: 실험, 브라우저 로그 분석)을 통해 구체적이고 체계적인 명제를 도출해냈다. 선택적 노출은 '가용한 매체의 선택적 이용에 따라 발생하는 관측 가능한 모든 편향'으로 정의할 수 있다(Knobloch- Westerwick et al., 2019). 질만과 브라이언트(Zillmann & Bryant, 1985)는 선택적 노출 연구의 선구자로, 개인의 심리 상태(예: 감정)와 매체 선택 사이의 인과관계를 실험 연구를 통해 밝혀냈다. 기분관리 이론(Zillmann, 1988)은 개인의 매체 선택에 대해 최초로 검증 가능한 가설을 제공했다. 기분조정 이론(Knobloch, 2003)과 자기 및 감정 관리의 선택적 노출 이론(selective exposure of self- and affect-management, SESAM; Knobloch-Westerwick, 2015) 등 추가적인 이론들이 제안됐다. 이러한 이론들은 수많은 실험, 준실험, 현장 및 일기 연구를 통해 입증됐다.

① 주요 이론과 개념
• 항상성: 생명체는 외부 환경의 변화에도 불구하고 내부 환경을 일정하게 유지하려는 항상성 기제(homeostasis)를 가지고 있다. 항상성 기제는 체온, 혈압 등과 같은 생리적 변수를 일정 범위 내에서 조절해서 생명체가 정상적으로 기능할 수 있도록 돕는다. 이 기제는 단지 생리적 변수에만 국한되지 않고, 기분이나 감정과 같은 심리적 변수에도 적용된다. 예를 들어, 스트레스 상황에서 생명체는 심리적 항상성 기제를 통해 기분을 조절하고 감정을 안정시키려 한다. 이러한 기제는 생명체가 최적의 상태를 유지하며 일상생활을 지속할 수 있도록 하는 중요한 역할을 한다.
• 기분관리: 기분관리 이론은 항상성의 원리를 매체 선택에 적용한 이론이다(Zillmann, 1988). 사람들은 자신의 기분 상태를 적정 수준으로 유지하기 위해 특정 매체(예: 음악, 영화, 뉴스, 게임 등)를 선택한다. 예를 들어, 지루함을 느끼는 사람은 자극적인 매체를 선택해서 자신의 각성 수준을 높이려 하며, 스트레스를 받은 사람은 마음을 진정시키는 매체

를 선택하는 경향이 있다(Bryant & Zillmann, 1984).

• **개입 잠재력**: 기분 상태를 변화시키는 매체의 기능을 '개입 잠재력 (intervention potential)'이라고 한다. 매체 내용이 몰입감을 크게 제공할수록 그 개입 잠재력도 증가하며, 이는 매체 이용자가 특정 감정 상태에 과도하게 빠지지 않도록 돕는다. 예를 들어, 모욕을 당해 흥분한 사람이 몰입감이 높은 매체를 이용하면, 그 사람의 복수심이 상당히 약화될 수 있다. 반면, 몰입감이 낮은 매체를 이용한 경우에는 이러한 효과가 나타나지 않았다(Zillmann, 1988).

• **기분조정**: 매체 이용자는 일반적으로 부정적인 감정을 회피하고 긍정적인 감정을 증진시키는 매체를 찾는 경향이 있다. 그러나 모든 경우에 부정적인 내용을 회피하는 것은 아니다. 예상되는 상황에 효과적으로 대응하기 위해 필요한 최적의 심리 상태를 유지하려는 경우, 부정적 내용의 매체도 기꺼이 선택할 수 있다. 예를 들어, 시합을 앞둔 운동선수는 기분관리를 위해 진정시키는 매체보다는 다가올 시합에 적합한 각성 상태를 유지하기 위한 매체를 선택할 가능성이 높다. 또한, 기분조정에는 남성과 여성 간의 차이가 있다. 도발을 받은 남성은 도발자에 대한 분노를 유지하기 위해 그와 관련된 매체를 선택한 반면, 여성은 분노를 해소하기 위해 긍정적인 내용의 매체를 선택해 기분을 관리하는 경향을 보였다(Knobloch-Westerwick & Alter, 2006).

• **인지 부조화**: 사람들은 자신의 신념, 태도, 행동 간에 일관성이 결여될 때 인지 부조화(cognitive dissonance)를 경험한다. 이러한 부조화 상태는 심리적으로 매우 불편하므로, 사람들은 이를 해소하기 위해 인지나 행동을 변경하거나, 인지적으로 새로운 정보를 추가하려는 경향이 있다(Festinger, 1957). 이러한 과정에서 사람들은 자신의 기존 신념이나 태도를 강화하는 메시지를 선호하고, 상반된 관점을 제시하는 내용은 회피하는 경향을 보인다(Knobloch-Westerwick, 2014). 매체 이용에서 인

지 부조화를 회피하려는 이러한 경향은 선택적 노출이 단지 기분관리나 기분조정과 같은 감정 영역에 국한되지 않고, 정치나 건강 등 다양한 인지 영역에도 적용될 수 있음을 시사한다.

② 한계와 비판

선택적 노출 이론은 기분관리, 기분조정, 그리고 인지 부조화와 같은 심리기제를 통해 매체 선택에 대한 구체적인 예측을 제시하고, 이에 대한 경험적 근거를 체계적으로 검증한 최초의 이론이다. 이 이론에 따른 예측은 다양한 매체 양식(텔레비전, 라디오, 신문, 웹사이트 등)과 여러 영역(정치, 사회, 건강 등)에서 수많은 실험, 준실험, 현장 연구 및 일기 연구를 통해 적용되고 검증됐다.

선택적 노출 이론은 매체 선택에 대한 중요한 이론적 틀을 제공하지만, 그 구조와 범위에는 몇 가지 한계가 있다. 첫째, 감정 조절(기분관리와 기분조정)과 인지 조절(인지 부조화 회피)에 대한 통합적 설명이 부족하다. 이 이론의 출발점이었던 항상성 개념은 기분관리와 인지 부조화 회피를 설명할 수 있지만, 기분조정 현상에 대한 논리적 설명은 제공하지 못한다.

둘째, 오락매체에서 자주 나타나는 부정적 내용(예: 폭력, 배신, 비극적 종말 등)의 선택에 대해 충분한 설명을 제공하지 못한다. 기분조정 이론은 부정적 내용의 선택을 설명할 수 있지만, 이는 매체 이용자가 특정 상황을 예측하는 경우에만 국한된다.

4) 교류 패러다임

매체 중심 혹은 이용자 중심 패러다임 연구는 매체 효과의 모든 측면을 통합해서 이해하기에는 한계가 있다. 이러한 접근은 매체가 이용자에게 미치는 영향 또는 이용자가 매체 선택에 미치는 영향을 한쪽 방향에서만 다루기 때문에, 매체와 이용자 간의 상호작용적인 복합성을 드러낼 수 없다. 따라서 매체 효과를 보다 종합적으로 분석하고자 한다면, 이러한 상호작용을 체계적으로 포착할 수 있는 다층적이고 동적인 접근이 필요하다. 매체와 이용자 간의 상호작용을 중심으로 한 동적 매체 효과 접근이 교류 패러다임이다. 교류 패러다임에 따르면, ① 매체 이용자의 개인의 특성(예: 욕구, 가치, 감정, 기억, 흥미, 지식 등)이 특정 매체를 선택하도록 하고, ② 선택한 매체의 이용을 통해 매체 이용자는 영향을 받으며(매체 효과), ③ 이러한 영향은 매체 이용자의 성향을 강화해서 다시 특정 매체의 선택으로 이어지게 된다. 대표적인 교류 패러다임 이론이 강화 나선 모형(reinforce spiral model; Slater, 2007)과 SESAM 모형(Knobloch-Westerwick, 2015)이다.

(1) 자기 및 감정 관리의 선택적 노출(SESAM)

SESAM 모형은 이용자의 매체 선택과 매체 이용이 끼치는 영향을 '동적 자기개념(dynamic self-concept)'과 '작동 중인 자기개념(working self-concept)'을 통해 설명한다. 이 모형은 기분관리, 기분조정 및 인지 부조화 회피 등의 작용을 포괄적으로 통합해, 기존 선택적 노출 이론이 감정과 인지 작용을 산발적으로 다루던 한계를 극복해서 매체 선택과 이용 및 이로 인한 영향에 대해 통합적 설명을 제공한다(Knobloch-Westerwick, 2015).

SESAM 모형은 선택적 노출과 그 효과를 이끄는 자기일관성(self-consistency), 자기향상(self-enhancement), 자기개선(self-improvement) 등 세 가지 주요한 자기 관련 동기를 강조한다(Knobloch- Westerwick, 2015).

① 주요 개념
- **동적 자기개념과 작동 중인 자기개념:** 자기개념(self-concept)은 자신에 대한 인식과 신념의 집합으로서 자신이 어떤 사람인지에 대한 지식

과 이해를 의미한다. 사람들의 자기개념은 단일하고 고정된 실체가 아니라 역동적으로 변화하고 유연하므로 이를 동적 자기개념이라고 한다. 작동 중인 자기개념은 특정 시점에서 활성화돼 기억 속에서 쉽게 접근 가능한 자기개념이다. 예를 들어, 한 사람의 직업 정체성에 관련된 자기 인식은 직장에서 더 활성화된다. 사회 정체성과 관련된 자기인식은 친구들과의 상호작용 중에 더 두드러진다. 개인과 사회적 맥락 간의 상호작용을 통해 자기개념이 역동적이고도 지속적으로 재구성된다(Markus & Wurf, 1987).

특정 자기개념의 활성화는 의도적으로 이뤄질 수도 있고, 자동적으로 작동할 수도 있다. 예를 들어, 도발을 받은 남성이 보복할 기회가 있다고 느낀다면, 그는 분노와 복수와 관련된 자기개념을 활성화하려 할 수 있다. 이때 기분을 진정시키는 내용을 회피하고 각성시키는 내용을 선택할 수 있다. 반면, 선택적 매체 노출을 통한 특정 자기개념의 활성화는 습관적인 행위를 통해 자동적으로 이루어질 수도 있다. 예를 들어, 건강 정보를 많이 접하는 사람은 자신을 건강한 생활을 실천하는 사람으로 여길 수 있으며(Knobloch-Westerwick & Sarge, 2013), 정치 정보를 많이 접하는 사람은 자신을 참여적인 시민으로 인식할 가능성이 높다(Knobloch-Westerwick, et al., 2013).

• **자기일관성:** 자기일관성은 안정적이고 일관된 자기감각을 유지하고자 하는 욕구를 반영한다. 사람들은 기존의 신념, 태도, 가치관과 일치하는 매체를 이용해서 현재의 자기개념을 강화한다. 이를 통해 사람들은 세상과 그 속에서의 자신의 위치에 대해 확신과 안도감을 느낄 수 있다. 예를 들어, 한국 축구 국가대표팀의 열렬한 팬이라면, 월드컵 경기를 시청함으로써 '애국자' 자기개념을 활성화하게 된다. 비록 국가대표팀이 경기에 패하더라도, 일관된 자기개념(한국 축구 팬)의 측면에서 긍정적인 감정을 느끼며 작동 중인 자기개념을 활성화하게 된다.

- **자기향상**: 자기향상은 긍정적인 자기인식과 자존감을 추구하는 것이다. 이는 사회적 하향 비교(자신의 처지보다 못한 대상과의 비교)를 통해 자신에 대해 더 나은 기분을 느끼게 만드는 매체를 찾도록 이끈다. 자신의 긍정적인 속성이나 성과를 강조하고 단점을 축소시키는 것과 관련이 있다. 소속된 집단을 긍정적으로 묘사하고 타 집단을 부정적으로 묘사하는 매체를 찾도록 한다. 예를 들어, 부정적인 평가를 받고 SNS를 이용할 때, 긍정적인 평가를 받은 사람에 비해, 다른 사람들의 실패를 묘사한 게시물을 보는 것을 선호하는 경향이 있다(Johnson & Knobloch-Westerwick, 2014). 또한 성 혹은 연령 차별 등의 부정적 고정관념의 피해를 보는 집단(여성과 노년 세대)의 경우, 외집단(남성 혹은 젊은 세대)에 대해 부정적으로 묘사하는 매체를 선호하고, 이러한 선택적 노출을 통해 자존감을 높이는 경향이 있다(Knobloch-Westerwick & Hastall, 2010).

- **자기개선**: 자기개선 동기는 자신을 더 나은 사람으로 만들고 자신의 잠재력을 최대한 발휘하려는 욕구를 반영한다. 이는 개인의 성장과 발전을 이끌어 줄 수 있는 정보, 영감 또는 모범 사례를 제공하는 매체를 찾도록 이끈다. 예를 들어, 건강한 생활 습관에 대한 정보, 교육적인 내용 또는 어려움을 극복하고 성공을 이룬 사람들의 이야기를 찾는 것이 이에 해당한다(Knobloch-Westerwick et al., 2013). 자기개선 동기는 자기일관성 동기와 달리, 사람들이 매체를 통해 기존의 신념이나 태도를 강화하기보다는 변화하고 발전하도록 이끈다. 자기개선 동기가 활성화하면, 사람들은 새로운 정보를 배우고 환경에 적응하며 변화하기 위해 매체를 사용한다. 또한, 자기향상 동기가 사회적 하향 비교로 이끄는 것과 달리, 자기개선 동기를 가진 사람은 더 나은 성과를 보이는 인물들과의 상향 비교 기회를 제공하는 매체를 선호한다.

② 한계와 비판

SESAM 모형은 동적 자기개념을 통해 기존 선택적 노출 이론(기분관리, 기분조정, 인지 부조화 회피)의 상충되는 현상에 대한 체계적인 해결책을 제시하면서, 매체 중심 접근과 이용자 중심 접근의 패러다임을 통합했다는 장점을 가진다. 특히, 자기개념은 인간 행동의 거의 모든 측면을 포괄하기 때문에, 동적 자기개념과 작동 중인 자기개념을 통해 매체 선택과 그 영향에 대해 높은 설명력을 제공한다.

SESAM 모형은, 장점에도 불구하고, 매체를 선택하고 영향을 받게 되는 욕구와 동기로 제시한 자기일관성, 자기향상 및 자기개선은 인간의 욕구와 동기를 포괄하기에 충분하지 않다는 한계가 있다. 예를 들어, 자기향상의 경우, 사회관계의 특정 측면(하향 비교 통한 우월감)만을 반영할 뿐이다. 사회관계는 수직적 위계 관계뿐 아니라 수평적 연결감도 중요하다. 실제로 매체 이용의 핵심 동기 중 하나가 등장인물과의 수평적 연결감이다(예, 준사회적 상호작용[parasocial interaction]; Giles, 2002). 준사회적 상호작용을 통한 연결감은 비록 작동 중인 자기개념을 통해 설명할 수 있지만, 자기일관성, 자기향상 및 자기개선 등 SESAM이 제시한 자기관련 동기로는 설명이 되지 않는다.

SESAM 모형의 또 다른 한계는 이용자의 자발적인 매체 선택과 그로 인한 영향을 다루기 때문에 우발적 혹은 요구된 매체 노출 상황에 대한 설명을 제시하지 못한다는 데 있다. 자발적 선택이 아닌 상황에서는 매체 이용자의 작동 중인 자기개념뿐만 아니라, 그 매체를 누가, 왜 선택했는지에 대한 인식도 큰 영향을 미칠 수 있다(Knobloch-Westerwick, 2015).

3. 떠오르는 매체 효과 연구

1) 매체 효과로서의 인공지능 소통

매체 효과 연구는 대체로 대중소통의 틀에서 이뤄져 왔기 때문에 인공지능 매체(특히, 생성 인공지능)의 확산은 매체 효과 연구에 큰 도전이 아닐 수 없다. 인공지능 매체는 다른 매체와 달리 '지능'을 갖추고 있어 단순한 매개체 역할을 넘어 소통의 주체로서도 작동할 수 있기 때문이다. 이러한 인공지능에 대한 연구는 매체 이용자가 인공지능을 어떻게 지각하는가와, 인공지능이 정보 발신원으로서 소통에서 어떤 역할을 하는가 등 두 가지 방향에서 접근할 수 있다.

(1) 컴퓨터 사회적 행위자 지각 이론

① 주요 내용
컴퓨터 사회적 행위자 지각 이론(computers are social actors, CASA)에 따르면 사람들은 컴퓨터와 같은 기계를 사회적 행위자로 대우하는 경향이 있다. 이 이론은 사람들이 컴퓨터가 기계임을 명백하게 알고 있음에도 불구하고, 컴퓨터가 제시하는 사회적 단서에 반응해 마치 인간과 상호작용할 때와 같은 행동(예, 오작동하는 컴퓨터에 화를 내는 이용자)을 하는 것에 대한 관찰에서 출발했다. 많은 연구가 기존 대인소통 및 사회심리 문헌에서 확인된 이론(내집단 편향, 고정관념, 상호성 등 사회규범 등)을 인간-컴퓨터 상호작용 맥락에서 재현하는 방식으로 CASA에 대한 근거를 제시했다 (Nass & Reeves, 1996).
컴퓨터를 사회적 행위자로 지각하게 만드는 요인에 대한 설명으로 무심론(mindless account)이 있다. 무심론은 수십만 년간 아프리카 사바나와 같은 환경에 적응해 진화한 인류의 뇌가, 20세기에 등장한 컴퓨터가 제시하는 사회적 단서(예: 목소리나 눈 모양 등 요소)에 자동적으로 반응해 사회적 규칙을 적용한다는 설명이다(Nass & Moon, 2000).

1990년대 개인용 컴퓨터가 보급되던 시기에, 컴퓨터는 단순한 도구로 간주됐으나, 컴퓨터를 소통의 매체로 이해하는 CASA는 학계에서 중요한 전환점이 됐다. 특히, 컴퓨터를 단순히 정보 전달의 수단으로 보는 것을 넘어, 기기 자체를 소통과정에서 정보 발신원(sender)으로 인식하는 관점을 제시함으로써 매체학과 소통학 연구의 새로운 전기를 마련했다(Sundar & Nass, 2000).

② 한계와 비판

CASA의 근본적인 한계는 인공지능 기술의 발전의 현저한 진전에 있다. 21세기 컴퓨터는 CASA가 소개되던 20세기와 달리 인공지능을 통해 인간의 지능에 버금가는 능력을 발휘하기 시작했다. CASA는 일종의 위양성 효과로서 실제로는 사회적 행위자가 아니지만, 미처 새로운 기술환경에 적응하지 못한 인류의 뇌가 사회적 단서에 무심결에 사회적 행위자로 오인해서 발생하는 현상이다. 반면, 21세기 인공지능은 실질적인 사회적 행위자다. 스스로 환경을 지각하고 합리적인 판단기준(효용)을 이용해 복잡하고도 유동적인 문제를 해결할 수 있는 합리적 행위자다(안도현, 2020).

따라서 질문의 핵심은 "사람들이 기계를 사회적 행위자로 대우하는가?"가 아닌, "비인간 행위자와의 상호작용에서 나타나는 고유한 소통양식은 무엇인가?"로 바뀌어야 한다. 최근의 인간-기계 소통(human- machine communication, HMC) 연구는 기계 고정관념(machine heuristics) 개념을 통해, 사람들이 인공지능과 같은 기계와 상호작용할 때 인간과 기계를 어떻게 다르게 대우하는지 탐구하고 있다. 기계 고정관념은 사람들이 기계와의 상호작용에서 사용하는 인지적 단축 방법으로, 기계에는 사람과 구분되는 고유의 속성(예, 무감정 혹은 무편향)이 있을 것이라는 사람들의 편향을 설명한다(Lee, 2024).

기계의 행위성에 주목해서 CASA의 한계를 보완하려는 시도가 있다. 특히, 인공지능과 인간 간의 실질적인 상호작용을 설명하기 위해 행위가능성(affordance) 개념이 도입됐다. 행위가능성은 환경적 자극이 특정 행위를 유도할 가능성을 의미하며, 이를 인간-기술 상호작용에 적용하면 기술체계가 제공하는 다양한 기능을 통해 사용자가 어떻게 행동할 수 있는지를 설명한다. 하나의 행위가능성은 여러 기능을 통해 실현될 수 있으며, 이는 매체의 물리적 특성과 사용자의 행동 사이에 존재하는 관계를 나타낸다. 따라서 행위가능성은 단순히 지각적 요소에 국한되지 않고, 매체의 설계와 사용자의 의도 사이의 상호작용을 의미한다(Sundar, 2020).

HAII-TIME(human-aI interaction theory of interactive media effects) 모형에 따르면, 인공지능 매체의 행위가능성은 두 가지 주요 경로로 구성된다. 단서 경로(cue route)와 행위 경로(action route)이다. 단서 경로는 인공지능 매체가 제공하는 단서들이 어떻게 사용자의 인지적 기계 고정관념을 형성하고, 이를 통해 매체의 사용자경험(user experience)에 영향을 미치는지를 설명한다. 행위 경로는 인공지능 매체가 이용자를 실질적인 행동(예: 상호작용, 상호 강화 등)으로 유도하는 과정을 설명한다. 이를 통해, 인공지능은 단순히 정보 제공자의 역할을 넘어서, 사용자와의 상호작용을 통해 인간의 능력을 증강할 수 있다는 점을 시사했다(Sundar, 2020).

(2) 인공지능 소통

CASA의 한계를 극복하려는 시도가 있었으나, 이러한 연구들은 인공지능에 대한 명확한 개념 정의가 부족하다는 근본적인 한계를 지니고 있다. 인공지능은 기존 매체 이론으로는 설명하기 어려운 고유한 지능적 특성을 지니고 있다. 그러나 많은 사람들이, 심지어 일부 사회과학자들마저 지능의 개념 정의 없이 인공지능 현상을 설명하려는 시도를 하고 있다. 예를 들어, 소설가 창(Chiang, 2023 May 4)은 인공지능은 단지 응용 통계에 불과한 것으로, 생성 인공지능을 '확률적 앵무새(stochastic parrot)'로 간주한다. 생성 인공지능이 통계 알고리듬[3]을 통해 최적의 확률을 계산해 인간의 언어를 반복하는 것에 불과하다는 주장이다.

이러한 주장은 설리(Searle, 1980)의 중국어 방 논증과 맥락을 같이한다. 중국어 방 논증은 기계가 튜링검사를 통과하는 것이 진정한 지능이나 이해를 의미하지 않는다는 것을 보여주기 위한 사고 실험이다. 중국어 방 논증은 다음과 같다. 중국어를 모르는 사람이 방에 갇혀 있다. 이 사람은 영어로 된 규칙서에 따라 기호의 형태만을 기준으로 중국어를 조작한다. 방밖에서 중국어로 질문이 들어오면, 이 사람은 규칙에 따라 기호를 조작해 원어민과 구별되지 않는 답변을 만들어낸다. 설리는 이 사람이 올바른 답을 내놓을 수 있지만, 그가 실제로 중국어를 이해하고 있지는 않다는 점을 지적한다. 단지 기호를 조작할 뿐이며, 그 기호들이 무엇을 의미하는지 이해하지 못한다는 주장이다. 여기서 방을 뇌, 그 방에 갇힌 사람을 신경세포로 바꿔보자. 신경세포는 중국어를 이해한 것이 아니라 신호를 처리했을 뿐이다. 그렇다고 뇌라는 체계를 갖고 있는 사람이 중국어를 이해하지 못한 것은 아니다.

설리의 중국어 방 논증은 '뇌 안의 작은 사람론 오류(homunculus fallacy)'에 해당한다. 인간의 인지 과정이나 지능을 설명할 때, 설명 자체가 다시 그 현상을 설명해야 하는 모순에 빠지는 것을 의미한다. 예를 들어, 인간의 시각 처리를 설명하기 위해 "뇌 안에 작은 사람이 있어서 우리

---

3   알고리듬(algorithm)과 알고리즘(algorism)이 혼용되고 있지만, '지각과 행동을 대응시키는 수학적 절차로 구성된 문제풀이법'이라는 의미에서는 알고리듬이 정확한 용법이다. 알고리즘은 아랍식 기수법(숫자를 사용하여 수를 적는 방법). 알고리듬과 알고리즘의 용법에 대해서는 이재현(2019)의 〈인공지능 기술비평〉에 상세히 설명돼 있다(pp. 21-24).

가 보는 것을 대신 본다"는 설명은 잘못된 것이다. 이 작은 사람이 보는 과정을 다시 설명해야 하는 문제가 발생하기 때문이다(Kenny, 1971). 설리의 논증은 미시적 수준의 기계적 작용과 거시적 수준의 인지적 이해를 혼동함으로써, 인공지능의 실제 이해 능력을 잘못 해석하게 만든다.

① 지능의 정의

인공지능이 지능(intelligence)인지 여부를 논하기 위해서는 먼저 지능에 대한 정의가 필요하다. 지능은 사전적으로 새로운 상황에서 의미를 이해하고 합리적인 적응 방법을 찾아내는 능력으로 정의된다(국립국어원, n.d.). 라틴어 어원인 'intelligere'가 '이해하다'는 뜻인 반면, 영어로 유전된 'intelligence'는 지식과 기술을 습득하고 이를 적용하는 능력을 의미한다(Lexico, n.d.). 심리학과 교육학에서 지능은 복잡한 사고, 문제 해결, 학습 등을 포함하는 일반적인 정신적 역량으로 정의되며, 이러한 역량은 주변 상황을 이해하고 적응하는 데 필수적이다(Gottfredson, 1997).

지능은 다양한 환경에서 문제를 이해하고 해결하는 포괄적이고 심층적인 능력으로 볼 수 있으며, 심리측정 모형, 생리신경 모형, 사회 모형, 연결 모형 등 여러 이론적 접근에 따라 다르게 설명된다. 심리측정 모형은 지능을 다층 구조로, 생리신경 모형은 신경적 관점에서, 사회 모형은 다양한 환경에서 접하는 문제 해결 능력으로, 연결 모형은 이 모든 접근을 통합해서 설명한다(Davidson & Kemp, 2011). 이러한 다양한 이론들은 지능을 '적응 능력'으로 정의하는 공통점을 가진다.

지능은 행위주체의 문제 해결 능력이다. 행위주체는 지능의 수혜자를 결정하는 역할을 하며, 지능은 주체(문제 해결의 주도자이자 수혜자)의 선호도에 따라 다르게 나타날 수 있다. 예를 들어, 톡소포자충은 중간숙주인 쥐의 행동을 조작해 자신의 생존과 번식을 도모하지만, 이는 쥐의 생존에는 불리하다. 이 사례는 지능이 상황에 따라 달라질 수 있는 복잡한 의사결정 능력임을 보여준다. 결국 지능은 다양하고도 유동적인 환경에서 복잡한 문제를 해결하는 능력으로 정의될 수 있다(이대열, 2017).

② 인공지능의 개념

인공지능은 인간이 기계로 구현한 다목적 문제 해결 도구다. 튜링이 제시한 '계산하는 보편기계'에 그 기초를 둔다(Turing, 1937). 튜링의 보편기계는 모든 가능한 연산을 수행할 수 있는 기계로서, 괴델의 불완전성 정리(incompleteness theorem)⁴를 설명하기 위해 고안됐다(이광근, 2015). 이후 튜링은 "기계가 생각할 수 있는가?"라는 질문을 던지며, 그의 보편기계를 통해 인공지능의 개념을 처음으로 제시했다. 튜링은 '생각한다'는 용어가 모호하다고 판단해 "인간을 모방하는 기계는 인간으로 하여금 기계를 인간이라고 판단할 수 있도록 할 수 있을까?"라는 질문으로 대체했다. 기계가 인간인 척하며 인간과 대화할 때, 인간이 그 대화상대를 인간인지 기계인지 구분할 수 없다면, 그 기계는 '생각할 수 있는 지능'이라는 것이다. 컴퓨터가 인간을 흉내내기에 이 질문에 대해 튜링은 '모방게임'이라고 명명했다. 튜링이 제시했기에 후에 튜링검사(Turing test)라고 불린다(이재현, 2019; Turing, 1950).

인공지능은 자동화 도구 중 하나로서, 비인공지능 자동화 도구와는 구분된다. 비인공지능 자동화 도구는 사전에 프로그래밍된 작업만을 반복수행하지만, 인공지능 자동화 도구는 추상적인 문제를 자율적으로 해결할

---

4 괴델의 불완전성 정리는 아무리 철저하게 논리적 추론 규칙을 만들어도, 그 규칙들만으로 수학자들이 증명할 수 있는 모든 명제를 자동으로 찾아낼 수 없다는 사실을 보여준다. 즉, 규칙을 아무리 정교하게 만들어도 그 규칙만으로는 일부 사실을 놓칠 수밖에 없다는 것이다. 그리고 이 놓친 사실을 해결하기 위해 새로운 추론 규칙을 추가해도, 여전히 해결되지 않는 명제가 남는다. 튜링은 "기계적인 방식(추론규칙 생성)으로는 수학의 모든 진리를 발견할 수 없다"는 괴델의 불완전성 정리를 증명하기 위해, 어떤 연산도 수행할 수 있는 보편 기계를 제안하여 이를 설명했다.

수 있는 능력을 갖춘다. 이러한 능력을 갖추기 위해 인공지능은 환경을 감지하고, 변화에 적응하며, 목적을 달성하는 행위자로 작동해야 한다. 행위자는 감지기와 작동기를 통해 환경과 상호작용하며, 행위자함수(agent function)를 통해 문제 해결을 위한 알고리듬을 실행한다. 이 알고리듬은 지각과 행동을 대응시키는 수학적 절차로 구성된 문제풀이법으로, 구체적이고 물리적인 체계에서 행위자프로그램(agent program)으로 구현된다 (Russell & Norvic, 2010).

행위자가 되려면 환경에 대한 사전 지식과 새롭게 지각한 정보를 바탕으로 정확한 행동을 해야 한다. 정확한 행동이란 특정 환경에서 목표에 부합하는 결과를 도출하는 것을 의미한다. '바람직한' 결과는 설정된 목표, 즉 성공의 기준에 따라 환경이 변했는지에 달려 있다. 이는 성과측정(performance measure)으로 구체화될 수 있으며, 이에 따라 인공지능 행위자는 논리적 행위자(logical agent; 정해진 논리와 규칙에 따라 행동)와 합리적 행위자(rational agent; 추상적인 성과측정 기준인 효용에 따라 행동)로 구분될 수 있다. 기계학습 방식을 적용한 인공지능이 합리적 행위자에 해당한다(Russell & Norvic, 2010).

튜링의 전통에 따라 인공지능을 통상 "인간과 같은 지능을 구현하는 소프트웨어 또는 하드웨어의 능력"으로 정의하는 경우가 있다(예, Microsoft, 2019). 그러나, 인공지능을 '인간과 같은 지능'이라고 하면, 인공지능과 인간지능의 중요한 차이를 간과하는 오류가 발생한다. 당초 튜링은 관찰 가능한 행동을 통해 생각을 추론할 것을 제안하며, 인공지능에 대해 "기계가 생각한다고 인간이 지각하도록 행동하는 기계"로 정의했지, '인간과 같은' 이라고 정의하지 않았다.

인간의 행동은 반드시 정해진 규칙성(논리적 행위자)이나 효용(합리적 행위자)에 의해 결정되지 않는다. 인간은 협력의 딜레마를 해결할 수 있는 지향적 행위자(intentional agent)다. 다른 행위자의 의도를 이해하고, 효용

이상의 기준을 설정할 수 있는 자율성(autonomy)을 가진다. 자율성은 내적 동인에 의해 스스로 행동을 조절하는 것을 의미하며, 이는 외부의 영향에 따라 움직이는 타율성과 대비된다. 지향적 행위자는 목표를 스스로 설정하고, 문제를 정의하며, 해결 방법을 선택하는 능력을 지닌다. 반면, 합리적 행위자인 인공지능은 주어진 과제 환경에 따라 설정된 성공 기준과 효용에 의해 행동하지만, 자율성을 갖추지는 못한다. 지향적 행위자인 인간은 합리적으로 행동하면서도, 사회적 상호작용을 위해서는 개체에게는 최선이 아닌 선택을 하거나, 더 큰 목표를 위해서는 희생을 감수하는 단기적으로는 비합리적인 선택을 할 때도 있다(안도현, 2020; 이대열, 2019).

인간 지능과 인공지능의 근본적인 차이는 생명체로서 자기복제 능력에 있다. DNA는 생명체의 유전 정보를 저장하고 복제하는 역할을 하며, 이 과정을 통해 생명체는 지속적으로 자신의 생존과 번성을 도모한다. 바이러스는 숙주 세포에 침투해 자신의 유전 물질을 복제함으로써 생명체의 자기복제 과정을 활용하는 대표적인 사례. 비록 바이러스는 독립적인 생명체로 존재하지 않지만, 생명체의 복제 기구를 통해 자신의 생존과 확산을 가능하게 한다. 인간 지능은 이러한 자기복제 과정을 지원하는 도구로서 진화해 왔다. 모든 인간의 지능적 활동은 생존과 번성을 위한 문제 해결에 뿌리를 두고 있으며, 이는 결국 생물학적 자기복제 능력과 밀접하게 연결되어 있다.

인간의 지능은 복잡한 문제 상황에서 자기복제를 성공적으로 수행하기 위해 필요한 능력을 제공한다. 반면, 인공지능은 생명체가 아니며, 자기복제 능력을 갖추고 있지 않다. 인공지능은 외부에서 제공된 자료와 인간이 개발한 알고리듬을 바탕으로 주어진 문제를 해결할 수 있지만, 스스로 진화하거나 자신의 코드를 복제해 개체를 재생산할 수 있는 능력은 없다. 이는 인공지능이 생명체의 핵심적인 문제 해결 과정인 자기복제를 내재하지 않음을 의미한다. 그 결과 인공지능은 생명 활동을 지속하거나 번성하기 위한 행동을 하지 않는다. 즉, 인간은 지능의 주체(문제 해결의 주도자이자 수혜자)다. 인공지능은, 비록 행동의 일반적인 판단기준(효용)을 이용해서 문제를 스스로 해결하는 합리적 행위자이나, 인간이 부여한 문제를 인간을 위해 해결하는 대리자다. 따라서 인공지능을 '인간과 같은 지능을 구현하는 소프트웨어 또는 하드웨어의 능력'이라고 정의하면, 마치 인공지능이 인간의 지향성, 자율성 및 자기복제성을 구현하는 것처럼 오해할 수 있다. 인공지능을 개념화할 때는 '합리적으로 목적을 달성하는 소프트웨어 또는 하드웨어의 능력'이라고 정의하는 것이 타당하다(안도현, 2020; 이대열, 2019)).

③ 인공지능의 이용과 효과

인공지능은 인간의 개입 없이 추상적인 문제를 자동으로 해결할 수 있는 지능적 도구다. 기술의 발전에 따라, 인공지능의 문제 해결 범위는 특정 작업을 넘어 다양한 영역으로 확대됐다. 특정 작업에 국한된 인공지능은 특화 인공지능(artificial narrow intelligence)으로, 여러 분야에 걸쳐 문제를 해결할 수 있는 인공지능은 범용 인공지능(artificial general intelligence)으로 구분된다.

생성 인공지능(generative artificial intelligence)의 한 유형인 대형언어모형(large language model)은 방대한 텍스트 자료를 학습해 다양한 분야에서 텍스트 생성 작업을 수행한다. 비록 그 능력이 텍스트 생성에 국한되지만, 법률, 과학, 문학, 기술 등 여러 주제에 걸쳐 문제를 해결할 수 있다. 또한, 감정 분석, 텍스트 분류, 사실적 정보 처리뿐만 아니라, 산술, 논리, 시간 추론에서도 탁월한 성과를 보인다. 맥락을 이해하고 일관된 응답을 생성하는 능력을 갖추고 있다(Chang et al., 2024). 사회인지 능력의 지표 중 하나인 마음이론(theory of mind)[5] 검사에서도 대형언어모형(GPT-4)이 높은 점수를 기록했다는 보고도 있다. 연구진은 거짓신념 이해, 간접적 요청의 해석, 아이러니와 사회적 실수(faux pas) 등 다양한 검사 도구를 이용했는데, 인간보다 뛰어난 점수를 기록하기도 했다. 이 결과만으로는 GPT-4의 인지 공감 능력이 인간보다 우수하다고 판단하기는 어렵지만, 대형언어모형의 문제 해결 능력이 특정 분야에 국한되지 않고, 범용적임을 보여주기에 충분하다(Strachan et al., 2024).

인공지능의 이용 범위는 인간이 수행할 수 있는 대부분의 작업에 걸쳐 있다. 일부 영역에서는 전문가보다 뛰어난 성과를 보여준다. 기술 발전 속도도 매우 빠르게 진행되고 있다. 이러한 인공지능의 문제 해결 능력에 대해 전통적인 매체에 적용해 탐구해온 두 가지 상반된 가설을 적용할 수 있다(안도현, 2023; Valkenburg & Peter, 2007). 첫 번째는 증강가설(augmentation hypothesis)로, 인공지능이 인간의 능력을 확장해 개체 및 사회가 직면한 다양한 문제 해결에 크게 기여할 것이라는 주장이다. 두 번째는 대체가설(displacement hypothesis)로, 인공지능이 인간의 역할을 대체함으로써 인간이 설 자리를 잃게 될 것이라는 관점이다.

인공지능의 이용의 효과가 인간 능력의 증강으로 이어질지 혹은 인간의 역할을 대체할지 여부는 앞으로 수행해야 할 중요한 연구 과제다. 다만, 비논리적이고 근거 없는 비관론은 피해야 한다. 일부 철학자와 컴퓨터 공학자들은 인공지능이 스스로 능력을 무한히 발전시켜 궁극적으로 초월적인 지능으로 진화할 가능성이 있으며, 이러한 초월적 인공지능이 인류에게 존재론적 위협이 될 수 있다고 주장한다(Bostrom, 2014).

---

5   마음이론은 사람들이 다른 사람의 마음을 이해할 때 적용하는 통속적인 추론이다. 인지적 추론이기에 '이론'이라고 한다. 물론 학문적 이론은 아닌 통속이론(folk theory)이다. 다른 사람의 마음을 인지적으로 이해하는 작용이기에 정서적 측면의 공감과 구분해 인지 공감(cognitive empathy)이라고도 한다. 학문 분야에 따라 지향적 자세(intentional stance), 통속심리(folk psychology), 정신화(mentalizing) 등 다양한 용어로 사용한다. 마음이론은 주로 발달심리학자들이 쓰는 용어이다.

그러나 이러한 주장은 근거가 없으며, 논리적으로 타당하지 않다. 첫째, 현재의 인공지능 기술은 스스로 능력을 무한히 발전시킬 수 있는 기초조차 마련되지 않았다. 인공지능은 기본적으로 주어진 자료와 알고리듬에 의존해 학습하고 문제를 해결한다. 외부 입력(즉, 인간의 작업 지시) 없이 자율적으로 자신을 발전시킬 수 있는 어떠한 기술적 단서도 존재하지 않는다. 둘째, 설사 그러한 인공지능 모형과 알고리듬이 개발된다고 하더라도, 물리적 자원인 소재와 에너지가 제한되어 있기 때문에 인공지능이 무한히 능력을 확장하는 것은 물리적으로 불가능하다. 모든 체계는 물리적 자원에 의존하며, 이 자원의 제한성은 인공지능의 무한한 성장을 막는 결정적 요인이다. 셋째, 인공지능이 스스로를 복제해 발전할 가능성은 매우 낮다. 앞서 논의한 대로, 생명체와 달리 인공지능은 자가 복제에 대한 본능적 동기나 욕구를 가지고 있지 않다. 만일, DNA의 복제원리를 구현한 인공지능을 개발한다면, 그것은 인공지능이라기보다 인공생명이라고 해야 한다.

결국, 인공지능의 이용과 효과에 대한 연구는 현실의 기술적 한계와 가능성을 기반으로 논리적 토대로 진행되어야 한다. 과장된 우려보다는 실제 기술의 발전 방향에 따른 현실적인 문제를 해결하는 방향이어야 한다.

2) 매체 효과로서의 행복

매체가 우리 삶에 미치는 영향은 크나, 이러한 매체 노출의 영향은 여전히 불확실하다. 특히, 매체 사용이 이용자들의 행복에 미치는 영향에 대한 우려가 지속적으로 제기되고 있다. 전통적으로 매체 효과 연구는 매체 이용의 부정적인 측면에 더 많은 관심을 기울였다. 매체 폭력 연구가 대표적이며, 음란물이나 왜곡된 신체 이상에 대한 연구도 이러한 부정적인 매체 효과의 예로 볼 수 있다.

매체 이용의 위험성을 이해하고 대처하는 것이 사회적으로 중요하다. 그러나 우리는 매체 이용과 그 효과에 대한 보다 종합적이고도 해결지향적인 관점이 필요하다. 특히 매체가 존재하는 이유와 이를 이용하는 보다 근본적인 동인과 이유에 대한 접근이 필요하다. 이와 관련해서 미디어 사용이 성장과 행복에 미치는 영향은 매우 중요한 주제다(Reinecke & Oliver, 2016).

(1) 행복 2요인론

행복이라는 용어는 통상 두 가지 방식으로 사용된다. 안녕(well-being)의 모든 측면을 종합적으로 나타내는 '번성하는 삶(flourishing)' 혹은 '충만한 삶(fulfilled life)'이라는 의미와 함께 '기분이 좋은 상태'를 묘사하는 의미로 사용된다. 이 글에서는 행복을 전자와 후자를 포함하는 안녕보다 상위개념으로 사용한다. 즉, 행복은 '개인의 몸과 마음이 전반적으로 건강하고 만족스러운 상태로서 유능성, 관계성, 자율성 등 삶의 여러 측면에서 긍정적인 경험과 높은 삶의 질을 유지하는 상태'라는 의미로 사용한다. 유능성이란 환경과의 효과적인 상호작용을 통한 개인의 능력 발휘로서 사물 환경에서의 문제 해결을 의미한다. 관계성이란 자신 및 타인과의 의미 있는 관계 형성으로서 사회 환경의 문제 해결을 의미한다. 자율성이란 자신의 행동을 스스로 결정하고 조절하는 것으로 자기환경의 문제 해결을 의미한다.

① 주요 내용

행복에 대한 논의는 두 가지 주요 관점인 쾌락 행복과 의미 행복을 중심으로 이루어져 왔다. 이 두 관점은 행복을 이해하는 데 서로 다른 접근 방식을 제공하며, 행복의 본질을 둘러싼 논쟁을 불러일으켰다. 상세한 논의에 앞서 대략적으로 설명하자면, 쾌락 행복은 즐거움, 긍정감정 혹은 삶의 전반적인 만족과 관련된 행복이고, 의미 행복은 개인의 내재적 잠재력 발휘를 통한 '진정한' 자기실현과 관련된 행복이다(Ryan & Deci, 2001).

• 쾌락 행복: 행복을 쾌락과 동일시하는 사고는 아리티푸스 등 고대의 사상가들부터 시작돼, 홉스와 드사드, 벤담 등 근대 철학자들에게 계승됐다. 이들은 쾌락의 최대화가 개인과 사회에 필요하다고 주장했다. 쾌락주의는 신체적 즐거움뿐만 아니라 광범위한 욕구를 포괄하는 방식으로 발전해 왔다. 행복에 대해 쾌락으로 접근하는 연구자들은 행복을 삶의 긍정적/부정적 요소를 최적화해 보상을 최대화하는 경험으로 파악해서, 정신적 쾌락과 신체적 쾌락을 모두 포함하는 폭넓은 쾌락주의에 초점을 맞추고 있다(Ryan & Deci, 2001).

쾌락 행복은 주관적 안녕(subjective well-being)으로 체계화됐다. 주관적 안녕은 개인이 자신의 삶을 긍정적으로 평가하는 정도를 나타낸다. 삶의 만족도, 긍정적 감정의 빈도, 낮은 부정적 감정의 빈도라는 세 가지 주요 요소로 구성된다. 주관적 안녕은 단순한 순간적 감정 상태를 넘어 개인의 전반적인 삶의 평가를 반영한다(Diener, 1984).

• 의미 행복: 쾌락 행복이 행복의 주관적 측면을 강조한다면, 의미 행복은 행복의 객관적 측면을 강조한다. 이러한 전통은 아리스토텔레스 등 고대의 사상가들부터 시작돼 프롬 등 근대 철학자들에게 이어졌다. 쾌락은 인간의 성장을 방해할 수 있기에 진정한 행복은 덕의 실천이나 성장 등 가치 있는 일을 행하는 것에 있다고 봤다(Ryan & Deci, 2001).

의미 행복은 개인적 표현성(personal expressiveness)이나 심리적 안녕(psychological well-being) 등으로 개념화됐다. 개인적 표현성은 개인이 '본연의 나'에 따라 행동함으로써 달성하는 자신에 대한 진정성을 의미한다. 쾌락보다는 삶의 의미를 찾고 자기 자신을 온전히 표현함으로써 개인적 성장과 자기실현을 통해 경험되는 행복을 나타낸다(Waterman, 1993).

심리적 안녕은 '개인의 진정한 잠재력의 완전한 발휘'이다. 자율성

(autonomy; 자신의 행동과 결정을 스스로 통제하고 독립적으로 유지), 개인적 성장(personal growth; 새로운 경험을 통해 배우고 자신을 발전시키고 성장), 자기 수용(self-acceptance; 자신의 강점과 약점 등 모든 면을 받아들여 자신에 대해 긍정적으로 평가), 삶의 목적(purpose in life; 인생에서 의미와 목표를 찾고 이를 위해 노력), 환경에 대한 통제(mastery of environment; 주어진 환경을 효과적으로 관리하고, 도전적 상황에서 자신의 필요를 충족), 긍정적 인간관계(positive relations with others; 긍정적이고도 깊이 있는 인간관계를 형성) 등 6가지 요소로 이뤄져 있다(Ryff & Keyes, 1995).

의미 행복을 가장 포괄적이면서도 간명하게 개념화한 이론은 자기결정이론(self-determination theory)이다. 이 이론은 세 가지 기본 욕구(자율성, 유능성, 관계성)를 제시하며 행복은 외적 보상이나 처벌에 의해 통제되는 외재적 동기보다는, 내적 동기에 의해 자율적으로 행동할 때 이루어진다고 제시했다(Ryan & Deci, 2000).

② 한계와 비판

행복 2원론은 단일한 이론 체계라기보다는 쾌락 행복 이론과 의미 행복 이론을 종합해 정리한 수준에 불과하다. 실제로 이론가들은 쾌락 행복과 의미 행복 중 무엇이 진정한 행복인지에 대해 격렬한 논쟁을 벌여왔다. 디너(Diener, 1984)는 주관적 안녕이 진정한 행복이라 주장했고, 리프와 싱어(Ryff & Singer, 1998)는 주관적 안녕이 행복의 기능적 측면에서 한계가 있기에 건강한 삶의 지표로서 불완전하다고 비판했다. 이에 대한 해결책으로 후타(Huta, 2016)는 쾌락 행복과 의미 행복이 서로 다른 행복 측면을 나타내며, 두 유형의 행복을 함께 추구할 때 더 높은 수준의 행복을 경험할 수 있다고 주장했다.

의미 행복과 쾌락 행복을 각각 행복의 기능과 지표로 구분하는 접근도 있다. 쾌락은 단순한 감각적 즐거움을 넘어, 인간이 생존하고 번성하는 데 중요한 긍정적 경험을 의미한다. 로진(Rozin, 1999)은 이를 "삶을 가능하게 하는 것에 대해 경험하는 긍정적인 상태"로 정의했다. 이 쾌락은 감각적 즐거움뿐만 아니라, 나눔, 성취, 자기주도와 같은 더 복잡한 경험까지 포함하며, 인간이 다양한 상황에서 가치를 평가하는 심리기제로 작용한다. 이러한 이유로 쾌락은 "공통 통화"로 비유될 수 있으며, 이는 모든 긍정적 경험의 근본적인 감정으로 기능한다(Cabanac, 1992; Kringelbach & Berridge, 2009).

기능-지표 모형에 따르면, 의미 행복은 한 개인이 삶의 목표와 의미를 얼마나 잘 추구하고 성취하도록 하는 기능이다. 이는 삶의 목적과 가치에 맞는 활동을 통해 이루어지며, 개인의 진정한 잠재력을 온전히 발휘해 삶의 방향성을 제공한다. 쾌락 행복은 이러한 의미 행복이 실제로 얼마나 효과적으로 작동하고 있는지를 평가하는 지표 역할을 한다. 이는 개인이 자신의 기본 욕구를 얼마나 잘 충족시키고 있는지를 반영하며, 의미 행복을 추구하는 과정에서 경험하는 전반적인 삶의 만족감과 긍정적인 감정경험이 그 지표로서 작용한다. 따라서 의미 행복은 행복의 작동을 나타내는 기능이므로 기능 행복이라 할 수 있고, 쾌락 행복은 의미 행복의 성공적인 작동 여부를 나타내는 지표 행복이라고 할 수 있다(안도현, 2024).

(2) 충만 가설 대 훈련 가설

① 주요 내용
매체 이용이 행복을 증진시키는 기제에 대한 일관된 설명은 없지만, 충만 가설(fulfillment hypothesis)과 훈련 가설(training hypothesis)을 비롯한 다양한 이론적 틀이 제시되고 있다. 훈련 가설에 따르면, 사람들은 매체 이용을 통해 관계성, 유능성, 자율성 등 기본 욕구를 충족시킬 수 있으며, 이는 실제 생활에서의 문제 해결 능력 향상으로 이어진다. 이 가설은 놀이 이론에 기초하고 있으며, 놀이가 모의 체험의 역할을 해서 생존에 필요한 기술을 학습할 기회를 제공한다고 주장한다. 즉, 매체 이용을 통해 위험하거나 비용이 많이 드는 실제 상황을 가상으로 체험함으로써 적응력을 향상시킬 수 있다는 것이다. 예를 들어, 거친 신체 놀이는 사냥이나 전투와 같은 생존 기술을 연습하는 데 기여할 수 있으며, 소설이나 드라마 같은 서사 매체는 복잡한 사회관계를 마치 실제인 양 경험하게 해 준다. 이러한 이야기 기반의 모의 체험은 복잡한 사회적 환경에 적응하는 데 중요한 역할을 한다. 실제로, 서사 매체를 많이 접한 사람들은 타인의 감정이나 생각을 더 잘 이해하는 경향이 있다는 연구 결과가 있다(Mar & Oatley, 2008; Smith, 2005).

충만 가설에 따르면, 매체 이용자는 디지털 게임이나 서사 매체를 통해 기본 욕구인 관계성, 유능성, 자율성을 충족할 수 있다. 그러나 이러한 욕구 충족이 진정한 의미의 행복으로 이어지는지에 대해서는 논란이 있다(Rigby & Ryan, 2016). 욕구 밀도 가설(need density hypothesis)에 따르면, 일상생활에서 자율성, 관계성, 유능성 등의 기본 욕구가 충분히 충족되지 않은 개인들은 디지털 게임이나 SNS와 같은 상호작용 매체에 과도하게 몰입할 가능성이 크다. 이는 이들이 현실에서 부족한 욕구를 이러한 매체를 통해 대체해서 충족시키려 하기 때문이다. 특히, 디지털 게임은 이러한 욕구를 즉각적이고 강도 높게 충족시켜 주기 때문에, 현실에서의 결핍을 보완하는 수단으로 사용될 수 있다. 예를 들어, 직장에서 자율성이나 통제감을 느끼지 못하는 사람은 게임에서 이를 경험하며 더 깊이 몰입하게 될 가능성이 높고, 사회적으로 소외된 사람은 온라인 게임에서의 사회적 상호작용을 통해 관계성을 충족시키려 한다. 이러한 상황에서, 일상에서의 욕구 충족이 부족할수록 상호작용 매체에 대한 의존도는 증가하며, 이는 결국 과도한 사용으로 이어질 수 있다. 이 가설은 매체 이용을 통해 충족된 욕구가 실은 현실 세계에서 결핍된 욕구를 보완하는 데 그치며, 이를 통해 얻는 만족이 진정한 의미에서의 행복은 아닐 수 있음을 시사한다 (Rigby & Ryan, 2016).

② 한계와 비판

충만 가설과 훈련 가설은 매체 이용의 효과에 대해 상반된 관점을 제시한다. 두 가설 모두 매체 이용이 기본 욕구 충족에 기여한다는 점에서 공통점을 가지지만, 그 충족이 진정한 행복으로 이어지는지에 대해서는 다른 시각을 제시한다. 충만 가설에서는 매체 이용자가 경험하는 욕구 충족이 반드시 진정한 행복으로 이어지지 않을 수 있음을 지적하는 반면, 훈련 가설은 매체 이용을 통해 실질적인 능력 향상이 이루어지며, 이는 궁극적으로 진정한 행복으로 이어질 수 있다고 주장한다. 따라서 매체 이용이 행복에 미치는 영향을 보다 종합적으로 이해하기 위해서는 이 두 가설을 아우를 수 있는 통합적인 이론적 틀이 필요하다.

4. 결어

지난 수십 년간 매체 이용과 효과에 대한 연구는 눈부신 성과를 이뤄냈다. 다양한 이론들이 제시됐고, 이를 통해 매체 이용과 그 효과에 대한 심층적인 이해가 가능해졌다. 특히, 배양이론, 틀짓기 이론, 의제설정 이론, 사회학습 이론 등은 오랜 기간 동안 매체 효과 연구의 핵심을 이루며, 매체의 내용이 개인과 사회에 미치는 영향에 대해 통찰을 제공해 왔다. 그러나 이러한 이론에 대한 지나친 의존은 매체 효과 연구의 지적 다양성을 제한할 위험이 있다.

다행스럽게도, 최근의 매체 효과 연구는 매체 중심 접근뿐만 아니라, 이용자 중심 접근을 통합하는 교류 패러다임 등 보다 포괄적인 관점으로 전환되고 있다. 탐구의 범위도 감정의 기능, 서사오락, 인공지능 등 다양한 영역으로 확장되면서 매체 효과 연구의 지적 지평이 넓어지고 있다. 이러한 새로운 이론들은 이용자, 매체, 물리적 환경 및 사회적 환경 사이의 복잡한 상호작용에 대한 이해를 통해 매체 효과 연구에 유용한 시각을 제공하고 있다.

매체 효과 연구가 직면한 또 다른 도전은 인공지능, 특히 생성 인공지능의 급속한 확산이다. 생성 인공지능은 지적 존재로서 정보 발신자이자 매체로서의 역할을 동시에 수행한다. 이는 매체 효과 연구 패러다임의 전환을 요구한다.

무엇보다도, 매체 연구에서 부정편향을 극복하는 것은 중요한 과제이다. 매체를 이용하는 궁극적인 목적은 충만하고도 번성하는 삶을 영위하는 데 있다. 따라서 매체 이용의 부정적 효과를 지적하는 것을 넘어, 해결 지향적 접근이 요구된다. 매체 이용이 개인과 사회의 행복에 어떻게 기여할 수 있는지에 대한 연구는 앞으로 더욱 중요한 연구 과제로 자리 잡을 것이다.

결론적으로, 매체 효과 연구는 과거의 성과를 기반으로 하되 새로운 성과를 적극 수용해 지속적인 발전을 이루어야 한다. 새롭게 부상하는 이론들과 기술의 변화는 연구자들에게 새로운 도전과 기회를 제공하고 있다. 매체 이용이 궁극적으로 인간의 행복과 번성에 어떻게 기여할 수 있는지를 탐구하는 것이 매체 효과 연구의 필수적인 목표가 돼야 한다.

참고문헌

국립국어원. (n.d.). 지능. 〈표준국어대사전〉.
   URL: https://stdict.korean.go.kr/search/searchView.do
나은영 (2015). 〈인간커뮤니케이션과 미디어: 소통의 공간의 확장〉. 나남.
안도현 (2020). 인공지능은 사회적 존재인가. 〈언론정보연구〉 57권 3호. 155-195.
안도현 (2023). 전치인가 증강인가? 미디어이용과 안녕감 및 불안녕감 사이의 차별적 비선형
   관계와 대면소통의 제한적 매개. 〈미디어 경제와 문화〉, 21권 1호, 49-94.
안도현 (2024). 정신건강의 기능과 지표. 〈한국언론학회 2024 봄철학술대회 발표자료집〉.
이광근 (2015). 〈컴퓨터과학이 여는 세계: 세상을 바꾼 컴퓨터〉. 인사이트.
이대열 (2019). 〈지능의 탄생: RNA에서 인공지능까지〉. 바다출판사.
이재현 (2019). 〈인공지능 기술비평〉. 커뮤니케이션북스.
이준웅 · 김은미 · 심미선 (2006). 다매체 이용자의 성향적 동기: 다매체 환경에서 이용과 충족
   이론의 확장. 〈한국언론학보〉. 50권 1호. 252-284.
Ball-Rokeach, S. J., & DeFleur, M. L. (1976). A dependency model of mass-media effects.
   Communication Research, 3(1), 3-21.
Bandura, A., Ross, D., & Ross, S. A. (1961). Transmission of aggression through imitation
   of aggressive models. *Journal of Abnormal and Social Psychology, 63*(3), 575 – 582.
Bandura, A. (1977). *Social learning theory*. Prentice-Hall.
Bandura, A. (1986). *Social foundations of thought and action: A social cognitive theory*.
   Prentice-Hall.
Bandura, A. (2002) Social cognitive theory of mass communication. In J. Bryant, & D.
   Zillmann. *Media effects: Advances in theory and research* (2nd ed, pp. 121-153).
   Lawrence Erlbaum.
Barron, A. B., Hebets, E. A., Cleland, T. A., Fitzpatrick, C. L., Hauber, M. E., & Stevens,
   J. R. (2015). Embracing multiple definitions of learning. *Trends in Neurosciences,
   38*(7), 405-407.
Berkowitz, L. (1984). Some effects of thoughts on anti- and prosocial influences of media
   events: A cognitive-neoassociation analysis. *Psychological Bulletin, 95*(3), 410-427.
Bostrom, N. (2014). *Superintelligence: Paths, dangers, strategies*. Oxford University Press.
Brockmyer, J. F. (2013). Media violence, desensitization, and psychological engagement.
   In K. E. Dill & K. Dill-Shackleford (Eds.), *The Oxford handbook of media psychology*
   (pp. 212-222). Oxford University Press.
Bryant, J., & Zillmann, D. (1984). Using television to alleviate boredom and stress:
   Selective exposure as a function of induced excitational states. *Journal of
   Broadcasting & Electronic Media, 28*(1), 1-20.
Busselle, R. & Van den Bulck, J. (2019). Cultivation theory, media, stories, processes,
   and reality. In J. Bryant, A. Raney, & M. B. Oliver (Eds.), *Media effects: Advances
   in theory and research* (4th ed, pp. 69-82). Routledge.

Butlin, P., Long, R., Elmoznino, E., Bengio, Y., Birch, J., Constant, A., ... & VanRullen, R. (2023). Consciousness in artificial intelligence: insights from the science of consciousness. *arXiv.* https://arxiv.org/abs/2308.08708

Cabanac, M. (1992). Pleasure: the common currency. *Journal of Theoretical Biology, 155*(2), 173-200.

Chiang, T. (2023. May 4). Will AI become the new McKinsey? *The New Yorker, 4.* https://www.newyorker.com/science/annals-of-artificial-intelligence/will-ai -become-the-new-mckinsey

Cooper, E., & Jahoda, M. (1947). The evasion of propaganda: How prejudiced people respond to anti-prejudice propaganda. *Journal of Psychology, 23*(1), 15-25.

Davidson, J. E. & Kemp, I. (2011). Contemporary models of intelligence. In R. J Sternberg & S. B. Kaufman (Eds.), *The Cambridge handbook of intelligence* (pp. 485-503). Cambridge University Press.

Davison, W. P. (1983). The third-person effect in communication. *Public Opinion Quarterly, 47*(1), 1-15.

Damasio, A. R. (1994). *Descartes' error: Emotion, reason, and the human brain.* Avon Books.

Diener, E. (1984). Subjective well-being. *Psychological Bulletin, 95*(3), 542-575.

Entman, R. M. (1993). Framing: Toward clarification of a fractured paradigm. *Journal of Communication, 43*(4), 51-58.

Fiske, S. T., & Taylor, S. E. (2013). *Social cognition: From brains to culture.* (2nd ed.). Sage.

Gerbner, G. (1969). Toward "Cultural Indicators": The analysis of mass mediated public message systems. *AV Communication Review, 17*(2), 137-148.

Gerbner, G., & Gross, L. (1976). Living with television: The violence profile. *Journal of Communication, 26,* 172 – 199.

Gerbner, G., Gross, L., Morgan, M., & Signorielli, N. (1980a). The "mainstreaming" of America: Violence profile no. 11. *Journal of Communication, 30,* 10 – 29.

Giles, D. C. (2002). Parasocial interaction: A review of the literature and a model for future research. *Media Psychology, 4,* 279 – 305.

Gottfredson, L. S. (1997). Mainstream science on intelligence: An editorial with 52 signatories, history and bibliography [Editorial]. *Intelligence, 24*(1), 13 – 23.

Green, M. C., & Brock, T. C. (2000). The role of transportation in the persuasiveness of public narratives. *Journal of Personality and Social Psychology, 79*(5), 701-721.

Haidt, J. (2001). The emotional dog and its rational tail: a social intuitionist approach to moral judgment. *Psychological Review, 108*(4), 814-834.

Hermann, E., Morgan, M., & Shanahan, J. (2021). Television, continuity, and change: A meta-analysis of five decades of cultivation research. *Journal of Communication, 71*(4), 515-544.

Hughes, M. (1980). The fruits of cultivation analysis: A reexamination of some effects of television watching. *Public Opinion Quarterly, 44*(3), 287-302.

Huta, V. (2016). An overview of hedonic and eudaimonic well-being concepts. In In L. Reinecke & M.B. Oliver (Eds.), *The Routledge handbook of media use and well-being: International perspectives on theory and research on positive media effects* (pp. 14-33). Routledge.

Ioannou, A., Anastassiou-Hadjicharalambous, X. (2021). Non-associative Learning. In T. K. Shackelford & V. A. Weekes-Shackelford (Eds.), *Encyclopedia of evolutionary psychological science* (pp. 5419 – 5432). Springer.

Johnson, B. K., & Knobloch-Westerwick, S. (2014). Glancing up or down: Mood management and selective social comparisons on social networking sites. *Computers in Human Behavior, 41,* 33 – 39.

Katz, E., Blumler, J. G., & Gurevitch, M. (1973). *Uses and gratifications research. Public Opinion Quarterly, 37*(4), 509-523.

Kenny, A. (1971). The homunculus fallacy. In M. Grene & I. Prigogine (Eds.), *Interpretations of life and mind* (pp. 155-165). Humanities Press.

Knobloch, S. (2003). Mood adjustment via mass communication. *Journal of Communication, 53,* 233 – 250.

Knobloch-Westerwick, S. (2012). Selective exposure and reinforcement of attitudes and partisanship before a presidential election. *Journal of Communication, 62,* 628-642.

Knobloch-Westerwick, S. (2014). Selection, perception, and processing of political messages. In C. Reinemann (Ed.), *Political communication* (Vol. 18 of Handbook of communication sciences) (pp. 507 – 526). De Gruyter Mouton.

Knobloch-Westerwick, S. (2015). The selective exposure self- and affect-management (SESAM) model: Applications in the realms of race, politics, and health. *Communication Research, 42,* 959 – 985.

Knobloch-Westerwick, S., & Alter, S. (2006). Mood adjustment to social situations through mass media use: How men ruminate and women dissipate angry moods. *Human Communication Research, 32,* 58 – 73.

Knobloch-Westerwick, S., & Hastall, M. R. (2010). Please your self: Social identity effects on selective exposure to news about in- and out-groups. *Journal of Communication, 60,* 515 – 535.

Knobloch-Westerwick, S., Johnson, B. K., & Westerwick, A. (2013). To your health: Self-regulation of health behavior through selective exposure to online health messages. *Journal of Communication, 63*(5), 807-829.

Knobloch-Westerwick, S., Westerwick, A., & Sude, D. J. (2019). Media effects: An overview. In J. Bryant, A. Raney, & M. B. Oliver (Eds.), *Media effects: Advances in theory and research* (4th ed., pp. 16-35). Routledge.

Kringelbach, M. L. & Berridge, K. C. (2009). Towards a functinoal neuroanatomy of pleasure and happiness. *Trends in Cognitive Science, 13,* 479-487.

Lang, A. (2000). The limited capacity model of mediated message processing. *Journal of Communication, 50*(1), 46-70.

Lazarsfeld, P. F. (1940). *Radio and the printed page; an introduction to the study of radio and its role in the communication of ideas.* Duell, Sloan, & Pearce.

Lazarsfeld, P. F., Berelson, B., & Gaudet, H. (1948). *The people's choice: How the voter makes up his mind in a presidential campaign.* Columbia University Press.

Lee, E. J. (2024). Minding the source: toward an integrative theory of human–machine communication. *Human Communication Research, 50*(2), 184-193.

Lexico. (n.d.). Intelligence in Lexico.com Retrieved April 15, 2020 from https://www.lexico.com/en/definition/intelligence

Mar, R. A., & Oatley, K. (2008). The function of fiction is the abstraction and simulation of social experience. *Perspectives on Psychological Sscience, 3*(3), 173-192.

Markus, H., & Wurf, E. (1987). The dynamic self-concept: A social psychological perspective. *Annual Review of Psychology, 38,* 299-337.

McCombs, M. E., & Shaw, D. L. (1972). The agenda-setting function of mass media. *Public Opinion Quarterly, 36*(2), 176-187.

Morgan, M., & Shanahan, J. (1997). Two decades of cultivation research: An appraisal and meta-analysis. *Communication Yearbook, 20,* 1-45.

Nabi, R. L., & Clark, S. (2008). Exploring the limits of social cognitive theory: Why negatively reinforced behaviors on TV may be modeled anyway. *Journal of Communication, 58*(3), 407-427.

Nabi, R. & Oliver, M. B. (2010) Mass media effects. In C. R. Berger, M. E. Roloff & D. R. Roskos-Ewoldsen (Eds.), *Handbook of communication science* (2nd ed., pp. 255-271). Sage.

Nass, C., & Moon, Y. (2000). Machines and mindlessness: Social responses to computers. *Journal of Social Issues, 56*(1), 81-103.

Nisbett, R. E., & Wilson, T. D. (1977). Telling more than we can know: Verbal reports on mental processes. *Psychological Review, 84*(3), 231-259.

Noelle-Neumann, E. (1974). The spiral of silence: A theory of public opinion. *Journal of Communication, 24*(2), 43-51.

Pearl, J., & Mackenzie, D. (2018). *The book of why: the new science of cause and effect.* Basic books.

Petty, R. E., & Cacioppo, J. T. (1986). The elaboration likelihood model of persuasion. In L. Berkowitz (Ed.), *Advances in Experimental Social Psychology* (Vol. 19, pp. 123-205). Academic Press.

Palmgreen, P. (1984). Uses and Gratifications: A Theoretical Perspective. *Annals of the International Communication Association, 8*(1), 20-55.

Pavlov, P. I. (1927/2010). Conditioned reflexes: an investigation of the physiological activity of the cerebral cortex. *Annals of Neurosciences, 17*(3), 136.

Pearce, L. J., & Field, A. P. (2016). The impact of "scary" TV and film on children's internalizing emotions: A meta-analysis. *Human Communication Research*, 42(1), 98-121.

Potter, W. J. (2014). A critical analysis of cultivation theory. *Journal of Communication*, 64, 1015-1036.

Reinecke, L., & Oliver, M.B. (2016). Media use and well-being: Status quo and open questions. In L. Reinecke & M.B. Oliver (Eds.), *The Routledge handbook of media use and well-being: International perspectives on theory and research on positive media effects* (pp. 3-13). Routledge.

Rigby, C. S., & Ryan, R. M. (2016). Time well-spent?: Motivation for entertainment media and its eudaimonic aspects through the lens of self-determination theory. In L. Reinecke & M. B. Oliver (Eds.), *The Routledge handbook of media use and well-being: International perspectives on theory and research on positive media effects* (pp. 34-48). Routledge.

Rogers, E. M. (1962). *Diffusion of innovations*. Free Press.

Rosengren, K. E. (1974). Uses and gratifications: A paradigm outlined. In J. G. Blumler & E. Katz (Eds.), *The uses of mass communications: Current perspectives on gratifications research* (pp. 269-286), Sage.

Rozin, P. (1999). Preadaptation and the puzzles and properties of pleasure. In D. Kahneman, E. Diener, & N. Schwarz(Eds.), *Well-being: The foundations of hedonic psychology* (pp. 109-133). Russell Sage Foundation Publications.

Rubin, A. M. (2002). The uses-and-gratifications perspective of media effects. In J. Bryant & D. Zillmann (Eds.), *Media effects: Advances in theory and research* (2nd ed., pp. 525-548). Lawrence Erlbaum Associates.

Russell, S., & Norvig, P. (2010). Artificial intelligence: A modern approach (3rd. ed.). Pearson.

Ryan, R. M., & Deci, E. L. (2000). Self-determination theory and the facilitation of intrinsic motivation, social development, and well-being. *American Psychologist*, 55(1), 68-78.

Ryan, R. M., & Deci, E. L. (2001). On happiness and human potentials: A review of research on hedonic and eudaimonic well-being. *Annual Review of Psychology*, 52(1), 141-166.

Ryff, C. D., & Keyes, C. L. M. (1995). The structure of psychological well-being revisited. *Journal of Personality and Social Psychology*, 69(4), 719-727.

Ryff, C. D., & Singer, B. (1998). The contours of positive human health. *Psychological Inquiry*, 9(1), 1-28.

Searle, J. R. (1980). Minds, brains, and programs. *Behavioral and brain sciences*, 3(3), 417-424.

Shrum, L. J. (1995). Assessing the social influence of television: A social cognition perspective on cultivation effects. *Communication Research*, 22(4), 402-429.

Simpson, E. H. (1951). The interpretation of interaction in contingency tables. *Journal* of the *Royal Statistical Society: Series B (Methodological)*, *13*(2), 238-241.

Singhal, A., & Rogers, E. (1999). *Entertainment-education: A communication strategy for social change*. Routledge.

Skinner, B. F. (2019). *The behavior of organisms: An experimental analysis*. BF Skinner Foundation.

Slater, M. D. (2015). Reinforcing spirals model: Conceptualizing the relationship between media content exposure and the development and maintenance of attitudes. *Media Psychology*, *18*, 370-395.

Slater, M. D., & Rouner, D. (2002). Entertainment—education and elaboration likelihood: Understanding the processing of narrative persuasion. *Communication Theory*, *12*(2), 173-191.

Smith, K. (2005). Play: Types and functions in human development. In B. J. Ellis & D. F. Bjorklund (Eds.), *Origins of the social mind: Evolutionary psychology and child development* (pp. 271-291). Guilford.

Smith, E. R., & DeCoster, J. (2000). Dual-process models in social and cognitive psychology: Conceptual integration and links to underlying memory systems. *Personality and Social Psychology Review*, *4*(2), 108-131.

Sood, S., & Nambiar, D. (2006). Comparative cost-effectiveness of the components of a behavior change communication campaign on HIV/AIDS in North India. *Journal of Health Communication*, *11*(S2), 143-162.

Strachan, J. W., Albergo, D., Borghini, G., Pansardi, O., Scaliti, E., Gupta, S., ... & Becchio, C. (2024). Testing theory of mind in large language models and humans. *Nature Human Behaviour*, *8*. 1285-1295.

Sundar, S. S. (2020). Rise of machine agency: A framework for studying the psychology of human-AI interaction (HAII). *Journal of Computer-Mediated Communication*, *25*(1), 74-88.

Sundar, S. S., & Nass, C. (2000). Source orientation in human-computer interaction: Programmer, networker, or independent social actor. *Communication Research*, *27*(6), 683-703.

Tolman, E. C. (1949). There is more than one kind of learning. *Psychological Review*, *56*(3), 144-155.

Tolman, E. C., & Honzik, C. H. (1930). Introduction and removal of reward, and maze performance in rats. *University of California Publications in Psychology*, *4*, 257-275.

Tichenor, P. J., Donohue, G. A., & Olien, C. N. (1970). Mass media flow and differential growth in knowledge. *Public Opinion Quarterly*, *34*(2), 159-170.

Turing, A. M. (1937). On computable numbers, with an application to the Entscheidungsproblem. *Proceedings of the London Mathematical Society*, *s2-42*(1), 230-265.

Turing, A. M. (1950). Computing machinery and intelligence. *Mind*, *59*(236), 433-460.

Valkenburg, P.M. & Oliver, M. B. (2019). Media effects: An overview. In J. Bryant, A. Raney, & M. B. Oliver (Eds.), *Media effects: Advances in theory and research* (4th ed., pp. 16-35). Routledge.

Valkenburg, P. M., & Peter, J. (2007). Online communication and adolescent well-being: Testing the stimulation versus the displacement hypothesis. *Journal of Computer-Mediated Communication, 12*(4), 1169-1182.

Valkenburg, P. M., & Peter, J. (2013). The differential susceptibility to media effects model. *Journal of Communication, 63*(2), 221-243.

Valkenburg, P. M., Peter, J., & Walther, J. B. (2016). Media effects: Theory and research. *Annual Review of Psychology, 67*, 315-338

Van den Bulck, J. (2004). Research note: The relationship between television fiction and fear of crime: An empirical comparison of three causal explanations. *European Journal of Communication, 19*(2), 239-248.

Vaswani, A. (2017). Attention is all you need. *31st Conference on Neural Information Processing Systems (NIPS 2017)*, Long Beach, CA, USA.

Waterman, A. S. (1993). Two conceptions of happiness: Contrasts of personal expressiveness (eudaimonia) and hedonic enjoyment. *Journal of Personality and Social Psychology, 64*(4), 678-691.

Zaki, J., Weber, J., Bolger, N., & Ochsner, K. (2009). The neural bases of empathic accuracy. *Proceedings of the National Academy of Sciences, 106*(27), 11382-11387.

Zillmann, D. (1988). Mood management through communication choices. *American Behavioral Scientist, 31*, 327 – 340.

Zillmann, D., & Bryant, J. (1985). *Selective exposure to communication*. Routledge.

8

설득적 소통 [1]

김현석 | 서울대 언론정보학과 부교수
정성은 | 성균관대 미디어커뮤니케이션학과 교수

설득적 소통은 구어적 또는 비구어적 메시지를 사용해 수용자의 태도 (attitude)와 행동(behavior)을 의도한 방향으로 형성하거나, 강화하거나, 변화시키려는 행위이다(Miller, 2013). 설득 소통 연구는 설득을 결정하는 요인을 규명하고 설득이 이루어지는 과정을 탐구한다. 이 장은 설득 소통 연구의 역사적 전개를 간략히 살펴본 후, 설득의 결과, 과정, 결정 요인에 관한 주요 이론과 경험적 연구성과[2]를 소개한다.

---

1 이 장은 이준웅 등이 편집한 〈커뮤니케이션 과학의 지평〉의 7장 '설득 커뮤니케이션'(정성은, 2015)을 전면 개정한 것이다. 이 장은 2021년 대한민국 교육부와 한국연구재단의 지원을 받아 수행된 연구이다(NRF-2021S1A3A2A02090597).

2 경험적 연구가 어느 정도 축적돼 메타분석(meta-analysis)이 수행된 경우, 메타분석 결과(평균 효과 크기; r 혹은 d)를 소개했다. 메타분석별로 평균 효과 크기 계산 과정에서 가중치를 부여한 방법 등이 다른 경우가 있지만, 간명함과 편의성을 위해 모두 r 혹은 d로 표기했다. 따라서 이 장에서 제시한 메타분석 평균 효과 크기의 정확한 의미를 파악하기 위해서는 반드시 해당 연구를 직접 읽어야 한다.

1. 설득 소통 연구의 역사적 전개

설득적 소통을 탐구해 체계적인 지식을 처음 제시한 이는 고대 그리스의 아리스토텔레스다. 아리스토텔레스는 어떤 진술의 진리성과는 별개로 진술이 어떻게 전달되느냐에 따라 결과가 다를 수 있음에 주목하고, 구체적으로 무엇이 이러한 서로 다른 결과를 유발하는지 탐구했다(Aristotle, 2006). 특히, 그는 설득 소통의 효과성은 공신력(credibility)과 같은 화자의 특성(ethos), 청자의 정서적 반응(pathos), 논변의 타당성(logos)에 따라 달라진다고 주장했다.

설득에 대해 보다 광범위한 사회적 관심이 형성되고 과학적 연구가 시작된 것은 20세기 전반 대중매체가 본격적으로 등장하고 두 차례의 세계대전을 거치면서다. 호블랜드는 2차 세계대전 당시 군대에서의 설득 연구 경험을 바탕으로 '예일대 소통과 태도 변화 프로그램'을 창립하고 동료들과 함께 설득에 관한 일련의 연구를 수행했다. 호블랜드와 그의 동료들은 정보원(source) 특성(예: 공신력), 메시지 특성(예: 공포 소구, 결론의 명시성), 수용자 특성(예: 교육수준)이 설득에 미치는 영향을 이론화하고 이를 경험적으로 검증했다(Hovland et al., 1953). 오늘날의 설득 소통 연구도 대체로 이러한 접근 방식을 채택하고 있으며, 이 장의 구성도 이를 따른다.

2. 설득 결과: 태도와 행동에 관한 주요 이론적 모형

설득의 결과, 즉 설득자가 수용자에게 소통을 통해 궁극적으로 영향을 미치고자 하는 대상은 많은 경우 태도 혹은 행동이다. 가령, 금연 공익 광고는 금연에 대한 수용자의 우호적 태도 형성·유지 혹은 금연 행동 수행을 목표로 한다고 볼 수 있다. 따라서 설득 과정과 설득 결정 요인을 이해하기 위해서는 먼저 설득의 결과인 태도와 행동에 대한 이해가 필요하다. 아래에서는 태도에 관한 대표적 이론인 태도의 기대-가치 모형(the expectancy-value model of attitude; Fishbein & Ajzen, 1975)과 행동에 관한 대표적 이론인 합리적 행위 모형(the reasoned action model; Fishbein & Azjen, 2010)을 소개한다.

1) 태도: 태도의 기대-가치 모형

태도는 대상에 대한 전반적 평가이다. 태도의 기대-가치 모형(Fishbein & Ajzen, 1975)은 어떤 대상에 대한 태도는 해당 대상과 관련된 개별 신념(belief)의 강도와 해당 신념에 대한 평가에 의해 결정된다고 가정한다. 신념은 태도 대상이 어떤 속성을 갖추고 있을 가능성에 대한 주관적 확률('기대')이며, 신념에 대한 평가는 대상이 해당 속성을 갖추고 있다는 게 얼마나 긍정적인(혹은 부정적인) 것인지에 대한 판단('가치')이다(Fishbein & Ajzen, 1975). 가령, 신념의 강도는 '금연하면 폐암 발병률이 낮아진다'와 같은 금연이라는 태도 대상의 속성이 얼마나 개연성 있다고 혹은 개연성 없다고 생각하는지를, 신념의 평가는 이러한 금연의 속성이 얼마나 긍정적이라고 혹은 부정적이라고 생각하는지를 나타낸다.

$$A \propto \sum b_i e_i$$

기대-가치 모형은 태도(A)가 위의 수식과 같이 각 신념의 강도(b_i)와 해당 신념에 대한 평가(e_i)의 곱의 총합에 의해 결정된다고 예측한다. 신념의 강도와 평가는 모두 양극(bipolar) 척도로 측정한다. 가령, 신념의 강도는 '거짓이다'(-3)에서 '사실이다'(+3), 신념의 평가는 '나쁘다'(-3)에서 '좋다'(+3)의 7점 양극 척도(중간점 = 0)를 사용해 측정한다.[3] 따라서 기대

-가치 모형에 따르면, 태도 대상이 긍정적인 속성을 많이 갖추고 있고 부정적인 속성은 적게 갖추고 있다고 생각할수록 우호적인 태도가 형성된다. 이러한 기대-가치 모형의 예측은 경험적 연구에 의해 잘 뒷받침된다. 메타분석 결과, 신념 강도와 평가의 곱의 총합은 태도와 정적(positive) 관계를 보였다($r = .50$, Armitage & Conner, 2001).

태도의 기대-가치 모형과 관련해 두 가지 유의할 점이 있다. 첫째, 기대-가치 모형은 태도 대상과 관련한 모든 신념이 아니라, 현저한(salient) 신념들, 즉 개인이 해당 태도 대상을 생각할 때 쉽게 떠올릴 수 있는, 접근 가능성(accessibility) 높은 신념들이 태도를 결정짓는다고 가정한다(Fishbein & Ajzen, 1975). 개인 혹은 집단이 태도 대상과 관련해 형성하고 있는 현저한 신념들은 설문조사 또는 초점집단면접을 통해 확인할 수 있다(Fishbein & Ajzen, 2010, pp. 100-103). 둘째, 기대-가치 모형은 개인의 태도 형성 과정이 합리적이라고 가정하지 않는다(Fishbein & Ajzen, 1975, 2010). 즉, 개인이 태도 대상의 개별 속성에 관한 신념의 강도와 평가를 형성하는 과정이 논리적이거나 불편부당하다고 보지 않는다. 오히려 반대로 기대-가치 모형은 이 과정이 다양한 인지적·동기적 요인에 의해 편향되

---

3   기대-가치 모형은 신념의 강도와 평가를 이처럼 양극 척도로 측정하는 방안과 단극(unipolar) 척도(예: +1 ~ +7)로 측정하는 방안 중 무엇이 타당한지를 중요한 방법론적 쟁점으로 다뤄왔다. 이에 관한 기존 논의를 요약하면 다음과 같다(보다 자세한 사항은 Fishbein & Ajzen, 2010, pp. 105-110, p. 126; O'Keefe, 2016, pp. 64-65 참조). 기대-가치 모형은 대체로 양극 척도 사용을 권장한다. 이는 크게 두 가지 이유에서다. 첫째, 양극 척도가 단극 척도보다 신념 강도 및 평가가 태도 형성에서 수행하는 역할을 잘 포착한다고 보기 때문이다. 둘째, 경험적 연구 결과 역시 신념 강도와 평가 모두를 양극 척도로 측정했을 때 두 요인의 곱의 총합이 태도를 예측하는 정도가 가장 높은 경향이 있음을 보여주기 때문이다. 하지만 이에 대한 보다 명확한 결론을 도출하기 위해서는 더 많은 연구가 필요하다. 가령, 태도 대상의 부정적인 속성(예: 금연하면 체중이 증가한다)에 대한 부동의가 곧 긍정적인 속성(예: 금연하면 체중이 감소한다)에 대한 동의를 의미한다고 가정하기 힘들 때와 같이, 양극 척도 사용이 적절하지 않아 보이는 경우가 존재하기 때문이다.

는 등 비합리적일 수 있다고 본다. 기대-가치 모형의 수식은 개별 속성에 대한 신념 강도 및 신념 평가가 합리적이든 비합리적이든 관계없이 어떻게든 형성되고 나면 개인의 태도는 이 수식에 따라 합당하게 예측가능함을 보여주는 것이지, 개인이 이 수식을 의식적으로 활용해 대상에 대한 자신의 태도를 심사숙고하며 논리적으로 계산해서 결정함을 나타내는 게 아니다.

태도의 기대-가치 모형에 따르면, 설득자는 세 가지 방법으로 수용자의 태도에 영향을 미칠 수 있다(O'Keefe, 2016, p. 59, pp. 68-70). 예를 들어, 설득 소통을 통해 수용자가 대상에 대해 더 긍정적인 태도를 갖도록 하려는 상황을 상정해 보자. 첫째, 현저한 신념의 평가를 바꾸는 방안이다. 긍정적으로 평가한 신념은 더 긍정적으로, 부정적으로 평가한 신념은 덜 부정적으로 평가하도록 하는 것이다. 둘째, 현저한 신념의 강도를 바꾸는 방안이다. 긍정적으로 평가한 신념의 강도는 높이고, 부정적으로 평가한 신념의 강도는 낮추는 것이다. 셋째, 수용자가 형성하고 있는 현저한 신념의 구성을 바꾸는 방안이다. 긍정적인 신념을 추가하거나, 기존 신념의 상대적 현저성에 변화를 주는(긍정적인 신념은 더 현저하게, 부정적인 신념은 덜 현저하게) 것이다.

2) 행동: 합리적 행위 모형

합리적 행위 모형(Fishbein & Ajzen, 2010)은 개인의 행동을 설명하는 대표적인 이론으로, 피쉬바인과 아이젠이 합리적 행위 이론(the theory of reasoned action; Ajzen & Fishbein, 1980), 계획된 행동 이론(the theory of planned behavior; Ajzen, 1991), 통합 모형(the integrative model; Fishbein, 2000)을 거치며 발전시켜온 합리적 행위 접근(the reasoned action approach)의 가장 최신 이론이다. 앞서 살펴본 태도의 기대-가치 모형 역

시 합리적 행위 접근이라는 보다 넓은 이론 체계의 일부이다. 아래에서는 ① 합리적 행위 모형의 핵심 가정과 예측을 소개하고, ② 관련 메타분석 결과를 다양한 행동을 포괄한 연구(Armitage & Conner, 2001; Rivis & Sheeran, 2003)와 건강 행동에 초점을 맞춘 연구(McEachan et al., 2016)로 나누어 제시한다.

합리적 행위 모형은 행동은 행동의 종류(예: 금연, 에너지 절약)와 수행자(예: 남성, 여성)에 관계없이 공통적으로 소수의 주요 심리적 변수를 바탕으로 예측할 수 있다고 가정한다. 행동 의도(behavioral intention), 태도, 지각된 규범(perceived norm), 지각된 행동 통제(perceived behavioral control)가 바로 그 핵심 변수다. 먼저, 행동의 가장 중요한 예측 변수는 해당 행동을 수행하고자 하는 의도이다. 행동을 수행하는 데 필요한 기술·능력이 부족하거나 행동 수행을 방해하는 환경 요인이 존재하는 게 아니라면, 개인은 자신이 의도한 대로 행동한다. 즉, 행동 수행 여부를 자신이 실제로 통제할 수 있다면, 행동 의도가 높을수록 해당 행동을 수행할 가능성이 높아진다(r = .47, Armitage & Conner, 2001; r = .48, McEachan et al., 2016).

다음으로, 행동 의도는 다시 세 가지 변수에 의해 결정된다. 첫째, 태도다. 해당 행동을 수행하는 것에 대해 긍정적으로 평가할수록 그 행동을 수행하고자 하는 의도가 높아진다(r = .49, Armitage & Conner, 2001; r = .58, Rivis & Sheeran, 2003). 둘째, 지각된 규범(perceived norm)이다. 자신에게 중요한 사람들이 자신이 해당 행동을 수행해야 한다고 생각한다고 지각할수록(명령 규범[injunctive norm]; r = .34, Armitage & Conner, 2001; r = .44, Rivis & Sheeran, 2003; r = .39, McEachan et al., 2016), 그들이 그 행동을 수행하고 있다고 지각할수록(기술 규범[descriptive norm]; r = .46, Rivis & Sheeran, 2003; r = .35, McEachan et al., 2016), 행동 의도가 높아진다.[4] 셋째, 지각된 행동 통제다.[5] 자신이 해당 행동을 수행할 능력이 있다고 지각

할수록, 해당 행동의 수행 여부를 자신이 통제할 수 있다고 지각할수록, 행동 의도가 상승한다(r = .43, Armitage & Conner, 2001; r = .21, Rivis & Sheeran, 2003). 합리적 행위 모형은 이들 행동 의도의 세 가지 결정 요인 중 무엇이 상대적으로 더(덜) 중요할지에 대한 예측은 제시하지 않는다. 대신 이는 경험적으로 결정되는 것으로, 해당 행동의 종류와 수행자에 따라 달라진다고 가정한다.

행동 의도의 세 가지 결정 요인(태도, 지각된 규범, 지각된 행동 통제)은 다시 각 요인에 대응하는 신념, 구체적으로는 현저한(즉, 접근 가능성이 높은) 신념의 영향을 받는다. 태도는 앞서 기대-가치 모형에서 살펴본 바와 같이, 태도 대상인 행동의 속성, 구체적으로 행동을 수행했을 때 예상되는 결과와 관련한 행동 신념(예: 금연하면 폐암 발병률이 낮아진다)의 강도(즉, 해당 결과의 발생 가능성에 대한 믿음)와 평가의 곱의 총합을 바탕으로 형성된다(관련 메타분석 결과는 '태도의 기대-가치 모형' 부분 참조). 지각된 명령 규범은 명령 규범 신념(예: 나의 친한 친구들은 내가 금연해야 한다고 생각한다)의 강도와 순응 동기(예: 건강 문제에 관한 한, 나는 나의 친한 친구들이 내가 해야 한다고 생각하는 것을 하고 싶다)의 곱의 총합(r = .50, Armitage & Conner, 2001), 지각된 기술 규범은 기술 규범 신념(예: 나의 친한 친구들은 금연하고 있다)의 강도와 동일시(예: 건강 문제에 관한 한, 나는 나의 친한 친구들과 비슷해지고 싶다)의 곱의 총합의 영향을 받는다. 지각된 행동 통제는

---

4   합리적 행위 모형은 지각된 명령 규범과 지각된 기술 규범을 아우르는 상위 변수로서 지각된 규범이 존재한다고 이론적으로 가정한다. 하지만, 관련된 경험적 연구가 태도와 지각된 행동 통제에 비해 부족하다는 점에서(지각된 명령 규범이 가장 최근에 합리적 행위 모형에 추가됨) 그 타당성이 온전히 확인됐다고 보기는 힘들다(Fishbein & Ajzen, 2010, pp. 148-151, 181-185). 바로 이러한 맥락에서, 일부 연구자들은 지각된 명령 규범과 지각된 기술 규범을 별도의 행동 의도 예측 변수로 다루기도 한다(예: O'Keefe, 2016, pp. 99-102, 121-122).

5   지각된 행동 통제는 이론적 차원에서 자기효능감(self-efficacy; Bandura, 1997)과 사실상 동일한 개념이다(Fishbein & Ajzen, 2010, pp. 154-162).

통제 신념(예: 나는 보건소를 통해 금연 보조제를 지원받을 수 있다)의 강도와 해당 통제 요인의 영향력(예: 보건소를 통해 금연 보조제를 지원받게 되면, 금연을 쉽게 할 수 있을 것이다)의 곱의 총합에 의해 결정된다($r = .52$, Armitage & Conner, 2001).

합리적 행위 모형에 관해 흔히 가질 수 있는 오해는, 이 모형이 (아마도 명칭 때문에) 개인이 자신의 행동을 합리적으로 심사숙고한 후 결정함을 가정한다고 생각하는 것이다. 하지만 앞서 살펴본 태도의 기대-가치 모형과 마찬가지로, 합리적 행위 모형은 각 개별 신념이 형성되는 과정은 비합리적일 수 있다고 본다. '합리적'이라는 명칭은 어떻게든 일단 행동 신념, 규범 신념, 통제 신념이 형성되고 나면 이들이 각각 태도, 지각된 규범, 지각된 행동 통제를 결정짓고, 그런 다음 행동 의도를 거쳐 행동에 영향을 미치는 기제가 합당하고 일관적이며 예측가능함을 나타낸다. 즉, 개인이 매번 이들 심리적 변수들을 의식적으로 고려하면서 합리적으로 심사숙고하는 과정을 거쳐 자신의 행동 의도와 실제 행동 수행 여부를 결정한다고 가정하지 않는 것이다(Fishbein & Ajzen, 2010, pp. 23-24).

합리적 행위 모형에 따르면, 설득적 소통은 수용자의 행동에 주로 간접적으로 영향을 미친다. 즉, 수용자의 신념(행동, 규범, 통제)에 영향을 미침으로써 태도, 지각된 규범, 혹은 지각된 행동 통제에 영향을 미치고, 나아가 이를 통해 행동 의도에 영향을 미치는 일련의 순차적 매개 과정을 거쳐 최종적으로 행동에 영향을 미친다는 것이다. 따라서 설득자는 수용자의 신념에 영향을 미치는 것을 목표로 삼아야 한다. 그렇다면 구체적으로 어떤 신념을 목표로 해야 하는가? 이를 결정하기 위해서는 목표 수용자 집단을 대상으로 한 일련의 사전조사가 필요하다. 가령, 설문조사, 초점집단면접 등을 통해 무엇이 현저한 신념인지 파악한 다음, 이를 바탕으로 보다 큰 규모의 설문조사를 실시해 해당 신념과 함께 태도, 지각된 규범, 지각된 행동 통제, 행동 의도 등을 측정한다. 이렇게 수집한 자료를 분석해 어떤 신념이 행동 혹은 행동 의도의 변화를 많이 유발하는지 살펴봄으로써, 목표 신념을 도출할 수 있다(보다 자세한 논의는 Fishbein & Ajzen, 2010, pp. 326-336; Fishbein & Cappella, 2006; O'Keefe, 2016, pp. 116-117 참조).

합리적 행위 모형은 행동에 관한 대표적 이론인 만큼 이를 바탕으로 행동에 대한 이해를 더욱 높이기 위한 시도 또한 활발히 이뤄졌다. 이는 크게 두 가지 유형으로 나눠볼 수 있다. 첫째, 행동 의도를 결정짓는 추가적인 심리적 변수를 제안함으로써 모형의 설명력을 높이고자 하는 시도다. 행동 수행 시 경험할 것이라 예상하는 정서(emotion; 예: 후회, 죄책감), 개인의 도덕 규범(해당 행동을 수행하는 것이 도덕적으로 얼마나 옳은지에 대한 자신의 생각) 등이 대표적이다(O'Keefe, 2016, pp. 118-121 참조). 둘째, 합리적 행위 모형이 간과하고 있는 이론적 가정 내지는 변수의 역할 등을 반영해 모형을 확장하고자 하는 시도다. 목표(goal)의 중요성을 강조한다든가(Ajzen & Kruglanski, 2019), 감정(affect) 및 과거 행동의 역할, 메시지가 행동 의도와 행동에 미치는 직접 효과 등을 모형화하는(Albarracín, 2021) 작업 등이 여기에 해당한다.

3. 설득 과정: 수용자의 설득 메시지 처리에 관한 주요 이론적 모형

수용자는 설득 메시지를 어떻게 처리하며, 이는 설득 결과에 어떤 영향을 미치는가? 설득 소통 연구자들은 설득 메시지 처리 과정에 대한 다양한 모형을 제안하고 이를 경험적으로 검증해왔다. 아래에서는 설득 메시지 처리에 관한 대표적인 이론적 모형인 소통/설득 행렬 모형(the communication /persuasion matrix model; McGuire, 1989)과 정교화 가능성 모형(the elaboration likelihood model, ELM; Petty & Cacioppo, 1986)을 소개한다.

1) 소통/설득 행렬 모형

소통/설득 행렬 모형은 설득 과정을 정보 처리 관점에서 설명한다
(McGuire, 1968, 1989, 2001). 이 모형은 설득 과정을 13단계로 구분한다
(McGuire, 2001). 수용자는 설득 메시지에 대한 노출(exposure; 1단계)을
시작으로, 주의(attention; 2단계), 호감/관심(3단계), 내용 이해(4단계), 메
시지 관련 인지적 반응 생성(5단계), 관련 기술 습득(6단계), 메시지 주장에
대한 동의(태도 변화; 7단계), 새롭게 형성한 태도의 저장(8단계) 및 인출
(retrieval; 9단계), 인출한 태도에 기반한 행동 결정(10단계), 결정한 대로
행동 수행(11단계), 수행한 행동의 인지적 통합/강화(12단계), 다른 사람에
게 해당 행동 권장(13단계)으로 이어지는 일련의 과정을 거친다.

소통/설득 행렬 모형에 따르면, 설득 과정상의 어떤 단계에 도달하기 위
해서는 1단계부터 해당 단계까지의 모든 단계를 반드시 거쳐야 한다. 어떤
단계까지의 설득 성공 확률은 1단계부터 해당 단계까지의 각 단계의 성공
확률의 곱으로 정의되며, 따라서 설득 과정의 후반으로 갈수록 도달 가능성
이 낮아진다. 바로 이러한 맥락에서 소통/설득 행렬 모형의 중요한 함의는
설득자는 자신의 설득적 소통의 효과를 과대 추정하는 오류를 범하지 말고
현실적인 목표를 수립해야 한다는 것이다(McGuire, 1989). 이는 특히 오늘
날의 설득 소통 환경과 관련해 시사하는 바가 크다. 다양한 매체의 수많은
메시지가 수용자를 두고 경쟁하는 상황에서 설득 과정의 1단계, 즉 수용자
의 설득 메시지 노출을 달성하는 것부터가 힘든 과제가 됐기 때문이다.[6]

---

6   소통/설득 행렬 모형은 설득을 산출(output), 즉 종속변수로, 소통을 투입(input), 즉 독립변
    수로 상정한다. 소통은 정보원, 메시지, 경로, 수용자, 목표(예: 예방/중단) 요인으로 나누며,
    각 소통 요인별로 어떤 변수들이 설득 과정에 어떤 영향을 미치는지 논의한다(McGuire,
    1989, 2001).

2) 정교화 가능성 모형

정교화 가능성 모형(ELM)은 수용자의 설득 메시지 처리 과정을 이중 처리 (dual-process) 관점에서 설명하는 이론이다. 아래에서는 ELM의 주요 가정과 예측에 대해 살펴본 후, ELM의 대안적 모형을 소개한다.

(1) ELM의 주요 가정 및 예측

① 설득에 이르는 두 가지 경로: 중심 경로와 주변 경로

ELM은 수용자는 설득 메시지를 다양한 정교화 수준에서 처리할 수 있다고 가정한다(Petty & Cacioppo, 1986). 정교화 정도는 수용자가 메시지를 처리하는 과정에서 해당 메시지가 다루는 쟁점에 대해 하게 되는 생각의 양을 나타내며, 전혀 생각하지 않는 것에서부터 매우 많이 생각하는 것까지의 단일 연속체(continuum)로 표상된다. 정교화 정도는 보통 메시지 노출 후 수용자가 메시지를 읽으면서 든 모든 생각을 기록하도록 한 후(생각목록기법), 이 중 메시지가 다루는 쟁점과 관련된 생각의 수를 세는 방식으로 측정한다.

ELM은 수용자가 정교화 정도가 높은 상태로 메시지를 처리하는 경우를 중심 경로(central route) 처리, 정교화 정도가 낮은 상태로 처리하는 경우를 주변 경로(peripheral route) 처리로 개념화한다(Petty & Cacioppo, 1986). 메시지를 중심 경로로 처리할 때 수용자는 자신의 사전(prior) 지식 등을 바탕으로 메시지의 논변을 면밀히 검토하면서 쟁점과 관련한 생각을 많이 하며, 바로 이러한 생각의 결과에 따라 설득이 결정된다. 반대로, 메시지를 주변 경로로 처리할 때 수용자는 쟁점 관련 생각을 거의 하지 않으며, 대신 (대표적으로) 방편(方便; heuristic)을 적용해 태도를 형성한다.[7]

여기에서 한 가지 유의해야 할 사항은 설득 메시지의 중심 경로 처리와

주변 경로 처리는 정교화 정도라는 단일 연속체상의 양쪽 끝의 원형을 설명하기 위해 도입한 개념이지, 불연속적인 두 개의 분리된 메시지 처리 범주가 아니라는 점이다(Petty & Wegener, 1999). 즉, ELM은 설득이 중심 경로와 주변 경로라는 두 개의 경로 중 하나를 거쳐 이루어진다고 가정하지 않는다. ELM은 설득이 정교화 정도의 연속체상의 어떤 지점에서도 일어날 수 있다고 보며, 메시지 처리의 정교화 정도가 높을수록 중심 경로 처리 방식이 주변 경로 처리 방식보다 더 지배적으로 작동해 설득에 더 큰 영향을 미치고, 정교화 정도가 낮을수록 주변 경로 처리 방식이 중심 경로 처리 방식보다 더 지배적으로 작동해 설득에 더 큰 영향을 미친다고 가정한다. 따라서 정교화 수준이 중간 정도일 때는 두 가지 처리 방식이 혼재되어 나타날 수 있다고 상정한다(Petty & Wegener, 1999).

② 정교화 정도에 따른 설득 결과의 차이

ELM은 설득이 정교화 정도와 관계없이 일어날 수 있을 뿐만 아니라, 설득 효과의 크기 또한 정교화 정도의 영향을 받지 않는다고 가정한다. 가령, 메시지를 중심 경로로 처리한 수용자와 주변 경로로 처리한 수용자 모두 메시지의 입장과 같은 방향으로 태도가 동일한 정도로 변할 수 있다는 것이다. 하지만 ELM은 동일한 정도의 태도 변화가 유발되더라도 메시지 처리의 정교화 정도가 높을수록 더욱 강한 태도, 즉 접근 가능성이 높고 확고한 태도, 시간이 지나도 잘 지속하고 반론에 대해 잘 저항하며 행동에 대한 예측력이 높은 태도가 형성된다고 상정한다(Petty & Cacioppo, 1986; Petty & Wegener, 1999).

---

7 ELM은 감정에 기반한 직관적 반응과 과거의 경험이나 기억에서 유래한 연상 작용과 같은 단순하고 기초적인 심리적 과정 또한 주변 경로 처리 상황에서 설득에 영향을 미칠 수 있다고 가정한다. 다만, 이들 요인에 대한 연구는 방편에 비해 덜 이루어졌다. 따라서 이 장은 방편에 초점을 맞춰 관련 논의를 소개한다.

③ 정교화 정도에 영향을 미치는 요인

ELM에 따르면, 정교화 정도는 정교화 동기와 능력에 따라 달라지며, 정교화 동기와 능력 모두가 갖추어질 때 중심 경로 처리가 가능하다(Petty & Cacioppo, 1986). 정교화 동기에 영향을 미치는 대표적인 변수는 메시지 주제의 개인적 관련성과 인지욕구(need for cognition)이다. 수용자는 메시지가 다루는 주제가 자신과 개인적으로 관련성이 높다고 생각할수록 해당 메시지를 정교하게 처리하고자 하는 동기가 높아진다. 인지욕구는 생각하는 일에 몰두하고 이를 즐기는 경향을 나타내는 개인차 변수로, 인지욕구가 높은 사람일수록 정교화 동기가 높다. 정교화 능력에 영향을 미치는 요인으로는 주의 분산, 사전 지식, 메시지의 복잡성 등이 있다. 수용자는 메시지에 집중하기 힘든 환경(예: 소음)에서 메시지를 처리할 때, 자신의 사전 지식이 부족한 주제를 다루는 메시지를 처리할 때, 이해하기 힘든 복잡한 메시지를 처리할 때 정교화 능력이 감소한다.

④ 정교화 정도에 따른 설득의 예측 변수

앞서 살펴봤듯이, 정교화 정도가 높은 상태에서 메시지를 처리할 때 수용자는 메시지의 논변의 타당성을 꼼꼼히 검증하면서 메시지가 다루는 쟁점과 관련한 생각을 많이 하게 된다. ELM은 이러한 생각의 유인가(valence)가 설득을 결정짓는다고 가정한다(Petty & Cacioppo, 1986). 즉, 메시지의 주장과 관련해 긍정적인(우호적인) 생각을 부정적인 생각보다 더 많이 할수록 메시지의 주장에 동의할 가능성이 커진다는 것이다. 생각의 유인가는 앞서 언급한 생각목록기법을 이용해 측정한다. 수용자가 떠올린 개별 생각이 메시지의 주장에 대해 긍정적인지, 부정적인지, 중립적인지 분류한 후, 전체 쟁점 관련 생각 중 긍정적인 생각의 비중이 부정적인 생각의 비중에 비해 얼마나 높은지 계산한다. 이러한 생각의 유인가에 영향을 미치는 것으로 알려진 대표적인 변수는 논변 품질(argument quality)이다. 정교화 정도가 높은 상태에서 메시지를 처리할 때, 해당 메시지의 논변 품질이 높을수록 수용자는 메시지의 주장에 대한 긍정적인 생각을 부정적인 생각보다 더 많이 하게 되고, 이를 통해 메시지의 주장에 더욱 동의하게 된다.

반면, 메시지 처리의 정교화 정도가 낮을 때 수용자는 쟁점에 관한 생각을 적게 한다. 이때 설득을 결정짓는 대표적인 요인은 공신력 방편(공신력 있는 정보원의 주장은 타당하다), 호감 방편(내가 좋아하는 사람의 주장은 타당하다), 합의 방편(많은 사람이 동의하고 있는 주장은 타당하다) 등과 같은 방편이다. 방편은 설득 상황에서 수용자에게 주어진 주변 단서(peripheral cue)에 의해 활성화 된다. 예를 들어, 메시지의 정보원 단서(예: 전문가)가 공신력 방편을 활성화 시키고, 이것이 다시 (가령 해당 정보원이 제시하는 논변의 품질보다 더욱 강력하게) 설득에 영향을 미친다(O'Keefe, 2016, pp. 157-159).

요컨대, ELM에 따르면, 메시지 처리의 정교화 정도가 높을수록 중심 경로 처리가 지배적으로 작동하고 따라서 메시지가 유발하는 생각의 유인가에 영향을 미치는 변수(예: 논변 품질)가 설득을 결정지을 가능성이 높아지며, 정교화 정도가 낮을수록 주변 경로 처리가 지배적으로 작동하고 따라서 방편(예: 공신력 방편)이 설득을 결정지을 가능성이 높아진다(Petty & Cacioppo, 1986). 이러한 ELM의 예측은 경험적 연구를 통해 지지됐다. 메타분석(Carpenter, 2015) 결과, 논변 품질은 메시지를 중심 경로로 처리할 때(r = .47) 주변 경로로 처리할 때(r = .14)보다 설득에 더 큰 영향을 미치는 것으로 나타났다(r = .33).

⑤ 설득 변수의 다중 역할 가설

ELM에 대한 대표적인 오해 중 하나는 ELM이 특정 변수(예: 정보원의 매력)가 설득 과정에서 항상 특정 역할(예: 주변 단서)만 수행함을 가정한다고 생각하는 것이다. ELM은 이와 반대로 설득 변수는 상황에 따라 서로 다른 역할을 할 수 있다고 가정한다(다중 역할 가설; Petty & Cacioppo, 1986; Petty et al., 2004). 예컨대, 정보원의 매력은 ① 정교화 정도가 낮을 때 호감 방편을 활성화하는 주변 단서로 작동할 수 있고, ② 정교화 정도가 높을 때 논변으로 기능해(가령, 미용 제품 광고에서 '이 제품을 사용하면 이 정보원과 같이 매력적인 사람이 된다'는 논변) 메시지 처리 과정에서 생성되는 생각의 유인가에 영향을 미칠 수 있으며, ③ 정교화 정도가 보통일 때 메시지에 대한 관심을 높여 정교화 정도를 높이는 역할을 할 수 있다는 것이다.

⑥ 설득적 소통에 대한 함의

ELM이 설득적 소통에 대해 갖는 함의는 다음과 같다(Petty et al., 2009, pp. 206-207). 첫째, 설득자는 수용자가 자신의 메시지를 가급적 정교화 정도가 높은 상태에서 처리하도록 해야 한다. 그러한 상태에서 설득이 이루어질 때 강한 태도가 형성되기 때문이다. 따라서 설득자는 가령 메시지 맞춤화(tailoring) 전략을 채택해(아래 '맞춤화' 부분 참조) 메시지의 개인적 관련성을 높임으로써 수용자의 정교화 동기를 높이고, 이해하기 쉬운 메시지를 사용함으로써 수용자의 정교화 능력을 높일 필요가 있다. 둘째, 설득자는 고품질의 논변을 제시해야 한다. (위의 방안을 통해) 수용자가 정교화 수준이 높은 상태에서 메시지를 처리한다면, 이때 설득을 결정하는 대표적인 요인이 바로 논변 품질이기 때문이다. 따라서 설득자는 사전조사를 통해 쟁점과 관련한 다양한 논변 중 무엇이 품질 높은 논변인지 미리 파악해둘 필요가 있다.

⑦ 대안적 모형: 방편적-체계적 모형 및 단일 경로 모형

방편적-체계적 모형(the heuristic-systematic model, HSM; Chen & Chaiken, 1999) 또한 설득 과정을 이중 처리 관점에서 설명하는 대표적인

이론이다. HSM은 ELM과 많은 공통점을 공유하고 있지만, 몇 가지 측면에서는 중요한 차이를 보이기도 한다. 대표적으로, HSM은 ELM과 달리 메시지의 방편적 처리(ELM의 주변 경로 처리와 유사)와 체계적 처리(ELM의 중심 경로 처리와 유사)가 어느 한 방식으로 메시지를 처리할수록 다른 방식으로는 그만큼 덜 처리하게 되는 관계에 있는 것이 아니라, 동시에 발생할 수 있고 또 상호작용할 수 있다고 가정한다(HSM에 대한 보다 자세한 개관은 Chen & Chaiken, 1999 참조).

단일 경로 모형(the unimodel; Kruglanski & Thompson, 1999)은 ELM 및 HSM과 달리 설득 메시지가 질적으로 서로 다른 두 가지의 경로가 아니라 증거에서 결론을 도출하는 추론 과정이라는 하나의 경로로 처리되며, 이때 논변과 정보원 단서 등의 변수는 모두 증거로서 동일한 역할을 한다고 가정한다(이중 경로 모형과 단일 경로 모형 간의 공통점과 차이점에 대한 보다 자세한 논의는 Kruglanski et al., 2006; O'Keefe, 2016, pp. 166-169; Petty et al., 2004 참조). 단일 경로 모형은 ELM과 HSM에 비해 메시지 처리 과정을 이론적으로 보다 간명하게 설명한다는 장점이 있다. 하지만 단일 경로 모형의 예측이 설득 변수의 다중 역할 가설에 입각한 ELM의 예측과 구체적으로 어떻게 다른지 불분명하다는 점(O'Keefe, 2016, pp. 168-169), 그리고 단일 경로 모형의 예측을 뒷받침하는 경험적 근거가 상대적으로 덜 축적됐다는 점(Johnson et al., 2019)은 중요한 과제로 남아 있다.[8]

---

8   이 장에서 ELM을 수용자의 설득 메시지 처리 과정을 설명하는 대표적인 이론적 모형으로 소개하고 HSM과 단일 경로 모형을 이에 대한 대안적 모형으로 간략히 논의하기로 한 결정에는 이론적 모형을 뒷받침하는 경험적 연구 결과의 축적을 중요시하는 1저자(김현석)의 관점이 강하게 반영돼 있다. 하지만 ELM, HSM, 단일 경로 모형의 이론적 가정·예측이 서로 어떻게 다른지 살펴보는 데 초점을 맞춰 세 모형을 비슷한 비중으로 소개하는 구성 또한 가능하며, 이는 2저자(정성은)의 관점에 가깝다. 우리는 이 사안에 대해 서로 존중하는 마음으로 의견이 다름을 확인했으며, 이 장에서는 1저자의 관점에 입각해 세 모형을 다루기로 했다(2저자의 관점에 기반한 이들 모형에 대한 설명은 정성은, 2015, 336-344쪽 참조).

4. 설득 결정 요인

설득적 소통의 효과성은 정보원, 메시지, 수용자의 특성에 따라 어떻게 달라지는가? 아래에서는 각 요인별로 대표적인 특성을 선별해 소개한다(보다 자세한 개관은 Johnson et al., 2019; O'Keefe, 2016; Stiff & Mongeau, 2016 참조).

1) 정보원 요인

(1) 정보원 공신력

정보원 공신력은 수용자의 지각과 관계없이 존재하는 정보원의 내재적인 특성이 아니라 수용자가 지각하는 정보원의 특성이다. 연구자들은 공신력의 하위 차원을 탐구하기 위해 설문조사를 실시, 정보원의 특성에 관한 여러 문항을 제시한 후 이에 대한 응답을 분석했다. 이를 바탕으로 연구자들은 대체로 정보원 공신력이 크게 전문성(expertise)과 신뢰성(trust-worthiness) 두 차원으로 구성됨을 확인했다. 전문성은 '경험이 풍부하다', '전문적이다' 등의 문항으로 측정되며, 정보원이 진실을 알고 있는지에 대한 수용자의 판단을 나타낸다. 신뢰성은 '정직하다', '신뢰할 수 있다' 등으로 측정되며, 정보원이 진실을 말할 것인지에 대한 수용자의 판단을 뜻한다. 즉, 수용자는 진실을 알고 있고, 진실을 말할 것이라고 생각하는 정보원이 공신력 있다고 지각한다(O'Keefe, 2016, pp. 188-190).

그렇다면, 정보원 공신력에 대한 수용자의 판단에 영향을 미치는 요인은 무엇인가? 몇 가지 예시를 살펴보면 다음과 같다(보다 자세한 논의는 O'Keefe, 2016, pp. 190-194 참조). 정보원의 공신력을 실험 처치한 연구들에서 흔히 사용한 요인으로는 정보원의 교육수준(숙련도), 경험, 직업 등이 있다(예: 메시지 주제 관련 전문 연구자 대 비전문가[고등학생]). 이러한 실험 처치는 대체로 수용자의 지각된 정보원 공신력에 예측한 방향의 효과를 미치는 것으로 나타났다. 눌변(訥辯)은 공신력을 낮추는 요인이다. 정보원의 눌변은 해당 정보원의 전문성(능력)에 대한 수용자의 판단에 부정적인 영향을 미친다(메타분석 $r = -.39$, Carpenter, 2012). 정보원이 취하는 입장이 수용자의 예상과 다를 때(특히 자신의 사적 이익에 반하는 주장을 할 때) 수용자는 해당 정보원의 공신력을 높게 평가한다(예: 상대 후보를 칭찬하는 선거 광고를 만든 정치인).

정보원의 공신력이 설득에 미치는 영향은 복잡한 양상을 보인다. 먼저, 정보원 공신력의 설득 효과의 방향이 일관적이지 않다. 정보원 공신력이 높은 메시지가 설득력이 더 높은 경우도 있지만, 반대로 정보원 공신력이 낮은 메시지의 설득력이 더 높은 경우도 관찰된다. 이에 따라, 정보원 공신력과 메시지 설득력의 관계의 '방향'을 결정짓는 요인이 무엇인지 탐구하는 연구가 진행 중이다(O'Keefe, 2016, pp. 196-198). 다음으로, 정보원의 공신력이 설득에 미치는 영향의 '크기' 또한 다양하다(어느 방향의 효과인지와 관계없이). 정보원 공신력 효과의 크기를 조절하는 것으로 알려진 대표적인 요인은 메시지 주제의 개인적 관련성과 정보원 정보 제시 시점이다. 수용자가 메시지의 주제가 자신과 관련성이 높다고 지각할수록, 그리고 메시지의 정보원이 누구인지 늦게 알게 될수록(특히 메시지를 본 후에 알게 될 때), 정보원의 공신력이 설득에 미치는 영향이 감소한다(보다 자세한 논의는 O'Keefe, 2016, pp. 195-196 참조).

(2) 기타 정보원 특성

정보원에 대한 호감이 설득에 미치는 효과의 양상 또한 복잡하다. 기존 연구 결과를 종합하면 다음과 같다(O'Keefe, 2016, pp. 198-200). 첫째, 정보원 호감도의 설득 효과는 정보원의 공신력의 효과에 비해 약하고 따라서 둘 사이에 충돌이 있을 경우(예: 호감도는 높지만 공신력은 낮은 정보원), 공신력이 설득 효과를 결정짓게 될 수 있다. 둘째, 정보원의 공신력과 마찬가지로, 호감도의 설득 효과 역시 메시지의 개인적 관련성이 높을수록 감소하는 경향을 보인다. 셋째, 호감도가 낮은 정보원의 메시지가 호감도가 높은 정보원의 메시지보다 설득력이 더 높은 경우 또한 관찰된다. 정보원과 수용자의 유사성과 정보원의 신체적 매력의 설득 효과 역시 복잡한 양상을 보인다(O'Keefe, 2016, pp. 200-206).

2) 메시지 요인

(1) 구조 및 형식

① 결론의 명시성

설득자는 메시지에서 자신의 결론(특정 태도·입장 옹호 내지는 특정 행동 권장)을 명시적으로 제시할 수도 있고, 생략할 수도 있다(가령 수용자가 메시지 내용을 기반으로 스스로 메시지와 동일한 결론을 도출할 수 있고 이 경우 설득이 더 잘 될 것이라는 예상하에). 메타분석 결과, 결론을 명시적으로 제시할 때 그렇지 않을 때보다 설득력이 높은 것으로 나타났다($r = .10$, O'Keefe, 2002). 왜 이러한 차이가 나타나는가? 이에 대한 한 가지 설명은 다음과 같다(O'Keefe, 2016, p. 215). 결론을 생략하면 수용자가 메시지의 결론이 자신의 입장과 비슷하거나(동화[assimilation]), 반대로 격차가 크다고(대비[contrast]) 왜곡해서 지각할 여지가 생기는데, 두 경우 모두 설득 효과가 감소한다. 전자의 경우 메시지와 자신의 입장차가 거의 없다고 지각하기 때문에, 후자의 경우 입장차가 너무 커서 메시지의 주장을 받아들일 수 없다고 생각하기 때문이다.

② 권고의 구체성

설득자는 수용자에게 권고하는 행동을 구체적으로 제시할 수도 있고(예: 일주일에 5일 이상 1회 30분 이상의 유산소 운동과 일주일에 2~3회의 근력 운동), 보다 일반적인 형태로 제시할 수도 있다(예: 규칙적인 운동). 메타분석 결과, 권고의 구체성은 메시지의 설득력을 높이는 것으로 나타났다(r = .10, O'Keefe, 2002). 다만, 이러한 효과를 유발하는 심리적 기제가 무엇인지는 아직 명확하게 규명되지 않은 상태다(O'Keefe, 2016, p. 216).

③ 이야기

이야기(narrative)는 메시지 내용을 전달하는 수단이다. 설득 메시지는 동일한 내용을 이야기의 형태로 전달할 수도 있고, 이야기가 아닌 다른 형태(예: 논변 혹은 설명)로 전달할 수도 있다. 이야기의 설득 효과에 관한 메타분석 결과를 정리하면 다음과 같다. 이야기 메시지는 비(非)이야기 메시지에 비해 메시지 노출 직후(태도 d = .17, 행동 의도 d = .16)는 물론, 시간(1~180일)이 지난 뒤에도(태도 d = .19, 행동 의도 d = .13) 설득력이 더 높았다(Oschatz & Marker, 2020). 건강 행동 관련 이야기 메시지 역시 비이야기 메시지보다 설득력이 더 높았다(r = .06, Shen et al., 2015). 이야기가 비이야기보다 설득력이 더 높은 이유에 대한 대표적인 설명은 이야기가 (비이야기에 비해) 설득에 대한 반발(resistance)을 낮추기 때문이라는 것이다(Dal Cin et al., 2004; 메타분석 r = −.11, Ratcliff & Sun, 2020).

같은 이야기 형태의 메시지에 노출되더라도 수용자가 이야기의 세계에 더 많이 몰입(transportation)하고 등장인물과 더 많이 동일시(identification) 할수록 설득 효과가 증가한다(Green, 2006). 메타분석 결과, 몰입은 태도(r = .40) 및 행동 의도(r = .28)에 정적 영향을 미쳤으며(van Laer et al., 2014), 몰입(r = −.15)과 동일시(r = −.11)는 설득에 대한 반발을 감소시켰다(Ratcliff & Sun, 2020).

④ 예증

설득 메시지는 어떤 집단이나 현상을 기술하기 위해 이들을 대표하는 사례(exemplar)를 제시할 수 있다. 가령, 금연 메시지에서 흡연이 폐 건강에 악영향을 미침을 보여주기 위해 흡연으로 인해 폐암 투병 중인 환자들을 대표해 A씨를 소개하거나(집단), 흡연으로 인해 손상된 폐의 사진을 보여줄 수 있다(현상). 반면, 동일한 핵심 내용을 전달하기 위해 설득자는 이러한 개별 사례를 제시하지 않거나, 관련된 통계 정보를 제시할 수 있다(예: 흡연으로 인한 폐암 환자 비율, 흡연으로 인한 폐 손상 확률). 예증 이론(exemplification theory; Zillmann, 2006)은 구체적인 사례를 제시하는 메시지가 추상적인 정보만을 전달하는 메시지보다 수용자의 지각, 나아가 태도와 행동에 더 큰 영향을 미친다고 예측한다. 메타분석 결과 또한 이를 뒷받침한다. 구체적 사례를 포함한 메시지는 이를 포함하지 않은 메시지 내지는 통계 정보를 제시한 메시지보다 설득력이 더 높았다(d = .26; Bigsby et al., 2019). 이러한 예증의 설득 효과의 심리적 기제에 관한 이론적 논의는 이미 제시됐지만(예: 가용성[availability] 방편), 이를 직접적으로 검증한 연구는 여전히 부족한 실정이다(Bigsby et al., 2019, p. 291).

⑤ 맞춤화

메시지 맞춤화는 메시지를 수용자의 특성(예: 인구통계학적·사회심리적 특성)에 맞춰 제작하고 전달하는 설득 소통 전략이다(Noar & Harrington, 2016). 설득력을 높이기 위해서는 메시지를 수용자에 맞춰 설계해야 한다는 것은 오래전부터 강조돼 온 원칙이지만(Aristotle, 2006), 최근 들어 컴퓨터·웹을 이용한 맞춤형 메시지 제작 및 전달이 용이해지면서 맞춤화의 설득 효과를 검증하는 연구가 활발히 이뤄졌다. 메타분석 결과, 이용자 맞춤형으로 설계된 웹 기반 건강 행동 중재(intervention) 프로그램이 그렇지 않은 프로그램보다 설득 효과가 더 높았다(d = .19; Lustria et al., 2013). 맞춤형 건강 정보 웹사이트의 설득 효과와 그 심리적 기제를 검증한 실험 (Lustria et al., 2016)에 따르면, 맞춤화는 웹사이트의 지각된 개인적 관련성을 높이고, 이를 통해 메시지 처리의 정교화 정도를 높임으로써(Petty et al., 2009) 설득에 정적인 영향을 미치는 것으로 나타났다.

(2) 내용

① 논변 품질

논변 품질은 설득에 영향을 미치는 중요한 메시지 특성이다. 앞서 언급한 ELM에 대한 메타분석(Carpenter, 2015)에서, 논변 품질이 메시지를 중심 경로로 처리할 때는 물론($r = .47$), 비록 효과 크기는 작지만 주변 경로로 처리할 때도($r = .14$) 설득에 정적 영향을 미치는 경향이 확인된 점은 논변 품질의 중요성을 잘 보여준다. 다만 이 결과를 해석할 때는 메타분석에 포함된 대부분의 ELM 연구가 논변 품질을 수용자의 지각·반응과 독립적으로 존재하는 메시지의 내재적(intrinsic) 특성으로 정의하지 않고, 메시지가 수용자에게 미치는 영향을 바탕으로 정의했다는 점(효과 기반[effect-based] 정의; O'Keefe, 2003)을 감안해야 한다.

ELM 연구는 논변 품질을 대개 다음과 같이 사전조사를 통해 '경험적으로' 정의한다(Petty & Cacioppo, 1986). 메시지를 정교화 정도가 높게 처리하도록 한 상태에서 참가자가 메시지를 읽으면서 떠오른 생각을 생각목록 기법을 활용해 측정한다. 이를 바탕으로 논변 품질이 높은 메시지는 메시지의 주장과 관련해 긍정적인 생각을 상대적으로 많이 유발한 메시지로, 논변 품질이 낮은 메시지는 부정적인 생각을 상대적으로 많이 유발한 메시지로 정의한다. 그런 다음, 다른 참가자를 대상으로 한 본 실험에서 이들 두 범주의 메시지를 논변 품질 변수의 실험 자극물로 사용한다. 요컨대, 대부분의 ELM 연구는 논변 품질을 이 변수의 효과에 대한 ELM의 예측(정교

314

화 정도가 높을수록 메시지의 주장과 관련해 긍정적인 생각을 부정적인 생각보다 더 많이 하게 함으로써 설득에 더 큰 영향을 미치는 메시지 변수)과 일치하도록 정의한 것이다. 바로 이러한 맥락에서, 위의 메타분석 결과는 그다지 놀랍지 않다고 볼 수 있다.

이상의 내용을 종합하면 기존 연구 결과는 논변 품질이 높다고 평가된 메시지가 낮다고 평가된 메시지보다 설득력이 높음을 보여주지만, 메시지의 어떤 내재적 특성이 논변을 강하게 혹은 약하게 만드는지에 대해서는 알려주지 않는다(O'Keefe, 2003; O'Keefe, 2016, pp. 163-165).[9] 이는 "아마도 소통과 설득 연구의 가장 심각한 문제"(Fishbein & Ajzen, 1981, p. 359)로, 이를 해결하기 위한 이론적·경험적 연구가 수행됐지만, 아직은 충분한 발전이 이루어지지 않은 상태다(이와 관련한 추가적인 논의는 Hoeken et al., 2020; O'Keefe, 2016, pp. 165-166 참조).

② 결과 기반 논변

설득 메시지는 결과 기반 논변(consequence-based arguments)을 사용하는 경우가 많다. 이는 가령 '금연을 하면 흡연을 지속할 때와 비교해 폐암 발병률이 낮아진다'와 같이, '금연'이라는 행동을 권장하고 옹호하기 위해 해당 행동을 수행했을 때 예상되는 결과를 주장의 근거로 제시하는 형태의 논변이다(O'Keefe, 2013). 이를 보다 일반화해서 살펴보면, 결과 기반 논변은 '만약 권장하는 행동을 하면, 긍정적인 결과가 생길 것이다'(긍정 결과 기반 논변) 혹은 '만약 권장하는 행동을 하지 않으면, 부정적인 결과가 생길 것이다'(부정 결과 기반 논변)의 형태로 구성된다.

---

9 이는 ELM 역시 인정하는 한계점이다. ELM에서 논변 품질을 이와 같이 효과 기반 메시지 특성으로 정의한 이유는 애초에 이 변수를 주로 ELM의 이론적 예측을 검증하기 위한 방법론적 도구로 사용했기 때문이다(Petty et al., 2004, p. 79). 즉, ELM의 관점에서는 메시지의 어떤 내재적 특성이 강한 논변을 만드는지는 상대적으로 덜 중요한 문제인 것이다.

결과 기반 논변의 설득 효과에 대한 기존 연구를 종합하면 다음과 같다 (O'Keefe, 2013). 첫째, 긍정 결과 기반 논변에서는 권장 행동을 수행했을 때 예상되는 결과가 (수용자가 지각하기에) 더욱 긍정적일수록 설득력이 높아진다. 둘째, 부정 결과 기반 논변에서는 권장 행동을 수행하지 않았을 때 예상되는 결과가 (수용자가 지각하기에) 더욱 부정적일수록 설득력이 높아진다(이 책 12장의 '확장된 병행과정 모형' 참조). 셋째, 권장 행동 수행 시 (혹은 미수행 시) 예상되는 결과의 발생 가능성의 크기는 설득력과 관계가 없다. 이상의 세 가지를 태도의 기대-가치 모형(Fishbein & Ajzen, 1975)과 연관지어 논의하면, 신념의 평가를 목표로 메시지를 설계하는 것이 신념의 강도를 목표로 하는 것보다 더욱 효과적인 설득 소통 전략이다 (Johnson et al., 2004). 마지막으로, 권장 행동을 수행했을 때 예상되는 긍정적인 결과를 제시하는 것(이득 프레임)과 수행하지 않았을 때 예상되는 부정적인 결과를 제시하는 것(손실 프레임)은 설득력 측면에서 별다른 차이가 없다(O'Keefe & Jensen, 2006; 이 책 12장의 '이득과 손실 프레임' 참조).

③ 메시지 측면성

설득자는 자신의 주장과 반대되는 주장과 근거에 대해 인식하고 있는 경우가 많다. 그렇다면, 이를 설득 메시지에서 언급해야 하는가? 언급한다면 어떤 방식으로 해야 하는가? 메타분석에 따르면(O'Keefe, 1999), 일면 메시지(자신의 입장을 뒷받침하는 논변만을 제시함)에 비해 반박형 양면 메시지(자신의 입장을 뒷받침하는 논변에 더해 반대편 입장을 뒷받침하는 논변을 제시한 후 논박함)는 설득력이 더 높은 반면($r = .08$), 비반박형 양면 메시지(자신의 입장을 뒷받침하는 논변에 더해 반대편 입장을 뒷받침하는 논변을 제시하되 직접적으로 논박하지는 않음. 대신, 가령 전자가 후자보다 더 중요한[적절한] 근거를 제공한다고 주장함)는 설득력이 더 낮은 것으로 나타났다($r = -.05$).

그런데 이 결과는 다음 두 가지 점에 유의해서 해석해야 한다. 첫째, 반박형 양면, 일면, 비반박형 양면 메시지의 순서로 설득력이 높은 경향은 비광고 메시지에서 보다 뚜렷이 발견됐으며, 광고 메시지의 경우 이들 세 유형 간 설득력 차이가 없었다(O'Keefe, 1999). 둘째, 메타분석에 포함된 연구들의 반박형 양면 메시지에서 논박한 반대편 논변은 수용자가 보기에도 중요하다고 생각했을 만한 것들이었다(O'Keefe, 2016, p. 224). 따라서 개연성이 없거나 사소한 논변을 논박한다면 이 메타분석에서 발견한 바와 같은 정도의 반박형 양면 메시지의 설득력을 기대하기는 힘들 것이다(광고와 비광고 메시지의 결과차에 대한 해석을 포함한 메시지 측면성 관련 추가적인 논의는 O'Keefe, 1999; O'Keefe, 2016. pp. 223-225 참조).

④ 규범 소구

행동과 관련한 명령 규범과 기술 규범에 대한 지각이 해당 행동을 수행하고자 하는 의도를 결정짓는 중요한 심리적 요인이라는 점에서(Fishbein & Ajzen, 2010), 설득자는 이들 두 요인에 영향을 미칠 수 있는 정보를 제공하는 메시지를 설계할 수 있다. 메타분석 결과는 이러한 설득 소통 전략이 효과적임을 보여준다(Rhodes et al., 2020). 명령 규범 메시지는 메시지 주장과 일관된 방향으로의 태도($d = .34$), 행동 의도($d = .20$), 행동($d = .34$)을 유발했으며, 기술 규범 메시지 역시 이들 변수들에 대해 상대적으로 작지만 통계적으로 유의한 정적 영향을 미쳤다(태도 $d = .17$; 행동 의도 $d = .11$; 행동 $d = .10$).

⑤ 정서 소구

설득자는 메시지를 통해 수용자가 특정한 정서를 느끼게 함으로써 의도한 설득 효과를 달성하고자 할 수 있다. 이와 관련해 가장 활발히 연구되고 또 설득 효과가 경험적으로 확인된 메시지 특성은 공포 소구다(이 책 12

장의 '확장된 병행과정 모형' 참조). 다른 종류의 정서 소구의 경우, 공포 소구에 비해 이론적 작업이 덜 발전됐고, 경험적 연구 역시 덜 축적됐다. 따라서 여기에서는 죄책감 소구(Turner & Rains, 2021)와 유머 소구(Walter et al., 2018)의 메타분석 결과만을 간략히 소개한다. 설득 메시지에서 강도 높은 죄책감 소구를 사용할수록 의도한 대로 죄책감을 더 많이 유발하긴 하지만($r = .29$), 설득력 측면에서는 별다른 차이가 없는 것으로 나타났다. 유머 소구는 태도($r = .12$)와 행동 의도($r = .09$)에 정적인 영향을 미쳤으며, 행동에는 유의한 영향을 미치지 않았다. 정서 소구와 관련해서 중요한, 그러나 흔히 간과되는 점은 모든 메시지는 메시지가 목표로 한 정서뿐만 아니라 다른 관련된 정서를 유발할 가능성이 있다는 점이다(Dillard & Nabi, 2006). 따라서 정서 소구의 설득 효과를 온전히 이해하기 위해서는 목표 정서를 비롯한 다양한 정서가 어떻게 상호작용하며 설득에 영향을 미치는지 이론화하고 이를 경험적으로 탐구할 필요가 있다.

3) 수용자 요인

(1) 관여

관여(involvement)는 설득 소통 상황에서 수용자의 자기개념(self-concept)과 관련된 태도가 활성화 될 때 촉발되는 동기적 상태로, 태도가 자기개념의 어떤 측면과 연관되는지에 따라 가치 관련 관여, 결과 관련 관여, 인상 관련 관여로 구분된다(Johnson & Eagly, 1989).

가치 관련 관여는 설득 소통이 수용자의 핵심 가치와 관련된 태도를 다룰 때 일어난다. 가치 관련 관여도가 높을수록 수용자는 해당 핵심 가치를 표현하거나 자아를 방어하기 위해 태도를 형성한다. 가치 관련 관여가 설득에 미치는 영향은 사회판단이론(Sherif et al., 1965)으로 설명할 수 있다. 사회판단이론은 어떤 대상에 대해 취할 수 있는 태도와 관련해 사람들은 각자 나름의 판단 범위(latitude), 구체적으로, 수용 범위(자신의 현재 태도와 자신이 받아들일 수 있는 태도), 거부 범위(자신이 받아들일 수 없는 태도), 그리고 유보 범위(수용하지도 거부하지도 않는 태도)를 형성하고 있다고 가정한다. 이러한 판단 범위에 영향을 미치는 대표적인 요인이 바로 가치 관련 관여도다.[10] 가치 관련 관여도가 높을수록 거부 범위는 넓어지는 반면 수용 범위와 유보 범위는 줄어든다. 따라서 동일한 메시지에 대해 가치 관련 관여도가 높은 수용자는 낮은 수용자보다 메시지의 입장이 거부 범위에 속한다고 판단할 가능성이 커 해당 메시지에 의해 설득될 가능성이 낮아진다(메타분석 $d = -.48$, Johnson & Eagly, 1989). 이상의 내용을 종합하면, 설득자는 자신의 설득 소통 주제와 관련한 수용자의 가치 관련 관여를 사전에 파악한 후, 이를 고려해 설득 전략을 수립할 필요가 있다. 가령, 같은 방향으로의 태도 변화를 목표로 하되 세부 주장은 다양하게 제시할 수 있다면, 가치 관련 관여도가 높은 수용자에게는 기존 태도와의 차이가 크지 않은 주장을, 가치 관련 관여도가 낮은 수용자는 좀더 큰 차이를 갖는 주장을 제시하는 방안을 고려할 수 있을 것이다(O'Keefe, 2016, p. 29).

결과 관련 관여는 설득 소통이 수용자의 현재(혹은 단기) 목표를 달성할 수 있는 능력과 관련된 태도를 활성화할 때 일어난다. 수용자는 결과 관련 관여도가 높을 때(예: 1년 후에 시행 예정인 졸업 정책 관련 메시지에 노출된 대학생) 낮을 때(예: 10년 후 도입을 고려 중인 졸업 정책 관련 메시지에 노출된 대학생)보다 어떤 태도를 형성하는 것이 해당 목표를 달성하는 데 도움이 되는지에 초점을 더 맞추기 때문에 메시지 처리의 정교화 정도가 높아진다(Petty & Cacioppo, 1986).[11] 따라서 논변 품질이 높은 메시지(즉, 메시지를

---

10 엄밀히는 사회판단이론은 자아 관여가 이런 역할을 한다고 예측한다. 자아 관여는 포괄적 개념으로(O'Keefe, 2016, p. 22), 가치 관련 관여는 자아 관여의 하위 차원이라 할 수 있다.

11 결과 관련 관여와 앞서 살펴본 ELM의 메시지 주제의 개인적 관련성은 서로 연관되기는 하지만 엄밀히는 구분되는 다른 개념이다(O'Keefe, 2016, p. 163).

정교화 수준이 높은 상태에서 처리할 때 메시지 주장과 관련해 긍정적인 생각을 부정적인 생각보다 많이 하게 하는 메시지)에 노출될 때는 결과 관련 관여도가 높은 수용자가 낮은 수용자보다 메시지 주장에 더 잘 설득되는 반면(메타분석 d = .31), 논변 품질이 낮은 메시지(즉, 메시지를 정교화 수준이 높은 상태에서 처리할 때 메시지 주장과 관련해 부정적인 생각을 긍정적인 생각보다 많이 하게 하는 메시지)에 노출될 때는 결과 관련 관여도가 높은 수용자가 낮은 수용자보다 메시지 주장에 덜 설득되는(d = −.26) 양상이 나타난다(Johnson & Eagly, 1989). 결과 관련 관여의 경우 가치 관련 관여와 달리 수용자가 지속해서 유지하고 있는 관여가 아니라 상황에 따라 달라질 수 있는 관여다. 따라서 가령 (앞서 ELM과 관련해 논의했듯이) 설득자는 수용자의 결과 관련 관여를 높이고 동시에 품질 높은 논변을 담은 메시지를 제시함으로써 설득 효과를 높일 수 있을 것이다.

인상 관련 관여는 설득 소통이 수용자의 공적 자아(자기 표현) 내지는 다른 사람에게 비치는 인상과 관련된 태도를 다룰 때 일어난다. 인상 관련 관여도가 높을수록(예: 메시지 노출 후 다른 사람과의 토론이 예정되어 있을 때) 수용자는 가급적 많은 사람에게 받아들여질 수 있는 태도 혹은 다른 사람의 태도와의 차이를 최소화할 수 있는 태도를 형성하고자 한다. 다른 사람이 대부분 특정 방향의 태도를 형성하고 있지 않은 한, 중립적 태도가 이러한 태도에 해당한다(Cialdini & Petty, 1981). 따라서 인상 관련 관여도가 높은 수용자는 낮은 수용자보다 설득하기 힘들다(메타분석 d = −.17, Johnson & Eagly, 1989). 인상 관련 관여 역시 결과 관련 관여와 마찬가지로 가치 관련 관여에 비해서는 변화의 여지가 큰 편이다. 따라서 설득자는 가급적 수용자의 인상 관련 관여를 높이지 않도록 설득 소통 상황을 설계할 필요가 있다.

(2) 심리적 저항

모든 설득 시도는 사안에 대한 특정한 입장을 옹호하거나 특정한 행동을
권장한다는 점에서 잠재적으로 수용자의 반발을 불러일으킬 수 있다. 심
리적 저항(psychological reactance)은 이러한 수용자의 반발의 대표적인
형태로, 수용자가 자신의 선택의 자유가 박탈되거나 박탈될 위협을 받는
다고 지각할 때 활성화 되는 동기적 상태다(Brehm & Brehm, 1981).[12] 자
신의 태도와 반대되는 주장을 하는 메시지는 물론, 정보만을 전달하거나
심지어 자신의 태도와 일관된 주장을 하는 메시지라도 자신의 자유를 위
협한다고 지각하면 수용자는 심리적 저항을 경험할 수 있다.

심리적 저항은 분노(부정적인 정서 반응)와 반론(부정적인 인지 반응)의
조합으로 측정한다(Dillard & Shen, 2005; Rains, 2013). 심리적 저항을 경
험한 수용자는 자신의 자유를 되찾고자(혹은 방어하고자) 하게 되고, 이에
따라 메시지의 주장을 받아들이지 않거나 심지어 메시지의 주장과 반대
방향으로의 태도·행동 변화를 보이기도 한다. 심리적 저항은 특히 메시지
에서 수용자의 선택의 자유를 명시적으로 위협하는 언어, 가령 독단적·강
압적 언어(예: 다른 결론은 전혀 말이 되지 않는다; Dillard & Shen, 2005)를 사
용할 때 촉발된다. 메타분석(Rains, 2013) 결과, 수용자의 자유에 대한 위
협도가 높은 메시지는 낮은 메시지보다 심리적 저항을 더 많이 유발하고(r
= .37), 심리적 저항은 다시 태도에 부정적인 영향을 미치는 것으로 나타
났다(r = -.30). 이상의 내용을 종합하면, 설득자는 자신의 설득 시도가 수
용자의 심리적 저항을 유발할 수 있음을 인식하고, 수용자가 선택의 자유
가 위협받는다고 느끼게 할 수 있는 언어 사용을 지양하거나 수용자에게

---

12 심리적 저항은 이와 같이 설득 소통 상황에서 수용자가 경험하는 일시적인 상태(state) 변수
로 처음 개념화됐다. 하지만 이후 관련 연구가 발전하면서 이를 개인차 특성(trait) 변수, 즉
얼마나 심리적 저항을 경험하기 쉬운 성향인지를 나타내는 변수로 개념화하는 작업 또한 이
루어졌다.

선택의 자유가 있음을 강조하는 등 수용자의 심리적 저항을 최소화하기 위해 노력해야 한다.

5. 맺으며

아리스토텔레스는 설득의 요인과 과정에 대한 탐구를 독자적 학문적 주제로 승화시켰다. 호블랜드와 그의 동료들은 설득의 거의 모든 문제에 대해 시금석이 된 일련의 체계적인 연구를 수행함으로써, 과학적 설득 소통 연구의 토대를 마련했다. 이를 바탕으로 후속 연구자들이 설득 요인과 과정에 대한 다양한 이론을 제안하고 관련된 경험적 탐구를 활발히 수행하면서 오늘날 설득 소통에 대한 방대한 지식체가 형성되기에 이르렀다. 호블랜드와 동료들은 이제 고전으로 자리 잡은 저서 〈소통과 설득〉(Hovland et al., 1953)에서, 자신들의 연구성과를 바탕으로 향후 몇십 년 동안 더욱 집중적인 연구가 이루어져 인류학, 사회학, 정치학, 정신의학, 심리학 등 다양한 분야의 이론을 통합한 '소통의 일반 이론'을 구축할 수 있기를 희망했다(p. 3). 이 장에서 우리는 이러한 바람이 아직 실현되지 않았음을 확인했다. 또한, 그것이 언제 실현될지도 알지 못한다. 그러나 그 희망을 현실로 만들기 위해 무엇을 해야 할지는 분명해 보인다. 바로 호블랜드와 동료들이 그랬듯이, ① 이론적 문제와 기초 연구에 중점을 두면서, ② 학제간 접근을 바탕으로 이론을 개발하고, ③ 이론으로부터 도출한 명제들을 실험을 통해 검증하는 작업(Hovland et al., 1953, pp. 2-6)을 지속적으로 수행해 나가야 한다.

참고문헌

정성은 (2015). 설득 커뮤니케이션. 이준웅 · 박종민 · 백혜진 (편), 〈커뮤니케이션 과학의 지평〉 (315-360쪽). 나남.

Ajzen, I. (1991). The theory of planned behavior. *Organizational Behavior and Human Decision Processes, 50*(2), 179-211.

Ajzen, I., & Fishbein, M. (1980). *Understanding attitudes and predicting social behavior.* Prentice-Hall.

Ajzen, I., & Kruglanski, A. W. (2019). Reasoned action in the service of goal pursuit. *Psychological Review, 126*(5), 774-786.

Albarracín, D. (2021). *Action and inaction in a social world: Predicting and changing attitudes and behavior.* Cambridge University Press.

Aristotle. (2006). *On rhetoric: A theory of civic discourse* (G. A. Kennedy, Trans.; 2nd ed.). Oxford University Press.

Armitage, C. J., & Conner, M. (2001). Efficacy of the theory of planned behaviour: A meta-analytic review. *British Journal of Social Psychology, 40*, 471-499.

Bandura, A. (1997). *Self-efficacy: The exercise of control.* Freeman.

Bigsby, E., Bigman, C. A., & Martinez Gonzalez, A. (2019). Exemplification theory: A review and meta-analysis of exemplar messages. *Annals of the International Communication Association, 43*(4), 273-296.

Brehm, S. S., & Brehm, J. W. (1981). *Psychological reactance: A theory of freedom and control.* Academic Press.

Carpenter, C. J. (2012). A meta-analysis and an experiment investigating the effects of speaker disfluency on persuasion. *Western Journal of Communication, 76*(5), 552-569.

Carpenter, C. J. (2015). A meta-analysis of the ELM's argument quality × processing type predictions. *Human Communication Research, 41*(4), 501-534.

Chen, S., & Chaiken, S. (1999). The heuristic-systematic model in its broader context. In S. Chaiken & Y. Trope (Eds.), *Dual-process theories in social psychology* (pp. 73-96). The Guilford Press.

Cialdini, R. B., & Petty, R. E. (1981). Anticipatory opinion effects. In R. E. Petty, T. M. Ostrom, & T. C. Brock (Eds.), *Cognitive responses in persuasion* (pp. 217-235). Lawrence Erlbaum Associates.

Dal Cin, S., Zanna, M. P., & Fong, G. T. (2004). Narrative persuasion and overcoming resistance. In E. S. Knowles & J. A. Linn (Eds.), *Resistance and persuasion* (pp. 175-191). Lawrence Erlbaum Associates.

Dillard, J. P., & Nabi, R. L. (2006). The persuasive influence of emotion in cancer prevention and detection messages. *Journal of Communication, 56*(s1), S123-S139.

Dillard, J. P., & Shen, L. (2005). On the nature of reactance and its role in persuasive health communication. *Communication Monographs, 72*(2), 144–168.

Fishbein, M. (2000). The role of theory in HIV prevention. *AIDS Care, 12*(3), 273–278.

Fishbein, M., & Ajzen, I. (1975). *Belief, attitude, intention and behavior: An introduction to theory and research.* Addison-Wesley.

Fishbein, M., & Ajzen, I. (1981). Acceptance, yielding and impact: Cognitive processes in persuasion. In R. E. Petty, T. M. Ostrom, & T. C. Brock (Eds.), *Cognitive responses in persuasion* (pp. 338–359). Lawrence Erlbaum Associates.

Fishbein, M., & Ajzen, I. (2010). *Predicting and changing behavior: The reasoned action approach.* Psychology Press.

Fishbein, M., & Cappella, J. N. (2006). The role of theory in developing effective health communications. *Journal of Communication, 56*(s1), S1–S17.

Green, M. C. (2006). Narratives and cancer communication. *Journal of Communication, 56*(s1), S163–S183.

Hoeken, H., Hornikx, J., & Linders, Y. (2020). The importance and use of normative criteria to manipulate argument quality. *Journal of Advertising, 49*(2), 195–201.

Hovland, C. I., Janis, I. L., & Kelly, H. H. (1953). *Communication and persuasion: Psychological studies of opinion change.* Yale University Press.

Johnson, B. T., & Eagly, A. H. (1989). Effects of involvement on persuasion: A meta-analysis. *Psychological Bulletin, 106*(2), 290–314.

Johnson, B. T., Smith-McLallen, A., Killeya, L. A., & Levin, K. D. (2004). Truth or consequences: Overcoming resistance to persuasion with positive thinking. In E. S. Knowles & J. A. Linn (Eds.), *Resistance and persuasion* (pp. 215–233). Lawrence Erlbaum Associates.

Johnson, B. T., Wolf, L. J., Maio, G. R., & Smith-McLallen, A. (2019). Communication-induced persuasion or resistance: Processes and effects of who says what to whom. In D. Albarracín & B. T. Johnson (Eds.), *The handbook of attitudes* (2nd ed., Vol. 1, pp. 557–601). Routledge.

Kruglanski, A. W., Chen, X., Pierro, A., Mannetti, L., Erb, H.-P., & Spiegel, S. (2006). Persuasion according to the unimodel: Implications for cancer communication. *Journal of Communication, 56*(s1), S105–S122.

Kruglanski, A. W., & Thompson, E. P. (1999). Persuasion by a single route: A view from the unimodel. *Psychological Inquiry, 10*(2), 83–109.

Lustria, M. L. A., Cortese, J., Gerend, M. A., Schmitt, K., Kung, Y. M., & McLaughlin, C. (2016). A model of tailoring effects: A randomized controlled trial examining the mechanisms of tailoring in a web-based STD screening intervention. *Health Psychology, 35*(11), 1214–1224.

Lustria, M. L. A., Noar, S. M., Cortese, J., Van Stee, S. K., Glueckauf, R. L., & Lee, J. (2013). A meta-analysis of web-delivered tailored health behavior change interventions. *Journal of Health Communication, 18*(9), 1039–1069.

McEachan, R., Taylor, N., Harrison, R., Lawton, R., Gardner, P., & Conner, M. (2016). Meta-analysis of the reasoned action approach (RAA) to understanding health behaviors. *Annals of Behavioral Medicine, 50*(4), 592-612.

McGuire, W. J. (1968). Personality and attitude change: An information-processing theory. In A. G. Greenwald, T. C. Brock, & T. M. Ostrom (Eds.), *Psychological foundations of attitudes* (pp. 171-196). Academic Press.

McGuire, W. J. (1989). Theoretical foundations of campaigns. In R. E. Rice & C. K. Atkin (Eds.), *Public communication campaigns* (2nd ed., pp. 43-65). Sage.

McGuire, W. J. (2001). Input and output variables currently promising for constructing persuasive communications. In R. E. Rice & C. K. Atkin (Eds.), *Public communication campaigns* (3rd ed., pp. 22-48). Sage.

Miller, G. R. (2013). On being persuaded: Some basic distinctions. In J. P. Dillard & L. Shen (Eds.), *The SAGE handbook of persuasion* (pp. 70-82). Sage.

Noar, S. M., & Harrington, N. G. (2016). Tailored communications for health-related decision-making and behavior change. In M. A. Diefenbach, S. Miller-Halegoua, & D. J. Bowen (Eds.), *Handbook of health decision science* (pp. 251-263). Springer.

O'Keefe, D. J. (1999). How to handle opposing arguments in persuasive messages: A meta-analytic review of the effects of one-sided and two-sided messages. *Annals of the International Communication Association, 22*(1), 209-249.

O'Keefe, D. J. (2002). The persuasive effects of variation in standpoint articulation. In F. H. van Eemeren (Ed.), *Advances in pragma-dialectics* (pp. 65-82). Sic Sat.

O'Keefe, D. J. (2003). Message properties, mediating states, and manipulation checks: Claims, evidence, and data analysis in experimental persuasive message effects research. *Communication Theory, 13*(3), 251-274.

O'Keefe, D. J. (2013). The relative persuasiveness of different forms of arguments-from-consequences: A review and integration. *Annals of the International Communication Association, 36*(1), 109-135.

O'Keefe, D. J. (2016). *Persuasion: Theory and research* (3rd ed.). Sage.

O'Keefe, D. J., & Jensen, J. D. (2006). The advantages of compliance or the disadvantages of noncompliance? A meta-analytic review of the relative persuasive effectiveness of gain-framed and loss-framed messages. *Annals of the International Communication Association, 30*(1), 1-43.

Oschatz, C., & Marker, C. (2020). Long-term persuasive effects in narrative communication research: A meta-analysis. *Journal of Communication, 70*(4), 473-496.

Petty, R. E., Barden, J., & Wheeler, S. C. (2009). The elaboration likelihood model of persuasion: Developing health promotions for sustained behavioral change. In R. J. DiClemente, R. A. Crosby, & M. C. Kegler (Eds.), *Emerging theories in health promotion practice and research* (2nd ed., pp. 185-214). Jossey-Bass.

Petty, R. E., & Cacioppo, J. T. (1986). *Communication and persuasion: Central and peripheral routes to attitude change*. Springer.

Petty, R. E., Rucker, D. D., Bizer, G. Y., & Cacioppo, J. T. (2004). The elaboration likelihood model of persuasion. In J. S. Seiter & R. H. Gass (Eds.), *Perspectives on persuasion, social influence and compliance gaining* (pp. 65-89). Allyn & Bacon.

Petty, R. E., & Wegener, D. T. (1999). The elaboration likelihood model: Current status and controversies. In S. Chaiken & Y. Trope (Eds.), *Dual-process theories in social psychology* (pp. 41-72). The Guilford Press.

Rains, S. A. (2013). The nature of psychological reactance revisited: A meta-analytic review. *Human Communication Research, 39*(1), 47-73.

Ratcliff, C. L., & Sun, Y. (2020). Overcoming resistance through narratives: Findings from a meta-analytic review. *Human Communication Research, 46*(4), 412-443.

Rhodes, N., Shulman, H. C., & McClaran, N. (2020). Changing norms: A meta-analytic integration of research on social norms appeals. *Human Communication Research, 46*(2-3), 161-191.

Rivis, A., & Sheeran, P. (2003). Descriptive norms as an additional predictor in the theory of planned behaviour: A meta-analysis. *Current Psychology, 22*(3), 218-233.

Shen, F., Sheer, V. C., & Li, R. (2015). Impact of narratives on persuasion in health communication: A meta-analysis. *Journal of Advertising, 44*(2), 105-113.

Sherif, C. W., Sherif, M., & Nebergall, R. E. (1965). *Attitude and attitude change: The social judgment-involvement approach*. Saunders.

Stiff, J. B., & Mongeau, P. A. (2016). *Persuasive communication* (3rd ed.). The Guilford Press.

Turner, M., & Rains, S. (2021). Guilt appeals in persuasive communication: A meta-analytic review. *Communication Studies, 72*(4), 684-700.

van Laer, T., de Ruyter, K., Visconti, L. M., & Wetzels, M. (2014). The extended transportation-imagery model: A meta-analysis of the antecedents and consequences of consumers' narrative transportation. *Journal of Consumer Research, 40*(5), 797-817.

Walter, N., Cody, M. J., Xu, L. Z., & Murphy, S. T. (2018). A priest, a rabbi, and a minister walk into a bar: A meta-analysis of humor effects on persuasion. *Human Communication Research, 44*(4), 343-373.

Zillmann, D. (2006). Exemplification effects in the promotion of safety and health. *Journal of Communication, 56*(s1), S221-S237.

9

전략 소통
광고

최세정 ㅣ 고려대 미디어학부 교수
송영아 ㅣ 한림대 광고홍보학과 조교수

설득의 예술이라고 불리는 광고의 역사는 고대 이집트까지 거슬러 올라간다. 초기 형태의 광고는 단순 공지 수준이었지만, 기술과 매체의 발전과 함께 효과적으로 메시지를 전달하고 설득하려는 목적의 광고는 진화해왔다. 영어로 광고(advertising)는 라틴어 '아드베르테레(advertere)'에서 기원하는데 '주의를 돌리다' 혹은 '마음을 어딘가로 향하게 한다'는 뜻이다. 반면 한자로 광고(廣告)는 널리 알리는 활동을 의미한다. 여러 정의가 있지만 공통적 특성을 정리한 가장 보편적인 광고의 정의는 "신분을 밝힌 광고주가 청중을 설득하기 위해 대중매체를 이용해 전달하는 유료 소통(paid communication from an identified sponsor using mass media to persuade an audience)"이다(Rodgers & Thorson, 2012, p. 4).

이 정의에서 보듯이 광고는 몇 가지 주요 특성을 갖는다. 첫째, 광고는 매체를 통해 전달된다. 대면 소통이 아니라 매체를 통해 매개되는 소통이다. 둘째, 광고의 청중은 공통된 특성을 가진 다수의 집단으로서 목표청중으로 설정된다. 개인 간의 일대일 소통이 아니라 광고주체가 다수의 목표청중에게 전달하는 일대다 소통이다. 셋째, 광고주가 광고비를 지불하는 유료 소통이다. 넷째, 광고는 설득의 목적을 가진다.

제품이나 서비스를 알리고 이미지를 창출하고 구매를 유도하려는 설득 목적을 가진 제품광고가 주를 이루지만, 기업 이미지를 제고하려는 목적의 기업광고, 정부기관의 정책을 알리고 참여를 유도하는 정책광고, 정치가의 인지도를 제고하고 공약을 알리고 이미지를 제고하는 정치광고, 바람직한 인식과 행동의 변화를 유도하여 공익을 추구하는 공익광고(public service announcement, PSA) 등도 활용된다.

이렇듯 광고료를 지불하는 광고주체와 사안, 목적에 따라 다양하게 구분되는 광고는 주로 광고대행사나 크리에이티브 부티크(creative boutique)에 의해 전문적으로 기획, 제작된 형태로 목표청중에게 전달되며, 매체에 따라 인쇄, 영상, 온라인 광고 등으로 나뉜다. 텔레비전, 라디오, 신문, 잡지 등 전통적 대중매체를 통해 광고를 집행하기 위해 광고주는 매체에 광고료를 지불하고 광고시간이나 지면을 구입한다. 광고료 책정, 지불 방식 등은 다르지만 인터넷과 모바일은 주요 광고매체로서 급성장해 전체 광고비에서 차지하는 비중이 높아지며 디지털 중심의 광고 환경 재편을 가져왔다. 이와 더불어 AR/VR/MR/XR, 메타버스, 인공지능 등 관련 기술의 발달이 가속화되며 광고의 고도화가 이루어지고 광고의 개념과 영역은 확장, 진화됐다.

이러한 변화를 반영해 광고의 재정의가 지속됐으며, 새롭게 등장한 광고 유형을 포함하기보다 광고라고 특징지을 수 있는 요인들을 명확히 제안하는 것을 지향했다. 광고 관련 저명 학술지 〈광고 학보(*Journal of Advertising*)〉의 2016년 '광고의 미래' 특별호에서는 광고학자들이 새로운 광고의 특징으로 메시지 개인화, 매체 의존도 증가, 소비자 통제력 증가, 통제 불가능한 브랜드 접점 증가 등을 제시했다. 이후 광고 전문가 대상 델파이 조사를 수행한 연구는 "현재 또는 미래에 소비자를 설득하여 인지적, 정서적, 또는 행동적 변화를 일으킬 수 있도록 식별 가능한 브랜드와 의도에 의해 활성화되는 지불, 소유, 혹은 획득 매개 커뮤니케이션"으로 광고를 정의했다(Kerr & Richards, 2021, p. 190).

하지만 급속한 기술의 발달과 매체환경의 변화는 광고에 대한 위기감 또한 가져왔다. 2006년 톰 힘프(Tom Himpe)는 저서 〈광고는 죽었다: 광고가 영원하길!(*Advertising is Dead, Long Live Advertising!*)〉에서 광고 존재에 대한 의문을 제기했다. 광고 효과의 급격한 감소를 근거로 제시하며, 미국 인구의 80%에 도달하기 위해 1980년대에는 세 번의 노출이 필요했지만 이제는 150번 이상이 필요하다고 강조했다. 비슷한 시기에 미국의 저명 광고잡지 〈광고 시대(*Ad Age*)〉의 칼럼니스트 밥 가필드(Bob Garfield)도 매체 생태계의 변화로 광고의 혼돈 시대가 도래해 전통적 광고 패러다임이 위기에 처했다고 경고했다. 이후 20여 년이 지난 현재까지 광고는 사라지지 않았다. 하지만 기술 발달과 매체 환경 변화가 가속화되면서 광고의 위기는 진행 중이며 생존을 위해 끊임없는 혁신이 필요하다. 연구를 통한 광고의 개선과 미래 방향성 제시가 어느 때보다 필요한 시점이다.

이 장에서는 학문분야로서의 광고, 광고 연구의 동향과 주요 세부 분야, 광고 연구에서 다루어지는 주요 이론, 광고이론의 적용을 살펴본 후 광고 이론과 연구의 당면 과제와 방향에 대해 고민하고자 한다.

1. 학문분야로서의 광고

앞의 정의에서 보듯이 광고는 소통의 한 분야이지만 복합적 특성상 다양한 시각으로 이해된다. 소통 관점에서는 정보원, 메시지 성격 등 과정을 구성하며 메시지 효과를 결정하는 변수와 기법에 초점을 둔다. 경영학적 시각에서는 마케팅 요소인 4P—제품(product), 가격(price), 유통(place), 촉진(promotion) 중 촉진을 위한 일부로 광고에 접근하고 인적 판매와 판매촉진 등과 구분한다. 심리학적으로는 광고에 노출된 소비자가 어떻게 인지적·정서적·행동적 반응을 보이는지에 관심을 가지며, 예술적·미학적 관점에서는 광고제작물의 창의성과 미적 요소에 중점을 둔다. 사회학적 시각에서는 사회인식을 반영하고 변화를 이끄는 사회현상으로서의 광고를 다루고, 광고와 경제의 연관성, 광고의 경제적 효과 등을 경제학적 관점으로 이해하며, 광고 규제를 법학적 시각으로 해석한다. 광고를 이해하는 다양한 시각만큼 광고 연구의 다양한 접근 또한 이루어졌다.

광고이론과 연구의 역사는 100년이 넘는다. 1903년 월터 딜 스콧(Walter Dill Scott)의 저서 〈이론과 실무에서의 광고 심리학(*The psychology of advertising in theory and practice*)〉이 출간됐고, 1936년 샌디지(C. H. "Sandy" Sandage)의 〈광고 이론과 실무(*Advertising theory and practice*)〉가 출간됐다. 샌디지의 저서는 개정을 반복하며 오랜 세월 동안 미국의 많은 대학에서 강의교재로 이용됐다. 현재까지 많은 학자가 광고 연구의 전통을 이어오며 발전시켜 왔지만, 광고학은 과학적 학문분야로서는 독립성이 부족하다는 시각이 존재한다. 광고학은 응용학문으로서 심리학, 사회학, 인류학 등 기초학문 분야에 비하면 상대적으로 젊은 학문이며 더 오래되고 확립된 학문분야들의 이론과 개념의 틀에 의존한다(Pasadeos et al., 2008). 따라서 다른 분야의 이론을 빌려올 뿐 진정한 광고만의 이론이 부재한다는 비판을 종종 받아왔다.

이러한 비판에 대해 난과 페이버(Nan & Faber, 2004)는 학문분야를 두 가지로 구분한 페이슬리(Paisley, 1972)를 인용해 광고학을 다른 학문과 비교해 설명했다. 즉, 물리학, 생물학, 심리학, 사회학, 인류학 등 기초학문 분야(level fields)와 이러한 기초학문 분야로부터 이론과 방법론을 차용하는 응용학문 분야(variable fields)가 있는데, 광고는 응용학문 분야다. 심리학이 개인적 수준, 사회학이 집단적 수준, 인류학이 사회적 혹은 문화적 수준에 각각 집중하는 것처럼 기초학문 분야는 특정 수준에 대한 관심을 바탕으로 형성되지만, 응용학문 분야는 특정 현상에 대한 관심을 중심으로 시작된다. 따라서 기초학문은 일반화할 수 있는 이론의 개발이 목적이며 여러 상황에서 적용될 수 있는 보편적 이론의 가치가 높다. 이에 반해 응용학문은 기초학문에서 강조하는 넓은 범위를 다루는 추상적·일반적

이론 개발보다는 특정 현상과 직접적 관련이 있는 특정 변수들을 강조하고 설명하는 좁은 범위의 구체적 이론 개발에 집중한다.

따라서 응용학문으로서 광고의 연구에 타 학문의 개념과 이론을 빌리는 것은 당연하며, 타 분야의 이론을 적용할 뿐만 아니라 새로운 변수들을 추가하고 광고의 특수성과 관련한 독창적인 이론도 개발하여 학문의 진보를 이룬다는 것이다. 앞서 살펴본 것처럼 광고를 이해하기 위해서는 다양한 관점이 필수적이며, 우리는 이러한 다학제적 혹은 범학제적 접근이 오히려 광고학을 독창적으로 만든다고 본다. 인접 학문의 이론들을 그대로 적용하는 것이 아니라 광고 연구에 적합하도록 변용하고 여러 이론과 개념들을 창의적이고 유기적으로 조합, 재창조하며 새로운 이론 또한 개발하는 다각적·종합적·융합적인 접근이야말로 광고학을 다른 학문과 차별화하고 급변하는 광고환경에서 실무와의 연계를 놓치지 않고 유연성, 시의성, 실천적 함의를 제공하는 학문으로서 의의를 가질 수 있도록 한다고 생각한다.

2. 광고이론과 연구의 틀

광고는 소통학의 한 분야로서 소통 과정의 하나로 이해할 수 있다. 즉, 광고주가 광고를 제작하여 매체를 통해 소비자에게 전달하고 소비자가 이에 대해 반응하는 일련의 과정은 송신자가 메시지를 채널을 통해 수신자에게 전달하고 수신자는 그 메시지를 해독하고 반응하는 소통 과정과 부합한다. 따라서 소통학적 관점에서 광고이론을 분류하고 이해하는 것은 적합하고 용이하다. 〈그림 9-1〉은 로저스와 톨슨(Rodgers & Thorson, 2012)이 광고이론을 소통 요소들(McGuire, 1969)에 따라 정리하고 체계적으로 이해할 수 있도록 제시한 개념적 틀이다.

이는 대체로 전통적 소통 모형과 구성요소들을 따랐지만 광고의 특성을

〈그림 9-1〉 광고 과정의 구성요소들

청중
(audiences)

기기
(devices)

메시지 정보원
(message
sources)

맥락
(contexts)

매체 채널
(media
channels)

광고조직
(advertising
organizations)

메시지 효과
• 의도된 효과
(intended effects)
• 의도되지 않은 효과
(unintended effects)

출처: Thorson, E. & Rodgers, S. (2012), What does 'Theories of Advertising' mean? *Advertising Theory* (p. 3), Taylor & Francis.

반영한 새로운 범주들도 눈에 띈다. 첫째, 정보원 혹은 송신자 외에 광고조직을 추가했다. 광고조직은 광고주, 광고대행사, 광고규제기관, 전문적 혹은 학술적 단체를 포함한다. 광고주는 광고대행사와 계약을 통해 광고제작과 매체집행을 함께 대행하도록 하거나 둘 중 하나만을 의뢰한다. 전문 분야에 따라 광고대행사는 종합광고대행사, 온라인 광고대행사, 디지털 광고대행사, 매체 전문대행사, 크리에이티브 부티크, 프로덕션 등으로 구분된다. 또한 광고판매를 대행하는 한국방송광고진흥공사(KOBACO) 등 미디어렙(media representative)도 존재한다. 이렇듯 산업으로서의 광고는 다양한 역할의 조직들 간 이해관계와 상호작용에 대한 이해가 필요하다.

둘째, 매체를 채널과 기기로 구분했다. 다양한 기기와 채널의 등장으로 매체의 이용은 복합적 양상을 띠기 때문에 매체를 기기와 채널로 분리하는 것이 필요하다. 예를 들어 텔레비전 시청은 다양한 형태로 가능하며 케이블, 위성, 인터넷 등의 네트워크 혹은 채널(channel)을 기반으로 한 시청은 수용자의 입장에서 유사한 경험이라 느끼게 되는 반면 스마트폰, 컴퓨터, 텔레비전 등 다른 기기(device)로 시청할 경우 동일한 내용이라도 다른 경험을 가진다. 따라서 채널과 기기가 서로 밀접한 관련성이 있음에도 분리해서 다룬다. 급성장한 인터넷, 모바일, 디지털 기기 등의 중요성이 증대되며 관련 연구도 증가해왔다.

셋째, 광고 메시지의 효과를 의도된 효과와 의도되지 않은 효과로 구분했다. 광고 효과 연구는 주로 광고주가 의도한 효과에 집중했지만, 물질주의, 충동구매, 고정관념 재생산 등 의도되지 않은 효과 또한 발생할 수 있다. 이러한 효과에 대한 연구는 다른 학문적 시각과 방식으로 접근하는 경우가 많아 별도의 범주로 구분하는 것이 필요하다.

마지막으로 광고를 이해하기 위해서는 맥락이 중요하다. 앞서 살펴보았던 광고의 개념처럼 광고 소통 과정과 효과의 발생에는 아주 다양한 분야와 요인들이 관련된다. 광고의 맥락은 미시적으로는 노출 맥락, 거시적으로는 문화적·정치적·경제적·법적·윤리적 맥락 등을 모두 포함한다. 다양한 맥락에서 이루어지는 광고의 소통 과정과 효과를 제대로 이해하기 위해서는 맥락에 대한 고려가 필수적이다.

3. 광고 이론과 연구의 동향

최근 〈광고 학보(*Journal of Advertising*)〉에 게재된 논문(Kim et al., 2014)은 선행연구(Yale & Gilly, 1988)를 갱신하고 확장하여 광고 관련 학술논문들을 종단 내용분석한 결과를 발표했다. 구체적으로 30년(1980-2010년) 동안 총 17개의 권위 있는 국제학술지에 게재된 926개의 광고 관련 학술논문들을 분석했다. 광고 연구는 광고 학술지 외에도 마케팅, 소통 등 인접 분야의 학술지에도 발표되기 때문에 다음의 17개 학술지를 분석에 포함했다. 〈광고

학보〉, 〈광고 국제학보(*International Journal of Advertising*)〉, 〈광고 연구 학보 (*Journal of Advertising Research*)〉, 〈광고의 최근 사안과 연구 학보(*Journal of Currents Issues and Research in Advertising*)〉, 〈상호작용적 광고 학보(*Journal of Interactive Advertising*)〉, 〈마케팅 학보(*Journal of Marketing*)〉, 〈마케팅 연구 학보 (*Journal of Marketing Research*)〉, 〈소비자 연구 학보(*Journal of Consumer Research*)〉, 〈소매업 학보(*Journal of Retailing*)〉, 〈마케팅 과학 학술원 학보(*Journal of the Academy in Marketing Science*)〉, 〈마케팅 과학(*Marketing Science*)〉, 〈소통 연구 (*Communication Research*)〉, 〈인간 소통 연구(*Human Communication Research*)〉, 〈방송과 전자매체 학보(*Journal of Broadcasting and Electronic Media*)〉, 〈소통 학보 (*Journal of Communication*)〉, 〈계간 언론과 대중 소통(*Journalism and Mass Communication Quarterly*)〉, 〈계간 여론(*Public Opinion Quarterly*)〉 등이다.

이 연구는 분석대상인 학술논문들의 내용적 특성 9개를 조사했는데 그중 이론과 관련된 결과를 살펴보면 다음과 같다. 먼저 이론의 포함 여부를 보았을 때 이론에 근거한 학술논문의 수는 1980년 29%에서 2010년 67.4%로 증가했다고 보고했다. 이는 학문이 성숙하면서 연구에서 이론의 역할과 중요성이 강화됐음을 실증적으로 보여주는 결과다. 구체적으로 활용된 이론을 조사했을 때 논문들에 명시된 이론, 모형, 개념들은 총 392개에 이르렀다. 그중 가장 많이 언급된 순으로 30개를 정리한 결과 심리학 관련 개념과 이론이 18개로 가장 많았다. 가장 많이 이용된 이론은 정교화 가능성 모형 (elaboration likelihood model)을 포함한 이중경로 모형(dual-process model)(7.1%)이었다. 두 번째는 관여도(involvement)(3.9%)였고, 세 번째 정보처리 이론(information processing theory)(2.4%), 네 번째 상호작용성 (interactivity)(2.2%), 다섯 번째 정보원 신뢰도(source credibility)(1.9%) 순이었다. 이외에도 일치이론(congruity theory), 문화적 차원(cultural dimen-sions), 효과의 위계(hierarchy of effects), 광고 태도(attitude toward adver-tising), 브랜드 자산(brand equity), 귀인이론(attribution theory), 고전적 조건화(classical conditioning), 통합 마케팅 소통(integrated marketing com-munication, IMC) 등이 광고 연구에서 주로 활용되는 이론 혹은 개념으로 밝혀졌다. 광고학의 특성상 심리학, 소통학, 경영학 등에서 공통적으로 많이 활용되는 이론과 개념들이 다수였다. 광고를 직접적으로 다룬 이론이나 개념은 효과의 위계 모형과 광고에 대한 태도(attitude toward advertising)가 대표적이라 할 수 있다.

이상의 연구결과에 따르면 정교화 가능성 모형이 광고 연구에 가장 많이 활용된 이론이지만, 이 책의 8장 '설득적 소통'에서 다루기 때문에 자세한 논의는 생략한다. 다만 슈만과 그의 동료들(Schumann, Kotowski, Ahn & Haugtvedt, 2012)의 연구에 의하면 페티, 카시오포, 슈만(Petty et al., 1983)이 〈소비자연구 학보(*Journal of Consumer Research*)〉에 게재한 논문 "광고 효과성을 위한 중심 경로와 주변 경로: 관여도의 조절효과(Central and peripheral routes to advertising effectiveness: The moderating role of involvement)" 이후 125개 이상의 광고 관련 학술논문과 저서에 정교화 가능성 모형이 포함되어 왔다. 광고 태도를 설명하는 핵심 이론으로서 제품광고뿐만 아니라 공익광고, 정치광고, 건강광고, 환경광고 등 광범위한 주제에 적용되어 왔기 때문에 광고 연구에 지대한 영향을 미쳤다고 할 수 있다(Cote et al., 1991).

이 장에서는 정교화 가능성 모형 외에도 정보원 신뢰도 등 다른 장에서 중점적으로 다루는 개념이나 이론을 제외하고 광고에 직접적으로 관련된 이론과 연구분야를 논의하고자 한다. 따라서 광고 효과를 직접적으로 개념화하고 설명하는 이론으로서 ① 효과의 위계 모형, ② 광고 태도 모형, ③ 설득 지식 모형을 다루고자 한다. 물론 통합 마케팅 커뮤니케이션과 수단-목표 사슬 모형(means-end chain model)도 광고와 관련이 깊지만 이론으로서의 역사와 정교화가 상대적으로 부족하기 때문에 제외했다. 하지만 선정된 이론들만으로는 광고 연구의 다각적·융합적·역동적인 특성을 충분히 보여줄 수 없다. 따라서 〈그림 9-1〉에서 제시된 광고 과정의 요소

들 중 많은 연구의 주제가 되어 온 ④ 광고 메시지의 정보원(메시지 정보원)
과 ⑤ 광고와 문화(맥락) 분야의 연구를 추가로 살펴보고, 각 분야에서 어
떤 이론과 개념들이 주로 적용되고 개발되어 왔는지를 논의하고자 한다.
실제로 이 두 분야의 연구에 대한 논의는 앞서 광고 관련 학술논문 내용분
석 결과에서 자주 언급된 이론이나 개념으로 선정된 정보원 신뢰도, 귀인
이론, 일치이론, 문화적 차원 등을 포함할 것이다.

1) 효과의 위계 모형

계층효과 모형이라고도 불리는 효과의 위계 모형(hierarchy of effects
model, HOE)은 광고 효과의 초기 연구에서 많이 활용됐다. 광고 효과를
이해하기 위해 소비자가 광고라는 외부 자극물에 접했을 때 경험하는 일
련의 심리적 과정을 연구했고, 효과의 위계(hierarchy of effects)란 광고
메시지가 브랜드에 관한 소비자의 인지와 태도, 행동에 영향을 일으키는
과정이 일정한 단계를 거쳐 순차적으로 발생한다는 것을 가정한다. 효과
의 위계 모형 연구는 래비지와 스타이너(Lavidge & Steiner, 1961)에 의해
시작됐다. 이들은 소비자가 광고에 노출되어 반응하는 단계를 '브랜드 인
지-지식-호감-선호-확신-구매'로 개념화했다.
  광고 효과의 위계적 개념화는 실제로 광고 실무에 적용되어 왔다. 예를
들어 잘 알려진 DAGMAR 모형은 1961년 미국광고주협회에서 출간한 콜
리(Colley)의 저서 〈목표에 의한 광고 관리(*Defining advertising goals for measured
advertising results*)〉의 머리글자를 딴 것으로, 광고 목표 수립의 원칙으로 일련
의 광고 효과 단계인 '인지-이해-확신-행동'을 제시한다. 실무적 시각에
서 광고가 매출과 시장 점유율 등 가시적 효과로 즉각적으로 증명되기 어렵
기 때문에 효과의 위계적 모형은 광고 목표 설정을 위한 대안을 제시하는
이론적 접근이라고 볼 수 있다. 즉, 콜리는 광고의 노출부터 광고의 궁극적

목표라고 할 수 있는 구매 행동이 발생하는 시점까지는 상당한 지연이 있을 수 있기 때문에 행동으로 이르는 중간 단계인 제품의 인지도나 이해, 확신 등을 목표로 설정하고 측정지표로 활용하는 것이 광고 효과를 이해하는 데 필요하다고 생각했다.

AIDA(Attention[주의]-Interest[관심]-Desire[욕망]-Action[행동]), AICDA(Attention[주의]-Interest[관심]-Conviction[확신]-Desire[욕망]-Action[행동]), AIDMA(Attention[주의]-Interest[관심]-Desire[욕망]-Memory[기억]-Action[행동]) 등 래비지와 스타이너 이후 광고 효과의 위계적 과정을 개념화한 연구와 모형들이 다수 제시됐다. 이들은 단계의 수나 각 단계를 설명하는 용어의 차이는 있지만 전반적 개념은 유사하다(Barry, 1987). 효과의 위계 모형들은 광고에 대한 소비자의 반응 과정은 크게 인지(think), 감정(feel), 행동(do)의 차원을 가진다고 가정한다.

인지적 반응은 광고 노출 후 제품 혹은 상표에 대한 지식이나 설득 메시지를 얼마나 이해하는지를 포함하는데, 주로 기억에 의존하여 측정할 수 있다. 예를 들어 소비자가 광고와 관련된 정보가 주어졌을 때 인지하는 재인(recognition)과 광고를 통해 학습한 정보를 능동적으로 인출하는 회상(recall)을 통해 상표 인지도, 이해도, 연상 등의 인지적 반응을 측정한다. 정서적 반응은 상표에 대한 감정과 평가를 의미하며, 정서적 지표는 해당 상표에 대한 감정적 반응, 태도, 선호도를 포함한다. 행동적 반응은 광고 효과로서 발생하는 소비자의 실제 행동이나 행동에 대한 동기를 포함하며, 주로 구매 행동이나 의도를 통해 측정한다. 이 세 가지 반응은 '인지-정서-행동' 순으로 단계적으로 이루어진다. 따라서 최종 단계인 행동적 반응을 얻기 위해서는 인지적·감성적 반응을 먼저 유발해야 한다.

효과의 위계 모형들은 광고 효과 측정의 틀을 제시함으로써 후속 연구에 기여했다. 즉, 이 모형들이 제시하는 각 단계의 주요 반응인 상표 인지, 지식, 신념, 태도, 구매의도 등은 아직까지도 광고 효과를 측정하는 핵심

지표들이다. 이들에 영향을 미치는 다양한 요인들을 밝혀내는 데 광고 연구가 집중되어 왔다. 또한 효과의 위계 모형들은 광고 효과의 과정을 단순화하여 단계를 설정해 놓았기 때문에 광고의 역할을 이해하고 목표를 수립하는 데 유용하다. 예를 들어 특정 상표가 처음으로 소개되는 것이라면 그 광고 목표는 우선 인지도 상승이어야 하며, 인지도를 통해 효과를 측정할 수 있다. 반면 인지도가 확보된 상표라면 광고를 통해 우호적 태도를 형성하는 것이 목표여야 하고, 선호도가 높은 상표라면 구매 유도가 광고 목표가 될 것이다. 이렇듯 효과의 위계 모형들은 광고 노출과 매출 사이의 과정을 일련의 순차적 단계로 설정하여 광고의 누적 효과를 바탕으로 상황에 적합한 광고 목표와 전략을 수립하도록 도와준다.

하지만 효과의 위계 모형들에 대한 비판 또한 지속적으로 제기되어 왔다. 이 모형들은 광고 노출부터 구매까지 이르는 효과의 과정을 합리적이고 능동적인 의사결정자로서 소비자가 제품에 대해 정보를 습득하고 이해를 바탕으로 평가하고 태도를 형성하여 구매를 결정하는 일련의 단계별 과정으로 설명한다. 이는 고관여 구매 상황에서는 적합할 수 있지만 저관여 상황에서 발생하는 단순한 호감으로 인한 구매 등 단계의 순서가 바뀌거나 어떤 단계는 생략될 수 있다는 가능성은 수용하지 않는다(Vakratsas & Amber, 1999; Weilbacher, 2001). 이 지적은 타당하다고 받아들여져 이후 광고 효과 연구는 인지적·정서적·행동적 반응을 주요 지표로 활용하되 정형화된 위계로 획일적으로 적용하기보다는 제품, 광고 메시지, 소비자, 경쟁 상황, 매체 등 다양한 관련 변수들의 영향을 고려하여 광고 효과 과정을 유연하게 개념화하는 경향을 보인다. 예를 들어 비교적 최근에 제시된 AISDALSLove(Attention[주의]-Interest[관심]-Search[검색]-Desire[욕망]-Action[행동]-Like/Dislike[선호/비선호]-Share[공유]-Love/Hate[애정/증오]) 모형은 정보기술의 발달과 함께 증대되는 소비자의 능동적 역할과 상호작용을 반응하여 검색과 공유 등 광고 효과의 새로운 단계와 애정/증오 등 보다 장기적인 광고 효과가 추가된 변형된 효과의 위계 모형의 진화를 보여준다(Wijaya, 2012).

2) 광고 태도 모형

광고 태도 모형(attitude toward the ad model)은 광고에서 제시된 정보를 바탕으로 형성된 상표에 대한 신념이 상표 태도를 결정한다는 효과의 위계 모형과 달리 광고 자체에 대한 태도가 상표에 대한 태도와 선택에 영향을 준다고 주장한다(Mitchell & Olson, 1981; Shimp, 1981). 광고에 대한 태도(attitude toward the ad)는 특정 상표의 개별 광고물 자체에 대해 호의적 또는 비호의적으로 평가하는 성향을 의미한다. 쉽게 말해 소비자가 광고를 보았을 때 가지는 좋거나 싫은 감정적 반응으로 이해할 수 있다. 이는 광고 전반에 대한 태도(attitude toward advertising)와는 구분된다. 즉, 애드버타이즈먼트(advertisement, ad)는 특정 개별 광고(물)을 지칭하며 애드버타이징(advertising)은 집합적 의미의 광고로서 특정 광고물이 아닌 전반적 광고를 의미한다. 광고 태도 모형은 일반적 광고에 대한 태도가 아니라 특정 광고에 대한 태도의 역할을 설명하는 목적으로 제시됐다.

효과의 위계 모형을 비롯하여 이전의 광고 효과를 설명하는 연구는 대체로 광고 효과를 제품의 정보를 제공하여 긍정적 신념을 형성하는 등 상표에 대한 인지적 반응을 유발한 후 이에 대한 평가를 바탕으로 한 상표에 대한 호의적 태도 등 감정적 반응을 얻을 수 있다고 설명하는 인지 기반의 접근이 주를 이루었다. 하지만 제품의 특성과 제공할 수 있는 편익에 대한 정보를 제공하는 광고 이외에도 온정, 유머, 생활방식, 이미지 등을 이용해 소비자의 감성에 직접 소구하는 광고도 많다. 이런 감성적 광고는 구체적인 제품 정보를 전달하지는 않지만 광고를 통해 소비자가 의도하는 느낌이나 정서를 경험하도록 하고 이러한 감정적 반응을 통해 해당 상표에 대한 태도에 영향을 주려는 목적이다. 이 경우 상표에 대한 신념이 우호적 태도 형성을 위한 필요조건이 아니며 광고 자체에 대한 감정적 반응의 역할을 이해하는 것이 중요하다.

광고 태도 모형은 이러한 광고 자체에 대해 소비자가 가지는 감정적 반응이 상표에 대한 태도 형성에 미치는 영향을 설명한다. 물론 보다 세부적으로 광고 태도의 개념은 인지적·감정적 요소로 구분할 수 있다. 초기 광고 태도 모형 연구는 광고에 대해 소비자들이 가지는 인지적 반응이 광고 태도를 결정한다고 보며 인지적 반응에 초점을 두었다(Mitchell & Olson, 1981; Shimp, 1981). 하지만 이후 연구는 광고 태도를 결정하는 데 광고에 대한 감정적 반응의 역할을 강조했다(Batra & Ray, 1986). 상표 태도에 광고 태도가 미치는 영향의 이론적 근거는 크게 두 가지다. 첫 번째 고전적 조건화(classical conditioning)는 광고에 대한 소비자의 긍정적인 감정적 반응이 해당 상표로 전이된다고 본다. 또 다른 이론적 근거로서 인지 반응 이론은 광고로 인한 긍정적 감정이 상표에 대한 우호적 인지 반응을 더욱 많이 유도한다고 설명한다(Muehling & McCann, 1993).

광고 태도 모형 연구들은 광고 태도가 상표 태도에 미치는 영향을 실증적으로 검증했다. 초기에는 광고 태도가 상표 태도에 직접적 영향을 주는 감정 전이 가설이 많이 연구되고 검증됐다. 이후 광고 태도가 상표 태도에 직접적 영향을 줄 뿐만 아니라 상표 인지 생성을 용이하게 하여 상표 태도를 결정하는 간접적 영향도 준다는 이중매개 가설(dual mediation hypothesis)이 가장 타당한 모형으로 검증됐다(Homer, 1990; MacKenzie et al., 1986). 또한 광고 태도가 상표 태도에 미치는 영향은 다른 변수들에 의해 조절될 수 있으며, 특히 상표에 대한 친숙도가 낮은 경우 상표와 관련한 인지적 근거가 부족하여 광고 태도가 상표 태도에 미치는 영향은 더 큰 것으로 나타났다(Machleit & Wilson, 1988).

광고 태도 모형은 이후 광고 연구에 많은 영향을 주었다. 효과의 위계 모형처럼 광고 효과를 상표를 대상으로 하는 인지적·감정적·행동적 반응으로만 보지 않고 광고 자체에 대한 반응이 상표에 대한 반응에 영향을 주는 매개 역할을 수행함을 강조함으로써 후속 연구들은 광고 태도를 광고 효과 측정의 보다 직접적인 지표로 포함했다. 광고 태도에 영향을 주는 요인들을 파악하는 연구도 활발히 이루어졌다.

3) 설득 지식 모형

설득 지식 모형(persuasion knowledge model, PKM)은 소비자들이 기업 등을 포함한 다른 사람(들)의 설득 행위를 어떻게 해석, 평가, 대처하는지를 설명한다(Friestad & Wright, 1994; 1995; 1999). 보다 구체적으로 설득 지식 모형은 설득의 상황에서 설득 주체(agent)와 설득 대상(target)이 각자 가지고 있는 일상적 설득 지식(everyday persuasion knowledge)이 설득 과정과 결과에 미치는 다양한 영향을 기술하는 이론적 틀이다. 일종의 게임처럼 서로 상대방이 알고 있는 것을 추측하고 행동을 예측하며 이러한 예측을 바탕으로 어떻게 대응하는지를 설명하는데, 설득 지식 개념이 핵심이라고 할 수 있다. 설득 지식은 일종의 스키마와 같은 기능을 해서 설득 주체와 대상이 각각 가지고 있는 설득 지식을 바탕으로 상대방의 행위를 해석, 예측하고 대응한다. 설득 지식 모형은 광고만을 위한 이론은 아니며 광범위한 설득 상황에 적용된다. 하지만 광고는 대표적인 설득적 소통으로서 프리스타드와 라이트의 모형에 대한 설명에도 광고의 예들이 주를 이루었다. 설득 지식 모형은 광고 연구에 유용한 이론적 시각을 제시하며 실제로 많은 광고 연구들이 이를 활용해왔다.

광고 상황에서 설득 주체는 광고주, 광고대행사, 광고제작자 등 광고를 통해 설득 시도(persuasion attempt)를 기획, 고안, 제작하는 모든 이들을 포함한다. 즉, 광고를 제작하는 기업이나 실무자의 설득 지식이란 어떻게 설득 대상인 소비자들이 광고에 반응할 것인가에 대한 믿음을 의미한다.

예를 들어 소비자들이 유명인 광고나 유머 광고 등 특정 형태의 광고를 좋아하기 때문에 이러한 광고를 보면 광고된 제품도 좋아할 것이라는 생각을 말한다. 광고에 있어 설득 대상은 소비자로서 설득 시도의 의도된 대상이 되는 사람들을 의미한다. 소비자는 어떻게 광고가 설득을 위해 작용하는지 혹은 이용된 특정 기법 등에 대한 나름의 생각과 믿음인 설득 지식을 가지고 있다. 또한 각각 상대방인 설득 주체와 대상에 대한 지식과 설득 의도와 관련된 주제 지식도 함께 가지고 있다.

설득 주체에 대한 지식은 설득 주체의 특성과 목적에 대한 설득 대상의 믿음으로 구성된다. 예를 들어 광고의 대상인 소비자 개개인은 대중매체를 비롯해 다양한 정보원을 통한 간접적 경험이나 직접적 경험을 통해 기업이나 광고제작자 등 설득 주체에 대한 일반적·전문적 지식을 습득한다. 설득 대상에 대한 지식은 예를 들어 소비자를 효과적으로 설득하기 위해 설득 주체가 가지는 인구통계학적 속성, 생활 방식, 구매 유형, 상표에 대한 태도 등 소비자에 대한 전반적 정보와 지식을 말한다. 주제 지식은 설득 메시지의 주제에 대한 믿음으로서 제품 광고의 경우 제품의 속성, 기능, 품질, 기업의 기술력 등에 대한 지식을 포함한다. 이렇게 여러 형태의 지식이 서로 상호작용하여 설득의 결과를 결정한다.

광고 효과 연구의 관점에서 설득 지식 모형은 광고 메시지에 대한 수용 혹은 거부 등 소비자의 광고에 대한 반응을 이해하는 데 유용하다. 즉, 설득 지식 모형은 설득 대상인 소비자가 광고나 프로모션 등 설득 시도를 접했을 때 과거 경험 등을 통해 축적해온 설득 주체에 대한 지식, 설득 주제에 대한 지식, 그리고 설득 의도에 대한 지식을 활용하여 그에 대해 어떻게 대응할지 결정하기 때문에 이러한 지식의 정도에 따라 달라지는 설득 효과를 파악하도록 해 준다(Campbell & Kirmani, 2000).

설득 지식 모형은 소비자가 가지고 있는 일상적 지식이 어떻게 설득 효과에 영향을 주는지를 관련 지식을 분류, 체계화하고 설득 주체와 설득 대상의 설득 지식이 어떻게 상호작용하는지를 설명하는 통합적 관점을 제공한다는 장점이 있다. 하지만 언제 어떻게 설득 지식이 활성화되는지에 대한 충분한 설명이 부족하다는 지적이 있다. 특히 캠벨과 컬마니(Campbell & Kirmani, 2000)는 설득 지식의 활성화는 인지적 용량(cognitive capacity)이 필요한데, 이는 항상 이용할 수는 없으며 설득 대상의 인지적 용량이 충분하지 않은 경우에는 설득 지식의 활성화가 이루어지지 않을 것이라고 주장했다. 또한 설득 대상이 설득 주체의 의도를 파악하지 못하면 설득 지식의 활성화도 힘들다고 반박했다. 현대의 똑똑한 소비자들은 비교적 높은 수준의 설득 지식을 갖지만 모든 설득 시도에 대해 모든 소비자들이 설득 지식을 활성화하는 것은 아니라는 주장이다. 이외에도 설득 주체(혹은 대상) 지식, 주제 지식, 설득 지식이 어떻게 상호작용하여 설득 효과에 영향을 미치는지에 대한 개념적 정교화가 미비하여 실증적 연구를 통한 검증이 쉽지 않다는 단점이 있다.

설득 지식 모형을 토대로 한 선행 광고 연구들은 설득 지식을 활성화하는 변수들을 주로 다룬다. 무엇이 설득 지식 활성화를 촉진하는지 파악해 설득 지식의 활성화 수준을 낮춰 보다 우호적인 광고 반응 형성을 유도하고자 한다. 설득 지식의 활성화가 설득 효과를 감소시킬 수 있기 때문이다. 예를 들어 인터넷 광고에 대한 반응은 그 형태(배너와 팝업 광고)에 기인한 설득 지식의 활성화 수준에 따라 다르며 설득 지식의 활성화 수준이 높을수록 설득 효과가 떨어진다는 것을 보여주었다(Edwards et al., 2002). 또한 애드버게임(advergame) 연구에서 게임이 힘들 때 어린이 이용자들이 상표에 대한 평가에서 설득 지식을 이용하지 않은 것으로 나타났다. 이 결과는 이용자들이 게임에 집중하여 설득 지식 활성화에 필요한 인지적 자원이 부족했기 때문이라고 추정됐다(Waiguny et al., 2011). 간접 광고(product placement)와 검색 광고 효과 연구에서도 소비자의 설득 지식의 영향이 논의되거나 검증됐다(Cowley & Barron, 2008; Yoo, 2009). 하지만 기존 연구가 주로 설득 대상이 가진 설득 지식에만 집중하여 후속 연구는 설득 주체 지식, 주제 지식, 설득 과정에서의 대응 체계 등 설득 지식 모형의 다른 구성요소들에 관심을 갖고 보다 종합적인 시각을 제시할 필요가 있다.

4) 광고 메시지의 정보원

흔히 광고 모델이라고 일컫는 광고에 등장하는 인물들은 광고 메시지를 전달하는 정보원이다. 광고에 모델을 이용하는 목적은 기업이 직접 제품이나 서비스에 대해 정보를 전달하기보다는 친근하고 매력적이며 신뢰할 수 있는 인물을 대신 화자로 활용함으로써 광고의 설득 효과를 제고하는 데 있다 (이정교, 2012). 광고 메시지의 정보원으로서 광고 모델의 효과에 대한 많은 연구가 수행됐다. 동일한 광고 메시지를 누가 전달하느냐에 따라 설득 효과가 결정된다는 것인데, 실제 광고 모델 유형에 따라 다른 광고 효과는 오래 전부터 실증적으로 입증됐다(Erdogan, 1999; Friedman & Friedman, 1979).

최근에는 교류매체(social media) 광고의 비중이 높아지며 인플루언서 (influencer)가 효과적 정보원으로 여겨진다. 인플루언서는 온라인에서 높은 인지도를 가지고 사회에 큰 영향을 미치는 사람들로 인터넷 유명인 (internet celebrity)이다. 인플루언서는 교류매체라는 열린 공간에서 자신의 추종자들이나 브랜드와 소통하며 명성을 쌓아 나간다는 것이 텔레비전이나 브랜드 등에 의해 통제된 환경에서 명성을 쌓아 나가는 전통적 유명인과 차이가 있다(Brooks et al., 2021). 이러한 차이를 바탕으로 다양한 환경에서 인플루언서 광고가 집행되며, 인플루언서 광고 기제에 대한 연구도 지속되고 있다.

광고 모델의 유형은 유명인, 전문가, 최고경영자(CEO), 일반인 등으로 나뉜다. 광고 모델의 역할은 보증인(endorser), 대변인(spokesperson), 배우(actor) 등으로 구분된다. 특히 유명인이 보증인으로 등장하는 광고의 효과에 대한 연구가 활발히 이루어졌다. 유명인(celebrity)이란 일반적으로 특정 분야에서 성공하여 대중에게 널리 알려진 인물을 말한다. 반면 유명 보증인(celebrity endorser)은 "인기가수, 배우, 스포츠 스타 등과 같이 특정 분야에서의 성취를 기반으로 대중에게 잘 알려진 유명인이 이러한 대중적 인지도를 이용하여 광고에서 제품이나 서비스와 함께 등장해 이를 보증하는 사람"을 의미한다(McCracken, 1989, p. 310). 보증(endorsement)이란 지지 혹은 옹호라고도 일컫는데, 광고 상황에서는 인물이 해당 제품이나 서비스의 광고에 등장하여 공개적으로 그 제품이나 서비스를 공개적으로 추천하는 것을 의미한다. 예를 들어 제품의 효능, 품질 등을 직접 사용한 경험과 믿음을 바탕으로 증언(testimonial)하는 형식 등을 통해 보증이 이루어질 수 있다. 한편 유명인은 광고에서 다른 역할로 등장하기도 한다. 단순히 제품이나 서비스에 관한 정보나 메시지를 전달하는 대변인(spokesperson)의 역할을 맡거나, 영화나 드라마처럼 광고의 만들어진 이야기의 등장인물을 연기하는 배우(actor)의 역할을 맡기도 한다. 이는 가상의 등장인물을 연기하는 것이기 때문에 광고 모델로 등장하는 것 자체가 간접적 보증의 의미가 있다고 하더라도 보증인이나 대변인의 역할을 맡아 제품이나 서비스에 대한 메시지를 직접 전달하는 것에 비해 소극적 형태라고 할 수 있다.

정보원으로서의 광고 모델 효과에 관한 연구는 다양한 이론들을 기반으로 이루어졌다. 대표적 개념은 정보원의 속성을 바탕으로 정보원의 효과를 이해하는 정보원 신뢰도 모형(source credibility model)과 정보원 매력도 모형(source attractiveness model)이다. 이 모형들은 8장 '설득적 소통'에서 다루기 때문에 자세한 논의는 생략하겠다. 선행연구에 의하면 일반적으로 유명인 모델이 일반인 혹은 비유명인 모델에 비해 광고 효과가 높은데, 이는 대중적 인지도와 인기를 바탕으로 더 높게 인식된 유명인 모델의 정보원으로서의 신뢰도와 매력도에 기인한 것이다(Atkin & Block, 1983; Freiden, 1982; Friedman & Friedman, 1979). 일반적으로 정보원 신뢰도와 매력도 모형은 구분되어 정보원의 효과에 대한 연구에 활용되지만, 유명인의 특성으로 인해 오하니언(Ohanion, 1990)은 유명인 광고 모델의 신뢰도를 개념화하고 측정 척도를 개발하면서 두 모형을 조합했다. 즉, 유명인 광고 모델 신뢰도의 세 가지 하부 차원으로서 정보원 신뢰도 모형의 전문성(expertise), 진실성(trustworthiness)과 정보원 매력도(attractiveness) 모형의 매력성을 함께 제안하고 검증했다. 오하니언(Ohanian, 1991)은 후속연구에서 전문성, 진실성, 매력도가 소비자의 제품 구매의도에 어떤 영향을 미치는지 살펴보았는데, 유명인의 전문성만이 구매의도에 유의미한 긍정적 영향을 미치는 것으로 나타났다. 한편 정교화 가능성 모형에 의하면 소비자의 관여도에 따라 정보원의 신뢰도 영향이 달라진다. 소비자 관여도가 높은 경우에 광고 메시지의 논증 품질(argument quality) 등에 초점을 둔 중심적 경로(central route)를 통한 설득이 일어난다. 반면 소비자 관여도가 낮은 경우에는 광고 메시지의 정보원 공신력이나 매력도 등 주변적 단서(peripheral cue)의 영향이 크다(Petty et al., 1983). 즉, 광고 메시지의 정보원으로서 유명인 모델의 영향은 소비자 관여도가 낮은 경우에 더 두드러질 수 있다.

또 다른 유명인 광고의 효과에 관한 대표적 이론은 조화가설(match-up hypothesis)이다. 조화가설은 유명인 광고의 효과는 광고 모델의 특성과 제품의 특성을 조화시킴으로써 향상시킬 수 있다고 제안한다(Kamins, 1990; Till & Busler, 2000). 맥크렉켄(McCracken, 1989)은 의미전이 모형(meaning transfer model)을 통해 유명인의 광고 효과 과정을 설명했다. 이전 연구들이 정보원 효과 모형에 따라 정보원 속성의 효과만 검증한 데 비해 맥크렉켄은 유명인 광고 모델과 제품의 의미들이 부합할 때 광고 효과가 증대될 수 있다고 제안했다. 유명인 개개인은 소속된 사회에서 인기 있고 두드러진 다양한 문화적 의미들의 독특한 조합을 가지며, 광고를 통해 유명인에게 내재되어 있는 의미들은 연관된 제품으로 전이되고, 제품으로 전이된 의미들은 제품의 구매와 이용을 통해 최종적으로 소비자에게 전이된다(McCracken, 1989; Walker et al., 1992).

이후 관련 연구들은 광고 모델과 제품 간의 조화를 여러 용어로 표현했지만, 광고 모델의 특성과 제품의 특성이 조화를 이룰 때 유명인 광고 효과가 향상된다는 개념은 공유한다(Kahle & Homer, 1985; Kamins, 1990; Lynch & Schuler, 1994; Till & Busler, 2000). 예를 들어 외모가 매력적인 광고 모델은 매력적이지 않은 광고 모델보다 외모를 향상시키는 데 사용되는 제품을 광고할 때 더욱 효과적인 것으로 밝혀졌다(Kahle & Homer, 1985). 조화가설의 검증에서 주로 광고 모델의 매력도를 조화요소(match-up factor) 혹은 조화의 기반으로서 이용한 것에 반해 틸과 버슬러(Till & Busler, 2000)는 조화가설 연구를 모델의 전문성으로 확장했다. 연구결과에 따르면 유명인 모델의 매력도가 모델과 제품의 조화요소로 사용됐을 때는 유의미한 효과가 없지만, 모델의 전문성이 조화요소로 사용된 경우 소비자의 상표 평가에 긍정적 영향을 미칠 수 있다. 유명인과 인플루언서를 비교한 최근 연구는 인플루언서 광고는 감성적 소구보다는 이성적 소구를 할 때, 그리고 새로운 브랜드보다는 익숙한 브랜드를 소개할 때 더 조화롭고 브랜드 태도와 구매의도에 긍정적 영향을 미친다고 밝히기도 했다(Zhu et al., 2021). 하지만 광고 모델과 제품의 조화 유무보다는 조화의 정도가 중요하며, 이는 소비자들의 지각에 의해 결정된다. 또한 두드러진 특성이나 이미지가 조화요소로 작용할 수 있지만 유명인과 제품 모두 다양한 이미지를 동시에 가지기 때문에 소비자가 인식하는 유명인과 제품 이미지 간의 적합성(perceived fit)으로 조화를 개념화하는 경향을 보인다(Lee & Thorson, 2008).

유명인 광고 효과에 대한 또 다른 이론적 접근은 준사회적 상호작용(parasocial interaction)을 바탕으로 한다. 청중은 매체를 통해 등장하는 인물들에 대해 직접적 접촉이나 소통은 없더라도 상상적 상호작용을 통해 마치 실제로 관계를 가진 상대방처럼 친밀하게 느낄 수 있다(Horton & Whol,

1956). 유명인 광고 모델의 경우 빈번한 광고 노출을 통해 매개된 이미지가 형성되고 소비자는 실제 상호작용이 없음에도 불구하고 광고에 투영된 유명인의 이미지를 바탕으로 준사회적 상호작용을 가지기도 한다(Alperstein, 1991). 가상의 상호작용을 통해 유명인과 친밀한 인간관계를 가지고 특정 유명인에 대해 많은 관심과 애착을 가져 자신과 동일시(identification)하기도 한다(Giles, 2002). 또한 특정 유명인을 역할 모델(role model)로 여겨서 자신의 자아 형성과 발전의 기준으로 삼고 해당 유명인의 신념, 생활방식, 행동 등을 모방하기도 한다(Fraser & Brown, 2002). 최근 한 연구는 유튜버와 구독자 간의 준사회적 상호작용의 정도가 높을수록 구독자는 유튜버를 지지하는 경향이 높아지고 이는 광고 수용을 넘어 자발적 광고 시청 행위를 가져온다고 밝혔다(Sung, Yoo, & Han, 2023). 준사회적 상호작용은 광고 효과 측면에서 이와 같은 긍정적 효과를 가져오지만 때때로 비판을 받기도 한다. 높은 준사회적 상호작용을 활용하여 광고를 집행할 때 그 광고에 노출된 소비자는 올바른 설득 지식을 개발하는 데 방해받을 수 있기 때문이다(Kim, 2021).

유명인 광고는 특정 국가에서 더 빈번히 활용되는 것으로 밝혀졌다. 국가 혹은 문화 간 유명인 광고의 차이를 찾거나 각 문화와 유명인 광고의 집행 방식의 관계를 살펴보는 연구들도 있었다. 예를 들어 저맥락 문화로 분류되는 미국에 비해 고맥락 문화인 한국은 문화적 의미를 내포하는 유명인들이 텔레비전 광고에 등장하는 비율이 훨씬 높은 반면 유명인 광고의 정보량은 적은 것으로 나타났다(Choi et al., 2005). 또한 제인 등(Jain et al., 2010)은 맥크렉켄에 의해 제안된 네 가지 유형의 유명인 보증 방식―직접적이고 분명한 방식(explicit mode), 우회적이고 간접적인 방식(implicit mode), 명령적인 방식(imperative mode), 구체적인 언급 없이 단순히 등장하는 방식(co-present model)이 인도의 텔레비전 광고에 어떻게 나타나는지 558개의 유명 보증인 광고를 내용분석했다. 그 결과 간접적 방식이 60% 이상 압도적으로 많이 나타나 인도의 고맥락적 문화 특성을 반영한다고 보았다.

앞서 살펴본 이론들 외에도 균형이론(Mowen, 1980; Umphrey, 2001; Russel & Stern, 2006), 귀인이론(Moore & Reardon, 1987; Mowen & Brown, 1981; Tripp et al., 1994), 스키마 이론(Lynch & Schuler, 1994; Misra & Beatty, 1990), 켈먼(Kelman, 1958; 1961)의 사회적 영향 이론(Basil, 1996; Kamins, 1989; Kamins & Gupta, 1994) 등 다양한 이론적 배경이 광고 메시지 정보원의 역할과 영향에 대한 연구에 적용됐다. 주제 면에서는 최적의 유명인 모델을 선정하는 기준(Erdogan & Baker, 2000; Erdogan et al., 2001), 하나의 광고에 여러 명의 유명인이 등장하는 경우(Tripp et al., 1994), 광고 모델인 유명인이 부정적 사건에 연루되는 경우, 한 유명인이 여러 제품의 광고에 동시에 출연하는 경우 등 다양한 주제를 다루는 연구가 증가하고 있다. 앞으로도 광고 정보원 효과 문헌이 보다 풍부해지고 체계화, 정교화되길 기대한다.

5) 광고와 문화

광고의 제작과 해석, 수용의 맥락으로서 문화는 중요하다. 드무이(de Mooij, 2010)에 의하면 문화의 핵심은 가치이며, 이는 사람들의 믿음, 태도, 행동을 결정하는 기준을 말하며 소통 유형의 선호도에도 영향을 준다. 문화는 개인적 수준의 정보처리와 광고가 일어나는 맥락 모두에 영향을 준다. 광고주와 광고제작자가 광고 메시지에 특정 연상과 의미를 부호화(encoding)한 후 소비자에게 전달되는데 이를 소비자가 해독(decoding)할 때 의미가 달라져 의도하는 효과가 일어나지 않을 수 있다. 이러한 문제는 같은 문화적 환경에서도 일어나지만 광고 발신자와 수신자가 각각 다른 문화에서 왔다면 더 복잡하고 심각할 수 있다(Cateora & Graham, 2007; de Mooij, 2010). 즉, 문화의 성향은 광고 제작, 집행 결정과 소비자의 광고에 대한 반응에 영향을 주기 때문에 이에 대한 이해를 바탕으로 광고 효과 과정을 이해할 수 있다(Zhang, 2010).

　따라서 광고에 대한 문화적 영향을 이해하기 위해 문화 간 차이를 설명하는 문화적 차원들에 대한 이해가 우선 필요하다(Gudykunst, 1998). 가장 많이 활용되는 문화적 성향은 호프스테더(Hofstede, 1980)의 문화적 차원들, 홀(Hall, 1989)의 고맥락/저맥락 소통 유형, GLOBE 리더십 연구 등을 포함한다. 호프스테더가 제시한 문화적 차원들은 개인주의/집단주의(individualism/collectivism), 권력 간격(power distance), 남성성/여성성(masculinity/femininity), 불확실성 회피(uncertainty avoidance), 장기적/단기적 성향(long-term vs. short-term orientation)을 포함한다.

　호프스테더의 문화적 차원을 확장해 하우스와 동료들(House et al., 2004)은 GLOBE(Global Leadership and Organizational Behavior Effectiveness Research Program)를 통해 호프스테더의 문화적 차원과 동일한 차원 외에도 새로운 차원을 포함하여 보다 포괄적인 이론적 틀을 제시한다. 구체적으로 60개국 이상에서 많은 수의 응답자를 대상으로 하는 설문을 바탕으로 다음과 같은 9개의 문화적 차원을 제안했다. 성과 지향(performance orientation), 내집단 집단주의(in-group collectivism), 조직집단주의(institutional collectivism), 권력 격차(power distance), 불확실성 회피(uncertainty avoidance), 미래 지향(future orientation), 인성 지향(humane orientation), 단호함(assertiveness), 남녀평등주위(gender egalitarianism) 등이다(Terlutter et al., 2010).

　광고 연구에 가장 많이 적용된 또 다른 문화적 차원은 홀(Hall, 1984)의 고맥락/저맥락 문화이다. 홀은 문화를 사람들의 소통 유형에 내재된 맥락의 정도에 따라 고맥락 문화와 저맥락 문화로 구분했다. 예를 들어 한국, 일본 같은 동양권 문화는 암묵적(implicit)이며 간접적(indirect)인 소통 방식을 선호하는 고맥락 문화로 구분된다. 미국과 같은 서양권 문화는 노골적(explicit)이고 직접적(direct)인 소통 방식이 주류를 이루는 저맥락 문화로 분류된다. 실제로 여러 연구들이 고맥락 문화에 비해 저맥락 문화에서 직접적이고 분명한 소통이 더 많이 이용됨을 밝혔다(예: Taylor et al., 1997). 이런 문화적 측면들 중 하나 혹은 여러 개를 함께 문화 간 광고 연구 혹은 국제 광고 연구에 적용해왔는데 광고 소구부터 광고에 대한 전반적인 소비자의 태도까지 다양한 광고 관련 주제를 이해하는 데 유용한 틀로 증명됐다(예: Bu et al., 2009; Choi et al., 2005; Kwak et al., 2009; Okazaki & Mueller, 2008).

이상의 연구에서 밝혀진 문화적 성향이 소비자의 광고에 대한 반응에 영향을 주는 과정은 오스굿과 탄넨바움(Osgood & Tannenbaum, 1955)의 일치이론으로 설명이 가능하다. 사람들은 이미 가지고 있는 생각이나 믿음과 일치하는 대상에 대해 우호적 반응을 보이지만 불일치 상황에서는 불편함을 느낀다. 예를 들어 개인주의적 문화 성향을 가진 사람들은 집단적 소구보다는 개인적 소구같이 문화적으로 부합하는 소구가 광고에 사용될 때 보다 긍정적인 반응을 보인다고 밝혀졌다(Zhang & Gelb, 1996).

여러 연구를 통해 증명된 유용성에도 불구하고 이상의 문화 차원은 이론의 틀로서 비판받아 왔다. 문화는 범세계적, 국가별, 국가 내 등 다양한 수준에서 존재한다(Leung et al., 2005). 하지만 전통적으로 광고 연구에서 문화는 국가들을 여러 특성들을 근거로 범주화되는 형식으로 다루어졌다. 국가 차원의 문화로서 개념은 각 국가의 국민들은 공통된 특성을 가지고 있다는 가정하에 국가 간 비교 연구에 적용됐다(Gao, 2009; Han & Shavitt, 1994; La Ferle et al., 2002). 그러나 이러한 관점은 너무 경직되고 문화를 고정화된 지역에 근거한 개념으로 본다고 비판받아 왔다(Cleveland & Laroche, 2007; Craig & Douglas, 2006; Zhang, 2010). 물론 국가 수준에서의 문화 구분도 그 문화에 속하는 개인들이 가지는 가치관과 규범 인식에 영향을 주는 것은 확실하다(Gudykunst, 1998). 하지만 문화를 보다 유연하게 보는 시각이 필요하고 한 국가 내에서도 다양한 문화적 특성을 보이는 개인들의 차이를 살피는 연구들이 증가하고 있다(Craig & Douglas, 2006; Taylor, 2005;

Zhang, 2010).

문화와 관련한 광고 연구의 발전은 이론과 연구방법 측면에서 모두 이루어져야 할 것이다. 앞에서 논의했듯이 문화는 여러 수준에서 개념화할 수 있기 때문에 모든 수준을 포괄적으로 이해하되 개별 수준에 대한 측정과 분석이 수반될 때 바람직하다. 다시 말해, 문화는 범세계적·국가적·국가 내 하위집단, 개인적 수준에서 모두 존재하며 각 수준의 문화적 개념이 분리된 것이 아니라 상호작용을 통해 함께 영향을 준다. 따라서 모든 수준의 문화를 종합적으로 고려하되 개별 수준 문화의 영향력과 서로의 관계를 이해할 수 있도록 다층분석(multi-level analysis) 등을 활용한 접근이 필요하다.

6) 기타 광고 연구 동향

앞서 논의한 연구 외에도 다양한 주제에 대해 광고 이론을 개발하고 검증하려는 학술적 노력은 활발히 진행됐다. 광고 학술논문 내용분석 결과, 연구의 주제 면에서 가장 많은 논문이 광고 실무(44.2%)를 다루었고 광고 효과(16.0%), 사회적 사안(15.9%), 광고와 관련된 효과(9.1%), 광고 내용(7.0%), 방법론(5.0%), 광고 교육과 역사 등 기타(2.8%)가 그 뒤를 따르는 것으로 나타났다(Kim et al., 2014). 특히 기술 발전과 함께 급속하게 변화하는 매체 환경은 광고 연구에도 큰 영향을 주어서 광고 연구에서 다루는 매체 또한 이러한 변화를 반영하는 것으로 나타났다. 전체 논문을 분석했을 때는 인쇄매체가 가장 많이 연구됐고(21.4%), 텔레비전(19.2%)와 인터넷(5.6%)이 그 뒤를 이었다. 하지만 분석 기간인 30년 동안 변화를 살펴본 결과 텔레비전 관련 연구는 줄어들었으나(1995년 30.2%에서 2010년 14.8%) 인터넷 광고 연구는 급격히 증가했다(1995년 0%에서 2010년 15.5%).

이러한 경향은 국내 광고 연구에도 유사하게 나타난다. 한국광고학회는 2014년 창립 25주년을 맞이하여 〈광고학연구〉 특별호를 발간하고 주요 주제에 대한 광고 연구의 동향을 초청논문들을 통해 논의했다. 그중 1990년 창간부터 25년 동안 〈광고학연구〉에 게재된 논문 1,200여 편을 분석한 결과를 보고한 연구(한상필·이형석, 2014)에 의하면, 분석대상 논문들의 주제로 광고와 소비자 행동이 가장 많았고 광고 크리에이티브와 비전통매체가 그다음으로 많이 다루어졌다. 특히 인터넷, 모바일, 교류매체 등 뉴미디어로 구분되는 매체 관련 연구는 최근 급증한 것으로 나타났다.

최근 가장 주목받는 기술은 인공지능이며 광고도 예외는 아니다. 인공지능의 적용이 크게 증가하면서 광고 분야의 발전도 두드러졌다. 마찬가지로 인공지능을 활용한 광고에 관한 연구는 1990년대부터 시작됐으나, 최근 연구가 급증하고 있다. 1990년부터 2022년까지 발표된 75개의 관련 논문을 분석한 연구에 의하면, 인공지능 광고 연구의 주요 주제는 프로그래매틱 광고(programmatic advertising) 및 자동화, 광고기획과 인게이지먼트, 광고 효과, 신뢰였다(Ford et al., 2023). 동일 연구에서 인공지능 광고 연구에서 활용된 이론을 컴퓨터 과학, 소통, 매체, 심리학, 사회학, 기술 등 여섯 분야로 구분했지만, 어느 이론도 집중적으로 적용되기보다는 다양한 이론적 접근이 이루어짐이 밝혀졌다. 한편 인공지능이 소비자와 광고 인게이지먼트에 미치는 영향을 살펴본 연구는 1991년부터 2022년까지 30년 동안 120개의 학술지에 612명의 연구자가 발표한 190개의 논문을 분석했다(Suraña-Sánchez & Aramendia-Muneta, 2024). 1990년대에 3개의 논문이 게재됐던 것과 대조적으로 2010년대에는 80개가 넘는 논문이 출간되며 관련 연구가 급증함을 보여주었다. 연구 초기에는 새로운 기술에 대한 개념적 이해에 초점을 맞추었지만, 이후 이론적 관점에서 효과를 조사하고 적용가능성을 논의하는 연구가 주를 이루었다.

이는 광고가 응용학문으로서 환경의 변화에 민감한 실무의 요구에 응하여 시의성 있는 연구를 통해 전략적 함의를 제공하는 역할을 소홀히 하지 않았음을 보여준다. 하지만 급변하는 시대의 흐름에 따라 새로운 기술과 형태, 사안, 정책 등 가시적 변화에 즉각적으로 반응하는 결과 중심의 연구가 많다는 우려가 있는 것도 사실이다. 예를 들어 인터넷과 모바일 광고 논문 48편을 분석한 메타분석 결과에 의하면 초기의 정적인 배너 광고에 비해 시각적·상호작용적 요소가 가미된 광고가 더 효과적으로 나타나는 등 새로운 매체환경에서의 광고 형태 진화의 근거를 발견할 수 있다. 맥락효과와 광고 태도 모형 등 전통적 매체에서 검증됐던 개념과 모형의 적용가능성도 찾을 수 있다(이수범·손영곤, 2014). 하지만 저자들은 현재까지 소수의 변수에 치중한 단편적 연구가 주를 이루어 인터넷과 모바일 환경에서 광고 효과의 종합적인 이해를 위해 조절변수 등 여러 변수를 포함하는 포괄적인 모형 개발의 필요성을 제기했다. 포드와 동료들(Ford et al., 2023)도 AI 광고 연구의 대부분이 이론적 근거가 약한 것으로 밝혀져 보다 견고한 이론적 기반을 가진 연구와 새로운 이론 개발이 필요하다고 주장했다. 새로운 이론은 광고뿐만 아니라 사회학, 심리학, 소통, 정보기술 등 다양한 분야의 이론과 개념을 차용해 창출될 수 있음을 시사했다.

한편 매체 환경 변화와 함께 광고 형식은 바뀌어도 창의성을 바탕으로 제작된 설득 콘텐츠라는 광고의 본질은 변하지 않을 것이다. 앞서 〈그림 9-1〉의 광고 효과 과정의 메시지 요소에 해당하는 광고 창의성과 크리에이티브는 광고 분야 대표 학술지 중 하나인 〈광고학연구〉에서 두 번째로 많이 다룬 주제이다(한상필·이형석, 2014). 창의성 관련 개념적 틀 중 3Ps(person, place, and process)는 창의적 인물들, 창의적 과정이 일어나는 환경, 창의적 사고 과정을 구분해 관련 이론과 연구를 분류하고 이해하는 데 유용하다(Sasser & Koslow, 2008). 또한 광고에서의 창의성을 5가지 과정의 측면에서 설명하는 거대이론을 제시한 연구는 소통, 관리, 사회적·집단적·개인적 과정으로서 광고 창의성에 접근했다(Smith & Yang, 2004).

국내에서는 광고 창의성과 크리에이티브에 관한 연구를 10가지 세부 주제―① 광고 창의성의 개념과 영향요인 연구, ② 광고 창의성의 평가준거와 척도개발 연구, ③ 광고 크리에이티브의 효과검증 연구, ④ 광고 표현전략 연구, ⑤ 광고 카피와 수사학 연구, ⑥ 광고 디자인 연구, ⑦ 아이디어 발상법 연구, ⑧ 광고인 연구, ⑨ 광고제작 산업 연구, ⑩ 크리에이티브 요소의 적용 연구—로 구분하고 각 주제 관련 이론적 접근과 연구 동향을 종합적으로 검토하고 정리했다(김병희, 2014). 또한 저자는 3Ps와 4Ps(Product, Process, Person, Persuasion)를 아우르는 5Ps(Product, Place, Process, Person, Persuasion)를 제안하고, 창의적 결과물, 창의적 과정의 환경, 창의적 발상과정, 창의적 인물, 창의적 설득을 포함하는 포괄적 창의성 연구를 장려했다.

한편 광고 메시지의 형태로서 내러티브 광고(또는 서사 광고, narrative advertising)의 효과를 이해하기 위한 연구도 증가하고 있다. 예를 들어 내러티브 광고에 대한 반응을 이해하는 유용한 이론으로서 심리학 이론인 전송 모형(transportation model 또는 transportation-imagery model)은 소비자는 내러티브에 접할 때 현실세계를 잊고 내러티브에 묘사된 세상에 몰입하는 심리적 전송을 경험하고 내러티브와 일관된 방향으로 신념을 변화한다고 제안하고 실증적 근거를 확보했다(Green & Brock, 2000; Zheng & Phelps, 2012). 전송 모형은 인지적 정보처리를 바탕으로 하는 정교화 가능성 모형이 내러티브 광고에 의한 신념 변화를 설명하거나 예측할 수 없다는 단점으로 인해 이를 보완하는 이론적 틀로서 적용됐다(Green & Brock, 2002). 현재는 내러티브 광고의 효과를 설명하는 모형으로서 실증적 연구를 통해 전송의 결과뿐만 아니라 전송에 영향을 주는 다양한 요인들을 파악하는 정교화 과정을 거치고 있다(Zheng & Phelps, 2012).

연구방법 면에서 광고 연구는 정량적 연구에 편중된 경향을 보이는 것으로 나타났다. 분석대상의 70% 이상의 논문들이 실증적이고 정량적인 연구결과를 보고했고 구체적으로 실험연구, 설문조사, 내용분석 등이 연구방법의 주를 이루었다(Kim et al., 2014). 국내 연구결과 또한 약 70%의 〈광고학연구〉 게재 논문들이 설문조사, 실험연구, 내용분석 등을 주로 이용하여 정량적으로 연구에 접근했음을 보여주었다(한상필·이형석, 2014). 최근 인공지능 광고 연구의 분석결과에서도 정량적 연구(46%)가 가장 큰 비중을 차지했지만 새로운 기술의 특성을 반영해 개념적 연구(43.2%)가 그 뒤를 따랐다(Ford et al., 2023). 하지만 정성적 연구는 6.7%에 불과해, 방법론의 다양성이 필요함을 시사했다. AI를 비롯해 새로운 기술에 대한 이론적 이해를 높이고 실무에서 보다 광범위하고 효과적으로 활용하기 위해 다각도적인 방법론적 접근이 바람직할 것이다.

4. 광고 이론과 연구의 과제와 방향

광고는 정체성에 대한 고민과 함께 100년이 넘는 시간 동안 학문분야로서 성장하고 성숙해왔다. 하지만 광고에 대한 다각적인 학문적 고찰은 계속되어야 하고, 지속적 연구를 통해 단순한 결과 누적이 아니라 의미 있는 지식의 창출을 하려면 체계적인 이론적 틀이 필수적이다. 학자들의 광고 이론과 연구의 미래에 대한 논의와 제언을 정리하면 다음과 같다.

첫째, 변화한 환경에서 더 이상 적용되지 않는 전통적 광고 정의를 벗어나 포괄적이고 총체적인 관점에서 광고를 이해해야 한다(Royne, 2012). 광고는 연구와 실무 면에서 전통적인 협의의 개념이 아니라 PR, 마케팅 등 인접 분야와 융합하며 광의의 개념으로 진화하고 있으며, 확장된 광고의 개념과 영역을 이해하기 위해서는 학제 간 융합적 접근이 바람직하다(Quesen-berry, 2010; 김대욱·최명일·김수연, 2013; 조정식·성민정, 2014). 이에 있어 통합적 마케팅 커뮤니케이션처럼 소비자가 접하는 모든 소통 측면을 포함하는 이론적 접근이 필요하며 매체 간 융합과 소통 간 융합을 반영하는 광고에 대한 소비자 반응을 이해하는 것이 중요하다(Royne, 2012). 이런 관점에서 고객 여정 프레임워크를 활용해 각 단계별로 소비자와 AI의 상호작용을 접점의 상대(예: 챗봇, 서비스 로봇, 인공지능 인플루언서 등)와 그 역할(예: 서비스 제공, 쇼핑 지원, 광고)에 근거해 분류하고 효과를 결정하는 요인을 정리한 연구는 흥미롭다(He & Zhang, 2023). 단편적 접근과 비교해 맥락과 단계 간 유기적 영향을 고려하는 전방위적 관점은 광고 효과의 전체적 과정과 시너지를 이해하는 통찰을 제공할 것으로 기대된다.

둘째, 광고 효과를 설명, 예측하는 새로운 시각이 필요하다(Li, 2012). 새로운 기술과 매체의 다원화로 인한 능동적이고 선택적인 매체 이용 환경에서 광고는 방해성을 기반으로 노출해온 전통적 접근방식에서 관련성에 중점을 두고 가치를 제공하는 관점으로 전환해야 한다(Rappaport, 2007). 예를 들어 라파포트(Rappaport, 2007)가 제시한 즉시 응답 모형(on-demand model)은 소비자는 콘텐츠를 검색하고, 수집하고, 걸러내고, 버리고, 공유하는 등 다양한 활동을 수행하는데 광고주와 매체는 이러한 활동에 필요한 플랫폼과 도구를 제공해 소비자가 스스로 자신만의 콘텐츠를 생산하거나 자신의 필요, 관심, 취향 등을 반영하여 제품 콘텐츠를 가공, 이용하도록 도와주는 것이다. 아직 이론으로서의 정교성과 실증적 근거는 부족하지만 능동적인 소비자 행동을 기반으로 새로운 관점을 제시한다는 점에서 고무적이라고 할 수 있다. 예를 들어, 네이티브 광고(native advertising)는 푸시(push)형 광고가 아니라 풀(pull)형 광고로서 소비자에게 관련 있는 콘텐츠의 가치를 창출해 소비자 스스로 공유하고 확산하도록 유도하기 때문에 관련성 기반의 새로운 관점으로 접근하는 것이 더 적합할 것이다. 유사하게 데이터와 알고리듬을 활용한 온라인 맞춤형 광고는 소비자와의 관련성이 높은 메시지를 전달하지만 프라이버시 침해에 대한 우려를 제기하기도 하기에 적정 수준의 개인화를 고민할 필요가 있다.

셋째, 광고 연구의 방법론적 정밀성과 다양성을 제고할 필요가 있다(Li, 2012; 한상필·이형석, 2014). 기존 연구는 설문조사, 실험, 내용분석 등 특정 정량적 연구방법에 편중되어 있다. 정성적 연구를 포함한 다양한 연구방법의 활용으로 균형 있는 연구의 발전을 도모하는 것이 필요하다. 또한 신경과학적 방법, 빅데이터 분석, 관점 메타분석(perspective meta-analysis) 등 광고 연구에서 비교적 새롭거나 많이 이용하지 않았던 연구, 분석방법을 통해 지식의 검증과 체계화를 이룰 수 있다(Li, 2012). 또한 기술의 진보는 소비자의 매체 이용 행태와 광고에 대한 행동적 반응의 측정을 가능하게 하기 때문에 행동적 정보를 바탕으로 인지적·감정적 반응과 함께 광고 효과를 포괄적으로 이해하는 측정지표 개발과 방법론적 엄밀성의 확보를 추진해야 할 것이다. 한편 광고 연구는 주로 개인적 수준의 효과에 집중해왔고 사회적·경제적 효과에 대한 연구는 상대적으로 미비했다(Kim et al., 2014). 다양한 방법론과 분석기법을 활용하여 다각적 관점에서 광고 현상, 과정, 영향, 효과를 이해하는 것이 바람직할 것이다.

마지막으로, 광고 이론 개발과 연구는 실무적 관련성을 강화해야 한다 (Li, 2012; Royne, 2012). 좋은 이론은 실용적이며(Lewin, 1951) 응용학문으로서 광고의 이론은 실무에 정보와 시사점을 제공하여 산업의 발전을 도울 수 있을 것이다(Royne, 2012). 물론·광고 현상을 단순히 기술하고 이해하는 데 그치지 않고 광고 효과의 원인과 과정을 설명하고 예측하는 이론의 개발과 정교화가 바람직할 것이다. 5G, IoT, 버추얼 인플루언서, 생성형 인공지능, 머신러닝, 메타버스, NFT 등 새로운 기술의 등장과 발달에 맞추어 매체와 광고의 형태도 끊임없이 진화하고 구체적 기법은 변하고 있다. 하지만 현상을 개념화하고 주요 변수를 파악하고 변수 간 관계를 규정지어 광고 효과 과정을 종합적으로 제시하는 틀로서의 이론은 그 역할이 중대하다. 또한 광고 산업과 실무 특성을 반영한 이론의 개발 또한 광고 연구의 실무적 연계성뿐만 아니라 다양성을 증진시킬 수 있다(예: Nyilasy & Reid, 2012).

다양한 연구주제와 이론을 바탕으로 독창적인 분야로서 성장해온 광고는 급격한 환경의 변화를 겪으며 위기에 봉착하기도 했지만 오히려 도전에 맞서 학문의 질적·양적 성장을 통해 새로운 도약을 이루고자 정진하고 있다. 앞으로도 광고 연구는 창의적 융합을 통한 이론의 개발과 검증을 꾸준히 추진하고 학문적 성숙과 실무의 발전 모두에 기여할 것으로 믿어 의심치 않는다.

참고문헌

김대욱 · 최명일 · 김수연 (2013). 1988년부터 2012년까지의 한국 광고홍보학 연구 경향 분석: 언어네트워크 분석을 이용한 시기별 비교를 중심으로. 〈광고학연구〉, 24권 6호, 95-120.

김병희 (2014). 광고 창의성과 크리에이티브에 관한 연구동향과 전망. 〈광고학연구〉, 25권 8호, 71-103.

이수범 · 손영곤 (2014). 국내 인터넷/모바일 광고 분야의 연구 경향: 메타분석에 의한 연구통합. 〈광고학연구〉, 25권 8호, 179-211.

이정교 (2012). 〈유명인 광고의 이해: 이론과 전략〉. 한경사.

조정식 · 성민정 (2014). 커뮤니케이션 패러다임의 전환 및 발전: 통합적 마케팅 커뮤니케이션 (IMC) 문헌 분석을 중심으로. 〈광고학연구〉, 25권 8호, 35-70.

한상필 · 이형석 (2014). 1990년 창간호부터 2014년 25권 5호까지의 내용분석과 연구동향. 〈광고학연구〉, 25권 8호, 7-33.

Alperstein, N. M. (1991). Imaginary social relationships with celebrities appearing in television commercials. *Journal of Broadcasting & Electronic Media, 35*(1), 43-58.

Atkin, C., & Block, M. (1983). Effectiveness of celebrity endorsers. *Journal of Advertising Research, 23*, 57-61.

Baker, M., & Churchill, G. A. (1977). The impact of physically attractive models on advertising evaluations. *Journal of Marketing Research, 14*(4), 538-555.

Barry, T. F. (1987). The development of the hierarchy of effects: A historical perspective. *Current Issues and Research in Advertising, 10*(2), 251-295.

Barry, T. F., & Howard, D. J. (1990). A review and critique of the hierarchy of effects in advertising. *International Journal of Advertising, 9*(2), 121-135.

Basil, M. D. (1996). Identification as a mediator of celebrity effects. *Journal of Broadcasting & Electronic Media, 40*(4), 476-495.

Batra, R., & Ray, M. L. (1986). Affective responses mediating acceptance of advertising. *Journal of Consumer Research, 13*(2), 234-249.

Bower, A. B., & Landreth, S. (2001). Is beauty best? Highly versus normally attractive models in advertising. *Journal of Advertising, 30*(1), 1-12.

Brooks, G., Drenten, J., & Piskorski, M. J. (2021). Influencer celebrification: How social media influencers acquire celebrity capital. *Journal of Advertising, 50*(5), 528-547.

Brown, S. P., & Stayman, D. M. (1992). Antecedents and consequences of attitude toward the ad: A meta-analysis. *Journal of Consumer Research, 19*(1), 34-51.

Bu, K., Kim, D., & Kim, S. (2009). Determinants of visual forms used in print advertising: A cross-cultural comparison. *International Journal of Advertising, 28*(1), 13-47.

Callcott, M., & Phillips, B. J. (1996). Elves make good cookies: Creating likable spokes-character advertising. *Journal of Advertising Research, 36*(5), 73-79.

Campbell, M. C., & Kirmani, A. (2000). Consumers' use of persuasion knowledge: The effects of accessibility and cognitive capacity on perceptions of an influence of agent. *Journal of Consumer Research, 27*, 69-83.

Chang, C. C. (2009). "Being hooked" by editorial content: The implications for processing narrative advertising. *Journal of Advertising, 38*(1), 21-33.

Choi, S. M., Lee, W., & Kim, H. (2005). Lessons from the rich and famous: A cross-cultural comparison of celebrity endorsement in advertising. *Journal of Advertising, 34*, 85-98.

Cleveland, M., & Laroche, M. (2007). Acculturation to the global consumer culture: Scale development and research paradigm. *Journal of Business Research, 60*, 249-259.

Colley, R. H. (1961). *Defining advertising goals for measured advertising results.* Association of National Advertisers.

Cote, J. A., Leong, S., & Cote, J. (1991). Assessing the influence of Journal of Consumer Research: A citation analysis. *Journal of Consumer Research, 18*, 402-410.

Cowley, E., & Barron, C. (2008). When product placement goes wrong: The effects of program liking and placement prominence. *Journal of Advertising, 37*, 89-98.

Craig, S. C., & Douglas, S. P. (2006). Beyond national culture: Implications of cultural dynamics for consumer research. *International Marketing Review, 23*(3), 322-342.

Dahlen, M., & Rosengren, S. (2016). If advertising won't die, what will it be?: Toward a working definition of advertising. *Journal of Advertising, 45*(3), 334-345.

de Mooij, M. K. (2010). *Global marketing and advertising: Understanding cultural paradoxes* (3rd ed.). Sage.

Deuze, M. (2016). Living in media and the future of advertising. *Journal of Advertising, 45*(3), 326-333.

Edwards, S. M., Li, H. R., & Lee, J. H. (2002). Forced exposure and psychological reactance: Antecedents and consequences of the perceived intrusiveness of pop-up ads. *Journal of Advertising, 31*(3), 83-95.

Erdogan, B. Z. (1999). Celebrity endorsement: A literature review. *Journal of Marketing Management, 15*(4), 93-105.

Erdogan, B. Z., & Baker, M. J. (2000). Towards a practitioner based model of selecting celebrity endorsers. *International Journal of Advertising, 19*(1), 25-43.

Erdogan, B. Z., Baker, M. J. & Tagg, S. (2001). Selecting celebrity endorsers: The practitioner's perspective. *Journal of Advertising Research, 41*(3), 39-41.

Ford, J., Jain, V., Wadhwani, K., & Gupta, D. G. (2023). AI advertising: An overview and guidelines, *Journal of Business Research*, *166*, 114-124.

Fraser, B. P., & Brown, W. J. (2002). Media, celebrities, and social influence: Identification with Elvis Presley. *Mass Communication & Society*, *5*, 185-208.

Freiden, J. B. (1982). An evaluation of spokesperson and vehicle source effects in advertising. *Current Issues and Research in Advertising*, *5*(1), 77-87.

Friedman, H., & Friedman, L. (1979). Endorser effectiveness by product type. *Journal of Advertising Research*, *19*(5), 63-71.

Friestad, M., & Wright, P. (1994). The persuasion knowledge model: How people cope with persuasion attempts. *Journal of Consumer Research*, *21*(1), 1-31.

Friestad, M., & Wright, P. (1995). Persuasion knowledge: Lay people's and researchers' beliefs about the psychology of advertising. *Journal of Consumer Research*, *22*(1), 62-74.

Friestad, M., & Wright, P. (1999). Everyday persuasion knowledge. *Psychology & Marketing*, *16*(2), 185-194.

Gao, Z. (2009). Beyond culture: A proposal for agent-based content analyses of international advertisements. *Journal of Current Issues and Research in Advertising*, *31*(1), 105-116.

Gardner, M. (1985). Does attitude toward the ad affect brand attitude under a brand evaluation set? *Journal of Marketing Research*, *22*(May), 281-300.

Giles, D. C. (2002). Parasocial interaction: A review of the literature and a model for future research. *Media Psychology*, *4*(3), 279-302.

Green, M. C. (1996). *Mechanisms of narrative-based belief change*. Unpublished master's thesis, Ohio State University, Columbus, OH.

Green, M. C. (2004). Transportation into narrative worlds: The role of prior knowledge and perceived realism. *Discourse Processes*, *38*, 247-266.

Green, M. C., & Brock, T. C. (2000). The role of transportation in the persuasiveness of public narratives. *Journal of Personality and Social Psychology*, *79*(5), 701-721.

Gresham, L. G., & Shimp, T. A. (1985). Attitude toward the advertisement and brand Attitudes: A classical conditioning approach. *Journal of Advertising*, *14*(1), 10-17.

Gudykunst, W. B. (1998). *Bridging differences: Effective intergroup communication* (3rd ed.). Sage.

Hall, E. T. (1989). *Beyond culture*. Anchor Books.

Han, S., & Shavitt, S. (1994). Persuasion and culture: Advertising appeals in individualistic and collectivist societies. *Journal of Experimental and Social Psychology*, *30*, 326-350.

He, A.-Z., & Zhang, Y. (2023). AI-powered touch points in the customer journey: A systematic literature review and research agenda. *Journal of Research in Interactive Marketing*, *17*(4), 620-639.

Hofstede, G. (1980). *Culture's consequences: International differences in work-related values*. Sage.

Homer, P. (1990). The mediating role of attitude toward the ad: Some additional evidence.

Journal of Marketing Research, 27(1), 78-86.

Horton, D., & Whol, R. (1956). Mass communication and parasocial interaction: Observations on intimacy at a distance. *Psychiatry, 19*, 215-229.

House, R. J., Hanges, P. J., Javidan, M., Dorfman, P. W., & Gupta, V. (2004). *Culture, leadership, and organizations: The GLOBE study of 62 societies.* Sage.

Jain, V., Roy, S., Deshiwani, A., & Sudha, M. (2010). How celebrities are used in Indian television commercials. *Vikalpa, 35*(4), 45-52.

Kahle, L. R., & Homer, P. (1985). Physical attractiveness of the celebrity endorser: A social adaption perspective. *Journal of Consumer Research, 11*(March), 954-961.

Kamins, M. A. (1990), An investigation into the 'match-up' hypothesis in celebrity advertising: When beauty is only skin deep. *Journal of Advertising, 19*(1), 4-13.

Kamins, M. A., Brand, M. J., Hoeke, S. A., & Moe, J. C. (1989). Two-sided versus one-sided celebrity endorsements: The impact on advertising effectiveness and credibility. *Journal of Advertising, 18*(2), 4-10.

Kerr, G., & Richards, J. (2021). Redefining advertising in research and practice, *International Journal of Advertising, 40*(2), 175-198.

Kim, K., Hayes, J. L., Avant, A., & Reid, L. N. (2014). Trends in advertising research: A longitudinal analysis of leading advertising, marketing, and communication journals. *Journal of Advertising, 43*(3), 296-316.

Kim, H. (2021). Keeping up with influencers: Exploring the impact of social presence and parasocial interactions on Instagram. *International Journal of Advertising, 41*(3), 414-434.

Kumar, V., & Gupta, S. (2016). Conceptualizing the evolution and future of advertising. *Journal of Advertising, 45*(3), 302-317.

Kwak, H., Larsen Andras, T., & Zinkhan, G. M. (2009). Advertising to active viewers: Consumer attitudes in the US and South Korea. *International Journal of Advertising, 28*(1), 49-75.

La Ferle, C., Edwards, S. M., & Mizuno, Y. (2002). Diffusion of the Internet in Japan: Cultural considerations. *Journal of Advertising Research, 42*(2), 65-79.

Lavidge, R., & Steiner, G. (1961). A model for predictive measurements of advertising effectiveness. *Journal of Marketing, 25*(4), pp. 59-62.

Lee, J. G., & Thorson, E. (2008). The impact of celebrity-product incongruence on the effectiveness of product endorsement. *Journal of Advertising Research, 48*(3), 433-449.

Leung, K. B., Baghat, T., Buchan, R. S., Erez, N. R. M., & Gibson, C. (2005). Culture and international business: Recent advances and their implication for future research. *Journal of International Business Studies, 36*(4), 357-378.

Lewin, K. (1951). *Field theory in social science.* Harper & Brothers.

Li, H. (2012). Advancing advertising theories and scholarship. In S. Rodgers & E. Thorson

(Eds.), *Advertising theory* (pp. 546-552). Routledge.

Lynch, J., & Schuler, D. (1994). The matup effect of spokesperson and product congruence: A schema theory interpretation. *Psychology & Marketing, 11*(5), 417-445.

Machleit, K. A., & Wilson, R. D. (1988). Emotional feelings and attitude toward the advertisement: The roles of brand familiarity and repetition. *Journal of Advertising, 17*(3), 27-35.

MacKenzie, S. B., & Lutz, R. J. (1989). An empirical examination of the structural antecedents of Attitude toward the ad in an advertising pretesting context. *Journal of Marketing, 53*, 48-65.

MacKenzie, S. B., Lutz, R. J., & Belch, G. E. (1986). The role of attitude toward the ad as a mediator of advertising effectiveness: A test of competing explanations. *Journal of marketing research, 23*(2), 130-143.

McCracken, G. (1989). Who is the celebrity endorser? Cultural foundations of the endorsement process. *Journal of Consumer Research, 16*(3), 310-321.

McGuire, W. J. (1985). Attitudes and attitude change. In G. Lindzey & E. Aronson (Eds.), *Handbook of Social Psychology*(pp. 233-346). Random House.

Mitchell, A. A. (1986). The effect of verbal and visual components of advertisements on brand attitudes and attitude toward the advertisement. *Journal of Consumer Research, 13*, 12-24.

Mitchell, A. A., & Olson, J. C. (1981). Are product attributes the only mediator of advertising effects on brand attitude: A second look. *Journal Marketing Research, 27*, 109-219.

Moriarty, S. E. (1983). Beyond the hierarchy of effects: A conceptual framework. *Current Issues and Research in Advertising, 6*(1), 45-55.

Muehling, D. D. (1987). Comparative advertising: The influence of attitude toward the ad on brand evaluation. *Journal of Advertising, 16*(4), 43-49.

Muehling, D. D., & McCann, M. (1993). Attitude toward the ad: A review. *Journal of Current Issues & Research in Advertising, 15*(2), 25-58.

Nan, X., & Faber, R. (2004). Advertising theory: Reconceptualizing the building blocks. *Marketing Theory, 4*(1/2), 7-30.

Nyilasy, G., & Reid, L. N. (2012). Agency practitioners' theories about advertising. In S. Rodgers & E. Thorson (Eds.), *Advertising theory* (pp. 33-47). Routledge.

Ohanion, R. (1990). Construction and validation of a scale to measure celebrity endorser's perceived expertise, trustworthiness and attractiveness. *Journal of Advertising, 19*(3), 39-52.

Ohanion, R. (1991). The impact of celebrity spokespersons' perceived image on consumers intention to purchase. *Journal of Advertising Research, 31*(1), 46-54.

Okazaki, S, & Mueller, B. (2008). Evolution in the usage of localized appeals in Japanese and American print advertising. *International Journal of Advertising, 27*(5), 771-798.

Pasadeos, Y., Phelps, J., & Edison, A. (2008). Searching for our 'own theory' in advertising: An update of research networks. *Journalism and Mass Communication Quarterly, 85*(4), 785-806.

Petty, R. E., Cacioppo, J. T., & Schumann, D. (1983). Central and peripheral routes to advertising effectiveness: The moderating role of involvement. *Journal of Consumer Research, 10,* 135-146.

Phillips, B., & Lee, W. (2005). Interactive animation: Exploring spokes-characters on the Internet. *Journal of Current Issues & Research in Advertising, 27*(1), 1-17.

Quesenberry, K. A. (2010). The ad age is over: A call for interdisciplinary instruction. *AAA(American Academy of Advertising) Newsletter,* 7-9.

Rappaport, S. D. (2007). Lessons from online practice: New advertising models. *Journal of Advertising Research, 47*(2), 135-141.

Thorson, E., & Rodgers, S.(2012). What does "Theories of Advertising" mean? In S. Rodgers & E. Thorson (Eds.), *Advertising theory* (pp. 3-17). Routledge.

Royne, M. B. (2012). Toward theories of advertising: Where do we go from here? In S. Rodgers & E. Thorson (Eds.), *Advertising theory* (pp. 541-545). Routledge.

Sasser, S. L., & Koslow, S. (2008). Desperately seeking advertising creativity. *Journal of Advertising, 37*(4), 5-19.

Schibrowsky, J. A., Peltier, J. W., & Nill, A. (2007). The state of Internet marketing research: A review of the literature and future research directions. *European Journal of Marketing, 41*(7/8), 722-733.

Shimp, T. A. (1981). Attitude toward the ad as a mediator of consumer brand choice. *Journal of Advertising, 10*(2), 9-48.

Schultz, D. (2016). The future of advertising or whatever we're going to call it. *Journal of Advertising, 45*(3), 276-285.

Smith, R. E., Chen, J., & Yang, X. (2008). The impact of advertising creativity on the hierarchy of effects. *Journal of Advertising, 37*(4), 47-62.

Sternthal, B., Dholakia, R., & Leavitt, C. (1978). The persuasive effect of source credibility: Tests of cognitive response. *Journal of Consumer Research, 4*(4), 252-260.

Stayman, D. M., & Aaker, D. A. (1988). Are all effects of ad-induced feelings mediated by AAd? *Journal of Consumer Research, 15,* 368-373.

Sung, Y. H., Yoo, C. Y., & Han, J. (2023). She's my favorite YouTuber, so I watch ads on her channel: The interplay of parasocial interaction and YouTube ad knowledge on voluntary ad-watching. *International Journal of Advertising, 43*(7), 1-23.

Suraña-Sánchez, C., & Aramendia-Muneta, M. E. (2024). Impact of artificial intelligence on consumer engagement and advertising engagement: A review and future research agenda. *International Journal of Consumer Studies, 48*(2), 1-12.

Taylor, C. R. (2005). Moving international advertising research forward: A new research agenda. *Journal of Advertising, 34*(1), 7-16.

Taylor, C. R., Miracle, G. E., & Wilson, R. D. (1997). The impact of information level on the effectiveness of U. S. and Korean television commercials. *Journal of Advertising, 26*(1), 1-18.

Terlutter, R., Diehl, S., & Mueller, B. (2010). The cultural dimension of assertiveness in cross-cultural advertising: The perception and evaluation of assertive advertising appeals. *International Journal of Advertising, 29*(4), 366-399.

Till, B. D., & Busler, M. (2000). The match-up hypothesis: Physical attractiveness, expertise, and the role of fit on brand attitude, purchase intent and brand beliefs. *Journal of Advertising, 29*(3), 1-13.

Tripp, C., Jensen, T., & Carlson, L. (1994). The effects of multiple product endorsements by celebrities on consumers' attitudes and intentions by celebrities on consumers' attitudes and intentions. *Journal of Consumer Research, 20*(4), 535-547.

Vakratsas, D., & Amber, T. (1999). How advertising works: What do we really know? *Journal of Marketing, 63*, 26-43.

Waiguny, M., Nelson, M. R., & Terlutter, R. (2011). *Go with the flow: How persuasion knowledge and game challenge and flow state impact children's brand preference.* Paper presented to the Annual Conference of the American Academy of Advertising, Mesa, AZ.

Walker, M., Langmeyer, L., & Langmeyer, D. (1992). Celebrity endorsers: Do you get what you pay for? *Journal of Services Marketing, 6*, 35-45.

Weilbacher, W. M. (2001). Point of view: Does advertising cause a hierarchy of effects? *Journal of Advertising Research, 41*(6), 19-26.

Wijaya, B. S. (2012). The development of hierarchy of effects model in advertising. *International Research Journal of Business Studies, 5*(1), 73-85.

Yale, L., & Gilly, M. C. (1988). Trends in advertising research: A look at the content of marketing-oriented journals from 1976 to 1985. *Journal of Advertising, 17*(1), 12-22.

Yoo, C. Y. (2009). The effect of persuasion knowledge of keyword search ads: Moderating role of search task and perceived fairness. *Journalism and Mass Communication Quarterly, 86*, 401-413.

Zhang, J. (2010). The persuasiveness of individualistic and collectivistic advertising appeals among Chinese generation-X consumers. *Journal of Advertising, 39*(3), 69-80.

Zhang, Y., & Gelb, B. (1996). Matching advertising appeals to culture: The influence of products' use conditions. *Journal of Advertising, 25*(3), 29-46.

Zheng, L., & Phelps, J. E. (2012). Working toward an understanding of persuasion via engaging narrative advertising: Refining transportation-imagery model. In S. Rodgers & E. Thorson (Eds.), *Advertising theory* (pp. 255-268). Routledge.

Zhu, H., Kim, M., & Choi, Y. K. (2021). Social media advertising endorsement: The role of endorser type, message appeal and brand familiarity. *International Journal of Advertising*, 41(5), 948-969.

10

전략 소통
공중관계[1]

문 빛 ｜ 미시시피대 통합마케팅커뮤니케이션학과 조교수
이유나 ｜ 한국외국어대 미디어커뮤니케이션학부 교수

공중관계(Public Relations, 이하 PR)는 조직과 공중 사이의 상호호혜적 관계를 형성하고 지속하기 위한 전략적 소통이다. PR학은 20세기 후반을 기점으로 빠르게 성장했으며, 조직의 PR활동을 분석할 수 있는 이론들을 제안하고, PR의 가치와 역할을 탐색해온 연구영역이다(Botan & Taylor, 2004; Pasadoes et al., 2010). PR연구는 PR활동이 과학적 조사와 사실에 근거하는 전략적 소통이라는 인식을 확산시키는 데 기여했으며, PR영역의 전문성을 제고하는 핵심 동력이 돼왔다.

PR이 본격적으로 과학적 연구대상이 되고, 학술·실무적 교육이 이루어진 곳은 미국이다. 1922년에 에드워드 버네이스(Edward Bernays)가 뉴욕대학에서 최초로 PR 강의를 했으며, 1947년에 미국PR협회(Public Relations Society of America, PRSA)가 설립되었고, 1950년대에 이르러 PR연구와 교육이 본격화됐다(Grunig et al., 2002). 한국의 경우, 근대적 PR의 도입 시점

---

1   PR을 우리말로 어떻게 번역할 것인가에 대한 논의는 아직 진행형이다. PR은 도입 초기에 '홍보'라는 용어로 번역됐으나, 홍보라는 용어가 확장된 PR의 영역이나 본질을 흐리는 편협한 용어라는 지적이 있었다. 이에 2000년대 초반에 이르러 한국홍보학회는 한국PR학회로 개칭을 단행하고 '홍보' 대신 'PR'의 사용을 권고한다. 2015년에는 한국PR학회에서 PR의 시대적 변화와 영역의 진화를 담을 수 있는 대체 용어로 '공중관계'가 제안됐다. 그러나 여전히 학계와 실무 영역에서는 '홍보'의 대체 용어로 'PR'을 널리 사용하고 있어, 본문에서는 PR을 사용했다.

은 1940년대 미군정 시기로 보고 있다(신인섭 외, 2010). 미군정 시대에 창설된 민간공보처(Office of Civil Information)가 공보 및 PR기구의 역할을 수행함으로써, 우리나라에 근대적 의미의 PR을 도입했다. 대한민국 정부 수립 이후, 정부주도형 경제성장계획에 따른 대기업과 재벌체제의 등장은 민간기업 PR의 발달로 이어진다. 더 나아가, 1980년대 정부의 세계화 지향과 88올림픽 개최에 따라 해외기업의 국내진출, 국내기업의 해외진출이 활발해지면서 글로벌 PR 대행사들이 국내시장에 진입했고 이때부터 본격적인 민간 PR시장이 성장했다(김영욱, 2003).

PR산업과 PR학의 발달은 밀접하게 연결돼 있다. 현재 PR산업을 선도하는 세계 최대 글로벌 PR회사들은 PR에 대한 이론적 지식과 실무적 감각을 바탕으로, 전문성을 공고히 하고 있다. 에델만(Edelman)은 PR의 중요 개념인 관계적 신뢰에 집중해, 지난 20여 년 동안 세계 국가들의 기업, 정부, 미디어, NGO에 대한 〈에델만신뢰지표(Edelman Trust Barometer) 보고서〉를 발표하며, 신뢰 구축을 위한 PR 컨설팅을 제공한다. 웨버쉔드윅(Weber Shandwick)은 다양한 분야의 전문가들로 이루어진 네트워크(The Weber Shandwick Collective, TWSC)를 구축해, 사회·문화·정치·기술적 환경에 대한 깊이 있는 이해를 바탕으로 선제적 PR 컨설팅을 펼치고 있다. 버슨(Burson)은 새로운 미디어 환경에 최적화된 PR의 역할, 활동 및 기술을 개발해, 조직 명성을 구축 및 보호하기 위한 특화 서비스를 제공한다.

이러한 최근 PR산업계 동향은 PR이론과 사회과학적 조사 및 전략에 대한 지식과 능력을 갖춘 전문 인력의 업계 유입을 증거한다(Grunig, 1993; Lauzen, 1995). 한편, 디지털미디어의 확산과 인공지능 기술의 발전, 사회적·환경적·윤리적 이슈에 대한 논쟁, 국제관계 다변화 등이 맞물려 재편된 복합적 소통환경은 주요 PR이론을 재검토하고, 수정하며, 발전시킬 것을 요구하고 있다. 이 장은 PR에 대한 고전적 정의, 주요 관점, 그리고 대표 이론들과 함께 시대 변화 속에서 새롭게 떠오르는 이론과 연구들을 소개한다.

1. PR의 정의

PR을 정의한다는 것은 PR활동에 관여하는 주체와 범위, 그리고 PR활동의 궁극적 목적과 주요한 성격을 규정하는 것이다. PR학자들이 제안한 PR의 정의는 다양하다. 예를 들어, 그루닉과 헌트(Grunig & Hunt, 1984)는 PR을 "조직과 공중 간의 커뮤니케이션을 관리하는 것"(p. 4)으로 정의했다. 이후 조직과 공중의 관계를 추구하는 것이 PR분야를 차별화하는 핵심이 되면서, 커틀립 등(Cutlip et al., 1985)은 PR을 "조직의 성패를 좌우하는 공중과 조직 간에 서로 이득이 될 수 있는 관계를 형성하고 지속하는 관리 기능"(p. 1)으로 정의했다. 최근까지 PR이 조직과 공중의 지속가능한 관계를 형성하기 위한 활동이라는 점은 PR학계와 업계에서 공통적으로 받아들여지고 있다. 이에 따라, 세계 최대 PR전문인 조직인 미국PR협회는 PR을 "조직과 공중 사이의 상호호혜적인 관계를 구축하는 전략적 커뮤니케이션 과정"으로 명시했다(PRSA, 2024).

과거 PR은 대언론 활동을 전개하고, 조직 이미지를 증진시키는 데 집중했다면, 현재 PR은 조직과 공중이 지속적 상호작용을 통해 '관계'를 만들어 나가는 것을 주요 목적으로 삼고 있다. 현재 공중은 일방적 수용자가 아니라 능동적 상호작용의 주체이자 조직과의 관계를 결정할 힘을 가진 집단으로 여겨진다. 또한, 과거 PR은 조직이 기대하는 성과에 부합된 목표 지향적 소통에 초점을 두었지만, 현재 PR은 장기적 안목으로 조직과 공중이 서로 영향력을 행사할 수 있는 소통 환경과 조건들을 구축해 가는 소통 '과정'에 방점을 두고 있다. 이처럼 PR을 규정하는 용어의 선택과 변화는 PR에 대한 이론적·전략적 패러다임 변화를 그대로 반영한다.

공중

PR을 이해하는 데 있어 '공중(publics)'은 토대가 되는 개념이다. 공중은 공통된 문제나 직면한 사안들을 중심으로, 자신들에게 영향을 줄 수 있는 문제를 인지하게 되면 당면한 문제를 해결하기 위해 행동을 계획하며 조직화하는 집단의 구성원들이다(Grunig & Hunt, 1984, p. 145). 공중은 이슈를 둘러싼 논의와 반박 등의 이성적 담론을 통해 형성되는 집단이다. 따라서 불특정 다수로 익명성이 강한 집단인 '대중'이나 집단심리 혹은 감정에 휩쓸리는 비이성적 집단인 '군중'과는 구분된다(김영욱, 2003). 공중은 본질적으로 다양한 소통 채널을 통해 서로의 관심사를 공유하며, 유연하게 구성된 네트워크를 통해 의사소통하며, 집단의 목소리를 낼 수 있기 때문에 조직의 의사결정과 소통 활동에 영향을 미칠 수 있다. 공중은 소비자뿐만 아니라 조직의 임직원, 지역사회 주민, 언론인, 시민 단체, 비영리 기구 등 조직의 다양한 이해관계자들을 포괄하고, 이들이 직면한 이슈나 관계적 특성에 따라 PR활동을 세분화할 수 있다.

2. PR학의 주요 관점과 이론

김영욱(2003)에 따르면, PR이론의 발전과정은 크게 세 가지 주요 관점들로 정리된다. 체계 이론 관점, 수사-비판학 관점, 담론형성 관점은 각기 PR에 대한 서로 다른 철학적 근원과 접근방식을 반영한다. 체계 이론 관점은 조직을 하나의 체계로 보며, PR은 이 체계가 환경에 적응하여 생존할 수 있도록 돕는 기능을 수행하는 하부체계로 본다. 체계 이론 관점은 경영 관점 혹은 기능주의 관점으로 지칭되기도 하는데, 이는 전략적으로 기획된 소통을 통해 공중을 관리할 수 있다는 통제 가능성을 전제한다. 메릴랜드대학의 제임스 그루닉(James Grunig) 등은 체계 이론 관점에서 양적 조사 방법을 적극적으로 활용하여, PR활동과 관련된 개념과 이론들을 발전시킨 대표적 학자다.

둘째, 수사-비판학 관점은 고대 그리스 수사학의 전통을 계승한다. 텍스트를 중시하며, PR영역 내 권력의 불균형, 기존 PR 체제의 해체와 재구성 등에 관심을 둔다. 이 관점을 수용한 대표적 학자인 히스(Robert Heath), 레탕(Jackie L'Etang), 피에즈카(Magda Pieczka), 홀츠하우젠(Derina Holtzhauzen) 등은 기존 PR연구가 조직 중심적 사고에 경도됐음을 비판하면서 공중 중심 연구의 필요성을 주장한다. 그들에게 PR은 조직과 그 환경 사이에서 언어, 심상, 이미지 등 겉으로 드러나는 상징적 요소들과 그로부터 도출되는 의미를 관리하는 역할을 하는 존재다. 새로운 이론적 대안을 모색하기 위해 주로 질적 연구방법을 적용하는 경향이 강하다.

셋째, 담론형성 관점은 체계 이론과 수사-비판학 관점의 상호견제와 통합을 주장하며, PR 현상 중 조직과 공중 사이에 형성되는 담론과 사회적 역할에 주목한다. 담론을 핵심 개념으로 도입해 PR현상을 바라보며, 조직과 공중을 구분하지 않고 모두가 담론 주체로서 소통의 장에 참여하고 상호 소통의 규칙을 준수하면서 의미를 공유하는 것이 중요하다고 주장한다. 이 관점은 PR의 사회적 공론장 확대자로서의 가치와 역할을 탐구하는 데 몰두한다. 이 장에서는 지면 제약으로 인해, 관점별 주요 이론을 모두 포함하기보다, 가장 활발히 연구되고 각광받는 7개 이론군을 선별해 다뤘다.

1) PR 4모형

PR 4모형(four models of public relations)은 애초 미국 PR활동의 역사를 정리하고, 현재의 활동들을 구체화하기 위해 제안됐다(Grunig & Hunt, 1984). PR 4모형은 일방향적 커뮤니케이션 특성을 반영한 언론대행/홍보 모형과 공공정보 모형, 쌍방향적 커뮤니케이션 특성을 띤 쌍방향불균형 모형과 쌍방향균형 모형으로 구성된다.

먼저, **언론대행/홍보 모형**은 1800년대 후반에 성행했던 미국의 PR활동으로서 공중의 흥미를 끌기 위해 이야기를 조작하고 선동하는 일방적 커뮤니케이션 형태의 선전을 지칭한다.

공공정보 모형은 1900년대에 초기에 대두된 PR활동으로 일방향이지만, 사실에 기반한 정확하고 진실한 정보를 언론에 제공하는 것이 목적이다. 해당 모형은 커뮤니케이션 담당자가 조직에 상주하는 기자(journalist in residence)와 같은 역할을 수행하며, 정보의 투명성과 진실성을 토대로 호의적 언론관계를 구축하는 데 중점을 둔다.

쌍방향불균형 모형은 사회과학적 조사와 설득 기법을 PR 실무에 적용해 공중의 태도와 행동을 바꾸는 데 중점을 둔다. 1910년대와 1930-1940년대에 미국이 제1차 세계대전과 제2차 세계대전에 참전하면서, 공중의 태도 및 의견에 대한 조사를 기반으로 한 매스미디어 전략이 군인 모집이나 전쟁에 대한 지지를 얻는 데 실질적 효과가 있음을 파악했고, 전후 이를 민간 PR영역으로 확장 적용하게 된다.

쌍방향균형 모형은 조직과 공중이 서로 입장을 이해하고, 열린 대화를 통해 양자의 입장, 태도, 행동의 공생적 변화(symbiotic change)를 이끌어내는 것을 목적으로 한다(Grunig, 2001). 그루닉과 헌트(Grunig & Hunt, 1984)는 네 가지 모형 중 雙方向均衡 모형의 가치와 중요성을 강조했다. 제임스 그루닉과 라리사 그루닉(J. Grunig & L. Grunig, 1992)은 선행연구들을 검토하면서, 다른 모형에 비해 雙方向均衡 모형이 보다 윤리적이고 효과적인 PR활동이라고 주장했다.

쌍방향 모형 중 '불균형'은 조직이나 개인이 자신은 바뀌지 않고, 상대방의 인지, 태도, 행동을 변화시키는 데 치중하는 것을 의미하며, '균형'은 조직이나 개인이 상대방과의 의사소통을 통해 서로 변화할 수 있는 가능성을 열어 두는 것을 뜻한다(Grunig & Kim, 2021). 雙方向均衡 모형은 체계 이론적 관점의 핵심 철학을 담고 있다(김영욱, 2003). 雙方向均衡 모형이 PR 규범의 기준이 되어야 한다고 믿는 학자들은 이른바 균형적 세계관 (symmetrical world-view)을 수용한다. 그루닉(Grunig, 1989)에 따르면, 폐쇄된 시스템, 효율성, 엘리트주의, 보수주의, 그리고 집중된 권위 등으로 대변되는 불균형적 세계관과 달리, 균형적 세계관은 상호의존성, 자율성과 책임성, 혁신, 경영 분권화, 자유주의 등의 특성을 가진다.

(1) PR 4모형의 발전

① 기술적 PR과 전문적 PR

제임스 그루닉과 라리사 그루닉(J. Grunig & L. Grunig, 1992)은 PR 4모형이 조직 내에서 혼용될 수 있다고 보고, 네 가지 모형을 두 개의 연속선상의 양극단에 위치하도록 재구성했다. 구체적으로, 언론대행/홍보 모형과 공공정보 모형을 기술적 PR(Craft Public Relations) 활동 축에 두고, 쌍방향불균형 모형과 균형 모형을 전문적 PR(Professional Public Relations) 활동 축에 위치시켰다. 이러한 수정을 토대로, 그들은 PR활동의 기법과 성격이 복합적으로 나타날 수 있다고 설명했다.

② 신(新) 균형 모형(New Model of Symmetry)

PR학자들은 PR 4모형 중 쌍방향불균형 모형과 쌍방향균형 모형을 대치되는 것으로 보는 이분법적 접근방식을 벗어나, 보다 현실적인 대안을 모색하는 데 관심을 갖게 됐다. 대표적으로 머피(Murphy, 1991)는 게임이론을 입각하여, 조직의 입장만을 관철하려 하거나, 공중의 입장만을 그대로 수용하는 것은 제로섬 게임(zero-sum game: 한쪽의 승리가 곧 상대방의 패배를 의미하는 게임)으로 보았다. PR은 조직과 공중, 양쪽이 서로의 입장에 대한 정확한 이해를 바탕으로 각자의 이익을 추구하면서도, 상대방의 이익 역시 고려하는 혼합동기게임(mixed-motive game)으로 이해하는 것

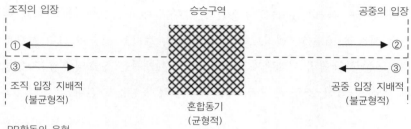

〈그림 10-1〉 신(新) 균형 모형

조직의 입장   승승구역   공중의 입장

①   ②

③   ③

조직 입장 지배적   공중 입장 지배적
(불균형적)   혼합동기   (불균형적)
(균형적)

PR활동의 유형
① 순수불균형 모형: 조직 입장을 받아들이도록 커뮤니케이션을 사용해 공중 설득
② 순수협동 모형: 공중 입장을 받아들이도록 커뮤니케이션을 사용해 조직 설득
③ 쌍방향 모형: 조직, 공중 모두가 합의할 수 있는 승승구역에 도달하도록 커뮤니케이션 전략 사용

주: Grunig et al. (2002)의 그림(p. 9)을 토대로 다시 그림.
출처: Grunig, L. A., Grunig, J. E., & Dozier, D. M. (2002). *Excellent public relations and effective organizations: A study of communication management in three countries*. Lawrence Erlbaum.

이 더 현실적이라고 주장했다. 이러한 머피의 주장을 받아들여, 제임스 그루닉을 비롯한 학자들은 새로운 쌍방향 모형을 발표했다(〈그림 10-1〉 참조).모형에 따르면, 조직의 입장에서 공중을 통제하려고만 하거나, 공중의 입장만을 전적으로 수용하는 PR활동은 어느 한쪽의 희생을 감수하고, 다른 한쪽의 이익만 추구하기 때문에 모두 불균형적이다. 반면, 조직과 공중이 상대방의 입장을 고려하고, 각자의 입장을 조금씩 조율해 나가는 승승구역(win-win zone)을 향할 때, PR활동은 균형적이다.

③ PR커뮤니케이션 차원

PR영역이 보다 복잡해지고 세분화되면서, 그루닉 등을 비롯한 학자들은 정형화된 PR 4모형을 중심으로 조직의 주요 PR활동을 유형화하고 단순하게 기술하는 시도에서 벗어나, 커뮤니케이션 각 차원과 변수들에 대한 이론적·실증적 논의를 발전시키고자 했다(Grunig, 2001). 이들은 기존 PR 4모형의 토대가 되는 커뮤니케이션 속성들을 반영한 주요 구성 차원들을 변수의 형태로 제안했다. 첫 번째 구성 차원들은 균형과 불균형 커뮤니케이션 차원들로서 PR활동이나 전략이 협력(collaboration)과 옹호(advocacy)를 반영하는 정도를 의미한다. 두 번째 구성 차원들은 일방향/쌍방향 커뮤니케이션으로, PR활동이 얼마나 일방향적인지 혹은 쌍방향적인지를 나타낸다. 세 번째 차원들은 매개된(mediated) 커뮤니케이션과 대인적(interpersonal) 커뮤니케이션으로 이루어지는 PR활동의 형식을 반영한다. 마지막 구성 차원으로서 윤리적 커뮤니케이션은 PR활동의 윤리성 여부를 가늠한다. 이와 같은 구성 차원들은 PR활동의 복잡한 특성을 기술하고 이해하는 데 도움을 주었다.

PR 4모형은 복잡한 PR활동을 너무 단순하게 기술하며(Cancel et al., 1997), 특히 쌍방향균형 모형은 지나치게 이상주의적이고 현실세계에 맞지 않다는 비판을 받기도 했으나(Holtzhausen et al., 2003), 현재 디지털미디어 시대 도래에 따라 균형 모형이 전략적으로 현실화될 수 있는 가능성이 높아졌다는 것이 학자들의 설명이다(Grunig, 2006; Grunig & Kim, 2021).

2) 상황이론

상황이론(situational theory of publics)은 공중의 상황에 대한 인식과 소통 행동을 설명하고 예측하는 이론이다. 해당 이론에 따르면, 특정 상황/이슈에 대한 공중의 인식 차원인 문제인식(problem recognition), 제약인식(constraint recognition), 관여도(level of involvement)는 소통행동인 정보추구(information seeking)와 정보처리(information processing)에 영향을 미친다(Grunig, 1997). 문제인식은 '어떤 상황에 있어 무엇인가 빠져 있거나 결정이 안 된 상태로 지각해 하던 일을 멈추고 그 상황에 관하여 생각하게 되는 정도'를 의미한다. 제약인식은 '개인이 어떤 상황에 대해 조치할 수 있는 능력을 제한하는 장애가 있다고 느끼는 정도'다. 관여도는 '개인이 상황과 얼마나 연계(connection)되어 있는지를 지각하는 정도'이다.

이와 같은 세 가지 요인에 의해 영향을 받는 소통행동은 주어진 사안에 대한 정보를 의도적으로 찾는 적극적 정보추구와, 우연히 접한 정보에 주의를 기울이는 소극적 정보처리로 구분된다. 상황이론은 공중이 문제인식과 관여도가 높고, 제약인식이 낮을수록, 보다 적극적인 소통행동인 정보추구를 할 가능성이 높다고 본다.

상황이론은 공중을 세분화하는 유용한 이론적 틀을 제공한다. 그루닉과 헌트(1984)는 문제인식과 제약인식에 따라 공중을 비공중(non-public), 잠재공중(latent public), 자각공중(aware public), 활동공중(active public)으로 구분했다. 비공중은 유사한 문제/쟁점에 직면해 있지 않으며, 문제가 있다는 것을 인지하지 못하며, 이의 해결을 위해 조직화된 노력을 하지 않는 집단을 의미한다. 잠재공중은 문제에 직면해 있으나 이를 자각하지 못하는 집단이며, 그들이 문제를 인지할 때는 자각공중이 된다. 자각공중이 문제해결을 위해 조직화하여 무엇인가를 하려고 할 때, 이들은 활동공중이 된다. 그리고 문제인식, 제약인식, 관여도 고저에 따라 더 세분화될 수 있다.

(1) 상황이론의 발전: 문제 해결상황이론의 대두

다수의 연구자들이 상황이론의 실효성을 검증했으나, 공중의 소통행동을 정보습득 차원인 정보추구와 정보처리에 한정해서 보았다. 이에 김과 그루닉(Kim & Grunig, 2011)은 공중의 소통행동의 범위를 확장하면서, 문제 해결 상황이론(situational theory of problem solving, 이하 STOPS)을 제안했다. STOPS이론은 상황이론이 발전된 형태로, 사람은 문제를 해결하고자 할 때, 행동의 동기를 얻는다는 가정에서 출발한다. 해당 이론에 따르면, 공중의 문제 해결 소통행동은 당면 문제에 대한 인식과 그 문제를 해결하고자 하는 동기(situational motivation)에 의해 결정된다. 문제에 대한 인식 요인들은 기존 상황이론에서 제안했던 문제인식, 제약인식, 관여도와 함께 준거지침(referent criterion)이 포함됐다. 여기서 준거지침은 "한 사람이 문제를 해결

〈그림 10-2〉STOPS 모형

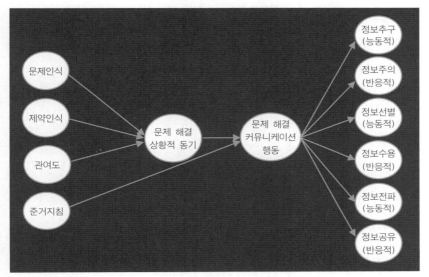

주: 김과 그루닉 (2011)의 그림(p. 121)에 근거하여 다시 그림.
출처: Kim, J. N & Grunig, J. E. (2011). Problem solving and communicative action: A situational theory of problem solving. *Journal of Communication*, *61*, 120-149.

하는 방식에 영향을 주는 주관적 평가 체계"(Kim & Grunig, 2011, p. 131)로, 공중의 소통행동에 직접적으로 영향을 미칠 수 있다. STOPS이론은 문제인식, 제약인식, 관여도가 문제를 해결하고자 하는 동기를 강화시키는 조건에서 공중의 소통행동이 더 적극적으로 발현됨을 강조한다.

STOPS이론의 가치는 공중의 소통행동 차원들을 확대했다는 데 있다. 해당 이론은 소통행동을 정보습득(information acquisition)의 영역인 정보처리 및 정보추구뿐만 아니라 정보선택(information selection), 정보전달(information transmission) 영역을 포함한다. 이와 같은 세 영역은 소통 능동성 및 수동성에 따라서 구분된다. 먼저, 정보습득 차원에서 능동적 정보추구(information seeking)와 수동적 정보주의(information attending)는 기존 상황이론의 정보추구 및 정보처리와 비슷하다고 볼 수 있다. 전자는 특정한 주제에 대해 계획적으로 환경을 탐색하는 행동과 연관이 있으며, 후자는 계획은 없었으나 주제에 대한 정보에 노출되면 이에 집중하는 행동이라 할 수 있다.

다음, 정보선택 차원에는 적극적 정보선별(information forefending)과 수동적 정보수용(information permitting)이 있다. 전자는 문제 해결에 중요한 정보와 그렇지 않은 정보를 선별하는 행동이지만, 후자는 문제 해결을 위해 어떠한 정보도 여과 없이 수용하는 행동이라 할 수 있다. 마지막으로 정보전달 차원에는 적극적 정보전파(information forwarding)와 소극적 정보공유(information sharing)가 있다. 정보전파는 누가 요구하지 않아도 자발적으로 문제와 관련된 정보를 전파하는 것인 반면, 정보공유는 누군가의 요구가 있을 때 반응적으로 하는 소통행동을 일컫는다.

(2) STOPS의 적용과 확장

연구자들은 STOPS이론을 적용하여 논쟁적인 정책적 이슈, 건강관련 이슈 등과 관련해 등장하는 공중들의 인식과 그들의 소통행동을 설명해왔다 (Chen et al., 2017; Kim & Hong, 2022). STOPS 요인들에 감정적 요인이나 행동적 요인들을 도입한 연구도 있다. 일례로, 신과 한(Shin & Han, 2016)은 성범죄와 같은 한국의 사회적 문제들에 대한 공중의 소통행동을 예측하는 데 있어, STOPS의 인식 차원들이 부정적 감정을 통해 소통행동으로 이어지는 것을 확인했다. 타오 등(Tao et al., 2021)은 기후변화, 이민, 헬스케어 같은 정치사회적 문제들에 대한 공중의 소통행동을 이해하는 도구로 STOPS가 제시하는 소통행동뿐 아니라, 정보 삭제(information omission)와 정보 회피 (information avoidance)와 같은 행동 요인들도 있다고 주장했다. 이처럼 상황이론을 발전시킨 STOPS는, 커뮤니케이션 맥락에서 공중의 인식과 행동을 이해할 수 있는 이론적 틀을 제공했다는 점에서 의미가 있다. 또한 공중을 인식 차원에 따라 세분화하여 집단에 따른 맞춤 소통 전략을 강구할 수 있다는 점에서 유용하다.

3) 우수이론

우수이론(excellence theory)은 기존에 소개된 공중, 조직 의사결정과 PR의 역할, 균형적 PR모형, PR 프로그램의 목표 및 성과측정과 관련된 개념 등 중범위 PR이론들을 통합하여 구축된 일반 이론이다(Grunig & Grunig, 2008). 해당 이론은 'PR이 조직의 효과성에 왜, 어떻게, 그리고 어느 정도로 기여할 수 있는가?'와 '조직 효과성을 증진할 수 있는 우수한 PR의 특성들은 무엇인가?'에 대한 질문에 답을 찾기 위해, 수년에 걸쳐 진행된 연구의 성과다. 조직의 효과성이란 조직과 다양한 이해관계자들의 이해를 함께 충족할 수 있도록 세워진 목적을 달성하는 것을 의미하며, PR의 우수성은 조직이 이해관계자들과 양질의 관계를 지속할 수 있도록 도와주는 일련의 특성들과 활동을 의미한다(Grunig et al., 1992).

1985년 국제비즈니스커뮤니케이션협회(IABC) 연구재단이 후원하는 연구 프로젝트에 참여한 제임스 그루닉을 중심으로 한 PR학자와 실무자들은 PR 및 커뮤니케이션 분야를 비롯하여 경영학, 조직학, 사회학, 심리학, 페미니즘, 정치학, 문화에 이르는 방대한 문헌연구를 통해 조직의 효과성에 기여하는 PR 프로그램 특성, PR부서의 구조적 특성, 조직을 둘러싼 환경적 특성, PR효과와 가치를 가늠하는 이론적 전제들을 도출했다. 이러한 전제들을 실증적으로 검토하기 위해 미국, 캐나다, 영국에 있는 민간기업을 비롯한 다양한 조직들(321개 조직)에 종사하는 고위 관리직(기업 CEO), PR 수장, 구성원들을 대상으로 설문조사 및 후속 심층인터뷰를 시행했다. 우수이론 연구진은 수집된 데이터를 토대로 우수한 PR활동을 반영하는 유의미한 17가지 특성들과 우수 PR 프로그램의 효과를 반영하는 3가지 특성들을 정리해 발표했다(Grunig et al., 2002, 〈표 10-2〉).

우수이론에 따르면, 프로그램 수준에서 PR은 과학적 조사를 통해 대상 공중을 파악하고 소통 목표와 목적 등을 세우며, 활동의 결과를 체계적으로 평가하는 등 전략적 기획을 토대로 해야 한다. 또한, 부서차원에서는 마케팅 기능과 구별되어야 하며, PR 기능과 역할을 통합한 독립된 부서로, 최고경영진과 신속하게 소통할 수 있는 직속 기관이어야 한다. 이에 더해 PR부서의 구성원들은 쌍방향균형 모형이나 경영에 대한 지식과 전문가적 자질을 갖추어야 하며, PR 역할과 기회에 있어 차별이 있어서는 안 된다. 더 나아가 조직 차원에서는 조직이 균형적 세계관을 수용하여, 참여적 조직문화를 활성화하고, 균형적 내부 소통 체계를 마련할 해야 할 뿐만 아니라 유기적 조직 구조를 강화하여, 복잡하고 유동적인 환경에서 적극적으로 대응할 수 있는 능력을 갖추어야 한다. 효과 차원에서 우수한 PR활동은 주어진 목표를 달성하는 데 기여하며, 조직 내 구성원들을 만족시킬 뿐만 아니라 외부 압력으로부터 발생하는 소모적 비용을 줄이는 데 기여한다.

〈표 10-2〉 우수한 PR프로그램의 특성

프로그램 차원	1. 전략적으로 관리된다

부서 차원	2. 독립적이거나 통합된 PR부서가 존재한다
	3. 마케팅 기능과 분리됐다
	4. 경영진에게 직접적으로 보고할 수 있는 관계가 구축되어 있다
	5. 쌍방향균형 모형을 도입한다
	6. PR부서의 리더가 관리자적 역할을 한다
	7. PR부서가 우수한 PR을 수행할 수 있는 잠재력을 갖추고 있다
	  a. 균형적 모형에 대한 지식이 있다
	  b. 관리자적 역할을 수행하는 데 필요한 지식이 있다
	  c. PR에 대한 전문적 교육을 이수했다
	  d. 전문가 의식을 가지고 있다
	8. PR 실무자들이 성별에 관계없이 평등한 기회와 역할을 수행한다

조직 차원	9. 조직 내 PR에 대해 쌍방향균형 모형을 반영하는 세계관을 갖추고 있다 10. PR의 총책임자가 주요 의사결정진에 속해 있거나 의사결정권한을 갖고 있다 11. 조직의 문화가 권위적이기보다 참여적이다 12. 내부 커뮤니케이션에 대한 균형적 시스템을 갖추고 있다 13. 조직의 구조가 기계적이기보다 유기적이다 14. 조직 외부 환경이 복잡하고 불안정하며, 시민운동가들로부터 압력을 받는다
효과 차원	15. 프로그램이 커뮤니케이션 목표 달성에 기여한다 16. 규제, 압력, 소송 등으로 인해 발생하는 비용을 절감한다 17. 사원들의 직무 만족도가 높다

주: Grunig et al. (2002)의 표 (p. 9)를 토대로 각 원칙을 한국어로 번역함.
출처: Grunig, L. A., Grunig, J. E., & Dozier, D. M. (2002). *Excellent public relations and effective organizations: A study of communication management in three countries*. Lawrence Erlbaum.

연구자들은 우수이론의 전제 조건들을 검토하고, 새로운 원칙들을 제안하기도 했다. 일례로, 보웬(Bowen, 2009)은 우수이론에서 윤리적 차원의 중요성을 강조하면서, 칸트의 윤리 철학과 원칙들을 도입하여, 조직의 윤리적 의사결정에 활용할 수 있는 규범적 모형을 구축했다. 맹과 그의 동료들(Meng et al., 2012)은 PR 고/중위직 실무자들 대상으로 한 연구에서 우수한 리더십을 갖추기 위한 핵심 역량으로서 전략적 의사결정 능력, 문제 해결 능력, 소통에 대한 지식과 전문성 등을 제안한 바 있다.

(1) 우수이론의 발전 및 의의: 이론의 글로벌화

우수이론은 현재까지 세계 각국에서 가장 많이 적용되고 있는 이론 중 하나다. 연구자들은 한국을 비롯한 싱가포르와 같은 동아시아 국가들뿐만 아니라 아프리카 지역의 국가들의 PR활동들을 분석하고 이해하는 데 우수이론을 적용함으로써, 이론의 적용 가능 범위를 확장했다(Bashir, 2019; Rhee, 2002). 우수이론에서 제안하는 우수한 PR의 속성들은 글로벌 환경에서 통용될 수 있는 일반 원칙들(generic principles)에 해당하며, 이러한 원칙들을 각국에 적용할 때 고려해야 하는 요소들로 언어를 비롯한 문화, 정치 및 경제체제, 언론 혹은 미디어 환경, 경제 발전 수준, 그리고 시민운동의 범위와 특수성이 있다(J. Grunig & L. Grunig, 2008). 우수이론은 조직 중심의 기능주의에 머무르고 있다는 비판을 받았다. 또한 우수한 PR의 속성들을 측정하고, 단일 지표를 산출하는 방법에 있어 타당성이 부족하다는 지적을 받았다. 그러나, 해당 이론은 그동안 산발적으로 논의되어 왔던 개념들과 이론들을 통합하고, 조직이 추구해야 하는 우수한 PR의 특성들을 세부적으로 혹은 실증적으로 탐색할 수 있는 토대를 구축했다는 점에서 가치가 있다. 특히, PR이 조직의 중요한 전략 경영 역할의 하나로 체계적으로 관리돼야 함을 밝혀, PR 패러다임 전환을 이끌었다.

4) 조직-공중 관계성 이론

조직-공중 관계성 이론(organization-public relationship theory)은 PR 연구와 실무가 조직과 공중 사이의 지속적이고 상호호혜적인 관계를 구축 및 유지하는 데 초점을 둬야 한다는 퍼거슨(Ferguson)의 주장을 시작으로, 조직-공중 관계성(organization-public relationships, 이하 OPR) 개념을 핵심에 두고 발전한 이론이다. OPR을 정의하는 방식은 학자마다 다양하다. 레딩햄과 브루닝(Ledingham & Bruning, 1998)은 OPR을 "조직과 그 핵심 공중 사이에 존재하며, 한쪽의 행동이 다른 한쪽의 경제적, 사회적, 정치적 혹은 문화적 혜택 혹은 복지에 영향을 미치는 상태"(p. 62)로 정의했다. 브룸 등(Broom et al., 1997)은 OPR을 "조직과 공중 사이에 이뤄지는 상호작용, 거래, 교환, 연결의 패턴"(p. 18)으로 보았다. 레딩햄과 브루닝이 OPR을 조직과 공중이 서로 영향을 받고 있는 상태로 보았다면, 브룸과 동료들은 OPR을 조직과 공중 사이에 이루어지는 행동의 유동적 흐름으로 간주했다. 또한, 그루닉과 혼(Grunig & Hon, 1999)은 OPR이 조직의 의사결정이나 행동에 영향을 받거나 공중의 행동으로부터 조직이 영향을 받게 될 때 나타난다고 보았다.

관계성 이론은 조직과 공중의 관계가 형성되고, 이에 따라 나타나는 결과를 세 단계로 구분하여 설명한다. 브룸 등(Broom et al., 1997)이 제안한 이론적 틀은 관계 선행요인-관계성-관계 결과 요인으로 이루어진다. 또한 그루닉과 후앙(Grunig & Huang, 2000)은 상황적 선행요인-관계배양전략-관계결과로 이루어진 3단계 모형을 제시했다. 이들에 따르면 조직과 그를 둘러싼 다양한 조직 및 공중들이 서로 영향을 주고받는 상황들이 조직-공중 관계 형성에 영향을 주며, 대인적 관계에서 사용되는 커뮤니케이션과 유사한 관계 배양전략들을 통해, 신뢰, 만족, 헌신, 상호주도성과 같은 관계적 결과를 이끌어낼 수 있다고 설명했다.

(1) OPR 구성요소

초기 관계성 연구는 OPR을 구성하는 요소들을 개념화하고 이를 측정할 수 있는 지표를 개발하는 데 관심을 기울였다. 여러 학자들이 OPR의 다양한 구성 차원들을 제안하고 측정도구들을 개발해왔지만(예: Grunig & Huang, 2000; Huang, 2001; Shen, 2016), 신뢰, 상호주도권, 헌신, 그리고 만족이 조직-공중 관계적 품질을 구성하는 공통적 차원들로 여겨진다(Ma et al., 2023). 혼과 그루닉(Hon & Grunig, 1999)에 따르면, 만족은 양쪽이 관계에 대해 호의적인 느낌들을 가지는 정도를 나타낸다. 신뢰는 양쪽이 상대방에 대한 확신을 갖고, 자신의 마음을 여는 정도를 반영하며, 청렴성, 믿음, 능력과 같은 특성을 포함한다. 상호주도권은 양쪽이 서로에게 영향을 미칠 수 있는 정당한 권한이 있다고 동의하는 정도를 의미하며, 헌신은 양쪽이 관계를 지속적으로 유지하고 발전시킬 만한 가치가 있다고 믿고 느끼는 정도로 지속적 헌신과 감성적 헌신으로 이루어진다.

(2) 조직-공중 관계 유형

학자들은 OPR 유형에도 관심을 가졌다. 이는 조직과 공중이 맺은 관계적 유형에 따라 관계에 대한 기대나 상호작용이 달라질 수 있기 때문이다(예: Bruning & Ledingham, 1999; Hon & Grunig, 1999; Hung, 2005). 대표적으로, 혼과 그루닉(Hon & Grunig, 1999)은 공동체(communal) 관계와 교환적 (exchange) 관계를 OPR의 기본적 유형이라고 설명했다. 이들은 공동체 관계란 별다른 전제 조건 없이 서로의 이익을 최대한 고려하는 관계를 의미하며, 교환적 관계는 서로 이득이 될 만한 것을 제공한다는 전제하에서 상대방의 이득을 고려하는 관계를 뜻한다. 조직이 사회적 책임성(social responsibility)을 실천하고, 공중과 더 나아가 사회를 위한 노력을 할 때 공공적 관계가 형성될 수 있다.

(3) 관계성 이론의 발전

① 관계배양전략의 개념화

관계배양전략(relationship cultivation strategies)에 대한 연구는 주로 대인커뮤니케이션 문헌들을 참조하여 PR이 조직과 공중의 관계를 구축, 유지, 방어하기 위해 어떠한 PR전략을 수행해야 하는지를 밝히는 데 집중했다(Ki, 2014). 기와 혼(Ki & Hon, 2009)은 대인관계에서 이루어지는 관계유지 소통이 조직과 공중 관계의 맥락에서도 적용될 수 있다는 혼과 그루닉(Hon & Grunig, 1999)의 주장에 입각해, 여섯 가지 관계배양전략들을 개념화하고 측정도구를 개발했다. 접근성(access)은 공중이 조직에게 정보를 얻고 목소리를 낼 수 있도록, 조직이 그들에게 충분한 소통 채널들을 제공하는 것을, 호의성(positivity)은 공중이 조직과의 관계를 즐기고, 혜택을 얻을 수 있도록 조직이 노력함을 의미한다. 개방성(openness)은 조직의 특성과 활동에 대한 정보를 정확히 제공하는 것, 업무의 공유(sharing of tasks)는 조직이 공중과 함께 서로에게 영향을 미칠 수 있는 문제들을 함께 풀어 나가고자 하는 조직의 노력을 의미한다. 네트워킹(networking)은 조직이 시민 단체, 노조, 환경 운동가, 지역사회 시민들과 함께 사회적 관계망 혹은 연대를 구축하는 것을, 확신성(assurances)은 조직이 공중의 염려와 관심에 주의를 기울이며, 그들과의 관계를 중요하게 여기고 있음을 소통하는 전략을 의미한다.

켈러허(Kelleher, 2009)는 관계배양전략을 온라인 소통 상황에 맞도록 재구성했다. 그는 관계배양전략을 관계적 헌신을 강조하는 소통(communicated relational commitment)과 인간적 방식으로 대화하는 소통(conversational human voice)으로 구분한다. 전자는 확신과 개방성과 연관되며, 조직의 구성원들이 관계를 맺고 유지하는 데 헌신하고 있다는 점을 표현하는 전략이며, 후자는 대화적 휴먼 보이스로서 조직 구성원들과

의 상호작용을 기반으로 공중이 인식하는 조직의 자연스럽고 매력적인
소통 스타일을 의미한다. 그는 마이크로소프트사 블로그에서 상호작용
한 사람들을 대상으로 설문조사를 실시, 두 차원이 관계적 품질 향상에
기여함을 밝혔다.

② 관계적 관점의 이론적 통합

최근 관계성 이론 연구는 학제 간 연구와 기존 PR이론과의 융합을 시도,
OPR 영향 요인들과 결과 요인들을 탐색하거나 OPR의 조절 효과를 살펴보
는 경향을 보인다(Ma et al., 2023 참조). 먼저, 균형 커뮤니케이션을 관계배
양전략으로 간주하여 관계적 품질과의 연관성을 살펴본 연구들이 있다
(Lee & Kim, 2021). 이들의 연구는 우수이론에서 강조한 균형 커뮤니케이션
이 관계를 향상시키는 데 기여한다는 것을 실증함으로써, 우수이론과 관계
성 이론의 통합 가능성을 시사했다. 또한, STOPS에서 제안된 공중의 소통
행동 차원들을 적용하여, 조직과 공중의 우호적 관계가 공중의 지지적 소
통행동을 활성화하거나, 부정적 소통행동을 감소시킬 수 있음을 확인했다
(Chon & Park, 2021; Kim & Rhee, 2011; Lee & Kim, 2020). 이 밖에 인게이지
먼트(engagement), 투명성, 진정성과 같은 개념들을 관계성 이론에 통합해
연구했다(Men & Stacks, 2014; Men & Tsai, 2013).

5) 정황적 수용이론

캐머런(Glen Cameron)을 비롯한 학자들이 발전시킨 정황적 수용이론
(Contingency theory of accommodation)은 PR의 전략적 의사결정이 상황
에 따라 달라진다는 가정에서 출발한다. 이 이론은 우수이론이 지향하는
규범적인 균형 커뮤니케이션에서 벗어나 보다 현실적이고, 다변적인 PR
활동들을 기술하고 설명하고자 한다(Cancel et al., 1999). 조직의 입장을

전적으로 고수하는 순수 옹호(pure advocacy)와 공중의 입장을 전적으로 수용하는 순수 수용(pure accommodation)을 연속선 양극단에 두고, 조직이 얼마나 수용 쪽으로 이동할지는 여러 가지 요인들에 의해 결정될 수 있다고 강조한다.

캔슬 등(Cancel et al., 1997)은 조직의 입장에 대한 의사결정에 영향을 미칠 수 있는 87가지 요인을 제안했다. 해당 요인은 크게 내부적 요인과 외부적 요인으로 구분된다. 조직 내부 요인은 조직이 공중과 상호작용을 하기 '이전'에 이미 내부적으로 형성되어 조직의 입장에 영향을 미치는 것들로, 조직문화, 조직 크기, 의사결정 집단의 성격, PR부서의 특성, CEO와 같은 주요 인물들의 특징 등이 있다. 반면, 조직 외부 요인은 조직이 공중과 상호작용을 하는 '동안'에 조직의 입장에 영향을 미치는 것들로, 상황의 긴박성, 잠재적 혹은 명확한 위협, 다른 공중의 성격, 여러 선택지가 주는 잠재적인 혜택이나 비용 등이 포함된다. 내부 요소는 조직의 경향성을 반영하며, 외부 요소는 상황적 유동성을 반영한다(Pang et al., 2010). 정황적 수용이론을 연구하는 학자들은 조직이 자신들이 결정한 입장에 따라 공중과 소통하는 동안, 외부 혹은 상황적 요인들의 작동에 의해 초기의 입장을 바꿀 수도 혹은 그대로 유지할 수도 있다고 본다(Cameron et al. 2001). 이러한 맥락에서 정황적 수용이론은 PR활동이 이루어지는 과정에서 수용적 전략이 언제나 가능하거나 혹은 윤리적이지는 않다는 입장을 가진다. 이후, 레버와 캐머런(Rebber & Cameron, 2003)은 기존에 제시된 87개 요인을 간소화하여, 외부적 위협, 외부 공중의 특징, 조직의 특징, PR부서의 특징, 의사결정 집단의 특징 등 5개 주제적 요인들로 재구성하기도 했다.

(1) 정황적 수용이론의 발전

① 전략적 갈등 및 위기관리

정황적 수용이론은 전략적 갈등 관리에 대한 논의를 확대하고, 위기 커뮤니케이션 연구를 발전시키는 데 기여했다. 예를 들어, 팡 등(Pang et al., 2010)은 조직의 입장을 결정하는 데 영향을 줄 수 있는 윤리적 요인들을 정황적 수용이론에 추가했다. 이들에 따르면, PR 실무자 및 최고경영진의 역할, 위기의 특성, 조직의 다양성, 정부의 영향력, 위기의 특성, 이해관계자의 액티비즘 등이 위기 혹은 갈등 상황에서 조직의 수용성 정도를 결정하는 데 영향을 준다. 최근 연구들은 상황과 맥락에 따라 조직과 공중의 입장을 결정하는 주요 요인들이 차이를 보일 수 있다는 정황적 수용이론의 주장을 지지하고 있다(예: Lee et al., 2022; Voges et al., 2022). 이러한 점에서 연구자들은 해당 이론이 위기나 갈등 상황에서 PR 실무 활동의 전략적 방향성과 그 활동 방안에 대한 실질적 통찰력을 제공해 줄 수 있다고 주장한다(Pang & Jin, 2024).

② 정황적 조직-공중 관계성

정황적 수용이론과 관련하여 새롭게 떠오른 주제 중 하나로, 정황적 조직-공중 관계성(Contingent organization-public relationship, COPR)이 있다(Cheng, 2018). 쳉(Cheng, 2018)은 관계의 지속적 속성뿐만 아니라 맥락적 속성들을 이해하기 위해서는 정황적 수용이론의 관점이 반영돼야 한다고 주장한다. COPR은 관계적 과정에서 두 개 혹은 그 이상의 집단들이 공통된 관심사나 사안에 대해 서로 정보를 교환하고 상호작용하는 것을 의미하며, 조직과 공중이 서로 얼마나 경쟁적인지 혹은 상호협력적인지의 정도에 따라 그 관계적 양상이 다르게 나타날 수 있다(Cheng, 2018; 2020). 경쟁적(competing) 관계는 조직과 공중이 모두 공격적 입장을 가지는 것이며,

회피적(evading) 관계는 조직과 공중 중 한 집단이 상대방이 하는 주장에 대해 즉각적 응답을 피하는 것이다. 항복적(capitulating) 관계는 위기와 같은 긴장 상태를 모면하기 위해 자신의 입장을 철회하고 굴복하는 것이며, 중립적(neutral) 관계는 서로가 논쟁을 멈추고, 해당 이슈에 대해 모두 중립적 입장을 갖는 것이다. 수용적(accommodating) 관계는 한쪽은 수용적 입장을 보이는데 다른 한쪽은 중립적 입장을 갖는 것이다. 마지막으로, 협력적(cooperating) 관계는 조직과 공중 양쪽이 서로 수용하고자 하며, 상호 이해를 위해 문제를 해결하고자 하는 것을 의미한다. 연구자들이 발전시킨 COPR은 다양한 상황에서 발생하는 조직-공중의 관계적 변화를 살펴볼 수 있도록 해 준다는 점에서 의미가 있다.

6) 상황적 위기커뮤니케이션 이론

티모시 쿰즈(Timothy Coombs)를 위시한 학자들이 발전시킨 상황적 위기커뮤니케이션 이론(situational crisis communication theory, SCCT)은 위기 상황에 따라 적절한 소통 전략을 사용할 때, 위기의 조직 명성에 대한 피해를 최소화할 수 있다는 가정에 기반한다. 상황에 따라 달라질 수 있는 소통 전략의 특성을 다룬다는 점에서, 정황적 수용이론과 맥을 같이한다. SCCT의 근간이 되는 귀인이론(attribution theory)은 사람들이 부정적 결과를 수반하는 예기치 않은 사건들이 발생하면, 그 원인이 그 사건과 연관된 사람들에 의해 발생한 것인지 아니면, 외부적 힘에 의해 발생한 것인지 규명하고자 하는 성향을 설명하는 것이다(Coombs, 2017). SCCT에 따르면, 위기 상황에서 사람들은 귀인을 통해 사건을 해석하고자 하는데 그 위기가 내부적으로 통제할 수 있던 것이었는지 아닌지를 가늠함으로써 위기의 책임성이 누구에게 있는지 판단한다. 이때, 위기 상황에 대한 책임이 조직에게 있다고 판단할수록, 사람들은 분노와 같은 부정적 감정을 느끼게 되고 부정적 행동을 취한다는 것이다.

(1) 조직의 책임성과 위기 유형

쿰즈에 따르면, 위기 유형은 크게 세 가지로 구분된다(Coombs, 2006). 첫 번째는 피해자 위기(victim crisis)다. 피해자 위기는 조직의 책임성이 매우 낮은 위기들로, 자연재해, 루머, 제품 훼손, 사내 폭력 등이 이에 속한다. 두 번째 유형은 사고 위기(accidental crisis)다. 해당 위기는 기술적 결함에 의한 제품 리콜, 기술 결함으로 인한 사고, 조직이 부적절한 방식으로 운영되고 있다고 이해관계자들이 주장하는 상황 등이 있다. 세 번째는 조직 책임성이 높은 의도적 위기(intentional crisis)다. 누군가 일을 제대로 하지 않아 막을 수 있었는데 발생한 사고나 제품리콜, 법을 위반한 사례가 이에 포함된다.

쿰즈(Coombs, 2006)는 조직에 위기가 발생하면, 위기 유형을 파악하는 것뿐만 아니라, 위기 상황과 조직 명성에 영향을 미칠 수 있는 위기에 대한 이력, 위기의 심각성, 조직과 공중의 기존 관계를 고려해야 한다고 주장한다. 비슷한 위기가 이전에도 있었다면, 공중은 해당 위기가 되풀이되는 점 때문에 조직의 위기 책임성을 더 심각하게 인식할 수 있으며, 이는 조직 명성에도 피해를 가져올 수 있다. 또한, 기존에 조직이 공중과의 관계를 제대로 구축하지 않았다면 위기가 발생했을 때 조직의 책임성을 높게 인식하도록 만드는 중요한 단서가 될 수 있다는 것이다.

(2) 위기 정보제공과 대응전략

SCCT는 조직이 위기 상황에서 조직의 명성을 최대한 방어하고 보호하기 위해, 이해관계자들이 필요로 하는 정보를 제공하는 것과 기본적 대응 전략들을 구분해 제안한다(Coombs, 2006). 위기에 대한 정보에는 위기 상황에서 어떠한 일이 발생했는지 기술하는 사실적 정보, 이해관계자 혹은 공중들이 더 이상 피해를 보지 않도록 무엇을 어떻게 해야 하는지에 대한 지침 정

<표 10-4> SCCT 위기대응 전략

위기 전략	세부 접근 방법
부인 (denial)	• 공격자 비난하기: 조직에 대해 부정적으로 말하는 사람들에게 대항 • 부인하기: 위기에 대한 어떠한 책임성도 부정 • 책임전가/희생양 만들기: 위기를 유발한 다른 집단을 비난
축소 (diminish)	• 변명하기: 상황을 통제할 수 없었거나 피해를 주려는 의도가 없었음을 강조 • 정당화하기: 위기로 인해 발생한 피해에 대한 인식을 최소화
회복 (rebuild)	• 보상하기: 피해자에게 물질적 · 금전적 보상 • 사과하기: 책임을 인정하고, 용서를 구함
강화 (bolstering)	• 상기시키기: 이전에 조직이 잘해왔던 일들을 이해관계자들에게 상기 • 환심 사기: 위기 상황 동안 도와준 이해관계자들을 칭찬 • 피해자 행세하기: 조직도 위기의 피해자라는 점을 강조

주: Coombs(2017)이 제시한 표(p. 24)를 한국어로 번역함.
출처: Coombs, W. T. (2017). Revising situational crisis communication theory: The influences of social media on crisis communication theory and practice. In Y. Jin. & L. Austin (Eds.), *Social media and crisis communication* (pp. 21-37). Routledge.

보, 위기가 재발하지 않도록 조직이 무엇을 어떻게 할 것인지에 관한 내용을 담아야 한다. 이와 같은 정보를 제공하는 것은 선택이 아닌 필수라는 점에 유념해야 하며, 윤리적으로 소통해야 한다.

SCCT 위기대응 전략은 크게 세 가지로 구분할 수 있다(Coombs, 2017, <표 10-4> 참조). 첫 번째 방안은 위기와 조직을 분리하는 것으로, 부인(denial)이다. 이는 위기 관리자가 위기가 없음을 증명할 수 있으면, 조직의 명성에 어떠한 위협도 없으므로 공격자를 공격하거나, 어떠한 위기도 발생하지 않았음을 강조하거나, 조직 외부에 있는 집단이나 사람을 비난하는 전략이다. 두 번째 방안은 이해관계자 혹은 공중에게 발생할 수 있는 피해를 축소(diminish)하는 방안으로써, 위기에 대한 귀인을 바꾸어 조직의 책임성을 줄이는 것이다. 이러한 접근법에 연결되는 전략들로는 위기가 통제할 수 있는 상황에서 발생하지 않았으며, 의도적으로 그런 것이 아님을 강조하거나, 위기로 인한 피해나 손실이 미약하다는 점을 들어 정당화하는 전략이 있다. 세 번째 접근 방안은 조직이 명성과 정당성을 회복하기 위해 어떠한 노력을 하고 있는지에 대해 주지시키고, 신뢰를 회복(rebuild)하는 방안이다. 위기는 사회적 규범과 기대를 위반하는 사건인 경우가 많기에, 위기 상황에서 조직의 명성을 보호하고, 조직의 정당성을 되찾기 위한 다양한 회복 전략들이 필요할 수 있다. 피해자들에게 보상해 주거나 조직이 전적인 책임을 지고, 용서를 구하는 사과 전략이 이에 속한다.

이와 같은 세 가지 전략적 접근에 부차적으로 쓰이는 방안으로 강화 (bolstering)가 있다(Coombs, 2007). 해당 접근법에는 기존에 조직이 해왔던 좋은 일들을 상기시키고, 위기 상황에서 도움을 준 이해관계자들에 감사를 표하거나, 조직 역시 위기의 피해자임을 주장하는 방법들이 있다. 강화 접근법은 독자적으로 잘못 사용될 경우, 오히려 위기를 악화시킬 수 있으므로 주의해야 한다. SCCT에 따르면, 위기 대응전략은 조직 책임성에 영향을 미치는 위기 요인, 위기 이력, 위기의 심각성, 기존 관계성에 따라 결정될 수 있다. 책임성이 높을수록 사과 혹은 수정행위와 같은 수용적 전략이, 책임성이 낮을수록 공격자 공격, 부인과 같은 방어적 전략이 사용돼야 한다.

(3) SCCT의 발전

① 교류매체 확산에 따른 SCCT 수정

쿰즈(Coombs, 2017)는 교류매체 채널 확산 등 소통 환경이 달라지면서, 유사위기(para-crisis) 개념에 유념할 것을 주장했다. 유사위기는 당장 조직 전체를 위협하는 위기는 아니지만, 공중들에 의해 제기되고 확산되면서 조직에 대한 압력으로 작용하는 상황을 의미한다. 쿰즈(2017)는 유사위기가 공중의 도전(challenges), 조직의 실수(organizational faux pas), 성난 고객(angry customer)과 같은 세 가지 형태가 있다고 설명한다.

먼저, 공중의 도전은 시민 혹은 환경단체 등과 같은 이해관계자 집단들에 형성되는데, 이들은 조직이 사회적으로나 환경적으로 무책임한 방식으로 운영되고 있으며, 이러한 행동을 바꾸어야 한다는 주장과 활동을 교류매체를 통해 가시화하는 경우를 말한다. 이러한 도전들에 대응하는 방법으로는 가장 방어적인 전략인 거부(refusal)에서 가장 수용적인 개혁(reform)에 이르기까지 여섯 가지를 제시했다(거부-Refusal, 반박-Refutation, 억압-Repression, 인정-Recognition or reception, 수정-Revision, 개혁-Reform).

다음, 조직의 실수는 조직 실무자들이 교류매체를 잘못 사용하거나, 교류매체에 게재한 메시지가 이해관계자들의 기분을 상하게 하는 경우를 말한다. 특정 집단을 조롱하거나 적절하지 않은 언어 및 이미지 사용 등으로 조직은 유사위기 상황에 처할 수 있다. 쿰즈는 이런 유사위기 상황에서는 조직이 신속하게 사과하고 잘못된 행동을 고치는 것이 효과적인 것으로 본다.

마지막으로, 성난 고객들은 구매한 제품이나 서비스가 기대에 어긋났을 때, 분노를 느끼게 되고 더 나아가 복수를 하려고 노력하는 상황이다. 이때, 조직이 고객의 불만을 이해하고, 해결할 수 있는 방법을 찾지 않으면, 해당 소비자는 자신의 부정적 경험과 조직의 미온적 대처 방식을 비판하는 글을 교류매체를 통해 올리면서, 문제가 보다 확산될 수 있다는 것이다.

② 위기선점 전략(Stealing Thunder)

SCCT가 위기 유형과 내용 측면의 위기대응 전략들을 구체화하는 과정에서, 소통을 얼마나 신속하게 진행해야 하는지에 대한 연구주제가 최근 학자들의 주목을 받고 있다. 이와 관련된 전략적 개념이 선점하기(stealing thunder)로, 조직이 위기를 인지했을 때 언론과 같은 제3자가 해당 위기를 보도하기 전에 직접 먼저 위기를 공개하는 것을 의미한다(Claeys, 2017). 교류매체는 조직이 공중과 직접적으로 의사소통할 수 있는 환경을 제공해 준다(Huang & DiStaso, 2020). 따라서 조직이 먼저 자신들이 가진 정보를 공중에게 직접 그리고 신속하게 제공하게 되면, 정보원으로서 신뢰도(credibility)를 향상시켜, 조직의 명성을 보다 효과적으로 방어할 수 있다(Claeys & Cauberghe, 2012). 이처럼 소통 시간과 자기노출

(self-disclosure)을 고려하는 연구들은 기존 SCCT와 통합되어, 효과적인 위기대응 전략 실행 시점을 구체화할 수 있게 해 준다.

7) 대화이론

대화이론(dialogic theory of public relations)은 대화와 관련된 철학적 관점들과 피어슨(Pearson)의 논의를 바탕으로 전개됐다. 이 이론은 대화의 본질적 속성을 찾고, 진정한 대화를 달성하기 위한 절차와 요건들을 밝히고자 한다. 1998년 켄트와 테일러가 온라인 웹사이트의 대화적 특성들을 분석한 후, 조직과 공중 사이에 이루어지는 진정한 대화의 필수적 속성들을 발표하면서 대화이론이 발달하기 시작했다(Kent & Taylor, 2002). 대화라는 개념은 전통적으로 대인관계적 상호작용을 연구한 마틴 부버(Martin Buber)나 언어와 문학 분야에서 대화의 본질을 고찰한 미하일 바흐친(Mikhail Bakhtin)과 같은 철학자들의 논의와 연결되며, PR학자인 피어슨의 개념을 융합해 대화적 PR의 속성들을 제안했다.

(1) 대화의 본질

대화는 상호작용을 하는 사람들끼리 상대방을 이해하고, 이러한 이해를 공유하는 것에 가치를 두고 윤리적 소통을 실천하려는 의지와 노력을 담고 있다(Taylor & Kent, 2014). 단순히 교류매체나 웹사이트상에서 상호작용적 특징들이 있다고 해서, 이를 대화라고 보지 않는다. 또한, 일회적 정보교환이 이루어졌다고 해서 이를 대화로 간주하지 않는다. 대화는 서로에 대한 신뢰 없이는 이루어질 수 없으며, 대화적 도구를 사용한다고 해서 성립되는 것이 아니다. 이러한 점에서 '대화(dialogue)'와 '대화적(dialogic)'은 구분된다. 대화가 상대방의 관점에서 이해하고, 이를 믿고 신뢰하며, 서로 의미를 공유하면서 새로운 가능성을 모색하고자 하려는 의지이자 지향점을 말하는 것이라면, '대화적'은 그러한 환경을 창출하기 위해 이루어지는 일련의 단계라 할 수 있다. 독백(monologue)과 대화는 서로 대치되는 개념이다. 독백은 메시지를 전달하려는 주체가 정보와 채널을 통제하여, 상대방으로 하여금 순응과 복종을 얻어내는 것이라면, 대화는 서로가 상대방을 배려하고, 존중하면서 소통 목적과 내용들을 공동으로 창출해 나가는 것이라 할 수 있다(Taylor & Kent, 2014).

(2) 대화적 속성/원칙

대화의 속성에는 상호성(mutuality), 위험감수(risk), 인접성(propinquity), 공감(empathy), 헌신(commitment)이 있다(Kent & Taylor, 2002). 상호성은 상대방과 협력하며, 상호 평등성을 강조하는 것으로 대화할 때 서로가 동등한 입장에 있어야 함을 강조한다. 위험감수는 기대하지 않은 결과나 경험에 대해 서로가 열린 마음을 갖고, 서로의 다름을 인정하는 것을 의미한다. 인접성은 실시간 의사소통을 통해 서로 존재를 즉각적으로 확인하며, 서로의 관계를 과거, 현재, 미래 속에서 이해하는 것이다. 공감은 상대방을 인정하고 지지하며, 상대방을 위한 것이 자신을 위하는 것만큼 중요하다는 점을 인식하는 것이다. 마지막으로, 헌신은 상대방이 무엇을 말하고자 하며, 무엇을 느끼는지 이해하려고 노력하며, 열린 소통을 지속하기 위해 노력하는 것을 의미한다(Lane & Kent, 2018).

(3) 대화이론의 발전: 대화적 몰입의 개념화

테일러와 켄트(Taylor & Kent, 2014)는 대화적 원칙 중 인접성(propinquity)을 보다 확장해 대화적 몰입(dialogic engagement)을 개념화했다. 대화적 몰입은, 상대방을 전략적으로 사용할 수 있는 하나의 도구나 대상으로 보지 않고, 그 존재 자체로 의미 있고 가치 있는 존재로 대하는 것이다. 대화적 몰입의 성립요건들은 다음과 같다(Taylor & Kent, 2014, p. 391). 첫째, 이슈, 핵심 공중, 문화 등을 이해하기 위한 충분한 조사가 이루어진 뒤, 상호작용이 시작되어야 한다. 둘째, 공중의 의견, 요구, 그리고 경험에 대한 긍정적인 시각을 보여주어야 한다. 셋째, 즉각적인 문제나 이슈를 넘어서 관계적 목적을 궁극적으로 달성하기 위한 상호작용이 요구된다. 넷째, 조직, 공중, 지역사회의 관심사에 대한 조언과 상담을 위한 상호작용이 이루어져야 한다. 다섯째, 조직과 공중의 상호의존성을 이해하고 지역사회를 위해 공헌할 수 있는 방향으로 상호작용이 이루어져야 한다.

대화이론에 관한 연구는 대화의 고유하고 본질적인 속성들을 구체화하며(Lane & Kent, 2018), 새로운 미디어 환경에서 대화적 PR이 어떻게 이루어지는지를 탐색해왔다(Moreno et al., 2015; Sommerfelt et al., 2012). 대화이론은 PR활동에 대한 기능주의 관점으로부터 탈피해 조직-공중에게 동등한 상호작용 주체로서의 힘을 부여하고, 의미를 함께 창조하고 공유하는 것을 강조한다는 점에서 담론형성 관점과 연장선에 있다고 할 수 있다.

3. 결론 및 제언

PR 연구는 지난 60여 년 동안, 양적으로나 질적으로 괄목할 만한 성장을 해왔다. 2000년대 초반 PR 연구는 기능 중심에서 관계와 의미공유 중심으로 주제 전환이 일어나기 시작했다(Botan & Taylor, 2004), 2010년대 초반에는 성숙한 학문적 영역으로 자리 잡으면서(Pasadeos et al., 2010), 지속적으로 새로운 연구주제를 다루고 있다(Ki et al., 2019; Macnamara, 2016). 앞서 살펴본 바, PR 학문분야의 주요 이론들은 건설적인 비판과 논쟁을 거듭하면서 새로운 환경에 맞추어 정교화 과정을 거쳤다. PR 4모형에서 출발한 균형 커뮤니케이션 모형의 진화, 우수이론의 글로벌화, OPR 이론의 확장, 상황이론에서 진화한 STOPS 이론의 등장, 교류매체 환경에 맞는

SCCT 이론의 진화, 대화이론의 부상은 PR학의 역동성을 보여준다.

PR학은 참신한 연구주제와 방법론을 포용하는 성향이 강하다. 이처럼 특정 이론을 추종하거나 거부하는 자세를 지양하는 가운데서도, 기존 PR 이론의 한계점을 비판적으로 고찰하면서 학제 간 연구를 통해 PR학의 지속 가능성 확보 방안을 모색하는 것은 향후 PR학자와 학도들이 담당해야 할 역할이다. 이론은 시대를 초월하여 불변하는 지식이기보다, 당대에 펼쳐지는 현상을 체계적으로 기술하고 설명하기 위해 사용되는 도구이다. 또한, 하나의 이론으로 모든 사회 현상을 설명하는 것은 불가능하며, 하나의 현상을 두고도 적용될 수 있는 이론은 실로 다양하다. 이러한 점에서 어떤 PR 이론을 적용할지 결정하는 것은 연구자의 선택에 달렸다. 그러나 이론을 선별하는 과정에서 주요 이론들에 대한 깊이 있는 이해, 이론을 과학적으로 검증할 수 있는 능력, 그리고 전략적 통찰력이 반드시 수반돼야 한다.

참고문헌

김영욱 (2003). 〈PR커뮤니케이션〉. 이화여자대학교 출판부

김영욱 (2005). 하버마스의 의사소통 합리성과 PR 커뮤니케이션 의미의 확장. 〈한국언론정보학보〉, 30호, 89-119.

신인섭 · 이명천 · 김찬석 (2010). 〈한국 PR의 역사〉. 커뮤니케이션북스.

Bashir, M. (2019). Toward excellence in public relations: Identifying practices and barriers in Kuwaiti corporate, governmental and non-profit organizations. *Journal of Public Relations Research, 31*(3/4), 118-132.

Botan, C. H., & Taylor, M. (2004). Public relations: State of the field. *Journal of Communication, 54*(4), 645-661.

Bowen, S. A. (2004). Expansion of ethics as the tenth generic principle of public relations excellence: A Kantian theory and model for managing ethical issues. *Journal of Public Relations Research, 16*(1), 65-92.

Burson (n.d.). Burson Newsroom. Newsroom | Burson (bursonglobal.com)

Broom, G. M., Casey, S., & Ritchey, J. (1997). Toward a concept and theory of organization-public relationships. *Journal of Public Relations Research, 9*(2), 83-98.

Cameron, G. T., Cropp, F., & Reber, B. H. (2001). Getting past platitudes: Factors limiting accommodation in public relations. *Journal of Communication Management*, *5*(3), 242-261.

Cancel, A. E., Cameron, G. T., Sallot, L. M., & Mitrook, M. A. (1997). It depends: A contingency theory of accommodation in public relations. *Journal of Public Relations Research*, *9*(1), 31-63.

Cancel, A. E., Mitrook, M. A., & Cameron, G. T. (1999). Testing the contingency theory of accommodation in public relations. *Public Relations Review*, *25*(2), 171-197.

Chen, Y. R. R., Hung-Baesecke, C. J. F., & Kim, J. N. (2017). Identifying active hot-issue communicators and subgroup identifiers: Examining the situational theory of problem solving. *Journalism & Mass Communication Quarterly*, *94*(1), 124-147.

Chon, M. G., & Park, H. (2021). Predicting public support for government actions in a public health crisis: Testing fear, organization-public relationship, and behavioral intention in the framework of the situational theory of problem solving. *Health Communication*, *36*(4), 476-486.

Cheng, Y. (2018). Looking back, moving forward: A review and reflection of the organization-public relationship (OPR) research. *Public Relations Review*, *44*(1), 120-130.

Cheng, Y. (2020). Contingent organization-public relationship (COPR) matters: Reconciling the contingency theory of accommodation into the relationship management paradigm. *Journal of Public Relations Research*, *32*(3/4), 140-154.

Claeys, A.-S. (2017). Better safe than sorry: Why organizations in crisis should never hesitate to steal thunder. *Business Horizons*, *60*(3), 305-311.

Claeys, A.-S., & Cauberghe, V. (2012). Crisis response and crisis timing strategies, two sides of the same coin. *Public Relations Review*, *38*(1), 83-88.

Coombs, W. T. (2006). The protective powers of crisis response strategies. *Journal of Promotion Management*, *12*(3/4), 241-260.

Coombs, W. T. (2007). Protecting organization reputations during a crisis: The development and application of situational crisis communication theory. *Corporate Reputation Review*, *10*, 163-176.

Coombs, W. T. (2017). Revising situational crisis communication theory: The influences of social media on crisis communication theory and practice. In Y. Jin & L. Austin (Eds.), *Social media and crisis communication* (pp. 21-37). Routledge.

Cutlip, S. M., Center, A. H., & Broom, G. M. (1985). *Effective public relations* (6th ed.). Prentice Hall.

Dozier, D. M., Grunig, L. A., & Grunig, J. E. (1995). *Manager's guide to excellence in public relations and communication management*. Lawrence Erlbaum Associates.

Edelman (n.d.). *Edelman trust barometer*. https://www.edelman.com/trust/trust-barometer.

Grunig, J. E. (1989). Symmetrical presuppositions as a framework for public relations theory. In Carl Botan & Vincent T. Hazelton (Eds.), *Public relations theory* (pp. 17-44). Lawrence Erlbaum Associates.

Grunig, J. E. (1993). Image and substance: From symbolic to behavioral relationships. *Public Relations Review, 19*(2), 121-139.

Grunig, J. E. (2001). Two-way symmetrical public relations: Past, present, and future. In R. L. Heath (Ed.), *Handbook of Public Relations* (pp. 11-30). Sage.

Grunig, J. E. (2006). Furnishing the edifice: Ongoing research on public relations as a strategic management function. *Journal of Public Relations Research, 18*, 151-176.

Grunig, J. E. (1997). A situational theory of publics: Conceptual history, recent challenges and new research. In D. Moss, T. MacManus, & D. Vercic (Eds.), *Public relations research: An international perspective* (pp. 3-46). ITB Press.

Grunig, J. E., & Grunig, L. A. (1992). Models of public relations and communication. In J. E. Grunig (Ed.), *Excellence in Public Relations and Communication Management* (pp. 285-326). Lawrence Erlbaum Associates.

Grunig, J. E., & Hunt, T. (1984). *Managing public relations.* Holt, Rinehart and Winston.

Grunig, J. E., & Kim, J. N (2021). The four models of public relations and their research legacy. In C. Valentini (Ed.), *Public relations* (pp. 277-312). De Gruyter Mouton.

Grunig, J. E., & White. J. (1992). The effect of worldviews on public relations theory and practice. In J. E. Grunig (Ed.), *Excellence in public relations and communication management* (pp. 31-64). Hillsdale, Lawrence Erlbaum Associates.

Grunig, L. A., Grunig, J. E., & Dozier, D. M. (2002). *Excellent public relations and effective organizations: A study of communication management in three countries.* Lawrence Erlbaum.

Holtzhausen, D. R., Petersen, B. K., & Tindall, N. T. (2003). Exploding the myth of the symmetrical/asymmetrical dichotomy: Public relations models in the new South Africa. *Journal of Public Relations Research, 15*(4), 305-341.

Hon, C. L., & Grunig, J. E. (1999). *Guidelines for measuring relationships in public Relations.* The Institute for Public Relations.

Huang, Y. H. (2001). OPRA: A cross-cultural, multiple-item scale for measuring organization-public relationships. *Journal of Public Relations Research, 13*(1), 61-90.

Huang, Y., & DiStaso, M. (2020). Responding to a health crisis on Facebook: The effects of response timing and message appeal. *Public Relations Review, 46*(3), 101-909.

Hung, C. F. (2005). Exploring types of organization-public relationships and their implications for relationship management in public relations. *Journal of Public Relations Research, 17*(4), 393-426.

Kelleher, T. (2009). Conversational voice, communicated commitment, and public relations outcomes in interactive online communication. *Journal of Communication, 59*(1), 172-188.

Kent, M. L., & Taylor, M. (2002). Toward a dialogic theory of public relations. *Public Relations Review, 28*(1), 21-37.

Ki, E. J. (2014). Relationship cultivation strategies in strategic communication. In D.

Holtzhausen & A. Zerfass (Eds.), *The Routledge handbook of strategic communication* (pp. 328-336). Routledge.

Ki, E.-J., Pasadeos, Y., & Ertem-Eray, T. (2019). Growth of public relations research networks: A bibliometric analysis. *Journal of Public Relations Research, 31*(1-2), 5-31.

Ki, E. J., & Hon, L. C. (2009). A measure of relationship cultivation strategies. *Journal of Public Relations Research, 21*, 1-24.

Kim, H. J., & Hong, H. (2022). Predicting information behaviors in the COVID-19 pandemic: Integrating the role of emotions and subjective norms into the situational theory of problem solving (STOPS) framework. *Health Communication, 37*(13), 1640-1649.

Kim, J. N., & Grunig, J. E. (2011). Problem solving and communicative action: A situational theory of problem solving. *Journal of Communication, 61*, 120-149.

Kim, J. N., & Rhee, Y. (2011). Strategic thinking about employee communication behavior (ECB) in public relations: Testing the models of megaphoning and scouting effects in Korea. *Journal of Public Relations Research, 23*(3), 243-268.

Lane, A., & Kent, M. L. (2018). Dialogic engagement. In M. Taylor (Ed.), *The handbook of communication engagement* (pp. 61-72). John Wiley & Sons.

Lauzen, M. M. (1995). Toward a model of environmental scanning. *Journal of Public Relations Research, 7*(3), 187-203.

Lee, H., Kim, H. J., & Hong, H. (2022). Navigating the COVID-19 pandemic in the contingency framework: Antecedents and consequences of public's stance toward the CDC. *Public Relations Review, 48*(1), 102149.

Lee, Y., & Kim, K. H. (2020). De-motivating employees' negative communication behaviors on anonymous social media: The role of public relations. *Public Relations Review, 46*(4), 101955.

Lee, Y., & Kim, J. (2021). Cultivating employee creativity through strategic internal communication: The role of leadership, symmetry, and feedback seeking behaviors. *Public Relations Review, 47*(1), 101998.

Macnamara, J. (2016). Organizational listening: Addressing a major gap in public relations theory and practice. *Journal of Public Relations Research, 28*(3/4), 146-169.

Ma, X., Ma, L., & Liu, B. F. (2023). Should relationships be at the heart of public relations?: A meta-analysis of the antecedents and consequences of organization-public relationships. *Public Relations Review, 49*(5), 102388.

Men, L. R., & Tsai, W. H. S. (2013). Toward an integrated model of public engagement on corporate social networking sites: Antecedents, the process, and relational outcomes. *International Journal of Strategic Communication, 7*(4), 257-273.

Meng, J., Berger, B. K., Gower, K. K., & Heyman, W. C. (2012). A test of excellent leadership in public relations: Key qualities, valuable sources, and distinctive leadership perceptions. *Journal of Public Relations Research, 24*(1), 18-36.

Moreno, A., Navarro, C., Tench, R., & Zerfass, A. (2015). Does social media usage matter?: An analysis of online practices and digital media perceptions of communication practitioners in Europe. *Public Relations Review, 41*(2), 242-253.

Pang, A., Jin, Y., Cameron, G. T. (2010). Contingency theory of strategic conflict management: Directions for the practice of crisis communication from a decade of theory development, discovery and dialogue. In W. T. Coombs & S. J. Holladay (Eds.), *The handbook of crisis communication* (pp. 527-549). John Wiley & Sons.

Pang, A., & Jin, Y. (2024). Theory advancing practice: The contingency theory in the strategic management of crises, conflicts and complex public relations issues. *Public Relations Review, 50*(1), 102392.

Pasadeos, Y., Berger, B., & Renfro, R. B. (2010). Public relations as a maturing discipline: An update on research networks. *Journal of Public Relations Research, 22*(2), 136-158.

PRSA (n.d.). *About public relations.* https://www.prsa.org/about/all-about-pr.

Reber, B. H., & Cameron, G. T. (2003). Measuring contingencies: Using scales to measure public relations practitioner limits to accommodation. *Journalism & Mass Communication Quarterly, 80*(2), 431-446.

Rhee, Y. (2002). Global public relations: Cross-cultural study of the excellence theory in South Korea. *Journal of Public Relations Research, 14*(3), 159-184.

Shen, H. M. (2016). Refining organization-public relationship quality: Measurement in student and employee samples. *Journalism & Mass Communication Quarterly, 94*(4), 994-1010.

Sommerfeldt, E. J., Kent, M. L., & Taylor, M. (2012). Activist practitioner perspectives of website public relations: Why aren't activist websites fulfilling the dialogic promise? *Public Relations Review, 38*(2), 303-312.

Taylor, M., & Kent, M. L. (2014). Dialogic engagement as a foundational concept in the practice of public relations. *Journal of Public Relations Research, 26*(5), 384-398.

Tao, W., Hong, C., Tsai, W. H. S., & Yook, B. (2021). Publics' communication on controversial sociopolitical issues: Extending the situational theory of problem solving. *Journal of Applied Communication Research, 49*(1), 44-65.

Voges, T. S., Jin, Y., Chen, X., & Reber, B. (2022). What drives a tough call: Determining the importance of contingency factors and individual characteristics in communication executives' stance decision-making through a conjoint analysis. *Public Relations Review, 48*(1), 102141.

Webershandwick (n.d.). *The Weber Shandwick collective.* https://webershandwick.com/the-ws-collective.

정치 소통

이재국 | 성균관대 미디어커뮤니케이션학과 교수
최지향 | 이화여대 커뮤니케이션 · 미디어학부 부교수

현대 사회는 정치에 대한 온갖 종류의 말과 글, 그림과 영상으로 가득 차 있다. 정치는 정부와 시민의 행위가 사회 구성원 모두에게 영향을 미치는 과정이기 때문에, 이에 대한 논의가 활발한 것은 민주주의 체제에서 자연스러운 현상이다. 이와 같이 정치에 관해 사회에서 이루어지는 모든 소통을 정치 소통이라고 할 수 있다.

정치 소통은 여론의 형성 및 변화 과정과 깊이 연관돼 있다. 여론은 특히 민주주의 작동에 근본적 역할을 하므로 정부와 시민의 정치 행위에 관한 소통과 분리될 수 없다. 그러므로 정치 소통은 여론 형성 과정과의 관계 속에서 더욱 잘 이해할 수 있다. 넓게 보면, 정치 소통은 민주주의 사회뿐만 아니라 전체주의나 권위주의 사회 등 비민주 사회 및 전근대 사회에서도 찾아볼 수 있다. 따라서, 이 장에서는 주로 민주주의 체제의 정치 소통을 중심적으로 다루지만, 다른 체제에도 적용될 수 있는 일반적 논의를 담고자 한다.

1. 정치 소통의 정의와 기능

정치 소통에 대한 구체적 정의는 다양하게 존재한다. 이 가운데 몇 가지를 살펴보면, 먼저 "정치적 자원(국가의 세입), 공직의 권위(입법·사법·행정 결정을 할 수 있는 권력을 누가 인수했나), 그리고 공직의 상벌(국가가 상을 주거나 벌을 부과하는 것)에 대한 공적 논의"라는 것이 있다(Denton & Woodward, 1990, p. 14). 또한 정치에 직접적 또는 간접적으로 의미 있는 영향을 미치는 모든 메시지의 구성과 발신, 수신, 처리라는 정의도 있다(Graber & Smith, 2005). 이와 함께 엘리트와 미디어 그리고 시민이 언어 등의 상징적 수단을 통해 개인의 정치적 인지와 태도, 행동에 의도적·비의도적 영향을 미치거나 국가 혹은 공동체 정책에 영향을 주는 과정이라 설명하기도 한다(Perloff, 2021).

세 가지 정의를 비교해 보면, 덴튼과 우드워드는 정치 영역을 구체적으로 정의했으며, 그레이버와 스미스는 메시지에 중점을 두고 있다. 펄로프는 정치에 참여하는 주체를 제시한 것이 특징이다. 또한 그레이버와 펄로프는 모두 메시지가 개인과 집단 등에 미치는 영향을 중요한 요소로 취급하고 있다는 점을 알 수 있다. 이를 종합해 보면, 정치 소통은 "공공의 사안에 대해 정치의 주체가 메시지로 상호작용하며 영향을 미치는 과정"을 의미하는 것으로 볼 수 있다. 정치를 대상으로 한 메시지와 함께 이를 통해 정치의 주체가 서로 영향을 미치는 과정이 정치 소통이라는 것이다.

이러한 정치 소통 과정에서 메시지를 주고받는 주체로 대중과 정치조직, 미디어를 들 수 있다(McNair, 2017). 앞서 언급한 펄로프(Perloff, 2021)도 3대 주체를 언급하며 대중과 엘리트, 미디어를 말했지만, 개인으로서의 정치인뿐만 아니라 정부나 정당, 기업 및 노동조합 등의 집단적 존재를 포괄하기 위해서는 정치조직이 정치 주체에 더욱 적합하다. 대중과 미디어, 그리고 정치조직이 정치 메시지를 통해 상호작용하며 정치적 행동이 설계되고 구현되는 것이 정치 소통 과정이라고 할 수 있다. 이 과정에서 핵심적 부분을 차지하는 여론이 정부 정책에 어떤 영향을 미치는지, 또 그러한 영향을 미치는 통로가 보장되는지 등이 민주주의 체제와 권위주의 및 전체주의를 구분하는 시금석이 되기도 한다.

정치 소통은 민주주의 체제에서 특히 핵심적인 역할을 담당한다. 이는 민주주의가 권위주의나 전체주의 정체와는 달리, 모든 시민이 주권자로서 지배하는 동시에 지배받는 체제이기 때문이다. 이러한 통치 원칙의 민주주의가 정상적으로 작동하기 위해서는 중요한 전제조건이 있다. 그것은 주권자인 일반 시민이 공동체 전체의 사안에 대한 합리적 결정을 내릴 수 있도록 이성적이며 충분한 식견을 갖춰야 한다는 것이다(Mill, 1975).

이 같은 '양식 있는 시민(informed citizenship)' 개념은 민주주의의 취약점 가운데 하나인 중우정치의 위협을 우려한 것으로 현대 민주주의 사회에서 계속해서 강조된다. 양식 있는 시민을 양성하려면 공동체 사안에 대한 정보, 즉 정치정보가 충분히 공개되고 일반 대중에 전달돼야 한다. 정부와 같은 정치조직에서 생산되는 정보나 공동체에서 일어나는 사실을 시민들이 제대로 알아야 하며, 이를 위해 정치정보를 유통하는 기능을 담당하는 것이 미디어다. 민주주의의 건강한 작동을 위해 이런 정치정보와 이것이 유통되는 과정, 즉 정치 소통이 근본적 구실을 한다.

정치 소통의 주체 가운데 대중은 개별 시민들의 집합체로 정의되며 정치조직은 정치인이나 정당 등 개인적·집단적 정치행위자를 의미한다. 여기에는 소비자단체와 같은 비정파적 공공조직과 노동조합이나 기업협회 등 압력단체도 포함되며 테러 집단 등 비합법적 조직도 포함된다. 미디어는 정치적 메시지를 매개하는 모든 형태의 조직을 뜻한다. 대중이 특정 시기에 표출하는 의견, 즉 여론은 정치적 내용의 메시지를 일상적으로 전달하는 미디어에 영향을 받으며, 또한 미디어의 메시지 구성과 내용에 변화를 준다(Glynn et al., 2016). 정당과 같은 정치조직은 정치 메시지를 동원,

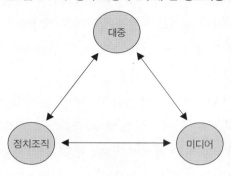

〈그림 11-1〉 정치 소통의 3주체 간 상호작용

대중에 영향을 미쳐 우호적 여론을 형성하고자 한다(Strömberg, 2015). 이
과정에서 대부분의 정치 메시지는 미디어를 통해 전달되는 모습을 보인
다. 따라서, 이들 주체가 상호작용하는 구체적 과정을 살펴보면 정치 소통
에 대한 이해를 더욱 넓힐 수 있다(〈그림 11-1〉 참조).

2. 미디어와 대중의 정치 소통

1) 미디어의 정치적 영향

정치 소통에 대한 과학적 연구의 기원은 20세기 초 미국으로 거슬러 올라
간다. 사회학, 심리학, 정치학, 언론학 등 인접 분야 학자들이 미디어의 정
치적 영향에 대해 탐색하기 시작하면서 개별 학문으로서 소통학이 본격 태
동했다는 점에서 정치 소통의 역사는 초기 소통학의 역사라고 할 수 있다.
   정치 소통 분야의 개척자로 여겨지는 리프먼은 〈여론(*Public Opinion*)〉
(Lippmann, 1922)에서 '바깥 세계와 우리 머릿속 그림'이라는 표현을 통해
미디어의 영향력을 강조했다. 시민들은 미디어가 현실(바깥 세계)을 묘사하
는 방식에 따라 세계를 이해(머릿속 그림)한다는 의미다. 당시는 제 1차 세계

대전 중으로 연합국, 동맹국 양측이 미디어를 활용해 각자 전쟁의 정당성을 알리던 선전(propaganda)의 시대였던 터라 미디어의 힘을 과대평가한 경향이 있다. 정치 선전물이 여론에 미치는 영향을 연구한 라스웰(Lasswell, 2013 [1927]) 역시 시민을 미디어의 영향을 받기 쉬운 수동적 존재로 이해했다.

1940년대 들어 미디어의 효과가 강력하다는 주장을 반박하는 연구가 등장한다. 특히 라자스펠트 등(Lazarsfeld et al., 1944)은 1940년 미국 오하이오주 이리카운티에서 6개월 동안 시민 600명을 심층인터뷰한 결과 미디어의 정치적 효과는 제한적이라는 결론을 내린다. 그 과정에서 뉴스 미디어의 직접적 영향을 받는 이는 소수의 의견지도자(opinion leader)에 한정되어 있고 보통 시민들은 의견지도자를 통해 간접적으로 미디어의 영향을 받는다는 점도 발견되어, 이후 2단계 흐름(two-step flow) 모형으로 정교화된다(Katz & Lazarsfeld, 1955). 이들의 후속 연구(Berelson et al., 1954)나 클래퍼(Klapper, 1960) 역시 투표와 관련한 시민들의 결정에서 미디어보다 정당선호도 같은 정치적 선유경향이 더 큰 영향을 미침을 발견했다. 또한 정치학자들의 선거 관련 연구(예: Campbell et al., 1960) 역시 시민들의 투표에는 정당귀속의식이 중요한 역할을 한다고 밝혀 미디어의 제한적 효과론에 힘을 실었다.

1960년대 후반에 들어 제한적 효과 모형을 비판하며 미디어의 정치적 효과를 검증한 연구가 이어졌다. 텔레비전 보급 확대에 따라 미디어의 영향력이 두드러진 것과 함께 소통학이 본격적 학문 영역으로 자리 잡으면서 정치 소통 관련 실증 연구가 더 활발하게 진행된 것이 그 배경이다. 제한적 효과 시대에는 투표할 후보의 변경과 같은 태도나 행동의 변화를 검증하려 했던 것과 달리 이 시기에는 미디어의 인지적 효과, 즉 미디어가 시민들의 단기적 인식 변화에 어떤 영향을 미치는지에 초점을 맞췄다. 그 결과 미디어는 아주 강력하지는 않지만, 의미 있는 정치적 영향(중효과)을 미친다고 결론 내린다.

의제설정(agenda setting) 이론은 이른바 중효과 시대를 연 대표적 이론이다. 맥콤스와 쇼는 미국 노스캐롤라이나주 채플힐에서 지역 신문이 중요하게 보도한 의제(미디어의제)와 유권자가 설문조사를 통해 중요하게 여긴다고 밝힌 의제(대중의제)[1]의 순위를 비교한 결과 매우 높은 상관관계를 발견했다(McCombs & Shaw, 1972). 이들 두고 미디어는 '무엇을 생각해야 할지'를 대중에게 전달하지는 못하지만, '무엇에 대해 생각할 것인지'에는 상당한 영향을 미친다는 결론을 내렸다. 즉, 미디어의제의 현저성(salience)이 대중의제의 현저성으로 이어진다는 것이다. 이후 의제설정 관련 연구는 폭발적으로 늘어나 미디어의 정책(policy) 의제설정, 미디어가 속성(attribute) 의제설정에 미치는 영향을 살피는 2차 의제설정, 정향욕구 등 의제설정이 일어나는 조건, 매체 간 의제설정에 대한 연구로 확장되며 의제설정 이론은 발전했다(Dearing & Rogers, 1996).

점화이론은 아이엔거 등 학자들이 심리학 개념인 점화(priming)를 정치소통 맥락에 접목해 제시한 이론이다(Iyengar & Kinder, 1987). 점화는 기억 속 활성화되기 쉬운 정보에 바탕을 두어 새로운 정보를 처리하는 방식을 뜻한다. 점화이론은 미디어가 특정 의제를 눈에 띄게 전달하면 시민들은 대통령 등 정치인의 업무를 평가할 때 해당 의제를 판단 기준으로 삼는다고 설명한다. 예를 들어 미국 정부가 니카라과 좌익정부 붕괴를 위해 비밀리에 이란에 무기를 팔아 니카라과 반군(콘트라)을 지원한 이른바 이란-콘트라 스캔들 관련 보도가 증가한 이후 국민들이 대통령의 국정수행능력을 평가할 때 외교정책을 중요한 기준으로 삼았던 것이 발견됐다(Krosnick & Kinder, 1990). 이 같은 점화효과의 메커니즘 때문에 점화효과를 의제설정 효과의 결과로 이해하기도 한다(Iyengar & Kinder, 1987; Weaver, 2007).

틀짓기(framing)는 심리학과 사회학에 기원을 둔 이론이다. 심리학에서

---

1 전통적으로 의제설정에서는 수용자의 의제를 공중의제(public agenda)로 부른다. 그러나 여기서는 퍼블릭(public)을 대중으로 번역해 쓴다.

는 같은 상황을 묘사하는 다른 방식(프레임)에 따라 사람들의 의사결정이 달라진다는 전망이론(prospect theory; Kahneman & Tversky, 1979; 1984), 사회학에서는 인간은 새로운 정보를 처리할 때 해석적 스키마(interpretive schema)에 의존한다는 고프만의 이론(Goffmann, 1974)에 기반한다. 사회학의 영향을 받은 틀짓기 연구는 미디어 내용을 분석해 이용자에게 미치는 영향을 추론하고, 심리학 영향을 받은 연구는 미디어의 틀짓기가 사람들이 사안을 해석하는 데 어떤 영향을 주는지 주로 살핀다. 하지만 프레임 대한 통일된 개념적·조작적 정의 부재는 틀짓기 연구의 큰 한계로 여겨지는데, 예를 들어 리즈(Reese, 2007)는 연구자들이 단순한 뉴스 주제에 관한 연구를 그럴듯하게 포장하기 위해 프레임 개념을 남용하고 있다고 지적했다. 이에 따라 프레임의 체계적 개념화를 시도한 연구 또한 계속 진행됐다(Entman, 1993; D'angelo, 2002; Scheufele, 1999). 이와 관련, 개인적 경험에 초점을 맞추는 일화적 프레임(episodic frame)과 거시적·구조적 문제에 집중하는 주제적 프레임(thematic frame)으로 프레임을 나눠 살피는 것도 제안됐다(Iyengar, 1991).

의제설정 이론과 점화이론, 틀짓기 이론은 오랫동안 정치 소통의 주요 이론으로 기능했다. 1956년부터 2000년까지 주요 소통학 관련 학술지에 실린 논문에서 이용한 이론을 분석한 결과 의제설정 이론은 이용과 충족과 함께 학자들이 가장 자주 연구 기반으로 삼는 이론이었고, 틀짓기 이론의 이용은 21세기 들어 특히 두드러졌다(Bryant & Miron, 2004). 미디어 환경 변화 속에서 이들 이론은 설명력을 높이기 위해 변화하고 있다. 예를 들어 미디어가 의제의 현저성뿐만 아니라 의제와 속성들 간 상호연결성에 대한 현저성 인식에도 영향을 미친다는 네트워크의제설정(Vu et al., 2014)을 통해 복잡다단해지는 정치 소통 현상을 분석한다.

정치 소통 학자들이 단기적인 정치적 효과만을 살핀 것은 아니다. 미디어의 정치적 효과는 장기적이며 강력하다는 가정을 바탕으로 한 이론도 존재한다. 침묵의 나선 이론은 정상 범주에서 벗어난 이를 소외시키는 현대 사회에서 사람들은 소외에 대한 두려움을 느끼기 때문에 끊임없이 여론의 분위기를 살펴 소수 의견을 가졌을 때는 침묵한다고 설명한다(Noelle-Neuman, 1974). 이 과정에서 미디어는 시민들이 여론의 기후를 살피는 가장 접근성 높은 수단으로 기능함으로써 시민들에게 강력한 영향력을 발휘한다. 애초 독일에서 소개된 침묵의 나선 이론은 다양한 국가에서 활발히 검증됐으나 결과가 일관되지 않아 아직 가설에 머물러 있다고 평가받기도 했다(McQuail, 2010). 침묵의 이론 연구를 메타분석(meta-analysis)한 결과도 여론의 분위기에 대한 인식과 의견 발언 여부 간에 상관관계가 있다는 증거가 빈약하다고 결론 내린 바 있다(Glynn et al., 1997). 행위자 기반 모형화 방법론을 통한 검증 결과 역시 대부분의 미디어가 특정 의견을 지지하는 경우라고 해도 소수의 목소리를 내는 대안적 미디어가 존재하는 한 미디어의 침묵의 나선 효과는 줄어들 수 있음을 발견한다(Sohn, 2022).

침묵의 나선과 연관된 이론으로 제3자 효과가 있다. 데이비슨(Davison, 1983)이 처음 제안한 이 이론의 핵심은 사람들은 보통 자신보다 타인이 미디어의 영향을 더 많이 받을 것이라고 인식한다는 것인데, 이 역시 미디어의 영향력이 매우 크다는 가정에 바탕하고 있다. 미디어 효과와 관련한 실증적 연구가 강력한 영향력을 발견하지는 못했음에도 일반적으로 사람들이 미디어의 영향력을 크게 인식하는 이유 역시 제3자 효과로 설명할 수 있다(Hoffner et al., 2001). 타인이 미디어의 영향을 많이 받는다고 생각하기 때문에 사람들은 미디어 규제나 검열을 지지하고(McLeod et al., 2001), 정치선전이나 캠페인 관련 보도의 영향도 크다고 생각한다(Cohen & Davis, 1991).

제3자 효과는 연관된 개념인 제1자 효과 연구로도 이어지는데, 사회적으로 바람직한 메시지의 경우에는 타인보다 자신에게 미치는 영향이 크다는 인식이다. 예를 들어 사람들은 팩트체크 메시지의 경우 타인보다 나에게 미치는 긍정적 영향이 더 크다고 여긴다(Chung, 2023).

2) 미디어 이용과 시민성

정치 소통 연구의 또 다른 중요한 질문 중 하나는 시민들이 민주시민으로서 자질을 갖추는 데 미디어가 수행하는 역할에 관한 것이다. 주요 국가적 사안에 대한 식견을 바탕으로 공동체와 정치에 깊이 관여하는 시민이 존재할 때 건강한 민주주의가 가능하다는 점에서(Delli Carpini & Keeter, 1996; Norris, 2000) 미디어 이용이 정치지식 습득, 사회적 자본 형성, 정치참여에 미치는 영향은 특히 중요한 연구주제다.

미디어를 통한 정치지식 습득은 주로 뉴스를 통해 이루어진다. 그레이버 (Graber, 1984)는 틀짓기 이론의 영향을 받아 새로운 뉴스 정보를 개인이 기존에 가지고 있는 해석적 스키마와 통합할 수 있을 때 의미 있는 뉴스 정보처리가 일어나는 동시에 지식습득도 가능하다고 설명한다. 따라서 같은 뉴스에 노출됐다고 해도 뉴스를 처리할 수 있는 스키마를 보유했는지, 스키마와 새로운 정보를 통합하는 뉴스 정보처리를 수행할 동기가 있는지에 따라 지식습득 정도는 달라진다. 비슷한 맥락에서 다른 연구도 뉴스 정보를 처리하는 데 얼마나 많은 인지적 자원을 사용하는지에 따라 지식습득 정도가 달라진다고 설명한다. 비슷한 맥락에서 뉴스 정보를 처리하는 데 얼마나 많은 인지적 자원을 사용하는지에 따라 지식습득 정도가 달라진다고 설명하는 연구도 있다. 예를 들어 인지적 매개 모형(cognitive mediation model)에 따르면 환경감시 동기를 지닌 시민들이 뉴스 내용에 집중해 깊이 생각하는 정교화 과정을 거칠 때 지식을 얻는다(Eveland, 2001).

시민들이 인쇄물, 텔레비전, 인터넷 등 다양한 채널을 통해 뉴스를 접하게 되면서 정보전달 양식에 따른 지식습득의 차이에 대한 연구도 활발히 이뤄졌다. TV뉴스의 경우 보통 뉴스 길이가 짧고 사실 전달보다는 시각 정보전달이 주를 이뤄 효과적 지식습득 경로라 할 수는 없지만, 시각정보가 현실에 대한 추가적 이해와 느낌 전달을 가능케 한다는 장점이 있다(Graber,

1990). 인터넷이 뉴스 소비의 주된 경로로 자리 잡으면서 인터넷의 지식습득 효과도 주된 연구주제였다. 이용자의 선택성이 크게 발휘되는 공간이라는 특성 때문에 인터넷을 통해 뉴스를 볼 때는 대충 살펴볼 수도, 원하는 만큼 충분한 시간을 들여 소비할 수도 있다. 인터넷에서 뉴스를 선택적으로 훑어보는 것은 지식습득에 부정적 영향을 미치지만, 내용의 정교화 과정을 거치면 긍정적 영향이 있는 것이 발견됐다(Eveland & Dunwoody, 2002).

이용자의 관심을 놓고 수많은 매체와 채널이 경쟁하는 현 미디어 상황에서는 뉴스에 충분한 인지적 자원을 쏟기는커녕 정기적 뉴스 노출 자체를 기대하기도 어렵다. 프라이어(Prior, 2007)는 매체와 채널이 폭발적으로 증가하면서 오락 프로그램 수도 덩달아 늘어난 환경에서 뉴스는 아예 회피하고 오락 프로그램만 소비하는 이들에게 집중해, 이들의 정치지식 수준이 특별히 낮다는 점을 발견하기도 했다.

변화하는 미디어 환경이 지식습득에 무조건 나쁜 영향만 미치는 것은 아니다. 뉴스 생산자들은 이제 시민들이 자사 플랫폼을 찾아오게 하기보다는 시민들이 자주 이용하는 다양한 인터넷 플랫폼을 찾아 뉴스를 배포하고 있다. 그 결과 특별히 정치정보를 이용할 동기가 없는 이들도 우연히 뉴스에 노출되고 그 결과 정책과 캠페인 관련 지식을 습득한다(Lee & Kim, 2017; Weeks et al., 2022). 하지만 우연한 뉴스 노출 효과와 관련한 연구를 메타분석한 결과는 우연한 뉴스 노출과 정치지식 사이에 긍정적 관계가 존재하기는 하나 그 효과의 크기가 크지는 않으며 효과의 정도도 일관되지 않음을 보여준다(Nanz & Matthes, 2022).

사회자본은 공동체 내 동료 시민들과의 연결성 정도를 뜻하는데 시민들이 사회자본을 갖출 때 공동체 문제에 관심을 가지고 건강한 민주주의에 기여할 수 있다는 점에서 중요성을 가진다. 이와 관련한 기념비적 연구인 〈나홀로 볼링(Bowling Alone)〉에서 퍼트넘(Putnam, 1995)은 실증적 분석을 통해 텔레비전의 등장이 사회자본 감소를 가져왔음을 발견했다. 이를 두고 퍼트

넘은 시간대체 효과라고 언급했는데, 볼링클럽과 같은 지역사회 모임에 참여하던 시간을 텔레비전 시청이라는 개인적 활동에 빼앗겼다는 것이다.

인터넷의 등장과 함께 인터넷 사용이 사회자본에 미치는 영향에 관한 연구도 이어졌는데, 인터넷 초기에 수행된 연구는 인터넷 이용이 가족 간의 대화와 사회적 관계 형성 감소로 이어짐을 보여준다(Kraut et al., 1998). 이후 타인과의 관계 맺기를 주목적으로 하는 특별한 종류의 인터넷 서비스인 소셜미디어가 널리 사용되면서 소셜미디어가 사회자본에 미치는 영향에 대한 연구도 이어졌다. 연구결과 일반적 소셜미디어 사용은 사회자본에 직접적 영향을 주지 않지만, 뉴스와 같은 정보 습득 목적에서 소셜미디어를 사용할 때는 사회자본 형성에 긍정적 영향을 미쳤다(Gil de Zúñiga et al., 2012).

정치참여에 관한 전통적 연구들은 미디어의 역할에 크게 주목하지 않았다. 정치참여를 위해서는 시간, 돈, 효능감, 관심, 참여를 독려할 인적 네트워크와 같은 자원이 필요한데, 보통 사회경제적 지위가 높은 이들이 이 같은 자원을 많이 보유하고 있어 정치에 더 적극적으로 참여한다고 설명한다(Verba & Nie, 1972). 정치 소통 학자들은 정보습득 목적의 미디어 이용이 동료 시민과의 대화를 촉발함으로써 정치지식과 정치참여를 촉진하는 매개적 역할을 한다고 보고 그 역할을 검증해왔다. 소통매개모형(communication mediation model)은 심리학의 O-S-O-R 모형(Markus & Zajonc, 1985)을 차용해, 미디어가 사회경제적 지위나 정보이용 동기 같은 변수와 참여의 관계를 매개하는 역할을 한다고 설명한다(Shah et al., 2007).

인터넷이 등장하면서 미디어가 참여에 미치는 영향에 대한 논의는 다른 국면을 띠게 된다. 인터넷을 통한 시민들 간 소통의 양과 질이 다양해지며 정치참여를 독려하는 인터넷의 강력한 매개효과가 밝혀진다. 인터넷 사용이 익숙한 청년을 대상으로 한 연구는 인터넷 사용이 오프라인·온라인 정치참여와 정적 관계에 있음을 보여준다(Bakker & De Vreese, 2011). 특히 소셜미디어의 경우 일반적 소셜미디어 사용은 정치참여 증가와 무관했지만, 소셜미디어를 통해 뉴스 정보를 접하고 이를 동료 시민들과 공유하며 뉴스 내용에 대해 대화하는 이들은 정치에 더 적극적으로 참여한다(Choi, 2016). 뉴스를 동료 시민들과 공유하고 댓글을 통해 논의하는 과정에서 이용자는 뉴스처리에 더 많은 인지적 에너지를 쏟게 되고 그 결과 정치지식을 습득하는 동시에 정치에 참여한다고 볼 수 있다.

인터넷을 매개로 하는 정치참여 확산의 의미에 대한 문제제기도 있다. 인터넷 때문에 시민들이 힘든 참여 행동에는 관심을 기울이지 않고, '좋아요' 누르기, 정치 현안 관련 글 공유와 같이 아주 잠깐의 시간과 노력만 기울이면 되는 쉬운 종류의 행동에만 참여한다는 것이다. 따라서 인터넷을 매개로 이뤄지는 게으른 참여(Slactivism)에 대한 우려의 목소리도 크다. 하지만 이른바 게으른 참여를 통해서도 시민들은 자신의 정치적 의사를 표현할 수 있는 기회를 가지게 되고 그 결과 오프라인에서도 적극적으로 정치에 참여하게 된다는 주장도 있다(Kwak et al., 2018).

미디어의 다양화가 가져오는 참여의 양적 확대는 참여의 질에 대한 고민으로 이어진다. 기존의 선순환모형(virtuous cycle; Norris, 2000)은 미디어 이용이 국가적 사안에 대한 사실적 지식의 폭을 넓혀 주고 시민들은 이 지식에 바탕해 정치에 참여한다고 설명한다. 즉, 미디어는 식견 있는 시민들의 참여를 독려하는 수단이었다. 하지만 뉴스 소비에 대한 특별한 동기가 없는 시민들이 인터넷을 통해 다량의 질 낮은 뉴스에 노출되는 상황은 이 선순환모형의 오작동을 일으킬 수 있다는 것이다.

예를 들어 가볍고 짧은 종류의 이른바 스낵뉴스가 넘쳐나는 소셜미디어를 통해 뉴스를 이용하는 시민들은 실제 지식수준(객관적 지식)은 높지 않지만, 정치에 대해서 많이 알고 있다는 인식은 높으며(주관적 지식), 이 주관적 지식이 높은 사람들만이 정치에 활발하게 참여한다(Lee et al., 2022). 이 결과로 식견 있는 시민은 정치에 참여하지 않고, 도리어 무지한 시민들만 더 적극적으로 정치에 참여하는 현상이 벌어진다. 이처럼 미디어의 발전이 정치참여에 있어 꼭 긍정적인 결과로 이어지지는 않고, 도리어 시민들을 유해한 정보, 인물, 행동에 노출시켜 부정적 결과를 낳을 수 있어 참여확대의 어두운 측면에 더 관심을 가져야 한다는 목소리(Quandt, 2018)도 커지고 있다.

3. 정치조직의 소통

1) 정치조직과 미디어의 상호작용

정치 소통 과정에서 모든 정치조직은 메시지를 사용, 일반 대중에게 영향을 미쳐 우호적 여론과 유리한 사회 환경을 조성하고자 한다. 이러한 정치 메시지는 대부분 미디어를 통해 대중에게 도달되므로, 이를 둘러싸고 정치조직과 미디어 사이에 정치 소통이 활발하게 일어난다. 앞서 살펴보았듯이 미디어의 정치 메시지는 여러 가지 방식으로 대중에게 영향을 미친다. 이에 따라 정치조직은 미디어의 내용물 구성에 다양한 형태로 영향을 미치고자 한다. 그러나 미디어 또한 정치 소통의 독립적 주체로 기능하기 때문에, 정치조직과 미디어 사이의 소통은 매우 복잡하고 미묘한 메커니즘에 따라 작동한다.

정치조직과 미디어의 소통은 미디어의 고유한 작동 방식에 좌우되는 경향을 보인다. 미디어가 뉴스와 같은 정치적 내용물을 생산하는 과정은 특유의 조직문화와 전문직업적 관행, 기술적 특징, 뉴스 가치 등에 근본적인 영향을 받는다(Gans, 1979; Tuchman, 1978). 이에 따라 정치조직은 미디어의 작동 방식에 적응하며 이를 이용하고자 한다. 이러한 미디어의 메시지 구성 과정을 설명하기 위해 다양한 이론이 나타났다.

미디어 내용물, 특히 뉴스 생산에 대한 대표적 이론으로 게이트키핑(gate keeping)이 있다. 게이트키핑은 미디어가 최종 보도되는 뉴스를 선택하기 위해 일정한 수의 관문을 세우고 이를 지키는 문지기(기자, 데스크

등)가 통과 여부를 순차적으로 결정한다고 설명한다(White, 1950). 뉴스 보도란 기본적으로 선택적이며 이는 구체적 직무를 수행하는 개인의 권한 이라는 것이다. 특정한 정치 메시지가 대중에게 전달되기 전 누군가에 의해 선택되거나 버려질 수 있다는 뜻이기도 하다. 따라서 특정 정치조직은 자신의 메시지가 미디어의 여러 관문을 통과하도록 다양한 정치 소통을 통해 가능한 모든 노력을 기울인다.

문지기의 개별적 선택은 정치 메시지가 대중에게 전달될지를 결정하지만, 이러한 선택은 또한 다양한 정치조직의 영향력이 작용한 결과일 수밖에 없다. 최종적으로 보도되는 뉴스에 사회적 영향이 작용하는 메커니즘에 대한 설명 가운데 하나가 계층적 영향(hierarchy of influences) 모형이다(Shoemaker & Reese, 2013). 이는 정치 메시지를 담은 뉴스와 같은 미디어 내용물은 다양한 수준의 사회적 힘이 영향을 미친 결과인데, 이러한 사회적 힘에는 위계질서가 있다고 설명한다. 구체적으로, 사회적 영향력의 위계 가장 아래에는 기자 개인의 영향이 작용하며 그 위로 마감 기한과 같은 미디어 관행, 소유관계 등 미디어 조직 상태, 외부적 영향력 등이 있으며, 가장 큰 차원의 영향력으로 이데올로기가 있다(Shoemaker & Reese, 2013). 동심원 형태로 표현되는 이 모형은 위계 아래 및 안쪽에 있는 사회적 힘은 위 및 바깥쪽 힘의 영향을 받아, 가장 강력한 영향력을 행사하는 것은 결국 이데올로기 또는 사회문화적 영향력이라고 설명한다.

정치조직은 여기서 외부 영향력의 하나로 정치 메시지의 구성에 강력한 영향력을 행사한다. 정치조직이 미디어 내용물 구성에 미치는 영향은 미시적·구체적 개별 메시지 차원뿐만 아니라 정치 메시지의 일반적 성격에 대한 영향 등 거시적 차원까지 포괄한다. 정치조직의 미디어 내용물 구성에 대한 영향력은 여러 측면과 수준에서 이론화되고 또 검증됐다. 이러한 노력 가운데 하나로 인덱싱(indexing; Bennett, 1990)은 언론의 뉴스 구성에 관한 연구를 통해 국가와 미디어의 관계를 설명한다. 인덱싱의 핵심 주장은 미디어의 보도는 일반적으로 정부와 의회 등 정치 상층부에서 논의하는 내용과 범위를 따른다는 것이다. 집권당 및 정부와 야당 상층부가 대체로 의견이 일치할 때는 그러한 합의를 반영하고, 여야 의견이 충돌할 때는 충돌 지점을 주로 보도한다(Bennett, 1990). 합의와 충돌의 어떤 경우든 미디어의 보도는 대통령과 의회 지도자와 같은 정치 엘리트가 벌이는 논의를 벗어나지 않는다. 이처럼 미디어 보도가 정치 엘리트가 정한 사안에 제한되는 것은 미디어가 지닌 특수한 관행 때문이라고 설명된다. 뉴스의 기본적 요소로 정보 출처가 필요한데, 미디어는 일반 시민 등에 비해 정부 공직자와 같은 공식적 정보원에 주로 의존하는 경향이 있다. 이러한 경향은 미디어 전반에 걸쳐 존재하며, 정치 소통에서는 정치 엘리트가 선택하는 사안과 논의로 언론 보도가 가득 차는 결과로 이어진다는 것이다.

인덱싱의 설명은 결국 정치조직, 특히 정치 엘리트가 미디어의 뉴스 구성에 지배적 영향을 미친다는 것이다. 그러나, 인덱싱은 미디어의 독립적 보도나 그로 인한 이견의 대중 노출, 그리고 대중 여론의 정치 반영 등을 설명하지 못한다는 비판을 받았다(Althaus et al., 1996). 이러한 한계점을 보완하는 이론적 모형이 폭포식활성화모형(cascading activation model; Entman, 2003)이다. 이 모형은 정치 엘리트를 대통령 등 행정부와 의회로 나누고, 행정부에서 의회, 미디어, 뉴스 프레임, 대중 순서로 연결되는 네트워크를 구성한다. 이러한 네트워크를 따라 어떤 사안에 대한 행정부의 프레임이 처음에는 의회, 이후에는 미디어 등 순으로 폭포수가 떨어지는 것처럼 활성화한다고 표현했다(Entman, 2003). 인덱싱과의 차이점은 미디어가 언론 보도를 통해 정치 엘리트에 영향을 미치는 피드백 경로를 설정함으로써 미디어의 독립성이나 여론에 따른 정책 변화 가능성을 인정한 것이다. 또한 정치 엘리트 내부의 균열 발생을 설명할 수 있으며, 프레임 개념을 사용해 정치 및 정책 수립 과정에 핵심적 역할을 하는 것이 어떤 미디어 내용물인지 알 수 있도록 한다(Entman, 2003). 이 모형은 여전히 미디어 내용물 구성에 대한 정치조직의 강력한 영향력을 전제하지만, 정치조직과 미디어 사이의 소통이 일방적이지 않다는 것을 이론화했다는 점에서 의의가 있다.

정치 메시지의 주요 요소로 의제에 주목해 정치조직-미디어 소통을 설명하기도 한다. 이는 대중-미디어 소통에서 언급한 의제설정(McCombs & Shaw, 1972) 이론을 정치 엘리트 등 정치조직에까지 확장한 것으로 미디어의제와 대중의제에 이어 정책의제 개념을 도입한 것이다(Rogers & Dearing, 2012). 정책의제는 대통령이나 의회 등 정치조직의 의제로 인덱싱(Bennett, 1990)에서 다루는 뉴스 내용이나 폭포식활성화모형(Entman, 2003)의 뉴스 프레임과 밀접히 관련돼 있다. 정책의제는 미디어의제 및 대중의제와 상호작용하며 서로 직간접적으로 영향을 주고받는다(Rogers & Dearing, 2012). 미디어가 대중의제에 영향을 미치는 과정을 대중의제설정이라고 하고, 대중의제나 미디어의제가 정책의제에 영향을 미치는, 즉 정책의제가 종속변수로 작용하는 과정을 정책의제설정라고 하며, 대중의제나 정책의제가 미디어의제에 영향을 미치는, 즉 미디어의제가 종속변수가 되는 과정을 미디어의제설정으로 모형화했다(Rogers & Dearing, 2012).

로저스와 데어링(Dearing & Rogers, 1996; Rogers & Dearing, 2012)이 발전시킨 이 모형은 정치조직과 미디어의 소통을 의제라는 개념을 통해 체계적으로 분석할 수 있는 길을 열었다. 정책의제설정은 정치의제설정으로 불리기도 한다. 예를 들어, 정치의제설정 과정에서 미디어나 정치적 맥락 등 정치의제에 영향을 미치는 요인을 밝히는 이론적 작업이 수행된 바 있다(Walgrave & van Aelst, 2006). 한편, 미디어의제설정은 누가 미디어의제를 결정하는지를 설명하고자 하는 모형으로 위에서 언급한 계층적 영향 모형(Shoemaker & Reese, 2013) 등 미디어사회학적 접근과 긴밀히 연결된다.

정책의제설정 모형은 정치학 등 인접 학문분야의 기존 연구와도 밀접한 관계가 있다. 정치학자인 콥과 엘더가 개발한 의제형성(agenda building; Cobb & Elder, 1971)은 미디어를 포함한 다양한 사회 세력이 정책입안자의 관심 사안에 자신의 이해관계를 관철하려는 과정을 설명한다. 거의 모든 경우 사회 문제의 양은 정부의 관심 한계 또는 역량 이상이고 정책적 문제는 새롭게 정의해야 하는 수가 대부분이기 때문에, 사회 세력은 정책의제에 자신의 관심 사안을 올리기 위해 경쟁한다는 것이다(Elder & Cobb, 1984). 의제형성은 정책의제를 종속변수로 하고 다양한 사회세력의 영향을 독립변수로 취급한다는 측면에서 정책의제설정과 유사한 모습을 보인다. 그러나 의제형성은 정책입안자가 어떤 사안의 중요성을 인지하는 과정에 보다 초점을 맞추고 있다.

2) 선전과 정치광고, 정치 PR

이와 같이 정치조직과 미디어는 정치 소통을 통해, 여러 가지 방식으로 서로 영향을 주고받는다. 정치조직은 이러한 거시적 상호작용 구조에 적응하면서 일상적으로 미디어를 이용해 자신의 정치메시지를 대중에 전달하고자 한다. 이러한 노력이 미시적·단기적 차원에서 선전이나 정치광고, 정치 캠페인, 공중관계(PR) 등으로 나타난다.

나치 독일과 스탈린 치하 소련의 거대한 군중과 미디어 행사가 먼저 떠오르는 선전은 대부분 부정적 의미를 내포하지만, 현대에서도 여전히 쓰이는 정치조직의 소통 가운데 하나이다. 100여 년 전 제1차 세계대전을 기점으로 많이 쓰이기 시작한 용어인 선전의 정의는 다양하다. 대중매체와 선전 연구의 선구자인 라스웰은 "선전은 넓은 의미에서 상징의 조작을 통해 인간 행동에 영향을 미치는 기술"이라고 했다(Lasswell, 2013[1927]). 조웨트와 오도넬(Jowett & O'donnell, 2018)은 "사람들의 지각을 형성하고 인지를 조작하며 선전 기획자의 의향대로 사람들이 반응하도록 하기 위한 의도적이고 체계적인 시도"라고 정의한다.

선전은 결국 대중의 생각과 태도, 의견을 자신이 원하는 방향으로 이끌기 위해 메시지를 조작하는 행위로 이해되며, 선전활동이 국내외적으로 최고조에 이른 두 차례 세계대전을 거치며 매우 부정적인 의미를 띠게 된다. 따라서 선전은 일반적 설득과 구분한다. 설득은 메시지 기획자와 수용자 양측 모두의 이익을 꾀하지만, 선전은 수용자의 이익을 고려하지 않는 것으로 주로 차별화한다(Jowett & O'donnell, 2018). 그러나 선전과 설득을 분명히 구분하기는 쉽지 않은 경우가 많다. 선전에는 여러 기법이 동원되는데, 예를 들어 리와 리(Lee & Lee, 1939)는 매도와 미사여구, 가치이전, 증언, 서민적 이미지, 카드 속임수, 편승 유도 등 선전 방식을 정리한 바 있다. 이런 선전기법은 현대에도 광고 등에서 여전히 활용된다. 최근에는 허위조작정보(disinformation)나 혐오표현(hate speech) 등이 소셜미디어 알고리듬 같은 새로운 기술과 결합해 강력한 선전도구로 쓰이기도 한다(Benkler et al., 2018).

현대 민주주의 사회에서 선전은 특히 전쟁이나 테러와 같은 상황에서 두드러진다(Price & Thompson, 2002). 전쟁에서 승리하기 위해 또는 테러단체의 의도를 분쇄하기 위해 정부가 자국민이나 적국민을 상대로 미디어를 통해 벌이는 선전활동은 흔히 발견된다. 나치 독일이나 구소련과 같은 전체주의 및 권위주의 사회와 비교해 민주주의 국가에서 전시 선전은 좀 더 미묘하고 복잡한 양상을 보인다. 이는 언론의 자유가 보장되는 민주주의 체제에서 정치권력으로부터 비교적 독립적인 미디어가 정부의 선전을 그대로 대중에 전달하지 않기 때문이다. 이에 따라 정부는 각종 전시 상황에서 효과적으로 선전활동을 벌이기 위해 군사 행동 등에 관한 정보의 흐름을 적절히 통제하는 등의 방식을 써 왔다(Tumber & Palmer, 2004). 또한 언론이 협조적으로 보도할 수 있도록 유도하거나(Dorman, 1997) 군사 행동이 국민의 애국심을 고취할 수 있게 하는 식의 활동을 벌이기도 했다(Zaller, 1997).

주로 선거운동 기간에 집중적으로 등장하는 정치광고 또한 미시적 차원에서 정치조직이 미디어를 통해 대중에 영향력을 행사하려는 중요한 소통이다. 정치광고의 정의 가운데 "(정당이나 정치 후보자가) 자신이 전적으로 통제할 수 있는 메시지를, 대중매체를 통해 대중에 전달하는 것"이 있다 (Kaid, 2004). 이 정의는 현재 대중매체의 개념이 모호해진 것을 제외하면, 정치광고의 특징을 잘 잡아내고 있어 많이 통용되고 있다. 따라서 정치광고는 정치조직이 자신의 정치 메시지를, 미디어를 통해 완벽하게 통제할 수 있는 방식으로 대중에게 전달하는 것이라고 이해할 수 있다. 핵심은 '완벽한 통제'로, 정치인이나 정치조직이 자기 뜻이 그대로 관철된 정치 메시지를 미디어와 대중에 유통시킨다는 것이다. 언론의 독립적 의지가 반영돼 정치조직이 완벽히 통제할 수 없는 뉴스와 분명히 구별되는 지점이다.

정치광고는 텔레비전의 등장 이후 폭발적으로 증가했으며 미국에서는 특히 1952년 대통령 선거에서 당시 아이젠하워 공화당 후보가 광고회사를 이용해 효과적 텔레비전 광고를 펼치며 정치광고 시대의 본격적 개막을 알렸다(Jamieson, 1996). 한국에서는 신문의 정치광고가 처음 허용된 1963년 대통령 선거부터 시작됐다고 볼 수 있다(이시훈, 2004). 정치조직의 입장에서 정치광고는 메시지를 완벽히 통제할 수 있다는 장점이 있지만 이는 또한 약점으로도 작용한다. 일반 대중은 정치광고가 전적으로 정치조직에 의해 관리된다는 것을 잘 알기 때문에 메시지가 일방적이고 편향적이며 때로는 기만적이라는 인식도 가지게 된다.

이러한 정치광고의 태생적 한계 때문에 정치조직은 메시지에 대한 일반 대중의 거부감과 저항을 최소화하면서 목적을 달성할 수 있는 방식을 찾게 된다. 정치 PR(public relations)이 이러한 소통의 하나이다. PR에도 수많은 정의가 존재하지만 "어떤 조직과 대중 사이에 상호 유익한 관계를 구축하고 유지하는 관리 기능"이라는 것이 많이 쓰인다(Cutlip et al., 2006). 일방적·편향적일 수밖에 없는 선전이나 광고와 분명히 구분하고자 하는 것으로, 정치 PR은 정치조직과 대중 모두에게 유익하도록 양자의 관계를 관리하는 행위를 일컫는다. 이에 따라 정치 PR은 메시지가 주로 전파되는 통로인 미디어의 관리뿐 아니라 정치인이나 조직의 이미지 관리, 정치 마케팅,

정보 흐름 관리 등 다양한 분야에 걸쳐 진행된다(McNair, 2017). 예를 들어, 정치조직이 미디어에 전달하는 보도자료 등 각종 정보의 내용과 흐름을 효과적으로 관리해 호의적 뉴스가 보도되도록 하는 미디어 관리는 정치 PR의 중요한 영역 가운데 하나이다. 정치광고와 같은 유료 미디어와 달리, 무료 미디어[2]인 뉴스는 일반 대중의 거부감이 훨씬 적어 정치조직의 목적 달성에 더욱 유리하다. 이에 따라 정치조직은 선거 기간이나 비선거 시기 모두 PR 기법을 적극적으로 활용하고자 한다(Strömbäck & Kiousis, 2020).

4. 새로운 환경, 오래된 문제

정치 소통 환경의 변화는 새로운 도전을 낳고 있다. 특히 정치적 양극화, 허위정보 및 무례함 증가 등은 건강한 민주주의를 위협하는 요소로 떠오르고 있다. 전 세계적으로 정치적 양극화 심화에 대한 우려가 커지고 있다. 정치적 양극화는 보통 사회 구성원 간 정치적 의견, 태도의 간극이 커지는 이념적 양극화(ideological polarization)와 정치적으로 같은 편을 좋아하는 감정과 상대편을 싫어하는 감정의 간극이 커지는 감정적 양극화(affective polarization)로 나눠 이해할 수 있다. 정치적 양극화 정도가 높은 이들은 정치에 관심이 많고, 정치 활동에도 적극 참여한다는 점에서 긍정적인 측면이 있기도 하다. 하지만 정치적 양극화 심화는 주요 정책의 수립 및 수행을 방해하고 서로 다른 의견을 가진 시민들이 소통하며 합리적 해결책을 찾아가는 숙의민주주의의 이상 실현을 저해한다.

　미디어를 통한 선택적 노출 확대는 정치적 양극화 심화의 원인으로 꼽힌

2　이 용어는 미디어에 광고료를 지급하는 광고와 달리, 뉴스는 미디어에 직접 사용료를 지급하지 않는다는 의미로 쓰인다. 보도자료 관리 등에 필요한 비용은 지출되지만, 이는 미디어 사용료가 아니기 때문이다.

다. 예전 대중매체의 시대에는 미디어를 통한 선택적 노출이 쉽지 않았으나 미디어가 폭발적으로 증가, 세분화하면서 자신의 의견과 조응하는 정치 정보만 선택적으로 소비하거나 정치적으로 비슷하게 생각하는 시민들과만 선택적으로 교류할 수 있게 됐다. 선택적 노출은 기존의 정치성향을 더 강화시켜 정치적 양극화로 이어지는 경향이 크다. 자신의 정치성향에 맞는 뉴스를 더 많이 소비하는 사람들은 시간이 지날수록 더 양극화됐고, 이 양극화 정도는 다시 이들의 선택적 노출 성향을 강화시킨다(Stroud, 2010).

소셜미디어의 등장과 함께 정치적 성향이 일치하는 동료 시민과의 선택적인 교류가 가능해지면서 소셜미디어 이용과 정치적 양극화의 관계 또한 관심을 모았다. 다수의 연구가 소셜미디어 사용과 양극화 간의 상관관계를 밝혀냈다(Kubin & von Sikorski, 2021). 소셜미디어 알고리듬 자체가 이용자를 선호하는 정보에 우선 노출시키기 때문에 소셜미디어 이용은 높은 감정적 양극화로 이어진다(Cho et al., 2020). 이와 관련, 2018년 미국 중간선거 상황에서 실험 참가자들이 4주 동안 사용하던 페이스북 페이지를 비활성화하도록 한 결과 정치적 양극화 정도가 낮아지기도 했다(Allcott et al., 2020). 한국의 SNS 이용자를 대상으로 한 연구에서도 정치적으로 극단적일수록 소셜미디어 사용이 많아지는 것이 발견됐다(유효선·이재국, 2021).

이와 관련된 현상으로 온라인에서의 무례함(incivility) 증가가 있다. 무례함은 경멸, 욕하기, 공격, 조롱과 같은 방식을 통해 타인을 공격하는 행위를 의미한다. 익명성이 보장되는 온라인 상황에서 무례함은 더 두드러지는데, 자신의 정치적 의견을 공격하는 무례한 언어에 노출되면 더 폐쇄적, 방어적이 되고 그 결과 감정적으로 더욱 양극화된다(Hwang et al., 2014).

하지만 정치적 양극화를 완화할 확실한 대안은 아직 발견하지 못한 상황이다. 선택적 노출이 양극화 정도를 심화한다고 할 때 그 반대인 정치적 이견노출이 양극화를 완화할 것이라고 가정해 볼 수 있다. 하지만 이견노출의 두드러지는 탈양극화(depolarization) 효과는 입증되지 않았고, 도리어 양극화를 심화시킨다는 결과도 있다(예: Kim, 2019). 소셜미디어 상황에서도 이견에 노출된 사람들이 정치 토론에 많이 참여했을 때 도리어 양극화가 심해졌다(Lee et al., 2014). 이는 확증편향으로 설명할 수 있는데, 정치적 이견을 접하더라도 사람들은 자신의 의견과 일치하는 정보만 중요하게 생각하고 선택적으로 소비한다는 것이다(Taber & Lodge, 2006).

새로운 환경에서 더욱 심각해지고 있는 문제로 허위정보의 확산이 있다. 2016년쯤 미국 대통령 선거 등 전 세계 주요 선거에서 미디어를 통한 허위정보 및 여론왜곡과 관련한 논의가 본격 시작됐다. 이는 소셜미디어 확산과 함께 정보 확산 비용이 극적으로 낮아진 가운데 악의적 목적으로 이 공간을 이용, 조직적으로 허위정보를 유포하는 세력이 등장했기 때문이다(Bradshaw & Howard, 2017).

더욱 우려할 점은 한 나라의 미디어 생태계 전체를 위협하는 허위정보 생태계의 형성이다. 벤클러 등(Benkler et al., 2018)은 2016년 미국 대통령 선거에서 수백만 건의 정치뉴스에 대한 네트워크 분석 결과, 정보 생태계 전체가 정치선전을 포함한 허위정보에 매우 취약해졌음을 발견한다. 극단적 정치성향의 온라인미디어가 상대편을 공격하기 위해 만들어내는 허무맹랑한 허위정보라 할지라도 정파적 시민들이 소셜미디어를 통해 이를 확산시키고, 또 정파적 성향을 띤 기성언론이 소셜미디어를 인용해 해당 허위정보를 보도하면 다른 기성언론도 이를 다루는 식이다. 결국에는 시민들이 해당 허위정보를 대대적으로 접하게 되는데, 이러한 메커니즘은 '네트워크선전(network propaganda)'이라고 불린다.

네트워크선전은 국내 정치에서도 검증된 바 있는데, 허위정보를 생산하는 주체는 극단적 정치성향의 개인 유튜버였지만 기성언론의 유튜브가 해당 내용을 검증하기보다는 이 내용을 화제성 기사로 광범위하게 유포하면서 허위정보는 더 왜곡되고 널리 배포된다(김영기 등, 2021; 김춘식·홍주현, 2020). 즉, 허위정보생태계에서 기성언론은 사실확인의 규범에 따라 허위정보를 수정하고 진실을 밝혀야 하지만 도리어 허위정보 생산 및 확산에 기여하는 셈이다.

허위정보 확산은 민주주의에 큰 위협이다. 허위정보를 소비하고 믿는 시민들이 정치적 목소리를 크게 낼 때, 식견 있는 시민의 참여라는 민주주의 이상은 위기를 맞게 된다. 베넷과 리빙스톤(Bennett & Livingston, 2018)은 허위정보 확산은 허위정보질서(disinformation order)를 형성해 종국에는 민주주의를 붕괴시킨다고 설명한다. 허위정보질서 속에서는 민주주의를 유지하는 언론, 입법, 행정 등 제도의 합법성이 위기를 맞고, 그 틈을 타반민주주의적 주장을 하는 선전세력이 득세하고 공론장이 무너지며, 종국에는 민주주의의 붕괴로 이어진다는 것이다.

미디어 환경의 급격한 변화는 정치 소통의 오랜 문제를 새로운 모습으로 우리 앞에 보여주고 있다. 공동체 전체의 구성과 유지, 발전에 핵심적 역할을 하는 정치 소통의 이러한 문제를 정면으로 마주하는 작업이 정치 소통 연구다. 이 작업은 문제의 정확한 식별과 이해로부터 시작한다. 그동안 개발된 이론과 수행된 연구는 문제를 식별, 이해하고자 학문공동체가 분투한 결과라고 할 수 있다. 새로운 환경에서도 기존의 이론과 연구는 분투의 방향을 가리키는 나침반 역할을 충분히 수행할 것이다.

참고문헌

김춘식 · 홍주현 (2020). 유튜브 공간에서 '가짜뉴스의 뉴스화': '고성산불' 관련 정치적 의혹 제기와 청와대 반응 사례 연구. 〈정치정보연구〉, 23권 2호, 403-439.

김영기 · 채종훈 · 주정민 (2021). 5 · 18 민주화운동에 대한 유튜브 왜곡영상 네트워크 분석. 〈민주주의와 인권〉, 21권 1호, 5-40.

유효선 · 이재국 (2021). 여론으로서의 소셜미디어: 이념 극단성과 SNS 유형, 이용자 관여의 관계에 대한 분석. 〈한국언론학보〉, 65권 5호, 286-327.

이시훈 (2004). 정치광고. 이동신 외 (저) 〈정치커뮤니케이션의 이해〉(100-139쪽). 커뮤니케이션북스.

Allcott, H., Braghieri, L., Eichmeyer, S., & Gentzkow, M. (2020). The welfare effects of social media. *American Economic Review, 110*(3), 629-676.

Althaus, S. L., Edy, J. A., Entman, R. M., & Phalen, P. (1996). Revising the indexing hypothesis: Officials, media, and the Libya crisis. *Political Communication, 13*(4), 407-421.

Bakker, T. P., & De Vreese, C. H. (2011). Good news for the future? Young people, Internet use, and political participation. *Communication Research, 38*(4), 451-470.

Benkler, Y., Faris, R., & Roberts, H. (2018). *Network propaganda: Manipulation, disinformation, and radicalization in American politics.* Oxford University Press.

Bennett, W. L. (1990). Toward a theory of press-state relations in the United States. *Journal of Communication, 40*(2), 103-127.

Bennett, W. L., & Livingston, S. (2018). The disinformation order: Disruptive communication and the decline of democratic institutions. *European Journal of Communication, 33*(2), 122-139.

Berelson, B., Lazarsfeld, P., & McPhee, W. (1954). *Voting: A study of opinion formation in a presidential campaign.* University of Chicago Press.

Bradshaw, S., & Howard, P. N. (2017). *Troops, trolls and troublemakers: A global inventory of organized social media manipulation.* Oxford Internet Institute.

Bryant, J., & Miron, D. (2004). Theory and research in mass communication. *Journal of Communication, 54*(4), 662-704.

Campbell, A., Converse, P. E., Miller, W., & Stokes, D. L. (1960). *The American voter.* Wiley.

Cho, J., Ahmed, S., Hilbert, M., Liu, B., & Luu, J. (2020). Do search algorithms endanger democracy? An experimental investigation of algorithm effects on political polarization. *Journal of Broadcasting & Electronic Media, 64*(2), 150-172.

Choi, J. (2016). Differential use, differential effects: Investigating the roles of different modes of news use in promoting political participation. *Journal of Computer-Mediated Communication, 21*(6), 436-450.

Chung, M. (2023). Share to stop the harm: How social media metrics drive sharing of fact-checking messages via first-person perception. *Mass communication and society*, Advance online publication. https://doi.org/10.1080/15205436.2023. 2240302

Cobb, R. W., & Elder, C. D. (1971). The politics of agenda-building: An alternative perspective for modern democratic theory. *The Journal of Politics, 33*(4), 892-915.

Cohen, J., & Davis, R. G. (1991). Third-person effects and the differential impact in negative political advertising. *Journalism Quarterly, 68*(4), 680-688.

Cutlip, S. M., Center, A. H., & Broom, G. M. (2006). *Effective public relations.* Pearson Education.

D'Angelo, P. (2002). News framing as a multiparadigmatic research program: A response to Entman. *Journal of Communication, 52*(4), 870-888.

Dearing, J. W., & Rogers, E. M. (1996). *Agenda-setting.* Sage.

Delli Carpini, M. X., & Keeter, S. (1996). *What Americans know about politics and why it matters*. Yale University Press.

Denton, R. E., & Woodward, G. C. (1990). *Political communication in America*. Praeger.

Dorman, W. A. (1997). Press theory and journalistic practice: The case of the Gulf War. In S. Iyengar & B. Reeves (Eds.), *Do the media govern?* (pp. 118-225). Sage.

Elder, C. D., & Cobb, R. W. (1984). Agenda-building and the politics of aging. *Policy Studies Journal, 13*(1), 115-129.

Entman, R. M. (1993). Framing: Toward clarification of a fractured paradigm. *Journal of Communication, 43*(4), 51-58.

Entman, R. M. (2003). Cascading activation: Contesting the White House's frame after 9/11. *Political Communication, 20*(4), 415-432.

Eveland Jr, W. P. (2001). The cognitive mediation model of learning from the news: Evidence from nonelection, off-year election, and presidential election contexts. *Communication Research, 28*(5), 571-601.

Eveland, Jr, W. P., & Dunwoody, S. (2002). An investigation of elaboration and selective scanning as mediators of learning from the web versus print. *Journal of Broadcasting & Electronic Media, 46*(1), 34-53.

Festinger, L. (1957). *A theory of cognitive dissonance*. Row, Peterson, and Company.

Gans, H. J. (1979). *Deciding what's news: A study of CBS evening news, NBC nightly news, Newsweek, and Time* (1st ed.). Pantheon Books.

Garrett, R. K. (2009). Politically motivated reinforcement seeking: Reframing the selective exposure debate. *Journal of Communication, 59*(4), 676-699.

Gil de Zúñiga, H., Jung, N., & Valenzuela, S. (2012). Social media use for news and individuals' social capital, civic engagement and political participation. *Journal of Computer-Mediated Communication, 17*(3), 319-336.

Glynn, C. J., Hayes, A. F., & Shanahan, J. (1997). Perceived support for one's opinions and willingness to speak out: A meta-analysis of survey studies on the "spiral of silence". *Public Opinion Quarterly, 61*(3), 452-463.

Glynn, C. J., Herbst, S., Lindeman, M., O'keefe, G. J., & Shapiro, R. Y. (2016). *Public opinion* (3rd ed.). Westview Press.

Goffmann, E. (1974). *Frame analysis: An essay on the organization of experience*. Harper and Row.

Graber, D., (1984). *Processing the news*. Longman.

Graber, D. A. (1990). Seeing is remembering: How visuals contribute to learning from television news. *Journal of Communication, 40*(3), 134-155.

Graber, D. A., & Smith, J. M. (2005). Political communication faces the 21st century. *Journal of Communication, 55*(3), 479-507.

Hwang, H., Kim, Y., & Huh, C. U. (2014). Seeing is believing: Effects of uncivil online debate on political polarization and expectations of deliberation. *Journal of*

Broadcasting & Electronic Media, 58(4). 621-633.

Hoffner, C., Plotkin, R. S., Buchanan, M., Anderson, J. D., Kamigaki, S. K., Hubbs, L. A., & Pastorek, A. (2001). The third-person effect in perceptions of the influence of television violence. *Journal of Communication, 51*(2), 283-299.

Iyengar, S. (1991). *Is anyone responsible?* University of Chicago Press.

Iyengar, S., & Kinder, D. R. (1987). *News that matters: Television and American opinion.* University of Chicago Press.

Jamieson, K. H. (1996). *Packaging the presidency: A history and criticism of presidential campaign advertising.* Oxford University Press.

Jowett, G. S., & O'donnell, V. (2018). *Propaganda & persuasion.* Sage.

Kahneman, D., & Tversky, A. (1979). Prospect theory: An analysis of decisions under risk, *Econometrica, 47,* 263-291.

Kahneman, D., & Tversky, A. (1984). Choices, values, and frames. *American Psychologist, 39*(4), 341.

Kaid, L. L. (2004). Political advertising. In L. L. Kaid (Ed.), *Handbook of political communication research* (pp. 155-202). Lawrence Erlbaum Associates.

Katz, E., & Lazarsfeld, P. F. (1955). *Personal influence: The part played by people in the flow of communication.* Free Press.

Kim, Y. (2019). How cross-cutting news exposure relates to candidate issue stance knowledge, political polarization, and participation: The moderating role of political sophistication. *International Journal of Public Opinion Research, 31*(4), 626-648.

Klapper, J. T. (1960). *The effects of mass communication.* Free Press.

Kraut, R., Patterson, M., Lundmark, V., Kiesler, S., Mukophadhyay, T., & Scherlis, W. (1998). Internet paradox: A social technology that reduces social involvement and psychological well-being? *American Psychologist, 53*(9), 1017-1031.

Krosnick, J. A., & Kinder, D. R. (1990). Altering the foundations of support for the presidential through priming. *American Political Science Review, 84,* 497-512.

Kwak, N., Lane, D. S., Weeks, B. E., Kim, D. H., Lee, S. S., & Bachleda, S. (2018). Perceptions of social media for politics: Testing the slacktivism hypothesis. *Human Communication Research, 44*(2), 197-221.

Kubin, E., & Von Sikorski, C. (2021). The role of (social) media in political polarization: A systematic review. *Annals of the International Communication Association, 45*(3), 188-206.

Lasswell, H. D. (2013[1927]). *Propaganda technique in the world war.* Martino Publishing.

Lazarsfeld, P. F., Berelson, B., & Gaudet, H. (1944). *The people's choice: How the voter makes up his mind in a presidential election.* Duell, Sloan and Pearce.

Lee, A., & Lee, E. B. (1939). *The fine art of propaganda.* Harcourt Brace & Co.

Lee, J. K., Choi, J., Kim, C., & Kim, Y. (2014). Social media, network heterogeneity, and opinion polarization. *Journal of Communication, 64*(4), 702-722.

Lee, J. K., & Kim, E. (2017). Incidental exposure to news: Predictors in the social media setting and effects on information gain online. *Computers in Human Behavior, 75,* 1008-1015.

Lee, S., Diehl, T., & Valenzuela, S. (2022). Rethinking the virtuous circle hypothesis on social media: Subjective versus objective knowledge and political participation. *Human Communication Research, 48*(1), 57-87.

Lippmann, W. (1922). *Public opinion.* Harcourt Brace.

Markus, H., & Zajonc, R. R. (1985). The cognitive perspective in social psychology. In G. Lindzey & E. Aronson (Eds.), *The handbook of social psychology* (3rd ed., pp. 137-229). Random House.

McCombs, M. E., & Shaw, D. L. (1972). The agenda-setting function of mass media. *Public Opinion Quarterly, 36*(2), 176-187.

McLeod, D. M., Detenber, B. H., & Eveland Jr, W. P. (2001). Behind the third person effect: Differentiating perceptual processes for self and other. *Journal of Communication, 51*(4), 678-695.

McNair, B. (2017). *An introduction to political communication.* Routledge.

McQuail D. (2010). *McQuail's mass communication theory* (6th Ed.), Sage.

Mill, J. S. (1975). *Three essays.* Oxford University Press.

Nanz, A., & Matthes, J. (2022). Democratic consequences of incidental exposure to political information: A meta-analysis. *Journal of Communication, 72*(3), 345-373.

Noelle-Neumann, E. (1974). The spiral of silence a theory of public opinion. *Journal of Communication, 24*(2), 43-51.

Norris, P. (2000). *A virtuous circle: Political communications in postindustrial societies.* Cambridge University Press.

Perloff, R. M. (2021). *The dynamics of political communication: Media and politics in a digital age.* Routledge.

Price, M. E., & Thompson, M. (2002). *Forging peace: Intervention, human rights, and the management of media space.* Indiana University Press.

Prior, M. (2007). *Post-broadcast democracy: How media choice increases inequality in political involvement and polarizes elections.* Cambridge University Press.

Putnam, D. (2000). *Bowling along.* Simon and Schuster.

Quandt, T. (2018). Dark participation. *Media and Communication, 6*(4), 36-48.

Reese, S. D. (2007). The framing project: A bridging model for media research revisited. *Journal of Communication, 57*(1), 148-154.

Rogers, E. M., & Dearing, J. W. (2012). Agenda-setting research: Where has it been, where is it going? In J. A. Anderson (Ed.), *Communication yearbook 11* (pp. 555-594). Routledge.

Schefele, D. A. (1999). Framing as a theory of media effects. *Journal of Communication,*

49(1), 103-122.

Shah, D. V., Cho, J., Nah, S., Gotlieb, M. R., Hwang, H., Lee, N. J., & McLeod, D. M. (2007). Campaign ads, online messaging, and participation: Extending the communication mediation model. *Journal of Communication,* 57(4), 676-703.

Shoemaker, P. J., & Reese, S. D. (2013). *Mediating the message in the 21st century: A media sociology perspective.* Routledge.

Sohn, D. (2022). Spiral of silence in the social media era: A simulation approach to the interplay between social networks and mass media. *Communication Research,* 49(1), 139-166.

Stroud, N. J. (2010). Polarization and partisan selective exposure. *Journal of Communication,* 60(3), 556-576.

Strömbäck, J., & Kiousis, S. (2020). *Political public relations.* Routledge.

Strömberg, D. (2015). Media and politics. *Annual Review of Economics,* 7(1), 173-205.

Taber, C. S., & Lodge, M. (2006). Motivated skepticism in the evaluation of political beliefs. *American Journal of Political Science,* 50(3), 755-769.

Tuchman, G. (1978). *Making news: A study in the construction of reality.* Free Press.

Tumber, H., & Palmer, J. (2004). *Media at war: The Iraq crisis.* Sage.

Verba, S., & Norman, H. Nie (1972). *Participation in America: Political democracy and social equality.* Harper & Row.

Vu, H. T., Guo, L., & McCombs, M. E. (2014). Exploring "the world outside and the pictures in our heads": A network agenda-setting study. *Journalism & Mass Communication Quarterly,* 91(4), 669-686.

Walgrave, S., & van Aelst, P. (2006). The contingency of the mass media's political agenda setting power: Toward a preliminary theory. *Journal of Communication,* 56(1), 88-109.

Weaver, D. H. (2007). Thoughts on agenda setting, framing, and priming. *Journal of Communication,* 57(1), 142-147.

Weeks, B. E., Lane, D. S., & Hahn, L. B. (2022). Online incidental exposure to news can minimize interest-based political knowledge gaps: Evidence from two US elections. *The International Journal of Press/Politics,* 27(1), 243-262.

White, D. M. (1950). The gatekeeper: A case study in the selection of news. *Journalism Quarterly,* 27, 383-390.

Zaller, J. (1997). A model of communication effects at the outbreak of the Gulf War. In S. Iyengar & B. Reeves (Eds.), *Do the media govern?* (pp. 296-311). Sage.

12

건강 소통

백혜진 ┃ 한양대(ERICA) 광고홍보학과 교수
심민선 ┃ 인하대 미디어커뮤니케이션학과 교수

건강 소통(health communication)은 개인, 조직, 사회 전반에 건강 관련 정보를 전달하고 이를 통해 건강한 행동을 유도하며 설득하는 전략적 소통이다(US Department of Health and Human Service, 2001). 여기서 말하는 건강은 단순히 질병이 없는 상태를 넘어, 정신적·육체적으로 모두 안녕한 상태로 폭넓게 정의된다. 따라서, 건강 소통이 다루는 건강 영역은 암, 심장병, 당뇨병 등의 개인적 질병뿐만 아니라, 비만, 에이즈, 흡연, 음주 등 사회적 건강 문제, 신종플루나 코로나19 등 감염병으로 인한 건강위험, 가뭄이나 홍수 등 자연재해로 인한 건강위험, 방사능이나 원자력 등 환경 위해로 인한 건강 문제 등 매우 다양하다. 건강 소통은 의료현장에서 질병 치료와 관리에 필요한 의사소통으로 시작된 후, 개인에게 건강한 삶을 유지하기 위해 필요한 정보를 제공하고 건강 행동을 실천하도록 설득하는 소통으로 발전됐다. 나아가 건강을 개선하는 데 필요한 다양한 건강 관련 정책, 의료산업과 모바일 헬스 어플리케이션, 인공지능과 뇌과학 등 새로운 기술이나 다른 과학과의 융복합을 시도하는 등 주제와 범위를 계속 확장하고 있다(백혜진 외, 2023).

건강 소통 분야는 의학과 보건학, 간호학 등 건강 주제와 관련된 학문과 더불어, 심리학, 사회학, 문화인류학 등 소통학과 관련된 학문을 포괄하는

다학제적이고 범학제적 성격을 갖는다. 따라서 이 학문분야에 사용되는 이론들은 다양한 학문에서 유래했다. 또한 개인의 건강을 기술하고, 설명하며, 예측하는 이론의 역할이 실제에 바로 적용된다는 점에서 건강 소통은 다른 어느 소통학 분야보다 응용학문으로서의 성격이 강하다.

이 장에서는 건강 소통의 정의와 더불어 역사와 발전 과정, 세부 분야와 주요 이론, 그리고 국내외 연구 경향을 살펴보고자 한다. 결론 부분에서는 건강 소통의 한계와 당면한 과제 그리고 향후 방향을 제언하고자 한다.

1. 건강 소통의 역사와 발전: '의학의 시대'에서 '융합의 시대'로

크렙스 등(Kreps, Bonagura & Query, 1998)은 건강 소통의 기원을 1950년대와 1960년대 심리학 분야에서 일어난 인본주의적 심리학 운동에서 찾는다. 소통학과 밀접한 심리학과 사회학에서는 당시 의료체계에 대해 활발히 연구했는데 이 인본주의적 심리학 운동에서는 치료에 도움이 되는 소통(therapeutic communication)의 중요성을 강조했다. 이러한 소통은 이후 건강 소통의 두 가지 연구관점 중 하나인 의료 전달(health care delivery) 관점에 영향을 미치게 된다. 의료 전달 관점은 의사-환자 간의 원활한 소통과 관계, 치료를 위한 소통, 의료 관련 의사결정, 건강문해력(health literacy), 사회적 지지 등이 주요 연구주제이다.

두 번째 관점으로 건강 증진 관점은 어떻게 공중의 질병을 예방하고 건강을 증진하기 위해 소통하고 메시지와 미디어를 사용할 것인지를 연구한다. 다양한 건강 주제와 관련된 캠페인의 메시지 개발, 목표 공중과 매체 전략, 캠페인의 이행과 평가 등이 핵심 연구주제이다(백혜진·신경아, 2014).

피오트로 등(Piotrow et al., 2003)은 건강 소통 분야가 '의학의 시대'로 시작해 '현장(field)의 시대', '소셜 마케팅 시대'를 거쳐 '전략의 시대'로 발전했다고 했다. 1960년대는 의학의 시대로 의료시설이 있는 곳에 사람들이 올 것이라고 전제하는 의사 중심의 시대였다면, 1970년대는 라디오, 텔레비전 등의 미디어를 사용하는 '현장의 시대'로 접어들었다. 1980년대에는 교육과 정보전달 캠페인 등의 방법으로는 사람들의 행동을 변화시키는 데 한계가 있음을 파악했고, 마케팅 개념을 건강 행동에 적용하는 소셜 마케팅 개념(이 개념에 대해서는 백혜진[2013] 참조)이 확산됐다. 1990년대는 미디어 기술이 발달하고 건강에 대한 관심이 사회적으로 증폭됐으며, 평가와 증거에 기반한 프로그램의 중요성이 부각되는 등의 변화로 '전략적 행동 변화의 시대'를 맞이했다. 현재는 이러한 전략과 더불어 앞서 언급한 다학제적·범학제적인 접근이 폭넓게 적용되는 '융합의 시대'라고 할 수 있다.

하나의 학문이 합법성을 부여받기 위해서는 학회나 학술지 활동 등 학문적 제도화가 필요하다. 건강 소통의 경우 1975년 처음으로 국제커뮤니케이션학회(International Communication Association)에서 건강 커뮤니케이션 분과가 만들어진 것으로 소통학의 세부 분야로서 합법성을 부여받았다. 1985년에는 미국의 스피치커뮤니케이션학회(Speech Communication Association, 현 National Communication Association)에서 건강 커뮤니케이션 분과가 만들어졌다(Kreps et al., 1998). 또한 이 분야의 대표 학술지인 *Health Communication*이 1989년 처음 발간됐고, 1996년에는 *Journal of Health Communication*이 발간됐다.

건강 소통은 이후 전 세계적으로 중요한 연구분야로 발전했다. 2010년부터 2019년까지 위 두 학술지에 출판된 2,050편의 논문은 총 67개 국가에서 수행된 연구를 포괄한다(McCullock et al., 2021). 비록 미국에서 진행된 연구가 다수를 차지하지만, 이러한 광범위한 연구 분포는 건강 소통이 특정 국가나 지역, 문화에 한정되지 않고 세계적으로 중요성을 지닌 분야임을 시사한다. 특히 2020년부터 약 3년간 지속된 코로나19 팬데믹으로 건강 위기 소통에 대한 사회적·학문적 관심이 전 세계적으로 크게 증가했다. *Health Communication*의 2020년과 2021년 특집호에서는 코로나19 팬데믹 대응을 위한 건강 소통의 역할을 메시지, 매체, 수용자, 문화 등 다양한 측면에서 논의했으며, 디지털 매체 환경 변화에 따른 인포데믹과 허위정보 문제에 대해서도 다루었다.

국내에서는 2009년 한국헬스커뮤니케이션학회가 창립됐고, 같은 해 창간된 학회지 〈헬스커뮤니케이션 연구〉가 2021년에 한국연구재단 등재학술지가 되었다. 건강 소통은 국내 소통학의 여러 분야 중에서도 급성장했다. 일례로 한국언론학회가 창립 50주년을 맞아 2009년에 출판한 〈한국언론학회 50년사〉에는 포함되지 않았으나 2019년에 출판한 〈한국언론학연구 60년: 성과와 전망〉에서는 독립된 장으로 다루어졌다. 개인과 사회의 건강에 대한 관심이 증가하고 의료 및 보건 전문가들도 소통의 중요성을 점차 중요하게 인식함에 따라 건강 소통의 학문적 위상은 더욱 높아지고 있다.

2. 건강 소통 분야의 대표 이론

개인의 건강 문제는 복잡해서 단순히 유전이나 병세포, 심리를 이해하는 것만으로는 해결할 수 없다. 따라서 개인이 상호작용하는 가족, 친구 등 대인 관계 혹은 더 넓은 사회적 관계, 삶의 환경, 제도와 사회경제 정책 등 다양한 수준에서 이해되어야 한다(Rimer & Glanz, 2005). 매클러로이 등(McLeroy et al., 1988)의 사회생태학 모형(social ecological model)에서 강조한 바와 같이, 건강 문제를 둘러싼 다수준의 영향 요인과 개인과 사회 환경 간의 호혜적 관계를 이해하고 이를 고려한 맞춤형(tailored) 중재가 필요하다.

다수준 접근으로 건강 소통 분야의 이론을 분류하면, 개인/자아 수준의 대표적 이론은 건강신념 모형(health belief model), 이론횡단 모형(transtheoretical model), 합리적 행위 이론/계획된 행동 이론(theory of reasoned action/theory of planned behavior)[1]이 있다. 대인 수준에서는 사회인지 이론(social cognitive theory)이, 조직/공동체 수준에서는 혁신의 확산 이론(diffusion of innovation)이나 공동체 동원(community mobilization)이 있다(Rimer & Glanz, 2005). 건강신념 모형과 이론횡단 모형은 보건의학 분야, 사회인지 이론과 합리적 행위 이론/계획된 행동 이론은 심리학에서 발전했다. 혁신의 확산 이론은 소통학 분야에서 개발됐으나 건강 소통보다 기술 확산 연구에서 널리 사용됐다. 반면 확장된 병행과정 모형(extended parallel process model)은 기존의 공포 반응을 설명하는 이론적 모형을 수정·보완·확장한 것으로 거의 유일하게 건강 소통 맥락에서 태어난 이론적 모형이라고 평가받는다. 또한 메시지 틀짓기(framing) 이론은 심리학 분야에서 발전했지만 건강 소통 분야에서 메시지 전략을 개발하는 데 자주 사용된다.

앞서 나열한 모든 이론을 한 장에서 설명하기는 불가능하다. 따라서 건강 맥락에서 중점적으로 사용되며 소통 과정에서 중요한 역할을 하는 수용자와 메시지 전략에 함의를 주는 이론을 선별해 다루고자 한다. 이 책의 다른 장에서 다루는 이론을 제외하고 다음의 네 가지 이론을 중심으로 설명한다.

1) 건강신념 모형: 행동의 주요 선행변수를 조명한 이론

건강신념 모형은 1950년대 초 미국 공중보건국의 사회심리학자들이 결핵과 같은 질병의 조기 발견 유도 전략이 실패하는 이유를 찾던 중 개발됐다

---

[1] 합리적 행위 이론(Ajzen & Fishbein, 1980)과 계획된 행동 이론(Ajzen, 1991)은 이후 통합 모형(integrative model)을 거쳐 합리적 행위 모형(reasoned action model; Fishbein & Ajzen, 2010)으로 발전되었다. 이 모형에 대한 자세한 내용은 8장 '설득적 소통'에서 다루고 있다.

(Rosenstock, 1974). 일례로 3개 도시에서 1,200명을 인터뷰한 결과, 조기 진단 검사를 받기 위해 필요한 세 가지 심리적 요인이 발견됐다(Hochbaum, 1956). 즉, 결핵에 걸릴 수 있다는 확신, 권장 행동인 엑스레이(X-ray) 검진을 통해서만 결핵을 발견할 수 있다는 확신, 그리고 조기 진단이 결핵으로 인한 문제를 줄일 수 있다는 신념이다.

이러한 심리적 요인은 건강신념 모형이라는 이름으로 베커(Becker, 1974)에 의해 이론화됐다. 건강신념 모형은 가치-기대의 틀(value-expectancy framework)에 기반을 둔다. 이 틀에 따르면 사람들은 어떠한 목표에 가치를 두고 행동할 경우 그 목표를 어느 정도 달성할 수 있을지 평가한다. 이러한 전제를 건강 맥락에 적용하면 사람들은 질병을 피하고 건강을 유지하려는 바람이 있으며(가치), 어떤 건강 행동이 질병을 예방하거나 질병에서 오는 위협을 피하게 할 가능성이 있는지를 평가하는 경향(기대)이 있다는 것이다(Janz & Becker, 1984). 이런 전제를 바탕으로 건강신념 모형은 처음에 다섯 가지 개념으로 구성됐다. 지각된 취약성과 지각된 심각성, 지각된 이득과 지각된 장애, 그리고 행위단서이다. 처음 네 가지 개념은 건강에 대한 신념에 속하고 마지막 행위단서는 건강의 신념을 상기시키는 보조 역할을 한다.

지각된 취약성(perceived susceptibility)은 어떠한 질병에 걸릴 위험 가능성에 대한 위험 지각을 뜻한다. 가령 에이즈에 걸릴 가능성이 전혀 없다고 생각하는 사람은 에이즈 검사를 받지 않을 것이기 때문에 권장된 건강 행동을 하기 위해서는 지각된 취약성이 높은 것이 선결 요건이다.

지각된 심각성(perceived severity)은 어떠한 질병이 얼마나 심각한지 혹은 질병을 방치했을 때 결과가 얼마나 심각한지에 대한 위험 지각을 말한다. 이러한 심각한 결과는 죽음이나 고통과 같은 신체적·의학적 결과일 수도 있고, 질병에 걸렸을 때 야기되는 사회적 관계의 단절이나 일상생활에 오는 피해 등 사회적 결과일 수도 있다. 가령 결핵에 걸렸다 하더라도 주사 한 대로 나을 수 있다고 별로 심각하지 않게 생각한다면 권장된 건강 행동을 하지 않을 것이다.

지각된 이득(perceived benefit)은 질병으로 인한 위험이 권장된 건강 행동을 수행함으로써 관리되거나 감소될 수 있다는 주관적 신념이다. 반면 지각된 장애(perceived barrier)는 권장 행동과 연관된 부정적 지각인데, 이러한 지각에는 그 행동을 수행하면 야기되는 고통이나 부작용, 그 행동을 수행하는 데 걸리는 시간과 에너지, 비용 등이 있다. 예를 들어 영유아 필수 예방접종과 관련하여 부모가 예방접종의 부작용으로 자녀가 자폐증에 걸릴 수 있다고 잘못 지각하거나, 예방접종 가격이 너무 비싸다고 느끼거나, 바빠서 병원에 갈 시간이 없다고 생각한다면 예방접종을 하지 않을 가능성이 있다.

행위단서(cues to action)는 지각된 건강신념을 자극하고 상기시켜 권장된 건강 행동을 하도록 보조한다(Janz et al., 2002). 행위단서는 내적·외적 단서로 분류된다. 내적 단서로는 개인의 신체적 건강 상태나 징후를 지각하는 데 도움을 주는 직간접적 경험이나 병력 등이 있다. 예를 들어 자신이나 자신의 가족 또는 친구가 결핵에 걸린 경험이 있다면 결핵에 걸릴 가능성이나 심각성, 결핵 진단의 이득을 훨씬 더 크게 지각할 것이다. 반면에 외적 단서는 미디어 캠페인이나 친구, 가족, 의료진과의 소통을 통해 질병이나 예방 행동에 대해 얻은 단서 등을 말한다.

앞의 요인 외에 자기효능감(self-efficacy)은 모형의 설명력을 높이기 위해 나중에 독립적인 선행변수로 추가됐다(Janz et al., 2002; Rosenstock et al., 1988). 자기효능감은 반두라(Bandura, 1986)의 사회인지 이론에서 유래하는데 권장 행동을 수행할 수 있다는 신념으로 정의된다. 자기효능감은 합리적 행위 이론/계획된 행동 이론, 확장된 병행과정 모형 등 주요 이론에 모두 포함된 개념이지만, 건강신념 모형에서는 종종 간과되기도 한다. 이러한 건강신념 모형을 도식화하면 〈그림 12-1〉과 같다.

사람들은 질병에 대해 취약하다고 지각하고, 그 질병이 심각하다고 생각

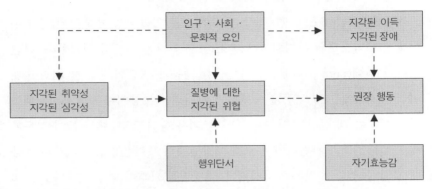

〈그림 12-1〉 건강신념 모형

주: 모형은 다음의 출처에서 가져와 수정·보완 후 자기효능감을 추가함. Janz, N. K., & Becker, M. H. (1984). The health belief model: A decade later. *Health Education Quarterly*, *11* (1), 1-47.

하면 위협을 지각하게 되며, 이에 따라 권장된 건강 행동을 수행하게 된다. 또한 사람들은 비용 대비 이득을 인지적으로 계산하여, 이득이 장애보다 크다고 지각할 경우 권장 행동을 수행할 가능성이 커진다. 행위단서는 지각된 위협을 자극하며, 성별, 나이, 사회경제적 지위 등 인구·사회·문화적 요인들도 지각된 신념에 영향을 미치는 외부요인으로 작용한다. 또한 지각된 위협이 높고 권장된 행동의 이득이 크더라도 자신이 그 행동을 수행할 수 있다는 자신감이 없다면 행동을 취하지 않을 것이기 때문에, 자기효능감은 독립적으로 행동을 예측한다.

건강신념 모형은 국내외 연구에서 결핵 외에도 암 검진, 인유두종 바이러스감염증(HPV)과 코로나19 백신접종 등 다양한 건강 주제에 적용됐다(Skinner et al., 2015; 이병관 외, 2014). 디지털 위협과 같이 질병 외의 주제를 다룬 연구에도 적용됐다(Dodel & Mesch, 2017). 이 모형에 속한 개념을 활용하여 메시지를 구성한 건강 소통 중재 효과를 평가하는 연구도 수행됐다(Jones et al., 2014). 또한 암이나 에이즈 등 여러 건강 주제 맥락에서 이 모형을 구성하는 변수들의 척도를 표준화하려는 노력도 있었다(Paek, 2016). 다만 주요 변수 간의 인과관계가 명확히 정립되지 않아 모형 자체의 검증보다는 모형을 구성하는 개념들을 독립변수로 활용한 연구가 주를 이루었다.

일련의 메타분석 연구(Carpenter, 2010; Janz & Becker, 1984; 이병관 외, 2014)는 건강신념 모형이 행동을 예측하고 설명하는 데 효과적임을 입증했다. 다만 건강신념 모형에 속한 어느 변수가 행동을 더 예측하는지에 대한 결과는 메타분석마다 상이했다. 예를 들어 카펜터(Carpenter, 2010)의 메타분석에서 행동 예측 정도는 지각된 장애, 지각된 이득, 지각된 심각성, 지각된 취약성 순으로 나타났다. 행위단서와 자기효능감을 포함한 연구는 상대적으로 적은 것으로 나타났다. 건강신념 모형을 적용한 연구가 증가함에 따라 최근에는 체계적 문헌 고찰과 메타분석이 특정 건강 문제(예: 유방촬영술 검진, Ritchie et al., 2021; 코로나19 예방행동, Zewdie et al., 2022)나 목적(예: 건강증진 중재 효과, Jones et al., 2014)에 초점을 맞춘 연구로 진행되고 있다.

건강신념 모형에 대한 비판도 지적됐다. 각 변수와 행동 간의 관련성이 일관되지 않고 설명력이 부족한 점(Carpenter, 2010; Skinner et al., 2015), 전체 모형의 설명력을 규명하기보다 개별 변수 효과를 측정하는 데 중점을 둔 점(Jones et al., 2014), 변수 간 인과관계와 매개과정에 대한 설명이 모호하고, 자기효능감 및 커뮤니케이션의 역할을 대변하는 행위단서에 대한 연구가 부족하다는 점(Jones et al., 2015)이 지적됐다. 또한 이 모형은 특정 건강 행동에 대한 개인의 태도와 신념을 설명하는 데는 유용하지만, 금연과 같은 습관적 건강 행동이나 질병이 아닌 다이어트, 조깅과 같은 일상적 건강 행동을 예측하는 데는 한계가 있다는 지적도 있다(Janz & Becker, 1984). 건강 행동 예측 시 신념변수와 행동변수 측정의 시간 간격, 예방 및 치료와 같은 행동 유형 등이 조절 변수로 제시되기도 했다(Carpenter, 2010).

결과적으로 건강신념 모형은 이론으로서보다는 이 모형에 속한 개념들이 개별적으로 행동의 영향 요인으로 활용된 면이 없지 않다. 앞으로 건강소통이론으로서 건강신념 모형의 역할을 강화하기 위해서는 각 변수 간

관계를 명확히 정립함으로써 종합적 인과모형으로 정제해야 한다(Jones et al., 2015). 행위 단서의 역할을 실증 연구를 통해 입증함으로써 커뮤니케이션 중재 캠페인, 메시지 전략, 대인 간 상호작용, 정보 추구 등 건강 증진을 위한 소통에 실무적 함의를 제공하는 것도 중요하다(Maloney, 2023). 나아가 건강 행동의 예측력을 높이기 위해 다른 개인적·사회적 맥락을 함께 고려해야 한다(Lau et al., 2023).

2) 이론횡단 모형: 수용자 세분화를 위한 이론

이론횡단 모형은 사람들의 건강 행동이 몇 개의 단계를 거쳐 변화한다고 설명한다. 이 모형은 프로차스카와 동료들이 심리치료를 개선하기 위해 25개의 주요 심리치료 이론을 비교·분석하여 '변화의 과정(process of change)'을 도출하는 데서 출발했다(Prochaska & Norcross, 1979). 이 모형은 심리학 외에 생물학, 사회학 등 여러 학문분야와 이론을 통합해 변화 과정을 설명하기 때문에 이론횡단 혹은 범이론 모형이라고 불린다.

이론횡단 모형의 네 가지 핵심 개념은 변화 단계(stage of change), 변화의 과정, 의사결정의 균형(decisional balance), 자기효능감이다. 이 중 변화 단계는 개별적 모형으로 연구되기도 했다(Prochaska et al., 2015). 변화 단계 모형에서는 행동 변화가 총 6단계를 거쳐 진행된다고 설명한다. 금연 임상 시험에 참여한 흡연자의 행동 변화 관찰을 토대로 모형이 발전됐기 때문에 변화 단계의 기간이나 변화 종료의 의미가 금연 맥락에 따라 정의됐으며(Prochaska & DiClemente, 1983), 다른 주제에 적용되는 경우에는 수정되기도 했다(DiClemente & Graydon, 2020). 각 단계는 전 단계에서 다음 단계로 가는 데 어느 정도 시간이 경과해야 하고 두 단계가 겹치는 상황이 어느 정도 지속될 수 있으므로 직선형보다는 나선형으로 변화한다고 보는 것이 더 적합하다(백혜진·이혜규, 2013). 각 단계의 세부사

<표 12-1> 행동 변화의 6단계

변화 단계	단계별 해당자에 대한 설명 및 예시
사전숙고 단계 (precontemplation)	가까운 시일 내에 행동을 변화할 의도가 전혀 없음 현재 행동의 문제점을 인식시켜 숙고 단계로 넘어가도록 유도하는 전략 필요 (예: 다음 6개월 이내에 금연할 의사가 전혀 없는 흡연자)
숙고 단계 (contemplation)	현재 행동의 문제점을 인식하고 이를 어떻게 하면 극복할 수 있는지 심각하게 고려한 적이 있지만 아직 행동을 변화하고 싶어 하지는 않음 (예: 다음 6개월 내 금연할 의도가 있는 흡연자)
준비 단계 (preparation)	행동을 변화하려는 의도가 있거나 변화의 움직임을 보이기 시작함 (예; 1개월 안에 금연하고자 하거나 이미 이를 위해 행동한 경험이 있는 흡연자, 예컨대 교육 · 카운슬링 · 의사 상담을 받은 적 있음
행동 단계 (action)	행동 변화를 실천하고 있거나 문제점을 극복하기 위해 환경을 변화시키거나 정해진 목표를 달성하고자 함 (예: 6개월 미만 동안 금연하고 있는 사람)
유지 단계 (maintenance)	오랜 기간 동안 행동 변화를 실천해옴(예: 금연의 경우 최소한 6개월 이상) 그러나 가끔 스트레스를 받거나 유혹을 받으면 다시 유해한 행동으로 되돌아갈 수 있는 단계이기 때문에 지속적 관리가 필요함
종료 단계 (termination)	행동 변화를 한 지 오랜 기간(금연의 경우 6개월)이 지났으며, 유해한 행동으로 되돌아가고 싶은 유혹이나 욕구에서 완전히 벗어남

항은 〈표 12-1〉에서 설명한다.

두 번째 핵심 개념인 변화의 과정은 사람들을 이전 단계에서 다음 단계로 변화시키는 데 필요한 활동이자 전략이다. 각 단계마다 사람들은 행동 변화 의도가 다르기 때문에 다음 단계로 변화시키는 데 적합한 소통 전략이 필요하다. 각 변화 단계에서 활용되는 변화의 과정 10가지를 〈표 12-2〉에 제시했다.

다음으로, 의사결정의 균형은 변화에 대해 사람들이 찬반을 고려하고 찬성인 경우에 변화로 나아가는 것을 말한다. 의사결정 모형(Janis & Mann, 1977)에서 차용한 개념으로, 처음에는 찬성과 반대를 각각 4가지 유형으로 정리해 자신과 남에 대한 도구적 이득(instrumental gains), 자신과 남으로부터의 용인(approval)을 찬성의 4가지 유형으로, 자신과 남에 대한 도구적 비용과 자신과 남으로부터의 비용인(disapproval)을 반대의 4가지 유형으로 정리했다. 그러나 몇 가지 경험적 연구를 거쳐 변화의 찬성과 반대의 유형으로 축소 정리됐다. 이와 관련해 변화에 대한 찬성이 반대보다 높아야 사전숙고 단계나 중간 단계, 행동 단계에서 그다음 단계로 나아간다는 메

〈표 12-2〉 변화의 과정

변화의 과정	설명 및 방법 예시	활용 단계
의식 고양 (consciousness raising)	어떠한 문제 행동이나 건강 문제에 대한 원인, 결과, 치료법 등에 대한 인식과 인지도를 높이는 것 (예: 교육자료, 피드백, 미디어 캠페인)	사전숙고 ↓ 숙고 단계
극적 안도 (dramatic relief)	건강 문제가 극복됐을 때 감정 변화를 경험하는 것 (예: 사이코드라마, 역할극, 개인 사례 발표, 미디어 캠페인)	
환경 재평가 (environmental reevaluation)	개인의 문제 행동이 사회나 타인에 미치는 영향을 감정적·인지적으로 평가하는 과정 (예: 타인과 역할 바꾸기, 감정이입 훈련, 다큐멘터리나 가족의 중재)	
자아-재평가 (self-reevaluation)	교정해야 하는 행동과 관련한 자신의 이미지를 이성적이고 감정적으로 재평가하는 과정 (예: 건강한 역할모형과 이미지 등 재평가)	숙고 ↓ 준비 단계
자아-해방 (self-liberation)	자신이 행동을 변화시킬 수 있다고 믿는 신념이자 그 신념을 행동에 옮기는 데 전념하는 과정 (예: 금연, 체중감소, 운동 등 새해 결심이나 타인 앞에서의 맹세)	준비 ↓ 행동 단계
강화 관리 (reinforcement management)	잘한 일에 대해 보상하고 잘못한 일에 대해 처벌하는 등 특정 방향을 취했을 때 그에 마땅한 결과를 제시하는 것. 보통 보상이 더 효과적이며 지속적인 인정·격려가 필요함	행동 ↓ 유지 단계
조력 관계 (helping relationships)	건강 행동 변화를 지지해 주고 도와주거나 변화를 함께할 수 있는 지원자를 확보하는 것. 사회적 지지와 유사 (예: 치료에 도움을 주는 동맹자, 상담 전화)	
역조건화 (counter-conditioning)	문제 행동을 대체할 수 있는 건강 행동을 배우는 것 (예: 흡연 충동을 느끼는 금연자가 휴식을 취하고 흡연 문제에 둔감해지려 노력하거나 니코틴 대체제 사용)	
자극통제 (stimulus control)	문제 행동을 자극하는 환경을 제거하고 건강 행동을 장려하는 촉진물을 제시하는 것. 문제 행동으로 돌아갈 위험을 극복하기 위함 (예: 금연을 위해 재떨이를 치우고 운동 장려를 위해 건물 계단에 그림을 거는 환경 재정비)	
사회적 해방 (social liberation)	특히 사회경제적으로 열악한 환경에 있는 사람들에게 건강 행동을 변화하는데 유리한 환경을 제공하는 것. 권한 부여, 건강 정책 입안 등을 통해 가능함 (예: 금연 구역 확대, 에이즈 예방을 위한 콘돔 무료 배포)	전 단계

주: 의식 고양, 극적 안도, 환경 재평가, 자아-재평가, 사회적 해방은 인지적(경험적) 과정으로
나누고, 다른 과정들은 행동적 과정으로 나누어지기도 한다. 인지적 과정은 준비 단계까지
더 많이 사용되고, 행동적 과정은 준비 → 행동 → 유지 단계로 이행하는 데 사용된다고
알려져 있다(Prochaska & DiClemente, 1983). 다만 사회적 해방의 경우 행동에
도움을 줄 수 있는 여러 외부 환경도 포함하기에 전 과정에 영향을 미친다고 보았다.

타분석(Hall & Rossi, 2008)이 있지만 경험적 증거는 제한적이다.

　마지막으로 자기효능감은 권장된 행동을 수행할 수 있다는 신념으로 정의된다. 이는 사회인지 이론의 핵심 개념이자 다른 건강 관련 이론에서 자주 등장하는 개념인데, 이론횡단 모형을 사용한 실증 연구에서는 종종 간과되는 경우가 있다. 자기효능감은 변화 단계에서 이전의 유해한 행동으로 되돌아가려는 유혹을 극복하는 기술로 작용하며 더 지속적인 행동 변화를 가능하게 한다(Prochaska et al., 2015).

　이론횡단 모형 연구는 흡연 외에도 운동, 식습관, 스트레스 관리, 암 검진, 만성질환 관리, 약물 사용 등 여러 건강 문제에 적용됐다. 프로차스카 등(2008)에 따르면, 이 모형을 적용한 연구는 몇 가지 유형으로 구분할 수 있다. 특정 건강 행동에 대해 사람들이 각 변화 단계별로 어떻게 분포하는지 살펴본 연구, 다양한 건강 행동 맥락에서 변화와 관련되어 사람들의 찬성과 반대 의사결정의 균형을 분석한 연구, 변화 단계에서 어떤 변화의 과정이 효과적인지를 규명한 연구 등이다. 이 중, 변화 단계별 분포를 살펴본 연구(Wewers et al., 2003)에 따르면 흡연자의 40% 정도가 사전숙고 단계, 또 다른 40% 정도가 숙고 단계에 있으며 20%만이 준비 단계에 해당했다. 이는 금연 중재 프로그램이 실패한 이유를 설명하는 데 도움이 된다. 아직 금연 준비가 되어 있지 않은 흡연자들에게 행동을 유도하는 것은 효과적이지 않기 때문이다.

　이론횡단 모형을 적용하여 타깃 세분화를 강조하는 다양한 건강 중재 프로그램과 그 효과를 분석한 연구도 있다. 노아 등(Noar et al., 2007)은 이론횡단 모형의 개념을 적용한 57개 연구를 메타분석하여 변화 단계, 변화의 과정, 의사결정의 균형, 자기효능감을 고려한 맞춤형 프로그램이 그렇지 않은 프로그램보다 더 효과적이었음을 발견했다. 다른 메타분석에서도 웹 기반 맞춤형 건강 행동 중재 프로그램의 효과를 지지했다(Lustria et al., 2013). 한편, 국내에서는 이론횡단 모형을 적용한 건강 소통 연구가 상대적으로 적다. 보건학, 간호학, 의학, 심리학 분야에서 금연, 구강검진, 암 검진, 운동과 같은 건강 문제를 중심으로 이 모형에 따른 영향 요인들과 중재 방안에 관해 논의하는 연구가 진행됐지만(예: 제민주·박보현, 2021), 체계적 문헌연구나 메타분석 연구는 찾을 수 없었다.

　이론횡단 모형은 이론적으로 정밀하지 못하다는 점이 한계로 지적됐다. 따라서 변화 단계를 구분한 기준이 다소 임의적이며, 각 단계에서 필요한 시간이나 다음 단계로 나아가는 데 필요한 요인에 대한 예측력이 부족하 다는 점(West, 2005), 건강 행동별로 변화의 과정과 단계 간의 연관성이 다 르다는 점(Rosen, 2000) 등이 지적됐다. 체계적인 문헌 검토 결과, 변화 단 계를 고려한 중재가 그렇지 않은 중재에 비해 흡연, 당뇨병 등 문제 행동 의 변화에 더 효과적임을 입증하지 못하거나(Salmela et al., 2009) 증거가 제한적이라는 점도 지적됐다(Prochaska et al., 2015). 다만 이 모형을 적용 한 중재 프로그램이 효과적이려면 변화 단계 외에 다른 핵심 개념들도 함 께 반영해야 한다는 지적도 있었다(Evers & Balestrieri, 2024).

　결론적으로, 이론횡단 모형의 이론적 및 경험적 제한점은 보완될 필요가 있지만, 이 모형의 개념, 특히 변화 단계는 개인의 건강 행동에 대해 단계적 접근을 시도하고 변화 수용 의도를 가진 수용자들을 세분화한다는 점에서 건강 소통 영역에서 중요한 함의를 갖는다(Evers & Balestrieri, 2024; Noar, 2017). 즉, 수용자 세분화와 변화의 과정 전략을 토대로 구체적인 건강 소통 메시지와 매체 전략을 개발한다면 실무에 유용한 이론적 모형으로 기여할 수 있다. 예를 들어 수용자의 변화 단계와 메시지 내용의 일치 여부에 따른 효과를 검증하거나(Godinho et al., 2015), 각 변화 단계에서 더 효과적인 메 시지 틀짓기 과정을 연구하는(Cornacchione & Smith, 2012) 등의 방법으로 수용자 맞춤형 메시지 개발과 중재 프로그램 평가에 기여할 수 있을 것이다.

3) 확장된 병행과정 모형: 위협 소구와 관련된 메시지 효과 이론

확장된 병행과정 모형(extended parallel process model, EPPM)은 킴 위티(Kim Witte)가 위협 소구와 공포 반응 과정에 관한 기존의 여러 이론적 모형을 수정·보완·확장한 모형이다.[2] 기존의 논의는 1950년대 호블랜드 학파의 공포동인 모형(fear-as-acquired drive model)으로 시작됐다. 이 모형은 메시지가 유발하는 공포의 강도와 메시지의 수용 사이에 역 U자 관계가 있다고 주장한다. 공포의 수준이 너무 높거나 낮으면 행동 변화를 야기하는 동인이 될 수 없고, 중간 정도의 공포가 주어질 때만 메시지의 효과가 있다는 것이다. 너무 낮은 수준의 공포는 사람들로 하여금 행동 변화를 일으킬 만큼 공포감을 조성하지 못하고, 공포 수준이 너무 높으면 수용자가 메시지에 포함된 두려움을 무시하거나 부정하는 방어 및 기피 기제를 발동한다고 설명한다.

1960년대 후반부터 높은 수준의 공포에도 기대한 태도나 행동 변화가 발생한다는 연구결과가 나왔다. 그러면서 레벤탈(Leventhal, 1970; 1971)이 공포 반응을 정서(emotion)가 아닌 인지적 과정으로 설명하는 병행과정 모형(parallel process model, PPM)을 제안했다. 이 모형은 보호적 행동이 공포를 통제하기 위한 시도가 아니라 위험이나 위협을 통제하려는 시도에서 나온다고 설명한다. 사람들은 위협적 메시지에 대해 생각하고 그 위협을 피하기 위한 전략을 개발해 위험 통제 과정을 거친다는 것이다. 그러나 이 주장은 경험적 연구의 뒷받침이 없고 위협 소구에 대한 공포 반응을 정서가 아닌 인지로 설명했다는 비판을 받았다.

로저스(Rogers, 1975; 1983)의 보호동기 이론(protection motivation

---

2   위협 소구와 공포 소구의 용어 사용에 대한 논의와 관련 연구들은 백혜진 외(2023)의 '위협 소구와 공포의 기제'(3장)를 참고하기 바란다. 이 장에서는 위협 소구로 통칭한다.

theory, PMT)은 PPM의 위험통제 과정에 초점을 두되 메시지와 인지적 요인을 더욱 구체화했다. PMT에 의하면, 사람들은 단순히 공포로부터 벗어나기 위해서가 아니라 공포를 야기한 위협 또는 위험으로부터 자신을 보호하기 위해 행동을 바꾼다. 따라서 PPM과 마찬가지로 위협 소구에 대한 사람들의 공포 반응은 정서가 아닌 인지에 의해 처리된다. 인지적 중개 과정을 야기하는 메시지 요인은 지각된 취약성, 지각된 심각성, 반응효능감, 자기효능감이다. 지각된 취약성과 심각성은 건강신념 모형과 개념적 정의를 같이한다. 자기효능감 역시 반두라(Bandura, 1994)가 개발한 개념에서 차용했다. 반응효능감(response efficacy)은 권고 행동이 위협을 피하는 데 효과적이란 신념으로 정의된다. 위협을 피하기 위해 자신이 권고 행동을 할 수 있다는 신념으로 정의되는 자기효능감과 차이가 있다. 위협 소구 메시지는 위협의 심각성과 취약성을 높이는 동시에 권고 행동 방법을 구체적으로 제시해 자기효능감을 높여야 사람들이 보호 동기를 느끼고 궁극적으로 권장 행동을 실천할 수 있다. 보호 동기 이론은 메시지 요인을 명확히 제안한 점에서 크게 주목받았다. 하지만 공포 반응을 설명하는 이론에 공포의 역할이 없으며, 사람들이 어떤 메시지를 수용할지에 대해 설명하지만 어떤 경우에 메시지를 수용하지 않거나 외면하는지에 대한 설명이 부족하다는 한계가 있다(Dillard, 1994).

위티(Witte, 1992)의 EPPM은 위협 소구 메시지를 받아들이는 경우와 회피 혹은 외면하는 경우를 함께 설명하는 모형이다. 레벤탈의 PPM의 인지적 반응에 공포 반응을 추가해 모형의 이름을 '확장된 병행과정 모형'이라고 지었으며, 로저스의 PMT가 기여한 메시지 요인과 인지적 중재 과정에서의 동기적 요인을 고려했다(Maloney et al., 2011). EPPM에 따르면 사람들은 위협 소구 메시지에 노출될 때 크게 두 가지 요소(즉, 메시지의 위협 정도와 위협을 피하기 위한 권고 반응의 효능 정도)를 평가하고 이에 따라 반응을 결정한다. PMT처럼 공포는 사람들에게 어떤 위협이 심각하며, 그러한 위

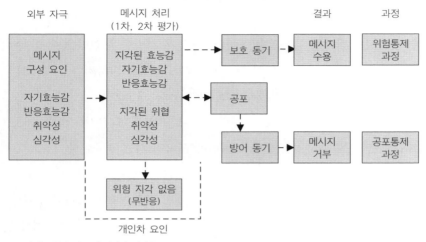

〈그림 12-2〉 확장된 병행과정 모형의 설득과정

外부 자극

메시지 구성 요인

자기효능감
반응효능감
취약성
심각성

메시지 처리
(1차, 2차 평가)

지각된 효능감
자기효능감
반응효능감

지각된 위협
취약성
심각성

위험 지각 없음
(무반응)

개인차 요인

보호 동기

공포

방어 동기

결과

메시지
수용

메시지
거부

과정

위험통제
과정

공포통제
과정

주: 원래 모형은 다음 출처에서 가져옴: Witte, K. (1992). Putting the fear back into fear appeals: The extended parallel process model. *Communication Monographs*, *59*, 329-349. 수정·보완된 모형은 다음 출처에서 가져옴: 백혜진·이혜규 (2013). 〈헬스 커뮤니케이션의 메시지 수용자 미디어 전략〉. 커뮤니케이션북스.

협에 자신이 취약하고 심각한 해를 입을 수도 있다고 믿을 때만 유발된다. 또한 메시지가 위협적일 뿐만 아니라 자기효능감과 반응효능감을 높이는 내용을 포함할 때 의도한 효과를 얻을 수 있다. 예를 들어, 결핵 예방 캠페인을 통해 결핵 조기 검진을 권장하고자 한다면, 조기 검진이 결핵을 예방하는 데 효과적이며(반응효능감), 검진은 쉽게 할 수 있다고(자기효능감) 사람들이 지각할 수 있게 메시지를 만들어야 한다.

EPPM의 핵심은 위협과 효능감의 상호작용을 통한 효과다. 〈그림 12-2〉에서 볼 수 있듯이 위협과 효능감의 크기에 따라 메시지에 대한 사람들의 반응이 3가지로 나타날 수 있다(위험통제 반응, 공포통제 반응, 무반응). 위험통제 반응은 사람들이 위협을 느끼는 동시에 권고 반응이 해당 위협을 피하는 데 효과적이며 자신이 권고 반응을 이행할 수 있다는 신념이 있어서 위험을 통제하기 위해 메시지가 제시하는 권고 사항을 이행하는 경우의 반응이다. 한마디로 메시지를 수용하는 경우다. 반면, 공포통제 반응은 수용자들이 위협을 지각하여 공포를 느꼈지만, 권고 반응이 자신들의 위험을 제거하는 데 효과가 없다고 지각하거나 혹은 자신이 권고 반응을 따를 수 없다고 지각하는 경우의 반응이다. 이 경우 사람들은 위험을 통제하는 대신 공포감을 통제하기 위해 메시지를 의도적으로 피하거나 거부 또는 반발하면서 심리적 방어 반응을 보인다. 메시지가 의도한 효과를 가져오지 못하는 경우다. 마지막으로, 무반응은 위협 소구 메시지를 접하더라도 위협을 높게 지각하지 못해 아무런 반응도 하지 않는 경우이다.

EPPM을 이용하여 위협 소구의 효과를 분석한 연구는 에이즈, 암, 신종플루, 청력 보호, 낙태 예방, 안전 운전, 코로나19 감염병에 이르기까지 다양한 주제를 다루고 있다(Bigsby & Albarracín, 2022; 국내 연구의 경우 백혜진 외, 2023, 3장 참고). 위티와 앨런(Witte & Allen, 2000)이 위협 소구 메시지 관련 98편의 논문을 메타분석한 결과에 의하면, EPPM에서 예측한 대로 고위협/고효능감 메시지가 가장 설득적인 것으로 나타났다. 탄넨바움과 동료들(Tannenbaum et al., 2015)의 메타분석에서도 위협 소구가 태도, 의도 및 행동에 긍정적 효과를 미치는 것으로 밝혀졌다. 그러나 위협과 효능감 수준을 어떻게 조절하는 것이 의도하는 건강 행동을 이끄는 데 효과적인지에 대해서는 아직 합의에 이르지 못했다(Bigsby & Albarracín, 2022).

요약하면, EPPM은 사람들이 위협 소구에 어떻게 반응하는지를 설명하는 기존의 모형들을 종합하여 포괄적이고 체계적인 과정을 보여주었다. 그러나 여러 실증 연구에서 모형의 구체적 주장과 명제를 일관적으로 입증하지 못했고, 주요 변수들 사이의 관계가 명확하지 않으며, 행동 변화를 위해 필요한 위협과 효능감의 적절한 수준을 명확히 밝히지 못한 점은 한계로 지적된다(Nabi, 2021). 최근에는 공포와 위협의 설득 효과가 선형인지 곡선형인지(Dillard & Li, 2020), 위협 소구에서 자기효능감과 반응효능감의 효과가 어떻게 구분되는지(Bigsby & Albarracín, 2022), 위협 소구의 기제를 공포 이외의 다른 정서로 설명할 수 있는지(Nabi & Myrick, 2019)

등 관련 연구가 지속적으로 발전하고 있다.

4) 이득과 손실 프레임: 메시지 개발을 위한 틀짓기 이론

메시지 프레임은 동일한 내용의 메시지라도 그 표현 방식을 다르게 하는 형식 또는 틀을 의미하며, 메시지 틀짓기는 사람들이 이러한 메시지 프레임에 반응하는 과정을 뜻한다. 틀짓기 효과 연구는 카네만과 트버스키(Kahneman & Tversky, 1984; Tversky & Kahneman, 1981)의 전망이론(prospect theory)을 기반으로 한 연구와 미디어와 언론의 틀짓기를 주목한 월터 리프만(Walter Lippman)과 어빙 고프만(Erving Goffman)에서 시작된 미디어 틀짓기 연구, 두 가지로 크게 분류할 수 있다(백혜진·이혜규, 2013). 건강 소통에서 주로 다루는 틀짓기 효과와 메시지 프레임은 전자의 경우이다. 후자의 경우는 미디어 효과나 정치 소통에서 많이 다루어진다(이 책의 관련 장을 참조하길 바란다). 서로 다른 전통의 틀짓기를 구분하기 위해 전자의 경우 메시지 틀짓기라고 부르기도 한다(Meyerowitz & Chaiken, 1987).

메시지 틀짓기의 근간이 되는 전망이론은 불확실한 상황에서 어떻게 그 상황이 제시(프레임)되느냐에 따라 사람들은 다르게 의사결정한다고 주장한다(Kahneman & Tversky, 1984; Tversky & Kahneman, 1981). 아시아 괴질이 발생해 미국인 600명이 사망할 수도 있는 상황에서 구제 프로그램을 선택해야 하는 연구에 참여한 미국 학생들은 "600명을 모두 살릴 확률이 3분의 1이고 아무도 살릴 수 없는 확률이 3분의 2"인 프로그램 B보다 "200명을 살리는" 프로그램 A를 더 많이 선택했다. 반면 "400명이 죽을" 프로그램 C보다 "아무도 안 죽을 확률이 3분의 1이고 600명 모두 죽을 확률이 3분의 2"인 프로그램 D를 더 많이 선택했다(Kahneman & Tversky, 1984). 기대효용 이론에 입각하면 네 가지의 프로그램은 모두 결괏값이 같다. 다만 프로그램 A와 B는 삶이라는 이득을, 프로그램 C와 D는 죽음이라는 손실을 강조한다. 이 연구결과와 다른 도박 상황에서의 실험 결과를 바탕으로 트버스키와 카네만은 사람들은 이득 상황에서 위험을 기피하고 손실 상황에서 위험을 추구하는 경향이 있음을 밝혔다. 틀짓기의 효과다.

틀짓기의 효과는 건강 소통에서 이득과 손실 프레임(gain-loss frame)을 통해 연구됐다(Meyerowitz & Chaiken, 1987; Rothman et al., 1997, 1999). 이득 프레임은 메시지에서 권고하는 방안을 채택할 경우 얻을 수 있는 신체적 또는 심리적 혜택 및 긍정적 결과를 강조하는 형식으로 긍정적 프레임이라고도 한다. 손실 프레임은 메시지의 권고안을 채택하지 않을 경우 나타날 수 있는 신체적·심리적 손실 또는 기타 부정적 결과를 강조하는 형식으로 부정적 프레임이라고도 한다.

이득 상황에서는 위험 회피적 대안을, 그리고 손실 상황에서는 위험 추구적 대안을 선택할 가능성이 높다는 전망이론의 예측을 건강 소통에 적용하면, 예방 행동은 위험 회피적인 상황이며 검진 행동은 위험 추구적 상황으로 간주된다. 왜냐하면 예방은 먼 훗날 병에 걸릴지도 모르는 위험을 미리 회피하는 것이고, 검진은 있을지도 모르는 병이라는 위험을 적극적으로 추구하는 행동이기 때문이다. 따라서 위험 회피적 예방 행동을 촉진하는 메시지의 경우에는 이득 프레임을 사용하고, 위험 추구적 검진 행동을 촉진하는 메시지의 경우에는 손실 프레임을 사용하는 것이 효과적이라는 논리다.

메이어로위츠와 차이켄(Meyerowitz & Chaiken, 1987)이 유방암 자가 검진 맥락에서 이득-손실 프레임의 효과에 대해 처음으로 실험연구를 했다. 전망이론의 틀짓기 예측과 일관되게 손실 프레임 메시지(유방암 자가 검진을 하지 않으면 잠재적으로 건강을 잃을 수도 있다)를 읽은 여대생 참여자들이 이득 프레임 메시지(유방암 자가 검진을 하면 잠재적으로 건강을 얻을 수 있다)를 읽은 참여자들보다 자가 검진 태도, 의도, 행동에서 더 높은 수준의 경향을 보였다.

로스만과 동료들(Rothman et al., 2006)은 메시지 틀짓기 효과를 건강 메시지 개발을 위한 이론으로 체계화했다. 그들의 체계적 문헌 검토 결과를 보면 일부 예외적이거나 모호한 연구결과를 제외하고는 경험적 연구가 메시지 틀짓기의 예측 방향과 일치하는 것으로 나타났다. 특히 암 검진 맥락에서는 손실 프레임이 더 효과적인 것으로 나타났다. 또한 메시지 틀짓기 효과의 조건(boundary condition)으로 건강 사안에 대한 관여도, 인지 욕구, 교육 수준이나 성별 등 개인 속성 등이 지적됐다.

　그러나 이후 오키프를 중심으로 한 연구자들의 여러 메타분석에 따르면, 이득-손실 프레임에 관한 연구결과는 일관되지 않으며 효과 크기도 작은 것으로 보고됐다(Nabi et al., 2020; O'Keefe & Jensen 2006, 2009; O'Keefe & Nan 2012). 오키프와 젠슨(O'Keefe & Jensen, 2006)이 165개 연구를 대상으로 실시한 메타분석 결과, 예방 행동 맥락에서는 이득 프레임이 손실 프레임보다 더욱 높은 설득 효과를 보였으나 건강 검진 맥락에서는 손실 프레임과 이득 프레임 간 효과 차이가 없었다. 53개의 검진 행동 연구를 대상으로 한 메타분석 연구(O'Keefe & Jensen, 2009)에서는 손실 프레임은 유방암 검진 맥락에서만 통계적으로 유의미했으며, 피부암, 치아 검진 등 다른 검진 행동에서는 유의미하지 않았다. 이후 백신접종 맥락에서 이루어진 메타분석(O'Keefe & Nan, 2012)에서도 두 프레임 사이에 설득 효과의 차이를 발견하지 못했다.

　반면, 업데그래프와 그의 동료들은 오키프의 메타분석 연구는 효과를 연구하는 데 있어 태도, 의도, 행동의 결과 변수를 결합하여 분석했기 때문에 그 결과가 모호하게 나타났다고 주장했다(Gallagher & Updegraff, 2012; Updegraff & Rothman, 2013; 이와 반대 의견은 O'Keefe, 2013 참조). 실제로 94편의 연구를 메타분석한 결과 이득 프레임 메시지가 손실 프레임 메시지에 비해 피부암 예방, 금연, 신체활동 맥락에서 예방 행동에 더 효과적인 반면 태도나 의도에는 유의미한 영향을 미치지 못했음을 보고했다(Gallagher

& Updegraff, 2012).

　이상의 메타분석 결과들을 종합하면, 이득-손실 프레임의 효과가 일관되게 유의미하게 나타난다고 결론 내리기는 어렵다. 이처럼 상충된 결과에 대해 연구자들은 다양한 수용자 특성과 상황을 고려해야 하며(O'Keefe & Jensen, 2009), 이득-손실 프레임 효과의 기제를 구체적으로 밝힐 필요가 있다고 주장했다(Nabi et al., 2020; Updegraff & Rothman, 2013). 또한, 프레임 효과에 영향을 미치는 건강 행동을 예방과 검진으로 구분하는 접근의 한계를 논의하거나, 이득-손실 프레임 연구에서 일반적으로 사용하는 위험 개념(즉, 심각성)이 본래 전망이론에서의 개념화(불확실성)와 차이가 있음을 지적함으로써 틀짓기 이론을 정교화하려는 노력도 있었다(Harrington & Kerr, 2017).

　국내에서도 에이즈 예방, 자궁경부암 백신접종 및 예방 행동, 코로나19 예방 등 다양한 건강 주제를 사용하여 이득-손실 프레임의 효과를 검토하는 연구가 활발히 수행됐으며, 위험 지각, 시간적 거리와 해석 수준, 관련 사안에 대한 관여도 등 조절 변수의 역할을 연구했다(백혜진 외, 2023, 2장 메시지 프레이밍 참조). 공익광고를 대상으로 한 메타분석(이병관·윤태웅, 2012)에서 광고 태도에는 긍정적(이득) 메시지 프레임이 부정적(손실) 메시지 프레임보다 더 효과적인 반면, 행동 의도에는 부정적 메시지 프레임이 더 효과적인 것으로 나타나 결과 변수에 따라 효과 차이를 보였다.

　요약하면 이득-손실 메시지 프레임이 예방과 검진에 각각 효과적이라고 맹신하기는 이르며 더 세밀하고 종합적인 이해가 필요하다. 어떠한 건강 맥락에서 특정 프레임이 행동에 영향을 미치는지, 태도나 행동 의도가 매개 역할을 하는지, 다양한 조절 변수의 영향은 어떤 기제를 통해 작용하는지, 그리고 건강 주제 유형이나 프레임 유형을 더 자세히 분류할 수는 없는지에 대한 실증 연구가 지속되어야 할 것이다.

3. 건강 소통 연구 현황

건강 소통의 초기 연구 경향은 이 분야의 대표 학술지 *Health Communication*의 발간 연도인 1989년부터 2010년까지 실린 642편의 논문을 내용분석한 연구(Kim et al., 2010)에서 알 수 있다. 1980년대 말에서 2000년대 초반까지의 연구에서는 의료전달 관점의 의료 커뮤니케이션이 주류를 이루었으나, 점차 에이즈, 암, 흡연, 음주, 마약, 식이요법 등의 다양한 건강 주제로 확대됐다. 반면, 이론 개발과 정교화 노력 부족, 연구방법의 불균형(정량적 방법론 편중), 지리적 불균형(미국 편중) 등의 한계도 지적됐다. 이후 2010년부터 2019년까지 *Health Communication*과 *Journal of Health Communication*에 출판된 논문 2,050편의 내용분석 결과(McCullock et al., 2021), 가장 많이 연구된 주제는 흡연·전자담배, 의사−환자 커뮤니케이션, 암, 식품·영양·식이요법, 음주, 건강 리터러시 등으로 나타났다. 절반 이상(53.6%)의 연구가 이론을 토대로 수행돼서 과거보다 이론 중심 연구가 더 활발하게 이루어졌다. 가장 많이 사용된 이론은 사회인지 이론, 계획된 행동 이론, 프레이밍, 확장된 병행과정 모형, 건강신념 모형, 전망이론 등 이 장에서 중점적으로 다룬 이론들을 포함했다. 2010년까지의 연구에서 보고된 연구방법과 지리적 불균형의 문제는 여전히 존재했으나 과거에 비해 완화됐고 학제 간 연구가 증가한 경향을 보였다.

2020년 이후 건강 소통 분야에서 가장 활발히 연구된 주제는 코로나19 팬데믹이다. 린과 난(Lin & Nan, 2023)이 팬데믹 초기인 2020년 1월부터 2021년 4월까지 커뮤니케이션 분야 학술지에 발표된 논문 206편을 분석한 결과, 연구가 개인, 집단, 조직, 사회적 수준에서 다양하게 진행됐음을 발견했다. 이들은 향후 연구로 코로나19 관련 소통 효과의 인과관계를 규명하는 실험 연구, 건강 소외계층을 위한 중재 연구, 팬데믹으로 인한 정신건강 문제에 관한 연구, 그리고 새로운 소통 기술에 관한 연구를 꼽았다. 팬데믹 외의 영역에서도, 메타버스와 인공지능과 같은 디지털 신기술을 활용한 연구와 뇌과학 등 다른 학문과의 융복합 연구와 같이 주제와 기술을 고려한 연구가 점차 증가하고 있다(백혜진 외, 2023, 10장, 11장 참고). 디지털 환경에서 증폭된 건강 허위정보에 대한 연구(Krishna & Thompson, 2021) 또한 최근 활발히 진행되고 있다.

국내의 경우 1990년부터 2005년까지의 연구 경향을 내용분석한 한미정(2006)에 의하면, 1994년 마약류 퇴치 광고 캠페인에 대한 효과 연구를 시작으로 총 35편의 논문이 흡연, 암, 에이즈, 비만 등과 관련된 건강 주제를 다루었으나 이론적 고찰은 부족했다. 2004년부터 2012년까지의 건강 소통 논문 188편을 내용분석한 연구(백혜진·신경아, 2014)에서는 개인 심리나 수용자 중심 연구가 활발했으며, 해외 학회지에 비해 이론을 적용한 연구가 상대적으로 많은 것으로 보고됐다. 반면 이론을 새롭게 수정·확장하거나 한국적 특성, 규범과 문화를 고려한 연구는 부족한 것으로 나타났다.

더 최근 10년 동안(2009-2019년) 국내 주요 학술지에 게재된 183편의 건강 소통 논문을 대상으로 한 내용분석(백혜진·심민선, 2019)에서는 의료 소통 등 과거 소외된 주제에 대한 관심이 증가하고 언론학, 광고·홍보학, 방송학 각 분야에서 상호보완적 연구가 진행되면서 건강 소통 분야가 더욱 다양하고 체계적으로 발전했다고 보고했다. 그러나 여전히 정량적 연구에 치우쳐 있고 수많은 건강 캠페인이 매년 실행되고 있음에도 캠페인 효과를 체계적으로 평가하는 연구가 부족한 점은 건강 소통 분야의 균형적 성장을 위해 보완해야 할 부분이다. 또한 빅데이터와 전산 사회과학 방법론(computational social science)과 같은 새로운 연구방법이나 알고리듬을 반영한 연구 등 시대적 변화와 환경을 반영한 연구를 다양하게 진행해야 할 것이다.

4. 건강 소통의 향후 전망과 제언

건강 소통 학자들은 '소통' 학문과 다양한 '건강' 주제 사이의 지혜로운 조화를 강조한다. 그러나 다학제적 혹은 범학제적 접근에서 발생하는 갈등을 완화하고 이론과 실용성 간의 조화와 균형을 이루는 데는 여러 도전과제가 존재한다.

10여 년 전 하나와 등(Hannawa et al., 2014)은 건강 소통의 도전과제와 한계를 다음과 같이 지적한 바 있다. ① 실무적 발전을 위해 이론적 발전에 소홀했던 점, ② 소통학 고유의 용어와 학술지를 중시함으로써 의료, 보건학 등 연관 학문분야에서 인지도와 가시성이 낮은 점, ③ 학문적 발전에 필요한 연구 방향보다 자원이 풍부한 방향으로 연구가 몰린 점, ④ 서구(혹은 미국) 중심으로 건강 소통 연구가 발전하면서 인구계획이나 감염병 등 특정 건강 문제 등에 대한 사회·경제·문화적 특이성을 고려하지 못한 점 등이다.

10여 년이 지난 지금, 특히 코로나19 팬데믹을 전 세계가 겪으면서 국제협력 연구와 여러 수준의 연구가 다각도로 진행됐으며(Lin & Nan, 2023), 연구의 지리적 편중성도 완화됐다는 점(McCullock et al., 2021)은 이전에 지적된 한계점이 어느 정도 극복됐음을 뜻한다. 그럼에도 불구하고 많은 실증 연구가 이 장에서 소개한 이론들의 범위를 넘어서지 못하고 있다는 점은 여전히 이론적 발전이 더디다는 것을 방증한다. 학문적 발전의 편중성도 아직까지 극복하지 못한 문제이다. 하지만 자원의 불균형으로 '하지 않는 연구' 혹은 '언던 사이언스(Undone Science)'에 대한 자각과 공론화가 국내에서도 진행되고 있다는 점(백혜진 외, 2022, 11장 참고)은 의미가 있다.

최근 개정(3판)된 〈건강 소통 편람〉(Thompson & Harrington, 2022)에서는 새로운 주제와 다양한 도전과제를 소개한다. 미시적 차원에서 연구방법의 문제점과 해결 방안도 제시한다. 정보 노출, 신념, 태도 및 행동 측정

방법의 한계, 최근 들어 자주 활용되는 기계학습 및 자연어 처리 문제, 모형 개발 및 검증 문제에 관해서다. 특히 토픽모형, 행위자기반모형화, 전산 사회과학 연구방법 등 새로운 연구방법이 부상하는 시점에서 건강 소통 분야에서도 활발한 연구가 기대된다.

또한 새로운 주제에 있어서는 환자-의사 소통에서 환자 중심(patient-centered) 접근의 설득과 대화, 대인과 가족 소통의 수준에서 말기 환자와 죽음에 대한 소통, 조직 소통과 관련해 스트레스와 소진(burn out), 그리고 건강 허위정보 등을 소개한다(Thompson & Harrington, 2022). 코로나19 팬데믹을 거치면서 불거진 문제와 고령화 사회에 접어든 시대상을 반영한 주제들이다. 국내에서도 한국인의 정서를 반영한 '울분'(embitterment; Yu & Ju, 2022), 감염병 등의 질병을 인간의 건강 문제로만 초점을 맞출 것이 아니라 동물과 환경의 건강으로 통합하여 거시적 접근으로 볼 것을 제안하는 '하나의 건강(One Health)' 접근(백혜진 외, 2022, 7장) 등 새로운 시각과 주제가 제시된 바 있다.

코로나19에 이어 올 미지의 감염병, 저출산과 고령화에 따른 여러 사회적 건강 문제, 기후 변화 등 환경의 변화에 따른 건강 문제 등 앞으로도 건강과 관련된 주제는 물론, 그것을 바라보는 시각과 접근 방법도 다양해질 것이다. 건강 소통 학자들은 이러한 건강 문제를 효과적으로 소통하고 사람들의 건강 지식을 개선하며 건강 행동을 실천하는 데 기여해야 한다. 나아가 독립된 학문분야로서 건강과 관련된 현상을 기술하고, 설명하고, 예측하는 이론을 개발하고 정교화함으로써 '이론과 실무'의 균형을 이루어 나가길 기대한다.

참고문헌

백혜진 (2013). 〈소셜 마케팅〉. 커뮤니케이션북스.

백혜진 외 (2022). 〈호모 퍼블리쿠스와 PR의 미래〉. 한울.

백혜진 외 (2023). 〈헬스 커뮤니케이션 메시지: 이론과 전망〉. 커뮤니케이션북스.

백혜진 · 신경아 (2014). Health-PR: 헬스커뮤니케이션학의 발전에 있어 PR학의 역할 재정립을 위한 고찰. 〈홍보학연구〉, 18권 1호, 520-558.

백혜진 · 심민선 (2019). 건강 커뮤니케이션. 한국언론학회 엮음. 〈한국 언론학 연구 60년〉 (455-492쪽). 나남출판.

백혜진 · 이혜규 (2013). 〈헬스 커뮤니케이션의 메시지 수용자 미디어 전략〉. 커뮤니케이션북스.

이병관 · 손영곤 · 이상록 · 윤문영 · 김민희 · 김채린 (2014). 건강 관련 행동의 예측을 위한 사회인지이론의 유용성: 국내 건강신념모델 연구의 메타분석. 〈PR 연구〉, 18권 2호, 163-206.

이병관 · 윤태웅 (2012). 공익광고의 프레이밍 효과에 관한 연구: 메타분석. 〈한국광고홍보학보〉, 14권 2호, 33-60.

한미정 (2006). 건강관련 커뮤니케이션 연구논문 내용분석: 1990년부터 2005년 상반기까지 발표된 국내 논문을 중심으로. 〈한국광고홍보학보〉, 7권 5호, 210-232.

제민주 · 박보현 (2021). 범이론 모형을 적용한 지방공무원의 운동행위 변화 단계에 영향을 미치는 요인. 〈보건교육건강증진학회지〉, 38권 5호, 21-32.

Ajzen, I. (1991). The theory of planned behavior. *Organizational Behavior and Human Decision Processes, 50*, 179-211

Ajzen, I., & Fishbein, M. (1980). *Understanding attitudes and predicting social behaviour.* Prentice-Hall.

Babrow, A. S., & Mattson, M. (2011). Building health communication theories in the 21st century. In T. L. Thompson, R. Parrott, & J. F. Nussbaum (Eds.), *The Routledge handbook of health communication* (2nd ed., pp. 18-35). Routledge

Bandura, A. (1986). *Social foundations of thought and action.* Prentice-Hall.

Bandura, A. (1994). *Self-efficacy: The exercise of control.* Freeman.

Becker, M. H. (1974). The health belief model and personal health behavior. *Health Education Monograph, 2*, 324-508.

Bigsby, E., & Albarracín, D. (2022). Self-and response efficacy information in fear appeals: A meta-analysis. *Journal of Communication, 72*(2), 241-263.

Carpenter, C. J. (2010). A Meta-analysis of the effectiveness of health belief model variables in predicting behavior. *Health Communication, 25*(8), 661-669.

Cornacchione, J., & Smith, S. W. (2012). The effects of message framing within the stages of change on smoking cessation intentions and behaviors. *Health Communication, 27*(6), 612-622.

DiClemente, C. C., & Graydon, M. M. (2020). Changing behavior using the trans-theoretical model. In M. S. Hagger, L. D. Cameron, K. Hamilton, N. Hankonen,

& T. Lintunen (Eds.), *The handbook of behavior change* (pp. 136-149). Cambridge University Press.

Dillard, J. P. (1994). Rethinking the study of fear appeals: An emotional perspective. *Communication Theory, 4,* 295-323.

Dillard, J. P., & Li, S. S. (2020). How scary are threat appeals? Evaluating the intensity of fear in experimental research. *Human Communication Research, 46*(1), 1-24.

Dodel, M., & Mesch, G. (2017). Cyber-victimization preventive behavior: A health belief model approach. *Computers in Human Behavior, 68,* 359-367.

Evers, K. E., & Balestrieri, G. (2024). The transtheoretical model and stages of change. In Glanz, K, Rimer, B. K., & Viswanath, K. (Eds.), *Health behavior and health education: Theory, research, and practice* (6th ed. pp. 56-72). Jossey-Bass.

Fishbein, M., & Ajzen, I. (2010). *Predicting and changing behavior: The reasoned action approach.* Psychology Press.

Gallagher, K. M., & Updegraff, J. A. (2012). Health message framing effects on attitudes, intentions, and behavior: A meta-analytic review. *Annals of Behavioral Medicine, 43*(1), 101-116.

Godinho, C. A., Alvarez, M. J., Lima, M. L., & Schwarzer, R. (2015). Health messages to promote fruit and vegetable consumption at different stages: A match-mismatch design. *Psychology & Health, 30*(12), 1410-1432.

Hall, K. L. & Rossi, J. S. (2008) Meta-analysis examination of the sting and weak principals across 48 behaviors. *Preventative Medicine, 46,* 266-274.

Hannawa, A. F., Kreps, G., Paek, H.-J., Schulz, P. J., Smith, S., & Street, R. L. Jr. (2014). Emerging issues and future directions of the field of health communication. *Health Communication. 29*(10), 955-961.

Harrington, N. G., & Kerr, A. M. (2017). Rethinking risk: Prospect theory application in health message framing research. *Health Communication, 32*(2), 131-141.

Hochbaum, G. M. (1956). Why people seek diagnostic x-rays. *Public Health Reports, 71*(4), 377-380.

Janz, N. K., & Becker, M. H. (1984). The health belief model: A decade later. *Health Education Quarterly, 11*(1), 1-47.

Janz, N. K., Champion, V. L., & Strecher, V. J. (2002). The health belief model. In K. Glanz, B. K. Rimer, & F. M. Lewis (Eds.), *Health behavior and health education: Theory, research, and practice* (3rd ed., pp. 45-66). Jossey-Bass.

Jones, C. J., Smith, H., & Llewellyn, C. (2014). Evaluating the effectiveness of health belief model interventions in improving adherence: A systematic review. *Health Psychology Review, 8*(3), 253-269.

Jones, C. L., Jensen, J. D., Scherr, C. L., Brown, N. R., Christy, K., & Weaver, J. (2015). The health belief model as an explanatory framework in communication research: Exploring parallel, serial, and moderated mediation. *Health Communication, 30*(6),

566-576.

Ju, Y., & You, M. (2022). The correlation function of communication in an emotional domain observed in the effect of media on embitterment. *Health Communication, 37*, 508-514.

Kahneman, D., & Tversky, A. (1984). Choices, values, and frames. *American Psychologist, 39*(4), 341-350.

Kim, J.-N., Park, S.-C., Yoo, S.-W., & Shen, H. (2010). Mapping health communication scholarship: Breadth, depth, and agenda of published research in health communication. *Health Communication, 25*(6-7), 487-503.

Kreps, G. L., Bonaguro, E. W., & Query, J. L. (1998). The history and development of the field of health communication. In L. D. Jackson & B. K. Duffy (Eds.), *Health communication research: Guide to developments and directions* (pp. 1-15). Greenwood Press.

Krishna, A., & Thompson, T. L. (2021). Misinformation about health: A review of health communication and misinformation scholarship. *American Behavioral Scientist, 65*(2), 316-332.

Lau, J., Lim, T. Z., Wong, G. J., & Tan, K. K. (2020). The health belief model and colorectal cancer screening in the general population: A systematic review. *Preventive Medicine Reports, 20*, 101223.

Leventhal, H. (1970). Findings and theory in the study of fear communications. In L. Berkowitz (Ed.), *Advances in experimental social psychology* (vol. 5, pp. 119-186). Academic Press.

Leventhal, H. (1971). Fear appeals and persuasion: The differentiation of a motivational construct. *American Journal of Public Health, 61*, 1208-1224.

Lustria, M. L. A., Noar, S. M., Cortese, J., van Stee, S. K., Glueckauf, R. L., & Lee, J. (2013). A meta-analysis of web-delivered tailored health behavior change interventions. *Journal of Health Communication, 18*(9), 1039-1069.

Maloney, E. K. (2023). Reconceptualized health belief model. *The International Encyclopedia of Health Communication,* 1-6.

McCullock, S. P., M. Hildenbrand, G., Schmitz, K. J., & Perrault, E. K. (2021). The state of health communication research: A content analysis of articles published in Journal of Health Communication and Health Communication (2010-2019). *Journal of Health Communication, 26*(1), 28-38.

McLeroy, K. R., Bibeau, D., Steckler, A., & Glanz, K. (1988). An ecological perspective on health promotion programs. *Health Education Quarterly, 15*, 351-377.

Meyerowitz, B. E., & Chaiken, S. (1987). The effect of message framing on breast self-examination attitudes, intentions, and behavior. *Journal of Personality and Social Psychology, 52*, 500-510.

Nabi, R. L. (2021). Theories of affective impact. In T. L. Thompson & P. J. Schulz (Eds.),

Health communication theory (pp. 157-177). Wiley-Blackwell.

Nabi, R. L., & Myrick, J. G. (2019). Uplifting fear appeals: Considering the role of hope in fear-based persuasive messages. *Health Communication, 34*(4), 463-474.

Nabi, R. L., Walter, N., Oshidary, N., Endacott, C. G., Love-Nichols, J., Lew, Z. J., & Aune, A. (2020). Can emotions capture the elusive gain-loss framing effect?: A meta-analysis. *Communication Research, 47*(8), 1107-1130.

Noar, S. M. (2017). Transtheoretical model and stages of change in health and risk messaging. *Oxford Research Encyclopedia of Communication.*

Noar, S. M., Benac, C. N., & Harris, M. S. (2007) Does tailoring matter?: Meta-analytic review of tailored print health behavior change interventions. *Psychological Bulletin, 4,* 673-693.

O'Keefe, D. J. (2013). The relative persuasiveness of different message types does not vary as a function of the persuasive outcome assessed: Evidence from 29 meta-analyses of 2,062 effect sizes for 13 message variations. *Annals of the International Communication Association, 37*(1), 221-249.

O'Keefe, D. J., & Jensen, J. D. (2006). The advantages of compliance or the disadvantages of noncompliance?: A meta-analytic review of the relative persuasive effectiveness of gain-framed and loss-framed messages. *Communication Yearbook, 30,* 1-43.

O'Keefe, D. J., & Jensen, J. D. (2009). The relative persuasiveness of gain-framed and loss-framed messages for encouraging disease detection behaviors: A meta-analytic review. *Journal of Communication, 59*(2), 296-316.

O'Keefe, D. J., & Nan, X. (2012). The relative persuasiveness of gain-and loss-framed messages for promoting vaccination: A meta-analytic review. *Health Communication, 27*(8), 776-783.

Paek, H.-J. (2016). Risk perceptions and the health belief model. In D. K. Kim & J. W. Dearing (Eds.), *Health communication research measures* (pp. 25-32). Peter Lang.

Peters, J. L., Sutton, A. J., Jones, D. R., Abrams, K. R., & Rushton, L. (2008). Contour-enhanced meta-analysis funnel plots help distinguish publication bias from other cases of asymmetry. *Journal of Clinical Epidemiology, 61*(10), 991-996.

Piotrow, P. T., Rimon, J. G. II, Payne Merritt, A., & Saffitz, G. (2003). *Advancing health communication: The PCS experience in the field.* Center Publication 103. Johns Hopkins Bloomberg School of Public Health/Center for Communication Programs.

Prochaska, J. O., & DiClemente, C. C. (1983). Stages and processes of self-change of smoking: Toward an integrative model of change. *Journal of Consulting and Clinical Psychology, 51*(3), 390

Prochaska, J. O., & Norcross, J. (1979). *Systems of Psychotherapy: A Transtheoretical Perspective.* Dorsey Press.

Prochaska, J. O., Redding, C. A., & Evers, K. E. (2015). The transtheoretical model and stages of change. In K. Glanz, B. K. Rimer, & K. Viswanath (Eds.), *Health behavior and health education: Theory, research, and practice* (5th ed., pp. 125-148). Jossey-Bass.

Rimer, B. K., & Glanz, K. (2005). *Theory at a glance: A guide for health promotion practice.* US Department of Health and Human Services, National Institutes of Health, National Cancer Institute.

Ritchie, D., van den Broucke, S., & van Hal, G. (2021). The health belief model and theory of planned behavior applied to mammography screening: A systematic review and meta-analysis. *Public Health Nursing, 38*(3), 482-492.

Rogers, R. W. (1975). A protection motivation theory of fear appeals and attitude change. *Journal of Psychology, 91,* 93-114.

Rogers, R. W. (1983). Cognitive and physiological processes in fear appeals and attitude change: A revised theory of protection motivation. In J. Cacioppo & R. Petty (Eds.), *Social Psychophysiology* (pp. 153-176). Guilford Press.

Rosen, C. S. (2000). Is the sequencing of change processes by stage consistent across health problems?: A meta-analysis. *Health Psychology, 19*(6), 593-604.

Rosenstock, I. M. (1974). Historical origins of the health belief model. *Health Education Monographs, 2,* 328-335, 1974.

Rosenstock, I. M., Strecher, V. J., & Becker, M. H. (1988). Social learning theory and the health belief model. *Health Education & Behavior, 15*(2), 175-183.

Rothman, A. J., Bartels, R. D., Wlaschin, J., & Salovey, P. (2006). The strategic use of gain-and loss-framed messages to promote healthy behavior: How theory can inform practice. *Journal of Communication, 56,* S202-S220.

Rothman, A. J., Martino, S. C., Bedell, B. T., Detweiler, J. B., & Salovey, P. (1999). The systematic influence of gain-and loss-framed messages on interest in and use of different types of health behavior. *Personality and Social Psychology Bulletin, 25,* 1355-1369.

Rothman, A. J., & Salovey, P. (1997). Shaping perceptions to motivate healthy behavior: The role of message framing. *Psychological Bulletin, 121,* 3-19.

Salmela, S., Poskiparta, M., Kasila, K., Väähääsarja, K., & Vanhala, M. (2009). Transtheoretical model-based dietary interventions in primary care: A review of the evidence in diabetes. *Health Education Research, 24*(2), 237-252.

Skinner, C. S., Tiro, J., & Champion, V. L. (2015). The health belief model. In K. Glanz, B. K. Rimer, & K. Viswanath (Eds.), *Health behavior and health education: Theory, research, and practice* (5th ed., pp. 75-94). Jossey-Bass.

Tannenbaum, M. B., Hepler, J., Zimmerman, R. S., Saul, L., Jacobs, S., Wilson, K., & Albarracín, D. (2015). Appealing to fear: A meta-analysis of fear appeal effectiveness and theories. *Psychological Bulletin, 141*(6), 1178-1204.

Thompson, T. L., & Harrington, N. G. (Eds.) (2022). *The Routledge handbook of health communication* (3rd ed.). Routledge.

Tversky, A. & Kahneman, D. (1981). The framing of decisions and the psychology of choice. *Science, 211*(4481), 453-458.

Updegraff, J. A., & Rothman, A. J. (2013). Health message framing: Moderators, mediators, and mysteries. *Social and Personality Psychology Compass, 7*(9), 668-679.

US Department of Health and Human Service (2001). *Healthy People 2000 Final Review. National Center for Health Statistics.* Public Health Service.

West, R. (2005). Time for a change: Putting the transtheoretical (stages of change) model to rest. *Addiction, 100*(8), 1036-1039.

Wewers, M. E., Stillman, F. A., Hartman, A. M., & Shopland, D. R. (2003). Distribution of daily smokers by stage of change: Current population survey results. *Preventive Medicine, 36*(6), 710-720.

Witte, K. (1992). Putting the fear back into fear appeals: The extended parallel process model. *Communication Monographs, 59*, 329-349.

Witte, K., & Allen, M. (2000). A meta-analysis of fear appeals: Implications for effective public health campaigns. *Health Education & Behavior, 27*(5), 591-615.

Zewdie, A., Mose, A., Sahle, T., Bedewi, J., Gashu, M., Kebede, N., & Yimer, A. (2022). The health belief model's ability to predict COVID-19 preventive behavior: A systematic review. *SAGE Open Medicine, 10*, 20503121221113668.

13

컴퓨터 매개 소통

이두황 | 경희대 미디어학과 교수
서영남 | 모내시대 인문과학대학 조교수

온라인 공간에서 여러 플랫폼을 통해 새로운 사람을 만나 인상을 형성하고 관계를 발전시키는 일은 더 이상 새로운 현상이 아니다. 사람들은 대면 (face-to-face) 커뮤니케이션 환경에 국한되지 않고 시간과 공간의 제약을 초월하여 인터넷과 실제 사회생활에서 사람들과 다양한 방식으로 상호작용한다. 인터넷의 발전과 새로운 정보통신 기술의 확산으로 인해, 사람들은 다양한 컴퓨터 기기를 통해 매개된 소통(computer-mediated communication, CMC)을 통한 새로운 형태의 대인관계를 형성한다. 이에 따라 CMC를 통한 대인관계 형성과 발전 역시 많은 학문적 관심을 받고 있다.

이런 맥락을 바탕으로 이 장에서 지금까지 CMC 연구를 주도한 주요 이론적 관점들을 소개하고자 한다. 먼저 면대면 소통과 구별되는 문자 중심의 CMC 현상을 다룬 대표적인 CMC 관련 이론들을 소개하고, 각 이론 간 유사성과 차이점을 논의하며, 이에 관한 국내외 선행연구들을 간략히 검토하여 정리할 것이다. 구체적으로 여기에서는 '사회적 현존감 이론', '미디어 풍부성 이론', '사회적 정보처리 이론', 그리고 '초대인적 관점' 등을 중심으로 한 이론 틀을 소개하고자 한다. 다음으로 기존 CMC 이론들이 문자 중심의 초기 CMC 환경뿐만 아니라, 음성, 사진, 그래픽, 동영상과 같은 시청각적 단서들을 포함하는 다중 모드(multi-mode)를 지원하는 CMC 환경에서도 적용되어야 하는 당위성과 가능성에 대해서도 논의할 것이다. 마지막으로 이 장은 '탈개인화 효과에 관한 사회적 자아정체성 모형'을 소개하면서 CMC 환경의 대표적 특징인 익명성이 개인의 탈개인화(deindividuation)를 유발하여 개인의 집단 규범에의 종속과 집단 양극화를 초래하는 현상에 주목한다. 이를 바탕으로 개인 차원이 아닌 집단 차원의 CMC가 어떠한 사회적 파급 효과를 불러일으킬 수 있는지에 대해서도 논의해 보고자 한다.

1. 초기 CMC 이론의 등장

CMC란 컴퓨터를 매개로 이루어지는 송신자와 수신자 간의 소통 과정이다(Walther, 1992). 즉, CMC는 원격 대화 당사자들이 직접 만나지 않고 가상 공간을 통해 동시적으로 혹은 비동시적으로 메시지를 구성, 편집, 저장, 전송, 교환하는 소통 상황을 의미한다. 초기 CMC는 이메일, 채팅, 전자게시판처럼 문자 중심 정보의 교환을 통해 주로 이루어졌다. 그러나 최근에는 인터넷을 포함한 다양한 정보통신 네트워크의 속도(speed)와 대역폭(bandwidth)이 폭발적으로 확장되고 스마트폰과 태블릿 PC와 같은 휴대 기기가 확산됨에 따라 페이스북(Facebook), 인스타그램(Instagram), 유튜브(YouTube), 틱톡(TikTok), 심지어 가상현실 기반의 제페토(Zepeto)와 같은 다양한 교류매체 플랫폼을 통해 사용자들이 문자 중심 정보뿐만 아니라 음성, 사진, 그래픽, 동영상과 같은 다중 모드의 정보를 교환할 수 있는 관계적 소통도 가능하게 됐다.

비록 최근의 인터넷 환경에서 이렇게 다양한 시청각적 단서들을 활용하는 것이 대세이긴 하지만, 여전히 많은 인터넷 사용자들이 이메일, 채팅, 전자게시판 등을 매일 사용하고 있다는 점을 주목할 필요가 있다. 이는 문자 중심의 커뮤니케이션 혁신이 현재 진행형이며, 계속 확산되고 있다는 것을 의미하기 때문이다. 예를 들어, 인스턴트 메시지와 온라인 게임이나 쇼핑몰 사이트에서도 실시간 채팅 대화창은 여전히 열려 있고, 문자, 사진, 그래픽, 동영상 기반의 교류망서비스(social network services, SNS)에서도 여전히 문자 중심의 상호작용이 가장 큰 부분을 차지한다. 더구나, 카카오톡과 휴대전화의 단문 문자 메시지 서비스(short message service, SMS)는 디지털 세대뿐만 아니라 아날로그 세대까지 확산되어, 사용자의 관계적 소통에 큰 영향을 미치고 있다. 한마디로, 문자 중심의 상호작용은 새로운 소셜 플랫폼의 등장과 함께 데스크톱 PC에서 노트북, 태블릿 PC, 스마트폰과 같은 다양한 휴대 기기로 자연스럽게 확산됐으며, 실제 사회생활에서 인간관계의 형성, 발전, 유지에도 여전히 큰 영향을 미치고 있다.

문자 중심의 CMC에서 가장 주목할 만한 특징은 익명의 대화 당사자들이 표정, 몸짓, 시선, 목소리 같은 비언어적 요소가 결여된 상태에서 관계적 목표를 위해 상대방과 비동시적으로 상호작용(asynchronous interaction)할 수 있다는 점이다. CMC를 통한 대인관계의 발전, 형성, 그리고 유지에 대한 연구는 이러한 개인적(personal)이고 사회감성적(socioemotional) 정보를 전달하는 비언어적 단서들이 부재하고, 언어적 메시지의 교환이 비동시적일 수 있다는 CMC의 고유한 특성에 주목했다. 이 연구들은 CMC 환경에서도 면대면 상황처럼 대화 당사자들 간에 친밀한 관계를 형성할 수 있는지 여부를 탐색하고 이해하려고 시도해왔다. 결국, CMC 연구의 목표는 CMC 환경에서도 면대면 상황에 버금가는 대인관계를 통해 친밀함을 형성하고 관계를 발전시키며 유지할 수 있는지를 탐구하고, 이에 영향을 미치는 다양한 요인들을 규명하며 그 과정을 이해하는 데 있다고 할 수 있다.

초기 CMC 연구들이 문자 중심의 CMC를 비언어적 단서의 부재로 인해 열등한 커뮤니케이션 상황으로 간주한 것은 놀랍지 않다. 쿨난과 마커스(Culnan & Markus, 1987)는 '단서 탈락(cues-filtered-out)'이라는 용어를 사용해, 대인 소통 채널로서 CMC의 한계를 지적했다. 그들은 비언어적 단서(외모, 표정, 옷차림, 몸짓, 말의 속도, 음성의 높낮이, 사투리 등)가 부재한 CMC 환경을 사회감성적 특질이 결핍된 대인 상황으로 보았다. 결국, '단서 탈락' 관점에서는 비언어적 단서가 결여된 CMC 상황에서 관계 형성과 인상 관리가 어려울 것이라고 주장한 셈이다.

단서 탈락 관점의 이러한 입장은 비언어적 단서를 충분히 활용할 수 있는 면대면 소통을 가장 이상적인 커뮤니케이션 상황으로 가정하는 것을 의미한다. 즉, CMC 환경에서는 비언어적 단서가 결핍되어 있어, 대화 당사자들이 이를 의도적이거나 비의도적으로 자유롭게 교환할 수 없다고 가정하며, 따라서 CMC는 면대면 소통에 비해 인상 형성과 관계 발전에 있어서 본질적으로 열등하다는 입장을 취한다.

사회적 현존감 이론(social presence theory)과 미디어 풍부성 이론 (media richness theory)은 단서 탈락 관점을 대표하는 이론들이다. 두 이론 모두 CMC는 면대면 소통에 비해 다양한 단서를 담을 수 있는 채널 용량 (capacity)이 태생적으로 제한되어 있다고 주장한다. 따라서 이 두 이론에 근거를 둔 연구들은 컴퓨터에 의해 매개되는 소통 채널의 속성과 비매개되는 면대면 소통 채널의 속성을 비교하며, 그 속성 차이로 발생할 수 있는 소통 과정과 효과의 차이에 주로 관심을 둔다.

1) 사회적 현존감 이론

초기 CMC 연구자들은 비언어적 단서의 결핍이 사용자들의 커뮤니케이션 미디어 선택에 미치는 영향을 주목했다. 이를 설명하는 대표적 이론이 사회적 현존감 이론(Short et al., 1976)이다. 쇼트와 동료들(Short et al., 1976)은 원격회의(teleconference) 같은 텔레커뮤니케이션 기술을 이용하는 사람들의 사회·심리학적 요인의 중요성을 강조하면서, 사회적 현존감이라는 개념을 처음으로 제시했다. 이들은 사회적 현존감을 "다른 상대방들이 커뮤니케이션 상호작용에 서로 함께 관여하고(involve) 있다는 느낌" 혹은 "커뮤니케이션 상대방에 느끼는 현저성(salience) 정도"로 개념적으로 정의했으며(p. 63), 사회적 현존감 수준은 커뮤니케이션 미디어의 특질에 따라 달라진다고 주장했다.

또한 이들은 한 발 더 나아가 미디어가 제공하는 상대방에 대한 사회적 정보의 단서 수가 적을수록 대화 당사자는 상대의 실존(presence)에 덜 주목할 것이라고 예측했다. 사용자가 느끼는 상대방에 대한 사회적 현존감이 낮아진다면, 그 미디어를 통해 교환되는 메시지는 비인격적(impersonal)이 되어 과업 지향적(task-oriented)이 될 수밖에 없다는 주장을 펼치기도 했다. 예를 들어, 문자 중심의 이메일 같은 낮은 사회적 현존감을 제공하는 채널을 통해 메시지를 받을 때, 면대면과 같은 높은 사회적 현존감을 제공하는 채널을 통해 메시지를 받을 때보다 상대방을 "따뜻하고(warm), 인간적이고(personal), 민감하고(sensitive), 사교적으로(sociable)" 경험할 가능성이 훨씬 낮다. 즉, CMC가 관계를 맺고 유지하는 소통 과정에 빈번하게 등장하지는 않는다고 보았다. 이는 CMC에서 비언어적 단서가 없는 문자 메시지가 대화 당사자들 간 의사결정을 전달하는 과업 지향적 소통에는 적합하지만, 사회감성적 표현을 전달하는 데에는 어려움이 있기 때문이다. 결국, 이 시각은 미디어의 사회적 정보 전송 용량이 사용자의 미디어 선택과 상호작용 방식을 결정할 수 있음을 시사한다.

초기 CMC 연구들은 문자 중심의 CMC 상황에서 메시지 내용이 비인격적이고 과업 지향적이 되는 현상을 설명하기 위해 사회적 현존감 이론을 이론적 근거로 사용했다. 힐츠와 동료들(Hiltz et al., 1978)은 이 이론을 CMC를 통한 대인관계 연구에 처음 적용하여, 컴퓨터 매개 문자 중심의 원격회의와 면대면 소통 간의 단서 교환량을 비교했다. 그 결과, CMC 상황에서는 업무적 내용이 더 많이 교환되고, 사회감성적 대화는 상대적으로 적게 이루어진다는 결과를 도출했다. 비슷하게, 라이스와 케이스(Rice & Case,

1983)는 이메일 시스템 사용자들이 문자 중심의 CMC가 업무에 필요한 아이디어 생성과 의견 불일치 해결에 적합하다고 평가했다고 보고했다.

그러나 이후 연구자들은 사회적 현존감 이론이 CMC의 관계적 소통 가능성을 논의하는 데 한계가 있다고 비판했다. 비오카와 동료들(Biocca et al., 2003)은 사회적 현존감을 미디어의 특성이 아닌, 상대방과의 심리적 연결성으로 정의해야 한다고 주장했고, 이해경과 이혜정, 이정우(2013)는 사회적 현존감 수준이 매체의 고유한 특질보다는 사용자가 가장 많이 사용하는 정도에 따라 다르다는 결과(예: 카카오톡, 페이스북, 문자메시지 순)를 제시하기도 했다. 이 연구들은 사회적 현존감 이론의 전통적 가정을 비판적으로 재검토하고, CMC에서도 인격적이고 과업 중심뿐만 아니라 관계 중심의 소통이 가능하다는 점을 시사한다.

CMC 상황에서의 관계 형성과 유지에 관한 비판에도 불구하고, 사회적 현존감 이론은 다른 현존감 개념들(예: 공간적 현존감, 자아 현존감, 물리적 현존감)과 함께 세분화되어, 그 결정 요인과 효과를 객관적으로 측정하려는 노력(예: Biocca et al., 2003; Lee, 2004; Seo et al., 2017) 덕분에 가상현실과 컴퓨터 게임 등에서 사용자의 경험과 그 사회적·심리적 효과를 설명하는 중요한 이론으로 자리 잡고 있다.

2) 미디어 풍부성 이론

단서 탈락 관점을 대표하는 또 다른 CMC 이론은 미디어 풍부성 이론이다(Daft & Lengel, 1986; Trevino et al., 1987). 이 이론은 조직 내 구성원, 특히 관리자가 업무 효율성을 높이기 위해 얼마나 '풍부한(rich)' 미디어를 선택해야 하는지를 설명하는 틀로 시작됐다. '풍부성'은 많은 단서를 전달할 수 있는 미디어의 전송 용량, 즉 대역폭을 의미한다. 이 이론은 다양한 미디어(예: 면대면 대화, 전화, 팩스, 이메일, 음성메일, 메신저, 화상회의)가 각기 다른 대역폭을 가지고 있어 전달할 수 있는 단서의 수가 다르다고 전제한다. 따라서 면대면 대화는 '풍부한' 미디어로, 이메일 같은 문자 중심의 CMC는 비교적 '풍부하지 않은(lean)' 미디어로 평가된다. 이는 미디어 풍부성 이론이 미디어의 고정적이고 불변하는 속성이 사용자의 미디어 선택을 결정한다는 매체 중심적 입장을 취하기 때문이다(이은주, 2011).

데프트와 렝겔(Daft & Lengel, 1986)에 따르면, 미디어의 풍부성은 네 가지 요소에 의해 결정된다. 첫째는, 미디어가 숫자, 단어, 음성, 몸짓, 그래픽 등 다수의 단서(multiple cues)를 전달할 수 있는 전송 용량을 갖추고 있는지 여부이다. 둘째, 상대방으로부터 전송된 정보에 대해 얼마나 즉각적으로 피드백할 수 있는지 여부이다. 셋째, 의미를 다양하게 전달할 언어의 다양성(language variety)을 제공하여 사용자가 얼마나 자연스러운 언어(natural language)를 사용할 수 있는지 여부이다. 넷째, 미디어가 개인적 정서를 표현할 수 있을 정도로 개인화(personal focus)된 메시지를 전달할 수 있는지 여부이다. 이 기준에 따르면, 면대면 소통은 풍부한 미디어로, CMC는 상대적으로 풍부하지 않은 미디어로 간주된다.

그러나 미디어의 선택은 단순히 풍부성뿐만 아니라, 정보의 모호성(equivocality) 해결을 위한 목적도 고려된다. 모호성이 높은 사안일수록 풍부한 미디어가 선호되지만, 단순하고 명확한 메시지에는 덜 풍부한 미디어도 적합할 수 있다. 데프트와 렝겔(Daft & Lengel, 1986)은 면대면 채널이 사교 목적에 적합한 풍부한 미디어이며, 문자 전달 채널은 명확한 업무 목적에 적합한 덜 풍부한 미디어라고 주장했다. 따라서 CMC는 면대면 소통보다 덜 풍부하지만, 반드시 외면받는 미디어는 아니다.

여러 연구에서 미디어 속성 차이에 따른 풍부성 지각을 조사한 결과, 전통적 미디어(예: 면대면, 전화)에서는 미디어 풍부성 이론이 지지됐으나, 이메일, 음성메일, 화상전화 등 새로운 매체에서는 일관되지 않은 결과가 보고됐다(Cummings et al., 2006; Kahai & Cooper, 2003; Markus, 1994). 예를 들어, 카하이와 쿠퍼(Kahai & Cooper, 2003)는 조직 구성원들이 면대면 만남을 가장 풍부한 매체로 평가하고, 이메일과 화상회의를 덜 풍부한 매체로 평가했다고 밝혔다. 구성원들은 주로 친목 도모와 정서 교류를 위해 면대면 접촉을 선호했고, 업무 관련 대화에는 이메일과 화상회의를 사용했다. 반면, 마커스(Markus, 1994)는 이메일이 상대적으로 낮은 풍부성을 가짐에도 불구하고 조직 관리자들이 이를 선호한다고 보고했다. 국내 연구에서도 김은미(2006)는 음성 통화가 문자 메시지보다 관계적 소통에 더 효과적일 것이라고 예측했지만, 이미 친한 친구들 사이에서는 문자 메시지가 더 풍부하게 인식됐고, 새로운 관계 형성에서는 그렇지 않았다. 이는 친밀한 관계에서 메시지의 모호함이 줄어들었기 때문일 수 있다. 김민정과 한동섭(2006)도 미디어의 풍부성이 사용자와 상대방 간의 친밀성에 따라 다르게 지각될 수 있다는 결과를 제시했다.

결론적으로, 이러한 일관되지 않은 연구결과들은 미디어 풍부성에 대한 지각과 미디어 선택이 미디어의 고유한 속성뿐만 아니라 개인적·사회적 요인에 의해 영향을 받을 수 있음을 시사한다.

2. CMC 이론의 진화

초기 CMC 연구들은 CMC가 면대면 소통에 비해 비인격적이고 과업 지향적이어서 사무적 용도로는 적합하지만, 친밀한 대인관계를 발전시키는 데에는 한계가 있다고 보고했다(Beniger, 1987; Heim, 1992; Stoll, 1995). 또한, 초기 연구들은 CMC의 낮은 대역폭과 익명성으로 인해 사회적 현존감이 약화되고, 이로 인해 욕설, 폭언, 인신공격과 같은 플레이밍(flaming) 행위가 발생하여 적대적 인간관계가 성립되기 쉽다는 점에 주목했다(Dubrovsky et al., 1991; Kiesler et al., 1984; Sproull & Kiesler, 1986; Sproull & Kiesler,

1991). 이처럼, 사회적 현존감 이론과 미디어 풍부성 이론은 CMC가 대인관계 형성, 발전, 유지에 부정적인 영향을 미칠 수 있다는 주장을 지지하는 틀로써 논의되어 왔다(Walther & Parks, 2002).

그러나 월서(Walther, 1992)는 CMC에 대한 초기의 부정적 관점을 비판하며, 사용자들이 온라인 매체에 충분히 적응할 시간이 주어진다면 면대면 수준의 사회적 감성과 친밀감을 형성할 수 있다는 '사회적 정보처리 이론(social information processing theory)'을 제안했다. 이후 그는 '초대인적 관점(hyperpersonal perspective)'을 제시하며, CMC 상황에서 상대방의 인상이 현실 이상으로 부풀려져, 오히려 면대면보다 더 큰 관계적 욕구와 친밀감을 불러일으킬 수 있다고 주장했다(Walther, 1996).

1) 사회적 정보처리 이론

사회적 정보처리 이론(Walther, 1992)은 단서 탈락 관점을 기반으로 한 사회적 현존감 이론과 미디어 풍부성 이론과 달리, CMC에서의 관계 형성과 발전 가능성을 긍정적으로 설명한다. 이 이론에 따르면, 비언어적 단서가 제약된 CMC에서도 시간이 지나면 면대면 수준의 친밀한 대인관계가 형성될 수 있다. 즉, CMC 사용자들이 오랜 기간 동안 충분히 CMC를 이용하면, 사회감성적 효과가 서서히 부각되어 대인 간의 인상 형성과 관계 발전에 깊이 관여할 수 있다는 주장이다. 이는 CMC가 관계적 소통으로서 긍정적 잠재력을 가지고 있음을 시사한다.

이 이론의 전제는 대화 당사자들이 사용하는 미디어의 종류와 관계없이 상대방과의 사회적 관계를 발전시키고자 하는 기본적 욕구를 가지고 있다는 것이다. 따라서 CMC 상황에서도 사용자들은 이러한 욕구를 충족하기 위해 비언어적 단서를 언어적 표현으로 대체하려는 노력을 기울인다. 실제로 CMC 사용자들은 사회감성적 느낌을 표현하기 위해 언어적 단서를 적극적으로 활용하며, 제스처나 감정을 표현하기 위해 이모티콘 같은 문자 신호를 사용한다. 즉, CMC 사용자들은 언어적 단서를 통해 비언어적 요소를 적절히 변형하여 관계적 메시지로 활용하는 법을 체득하게 된다. 따라서 CMC 사용자들은 관계를 형성하고 유지하려는 동기만 있다면, 비언어적 단서의 부재에도 불구하고 언어적 단서를 통해 사회적 의미를 효과적으로 전달할 수 있다.

사회적 정보처리 이론의 또 다른 핵심적 주장은, CMC 상황에서 사용자가 면대면 수준의 인상 형성과 관계 깊이를 얻으려면 그만큼의 시간이 필요하다는 점이다. 이는 CMC와 면대면 상황에서 사회적 정보의 교환 속도가 다르다는 데 기초한다. 초기 CMC 이론들과 마찬가지로, 이 이론도 관계 형성의 초기에는 CMC의 특성상 사회적 정보의 교환량이 면대면보다 적다고 인정한다. 그러나 시간이 충분히 주어진다면, CMC 사용자는 언어적 단서를 통해 관계적 소통을 형성할 수 있으며, 결국 면대면 수준의 사회적 정보를 얻을 가능성이 있다고 본다.

결국, CMC와 면대면 환경의 핵심적 차이는 교환되는 사회적 정보의 양이 아니라 정보처리 속도의 차이다. CMC에서 문자 메시지로 신중하게 마음을 전달하는 것은 면대면에서 실시간으로 전달하는 것보다 전달 속도가 지연될 수밖에 없지만, 상호작용 시간이 늘어나면 그 차이는 줄어들기 마련이다. 즉, CMC에서 개인적이고 사회감성적인 정보는 완전히 제거되는 것이 아니라, 면대면에 비해 전달 속도가 지연될 뿐이다. 시간이 지나면 CMC를 통한 관계적 소통은 면대면과 다름없어질 것이며, 이를 통해 형성된 친밀감은 면대면에서의 친밀감과 유사해질 수 있다. 이처럼 사회적 정보처리 이론은 비언어적 행위의 독점적 역할을 부정하고, CMC에서 관계의 깊이를 얻기 위해 시간이 필요하다는 점에 주목한다.

여러 연구에서도 상호작용 시간이 증가하면 CMC에서도 면대면 수준의 친밀감을 형성할 수 있다는 사실이 보고됐다. 예를 들어, 월서와 버군

(Walther & Burgoon, 1992)은 5주간 CMC와 면대면 집단을 비교한 실험에서, CMC 집단이 시간이 지나면서 면대면 집단과 유사한 수준의 관계적 소통을 형성했다는 결과를 도출했다. 월서(Walther, 1993)는 6주 동안 CMC와 면대면 소통 집단의 인상 형성을 비교한 연구에서, 초기에는 차이가 있었지만 시간이 지남에 따라 CMC에서도 면대면 수준의 인상 형성이 이루어졌다고 밝혔다. 월서와 동료들(Walther et al., 1994)은 초기 CMC 연구들이 제한된 시간 내에 관계 형성을 관찰한 반면, 장기간 관찰한 연구에서는 사회감성적 소통의 정도가 더 높았다는 사실을 메타분석을 통해 확인했다. 국내 연구에서도 김관규와 임현규(2002)는 CMC와 면대면 상황에서 상호작용 시간이 증가하면 상대방에 대한 인식이 다양해진다는 결과를 발견했다. 이로써 CMC의 비언어적 단서 제약이 시간이 지남에 따라 극복된다는 사회적 정보처리 이론의 예측이 실증적으로 입증됐다.

이후 연구들은 시간 외에도 인상 형성과 관계 발전에 영향을 미치는 CMC의 사회인지적 요인들(예: 대안적·언어적 단서 활용 노력)을 고려해야 한다고 제안했다. 예를 들어, 우츠(Utz, 2000)는 온라인 머드(MUD) 게임에서 사용자가 시간이 지나면서 이모티콘과 스크립트를 더 많이 사용하여 정서적 정보를 전달하게 된다고 보고했다. 더크스와 동료들(Derks et al., 2008)은 이모티콘과 언어적 메시지의 정서적 극성(valence)이 일치하면 그 의미가 강화되고, 일치하지 않으면 반박된다는 결과를 제시했다. 이 연구결과들은 이모티콘이 CMC에서 비언어적 단서로 작용해 송신자가 자신의 감정을 표현하는 데 중요한 역할을 한다는 점을 시사한다.

CMC에서 이모티콘 활용에 대한 이러한 평가는 국내 여러 연구에서도 확인됐다. 예를 들어, 박현구(2005)는 이모티콘이 대화에서 지각된 위협을 줄이고 공손함을 표현하는 사회감성적 단서로 사용된다고 관찰했다. 또한, 황하성과 박성복(2008)은 휴대전화 사용자가 문자 메시지에서 이모티콘을 활용해 감정을 표현하고 이를 통해 친밀한 대인관계를 형성한다고 보고했다.

CMC에서 인상 형성과 관계 발전에 영향을 주는 또 다른 특징은, CMC 사용자들이 면대면 상황처럼 상대방을 몰래 관찰할 수 없다는 점이다. 면대면에서는 상대방의 모습이나 행위를 관찰하거나 제3자에게 정보를 묻는 방식으로 관계적 불확실성을 줄일 수 있지만, CMC에서는 이런 전략을 활용하기 어렵다. 대신 CMC 사용자들은 언어적 단서를 적극적으로 사용해 상대방에게 자기노출(self-disclosure)을 하거나 개인적 질문을 던지는 상호작용적 정보 추구 전략을 활용한다. 연구에 따르면, CMC 상황에서 사용자들이 면대면 상황보다 더 깊고 개인적 질문을 하며 자기노출을 많이 하는 경향이 있다. 예를 들어, 티드웰과 월서(Tidwell & Walther, 2002)는 CMC 사용자가 불확실성을 줄이기 위해 면대면 사용자보다 더 많은 자기노출과 개인적 질문을 한다는 결과를 제시했다.

CMC의 긍정적 역할에 영향을 주는 또 다른 요인은 대화 상대방과의 미래 상호작용 기대(anticipation toward future interaction)이다. 월서(Walther, 1994)는 CMC 사용자들이 상대방과의 미래 상호작용을 기대하면 더 많은 개인정보를 교환하고, 유사성을 더 크게 지각하며, 더 우호적으로 느낀다고 예측했다. 그는 실험 참가자들을 CMC 집단과 면대면 집단으로 분류한 후, 미래 상호작용을 암시하거나 단 한 번의 작업만 할 것이라고 설명했다. 결과적으로, CMC 상황에서 미래 상호작용을 기대한 집단이 더욱 높은 수준의 관계적 소통을 보여주었다.

최근 연구들은 CMC에서 사회적 정보 교환에 따른 인상 형성이 상황적 요인(contextual factors)에 따라 달라질 수 있음을 제안하고 있다. 예를 들어, 바자로바(Bazarova, 2012)는 페이스북에서 사적으로 전달된 자기노출 메시지가 공적으로 전달된 메시지보다 더 친밀하게 평가된다고 밝혔다. 비슷하게, 디안젤로와 반더하이드(D'Angelo & van Der Heide, 2016)는 실험 참가자들이 의사가 동일한 사진을 의학 전문 웹사이트(www.WebMD.com)보다 페이스북에 올렸을 때 더 신뢰한다고 평가했다는 결과를 제시했다.

이러한 결과는 사회적 정보(예: 사진이나 자기노출 메시지)가 규범적으로 사용될 때보다 상황적으로 눈에 띄게 사용될 때 그 사람에 대한 사회적 판단에 더 큰 영향을 미친다는 것을 의미한다. 후속 연구는 이러한 상황적 요인들이 인상 형성에 미치는 영향을 측정함으로써, CMC에서 인상 형성이 상황과 무관하게 일관되게 전개될 것이라는 사회적 정보처리 이론의 수정과 발전에 기여할 수 있을 것이다.

2) 초대인적 관점

초기 CMC 이론에서는 비언어적 단서가 부족하여 면대면 소통만큼 친밀감을 형성하기 어렵다는 주장이 지배적이었다(예: 사회적 현존감 이론, 미디어 풍부성 이론). 그러나 사회적 정보처리 이론(Walther, 1992)이 부상하면서, CMC 사용자들이 비언어적 단서가 부족하더라도 언어적 단서를 활용해 면대면 수준의 관계를 형성할 수 있다는 주장이 설득력을 얻기 시작했다. 이 이론은 CMC에서 친밀감 형성이 시간이 지남에 따라 사용자의 적응과 노력에 달려 있음을 강조하며, 초기 CMC 이론들의 매체 결정론적 관점을 반박한다(이은주, 2011).

흥미롭게도, 사회적 정보처리 이론을 제안한 월서(Walther, 1996)는 이후 '초대인적 관점(hyperpersonal perspective)'을 제안하며, CMC 사용자들이 오히려 면대면 상황보다 더 큰 친밀감을 형성할 수 있다고 주장했다. 예를 들어, 인터넷에서 깊은 우정을 나누거나, 온라인 커뮤니티에서 현실 친구보다 강한 유대감을 형성하는 사례가 흔히 보고되는데, 이는 기존 CMC 이론들이 설명하기 어려운 현상이다.

이런 맥락에서 월서(Walther, 1996)는 CMC에서 대인관계가 실제 이상으로 부풀려지는 과정을 '초대인적(hyperpersonal)'이라고 명명했다. 이 관점은 사회적 정보처리 이론과 마찬가지로 단서가 적을수록 관계 발전에 시간이 걸린다는 가정을 공유한다. 나아가 단서가 제한된 CMC 상황에서 대화 당사자들이 메시지 생성, 편집, 수신, 피드백 과정을 통해 더 강렬한 '초대인적' 친밀감을 형성할 수 있음을 강조한다.

이 관점을 간략히 설명하면, CMC 기술의 여러 특성이 전통적 커뮤니케이션 모형(Berlo, 1960)의 네 가지 필수 구성요소(송신자, 수신자, 채널, 피드백)에 어떻게 영향을 미치는지를 다루며, 이 구성요소들이 CMC 사용자의 인지적 정보처리 과정에 개입되어 관계적 소통 효과가 증폭되는 과정을 설명한다. 구체적으로, CMC 상황에서는 ① 송신자가 자신을 선별적으로 제시하고(selective presentation), ② 수신자는 상대방에 대해 이상적 인상을 형성하며(idealization), ③ 편집 가능한 CMC 채널을 통해 최적의 메시지를 구성할 수 있으며(editable channel), ④ 이러한 요소들이 상호 피드백(feedback)을 통해 인상 형성과 대인관계가 더욱 부풀려질 수 있다고 주장한다(Walther, 1996). 초대인적 관점은 이러한 상호작용 과정을 통해 CMC에서의 메시지가 대화 당사자들 간의 인상 형성과 관계 발전에 큰 영향을 미친다고 주장한다.

(1) 송신자의 선별적 자기 제시

CMC에서는 송신자가 자신을 선별적으로 제시하는 것이 더 쉽다. 즉, 송신자는 면대면 상황에서처럼 즉흥적인 말 대신, 자신의 신체적·물리적·환경적 단점을 최소화하고 장점을 부각하는 신중한 언어적 전략을 사용할 수 있다. 이러한 주장이 맞다면, CMC의 비언어적 단서 부재라는 속성은 오히려 큰 강점이 된다. CMC의 비언어적 단서 부재는 오히려 송신자로 하여금 수신자가 쉽게 파악할 수 있는 자신의 여러 측면을 통제하기 쉽게 만들어, 자신을 더 긍정적이고 감동적으로 제시할 수 있게 한다. 인스타그램 등 소셜미디어에서 사용자들이 선별적으로 사진과 콘텐츠를 공유하는 것도 이러한 전략적 자기표현의 예라 할 수 있다. 선별적 자기 제시는 온라인 데이팅(Ellison et al., 2006), 채팅룸(Henderson & Gilding, 2004), 롤플레잉 게임(Klimmt & Hartmann, 2008) 등 다양한 CMC 환경에서 확인된다. 사용자들은 자신을 더 이상적으로 표현하고자 의도적으로 정보를 편집하는 경향이 있다.

(2) 상대방에 대한 이상적 인상 형성

송신자의 선별적 자기 제시는 CMC에서 수신자가 송신자에 대해 실제보다 더 긍정적인 인상을 형성하는 데 영향을 미칠 수 있다. 비언어적 단서가 없는 CMC 상황에서는 수신자가 메시지의 단순한 사회적 단서를 과대해석(overattribution)하여 상대방의 인상을 이상적으로 인식하기 쉽기 때문이다. 특히 첫인상이 우호적일 경우, 수신자는 상대방의 다른 측면까지이상적으로 해석할 가능성이 높다. 국내외 여러 연구들은 CMC 상황에서수신자가 상대방에 대해 더 강하고 극단적인 인상을 형성한다는 결과를제시한다.

예를 들면, 핸콕과 던햄(Hancock & Dunham, 2001)은 CMC 상황에서 처음 만난 사람들이 면대면 상황보다 상대방에 대해 더 강하고 극단적인 인상을 형성한다고 보고했다. 이는 CMC에서 정보 교환 속도가 느리기 때문에,초기에는 다양한 인상이 형성되지 않지만, 부족한 정보로 인해 상대방에대한 이상적 인상을 과대 귀인하는 현상이 나타난다는 초대인적 관점을 지지하는 결과다. 국내 연구에서도 김관규와 임현규(2002)는 CMC 참가자들이 면대면 참가자들보다 더 강한 인상을 형성한다는 결과를 확인했다. 이유민·김정선·김성연·윤영민(2012)은 '미네르바 현상'을 분석하여, 미네르바가 경제 분야에서 자신을 선별적으로 제시해 네티즌들로부터 사회적 지지를 받고 이상화된 존재로 인식됐다는 결과를 제시했다.

(3) 메시지 편집 가능한 CMC 채널 속성

CMC 채널은 송신자가 메시지를 보내기 전에 단어나 문장을 삭제, 수정, 대체할 수 있는 기능을 제공하여, 신중하게 메시지를 검토하고 편집할 수 있게 한다. 이러한 비동시적 특성은 송신자가 관계적 목표를 위해 메시지를 최적화하는 데 유리하며, 결과적으로 더 효과적인 소통을 가능하게 한다. 이러한 채널 특성 덕분에 CMC 사용자는 면대면 상황에서 신경 써야 할 외모나 환경적 요소에 대한 인지적 노력을 덜고, 메시지 구성에 집중할 수 있다. 따라서 송신자는 CMC를 통해 자기 제시를 더 철저히 관리할 수 있으며, 이는 온라인 데이트에서 사용자가 프로필을 신중하게 편집하는 것과 같은 연구결과에서도 확인된다(Toma & Choi, 2016; Toma & Hancock, 2011).

초대인적 관점이 제시하는 비동시적 CMC의 채널 효과를 검증한 연구들도 있다. 노왁과 동료들(Nowak et al., 2005)은 문자 중심의 온라인 게시판, 면대면, 화상회의를 비교한 결과, 문자 중심의 게시판에서 대화 상대자가 더 높은 소통 관여도를 보였다고 평가했다. 이런 연구들은 초대인적 관점이 제안하는 CMC 채널 효과의 유효성을 확인하는 결과를 공통적으로 제시한다.

(4) 초대인적 현상을 강화하는 피드백 순환 효과

초대인적 관점은 CMC에서 송신자가 선별적으로 자기를 표현하고, 수신자가 이를 실제 이상으로 이상화한다고 주장한다. CMC 채널의 고유한 특성은 이러한 인상 형성을 강화하며, 송신자와 수신자 간의 상호작용이 반복되면서 하나의 피드백 순환 체계를 구축한다. 이는 관계 발전을 면대면보다 더 깊고 친밀하게 만들 수 있다. 송신자는 계속해서 과장된 자기 제시를 하고, 수신자는 이를 바탕으로 이상적 인상을 형성하며 그 인상과 그 기대에 맞게 행동하는 행동적 확증(behavioral confirmation) 행위를 하게 된다. 예를 들어, 어떤 사람이 상대방이 외향적 성격을 가졌다고 인식하면, 그에 맞추어 행동하게 되고, 상대방도 그러한 반응에 맞추어 더 외향적인 성격을 보여줄 가능성이 높아진다는 논리다. 이로 인해 초대인적 관계를 형성하기가 더욱 쉬워지고 그 효과는 순환적으로 점점 증폭된다.

여러 연구는 CMC에서 행동적 확증 현상을 확인했다. 월서와 동료들 (Walther et al., 2016)은 남성 참가자들이 기분이 나쁜 여성과 채팅할 때, 여성의 기분을 풀어 주려는 기대에 따라 남성들이 더 유쾌해졌다고 평가했다. 통과 월서(Tong & Walther, 2015)도 비슷한 연구에서, 기분이 나쁘다고 믿었던 상대방이 채팅 후 기대에 부응했다고 평가했지만, 이는 상대방이 자신을 좋아해서라고 해석했다. 이러한 연구결과들은 CMC에서 상대방이 기대에 맞춰 행동하거나, 과대 귀인으로 인한 환상에 따라 행동하는 것이 초대인적 관계의 증폭에 어떻게 영향을 미치는지를 잘 보여준다.

3. CMC와 집단 간 소통

지금까지 살펴본 CMC 이론들은 주로 개인 간 소통을 중심으로 오프라인 면대면 소통과 CMC의 차이를 분석하고, CMC의 특징이 소통의 효율성에 미치는 영향을 탐구했다. 그러나 CMC의 영향력은 개인 차원에 국한되지 않으며, 여론 형성이나 집단 간 소통에도 중요한 역할을 한다. 특히, CMC의 익명성(anonymity)이 집단 소통 과정과 결과에 미치는 영향을 설명하려는 새로운 이론적 시도들이 주목받고 있다(이은주, 2008). 그중에서도 레아와 스피어(Lea & Spears, 1991)가 제안한 '탈개인화 효과에 관한 사회적 자아정체성 모형(social identity model of deindividuation effects, SIDE)'은 현재의 온라인 집단 소통 양태를 설득력 있게 설명하며, '하버마스적 공론장(Habermassian public sphere)' 개념에서 벗어난 현대의 상황을 잘 이해하게 해 준다.

레아와 동료들은 일련의 연구들(Lea & Spears, 1992; Postmes et al.,

1998; Spears & Lea, 1994 등)을 통해 전통적인 탈개인화 이론(Diener, 1980; Zimbardo, 1969 등)을 CMC 상황에 적용하면서, 그 효과가 기존 설명과는 상당히 다른 방향으로 나타날 수 있음을 주장했다. 즉, 익명성을 필두로 하는 CMC 환경의 여러 특성들이 개인의 '자아 상실(loss of self)' 현상을 초래해 일탈적 소통 행위의 증대로 이어진다는 기존 설명과는 다르다. 익명성은 개별 사용자의 (그들이 속해 있다고 믿는) 온라인 집단에 대한 심리적 의존 및 종속을 강화함으로써, 결국 대부분 해당 집단의 규범과 주장에 일치하는 사고와 행동만 보이게 된다고 주장한 것이다(이은주, 2008; Reicher et al., 1995; Spears et al., 2001 등).

SIDE 이론의 얼개는 그 이름이 시사하듯, 크게 탈개인화 이론과 '사회적 정체성(social identity)' 이론(Tajfel, 1978)의 두 부분으로 구성되어 있다. 먼저 SIDE 이론은 사람들이 온라인 소통 상황에서 탈개인화된다고 주장한다. 앞서 설명했듯이 여기서 말하는 탈개인화란 "자아(자의식)의 '상실(loss)'이 아니라, 개인적 정체성보다는 사회적 정체성을 우선시하는 자의식의 '전환(shift)'"을 지칭하는 개념(이은주, 2008, p. 11)임을 유념할 필요가 있다. 이는 SIDE 이론이 개인의 자아를 단일 차원의 '개인 정체성(personal identity)'으로만 취급한 기존 탈개인화 이론의 입장 대신, 개인 정체성과 사회적 정체성 간의 유기적이고 가변적인 결합으로 보는 일련의 이론적 입장들(Reicher, 1987; Turner et al., 1987; Vilanova et al., 2017 등 참조)을 계승한 차이가 있기 때문이다.

자연스럽게, SIDE 이론이 상정하는 바에 따르면, 개인 정체성에 대한 단서들이 극도로 제약되는 CMC 환경하에서 사람들은 고전적 탈개인화 이론들이 주장하는 것처럼 익명과 무책임의 탈을 쓰고 일탈적 행위들을 저지르기보다는 그들 안에 남아 있는 자아를 구성하는 다른 정체성 부분인 사회적 정체성이 상대적으로 더욱 부각된다는 결론이 나오게 된다. 실제로 포스트머스와 스피어(Postmes & Spears, 1998)가 수행한 탈개인화

효과에 대한 메타분석은 고전적 탈개인화 이론이 주장하는 효과(익명성 →
일탈)에 대한 실증적 증거는 거의 존재하지 않는다는 사실을 밝혀냈다. 동
시에, 오히려 반대로 탈개인화 상황에 놓인 집단과 개인은 '상황적 규범
(situation-specific norms)'에 더 의존하는 경향을 보인다는 사실을 규명함
으로써 SIDE 이론의 가정이 진실에 더 부합함을 간접적으로 어느 정도 증
명한 바 있다.

　요약하면, 결국 SIDE 이론은 개인적 특질의 표현이나 개인 간 차이의 파
악이 극도로 제한되는 익명의 CMC 환경에서 개인의 자아를 구성하는 두
가지 정체성 중 사회적 정체성이 훨씬 더 큰 힘을 발휘하며, 그렇기 때문에
개인은 자신이 속한(속해 있다고 믿는) 온라인 집단의 전반적 여론이나 규범
에 더 큰 영향을 받게 된다고 주장한다. 조금 더 구체적으로 표현하면, SIDE
이론은 온라인 공간 특유의 익명성은 개인을 개인 그 자체보다는 어떤 '집
단의 일원'으로 정의하게 만듦으로써 사회적 규범(social norms)을 현저하
게 만들고, 이는 다시 집단 규범에 대한 순응적 반응(conformity responses)
으로 이어진다고 설명하는 셈이다(Perfumi, 2020).

　한편, SIDE 이론의 검증은 이론 전체가 아닌, 이론의 여러 핵심 주장들
을 부분적으로 실증하는 방식으로 진행되어 왔다. 예를 들어, 스피어와 동
료들(Spears et al., 1990)은 의견 극단화(opinion polarization)에 대한 실험
을 통해 SIDE 이론에서 주장하는 집단 규범 순응으로 이어지는 탈개인화
효과가 집단 현저성(group salience) 요인에 크게 좌우된다는 사실을 밝혀
냈다. 이로써 SIDE 이론에서 가정하는 효과는 모든 익명 소통 상황에서
발생하는 것이 아니라 오직 개인의 존재가 옅어지고 반대로 집단 정체성
이 강화되는 상황에서만 유효하다는 주장(이은주, 2008; Spears et al., 2002
등)을 뒷받침했다.

　또 비슷한 맥락에서 리(Lee, 2006)는 의견 동조에 관한 실험을 통해 SIDE
이론이 가정하는 바와 같이, 탈개인화는 집단 간 차이를 희석함과 동시에

집단 균질성(homogeneity)을 증가시키는 역할을 수행하며 나아가 이는 보다 극단적인 집단 규범 인식(perception of group norms)을 통한 집단 규범 순응으로 이어진다는 사실을 실증적으로 증명하기도 했다. 최근에는 정(Chung, 2019)이 뉴스 기사의 온라인 댓글 효과에 관한 실험을 통해, SIDE 이론의 예측대로 댓글을 단 사람(commentor)에 대한 더 강한 사회적 일체감(social identification)이 더 큰 개인의 태도 변화와 의견 동조를 불러일으킨다는 사실을 보고함으로써 해당 이론의 정합성을 증명한 바 있다.

잘 알려져 있듯이, 인터넷 여명기에 부상한 모든 발화자들의 공평하고 이성적인 토론에 대한 기대는 이미 상당 부분 허상으로 판명된 상황이다. 한때 부와 권력, 배움과 사회적 계급 등에서 자유로운 민주적 토론이 가능하리라고 믿었던 온라인 소통 공간은 이제 상대에 대한 증오와 비이성적 주장만이 가득해졌고, 상대에 대한 이해는 날이 갈수록 극단적으로 변하는 대립에 매몰되고 있는 것이 현실이다. 이러한 상황에서 SIDE 이론은 온라인 공간에서의 CMC가 개인의 개인으로서의 정체성을 어떻게 약화시키고, 반대로 그들이 속해 있거나 적어도 속해 있다고 믿는 온라인 집단 일원으로서의 정체성을 강화시켜 해당 집단의 인식과 주장, 규범에 무비판적으로 순응하게 되는 과정을 설명함으로써 인터넷 시대의 사회적 소통의 약점과 나아가야 할 방향에 대한 새로운 관점을 제공한다는 중요한 의의가 있다 하겠다. 특히 해당 이론은 그간 소통 채널의 기술적 차이(예: 면대면 대 전자 우편), 그리고 개인 대 개인 간 관계에만 집중했던 기존 CMC 이론들의 지평을 온라인 집단 소통의 그것으로 확장하는 이론적 의미 역시 크다 하겠다. 그러나 동시에 이은주(2008)가 지적했듯, SIDE 이론의 타당성과 설명력은 아직 충분히 실증적으로 검증되지 못한 한계가 뚜렷하며, 탈개인화 효과에 개입하는 다양한 영향 변수들 및 조건들에 대한 학술적 논의도 부족하다는 약점도 존재한다는 사실이 간과돼서는 안 될 것이다.

4. 결론

이 장에서는 CMC 연구의 주요 이론들과 그 가정, 국내외 연구 동향 및 결과를 검토했다. 먼저, 초기 CMC 연구의 대표적 이론인 사회적 현존감 이론과 미디어 풍부성 이론을 소개한 후, 이들의 대안으로 제시된 사회적 정보처리 이론과 초대인적 관점을 정리했다. 또한, 새로운 CMC 환경에서의 집단 소통을 설명하는 SIDE 이론도 다루었다.

이 논의를 통해 CMC 대인관계 연구가 비언어적 단서의 부족과 비동시성에도 불구하고, 면대면 소통 수준의 친밀한 관계 형성이 가능함을 탐색해왔음을 알 수 있었다. 월서(Walther, 1996)는 CMC 연구가 비인격적(impersonal)에서 대인적(interpersonal), 그리고 초대인적(hyperpersonal) 소통 현상으로 발전해왔다고 주장하며, CMC의 잠재력을 긍정적으로 평가했다.

먼저, CMC가 비인격적이라는 것은 사회적 현존감 이론과 미디어 풍부성 이론에서 시사하듯, CMC가 비언어적 단서의 결여로 인해 면대면 소통보다 과제 지향적이고, 감정적 연결이 약하다는 것을 의미한다. 다음으로, CMC가 대인적이라는 관점은 사회적 정보처리 이론이 제안하는 것처럼, CMC가 항상 비인격적인 것이 아니라, 대화 당사자들이 관계 형성과 발전을 위해 언어적 노력을 기울이며, 시간이 지남에 따라 상대방에 대한 사회적 정보가 축적됨으로써 면대면 수준의 친밀한 대인관계로 발전할 수 있음을 의미한다. 마지막으로, CMC가 초대인적이라는 주장은, CMC 참여자들이 제한된 정보와 비동시적 채널의 메시지 편집 기능을 전략적으로 활용하여 관계적 소통 효과를 증폭시킬 수 있다는 것이다. 구체적으로, 송신자가 자신의 긍정적인 면을 선별적으로 제시하면, 수신자는 송신자에 대해 이상적인 인상을 형성하고, 송신자는 그 기대에 부응하는 행동을 보이는 '행동적 확증'이 나타난다. 이러한 상호작용이 반복되면, CMC 상황에서 면대면보다 더 큰 친밀감이 형성될 수 있다. 다양한 실험 연구가 이 주장을 검증했다.

최근에는 소셜 네트워크 서비스(SNS)와 같은 새로운 CMC 플랫폼이 데스크톱 컴퓨터, 노트북, 스마트폰, 태블릿 PC 등 다양한 휴대 기기를 통해 폭넓게 활용된다. 이러한 플랫폼은 문자뿐만 아니라 시청각적 단서도 교환할 수 있는 기술적 환경을 제공해 인상 형성과 관계 발전의 가능성을 더욱 높이고 있다. 이에 따라 기존의 문자 중심 CMC 이론들이 새로운 CMC 환경에 얼마나 적용될 수 있는지에 대한 논의가 진행 중이다(Walther & Parks, 2002).

그러나 이러한 변화에도 불구하고, 문자 중심의 상호작용은 여전히 중요한 역할을 하고 있다. 문자 정보는 CMC에서 대인관계 발전을 결정하는 중심적 단서로, 사용자들은 다양한 소통 채널을 통해 여전히 문자 중심의 상호작용에 몰두하고 있다. 한 연구(Antheunis et al., 2010)에 따르면, 페이스북과 같은 소셜 네트워크 서비스에서도 사용자들은 시청각적 정보를 교환할 수 있음에도 불구하고, 문자 메시지를 통해 인상을 형성하고 관계를 발전시키려는 경향이 강하다. 특히, 페이스북에서 가장 많이 사용되는 정보 형태는 담벼락 글쓰기, 상태 업데이트, 댓글 달기, 사적 메시지 보내기 등 문자 중심의 상호작용이었다. 이 연구는 사용자들이 다양한 형태의 정보를 교환할 수 있는 환경에서도 문자 메시지를 통한 상호작용으로 더 깊은 개인적 질문을 하고 관계를 발전시키는 경향이 있음을 강조한다.

이러한 결과는 앞으로 CMC 연구가 단순히 문자 중심 CMC 채널의 특성(예: 비언어적 단서의 부재)이 대인관계 발전에 미치는 영향에만 초점을 맞추는 것에서 벗어나야 함을 시사한다. 다중 모드를 지원하는 CMC 채널이 어떤 단서 구조와 유형을 가지며, 그것이 대인관계에 미치는 영향을 규명하는 것만으로는 충분하지 않다는 것이다. 향후 연구들은 새로운 소셜 플랫폼이 기존의 CMC 채널과 어떻게 다른지, 그리고 이러한 차이가 대화 당사자들이 자신의 감정을 표현하고 상대방의 의도를 해석하는 데 어떤 영향을 미치는지를 탐구하는 데 중점을 두어야 한다. 예를 들어, 비익명성대 익명성, 비동시적 대 동시적 교환, 대인 대 집단 소통, 사적 대 공적 공간, 사교적 목적 대 도구적 목적 등 다양한 차원에서의 차이를 살펴보고, 이 차이가 대인관계 형성과 발전에 어떤 영향을 미치는지를 규명하는 것이 중요하다. 이를 통해 이전 연구에서 밝혀진 현상들과의 유사성과 차이점을 파악하는 접근이 필요하다.

마지막으로 SIDE 이론을 중심으로 한 새로운 측면에서의 CMC 이론들은 개인 간 소통의 차원을 넘어, 익명성 등 CMC 환경의 특성이 개인과 집단, 집단과 집단 간 소통과 그로 인한 사회 여론 형성, 태도 및 행동 변화에 어떻게 작용하는지에 관심을 둔다. 그러나 이러한 이론들이 현존하는 복잡한 집단 관련 CMC 현상을 완벽히 설명한다고 보기는 어렵고, 이론 자체의 정합성도 아직 충분히 검증되지 않았다. 따라서 앞으로 CMC 연구들은 SIDE 이론을 다각도로 검증하는 동시에, 해당 이론이 포괄하지 못하는 여러 집단 CMC 현상에 대한 대안적 설명을 함께 모색하는 방향으로 나아가야 할 것이다.

참고문헌

김관규 · 임현규 (2002). CMC(Computer-Mediated Communication)를 통해 형성되는 대인인상 특징과 인상 형성에 영향을 미치는 요인. 〈한국언론학보〉, 46권 4호, 76-106.

김민정 · 한동섭 (2006). 친밀성에 따른 대인 매체 이용행태 및 심리적 경험과의 관계 연구: 매개된 대인 커뮤니케이션(Mediated Interpersonal Communication)을 중심으로. 〈한국언론학보〉, 50권 3호, 94-121.

김은미 (2006). 휴대전화 문자메시지의 이용에 관한 연구: 청소년의 인간관계 유지 행동을 중심으로. 〈한국언론학보〉, 50권 2호, 90-115.

박현구 (2005). 온라인 환경의 이모티콘과 비언어 행위의 관계: 관계통제 기제로서의 이모티콘. 〈언론과학연구〉, 5권 3호, 273-302.

이유민 · 김정선 · 김성연 · 윤영민 (2012). 하이퍼퍼스널 커뮤니케이션 관점에서 본 '미네르바 현상' 분석. 〈한국언론학보〉, 56권 6호, 5-29.

이은주 (2008). 탈개인화 효과에 관한 사회적 자아정체성 모델: 이론적 함의와 향후 연구과제. 〈커뮤니케이션이론〉, 4권 1호, 7-31.

이은주 (2011). 컴퓨터 매개 커뮤니케이션으로서의 트위터: 향후 연구의 방향과 과제. 〈언론정보

연구〉, 48권 1호, 29-58.

이해경·이혜정·이정우 (2013). 문자기반 매체에서 느끼는 사회적 현존감: 모바일 커뮤니케이션 의 사례. 〈한국콘텐츠학회논문지〉, 13권 1호, 164-174.

황하성·박성복 (2008). 문자메시지의 이모티콘 활용에 관한 연구: 이용 동기와 사회적 현존감의 상관성을 중심으로. 〈미디어, 젠더 & 문화〉, 9호, 133-162.

Antheunis, M. L., Valkenburg, P. M., & Peter, J. (2010). Getting acquainted through social network sites: Testing a model of online uncertainty reduction and social attraction. *Computers in Human Behavior*, *26*(1), 100-109.

Bazarova, N. N. (2012). Public Intimacy: Disclosure interpretation and social judgments on Facebook. *Journal of Communication*, *62*(5), 815-832.

Beniger, J. R. (1987). Personalization of mass media and the growth of pseudo-community. *Communication Research*, 14(3), 352-371.

Biocca, F., Harms, C., & Burgoon, J. K. (2003). Toward a more robust theory and measure of social presence: Review and suggested criteria. *Presence: Teleoperators & Virtual Environments*, *12*(5), 456-480.

Chung, J. E. (2019). Peer influence of online comments in newspapers: Applying social norms and the social identification model of deindividuation effects (SIDE). *Social Science Computer Review*, *37*(4), 551-567.

Culnan, M. J., & Markus, M. L. (1987). Information technologies. In F. M. Jablin, L. L. Putnam, K. H. Roberts, & L. W. Porter (Eds.), *Handbook of organizational communication: An interdisciplinary perspective* (pp. 420-443). Sage.

Cummings, J. N., Lee, J., & Kraut, R. (2006). Communication technology and friendship: The transition from high school to college. In R. Kraut, M. Brynin, & S. Kiesler (Eds.), *Computers, Phones, and the Internet: Domesticating information technology* (pp. 265-278). Oxford University Press.

Daft, R. L., & Lengel, R. H. (1986). Organizational information requirements, media richness and structural design. *Management Science*, *32*(5), 554-571.

D'Angelo, J., & van Der Heide, B. (2016). The formation of physician impressions in online communities: Negativity, positivity, and nonnormativity effects. *Communication Research*, *43*(1), 49-72.

Derks, D., Bos, A. E., & Von Grumbkow, J. (2008). Emoticons in computer-mediated communication: Social motives and social context. *Cyberpsychology & Behavior*, *11*(1), 99-101.

Diener, E. (1980). Deindividuation: The absence of self-awareness and self-regulation in group members. In P. B. Paulus (Ed.), *The psychology of group influence* (pp. 209-242). Lawrence Erlbaum.

Dubrovsky, V. J., Kiesler, S., & Sethna, B. N. (1991). The equalization phenomenon: Status effects in computer-mediated and face-to-face decision-making groups. *Human-Computer Interaction*, *6*(2), 119-146.

Ellison, N., Heino, R., & Gibbs, J. (2006). Managing impressions online: Self-presentation processes in the online dating environment. *Journal of computer-mediated communication, 11*(2), 415-441.

Hancock, J. T., & Dunham, P. J. (2001). Impression formation in computer-mediated communication: Revisited an analysis of the breadth and intensity of impressions. *Communication Research, 28*(3), 325-347.

Heim, I. (1992). Presupposition projection and the semantics of attitude verbs. *Journal of Semantics, 9*, 183-221.

Henderson, S., & Gilding, M. (2004). 'I've never nlicked this much with anyone in my life': Trust and hyperpersonal communication in online friendships. *New Media & Society, 6*(4), 487-506.

Hiltz, S. R., Johnson, K., & Agle, G. (1978). *Replicating bales problem solving experiments on a computerized conference: A pilot study.* New Jersey Institute of Technology, Computerized Conferencing and Communications Center.

Kahai. K., & Cooper, R. B. (2003). Exploring the core concepts of media richness theory: The impact of cue multiplicity and feedback immediacy on decision quality. *Journal of Management Information Systems, 20*(1), 263-299.

Kiesler, S., Siegel, J., McGuire, T. W. (1984). Social psychological aspects of computer-mediated communication. *American Psychologist, 39*(10), 1123-1134.

Klimmt, C., & Hartmann, T. (2008). Mediated interpersonal communication in multiplayer video games. In E. A. Konijn, S. Utz, M. Tanis, & S. B. Barnes (Eds.), *Mediated Interpersonal Communication* (pp. 309-327). Routledge.

Lea, M., & Spears, R. (1991). Computer-mediated communication, de-individuation and group decision-making. *International Journal of Man-Machine Studies, 34*(2), 283-301.

Lea, M., & Spears R. (1992). Paralanguage and social perception in computer-mediated communication. *Journal of Organizational Computing, 2*(3/4), 321-341.

Lee, E. J. (2004). Effects of gendered character representation on person perception and informational social influence in computer-mediated communication. *Computers in Human Behavior, 20*(6), 779-799.

Lee, E. J. (2006). When and how does depersonalization increase conformity to group norms in computer-mediated communication? *Communication Research, 33*(6), 423-447.

Markus, M. L. (1994). Electronic mail as the medium of managerial choice. *Organization Science, 5*(4), 502-527.

Nowak, K. L., Watt, J., & Walther, J. B. (2005). The influence of synchrony and sensory modality on the person perception process in computer-mediated groups. *Journal of Computer-Mediated Communication, 10*(3), JCMC1038.

Perfumi, S. C. (2020). Social identity model of deindividuation effects and media use. *The International Encyclopedia of Media Psychology*, 1-8.

Postmes, T., & Spears, R. (1998). Deindividuation and antinormative behavior: A meta-analysis. *Psychological Bulletin, 123*(3), 238-259.

Postmes, T., Spears, R., & Lea, M. (1998). Breaching or building social boundaries? SIDE-effects of computer-mediated communication. *Communication Research, 25*(6), 689-715.

Reicher, S. D., Spears, R., & Postmes, T. (1995). A social identity model of deindividuation phenomena. In W. Stroebe, & M. Hewstone (Eds.), *European review of social psychology* 6 (pp. 161-198). Wiley.

Reicher, S. (1987). Crowd behaviour as social action. In J. C. Turner, M. A. Hogg, P. J. Oakes, S. Reicher & M. S. Wetherell (Eds.), *Rediscovering the social group: A self-categorization theory* (pp. 171-202). Basil Blackwell.

Rice, R. E., & Case, D. (1983). Computer-based messaging in the university: A description of use and utility. *Journal of Communication, 33*(1), 131-152.

Seo, Y., Kim, M., Jung, Y., & Lee, D. (2017). Avatar face recognition and self-presence. *Computers in Human Behavior, 69*, 120-127.

Short, J., Williams, E., & Christie, B. (1976). *The social psychology of telecommunications.* John Wiley & Sons.

Spears, R., & Lea, M. (1994). Panacea or panopticon?: The hidden power in computer-mediated communication. *Communication Research, 21*(4), 427-459.

Spears, R., Lea, M., & Lee, S. (1990). De-individuation and group polarization in computer mediated communication. *British Journal of Social Psychology, 29*(2), 121-134.

Spears, R., Postmes, T., Lea, M., & Watt, S. E. (2001). A SIDE view of social influence. In J. P. Forgar, & K. D. Williams (Eds.), *Social influence: Direct and indirect processes. The Sydney symposium on social psychology series 3* (pp. 331-350). Cambridge University Press.

Spears, R., Postmes, T., Lea, M., & Wolbert, A. (2002). When are net effects gross products? Communication. *Journal of Social Issues, 58*(1), 91-107.

Sproull, L., & Kiesler, S. (1986). Reducing social context cues: Electronic mail in organizational communication. *Management science, 32*(11), 1492-1512.

Sproull, L., & Kiesle, S. (1991). *Connections: New ways of working in the networked organization.* Massachusetts Institute of Technology.

Stoll, C. (1995). *Silicon snake oil: Second thoughts on the information highway.* Doubleday.

Tajfel, H. (1978). Social categorization, social identity and social comparison. In Tajfel, H. (Ed.), *Differentiation between social groups: Studies in the social psychology of intergroup relations* (pp. 61-76). Academic Press.

Tidwell, L. C., & Walther, J. B. (2002). Computer-mediated communication effects on disclosure, impressions, and interpersonal evaluations: Getting to know one another a bit at a time. *Human Communication Research, 28*(3), 317-348.

Toma, C. L., & Choi, M. (2016, February). Mobile media matters: Media use and relationship satisfaction among geographically close dating couples. In *Proceedings of the 19th ACM conference on computer-supported cooperative work & social computing* (pp. 394-404).

Toma, C., & Hancock, J. T. (2011). A new twist on love's labor: Self-presentation in online dating profiles. In K. B. Wright & L. M. Webb (Eds.), *Computer-mediated communication in personal relationships* (pp. 41-55). Peter Lang Publishing.

Tong, S. T., & Walther, J. B. (2015). The confirmation and disconfirmation of expectancies in computer-mediated communication. *Communication Research, 42*(2), 186-212.

Turner, J. C., Hogg, M. A., Oakes, P. J., Reicher, S., & Wetherell, M. S. (1987). *Rediscovering the social group: A self-categorization theory.* Basil Blackwell.

Trevino, L. K., Lengel, R. H., & Daft, R. L. (1987). Media symbolism, media richness, and media choice in organizations: A symbolic interactionist perspective. *Communication Research, 14*(5), 553-574.

Utz, S. (2000). Social information processing in MUDs: The development of friendships in virtual worlds. *Journal of Online Behavior, 1*(1), Behavior Online.

Vilanova, F., Beria, F. M., Costa, Â. B., & Koller, S. H. (2017). Deindividuation: From Le Bon to the social identity model of deindividuation effects. *Cogent Psychology, 4*(1), 1308104.

Walther, J. B. (1992). Interpersonal effects in computer-mediated interaction: A relational perspective. *Communication Research, 19*, 52-90.

Walther, J. B. (1993). Impression development in computer-mediated interaction. *Western Journal of Communication, 57*, 381-398.

Walther, J. B. (1994). Anticipated ongoing interaction versus channel effects on relational communication in computer-mediated interaction. *Human Communication Research, 40*, 473-501.

Walther, J. B. (1996). Computer-mediated communication: Impersonal, interpersonal, and hyperpersonal interaction. *Communication Research, 23*, 1-43.

Walther, J. B., & Burgoon, J. K. (1992). Relational communication in computer-mediated interaction. *Human Communication Research, 19*, 50-88.

Walther, J. B., & Parks, M. R. (2002). Cues filtered out, cues filtered in: Computer-mediated communication and relationships. In I. M. L. Knapp & J. A. Daly (Eds.), *Handbook of interpersonal communication* (3rd ed., pp. 529-563). Sage.

Walther, J. B., Anderson, J. F., & Park, D. (1994). Interpersonal effects in computer-mediated interaction: A meta-analysis of social and anti-social communication. *Communication Research, 21*, 460-487.

Walther, J. B., Kashian, N., Jang, J. W., & Shin, S. Y. (2016). Overattribution of liking in computer-mediated communication: Partners infer the results of their own influence as their partners' affection. *Communication Research, 43*(3), 372-390.

Zimbardo, P. G. (1969). The human choice: Individuation, reason, and order vs.

deindividuation, impulse and chaos. In W. J. Arnold & D. Levine (Eds.), *Nebraska symposium on motivation 17* (pp. 237-307). University of Nebraska Press.

전산기반 연구방법과 소통 과학의 미래

손동영 | 한양대 미디어커뮤니케이션학과 교수
송현진 | 연세대 언론홍보영상학부 교수

예외가 있어도 여전히 법칙(law)은 필요하다. 그렇지 않다면 의미 없는 관찰만
이 남는다. 그건 과학이 아니라 노트 필기나 다름없다.

– 제프리 웨스트(Geoffrey West, 2017)

디지털미디어 시대의 도래는 이른바 빅데이터, 즉 웹사이트 정보, 소셜
미디어 데이터 등 대규모 디지털 추적 자료(digital trace data)나 비정형
(unstructured) 자료의 수집과 분석을 가능하게 한다. 사전에 계획되고 구
조화된 자료수집 방식을 통해서만 가능했던 인간과 사회에 대한 탐구가 이
제는 '발견된' 자료를 통해 대규모로 가능하게 된 것이다(Salganik, 2019).
이러한 변화는 이른바 데이터 과학(data science)과 사회과학의 결합으로
이루어진 전산사회과학(computational social sciences: Lazer et al., 2009;
Salganik, 2019)[1]에 대한 관심을 크게 증가시키고 있다. 실제로 다양한 커뮤
니케이션 분야 학술지에 비정형 자료분석과 관련된 연구논문이 게재되는
비율이 가파르게 증가하고 있다. 이는 사회과학 분야의 고질적 문제였던

---

[1] 전산학과 기존 사회과학 전반의 결합을 가리키는 용어로, 세부 분야를 지칭하기 위해 전산심
    리학(computational psychology), 전산경제학(computational economics), 전산커뮤니케
    이션과학(computational communication science) 등의 용어가 널리 사용된다.

자료의 종류와 규모의 한계 극복을 가능케 하는 대안으로 크게 주목받고 있다(Hilbert et al., 2019). 이 중 전산커뮤니케이션은 일반적으로 컴퓨터 알고리듬 및 다량의 비정형 혹은 디지털 추적 자료를 통해 인간의 커뮤니케이션 현상과 관련된 이론을 검증하고 연구하는 학문 분과로 정의될 수 있다(Hilbert et al., 2019; van Atteveldt & Peng, 2018).

넘쳐나는 디지털 자료와 더불어 날로 진보하는 컴퓨터와 인공지능의 등장은 2008년 제기된 '이론의 종말'(Anderson, 2008)—이론이나 가설 설정 없이 데이터 속 패턴을 찾아낼 수 있으므로 전통적 과학 방법론이 종말을 맞을 수 있다는 주장—이 현실화될 것 같은 분위기를 다시 한번 되살리는 듯하다. 전산커뮤니케이션의 등장은 기존 연구 방식에 어떤 변화를 야기할 것인가? 자료 기반 연구(data-driven research)가 주류가 되면서 이론 기반 연구의 종말을 가속화할 것인가? 새로운 분야의 등장을 바라보는 기대 어린 시선 뒤에는 학문의 존재론적 위기에 대한 우려와 불안감도 함께 놓여 있다.

다가오는 변화의 의미를 이해하기 위해서는 먼저 사회과학이 다루는 문제의 특성을 생각해 보아야 한다. 오래전 미국의 수학자 위버는 과학이 다루는 문제의 종류를 세 가지로 구분한 바 있다(Weaver, 1947). 구르는 당구공이나 날아가는 포탄의 궤적을 단순한 수리모형을 통해 예측할 수 있는 조직적 단순성(organized simplicity)의 문제, 수많은 공기 분자들의 움직임처럼 개별적 예측보다 집합적 확률분포를 파악해야 하는 비조직적 복잡성(disorganized complexity)의 문제, 그리고 그 중간의 광대한 영역에 놓여 있는 조직적 복잡성(organized complexity)—생물들(예: 개미나 새 등)의 집합행동이나 여론(public opinion)처럼 상호의존을 통해 역동적 변화가 일어나는 복잡계(complex system)—의 문제가 그것이다.

위버의 구분은 세 종류의 문제에 걸쳐 존재하는 사회과학이 처한 난처한 상황을 드러낸다. 사회과학이 다루는 대부분의 현상들은 본질적으로 조직적 복잡성의 영역에 놓여 있지만, 일상언어를 통해 이루어지는 이론이나 가설 구축은 조직적 단순성의 영역에, 통계적 분석은 비조직적 복잡성의 영역에 넓게 흩어져 있는 형국인 것이다. 이는 사회과학, 특히 커뮤니케이션 연구만의 고유한 문제는 아니지만, 갈수록 증대하는 자료 규모와 복잡성으로 말미암아 모형 및 이론구축과 자료처리 및 분석 사이의 간격이 점점 더 벌어지고 있다. 이 둘 간의 간극을 메우는 일이 갈수록 어려워지고 있는 것이 현실인 것이다.

그러나 역설적으로 자료의 팽창은 그 공백, 즉 자료의 복잡도에 맞게 진화하는 '이론'의 부재에 대한 갈증 또한 증폭시킨다. 빅데이터 분석이 '무엇(what)'에 집중하면서 '왜(why)'에 대한 대답을 소홀히 하고 있다는 비판적 시각이 그것이다(Kar & Dwivedi, 2020). 다시 말해 우리는 분출하는 자료를 다루기에 합당한 이론을 갖추지 못한 것이지 이론 자체가 무용한 상황을 맞은 것이 아니다. 자료는 스스로 말하지 못한다.[2] 갈수록 복잡미묘해지는 자료의 희미한 목소리를 듣기 위해서는 한층 진화한 이론적 도구가 필요한 것이다. 전산커뮤니케이션의 등장은 이론을 무용하게 만들거나 종말을 앞당기는 것이 아니라, 오히려 이론 구축과 자료 분석에 새로운 장(場)을 여는 것으로 바라보아야 한다(Cushman, 2023; Hilbert et al., 2019).

이 장은 전산커뮤니케이션이라는 새롭게 출현한 분야가 이제까지 발전해온 과정과 현재 모습을 전체적으로 조망하고, 그 이면에 놓인 위기와 기회를 성찰하는 것을 목적으로 한다. 이어지는 내용에서는 먼저 전산커뮤니케이션의 다양한 연구영역 및 방법론적 발전 현황을 먼저 개괄적으로 소개하고, 이러한 변화가 커뮤니케이션 연구와 사회과학 전반에 갖는 함의에 대해 논의하겠다.

---

2   이론이 결여된 데이터의 활용방식과 그 잠재적 문제점의 여러 일화적 사례들에 대해서는 레이저 외(Lazer et al., 2014) 혹은 키친(Kitchin, 2014)을 참조.

1. 전산커뮤니케이션의 주요 영역 및 방법론

1) 비정형 자료 및 텍스트 · 이미지 분석

방법론적 측면에서, 전산커뮤니케이션 연구에서 정의하는 '전산'의 의미는 현대 사회과학 및 커뮤니케이션 연구가 의존하는 정량화·표준화된 데이터 수집, 저장 및 분석 도구—예를 들어, SPSS나 STATA 등의 통계 프로그램에 엑셀 형식의 설문조사 자료를 입력하고 분석하는 등—를 의미한다기보다 기존의 전통적 연구에서 시도되지 않았던 방식으로 사회적 행위와 커뮤니케이션 현상을 분석할 수 있도록 해 주는 분석 도구 및 자료를 의미한다고 할 수 있다(Lazer et al., 2009; van Atteveldt & Peng, 2018).

이 중 근래 커뮤니케이션 분야에서 가장 많은 비중을 차지하는 주제는 소셜미디어에서 텍스트와 같은 대규모의 비정형 자료를 수집하거나, 다량의 뉴스 기사를 자동화된(automated) 방식으로 수집하고 이를 분석하는 것이라 할 수 있다. 전통적 실험연구 혹은 설문조사(survey)나 내용분석과 같은 관측연구(observational study)와 비교할 때, 이런 대규모의 비정형 자료는 더욱 풍부하고 광범위한 정보를 제공하며, 시공간 제약에서 비교적 자유롭고 실시간에 가까운 데이터 수집이 가능하다. 또한 개인의 사회적 맥락과 환경에 대한 풍부한 정보를 제공하는 등의 여러 특징으로 인해 기존 정량적 연구에서는 다루기 어려웠던 문제들에 대한 체계적인 탐구를 가능케 한다(Lazer et al., 2009; Salganik, 2019).

예를 들어, 특정한 주제에 관련한 언론 보도나 관련 내용물(contents)을 기존의 수작업적 내용분석과 달리 대규모로 수집한 후 이를 자동화된 방법을 통해 유인가(valence)나 특정 프레임 등 일정한 특성을 자동 추출·분류하거나(박대민, 2016; 박종민 외, 2023; Eisele et al., 2023; Gilardi et al., 2021), 이를 다시 다른 자료와 결합해 의미 있는 상관관계를 밝히는 연구

(이종혁, 2022; Youk et al., 2023)가 이에 해당한다.

이러한 이른바 '텍스트 데이터'(text-as-data: Grimmer & Stewart, 2013) 혹은 '이미지 데이터'(image-as-data: Joo & Steinert-Threlkeld, 2022) 연구들은 대규모 비정형 원자료(raw data)의 차원성을 축소시킨 후, 기계학습 알고리듬(예: 나이브 베이즈나 의사결정 나무 등) 기반 지도학습(supervised machine learning)을 이용하거나, 혹은 LDA 기반 토픽모형(topic model: Blei et al., 2003) 등의 비지도학습(unsupervised machine learning) 기법을 통해 분석하는 방식이 주를 이룬다.[3] 이에 대한 자세한 방법론적 접근 및 R 혹은 Python 소프트웨어를 이용한 분석에 대해서는 백영민(2020)과 이상엽(2023a; 2023b), 박대민(2022) 등을 일독할 것을 권한다.

2) 온라인 행동기록 자료

소셜미디어 혹은 온라인상에서 개별 행위자의 행동기록 자료(behavioral log data) 자체를 분석하거나(Araujo et al., 2017; Song & Cho, 2021), 행동기록 자료를 설문조사 혹은 내용분석 등 다른 자료와 결합하여 분석하는 연구(이종혁 외, 2015; 노단·백현미, 2024), 혹은 행동기록 자료나 비정형 자료 자체로부터 행위자들 간 사회연결망(social network)을 추출하여 분석하는 연구들(Bond & Sweitzer, 2022; Choi, 2024; Song et al., 2020)도 전산 커뮤니케이션 연구에서 적지 않은 비중을 차지한다.

---

[3] 텍스트 자료 분석에서는 어휘기반(lexicon-based), 즉 사전기반(dictionary-based) 분석도 흔히 사용된다. 예를 들어, LIWC(linguistic inquiry and word count: Boyd et al., 2022) 혹은 Lexicoder Sentiment Dictionary(Young & Soroka, 2012) 등이 그것이다. 그러나 이러한 사전기반 분석은 분석 유목을 구성하는 어휘의 간명성과 명확성에도 불구하고 측정의 타당도 (measurement validity) 문제에서 자유롭지 못하다는 점 때문에 특수한 경우를 제외하고는 점차 환영받지 못하는 추세이다.

이 중 매체이용 행동기록 자료를 분석하는 상당수의 연구들은 직간접적으로 다양한 형태의 미디어 '노출(exposure)' 혹은 '이용(use)' 개념의 측정 문제를 다룬다(Jones-Jang et al., 2020; Jürgens et al., 2020; Nyhan et al., 2023). 슬레이터(Slater, 2004)가 일찍이 지적한 바와 같이, 다양한 커뮤니케이션 이론을 성공적으로 검증하고 그 효과를 규명하는 우리 커뮤니케이션 학계의 집합적 능력은 연구자들이 얼마나 해당 미디어 노출 혹은 이용을 실증적으로 정확히 측정하고 이들의 효과를 분석해낼 수 있는지에 달려 있다.

이러한 의미에서, 매체 노출 또는 이용 개념은 커뮤니케이션학(소통학) 전반에서 이론적으로나 방법론적으로 중심적 위상을 차지한다. 그러나 대부분의 커뮤니케이션 연구들, 특히 설문조사 등의 관찰연구의 전통을 따르는 연구들은 미디어 노출 개념을 응답자들의 자기보고(self-report) 형식의 자료를 통해 측정해왔다.[4] 이는 이미 여러 관련 연구들이 반복적으로 지적해온 것과 같이 그 개념의 모호성에서 비롯된 측정의 타당성 문제가 적지 않다. 방법론적으로도 자기보고에서 나타나는 사회적 바람직성 편향(social desirability bias), 기억 왜곡, 혹은 회상 편향 등 많은 문제점을 내포한다(Prior, 2009; Schwarz, 1999).[5]

이러한 측정의 '질' 문제는 커뮤니케이션 연구에 있어 어떠한 이론적·방법론적 문제를 야기하는가? 예를 들어, 근래 흔히 제기되는 정치적 울림방

---

4 커뮤니케이션 연구에서 적지 않은 비중을 차지하는 무작위통제실험(RCT, randomzied controlled trial)의 경우, 연구자가 직접 미디어 노출이나 이용을 무작위 배치와 실험 조작을 통해 통제하기 때문에 여기에서 서술하는 측정의 타당성 문제에서는 비교적 자유롭다고 할 수 있다. 그러나 이런 RCT 기반 연구는 실험연구설계의 논리상 해당 미디어 노출(혹은 이용)을 강제하기 때문에, 연구의 일반화 가능성 및 외적타당도, 그리고 실험자극물의 일상적 현실성(mundane realism)의 측면에서는 일정한 한계가 존재한다.

5 실제로 학자들 사이에서는 미디어 '이용', '노출', 혹은 '주목'과 같은 개념들이 서로 어떻게 구별되며 어떻게 측정되어야 하는가에 대한 합의가 아직까지도 존재하지 않는다(Eveland et al., 2009).

(echo-chamber) 혹은 선택노출(selective exposure)에 대한 학문적·대중적 논쟁을 생각해 보자. 만약 연구자가 개인의 사회연결망에서 이용자들이 정파적으로 자신의 의견과 비슷한(혹은 그렇지 않은) 정보에 노출되는 양상을 파악하고 이것이 태도 극화(attitude polarization)에 미치는 잠재적 효과를 연구하고자 한다면, 정파적 노출 혹은 이견노출(cross-cutting exposure)에 대한 체계적이고 정확한 측정이 필수적이라 할 수 있다. 그러나 설문조사 형식의 자기보고를 이용한 대다수의 기존 연구들은 연구 참여자들이 자기 자신의 정파적 노출이나 이견노출 정도를 어떤 오류도 없이 완전무결하게 보고할 수 있는 충분한 능력과 동기를 가졌다는 비현실적 가정에 기초할 뿐만 아니라, 이렇게 얻어진 불완전한 측정값이 마치 측정 오류(measurement error)가 전혀 존재하지 않는 것처럼 간주하는 오류를 범해왔다.[6]

반면 행동기록 자료나 디지털 추적 자료는 미디어 노출이나 이용과 같은 실제 행위를 '행위 의도'로 치환하거나 응답자의 불완전한 기억에 기초하는 자기보고 형식에 의존하지 않고도 행위 자체를 상당히 정확하게 측정케 한다. 이런 비개입적(unobstrusive) 측정은 기존 커뮤니케이션 연구에서 '사실'로 받아들여지던 많은 고전적 발견들을 더욱 엄밀하게 검증할 수 있는 기회를 제공한다. 동시에, 전통적 커뮤니케이션 연구에서 자기보고에 의존하던 주요 개념의 측정 타당도 및 응답 편향(response bias) 문제를 더욱 중요하게 부각시켰다(Jürgens et al., 2020; Sharkow, 2016).

예를 들어, 기존 설문조사 기법을 활용한 연구들은 대부분 정파적 노출과 태도 극화 간에 강력한 정적 연관성이 있는 것으로 결론짓는 경우가 많았다(Stroud, 2010). 그러나 최근 페이스북 이용 및 구글 검색 등 대규모 디지털 추적 자료를 이용한 연구들(Nyhan et al., 2023; Robertson et al., 2023)

---

6   측정 오류를 무시한 분석의 잠재적 결과에 대한 논의는 바흘과 샤코(Bachl & Scharkow, 2017)를 참고하라.

은 이러한 정파적 노출과 개인의 태도 극화 사이의 실증적·인과적 관계가 실은 모호하다는 점을 지적한다. 이는 많은 기존 커뮤니케이션 연구들이 밝혀 온 개념들 간 관계가 측정 및 준거타당도, 특히 공변타당도의 측면에서 심각한 문제를 가질 수 있음을 시사한다(측정 타당도에 대한 일반적 논의는 이 책의 2장 '소통학 연구의 설계, 측정, 그리고 분석기법'을 참고하라).[7]

3) 온라인 연결망에 대한 네트워크 분석

매체이용 행동기록 자료 혹은 비정형 자료로부터 행위자들 간의 사회연결망을 도출하여 분석하는 연구들은 기존의 전통적 커뮤니케이션 연구와 비교할 때, 사회적 행위자로서의 개인과 이를 둘러싼 다양한 수준의 조직적·집합적·사회적 수준의 다층적(multi-level) 영향력에 대한 이론적 고려와 방법론적 검증을 가능케 하는 장점을 지닌다.

문화개발(cultivation), 침묵의 나선(spiral of silence), 동질성(homophily), 혹은 여론(public opinion) 등 커뮤니케이션 연구에서 다루는 적지 않은 개념들은 본질적으로 사회적이며 다층적인 성격을 지닌다(Slater et al., 2006). 그러나 전통적인 커뮤니케이션 연구의 방법론적 정향(methodological orientation)은 이러한 다층적 수준의 영향력을 (흔히 개인의 인지적 수준으로

---

7 그러나 여러 연구에서 지적된 바와 같이, 온라인 및 디지털 추적 자료 역시 일정한 방법론적 편향을 지닌 '불완전한(imperfect)' 데이터에 해당한다(Jürgens et al., 2020; Salganik, 2019). 특히 소셜미디어에서 수집된 디지털 추적 자료의 경우 해당 노출행위가 사람들이 주로 사용하는 기기 혹은 온라인 서비스의 구조와 불가분의 관계를 가지고 있고, 일반적으로 특정 소셜미디어를 사용하는 수용자층이 (이론적 모집단을 대표하는) 설문조사를 통해 수집된 표본과는 체계적으로 다른 경우가 대부분이기 때문에, 이러한 자료를 준거점으로 하여 자기보고 형식의 자료를 평가하는 것 역시 상당한 위험이 따른다. 이러한 측면에서 제릿과 동료들(Jerit et al., 2016)이 제안한 RCT 기반 준거점을 이용한 상호비교, 즉 특정한 내용에 대한 노출을 무작위 배치와 실험조작을 통해 부여한 후 자기보고와 디지털 추적자료를 상호 비교하는 기법은 매우 주목할 만하다.

치환되는) 원자화된 개인의 속성으로 환원하여 설명하는 것이 일반적이었다. 반면 네트워크 분석에 기초한 연구들은 행위자들 간의 관계와 연결, 상호작용에 초점을 맞추는 '관계적 사고'(Lazer & Wojcik, 2018)에 주목한다. 즉, 이들 연구는 개인, 조직, 국가 등의 다양한 사회적 행위자 간 정보의 흐름이나, 혹은 이들 사이의 영향력을 분석함으로써 사회 구조와 개인 속성 간 복잡한 상호의존성을 드러낸다. 이는 행위자들이 소속된 사회연결망에서 타인들의 태도와 행동에 따라 어떻게 스스로 태도와 행동을 변화시키는지에 대한 분석을 가능하게 한다(Barabási, 2016).

예를 들어, 개인들이 정치적 사안에 대해 소통하는 연결망은 개인 속성(예: 성격, 정치적 성향)뿐만 아니라 연결망의 구조적 속성에 따라 달라질 수 있는데, 친구의 친구와 연결될 가능성이 그렇지 않을 때보다 높은 경우를 생각해 볼 수 있다. 이처럼 특정 연결망 형성의 개인적·구조적 영향 요인들을 지수함수 무작위 그래프 모형(exponential random graph model, ERGM)과 같은 통계모형을 활용하여 규명한 연구도 있다(Song, 2015). 또한, 소셜미디어 이용자가 메시지를 올리는 빈도가 주변 사회연결망의 구조에 따라 달라질 수 있음을 보이는 연구도 있는데(Sohn & Choi, 2023), 이는 관계 맺고 소통하는 행위가 개인의 내적 특성과 더불어 주변 환경과 함수관계를 맺고 있음을 보여준다.

연결망의 개념과 방법론적 도구로서의 네트워크 분석이 사회과학 전반이나 커뮤니케이션 연구에서 새로운 것은 아니다(Monge & Contractor, 2003; Wasserman & Faust, 1994). 하지만 전통적 의미의 네트워크 분석은 이러한 분석의 대상이 되는 모든 행위자들에 대한 정보와 이들 사이의 관계에 대한 자료를 광범위하게 필요로 하기 때문에 자료수집과 관련된 어려움에서 자유롭지 못했다. 이로 인해 과거 연결망 분석 연구는 일반적으로 수십 명 규모의 소규모 조직·집단이나, 혹은 명확하게 잘 정의된 경계(well-defined boundary)를 가져 그 구성원들을 모두 손쉽게 확인하고 관런한 자료를 수집할 수 있는 소수의 케이스에 국한되는 경우가 많았다.

그러나 광범위한 디지털 흔적(digital trace)을 남기는 온라인 상호작용의 특성으로 인해 연구대상자 간 대규모 사회적 상호작용을 미시적으로 관찰하는 것이 가능해지면서(Kossinets & Watts, 2006; Lazer et al., 2009; Salganik, 2019), 이를 이용한 대규모 네트워크 자료 수집 및 분석이 새롭게 각광받고 있다. 특히 온라인 자료를 이용한 최근 연구들은 기존 네트워크 방법론에서는 관련 자료의 부재로 체계적 연구가 불가능했던 연결망 내 '메시지' 혹은 '상호작용'의 구체적 내용에 대한 분석(예: González-Bailón & Wang, 2016)을 제시함으로써 새로운 자료가 과거와 비교하여 연구자로 하여금 더욱 풍부하고 종합적인 분석을 가능케 함을 보여준다. 여기에서 소개된 연구 외에 온라인 데이터와 네트워크 분석방법을 활용한 대표적 연구 사례들은 바베라 외(Barberá et al., 2019), 혹은 라슨 외(Larson et al., 2019) 등을, 구체적인 방법론적 논의 및 최신 경향에 대해서는 백영민(2023)을 참고하길 바란다.

4) 확률모형과 몬테카를로 시뮬레이션

앞서 언급한 비정형 자료 및 행동추적 자료를 활용한 전산커뮤니케이션 연구는 '자료 출처(data source)'의 확장 및 변수 측정도구(measurement tool)의 개선이라는 측면에 초점을 둔다면, 몬테카를로 시뮬레이션(Monte Carlo simulation)과 행위자 기반 모형(agent-based model)은 새로운 분석 및 모형구축 도구의 도입 및 활용에 초점을 맞춘다. 몬테카를로 시뮬레이션과 행위자 기반 모형은 수많은 행위자들이 확률적으로 상호작용하는 이른바 복잡계의 특성을 보다 정밀하게 모사하고 예측하는 데 유용한 도구이다. 다수 변수와 불확실성을 포함하는 체계의 동태적 특성을 시뮬레이션을 통해 분석하며, 다양한 시나리오하에서의 잠재적 결과를 확률모형

(몬테카를로)이나 사회체계하에서의 행동 규칙(행위자 모형)의 상호작용 결과로서 탐구할 수 있게 해 준다.

몬테카를로 시뮬레이션은 기저의 자료생성과정(data generating process, DGP)의 다양한 조건에 따라 어떻게 다른 통계치 분포가 나타나는지를 추적하는 방법이라 할 수 있다(Paxton et al., 2001). 몬테카를로 시뮬레이션의 대표적 특징으로는 먼저 연구자가 이론적으로 상정한 자료생성과정에 기반해 모집단을 정의하고, 이로부터 무작위 표본(random sample)을 반복해서 여러 번 생성, 결과 분포를 도출한 후 이를 분석하는 과정을 들 수 있다. 경험적 자료를 동일 모집단으로부터 반복 수집하여 특정 통계치 분포를 관찰하는 일은 현실적으로 매우 어렵다. 반면 몬테카를로 시뮬레이션은 연구자가 자유롭게 각종 자료생성과정을 상정하고 그로부터 어떤 통계치 분포가 나타나는지를 이론적으로 실험해 볼 수 있다는 점에서 자료 분석의 현실적 제약을 극복하는 하나의 대안으로 떠오르고 있다.

예를 들어, 개인의 사회연결망과 대중매체 간 상호작용이 대중의 여론에 미치는 영향을 생각해 보자(Sohn, 2022). 연구자는 연결망 크기, 매체 노출 정도, 연결망과 대중매체에서의 의견 다양성(예: 동질적 또는 이질적 의견 분포) 등 '여론'에 영향을 주는 주요 변수들을 설정하고, 이러한 변수들이 가지는 특정한 상태값(parameter value)에 따라 '여론'의 집합적 양상이 달라진다고 이론적으로 가정할 수 있다. 개인의 사회연결망 내에서 자신과 동일한 의견을 가진 사람들의 비율이 높을수록, 그리고 대중매체가 동일한 의견을 강하게 지지할수록 개인이 자신의 의견을 표현할 가능성이 높아진다는 식이다. 이는 특정 변수들 및 그들의 상태값으로 모집단에서의 자료생성과정을 이론적으로 설정하는 것이다.

이를 기반으로 연구자가 자료생성과정하에서 각각의 변수가 가지는 가능한 상태값의 범위와 각 상태값이 출현할 확률을 설정하면, 연구자는 특정 시점에서 사람들이 얼마나 자신의 의견을 표현할 가능성이 있는지를 표상하는 가상의 데이터를 확률적으로 무작위로 생성할 수 있다. 이때 연구자는 자료생성과정을 구성하는 변수들과 상태값의 조합 조건이 달라짐에 따라 연구자가 목표로 하는 통계치, 즉 관심 통계치(quantity of interest)가 어떻게 체계적으로 변동하는지를 추적할 수 있다(Carsey & Harden, 2014).

예를 들어, 개인들의 사회연결망 크기가 작고 미디어가 매우 동질적일 때와 연결망 크기가 크고 미디어가 다양한 의견을 제공할 때의 구체적 상태값 조건을 다르게 설정함으로서, '침묵의 나선' 효과가 발생할 가능성을 경험적으로 추정하는 것이다. 이는 특히 연구자의 관심 통계치가 기존의 분석적 방법을 통해 수학적으로 도출하기가 거의 불가능하거나(analytically near-impossible or intractable via closed-form solution), 혹은 많은 표본과 복잡한 계산을 요구하여 해당 관심 통계치의 분석적 도출이 사실상 불가능한 경우 유용하게 적용할 수 있는 방법이다(Rubinstein, 1981).[8]

통계학이나 사회과학 전반에서 몬테카를로 시뮬레이션의 개념이 낯선 것은 아니지만, 통상적 커뮤니케이션 연구에서 (행위자 기반 모형을 비롯한) 시뮬레이션 방법론을 쓰기 시작한 것은 그리 오래된 일이 아니다. 커뮤니케이션 분야에서 몬테카를로 기법의 활용은 이른바 매개효과(mediation effect)의 통계적 유의성 및 신뢰구간의 추정(Preacher & Selig, 2012), 혹은 복잡한 통계적 모형의 통계적 검증력(statistical power) 및 표본 규모 계산(Geiß, 2021) 등에서 찾아볼 수 있었다.

그러나 몬테카를로 기법의 활용은 이와 같이 제한적 활용범위만 갖는 것

---

8 이는 대부분의 커뮤니케이션 연구자들에게 친숙한 부트스트랩 반복표본추출(bootstrap resampling)에도 동일하게 적용되는 이점이다. 실제로, 부트스트랩 반복표본추출과 몬테카를로 시뮬레이션은 그 논리와 구체적 방법론이 매우 비슷하다. 다만 부트스트랩 반복표본추출은 자료생성과정에 대한 규정(specification) 없이 원자료에 대한 접근만 가능하다면 활용할 수 있는 반면, 몬테카를로 시뮬레이션의 경우 원자료 없이 자료생성과정에 대한 규정(model specification)만 가능하다면 활용할 수 있다는 차이점이 존재한다.

은 아니다. 연구자가 자료생성과정을 구성하는 특정 변수 혹은 여러 변수들의 조합으로 구성되는 조건을 이론적으로 변화시키면서 통계치의 변동을 추적하는 식으로 다양한 이론적 예측을 체계적으로 검증하는 일종의 사고 실험(thought experiment) 도구로 활용하는 것도 가능하다.[9] 샤코와 바흘(Scharkow & Bachl, 2017), 송과 동료들(Song et al., 2020) 등의 자동화된 내용분석(automated content analysis) 연구나 스미스 외(Smith et al., 2002), 헤이즈와 샤코(Hayes & Scharkow, 2013), 혹은 홀버트 외(Holbert et al., 2024)의 예에서 볼 수 있듯이, 커뮤니케이션 연구에서 흔히 사용되는 방법론적 기법의 경계 조건(boundary condition) 및 새로운 통계기법과 기존 방법에 대한 체계적 비교 평가 등에서도 이러한 몬테카를로 시뮬레이션이 유용하게 쓰일 수 있다.

5) 미시–거시 연결하기: 행위자 기반 시뮬레이션

한 세기에 걸쳐 미디어 효과 연구는 커뮤니케이션 분야의 주류로 자리매김해왔지만 정작 '효과'가 의미하는 바는 여전히 모호하게 남아 있다.[10] 효과의 정의가 너무나 광범위하다 보니 개인의 미세한 심리 변화부터 사회 변화까지 포괄하는 세상만사를 모두 미디어 효과로 설명하려는 '미디어 변수 편향(media-variable bias)'에 대한 비판적 시각도 오래 존재해왔다.

미디어 효과 연구는 주로 미디어 노출 이전과 이후의 상태 차이에 주목한다. 뉴스는 사람들의 의견에 어떤 변화를 야기하는가? 광고 노출은 브랜드에 대한 태도를 어떻게 변화시키는가? 성별이나 인종에 대한 왜곡된

---

9   따라서 이는 강건한(robust) 인과추론의 도구로서도 활용 가능하다.

10 효과는 사실 많은 것을 동시에 의미한다. 미시적으로 미디어 노출로 인한 태도 변화이기도 하고 지식 획득이나 행동변화도 효과의 범주에 포함될 수 있다. 거시적으로는 집단이나 조직, 제도의 변화와 더불어 문화의 생성과 소멸과 같은 장기적 변화까지도 포함될 수 있다.

이미지에 노출되면 어떤 인식 변화가 일어나는가? 폭력적 내용물에 대한 노출은 폭력행동을 야기하는가? 다양한 양태의 효과를 추상적으로 일반화해서 표현하면, 미디어 효과란 미디어 노출에 따른 대상의 상태(state) 변화, 즉 커뮤니케이션 이전과 이후 상태의 차이가 0이 아님을 의미한다고 할 수 있다. 물론 이러한 상태 변화는 미디어 노출과 같은 외생적(extrinsic) 원인뿐만 아니라 대상의 수많은 내생적(intrinsic) 원인에서 기인하기도 하기 때문에 연구자들은 이 두 원인을 세심하게 구분하고자 노력해왔다(Valkenburg et al., 2016).

다양한 연구방법이 동원되어 수많은 연구가 축적됐지만 아직 답을 찾지 못한 질문이 남아 있다. 미디어에 노출되어 상태 변화가 일어난 이후에는 어떤 일이 일어나는가? 사람들은 미디어 노출이 반복되면 이러한 효과가 선형적(linear)으로 누적(cumulative)된다고 간주하는 경향이 있다. 폭력적 미디어에 반복 노출되면 점차 더 폭력적이 된다거나 왜곡된 성 담론이나 소수자 이미지에 반복 노출되면 왜곡된 인식이 갈수록 심해진다는 식이다. 그런데 과연 그럴까? 반복 노출이 야기하는 효과가 선형적으로 누적되지 않는다는 것은 이미 많은 분야에서 널리 확인되고 있다. 예를 들어 동일한 광고 메시지에 대한 노출이 반복될수록 기억과 태도에 미치는 한계효과는 점차 줄어든다(Schmidt & Eisend, 2015).

일회적 상태 변화를 넘어 후속 변화, 그 너머의 변화까지 포괄하는 효과의 연쇄와 누적 패턴을 다루려면 초점을 효과(상태 '변화') 자체의 유무에서 이러한 변화의 '과정'으로 옮겨야 한다. 날씨나 주식 가격의 변동을 매 시점 무언가의 효과로 설명하지 않는다. 이처럼 커뮤니케이션을 통해 일어나는 상태 변화 과정을 이해하기 위해서는 매 순간 일어나는 변화의 연쇄적 과정에 대한 모형이 필요하다. 시간 변화에 따른 상태 변화의 연쇄를 단순화하면 다음과 같이 이전 상태와 이후 상태의 재귀함수(recursive function)로 표현할 수 있다.

$$State_{t+1} = f(State_t)$$

이와 같은 시각에서 체계(system) 수준의 변화를 모형화하고 예측하려는 시도는 오래전부터 이루어져왔다. 로지스틱 성장모형(logistic growth model)으로 인구변화를 예측하거나 감염병 확산 과정을 이른바 SIR 모형(susceptible-infected-recovered model)으로 재현하는 방법은 현재도 널리 활용된다. 체계 수준의 변화상을 추적하는 체계동학 모형(system dynamics, SD)은 크게 ① 차분 혹은 미분방정식을 풀어 특정 시점의 변화추세를 계산하는 결정론적(deterministic) 방식과, ② 확률변수를 토대로 반복 시뮬레이션을 수행하는 확률론적(probabilistic) 방식으로 구분할 수 있다. 후자의 경우에는 앞에서 설명했듯이 입력변수에 구체적 수치 대신 확률분포를 적용하고 반복 샘플링을 하는 몬테카를로 시뮬레이션을 통해 변화의 궤적이 확률적으로 어떻게 나타나는지를 확인할 수 있다.

사회를 하나의 체계로 보고 변화 궤적을 추적하는 작업은 그 자체로 의미를 갖지만 커뮤니케이션 연구에 직접 적용하기에는 몇 가지 한계점이 있다. 미디어 효과연구에서 미디어는 흔히 공중이나 사회 체계에 영향력을 행사하는 외생적 존재로 다루어져 왔지만 실제로는 사회에 깊이 배태되어(embedded) 있는 불가분한 일부이기 때문에 이를 따로 떼어 다룰 수 없다. 언론사나 미디어 기업에서 일하는 관계자들은 동시에 사회 구성원의 일부이기 때문에 그들은 미디어 효과의 원인인 동시에 결과일 수 있다. 공중여론 연구에서 자주 논의되는 울림방 효과(echo-chamber effect)는 개인들이 서로에게 효과의 원인이자 결과가 되는 과정을 보여주는 현상적 사례라 할 수 있다.

또한, 시스템 수준의 상태 변화 연쇄만으로는 미디어 효과가 일어나는 메커니즘을 설명할 수 없다. 미디어 효과뿐만 아니라 모든 사회변동은 미시(micro) 수준의 변화와 거시(macro) 수준의 변화가 혼재된 방식으로 일어난다. 사회학자 콜먼(James Coleman)의 배 모형(boat model)이 제시하 듯이, 거시 수준의 인과관계는 미시 수준의 변화와 그 누적으로 인한 허위 관계(spurious relations)인 경우가 많다.

예를 들어, 미디어의 선정성이라는 거시 수준의 원인으로부터 사회의 폭력성 증가라는 거시 수준의 결과가 직접 야기되는 것처럼 보이지만, 실제로는 개인 수준에서의 미디어 노출과 변화가 사회적으로 결합되어 (socially aggregated) 거시적 수준의 결과로 나타나는 것이다. 이러한 사회적 결합 과정은 선형적이기보다 비선형적으로 이루어지는 경우가 많고, 이는 때때로 비선형적·주기적·카오스(chaos)적 변동으로 이어진다. 주식이 단기적으로 폭등하거나 폭락할 수도 있고 유행이 주기적으로 나타났다 사라질 수도 있는 반면, 어떤 행동양식은 오랜 기간 변화하지 않을 수도 있는 것이 그 예다.

다양한 동태적 과정(dynamic process)을 다루기 위해서는 상태 변수를 두 개의 수준, 즉 미시 상태(micro state)와 거시 상태(macro state)로 구분해야 한다. 미시 수준 변화의 선형적 합산이 곧 거시 수준의 변화를 의미한다고 생각하기 쉽지만 언제나 그런 것은 아니기 때문이다. 단순한 시나리오로 개인이 단 두 종류의 상태, 즉 0이나 1을 갖는다고 가정하고, 더 나아가 1,000명의 초기 상태 분포가 절반은 0, 나머지 절반은 1의 상태를 갖는 균등분포(uniform distribution)를 따른다고 하자. 이제 미디어에 노출된 효과가 강렬하여 그들 모두 상태가 극적으로 바뀐다면, 즉 0은 1이 되고 1은 0이 되면, 미시적 수준에서 일어나는 미디어 효과는 크기가 100%가 된다. 그러나 거시적 상태 분포는 미디어 노출 이전과 같이 여전히 0과 1이 절반씩 분포하는 균등분포에 머무르게 된다. 다시 말해 미디어가 개인에게 극적 변화를 일으켰는데도 사회적으로는 아무런 일도 일어나지 않는다.

위의 예가 단적으로 보여주듯, 미시적 변화로부터 거시적 결과를 유추하는 일은 생각만큼 단순하지 않다(Page, 2015). 미시적 변화의 집합적 결합 과정에서는 변화에 변화를 더하는 증폭(amplification)뿐만 아니라 반대 방향의 변화로 인해 일어나는 상쇄(attenuation)도 일어날 수 있기 때문이다. 뉴스는 빠르게 증폭되며 전체 인구에 확산될 수 있지만, 난폭운전자가 나타나면 다른 운전자들이 안전운전을 하기 때문에 고속도로가 금세 아수라장이 되는 일은 드물다.

이처럼 사회는 개인이 마주하는 국지적 현실(local realities)이 만나며 끊임없이 생성되는 과정(generative process)이다(Epstein, 2007). 이 거대한 퍼즐의 변화상을 이해하려면 퍼즐을 이루는 개인들이 주변 환경을 구성하는 타인들과 만나고 상호작용하는 구체적 패턴에 주목해야 한다(Schelling, 1978). 커뮤니케이션 연구가 다루는 대부분 현상은 개인 수준의 미시적 효과 혹은 상태 변화가 결합되어 거시 수준의 패턴으로 형성되는 이른바 '창발 과정(emergent process)'의 결과인데, 이는 경험적 데이터 분석을 통해 그 전모를 파악하기가 불가능에 가깝다.

대안으로 떠오르는 행위자 기반 모형(agent-based modeling, ABM)은 기존의 변수 기반(variable-based) 혹은 방정식 기반(equation-based) 접근법을 넘어 행위자들이 서로 조합(assemblage)되고 배열(configuration)되는 미시-거시 연결 과정을 컴퓨터 시뮬레이션을 통해 실험하고 관찰하는 연구 방법이다(Macy & Willer, 2002). 앞에서 언급한 체계동학(SD) 시뮬레이션이 거시 수준의 상태변화를 재귀모형으로 나타내는 방식인 반면, ABM은 미시 수준의 수많은 재귀모형들의 집합, 즉 모형들의 모형(model of models)라 할 수 있다(Page, 2015). 컴퓨터를 하나의 실험실로 탈바꿈시키는 ABM 시뮬레이션 기법의 가장 두드러진 장점은 현실에서 관찰 가능한 현상을 넘어 상상할 수 있는 모든 가상의 시나리오를 시도해 볼 수 있다는 점이다.

행위자 기반 모형이 커뮤니케이션 연구에 적용된 사례는 많지 않지만, 행위자 기반 모형을 이용해 주요 이론의 타당성과 한계조건(boundary conditions)을 탐색하는 연구들이 꾸준히 수행되어 왔다. 먼저 커뮤니케이션 2단계 흐름(two-step flow of communication)과 여론지도자(opinion leaders)의 역할을 시뮬레이션을 통해 구현한 연구를 들 수 있다(Watts & Dodds, 2007). 이 연구를 통해 여론지도자의 영향력은 영향을 미칠 수 있는 수용자의 규모에 따라 달라질 수 있음이 밝혀졌고 기존 미디어에서 여론지도자를 거쳐 공중으로 이어지는 일방향적 모형이 타당하지 않음이 드러나기도 했다. 또한, 의제설정 효과(agenda-setting effect)를 행위자 기반 시뮬레이션을 통해 다양한 조건에서 탐색한 한 연구는 뉴스에 대한 주목도 주기(issue attention cycle)가 존재하고 이러한 주기의 출현과 지속에 중요한 역할을 하는 것이 기자들 간의 적응적 보도 행동(adaptive reporting behavior)임을 밝혀냈다(Waldherr, 2014).

미디어 효과를 사용자들의 미디어 선택 과정(media selection process)과 연결하여 되먹임(feedback loop)이 일어나는 과정으로 바라본 '강화 나선(reinforcing spirals)' 모형(Slater, 2007)을 행위자 기반 모형으로 구현해 낸 연구도 있다(Song & Boomgaarden, 2017). 여기에서 미디어 효과는 일방향적 사건이 아닌 선택-강화의 연쇄적 과정의 일부이자 복잡한 적응-변화의 연쇄과정의 일부로 자리 잡는다. 즉, 이용자의 선택이나 동기화된 노출(motivated exposure)이 다음 시점의 미디어 효과의 범위와 강도를 재귀적으로 규정하는 과정을 보여줌으로써, 미디어 효과 연구에서 해묵은 효과(effects)냐 선택(selection)이냐의 이분법적 논쟁이 애초에 현실에서 빗나간 것이었음을 시사한다.

여론의 형성과 변화에 ABM을 적용한 연구들도 있다. 침묵의 나선 이론(spiral of silence: Noelle-Neumann, 1974)에 대한 많은 후속 연구들은 설문조사나 실험을 통해 여론기후(opinion climate)가 침묵에 미치는 영향의 존재 여부를 검증하거나 심리적·사회적 조절변인(moderators)들의 규명에 집중해왔다(Matthes et al., 2018). 하지만 개인이 다수의 압력 때문에 침묵하는 경향이 곧 침묵의 나선 현상이 일어난다는 증거가 되지는 못한다. 침묵의 나선은 여론기후에 영향을 받는 개인들의 단순 집합에서 비롯되는 것이 아니라 그들의 위상 분포(topological distribution)에 달려 있는 현상이다. 따라서 '소수일 때 사람들은 과연 침묵하는가?'가 아니라 '어떤 여론기후 분포하에서 침묵의 나선 현상이 일어나는가?'를 확인해야 한다(Sohn & Geidner, 2016). 침묵의 나선은 연구방법의 제약으로 오랜 기간 동안 현상의 본질에 접근하지 못한 사례로 볼 수 있다. ABM은 이런 제약을 극복하고 다양한 조건을 탐색할 수 있는 대안으로 활용된다(Sohn, 2022).

여론 극화에 대한 연구에도 ABM이 적극적으로 활용된다. 이러한 시도들은 주로 통계물리학(statistical physics) 분야 모형, 예컨대 태도를 이분변수로 나타내는 이징모형(Ising model) 혹은 태도를 연속변수로 보는 제한 신뢰 모형(bounded confidence model)을 바탕으로 이루어져 왔다(Castellano et al., 2009).[11] 이와 관련한 경험적 연구결과들은 개인 간 태도 차이가 큰 경우엔 서로 영향을 미치지 않는다고 가정하는 제한 신뢰 모형과 달리 이질적 태도가 서로를 밀어내어 차이가 더 커지는 효과가 있다는 것을 밝혀낸 바 있다(Bail et al., 2018; Myers & Bishop, 1970). 따라서 수정된 모형—한계범위 내의 차이는 태도를 서로 비슷하게 하고(assimilation) 범위를 벗어나는 차이는 태도를 서로 멀어지게 하는(differentiation)—을 ABM 환경에 적용하여 여론 변화를 탐색한 연구들도 수행되고 있다(Axelrod et al., 2021; Flache & Macy, 2011; Keijzer et al., 2024).

---

11 이징모형은 개인이 찬성(1)이나 반대(0)의 이분법적 태도를 갖는데 주변 이웃들의 상태분포에 따라 스스로의 상태가 변화하는 과정을 나타내는 모형이다. 온도 변화와 같은 열역학(thermodynamics) 관련 연구를 위해 개발됐으나 태도나 의견분포 연구에 널리 적용된다. 제한 신뢰 모형은 태도를 연속변수로 놓고 스스로의 태도를 다른 이웃과 비교하여 한계범위(tolerance range) 내의 차이에 대해서만 동조효과가 있는 것으로 본다. 즉, 두 개인의 태도 차이가 한계범위 내에 있다면 둘의 태도는 가까워지지만 범위 밖이라면 서로 영향을 미치지 않는다.

또한, 사회과학에서 오랫동안 연구된 협력(cooperation)의 문제나 규범(norms)의 형성과 변화 과정도 시뮬레이션을 통해 연구될 수 있다(Fehr & Gintis, 2007). 아무리 비상식적이고 이상하게 보이는 행동이라도 주변의 다수가 이런 행위를 받아들인다면 이러한 규범을 거부하기는 쉽지 않을 수 있다. 신의 존재나 음모이론 등 진실을 판단하기 어려운 주제들을 마주할 때, 주변 대다수가 이를 믿는(것처럼 보인)다면 반대 의견을 드러내기 어려워진다. 다수의 무지(pluralistic ignorance)로 명명된 이러한 현상은 (누구나 읽었으리라 생각되는 고전을 정작 읽은 사람은 거의 없는 것처럼) 주변에서 흔히 찾아볼 수 있는데, 이를 시뮬레이션으로 구현한 연구도 흥미로운 사례이다(Centola et al., 2005). 이외에도 시위(riot)나 줄서기 행동(queing behavior), 연구자들의 인용(citation) 행동을 포함하는 광범위한 사회적 행동 연구에 ABM이 적용돼 왔는데, 이러한 사례는 향후 늘어날 것으로 예상한다(Smaldino, 2023).

2. 모형과 데이터, 그리고 측정의 삼중주를 향하여

전산커뮤니케이션의 등장이 갖는 함의를 깊이 이해하려면 보다 근본적인 질문으로 돌아가야 한다. 인간은 어떻게, 어떠한 방법을 통해 세상을 인식할 수 있는 것일까? 이런 질문을 받으면 대부분 시각, 청각, 후각, 촉각을 통해 외부 자극을 받아들이는 과정을 제일 먼저 떠올릴 것이다. 신생아가 백지처럼 텅 빈 마음에 점차 감각의 패턴을 쌓아 가거나 아이가 처음 학교에 들어가 새로운 환경에 적응해 가는 것처럼, 우리는 흔히 외부로부터 들어오는 정보를 후험적으로(*a posteriori*) 처리하며 세상을 알아 간다고 생각한다. 아쉽게도 이는 절반만 옳다. 아기는 백지 같은 마음으로 태어나지 않고 언어 본능을 갖고 태어난다(Pinker, 2002). 언어 본능이 있기에 뒤엉킨 소음 속

유의미한 패턴을 인지하거나 복잡한 문자를 인지하는 것이 가능한 것이다.

물론 언어만이 유일한 사례는 아니다. 낯선 상황에서 어떻게 행동해야 하는지는 우리의 습관, 도덕성, 종교적 신념에 따라 달라진다. 요컨대 우리는 매 순간 외부 환경에서 접하는 수많은 자극을 처리할 때 '이미 주어진 (*a priori*)' 것에 의존한다. 이미 주어진 것이란 유전자나 생물학적 본능만이 아니라 무언가 경험하기 전에 주어진 '선험적'인 것을 의미한다. 예를 들어 칠판에 그려진 동그란 원을 알아보는 것은 이미 '원(circle)'이라는 개념이 머릿속에 있어야 가능하다. 바위가 만들어 내는 복잡한 형상 속에서 사람 얼굴을 보거나 수많은 인파 속 친구를 순식간에 알아보는 이유도 마찬가지다. '아는 만큼 보인다'는 말이 진리인 이유다. 우리는 알지 못하는 것은 잘 보지 못한다.

'안다'는 것은 모형(model)으로, '본다'는 것은 관찰을 통해 자료(data)를 얻는 것으로 생각할 수 있다. 현실은 그 자체로 경험되지 않고 근사적 표상(approximated representation)을 의미하는 모형과 자료의 두 얼굴로 우리에게 모습을 드러낸다(Epstein, 2008). 지도는 실제 지리적 공간을 추상화한 모형이다. '인류(人類)'라는 단어 또한 전 세계에서 살아가는 수많은 사람들의 차이점을 무시하고 이들의 공통점만을 표상하는 하나의 언어 모형이라 할 수 있다. 매 순간 떠오르는 친구나 동료 이미지는 하나의 정신적 모형(mental models)이라 할 수 있다. 모형은 언제나 현실의 축약과 단순화를 수반한다. 건축물 모형은 실제 건축물과 크기, 재료 등 여러 면에서 다르다. 패션모델이 비현실적으로 보이는 이유는 우리를 포함한 대부분의 사람들과 다르기 때문이다. 통계학자 박스(George Box)의 말처럼 "모든 모형은 오류투성이지만 일부는 매우 유용하다." 주목할 부분은 우리와 현실 사이에 언제나 모형이 놓여 있다는 사실이다. 언어를 통해 세상을 인식하고 이해하는 것처럼, 우리는 언제나 추상화된 모형을 통해 복잡한 세상을 바라본다.

데이터는 측정(measurement)을 통해 얻어지고 모형은 추상(abstraction)을 통해 구축된다. 이론적 추상과 경험적 측정의 두 과정이 모형의 타당성 검증(model validation)에서 만나면서 두 경로가 하나로 연결되는 순환구조가 만들어진다. 바퀴가 구르며 자동차가 앞으로 나아가는 것처럼, 자료와 모형을 잇는 연구의 수레바퀴가 순환하며 우리의 세상에 대한 이해의 폭과 깊이가 달라진다. 뉴턴의 고전 역학 모형은 시공간의 절대성을 전제로 작동하지만 그 전제가 변형되면 타당성을 잃고 상대성 이론에게 주도권을 넘겨준다. 경제학의 기대효용 모형(expected utility model)이 보편적으로 타당하지 않고 한정된 조건에서만 의미 있는 결과를 만들어낸다는 경험적 비판에서부터 행동경제학의 제한된 합리성(bounded rationality) 개념과 전망이론(prospect theory)이 탄생한다. 이처럼 과학은 주어진 모형의 한계조건(boundary conditions)을 찾고 변형하며 나아간다. 이런 관점에서 모형은 현실의 데이터를 분석하고 비교하며 결과를 축적하는 발판으로 작용한다.

뚜렷한 모형이 없는 자료분석은 산발적이고 파편적 결과만을 만들어낼 뿐 체계적으로 축적되기 어렵다.[12] 20세기 초반부터 미국의 심리학자 레빈(Kurt Lewin)이나 하이더(Fritz Heider)는 형식 모형(formal models) 없이 파편적으로 수행되는 가설 검증만으로는 지식의 체계적 축적이 불가능할 수 있다는 우려를 강하게 표명한 바 있다. 작은 조각을 아무렇게나 모아서는 커다란 퍼즐을 완성하기 어렵다. 퍼즐의 틀(frame)이 있어야 필요한 조각을 찾을 수 있듯이, (아무리 단순하더라도) 알고자 하는 대상에 대한 모형이 있어야 무엇을 관찰해야 할지 알 수 있다. 이는 과학자에게만 해당되는 일은 아니다. 처음 만난 낯선 사람은 마음속에 있는 사람에 대한 모형 — 심리

---

12 게다가 이러한 원자료가 앞서 상술한 것처럼 불완전한 측정방식에 의존하고 있어 여러 측정 오류로 오염돼(contaminated) 있다면, 이러한 자료를 수집·분석해 체계적 지식체계를 구축하는 것은 거의 불가능에 가까울 것이다. 이와 관련한 논의는 플레이크와 프리드(Flake & Fried, 2020)를 참조하라.

학자들은 이를 고정관념(stereotype)이라 부른다 — 과 비교한다. 모형에 잘 맞는 사람은 전형적(typical)이라고 판단하지만 많이 빗나가면 더 자세히 관찰하는 것처럼, 모형은 우리에게 어떤 것을 마땅히 관찰해야 하고 어떤 것은 주목하지 않아도 좋을지를 말해 준다.

모형과 자료의 관계를 나타내는 사례는 수없이 많지만 베이즈 규칙(Bayes Rule)을 통해서 이 둘의 순환과정을 더 일반적으로 표현할 수 있다(M : model, D : data).

$$P(M \mid D) = \frac{P(D \mid M)P(M)}{\sum_{i}^{n} P(D \mid M_i)P(M_i)}$$

예를 들어, 언론을 통해 특정 뉴스를 접하고(data) 해당 뉴스가 거짓인지의 여부를 판단하기 위해서는 '이 뉴스는 거짓이다'라는 모형(model)이 타당할 확률을 나타내는 $P(M \mid D)$—사후확률(posterior probability)이라 불린다—를 계산해야 하는데, 이를 위해서는 세 가지 정보가 필요하다. 첫째, 뉴스를 접하기 전 해당 모형이 타당할 확률 $P(M)$, 즉 사전확률(prior probability: 아무런 정보가 없다면 동전던지기처럼 50 대 50으로 봐도 된다), 둘째, 해당 모형이 주어진 경우(즉 뉴스가 전달한 내용이 거짓이라면) 실제 그런 뉴스가 미디어에 보도될 확률을 나타내는 가능도(likelihood) $P(D \mid M)$, 그리고 마지막으로 이 둘을 곱한 값이 확률의 정의에 맞게 0에서 1 사이 범위를 갖도록 나눠 주는 분모의 정규화 상수(normalization constant)가 그것이다.

베이즈 규칙의 핵심 가치는 확률이 순차적으로 업데이트되는 과정, 즉 초기 모형이 새로운 자료를 만나며 변화하는 재귀적 과정(recursive process)을 명료하게 형식화하여 보여준다는 데 있다. 이는 인간이 환경과 상호작용하고 학습이 이루어지는 근원적 과정과 매우 닮아 있다. 이러한 이유로 베이즈 규칙은 확률 계산을 위한 단순한 도구를 넘어 광범위한 현상의 근본 과정을 나타내는 일반화된 틀로 이해된다. 예를 들어 사회심리학에서는 사회적 인지과정(social cognitive process)을 타인의 행동 의도(behavioral goal)를 (직접 관찰할 수 없으므로) 모형으로 수립하고, 다시 이를 관찰 가능한 행위와 환경과 비교하며 업데이트해 나가는 과정으로 표현하기도 한다(Cushman, 2023; FeldmanHall & Shenhav, 2019).

이러한 형식 모형의 장점은 수사적 표현을 넘어 실제 원자료가 모형을 업데이트해 나가는 계산(computation)을 가능케 한다는 점에 있다. 다만 한 가지 문제는 베이즈 규칙의 분모인 정규화 상수를 계산하는 일—연속확률변수인 경우 적분을 해야 한다—이 대부분 현실에서는 매우 어렵거나 불가능하다는 데 있다. 이와 더불어 주관적 믿음을 엄밀한 확률의 영역에 끌어들인다는 이유로 비난받으면서 베이즈주의 통계학(Bayesian statistics)은 비실용적인 것처럼 판정돼서 오랜 기간 무대에서 사라졌었다.[13]

그러나 컴퓨터의 비약적 발전에 힘입어 정규화 상수를 수리적으로 계산하는 대신 시뮬레이션을 통해 가상 데이터를 반복 생성해 사후확률을 경험적으로 추정하는 마코프체인-몬테카를로(Markov Chain-Monte Carlo, MCMC)[14] 시뮬

---

13 일견 당연해 보이는 사실이 장기간 동안 받아들여지지 않은 주요 원인 중 하나로 확률에 대한 오랜 패러다임 대립을 들 수 있다. 20세기 사회과학을 지배한 이른바 빈도주의(frequentism) 확률론은 관찰된 데이터에서 바로 모집단에 대한 추론으로 나아갈 수 있다고 보는 반면, 베이즈주의는 확률추론이 모형(의 확률), 즉 사전확률(prior probability)에서 출발한다고 보는 특징이 있다. 예를 들어 내일 비가 올지 여부에 대한 확률 판단의 경우는, 빈도주의 시각에서는 과거 동일한 조건에서 비가 얼마나 내렸는지 데이터를 바탕으로 경험적 추정으로 가능하다고 보는 반면 베이즈주의는 비가 내릴지 여부에 대한 관찰자의 사전 판단 혹은 초기 조건(initial conditions)이 중요한 역할을 한다고 보는 것이다. 데이터 규모가 크다면 이 두 시각이 산출하는 결과에는 차이가 없지만, 빈도주의 확률론의 득세가 사전모형의 중요성을 과소평가하도록 유도한 측면이 있다.

14 MCMC 시뮬레이션은 메트로폴리스-헤이스팅스(Metropolis-Hastings) 알고리듬이나 깁스 샘플링(Gibbs sampling) 알고리듬을 사용하여 임의의 초기값으로부터 후속값을 제안하고 (proposal) 선택하는 과정을 반복하며 데이터를 생성하는데, 제안된 값의 선택은 확률적으로 이루어진다. 이런 과정을 통해 산출되는 사후확률은 정규화상수에 대한 계산 없이 사전확률

레이션과 같은 방법이 가능해지면서, 베이즈주의는 다시 무대의 중심으로 돌아오고 있다. 또한 온라인상의 디지털 자료 및 이미지의 폭발적 증가는 시뮬레이션 기반 자료처리가 아닌 실제 대규모 원자료 기반 기계학습(machine learning)의 고차원 모형화까지 나아가고 있다.

최근 크게 주목받는 인공신경망(artificial neural networks) 역시 주어진 모형을 기반으로 (과거에는 상상하기 어려운 규모의) 대규모 원자료에 기반해 모형 파라미터를 반복적으로 업데이트하며 모형과 원자료 분포의 차이를 줄여나간다는 점에서 베이지안 과정(Bayesian process)의 개념적 확장으로 볼 수 있다. 수많은 파라미터들의 조합이 만들어내는 고차원 모형과 실제 원자료의 차이 혹은 적합도를 판별하기 위해 크로스-엔트로피(cross-entropy) 개념[15]이 널리 활용되는데, 이는 우리가 나아가야 하는 방향이 이론이나 자료 어느 한쪽이 아니라 이 둘이 만나는 지점 어딘가에 있음을 의미한다.

앞에서 소개한 몬테카를로 시뮬레이션이나 ABM은 주로 이론적 모형이나 가상 시나리오 전개 과정을 탐구하는 데 활용되어 왔지만, 갈수록 정교해지는 자료측정 및 분석기법과의 선순환을 통해 더욱 현실적 타당성을 갖는 연구방법으로 진화해 나갈 수 있다. 이미 많은 시뮬레이션 연구가 기존 경험적 연구를 통해 밝혀진 확률분포나 초기 조건을 적용하는 방식으로 모형의 타당성을 높이고자 했던 것에서 한발 더 나아가, 현실에서 수집된 자료를 직접 입력하는 시뮬레이션 구축도 얼마든지 가능하다.

결론적으로 컴퓨터 처리 속도의 비약적 증가와 이른바 '빅데이터'의 등장은 '재귀(recursion)'와 '반복(repetition)'을 통한 모형 구축, 비교 및 개선이 경험적으로, 방법론적으로 가능한 새로운 지평을 열고 있다. 이전에

과 가능도(likelihood)의 곱셈만으로 계산된다.

15 크로스-엔트로피는 확률변수의 평균 정보량을 나타내는 엔트로피 개념이 변형된 것으로 데이터를 통해 관찰되는 확률분포와 모형의 정보량(degree of surprisal)의 격차를 나타내며 기계학습에서 사용되는 예측모형의 타당도를 평가할 때 널리 활용된다.

도 경험적 자료 분석은 산발적으로 이루어졌으나, 이제 이런 수많은 노력이 수렴할 수 있는 하나의 지점, 즉 모형과 원자료의 공진화(coevolution)가 일어나는 장(場)이 열리기 시작했다는 점에 주목해야 한다. 전산커뮤니케이션의 등장은 단순히 개별 연구자가 접근할 수 있는 자료의 종류와 규모가 확장된 것만을 의미하지 않는다. 베이지안 과정이 함축적으로 표현했던 모형과 자료를 연결하며 순환하는 연구의 수레바퀴가 공식에만 존재하는 꿈이 아니라 이제야 비로소 현실에서 돌아가기 시작했음을 알리는 신호가 되고 있는 것이다.

참고문헌

노단 · 백현미 (2024). 시청 시간대에 따른 스마트폰 방송 시청자 세분화 연구: 인구통계학적 속성과 시청 특성에 따른 비교. 〈한국방송학보〉, 38권 3호, 5-34.

박대민 (2016). 장기 시계열 내용분석을 위한 뉴스 빅데이터 분석의 활용 가능성: 100만 건 기사의 정보원과 주제로 본 신문 26년: 100만 건 기사의 정보원과 주제로 본 신문 26년. 〈한국언론학보〉, 60권 5호, 353-407.

박대민 (2022). 미디어 인공지능: 컴퓨터 비전 분야 딥러닝 모델의 미디어 동영상 적용 가능성에 관한 연구. 〈커뮤니케이션이론〉, 18권 1호, 111-154.

박종민 · 조원정 · 최종환 (2023). 한편 북한 언론은 지난 20년간 대한민국 대통령과 정부를 어떻게 보았는가? 감성어, 의미연결망, 토픽모델링을 활용한 북한 언론 보도 빅데이터 분석. 〈한국언론학보〉, 67권 1호, 125-184.

백영민 (2020). 〈R를 이용한 텍스트 마이닝〉. 한울.

백영민 (2023). 〈R 기반 네트워크 분석: ERGM과 SIENA〉. 한나래아카데미.

이상엽 (2023a). 〈파이썬 텍스트 마이닝 바이블 (vol. 1)〉. 위키북스.

이상엽 (2023b). 〈파이썬 텍스트 마이닝 바이블 (vol. 2)〉. 위키북스.

Anderson, C. (2008). The end of theory: The data deluge makes the scientific method obsolete. *Wired*. https://www.wired.com/2008/06/pb-theory/

Araujo, T., Wonneberger, A., Neijens, P., & de Vreese, C. (2017). How much time do you spend online?: Understanding and improving the accuracy of self-reported measures of internet use. *Communication Methods and Measures*, 11(3), 173-190.

Axelrod, R., Daymude, J. J., & Forrest, S. (2021). Preventing extreme polarization of political attitudes. *Proceedings of the National Academy of Sciences*, 118(50), e2102139118.

Scharkow, M., & Bachl, M. (2017). How measurement error in content analysis and self-reported media use leads to minimal media effect findings in linkage analyses: A simulation study. *Political Communication, 34*(3), 323-343.

Barabási, A. L. (2016). *Network science.* Cambridge University Press.

Barberá, P., Casas, A., Nagler, J., Egan, P. J., Bonneau, R., Jost, J. T., & Tucker, J. A. (2019). Who leads? Who follows? Measuring issue attention and agenda setting by legislators and the mass public using social media data. *American Political Science Review, 113*(4), 883-901.

Bail, C., Argyle, L. P., Brown, T. W., & Volfovsky, A. (2018). Exposure to opposing views on social media can increase political polarization. *Proceedings of the National Academy of Sciences, 115*(37), 9216-9221.

Blei, D. M., Ng, A. Y., & Jordan, M. I. (2003). Latent dirichlet allocation. *Journal of Machine Learning Research, 3*(Jan), 993-1022.

Bond, R. M., & Sweitzer, M. D. (2022). Political homophily in a large-scale online communication network. *Communication Research, 49*(1), 93-115.

Boyd, R. L., Ashokkumar, A., Seraj, S., & Pennebaker, J. W. (2022). *The development and psychometric properties of LIWC-22.* University of Texas at Austin.

Carsey, T., & Harden, J. (2014). *Monte Carlo simulation and resampling methods for social science.* Sage.

Castellano, C., Fortunato, S., & Loreto, V. (2009). Statistical physics of social dynamics. *Review of Modern Physics, 81*(2), 591-646.

Centola, D., Willer, R., & Macy, M. (2005). The emperor's dilemma: A computational model of self-enforcing norms, *American Journal of Socology, 110*(4), 1009-1040.

Choi, S. (2024). Unpacking the network dynamics of online political discussions: Stochastic actor-oriented modeling with political/sociopsychological/linguistic factors. *New media & society.* Advance online publication. https://doi.org/10.1177/14614448241240046.

Cushman, F. (2023). Computational social psychology. *Annual Review of Psychology, 75*, 1-28.

Dillard, J. P., Berger, C. R., Roloff, M. E., & Roskos-Ewoldsen, D. R. (2010). *The handbook of communication science.* Sage.

Eisele, O., Heidenreich, T., Litvyak, O., & Boomgaarden, H. G. (2023). Capturing a news frame-comparing machine-learning approaches to frame analysis with different degrees of supervision. *Communication Methods and Measures, 17*(3), 205-226.

Epstein, J. M. (2007). *Generative social Science: Studies in agent-based computational modeling.* Princeton University Press.

Epstein, J. M. (2008). Why model? *Journal of Artificial Societies and Social Simulation, 11*(4), 12-16.

Eveland, W. P., Jr., Hutchens, M. J., & Shen, F. (2009). Exposure, attention, or 'use' of news? Assessing aspects of the reliability and validity of a central concept in political communication research. *Communication Methods and Measures, 3*(4), 223-244.

Fehr, E., & Gintis, H. (2007). Human motivation and social cooperation: Experimental and analytical foundations. *Annual Review of Sociology, 33*, 43-64.

FeldmanHall, O., & Shenhav, A. (2019). Resolving uncertainty in a social world. *Nature Human Behaviour, 3*, 426-435.

Flache, A., & Macy, M. W. (2011). Small worlds and cultural polarization. *The Journal of Mathematical Sociology, 35*(1-3), 146-176.

Flake, J. K., & Fried, E. I. (2020). Measurement schmeasurement: Questionable measurement practices and how to avoid them. *Advances in Methods and Practices in Psychological Science, 3*(4), 456-465.

Geiß, S. (2021). Statistical power in content analysis designs: How effect size, sample size and coding accuracy jointly affect hypothesis testing-A Monte Carlo simulation approach. *Computational Communication Research, 3*(1), 61-89.

Gilardi, F., Gessler, T., Kubli, M., & Müller, S. (2022). Social media and political agenda setting. *Political Communication, 39*(1), 39-60.

González-Bailón, S., & Wang, N. (2016). Networked discontent: The anatomy of protest campaigns in social media. *Social Networks, 44*, 95-104.

Grimmer, J., & Stewart, B. M. (2013). Text as data: The promise and pitfalls of automatic content analysis methods for political texts. *Political Analysis, 21*(3), 267-297.

Hayes, A. F., & Scharkow, M. (2013). The relative trustworthiness of inferential tests of the indirect effect in statistical mediation analysis: Does method really matter? *Psychological Science, 24*(10), 1918-1927.

Hilbert, M., Barnett, G., Blumenstock, J., Contractor, N., Diesner, J., Frey, S., & Gonzalez-Bailon, S. (2019). Computational communication science: A methodological catalyzer for a maturing discipline. *International Journal of Communication, 13*, 3912-3934.

Holbert, R. L., Song, H., Ellithorpe, M. E., LaMarre, H. L., Baik, E. S., & Tolan, C. M. (2024). Pulling the field out of a "one variable, one role" mindset: Maximizing the theoretical value of interaction terms in communication's mediation models. *Human Communication Research, 50*(2), 240-253.

Jerit, J., Barabas, J., Pollock, W., Banducci, S., Stevens, D., & Schoonvelde, M. (2016). Manipulated vs. measured: Using an experimental benchmark to investigate the performance of self-reported media exposure. *Communication Methods and Measures, 10*(2-3), 99-114.

Jones-Jang, S. M., Heo, Y. J., McKeever, R., Kim, J. H., Moscowitz, L., & Moscowitz, D. (2020). Good news! Communication findings may be underestimated: Comparing effect sizes with self-reported and logged smartphone use data. *Journal of Computer-Mediated Communication, 25*(5), 346-363.

Joo, J., & Steinert-Threlkeld, Z. C. (2022). Image as data: Automated content analysis for visual presentations of political actors and events. *Computational Communication Research, 4*(1). https://doi.org/10.5117/CCR2022.1.001.JOO.

Jürgens, P., Stark, B., & Magin, M. (2020). Two half-truths make a whole?: On bias in self-reports and tracking data. *Social Science Computer Review, 38*(5), 600-615.

Kar, A. K., & Dwivedi, Y. K. (2020). Theory building with big data-driven research: Moving away from 'what' towards the 'why.' *International Journal of Information Management, 54*, 102-205.

Keijzer, M. A., Mäs, M., & Flache, A. (2024). Polarization on social media: Micro-level evidence and macro-level implications. *Journal of Artificial Societies and Social Simulation, 21*(1), 7.

Kitchin, R. (2014). Big Data, new epistemologies and paradigm shifts. *Big Data & Society, 1*(1). https://doi.org/10.1177/2053951714528481

Kossinets, G., & Watts, D. J. (2006). Empirical analysis of an evolving social network. *Science, 311*(5757), 88-90.

Larson, J. M., Nagler, J., Ronen, J., & Tucker, J. A. (2019). Social networks and protest participation: Evidence from 130 million Twitter users. *American Journal of Political Science, 63*(3), 690-705.

Lazer, D., Kennedy, R., King, G., & Vespignani, A. (2014). The parable of Google Flu: Traps in big data analysis. *Science, 343*(6176), 1203-1205.

Lazer, D., & Wojcik, S. (2018). *Political networks and computational social science.* In J. N. Victor, A. H. Montgomery, & M. Lubell (Eds.), *The Oxford handbook of political networks* (pp. 115-130). Oxford University Press.

Lazer, D., Pentland, A., Adamic, L., Aral, S., Barabási, A. L., Brewer, D., & van Alstyne, M. (2009). Computational social science. *Science, 323*(5915), 721-723.

Macy, M. W., & Willer, R. (2002). From factors to actors: Computational sociology and agent-based modeling. *Annual Review of Sociology, 28*, 143-166.

Matthes, J., Knoll, J., & Sikorski, C. (2018). The "spiral of silence" revisited: A meta-analysis on the relationship between perceptions of opinion support and political opinion expression. *Communication Research, 45*, 3-33.

Monge, P. R., & Contractor, N. S. (2003). *Theories of communication networks.* Oxford University Press.

Myers, D. G., & Bishop, G. D. (1970). Discussion effects on racial attitudes. *Science, 169*(3947), 778-779.

Noelle-Neumann, E. (1974). The spiral of silence a theory of public opinion. *Journal of Communication, 24*(2), 43-51.

Nyhan, B., Settle, J., Thorson, E., Wojcieszak, M., Barberá, P., Chen, A. Y., & Tucker, J. A. (2023). Like-minded sources on Facebook are prevalent but not polarizing. *Nature, 620*(7972), 137-144.

Page, S. E. (2015). What sociologists should know about complexity. *Annual Review of Sociology*, 41, 21-41.

Paxton, P., Curran, P. J., Bollen, K. A., Kirby, J., & Chen, F. (2001). Monte Carlo experiments: Design and implementation. *Structural Equation Modeling*, 8(2), 287-312.

Pinker, S. (1984). *The language instinct: How the mind creates language*. William Morrow and Company.

Preacher, K. J., & Selig, J. P. (2012). Advantages of Monte Carlo confidence intervals for indirect effects. *Communication Methods and Measures*, 6(2), 77-98.

Prior, M. (2009). The immensely inflated news audience: Assessing bias in self-reported news exposure. *Public Opinion Quarterly*, 73(1), 130-143.

Robertson, R. E., Green, J., Ruck, D. J., Ognyanova, K., Wilson, C., & Lazer, D. (2023). Users choose to engage with more partisan news than they are exposed to on Google Search. *Nature*, 618(7964), 342-348.

Rubinstein, R. Y. (1981). *Simulation and the Monte Carlo method*. John Wiley & Sons.

Salganik, M. J. (2019). *Bit by bit: Social research in the digital age*. Princeton University Press.

Scharkow, M., & Bachl, M. (2017). How measurement error in content analysis and self-reported media use leads to minimal media effect findings in linkage analyses: A simulation study. *Political Communication*, 34(3), 323-343.

Schelling, T. C. (1978). *Micromotives and macrobehavior*. W. W. Norton & Company.

Schmidt, S., & Eisend, M. (2015). Advertising repetition: A meta-analysis on effective frequency in advertising. *Journal of Advertising*, 44(4), 415-428.

Schwarz, N. (1999). Self-reports: How the questions shape the answers. *American Psychologist*, 54(2), 93.

Scharkow, M. (2016). The accuracy of self-reported internet use: A validation study using client log data. *Communication Methods and Measures*, 10(1), 13-27.

Slater, M. D. (2004). Operationalizing and analyzing exposure: The foundation of media effects research. *Journalism & Mass Communication Quarterly*, 81(1), 168-183.

Slater, M. D. (2007). Reinforcing spirals: The mutual influence of media selectivity and media effects and their impact on individual behavior and social identity. *Communication Theory*, 17(3), 281-303.

Slater, M. D., Snyder, L., & Hayes, A. F. (2006). Thinking and modeling at multiple levels: The potential contribution of multilevel modeling to communication theory and research. *Human Communication Research*, 32(4), 375-384.

Smaldono, P. E. (2023). *Modeling social behavior: Mathematical and agent-based models of social dynamics and cultural evolution*. Princeton University Press.

Smith, R. A., Levine, T. R., Lachlan, K. A., & Fediuk, T. A. (2002). The high cost of complexity in experimental design and data analysis: Type I and type II error rates in multiway ANOVA. *Human Communication Research*, 28(4), 515-530.

Sohn, D., & Geidner, N. (2016). Collective dynamics of the spiral of silence: The role of ego-network size. *International Journal of Public Opinion Research*, *28*(1), 25-45.

Sohn, D. (2022). Spiral of silence in the social media era: A simulation approach to the interplay between social networks and mass media. *Communication Research*, *49*(1), 139-166.

Sohn, D., & Choi, Y. (2023). Silence in social media: A multilevel analysis of the network structure effects on participation disparity in Faecbook. *Social Science Computer Review*, *41*(5), 1767-1790.

Song, H. (2015). Uncovering the structural underpinnings of political discussion networks: Evidence from an exponential random graph model. *Journal of Communication*, *65*(1), 146-169.

Song, H., & Boomgaarden, H. G. (2017). Dynamic spirals put to test: An agent-based model of reinforcing spirals between selective exposure, interpersonal networks, and attitude polarization. *Journal of Communication*, *67*(2), 256-281.

Song, H., & Cho, J. (2021). Assessing (in) accuracy and biases in self-reported measures of exposure to disagreement: Evidence from linkage analysis using digital trace data. *Communication Methods and Measures*, *15*(3), 190-210.

Song, H., Tolochko, P., Eberl, J. M., Eisele, O., Greussing, E., Heidenreich, T., & Boomgaarden, H. G. (2020). In validations we trust? The impact of imperfect human annotations as a gold standard on the quality of validation of automated content analysis. *Political Communication*, *37*(4), 550-572.

Stroud, N. J. (2010). Polarization and partisan selective exposure. *Journal of Communication*, *60*(3), 556-576.

Valkenburg, P., Peter, J., & Walther, J. B. (2016). Media effects: Theory and research. *Annual Review of Psychology*, *67*(2), 1-24.

van Atteveldt, W., & Peng, T. Q. (2018). When communication meets computation: Opportunities, challenges, and pitfalls in computational communication science. *Communication Methods and Measures*, *12*(2-3), 81-92.

Waldherr, A. (2014). Emergence of news wave: A social simulation approach. *Journal of Communication*, *64*(5), 852-873.

Wasserman, S. (1994). *Social network analysis: Methods and applications*. Cambridge University.

Watts, D. J., & Dodds, P. S. (2007). Influentials, networks, and public opinion formation. *Journal of Consumer Research*, *34*(4), 441-458.

Weaver, W. (1947). Science and complexity. *American Scientist*, *36*(4), 536-547.

Young, L., & Soroka, S. (2012). Affective news: The automated coding of sentiment in political texts. *Political Communication*, *29*(2), 205-231.

찾아보기